Die Zerrüttung des Arbeitsverhältnisses

Schriften zum Arbeitsrecht und Wirtschaftsrecht

Herausgegeben von Abbo Junker

Band 101

PL ACADEMIC RESEARCH

Charlotte Sander

Die Zerrüttung des Arbeitsverhältnisses

Die Stellung der gerichtlichen Auflösung des Arbeitsverhältnisses gemäß §§ 9, 10 KSchG im System des Kündigungsschutzrechts

PL ACADEMIC RESEARCH

Bibliografische Information der Deutschen Nationalbibliothek
Die Deutsche Nationalbibliothek verzeichnet diese Publikation in der DeutschenNationalbibliografie; detaillierte bibliografische Daten sind im Internet über http://dnb.d-nb.de abrufbar.

Zugl.: Hannover, Univ., Diss., 2015

D 89
ISSN 1433-4666
ISBN 978-3-631-66375-2 (Print)
E-ISBN 978-3-653-05830-7 (E-Book)
DOI 10.3726/978-3-653-05830-7

PL Academic Research ist ein Imprint der Peter Lang GmbH.

Peter Lang – Frankfurt am Main · Bern · Bruxelles · New York · Oxford · Warszawa · Wien

Diese Publikation wurde begutachtet.

www.peterlang.com

Meinen Eltern

Vorwort

Die vorliegende Arbeit entstand während einer Tätigkeit als wissenschaftliche Mitarbeiterin am Lehrstuhl von Prof. Dr. Roland Schwarze an der Juristischen Fakultät der Gottfried Wilhelm Leibniz Universität Hannover und wurde im Sommersemester 2014 als Dissertation eingereicht. Der Stand der relevanten Literatur und Rechtsprechung ist bis zum 01.05.2014 berücksichtigt.

An erster Stelle danke ich meinem Doktorvater, Herrn Prof. Dr. Roland Schwarze, für die ausgezeichnete Betreuung und stets wertvolle Unterstützung bei der Erstellung dieser Arbeit. Herrn Richter am Bundesarbeitsgericht Honorarprof. Dr. Heinrich Kiel danke ich ebenfalls ganz herzlich für die zügige Erstellung des Zweitgutachtens.

Darüber hinaus gilt mein besonderer Dank meinen Lehrstuhlkollegen, Mitstreitern und Freunden Dr. Krystyna Okoye-Montis, Dr. Jörn Bringewat und Miriam Mundhenk. Ihnen danke ich für den konstruktiven Austausch sowie den wissenschaftlichen und privaten Beistand in jeder Phase der Erstellung dieser Arbeit. Ebenso danke ich Herrn Torben Schmanteck, ohne dessen Verständnis und liebevolle Unterstützung die Fertigstellung dieser Arbeit nicht möglich gewesen wäre.

Nicht zuletzt und ganz besonders danke ich meinen Eltern, Elke und Ulrich Sander, die mich während meiner gesamten Ausbildung in jeder Lebenslage unterstützt und mir Rückhalt gegeben haben. Ihnen ist diese Arbeit gewidmet.

Berlin, im Dezember 2015 Charlotte Sander

Inhaltsverzeichnis

Literaturverzeichnis

Adam, Roman F., Soziale Rechtfertigung und wichtiger Kündigungsgrund, DZWIR 2008, S. 236–240.

–, Der Antrag zur Auflösung von Arbeitsverhältnissen nach § 9 KSchG, MDR 2012, S. 442–446.

–, Die Struktur der arbeitsrechtlichen Kündigungsgründe, ArbuR 2013, S. 15–19.

Aden, Menno, Die Kündigung bei langandauernder Krankheit im Großbetrieb, RdA 1981, S. 280–285.

Adomeit, Klaus/Mohr, Jochen, Rechtsgrundlagen und Reichweite des Schutzes vor diskriminierenden Kündigungen, NJW 2009, S. 2255–2258.

Ammermüller, Martin G., Abfindungen an Arbeitnehmer wegen Beendigung des Arbeitsverhältnisses, DB 1975, Beilage 10, S. 1–12.

Ascheid, Reiner, Kündigungsschutzrecht – Die Kündigung des Arbeitsverhältnisses, Köln 1993 (Zitiert: Kündigungsschutzrecht).

–/Preis, Ulrich/Schmidt, Ingrid, Kündigungsrecht – Großkommentar zum gesamten Recht der Beendigung von Arbeitsverhältnissen, 4. Aufl., München 2012 (Zitiert: Kündigungsrecht).

Auffarth, Fritz, Die Auflösung des Arbeitsverhältnisses gemäß §§ 7, 8 KSchG, DB 1969, S. 528–533.

Bader, Peter, Das Gesetz zu Reformen am Arbeitsmarkt: Neues im Kündigungsschutzgesetz und im Befristungsrecht, NZA 2004, S. 65–76.

Bader, Peter/Bram, Rainer/Dörner, Hans-Jürgen/Kriebel, Volkhart/Nungeßer, Asrid/Suckow, Jens, Kündigungs- und Bestandschutz im Arbeitsverhältnis, 84. Erglf., Köln 2012.

Bamberger, Heinz Georg/Roth, Herbert, Beck'scher Online-Kommentar BGB, 25. Ed., Stand: 01.08.2013.

Bandey, Uwe, Die Kündigungsschutzklage nach dem Kündigungsschutzgesetz, Diss. Marburg 1992 (Zitiert: Kündigungsschutzklage).

Bartels, Klaus, Die arbeitsvertragliche Vertrauens(dis)kontinuität und ihre Folgen für § 626 BGB – Kündigungsgrund und nachträgliches Verhalten im Prozess, RdA 2010, S. 109–115.

Bauer, Jobst-Hubertus, Rechtliche und taktische Erwägungen zum Auflösungsantrag, DB 1985, S. 1180–1183.

–/Hahn, Frank, Der Auflösungsantrag in zweiter Instanz, DB 1990, S. 2471–2473.

–, Beseitigung von Aufhebungsverträgen, NZA 1992, S. 1015–1018.

–, Die Auflösung des Arbeitsverhältnisses durch Urteil, in: Arbeitsrecht und Sozialpartnerschaft, Festschrift für Peter Hanau, hrsg. von Udo Isenhardt und Ulrich Preis, Köln 1999, S. 151–172.

–, Ein Vorschlag für ein modernes und soziales Kündigungsschutzrecht, NZA 2002, S. 529–533.

–/*Krets, Jérôme*, Auflösungsantrag im Rahmen einer Änderungsschutzklage, DB 2002, S. 1937–1941 und Replik auf die Erwiderung S. Müllers (s.u. DB 2002, S. 2597–2598), DB 2002, S. 2598–2599.

–/*Günther, Jens*, Steuerfreie Entschädigung statt steuerpflichtiger Abfindung?, NJW 2007, S. 113–118.

–, Spielregeln für die gerichtliche Auflösung von Arbeitsverhältnisses, ArbAktuell 2010, S. 3–6.

–, Gerichtliche Auflösung von Arbeitsverhältnissen aus Arbeitgebersicht, in: Festschrift für Gerhard Etzel zum 75. Geburtstag, hrsg. von Peter Bader, Gert-Albert Lipke, Friedhelm Rost und Horst Weigand, Köln 2011, S. 15–26.

Bayreuther, Frank, Braucht es rechtliche Sonderregelungen für den unternehmerähnlichen Arbeitnehmer?, NZA 2013, S. 1238–1245.

Becker, Friedrich/Rommelspacher, Peter, Ansatzpunkte für eine Reform des Kündigungsrechts, ZRP 1976, S. 40–44.

Belling, Detlev, Anmerkung zu BAG, EzA § 9 n.F. KSchG Nr. 15, S. 105–118.

–, Die Verfassungswidrigkeit der rückwirkenden Auflösung der Arbeitsverhältnisses nach § 9 KSchG, DB 1985, S. 1890–1893.

Bengelsdorf, Peter, Der gesetzes- und verfassungswidrige Zugriff auf die arbeitsrechtliche Beendigungsfreiheit, NZA 1994, S. 193–200.

–, Arbeitsrechtlicher Aufhebungsvertrag und gestörte Vertragsparität, BB 1995, S. 978–984.

–, Die kündigungsrechtliche Bewertung von Bagatelldelikten vor und nach dem Verfahren Barbara Emme, SAE 2011, S. 122–139.

Berdeckl, Eduard, Ungleicher Kündigungsschutz bei Wohnungen und Arbeitsplätzen?, BB 1973, S. 806–807.

Berkowsky, Wilfried, Der allgemeine Weiterbeschäftigungsanspruch des Arbeitnehmers während des Kündigungsschutzprozesses – ein Phantom?, NJW 1982, S. 905–909.

–, Die personen- und verhaltensbedingte Kündigung, 4. Aufl., München 2005.

–, Auflösungsantrag und Betriebsübergang – Auflösungsantrag des Betriebsveräußerers nach § 9 KSchG trotz Betriebsübergangs?, NZI 2006, S. 81–83.

–, Die betriebsbedingte Kündigung, 6. Aufl., München 2008.

Bernhardt, Marion, Alternativen zur Kündigung – Gestaltungsmöglichkeiten für die Aufhebung von Arbeitsverhältnissen, Berlin 2008 (Zitiert: Alternativen zur Kündigung).

Berrisch, Hansjörg, Die Rücknahme der Kündigung durch den Arbeitgeber, FA 2007, S. 6–9.

Bettermann, Karl August, Mieterschutz und Vertragsfreiheit, JZ 1954, S. 461–465.

Blaese, Dietrich, Die arbeitsrechtliche Druckkündigung, DB 1988, S. 178–181.

Blank, Hubert/Börstinghaus, Ulf P., Miete – Das gesamte BGB-Mietrecht, 4. Aufl., München 2014 (Zitiert: Miete).

Blanke, Thomas, Weiterbeschäftigungsanspruch und erneute Kündigung, ArbuR 1987, S. 185–193.

Bleckmann, Albert/Coen, Martin, Verfassungsrechtliche Probleme infolge Rückwirkung des Gestaltungsurteils gemäß § 9 KSchG, DB 1981, S. 640–642.

Bley, Helmar, Die (Un-)Zumutbarkeit als Sozialrechtsbegriff, in: Im Dienst des Sozialrechts, Festschrift für Georg Wannagat zum 65. Geburtstag, hrsg. von Wolfgang Gitter, Werner Thieme, Hans F. Zacher, Köln, Berlin, Bonn, München 1981, S. 19–49.

Boecken, Winfried/Topf, Henning, Kündigungsschutz: zurück zum Bestandsschutz durch Ausschluss des Annahmeverzuges, RdA 2004, S. 19–26.

Böhmer, Werner, Grundfragen der verfassungsrechtlichen Gewährleistung des Eigentums in der Rechtsprechung des Bundesverfassungsgerichts, NJW 1988, S. 2561–2574.

Boemke, Burkhard, Privatautonomie im Arbeitsvertragsrecht, NZA 1993, S. 532–538.

–, Kündigungsschutzklage (§ 4 KSchG) und allgemeine Feststellungsklage (§ 256 ZPO), RdA 1995, S. 211–229.

Bötticher, Eduard, Zum Regierungsentwurf des Kündigungsschutzgesetzes, RdA 1951, S. 81–87.

–, Zum „allgemeinen" Weiterbeschäftigungsanspruch des Arbeitnehmers während des Kündigungsschutzprozesses, BB 1981, S. 1954–1959.

Boewer, Dietrich, Zur Verfassungsmäßigkeit des Auflösungszeitpunkts gem. § 9 Abs. 2 KSchG, DB 1982, S. 751–754.

–, Ausgewählte Aspekte des Kündigungsschutzprozesses, RdA 2001, S. 380–404.

Brandt, Eva Maria, Vertragsfreiheit bei Eheverträgen?, MittBayNot 2004, S. 221–228.

Breuker, Marius, Die Druckkündigung im Sport – Arbeitsrechtliche Beurteilung von Trainerentlassungen, NZA 2008, S. 1046–1051.

Brill, Werner, Die Höhe der Kündigungsabfindung, DB 1981, S. 2326–2331.

Brockhaus, Deutsches Wörterbuch, Sechster Band, hrsg. von Gerhard Wahrig, Hildegard Krämer und Harald Zimmermann, Wiesbaden, Stuttgart 1984.

Brors, Christiane, Die Abschaffung der Fürsorgepflicht, Versuch einer vertragstheoretischen Neubegründung der Nebenpflichten des Arbeitgebers, Tübingen 2002 (Zitiert: Die Abschaffung der Fürsorgepflicht).

Brox, Hans/Rüthers, Bernd/Henssler, Martin, Arbeitsrecht, 18. Aufl., Stuttgart 2010.

Brox, Hans/Walker, Wolf-Dietrich, Allgemeiner Teil des BGB, 38. Aufl., Köln, München 2014 (Zitiert: BGB AT).

Brugger, Helen, Auflösung des Arbeitsverhältnisses, NJW-Spezial 2011, S. 306–307.

Buchner, Herbert, Notwendigkeit und Möglichkeiten einer Deregulierung des Kündigungsschutzrechts, NZA 2002, S. 533–536.

Busche, Jan, Privatautonomie und Kontrahierungszwang, Tübingen 1999.

Busemann, Andreas/Schäfer, Horst, Kündigung und Kündigungsschutz im Arbeitsverhältnis, 5. Aufl., Berlin 2006 (Zitiert: Kündigung und Kündigungsschutz).

Bydlinski, Franz, Privatautonomie und objektive Grundlagen des verpflichtenden Rechtsgeschäftes, Wien, New York 1967.

Canaris, Claus-Wilhelm, Kreditkündigung und Kreditverweigerung gegenüber sanierungsbedürftigen Bankkunden, ZHR 143 (1979), S. 113–138.

Coen, Martin, Grundrechtsverwirklichung durch Verfahren vor den Arbeitsgerichten, DB 1984, S. 2459–2461.

Colneric, Ninon, Rechtskraft des Kündigungsschutzurteils – Vorbedingung für Leistungsurteile über Lohn und Beschäftigung?, ArbuR 1984 S. 105–110.

Corts, Jochen, Anmerkung zu BAG, SAE 1982, S. 103–106.

Creifelds, Carl, Rechtswörterbuch, 20. Aufl., München 2011.

Crone, Hans, Gesetzwidrige Kündigung und richterliche Auflösung des Arbeitsverhältnisses, RdA 1952, S. 244–246.

Däubler, Wolfgang, Abfindung statt Kündigungsschutz?, NJW 2002, S. 2292–2293.

–, Betriebsbedingte Kündigung ohne Interessenabwägung, ArbuR 2013, S. 9–15.

Dassau Anette, Die allgemeine Interessenabwägung im Rahmen des § 1 Abs. 2 S. 2 Kündigungsschutzgesetz unter besonderer Berücksichtigung der Rechtsprechung des Bundesarbeitsgerichts, Diss. Köln 1988 (Zitiert: Die allgemeine Interessenabwägung im Rahmen des § 1 Abs. 2 S. 2 KSchG).

Deinert, Olaf, Die Druckkündigung im Lichte der Diskriminierungsverbote, RdA 2007, S. 275–283.

Dersch, H., Arbeitsrecht, in: Wirtschaftskunde, Erster Band, 5. Heft, hrsg. von Karl Bräuer, Leipzig, Berlin 1924.

Deventer, Klaus, Arbeitsrecht im Nationalsozialismus, JuS 1988, S. 13–20.

Diekhoff, Ludwig, Zur Nachprüfbarkeit der betriebsbedingten Kündigung, ArbuR 1957, S. 197–200.

–, Zu welchem Zeitpunkt hat das Arbeitsgericht bei unbegründeter außerordentlicher Kündigung das Arbeitsverhältnis gem. § 11 Abs. 2 KSchG zu lösen?, ArbuR 1961, S. 103–106.

Dieterich, Thomas, Grundgesetz und Privatautonomie im Arbeitsrecht, RdA 1995, S. 129–136.

Dietz, Rolf, Das neue Kündigungsschutzgesetz, NJW 1951, S. 941–946.

Dörner, Klemens, Abschied von der Verdachtskündigung?, NZA 1993, S. 873–877.

Dorndorf, Eberhard, Abfindung statt Kündigungsschutz?, BB 2000, S. 1938–1943.

Döse-Digenopoulos, Annegret, Arbeitsgerichte und betriebsbedingte Kündigung, Diss. Bremen 1982.

Duvigneau, J. Philipp A., Die gerichtliche Auflösung des Arbeitsverhältnisses gegen Abfindungszahlung gemäß §§ 9, 10 KSchG im System des allgemeinen Kündigungsschutzrechts – zugleich ein Beitrag zur Diskussion um den Bestandsschutz des Arbeitsverhältnisses, Diss. Berlin 1995 (Zitiert: Die gerichtliche Auflösung des Arbeitsverhältnisses).

Ebenroth, Carsten Thomas/Boujong, Karlheinz/Joost, Detlev/Strohn, Lutz, Handelsgesetzbuch, Band 1, 3. Aufl., München 2013.

Eichelsbacher, Franz, Betriebsrätegesetz – Textausgabe mit Einleitung, Verweisungen und Sachverzeichnis, 2. Aufl., München 1927.

Engisch, Karl, Einführung in das juristische Denken, 11. Aufl., Stuttgart 2010.

Epping, Volker/Hillgruber, Christian, Beck'scher Online-Kommentar GG, 17. Ed., Stand 15.05.2013.

Erbarth, Alexander, Die Ehe ist kein Schuldverhältnis, NJW 2013, S. 3478–3484.

Erfurter Kommentar zum Arbeitsrecht, hrsg. von Rudi Müller-Glöge, Ulrich Preis und Ingrid Schmidt, 14. Aufl., München 2014 (Zitiert: ErfK/*Bearbeiter*).

Etzel, Matthias, Die Aufhebung von nationalsozialistischen Gesetzen durch den Alliierten Kontrollrat (1945–1948), Diss. Tübingen 1992.

Fahl, Sabine, Die Abfindungszahlung bei Beendigung des Arbeitsverhältnisses mit Beteiligung des einzelnen Arbeitnehmers, Diss. Göttingen 2011 (Zitiert: Abfindungszahlung).

Feudner, Bernd, Betriebsbedingte Kündigung quo vadis?, NZA 2000, S. 1136–1143.

Feuerborn, Andreas, Sachliche Gründe im Arbeitsrecht, München 2003 (Zitiert: Sachliche Gründe).

Fiebig, Stefan/Gallner, Inken/Mestwerdt, Wilhelm/Nägele, Stefan, Kündigungsschutzrecht, 4. Aufl., Baden-Baden 2012.

Fiedler, Tanja, Kündigungsschutz außerhalb des KSchG und seiner Vorgängerregelungen durch Grundrechte und allgemeines Zivilrecht (Untersuchungszeitraum 1850–2006), Diss. Köln 2006 (Zitiert: Kündigungsschutz außerhalb des KSchG).

Fischer, Ulrich, Die Rücknahme der Arbeitgeberkündigung vor und im Kündigungsschutzprozess – rechtliche und taktische Überlegungen, NZA 1999, S. 459–463.

Fitting, Karl, Das Erste Arbeitsrechtsbereinigungsgesetz, DB 1969, S. 1459–1463.

–/Engels, Gerd/Schmidt, Ingrid/ Trebinger, Yvonne/Linsenmaier, Wolfgang, Betriebsverfassungsgesetz, 27. Aufl., München 2014.

Fleddermann, Christoph/Schwirtzek, Thomas, Darf der Arbeitnehmer während eines Kündigungsschutzverfahrens Wettbewerb leisten?, ArbAktuell 2009, S. 103–106.

Flume, Werner, Allgemeiner Teil des Bürgerlichen Rechts, Zweiter Band: Das Rechtsgeschäft, 4. Aufl., Berlin, Heidelberg, New York 1992 (Zitiert: Rechtsgeschäft).

Fraunhoffer, Bettina, Vergleichen, beenden, gesperrt? – Voraussetzungen und Beratung bei der Sperrzeit wegen Arbeitsaufgabe, in: Aspekte der Beendigung von Arbeitsverhältnissen – Jahrbuch des Rechtsschutzes 2010, hrsg. von Reinold Mittag, Edzard Ockenga, Karlheinz Schierle, Reinhard-Ulrich Vorbau, Klaus Westermann und Hans-Martin Wischnath, Baden-Baden 2010, S. 267–293.

Frey, Erich, Die Zumutbarkeit, ein arbeitsrechtliches Leitmotiv, JZ 1955, S. 106–108.

Fromm, Erwin, Auflösung des Arbeitsverhältnisses eines unkündbaren Angestellten in besonders herausragender Funktion gegen dessen Willen?, DB 1988, S. 601–604.

Fuhlrott, Michael, Anmerkung zu BAG, BB 2010, S. 2378–2379.

–, Anmerkung zu LAG Köln: Erfolgreicher Auflösungsantrag bei gravierender Ehrverletzung, ArbAktuell 2012, S. 542.

–/Balupuri-Beckmann, Anamika, Wirkungsvolles prozessuales Gestaltungsmittel: Arbeitgeberseitiger Auflösungsantrag, AuA 2013, S. 640–643.

Galperin, Hans, Unwirksamkeit der Kündigung und Kündigungsschutz, BB 1948, S. 305–308.

–, Der wichtige Grund zur außerordentlichen Kündigung, DB 1964, S. 1114–1118.

–, Grundgedanken und Struktur des Kündigungsschutzgesetzes – Eine dogmatische Studie, RdA 1966, S. 361–366.

Gamillscheg, Franz, Zivilrechtliche Denkformen und die Entwicklung des Individualarbeitsrechts, AcP 176 (1976), S. 197–220.

–, Zur Abfindung bei Verlust des Arbeitsplatzes, in: Festschrift für Friedrich Wilhelm Bosch, hrsg. von Hans Friedhelm Gaul, Walther J. Habscheid und Paul Mikat, Bielefeld 1976, S. 209–226.

Gamillscheg, Katharina, Die Beendigung des Arbeitsverhältnisses – Bestandsschutz und Mobilitätsinteresse des Arbeitnehmers in Abwägung zum Organisationsinteresse des Arbeitgebers, Diss. Berlin 2001 (Zitiert: Beendigung des Arbeitsverhältnisses).

Garstka, Hansjürgen, Generalklauseln, in: Juristische Methodenlehre und analytische Philosophie, hrsg. von Hans-Joachim Koch, Kronberg 1976, S. 96–122.

Gemeinschaftskommentar zum Betriebsverfassungsgesetz, Band II, hrsg. von Martin Franzen, Peter Kreutz, Hartmut Oetker, Thomas Raab, Christoph Weber und Günther Wiese, 9. Aufl., Köln 2010 (Zitiert: GK-BetrVG/*Bearbeiter*).

Gemeinschaftskommentar zum Kündigungsschutzgesetz und zu sonstigen kündigungsschutzrechtlichen Vorschriften, 10. Aufl., Köln 2013 (Zitiert: KR/*Bearbeiter*).

Gernhuber, Joachim, Das Schuldverhältnis, Tübingen 1989.

Geserich, Stephan, Auslegung und Rechtsfortbildung. DStR-Beih 2011, S. 59–66.

Gierke, Otto von, Dauernde Schuldverhältnisse, JherJb Bd. 64 (1914), S. 355–411.

Goedel, Hans-Joachim, Die Verpflichteten bei der Kündigungswiderrufsklage, JW 1937, S. 1128–1130.

Gravenhorst, Anna Caroline, Der Auflösungsantrag des Arbeitgebers gem. § 9 KSchG, NZA-RR 2007, S. 57–63.

Greiner, Stefan, Störungen des Austausch- und Äquivalenzverhältnisses als Kündigungstatbestand, RdA 2007, S. 22–35.

Grimm, Jacob/Grimm, Wilhelm, Deutschs Wörterbuch, 15. Band, Leipzig 1956; 16. Band, Leipzig 1954.

Grimm, Jürgen, Eröffnet der arbeitsrechtliche Kündigungsschutz dem gekündigten Arbeitnehmer die Möglichkeit, sich zwischen Arbeitsplatz und einer Abfindung zu entscheiden?, NZA 1985, S. 733.

Großfeld, Berhard/Gersch, Hans-Georg, Zeitliche Grenzen von privaten Schuldverträgen, JZ 1988, S. 937–946.

Grziwotz, Herbert, „Bis dass der Tod uns scheidet" oder zumindest Kinderschutzklausel im Ehevertrag?, FamRZ 2008, S. 2237–2240.

Grunsky, Wolfgang, Anmerkung zu BAG, AP Nr. 5 zu § 9 KSchG 1969.

Güntner, Hans, Die Rechtsnatur der Kündigungsabfindung nach dem Kündigungsschutzgesetz, BB 1961, S. 1053–1054.

–, Der Bestandsschutz des Arbeitsverhältnisses und seine Rechtsverwirklichung (I. Teil), ArbuR 1974, S. 97–117; (II. Teil) ArbuR 1974, S. 135–144.

–, Die Besonderheiten und Probleme des Kündigungsschutzverfahrens (II), DB 1975, S. 1317–1320.

Gumpert, Jobst, Anmerkung zu BAG, BB 1971, S. 960 - 961.

Gusseck, Lutz, Die Zumutbarkeit – ein Beurteilungsmaßstab, Diss. Berlin 1972.

Haarmann, Wilhelm, Wegfall der Geschäftsgrundlage bei Dauerrechtsverhältnissen, Diss. Berlin 1979.

Haas, Gerhard, Neuer Kündigungsschutz, SS. 1947, S. 185.

Haas, Hermann H., Der Auflösungsantrag im Kündigungsschutzprozess, FA 2009, S. 261–264.

–, Auflösungsgründe gem. § 9 KSchG, FA 2010, S. 104–107.

Hanau, Peter/Adomeit, Klaus, Arbeitsrecht, 14. Aufl., Neuwied 2007.

Hannemann, Thomas/Wiegner, Michael, Münchner Anwaltshandbuch Mietrecht, 4. Aufl., München 2014 (Zitiert: Mietrecht).

Hansen, Henning, Die Auflösung des Arbeitsverhältnisses nach § 9 KSchG – keine „Kündigung light", in: Aspekte der Beendigung von Arbeitsverhältnissen – Jahrbuch des Rechtsschutzes 2010, hrsg. von Reinold Mittag, Edzard Ockenga, Karlheinz Schierle, Reinhard-Ulrich Vorbau, Klaus Westermann und Hans-Martin Wischnath , Baden-Baden 2010, S. 315–328.

Happ, Gerold, Zerrüttungskündigung im Gewerberaummietrecht, jurisPR-MietR 2/2011, Anm. 3.

v. Hase, Karl, Fristlose Kündigung und Abmahnung nach neuem Recht, NJW 2002, S. 2278–2283.

Hattenhauer, Hans, Die Privatisierung der Ehe, ZRP 1985, S. 200–203.

Heck, Philipp, Begriffsbildung und Interessenjurisprudenz, Tübingen 1932.

Hedemann, Justus Wilhelm, Die Flucht in die Generalklauseln, Tübingen 1933.

Heilmann, Joachim, Das Arbeitsrecht der Sowjetischen Besatzungszone (1945–1949), Ein Beitrag zur Entstehungsgeschichte der DDR, Diss. Gießen 1973 (Zitiert: Das Arbeitsrecht der Sowjetischen Besatzungszone).

Heiß, Beate/Born, Winfried, Unterhaltsrecht, 41. Aufl., München 2012.

Helml, Ewald, Aus der Praxis: Auflösung des Arbeitsverhältnisses und Zahlung einer Abfindung, JuS 2004, S. 42–43.

Henkel, Heinrich, Zumutbarkeit und Unzumutbarkeit als regulatives Rechtsprinzip, in: Festschrift für Edmund Mezger zum 70. Geburtstag, hrsg. von Karl Engisch und Reinhart Maurach, Berlin 1954, S. 249–309.

Henssler, Martin/Strohn, Lutz, Gesellschaftsrecht, 2. Aufl. München 2014.

Herschel, Wilhelm, Entwicklungslinien des Arbeitsrechts, BArbBl 1950, S. 9–11.

–, Das Kündigungsschutzgesetz, BArbBl 1951, S. 484–490.

–, Zumutbarkeit anderer Arbeit und Sozialprestige, ArbuR 1968, S. 193–206.

–, Gedanken zur Theorie des arbeitsrechtlichen Kündigungsgrundes, in: Arbeitsleben und Rechtspflege, Festschrift für Gerhard Müller, hrsg. von Theo Mayer-Maly, Reinhard Richardi, Herbert Schambeck und Wolfgang Zöllner, Berlin 1981, S. 191–207.

–, Anmerkung zu BAG, AP Nr. 24 zu § 7 KSchG.

–, Zu einigen Fragen des Kündigungsschutzes, DB 1984, S. 1523–1525.

Hertzfeld, Herbert, Auflösungsantrag bei Unwirksamkeit der Kündigung aus „anderen als den in § 1 II und III KSchG bezeichneten Gründen", NZA 2004, S. 298–301.

–, Kündigung, Sonderkündigungsschutz, Auflösungsantrag – ein disharmonischer Dreiklang, NZA-RR 2012, S. 1–5.

Hilbrandt, Christian, Fristwahrung durch Anrufung eines unzuständigen Gerichts in Wohnungseigentumssachen und im arbeitsrechtlichen Kündigungsschutzverfahren, NJW 1999, S. 3594–3601.

Hillebrecht, Wilfried, Die „Prinzipien des Kündigungsrechts bei Arbeitsverhältnissen" und die Kündigungsrechtsprechung des Bundesarbeitsgerichts, ZfA 1991, S. 87–128.

Hirsch, Christian, Kündigung aus wichtigem Grund oder Geschäftsgrundlagenstörung bei Wegfall des Anmietinteresses – Das Beispiel „illegaler" Wettbüros, NZM 2007, S. 110–115.

Höland, Armin/Kahl, Ute/Zeibig, Nadine, Kündigungspraxis und Kündigungsschutz im Arbeitsverhältnis, Baden-Baden 2007.

Hölters, Wolfgang, Aktiengesetz, 2. Aufl., München 2014.

Hönn, Günther, Zur Problematik der Privatautonomie, JURA 1984, S. 57–74.

Hofmann, Paul, Subjektives Recht und Wirtschaftsordnung – Untersuchungen zum Zivilrecht in der Bundesrepublik Deutschland und der SBZ, Stuttgart 1968 (Zitiert: Subjektives Recht und Wirtschaftsordnung).

–, Zur Auslegung des § 9 Abs. 1 KSchG, ZfA 1970, S. 63–83.

Hohn, Hannsjosef, Abfindungen anläßlich der Beendigung des Arbeitsverhältnisses, BB 1963, S. 1100–1102.

Holly, Hans G., Grundsatz der Verhältnismäßigkeit und Ultima-ratio-Prinzip im arbeitsvertraglichen Kündigungsrecht, Diss. Bielefeld 1989.

Holthausen, Sarah/Holthausen, Joachim, Der Auflösungsantrag nach §§ 9, 14 KSchG – Taktisches Gestaltungsmittel des Arbeitgebers im Kündigungsschutzprozess, NZA-RR 2007, S. 449–455.

Horn, Norbert, Vertragsdauer, in: Gutachten und Vorschläge zur Überarbeitung des Schuldrechts, BMJ (Hrsg.), Köln 1981, S. 551–645.

Horn, Michael A., Abfindungsschutz statt Kündigungsschutz? Die strengen Anforderungen an den Begriff des „ähnlichen leitenden Angestellten" i.S. des § 14 II 1 KSchG, NZA 2012, S. 186–187.

v. Hoyningen-Huene, Gerrick, Die Billigkeit im Arbeitsrecht, München 1978.

–/Linck, Rüdiger, Kündigungsschutzgesetz, 15. Aufl. München 2013.

Hromadka, Wolfgang, Kündigungsschutz und Unternehmerfreiheit, AuA 2002, S. 261–266.

–, Unternehmerische Freiheit – ein Problem der betriebsbedingten Kündigung?, ZfA 2002, S. 383–399.

Hueck, Alfred/Nipperdey, Hans Carl, Lehrbuch des Arbeitsrechts, Erster Band, 3.–5. Aufl., Mannheim, Berlin, Leipzig, 1930; 7. Aufl., Berlin, Frankfurt 1963.

–, Der Kündigungsschutz im neuen Arbeitsrecht, JW 1934, S. 1022–1026.

–/*Nipperdey, Hans Carl/Dietz, Rolf*, Gesetz zur Ordnung der nationalen Arbeit und Gesetz zur Ordnung der Arbeit in öffentlichen Verwaltungen und Betrieben mit der Verordnung über die Lohngestaltung und der Kriegswirtschaftsverordnung (Kriegslöhne) – Kommentar, 3. Aufl. München und Berlin 1943 (Zitiert: Kommentar zum Gesetz zur Ordnung der nationalen Arbeit).

–, Der Kündigungsschutz im Arbeitsrecht, SJZ 1947, S. 609–616.

–, Das neue Kündigungsschutzgesetz des Wirtschaftsrates, RdA 1949, S. 331–336.

–, Der Hattenheimer Entwurf des Kündigungsschutzgesetzes, RdA 1950, S. 65–67.

–, Klage und Urteil im Kündigungsschutzstreit, in: Festschrift für Hans Carl Nipperdey zum 60. Geburtstag, hrsg. von Rolf Dietz, Alfred Hueck und Rudolf Reinhardt, München und Berlin 1955, S. 99–118.

–, Anmerkung zu BAG, AP Nr. 7 zu § 611 BGB Beschäftigungspflicht.

Hümmerich, Klaus, Die arbeitsrechtliche Abfindung – Ein Beitrag zur Abfindungspraxis und zur gesetzlichen Neuregelung, NZA 1999, S. 342–358.

–/*Boecken, Winfried/Düwell, Franz Josef*, AnwaltKommentar Arbeitsrecht, Band 2, 2. Aufl., Bonn 2010 (Zitiert: AnwK/*Bearbeiter*).

Jaroschek, Marcus/Lüken, Christian, Kündigungsschutzklage und allgemeine Feststellungsklage im arbeitsgerichtlichen Verfahren, JuS 2001, S. 64–70.

Jauernig, Othmar, Bürgerliches Gesetzbuch, 15. Aufl., München 2014.

Jellinek, Walther, Gesetz, Gesetzesanwendung und Zweckmäßigkeitserwägung, Aalen 1964.

Jhering, Rudolf von, Der Zweck im Recht, Band 1, 5.Aufl., Leipzig 1916.

Johannsen, Kurt H./Henrich, Dieter, Familienrecht, 5. Aufl., München 2010.

Junker, Abbo, Grundkurs Arbeitsrecht, 13. Aufl., München 2014.

Kaiser, Christian, Kündigungsschutz ohne Prinzip – Der Weimarer Entwurf eines Arbeitsvertragsgesetzes und seine Bezüge zum heutigen Recht, Diss. Frankfurt am Main 2004 (Zitiert: Kündigungsschutz ohne Prinzip).

Kaiser, Dagmar, Familienrechtliche Fern- und Folgewirkungen des Arbeitsrechts, in: Familienschutz und Familienverträglichkeit des Arbeitsrechts, hrsg. von Volker Rieble und Abbo Junker, München 2007, S. 105–130.

Kamanabrou, Sudabeh, Die kalkulierbare Kündigung – Leitlinien eines Abfindungssystems, in: Transparenz und Reform im Arbeitsrecht, hrsg. von Volker Rieble, München 2006, S. 77–94 (Zitiert: Transparenz und Reform).

Kaufmann, H, Die Auflösung des Arbeitsverhältnisses durch Gerichtsurteil, BB 1952, S. 750–752.

Kern, Jan H./Kreutzfeldt, Heiko, Arbeitsrechtliche Abwicklungsverträge am Ende?, NJW 2004, S. 3081–3082.

Kerwer, Christof, Die Arbeitsgerichtsbarkeit, JuS 1999, S. 250–256.

Keßler, Ulrich G., Der Auflösungsantrag nach § 9 KSchG, AuA 1994, S. 237–239.

–, Der Auflösungsantrag nach § 9 KSchG im Spiegel der Judikatur, NZA-RR 2002, S. 1–12.

Kittner, Michael/Kohler, Thomas C, Kündigungsschutz in Deutschland und den USA, BB-Beilage 2000, Nr. 4, S. 1–29.

–/Däubler, Wolfgang/Zwanziger, Bertram, Kündigungsschutzrecht, 9. Aufl., Frankfurt am Main 2013.

Klappenbach, Ruth/Steinitz, Wolfgang, Wörterbuch der deutschen Gegenwartssprache, 6. Band, 3. Aufl., Berlin 1982.

Koch, Hans-Joachim, Der unbestimmte Rechtsbegriff im Verwaltungsrecht, in: Juristische Methodenlehre und analytische Philosophie, hrsg. von Hans-Joachim Koch, Kronberg 1976, S. 186–213.

Kögel, Andreas M., Der Abfindungsanspruch nach § 1a KSchG, RdA 2009, S. 358–367.

König, Wilhelm, Zur näheren Bestimmung des wichtigen Grundes bei der außerordentlichen Kündigung durch den Arbeitgeber, RdA 1969, S. 8–16.

Koller, Ingo, Abfindungs- und Fortsetzungsverweigerung im Falle einer aus sonstigen Gründen unwirksamen Kündigung (§ 13 III KSchG), DB 1979, 1458–1462.

Kraemer, Hans-Jörg, Die Kündigung aus wichtigem Grund nach altem und neuem Recht, NZM 2001, S. 553–563.

Kraus, Katharina, Abfindungen zur Ablösung des Kündigungsschutzes – § 1a KSchG n.F., Diss. Freiburg 2005.

Krause, A. B., Der Kündigungsschutz und die sittenwidrige Kündigung eines Arbeitsvertrages, JW 1935, S. 1311–1317.

Krause, Peter, Die Rechtsprechung des Bundesverfassungsgerichts zum Privatrecht – Teil 2, JZ 1984, S. 711–719.

Krause, Rüdiger, Mitarbeit im Unternehmen – Tätigkeitsverhältnisse im Spannungsfeld von Gesellschafts-, Dienstvertrags- und Arbeitsrecht, Tübingen 2002 (Zitiert: Mitarbeit im Unternehmen).

–, Arbeitsrecht, 3. Aufl., Baden-Baden 2014.

Kreft, Burghard, Kontinuität und Wandel beim Bestandschutz, NZA-Beilage 2012, S. 58–66.

Kreßel, Eckhard, Derzeitige und künftige Bedeutung der Abfindung, NZA 1997, S. 1138–1144.

Künzl, Reinhard, Kündigungsschutzklage als Feststellungs- oder Gestaltungsklage, DB 1986, S. 1280–1282.

Küttner, Wolfdieter, Personalbuch, 21. Aufl., München 2014.

Lämmerhirdt, Karl-Peter, Die auf Druck am Arbeitsverhältnis nicht beteiligter Dritter erfolgende Kündigung seitens des Arbeitgebers, Diss. Marburg 1973.

Lange, Erich, Die rechtliche Natur der Entschädigung nach dem Betriebsrätegesetz, JW 1922, S. 557–558.

Larenz, Karl, Lehrbuch des Schuldrechts, Band I, Allgemeiner Teil, 14. Aufl., München 1987 (Zitiert: Schuldrecht I).

–/Canaris, Claus Wilhelm, Methodenlehre der Rechtswissenschaft, 3. Aufl., Berlin, Heidelberg, New York 1995.

Lauerbach, Günter, Die Rechtsnatur und der Streitgegenstand der Klage nach § 3 Satz 1 Kündigungsschutzgesetz, Diss. München 1968.

Lehmann-Jessen, Elsbeth, Die Kündigungsschutzklage gemäß § 4 Satz 1 des Kündigungsschutzgesetzes: Ihre Entstehung als Gestaltungsklage, ihre Problematik bei der Behandlung als Feststellungsklage, Diss. Kiel 1995 (Zitiert: Die Kündigungsschutzklage gemäß § 4 S. 1 KSchG).

Leimkuhl-Schulz, Bodo, Die Methode der Interessenabwägung als Mittel zur Auslegung des § 1 Abs. 2 und Abs. 3 KSchG, Diss. Köln 1978.

Leisten, Leonhard, Der beiderseitige Auflösungsantrag im Kündigungsschutzprozess, BB 1994, S. 2138–2139.

Lelley, Jan Tibor, Der Auflösungsantrag nach außerordentlicher Kündigung des Betriebsratsmitglieds, FA 2007, S. 74–77.

–, Anmerkung zu LAG „Auflösungsantrag zu Whistleblowing“, BB 2012, S. 1866–1867.

Lepke, Achim, Der unbezifferte Zahlungsanspruch im Urteilsverfahren, BB 1990, S. 273–280.

Lettl, Tobias, Der arbeitsrechtliche Kündigungsschutz nach den zivilrechtlichen Generalklauseln, NZA-RR 2004, S. 57–65.

Lingemann, Stefan/Steinhauser, Rut, Der Kündigungsschutzprozess in der Praxis – Gerichtliche Auflösung von Arbeitsverhältnissen, NJW 2013, S. 3354–3356.

Löwisch, Manfred, Die Weiterbeschäftigung des Arbeitnehmers während des Kündigungsrechtstreits, DB 1978, Beilage 7, S. 1–8.

–, Die Beendigung des Annahmeverzugs durch ein Weiterbeschäftigungsangebot während des Kündigungsrechtsstreits, DB 1986, S. 2433–2435.

–, Neuregelung des Kündigungs- und Befristungsrechts durch das Gesetz zu Reformen am Arbeitsmarkt, BB 2004, S. 154–161.

–/Spinner, Günther/Wertheimer, Frank, Kommentar zum Kündigungsschutzgesetz, 10. Aufl., Frankfurt am Main 2013.

Looschelders, Dirk, Schuldrecht Besonderer Teil, 9. Aufl., München 2014 (Zitiert: Schuldrecht BT).

Lücke, Jörg, Die (Un-)Zumutbarkeit als allgemeine Grenze öffentlich-rechtlicher Pflichten des Bürgers, Diss. Göttingen 1973.

Lüke, Gerhard, Das Arbeitsverhältnis während des Kündigungsschutzprozesses, NJW 1980, S. 2170–2172.

Lunk, Stefan, Auflösungsantrag (§ 9 KSchG) und Betriebsratsanhörung, NZA 2000, S. 807–811.

Maunz, Theodor/Dürig, Günter, Grundgesetz, 67. Erglf., München 2013.

v. Maydell, Bernd, Der Begriff der Zumutbarkeit im Sozialrecht unter besonderer Berücksichtigung der §§ 62 bis 66 SGB-AT, in: Im Dienst des Sozialrechts, Festschrift für Georg Wannagat zum 65. Geburtstag, hrsg. von Wolfgang Gitter, Werner Thieme und Hans F. Zacher, Köln, Berlin, Bonn, München 1981, S. 271–287.

–, Anmerkung zu BAG, SAE 1985, S. 348–350.

Michalski, Lutz, Zur Rechtsnatur des Dauerschuldverhältnisses, JA 1979, S. 401–409.

Möhl, Wolfgang, Kündigung und Kündigungsgrund im Arbeitsrecht, JW 1936, S. 3432–3436.

Molitor, Erich, Die Kündigung, 2. Aufl., Mannheim 1951.

Moll, Wilhelm, Die außerordentliche betriebsbedingte (Änderungs-)Kündigung zwischen unternehmerischer Organisationsfreiheit und Arbeitsplatzschutz, DB 1984, S. 1346–1350.

Monjau, Herbert, Erstes Arbeitsrechtsbereinigungsgesetz, BB 1969, S. 1042–1046.

Motive zum Entwurfe eines Bürgerlichen Gesetzbuches für das Deutsche Reich, Band 2, Recht der Schuldverhältnisse, 1896 (Zitiert: Motive II).

Müller, Gerhard, Das Problem des allgemeinen Kündigungsschutzes in der Rechtsprechung der Arbeitsgerichte, DRiZ 1948, S. 122–124.

Müller, Gernot, Der Leistungsbegriff im Arbeitsverhältnis, Frankfurt a. M. 1974.

Müller, Stefan, Der Auflösungsantrag des Arbeitgebers § 9 Abs. 1 Satz 2 KSchG, Diss. Leipzig 2004 (Zitiert: Auflösungsantrag des Arbeitgebers).

–, Änderungskündigung und Auflösungsantrag nach § 9 Abs. 1 Satz 2 KSchG, DB 2002, S. 2597–2599.

–, Betriebsratsanhörung bei einem Auflösungsantrag nach § 9 Abs. 1 S. 2 KSchG, BB 2002, S. 2014–2015.

–, Auflösungsantrag des Arbeitgebers und Weiterbeschäftigungsanspruch des Arbeitnehmers im Lichte der Rechtsprechung, BB 2004, S. 1849–1852.

–, Der Auflösungsantrag des Arbeitgebers, FA 2009, S. 265–267.

–, Die Rechtsprechung zum Auflösungsantrag des Arbeitgebers (§ 9 I 2 KSchG) in den Jahren 2003–2008, NZA-RR 2009, S. 289–294.

Münchner Handbuch zum Arbeitsrecht, hrsg. von Reinhard Richardi, Otfried Wlotzke, Hellmut Wissmann und Hartmut Oetker, Band 1, Individualarbeitsrecht, 3. Aufl., München 2009 (Zitiert: MünchHdbArbR/*Bearbeiter*).

Münchner Kommentar zum Bürgerlichen Gesetzbuch, hrsg. von Kurt Rebmann, Franz Jürgen Säcker und Roland Rixecker, Band 1: §§ 1–240 BGB, ProstG, AGG, 6. Aufl., München 2012; Band 2: §§ 241–432 BGB, 6. Aufl., München 2012; Band 3: §§ 433–610 BGB, Finanzierungsleasing, HeizkostenV, BetriebskostenV, CISG, 6. Aufl., München 2012; Band 4: §§ 611–704 BGB, EFZG, TzBfG, KSchG, 6. Aufl., München 2012; Band 5: §§ 705–853 BGB, PartGG, ProdHaftG, 6. Aufl., München 2013; Band 7: §§ 1297–1588 BGB, VAHRG, VAÜG, HausratsV, 4. Aufl., München 2000, §§ 1297–1588 BGB, VersAusglG, GewSchG, LPartG, 6. Aufl., München 2013 (Zitiert: MünchKommBGB/*Bearbeiter*).

Münchner Kommentar zum Handelsgesetzbuch, hrsg. von Karsten Schmidt, Band 2: §§ 105–160 HGB, 3. Aufl., München 2011 (Zitiert: MünchKommHGB/*Bearbeiter*).

Neef, Klaus, Das Kündigungsschutzrecht zur Jahrtausendwende, NZA 2000, S. 7–9.

–, Der Auflösungsantrag des Arbeitnehmers, in: Festschrift für Herbert Buchner zum 70. Geburtstag, hrsg. von Jobst-Hubertus Bauer, Michael Kort, Thomas M.J. Möllers und Bernd Sandmann, München 2009, S. 665–673.

Neuhausen, Ludger, Der im voraus erklärte Verzicht eines Arbeitnehmers auf Kündigungsschutz, Diss. Berlin 1992.

Neumann, Dirk, Haushaltsrechtlich betriebsbedingte Kündigung im Öffentlichen Dienst, RdA 1979, S. 371–373.

Neumann- Duesberg, Horst, Prozessuale Fragen des Kündigungsschutzgesetzes, ZZP 1952, S. 394–403.

Nikisch, Arthur, Gedanken zur Wiedereinführung eines Kündigungsschutzes, BB 1947, S. 89–91.

–, Die unwirksame Kündigung nach dem neuen Kündigungsschutzgesetz, BB 1951, S. 646–648.

Notter, Nikolaus H., Die Sicherung des Rechts auf den Arbeitsplatz, DB 1976, S. 772–774.

Oehmann, Werner, Auflösung des Arbeitsverhältnisses und Abfindung bei unwirksamer fristloser Entlassung, RdA 1952, S. 93–95.

Oetker, Hartmut, Das Dauerschuldverhältnis und seine Beendigung, Tübingen 1994 (Zitiert: Dauerschuldverhältnis).

–, Arbeitsrechtlicher Bestandsschutz und Grundrechtsordnung, RdA 1997, S. 9–21.

–, Handelsgesetzbuch, 3. Auflage, München 2013.

Offerhaus, Klaus, Abfindungen des Arbeitgebers – steuerfrei, steuerbegünstigt oder voll steuerpflichtig? Eine Darstellung der neuesten Rechtslage, DStZ 1981, S. 445–452.

–, Gestaltungsspielräume bei an Arbeitnehmer gezahlten Abfindungen und Entschädigungen, DB 1982, Beilage 10, S. 1–4.

Ohl, Heinrich, Zum Abfindungsrecht bei betriebsbedingtem Verlust des Arbeitsplatzes, ArbuR 1980, S. 108–113.

Ossenbühl, Fritz, Zumutbarkeit als Verfassungsmaßstab, in: Freiheit und Verantwortung im Verfassungsstaat, Festgabe zum 10jährigen Jubiläum der Gesellschaft für Rechtspolitik, hrsg. von Bernd Rüthers und Klaus Stern, München 1984, S. 316–327.

Ostermeyer, Adam, Die sozialwidrige und die aus sonstigen Gründen unwirksame Kündigung (§ 11 KSchG), RdA 1952, S. 142–143.

Otto, Hansjörg, Der vorläufige Bestandsschutz des Arbeitsverhältnisses, RdA 1975, S. 68–73.

–, Personale Freiheit und soziale Bindung, München 1978.

–, Arbeitsrecht, 4. Aufl., Berlin 2008.

Ottow, Christoph, Abfindung nach § 10 Kündigungsschutzgesetz, DB 1971, S. 1258–1259.

Palandt, Otto, Bürgerliches Gesetzbuch, 73. Aufl., München 2014 (Zitiert: Palandt/*Bearbeiter*).

Papier, Hans-Jürgen, Der verfassungsrechtliche Rahmen für Privatautonomie im Arbeitsrecht, RdA 1989, S. 137–144.

–, Arbeitsmarkt und Verfassung, RdA 2000, S. 1–7.

Paschke, Marian, Das Dauerschuldverhältnis der Wohnraummiete, Berlin 1991.

Paulus, Christoph/Zenker, Wolfgang, Grenzen der Privatautonomie, JuS 2001, S. 1–9.

Pauly, Holger, Höhe und Bemessungskriterien der Kündigungsabfindung, ArbuR 1997, S. 145–147.

–, Neues und Altes zur Kündigungsabfindung der §§ 9, 10 KSchG, ArbuR 2007, S. 155–159.

Pickart, Volker, Kündigungsschutz- und Kombinationsklage im arbeitsgerichtlichen Verfahren, Diss. Würzburg 2004 (Zitiert: Kündigungsschutz- und Kombinationsklage).

Picker, Eduard, Die Anfechtung von Arbeitsverträgen, ZfA 1981, S. 1–163.

Preis, Ulrich, Prinzipien des Kündigungsrechts bei Arbeitsverhältnissen, Diss. München 1987 (Zitiert: Prinzipien des Kündigungsrechts).

–, Autonome Unternehmerentscheidung und „dringendes betriebliches Erfordernis“, NZA 1995, S. 241–250.

–, Arbeitsrecht und „unbegrenzte Auslegung“, NJW 1998, S. 1889–1894.

–, Reform des Bestandschutzrechts im Arbeitsverhältnis, RdA 2003, S. 65–81.

–, Reform des Bestandschutzrechts im Arbeitsverhältnis – Entwurf eines Kündigungsschutzgesetzes (KSchG 2003), NZA 2003, S. 252–259.

Raab, Thomas, Der Abfindungsanspruch gemäß § 1a KSchG, RdA 2005, S. 1–12.

Rahmstorf, Frank, Die Druckkündigung des Arbeitsverhältnisses, Diss. München 1997.

Ramrath, Ulrich, Anmerkung zu BAG, AP Nr. 19 zu § 628 BGB.

Rebhahn, Robert, Abfindung statt Kündigungsschutz? – Rechtsvergleich und Regelungsmodelle, RdA 2002, S. 272–292.

Redeker, Martin, Verfassungsrechtliche Probleme des § 9 Abs. 2 KSchG, BB 1986, S. 1219–1222.

Reichold, Hermann, Grundlagen und Grenzen der Flexibilisierung im Arbeitsvertrag, RdA 2002, S. 321–333.

Reinecke, Gerhard, Anmerkung zu BAG, ArbuR 1985, S. 401–404.

Reiter, Christian, Vererbung arbeitsvertraglicher Ansprüche, BB 2006, S. 42–48.

Repken, Tilman, Die soziale Aufgabe des Privatrechts, Tübingen 2001.

Reuter, Dieter, Das Recht auf Arbeit – ein Prinzip des Arbeitsrecht?, RdA 1978, S. 344–351.

–, Gibt es eine arbeitsrechtliche Methode? – Ein Plädoyer für die Einheit der Rechtsordnung, in: Festschrift für Marie-Luise Hilger und Hermann Stumpf, hrsg. von Thomas Dieterich, Franz Gamillscheg und Herbert Wiedermann, München 1983, S. 573–599.

Reuter, Martin, Zur Kontrolldichte bei der Überprüfung der betriebsbedingten Kündigung, NZA 1989, S. 241–245.

Richardi, Reinhard, 50 Jahre Kündigungsschutzgesetz – ein vergessenes Jubiläum!, NZA 2000, S. 13–15.

–, Betriebsverfassungsgesetz mit Wahlordnung, 14. Aufl., München 2014 (Zitiert: Richardi/*Bearbeiter*).

Rieger, Reinhard, Grenzen verfassungskonformer Auslegung, NVwZ 2003, S. 17–22.

Rinsdorf, Hauke/Kiedrowski, Michael, Konzenbezug von § 14 II KSchG?, NZA 2012, S. 183–186.

Röhsler, Waldemar, Zum Schadensersatzanspruch des Arbeitnehmers nach § 628 Abs. 2 BGB und § 70 Abs. 2 HGB, DB 1957, S. 358.

Roeper, A. Abfindung nach dem Kündigungsschutzgesetz als Schadensersatz (§ 628 Abs. 2 BGB), DB 1970, S. 1489–1490.

Roesch, Heinz, Zur Frage des Kündigungsschutzes, SSA 1947, S. 205.

Rolfs, Christian/Gießen, Richard/Kreikebohm, Ralf/Udsching, Peter, Beck'scher Online-Kommentar Arbeitsrecht, 29. Ed., Stand: 01.09.2013.

Rühle, Hans Gottlob, Sinn und Unsinn des allgemeinen Kündigungsschutzes in Deutschland, DB 1991, S. 1378–1381.

Rüthers, Bernd, Die unbegrenzte Auslegung – Zum Wandel der Privatrechtsordnung im Nationalsozialismus, Tübingen 1968 (Zitiert: Unbegrenzte Auslegung).

–, Ein Grundrecht auf Wohnung durch die Hintertür?, NJW 1993, S. 2587–2589.

– Arbeitsrecht und ideologische Kontinuitäten? – Am Beispiel des Kündigungsschutzrechts, NJW 1998, S. 1433–1440.

–, Vom Sinn und Unsinn des geltenden Kündigungsschutzrechts, NJW 2002, S. 1601–1609.

–, Mehr Beschäftigung durch Entrümpelung des Arbeitsrechts?, NJW 2003, S. 546–552.

Sandmaier, Matthias, Abfindungsorientierte Kündigungsschutzmodelle – Eine Alternative zum Bestandschutzsystem im Kündigungsschutzrecht, Diss. Tübingen 2007.

Schäfer, Jürgen, Auflösungsanspruch des Arbeitgebers bei unwirksamer außerordentlicher Kündigung, BB 1985, S. 1994–1997.

Schaub, Günter, Der Kündigungsschutz bei Änderungskündigungen, RdA 1970, S. 230–237.

–, Arbeitsrechts-Handbuch, 15. Aufl., München 2013.

Schell, Veit, Das Arbeitsrecht der Westzonen und der jungen Bundesrepublik, Diss. Bayreuth 1994.

Schiefer, Bernd, Kündigungsschutz und Unternehmerfreiheit – Auswirkungen des Kündigungsschutzes auf die betriebliche Praxis, NZA 2002, S. 770–777.

Schier, Holger, Kündigungsschutzstreitigkeiten und Annahmeverzugslohn, BB 2006, S. 2578–2581.

Schleßmann, Karl, Anmerkung zu BAG, AP Nr. 1 zu § 9 KSchG 1969.

Schleusener, Axel Aino, Rechtsschutzmöglichkeiten bei einer Druckkündigung gegenüber dem Druckausübenden – Zugleich zum Recht am Arbeitsplatz als sonstigem Recht i. S. des § 823 I BGB, NZA 1999, S. 1078–1083.

Schlosser, Peter, Gestaltungsklagen und Gestaltungsurteile, Bielefeld 1966.

Schmidt, K. H., Zur Rechtsnatur der Abfindungen nach §§ 7, 8 KSchG und § 74 BetrVG, DB 1965, S. 1629–1633.

Schmidt-Futterer, Wolfgang, Mietrecht, 11. Aufl., München 2013.

Schmidt-Rimpler, Walter, Grundfragen einer Erneuerung des Vertragsrechts, AcP 147 (1941), S. 130–197.

–, Zum Vertragsproblem, in: Funktionswandel der Privatrechtsinstitutionen, Festschrift für Ludwig Raiser zum 70. Geburtstag, hrsg. von Fritz Bauer, Josef Esser, Friedrich Kübler und Ernst Steindorff, Tübingen 1974, S. 3–26.

Schmidt-Rolfes, Günter, Auflösung: die „kleine Kündigung“?, AuA 2012, S. 7.

Scholze-Stubenrecht, Werner (Hrsg.), Duden: Das große Wörterbuch der deutschen Sprache in zehn Bänden, Band 10, 3. Aufl., Mannheim, Leipzig, Wien, Zürich 1999.

Schrank, Franz, Der Fortbestand des Arbeitsverhältnisses als Schutzobjekt der Rechtsordnung, Wien 1982.

Schüler, Heinz-Adalbert, Grenzen richterlicher Nachprüfung betrieblicher Maßnahmen im Rahmen einer Klage nach dem Kündigungsschutzgesetz, ArbuR 1954, S. 54–59.

Schwarz, Walter, Dauerschuldverhältnis und Dogmatik arbeitsvertraglicher Treuepflicht, in: Festschrift für Walter Wilburg zum 70. Geburtstag, hrsg. von Hermann Baltl, Graz 1975, S. 355–368.

Schwarze, Roland, Vorvertragliche Verständigungspflichten, Tübingen 2001.

–, Arbeitnehmerbegriff und Vertragstheorie – Der paternalistische Kern des Arbeitnehmerschutzes, ZfA 2005, S. 81–107.

–, Das Recht der Leistungsstörungen, Berlin 2008 (Zitiert: Leistungsstörungen).

–, Anmerkung zu BAG, JA 2011, S. 228–231.

–/*Eylert, Mario/Schrader, Peter,* KSchG, München 2011.

Sieben, Peter, Verfassungswidrige Kündigungsbeschränkungen, NJW 2005, S. 1095–1097.

Siebert, Wolfgang, Das Arbeitsverhältnis in der Ordnung der nationalen Arbeit, Hamburg 1935.

Sieweke, Simon, Die Feststellung der Sozialwidrigkeit der Kündigung im Rahmen von § 9 KSchG, NZA 2011, S. 1324–1328.

Sinzheimer, Hugo, Grundzüge des Arbeitsrechts, 2. Aufl., Jena 1927.

Söhner, Frank, Der Verzicht des Arbeitnehmers und Auszubildenden auf Bestandsschutz, Diss. München 2008.

Söllner, Alfred, Der verfassungsrechtliche Rahmen für Privatautonomie im Arbeitsrecht, RdA 1989, S. 144–148.

Stahlhacke, Eugen/Preis, Ulrich/Vossen, Reinhard, Kündigung und Kündigungsschutz im Arbeitsverhältnis, 10. Aufl., München 2010 (Zitiert: Kündigung und Kündigungsschutz).

Staudinger, Julius von, BGB, §§ 134–138 BGB, ProstG (Allgemeiner Teil 4a – Gesetzliches Verbot und Sittenwidrigkeit), Neubearbeitung, Berlin 2011; Einleitung zu §§ 241 ff. BGB, §§ 241–243 BGB (Treu und Glauben), Neubearbeitung, Berlin 2009; § 242 BGB, 11. Aufl., Berlin 1961; §§ 255–304 BGB (Leistungsstörungsrecht I), Neubearbeitung, Berlin 2009; §§ 315–326 BGB (Leistungsstörungsrecht II), Neubearbeitung, Berlin 2009; Vorbem zu §§ 620 ff., §§ 620–630 BGB (Dienstvertragsrecht 3), Neubearbeitung, Berlin 2011; §§ 1353 – 1362 BGB (Wirkungen der Ehe im Allgemeinen), Neubearbeitung 2012; §§ 1564–1568 BGB, §§ 1568 a+b BGB (Scheidung der Ehe), Neubearbeitung, Berlin 2010; §§ 1589–1600d BGB (Abstammung), Neubearbeitung, Berlin 2011 (Zitiert: Staudinger/*Bearbeiter*).

v. Stebut, Dietrich, Der soziale Schutz als Regelungsproblem des Vertragsrechts, Berlin 1982.

Steinmann, Zum Entwurf des Kündigungsschutzgesetzes, BArbBl 1951, S. 208–210.

Stöhr, Alexander, Verdachtskündigung und Druckkündigung, JuS 2010, S. 1052–1056.

Stoffels, Markus, Die „Emmely"-Entscheidung des BAG – bloß eine Klarstellung von Missverständnissen?, NJW 2011, S. 118–123.

Strasser, Rudolf, Die Kündigung zur Unzeit, in: Gedenkschrift für Frank Gschnitzer, hrsg. von Christoph Faistenberger und Heinrich Mayrhofer, Aalen 1969, S. 415–430.

Stritzle, Otto, Das neue Kündigungsrecht, JW 1934, S. 597–600.

Strothmann, York/Vieregge, Ralf, Gesellschaft bürgerlichen Rechts und ordentliche Kündigung, in: Festschrift für Walter Oppenhoff zum 80. Geburtstag, hrsg. von Walter Jagenburg, Georg Maier-Reimer und Thomas Verhoeven, München 1985, S. 451–473.

Thüsing, Gregor, Angemessenheit durch Konsens – Zu den Grenzen der Richtigkeitsgewähr arbeitsvertraglicher Vereinbarungen, RdA 2005, S. 257–270.

Timke, Ines, Der Bestandsschutz im Arbeitsverhältnis in Deutschland und in den MOE-Staaten unter besonderer Berücksichtigung der Abfindungsregelungen, Diss. Osnabrück 2012 (Zitiert: Bestandsschutz im Arbeitsverhältnis).

Trappehl, Bernhard/Lambrich, Thomas, Auflösungsantrag des Arbeitgebers nach außerordentlicher Kündigung?, RdA 1999, S. 243–251.

Tschöpe, Ulrich, Der arbeitgeberseitige Auflösungsantrag im Kündigungsschutzprozess – offene Fragen, in: Festschrift für Peter Schwerdtner zum 65. Geburtstag, hrsg. von Jobst-Hubertus Bauer und Dietrich Boewer, München 2003, S. 217–246.

Ulmer, Peter, Kündigungsschranken im Handels- und Gesellschaftsrecht, in: Festschrift für Philipp Möhring zum 75. Geburtstag, hrsg. von Wolfgang Hefermehl, Rudolf Nirk und Philipp Möhring, München 1975, S. 295–317.

Urban, Sandra, Der Kündigungsschutz außerhalb des Kündigungsschutzgesetzes, Diss. Berlin 2001.

Vogt, Aloys, Zum Begriff der „Abfindung" in der Rechtsordnung, BB 1975, S. 1581–1587.

Wahrig, Gerhard (Hrsg.), Deutsches Wörterbuch mit einem „Lexikon der deutschen Sprachlehre", Sonderaufl., Gütersloh, Berlin 1977 (Zitiert: Deutsches Wörterbuch).

Walker, Wolf-Dietrich, Die begrenzte Bedeutung des Falls „Emmely" für die Entwicklung der Rechtsprechung zur außerordentlichen Kündigung, NZA 2009, S. 921–925.

Waltermann, Raimund, Arbeitsrecht, 17. Aufl., München 2014.

Wank, Rolf, Die Reform des Kündigungsrechts und der Entwurf eines Arbeitsvertragsgesetzes 1992, RdA 1992, S. 225–234.

–, Das Recht der Leistungsstörungen im Arbeitsrecht nach der Schuldrechtsreform, in: Festschrift für Peter Schwerdtner zum 65. Geburtstag, hrsg. von Jobst-Hubertus Bauer und Dietrich Boewer, München 2003, S. 247–267.

Weber, Jörg-Andreas, Auflösung des Arbeitsverhältnisses durch Urteil wegen eines Bagatelldelikts am Beispiel der „Emmely"-Entscheidung, RdA 2011, S. 108–119.

Weber, Wilhelm, Zumutbarkeit und Nichtzumutbarkeit als rechtliche Maßstäbe, Jjb 3 (1962/63), S. 212–240.

Wenzel, Leonhard, Neue Kündigungsbestimmungen im Arbeitsrecht, MDR 1969, S. 968–978.

Westermann, Klaus, Krisenjahr 2009: Aktuelle Themen aus dem Rechtsschutz, in: Aspekte der Beendigung von Arbeitsverhältnissen – Jahrbuch des Rechtsschutzes 2010, hrsg. von Reinold Mittag, Edzard Ockenga, Karlheinz Schierle, Reinhard-Ulrich Vorbau, Klaus Westermann und Hans-Martin Wischnath , Baden-Baden 2010, S. 10–22.

Wetekamp, Axel, Mietsachen, 4. Aufl., München 2007.

Wieacker, Franz, Zur rechtstheoretischen Präzisierung des § 242 BGB, Tübingen 1956.

Wiedemann, Herbert, Subjektives Recht und sozialer Besitzstand nach dem KSchG, RdA 1961, S. 1–8.

–, Das Arbeitsverhältnis als Austausch- und Gemeinschaftsverhältnis, Karlsruhe 1966.

Wiesenecker, Philipp, Arbeitsrecht der Länder im Nachkriegsdeutschland, Diss. Freiburg 2005.

Wieser, Eberhard, Zur Feststellung der nichtehelichen Vaterschaft nach neuem Recht, NJW 1998, S. 2023–2025.

Wilhelm, Gerhard, Die Zusammenhänge zwischen Sonderkündigungsschutz und dem Kündigungsschutzgesetz, NZA-Beilage 3, 1988, 18–31.

Willemsen, Heinz Josef, Kündigungsschutz – vom Ritual zur Rationalität, Gedanken zu einer grundlegenden Reform, NJW 2000, S. 2779–2787.

Wischnath, Hans-Martin, Die Eigenkündigung des Arbeitnehmers – Eigenkündigung = Eigentor?, in: Aspekte der Beendigung von Arbeitsverhältnissen – Jahrbuch des Rechtsschutzes 2010, hrsg. von Reinold Mittag, Edzard Ockenga, Karlheinz Schierle, Reinhard-Ulrich Vorbau, Klaus Westermann und Hans-Martin Wischnath, Baden-Baden 2010, S. 77–85.

Wolf, Elisa Maria, Druckkündigungen mit diskriminierendem Hintergrund, Diss. Göttingen 2011.

Wolf, Manfred, Kündigung vor Arbeitsantritt und Schadensersatz – BAGE 16, 204, JuS 1968, S. 65–70.

–, Anmerkung zu BAG, AP Nr. 8 zu § 4 KSchG 1969.

–/*Neuner, Jörg*, Allgemeiner Teil des Bürgerlichen Rechts, 10. Aufl., München 2012 (Zitiert: BGB AT).

Wollschläger, Leona Sofie, Unzumutbarkeit als Rechtsgedanke im Rahmen der außerordentlichen Kündigung, Diss. Potsdam 2007.

Wüllenweber, Joachim, Die Entwicklung des Kündigungsschutzrechts seit dem ersten Weltkrieg, Diss. Köln 1965.

Zimmer, Maximilian, Der Anwendungsbereich der Feststellungsklage und des Feststellungsantrags im arbeitsgerichtlichen Verfahren, Diss. Göttingen 1997 (Zitiert: Der Anwendungsbereich der Feststellungsklage).

Zippelius, Reinhold, Juristische Methodenlehre, 11. Aufl., München 2012.

Zöller, Richard, Zivilprozessordnung, 30. Aufl., Köln 2014.

Zöllner, Wolfgang, Privatautonomie und Arbeitsverhältnis, AcP 176 (1976), S. 221–246.

Erster Teil: Einleitung

A. Problemstellung

Der Arbeitsvertrag als bürgerlich-rechtliches Rechtsverhältnis[1] wird beherrscht von dem Grundprinzip der Privatautonomie, nach dem die Vertragsparteien ihre rechtlichen Beziehungen innerhalb der gesetzlichen Grenzen selbstbestimmt regeln können.[2] Im Vertragsrecht wird die Privatautonomie durch den Grundsatz der Vertragsfreiheit verwirklicht, der sowohl die Freiheit umfasst, einen Vertrag zu schließen, als auch die Freiheit diesen inhaltlich zu gestalten und ihn übereinstimmend wieder aufzuheben. Da sich das Arbeitsverhältnis als Dauerschuldverhältnis nicht in einem einmaligen Leistungsaustausch erschöpft, sondern in der Regel auf unbestimmte Zeit abgeschlossen wird, ist es jedoch nicht ausreichend, lediglich eine übereinstimmende Auflösungsmöglichkeit zuzulassen. Den Arbeitsvertragsparteien muss zudem eine einseitige Beendigung des Arbeitsvertrages möglich sein, um eine Ewigkeitsbindung zu vermeiden. Diese Freiheit zur einseitigen Vertragsbeendigung wird zumeist nicht als Unterkategorie der Vertragsfreiheit, sondern vielmehr als selbstständiges Element der Privatautonomie aufgefasst.[3]

Sowohl die Vertragsfreiheit als auch die einseitige Vertragsbeendigungsfreiheit können sich im Arbeitsverhältnis jedoch nicht grenzenlos entfalten. Während die arbeitsrechtliche Vertragsbegründungsfreiheit, die sich in die Abschluss- und die Auswahlfreiheit aufspalten lässt, insbesondere hinsichtlich der Abschlussfreiheit wenigen Einschränkungen unterliegt, sind die anderen Elemente der Privatautonomie im Arbeitsverhältnis aufgrund der Verpflichtung des Gesetzgebers zur Schaffung sozialer Mindeststandards in der sozialen Marktwirtschaft umfassender reglementiert. Bereits bei der Auswahlfreiheit des Arbeitgebers als Teil der Vertragsbegründungsfreiheit sind Diskriminierungsverbote, insbesondere aus dem Allgemeinen Gleichbehandlungsgesetz (AGG) zu beachten.[4] Auch die arbeitsvertragliche

---

1 *Hanau/Adomeit*, Arbeitsrecht, Rn. 71; *Otto*, Arbeitsrecht, Rn. 46.

2 Selbst wenn man das Arbeitsrecht aufgrund der verfassungsrechtlich gebotenen Regulierung der Privatautonomie, die sowohl durch Gesetze und Richterrecht als auch durch kollektive Vereinbarungen sowie betriebliche und überbetriebliche Mitbestimmung erreicht wird, wie *Hanau und Adomeit*, in Arbeitsrecht, Rn. 60, als *„einziges großes Kontrollsystem gegenüber der Vertragsfreiheit“* begreift, bleibt die Privatautonomie dem Arbeitsvertrag als Grundwertung und Auslegungsmaxime immanent. So auch *Boemke*, NZA 1993, 532, 534; a.A. hinsichtlich der Vertragsbeendigungsfreiheit *Preis*, Prinzipien des Kündigungsrechts, S. 69 f.

3 *Oetker*, Dauerschuldverhältnis, S. 258 f.

4 Der Verstoß gegen ein Diskriminierungsverbot bei der Einstellung hat jedoch keinen Kontrahierungszwang für den Arbeitgeber zur Folge, sondern kann gemäß § 15 Abs. 6 AGG lediglich zu Sekundäransprüchen des Arbeitnehmers führen. Anders ist dies im öffentlichen Dienstrecht, da sich aus Art. 33 Abs. 2 GG ein

Vertragsgestaltungsfreiheit und die Vertragsbeendigungsfreiheit, hier vor allem die einseitige, sind zahlreichen Schranken unterworfen.

Die im Schuldrecht aufgrund des Prinzips der einseitigen Vertragsbeendigungsfreiheit eigentlich materiell unbeschränkte ordentliche Kündigungsmöglichkeit wird im Arbeitsrecht aufgrund der verfassungsrechtlichen Vorgaben für den Gesetzgeber aus Art. 12 Abs. 1 des Grundgesetzes (GG) umfassend reguliert. Während der Arbeitnehmer sein Arbeitsverhältnis – abgesehen von formellen Beschränkungen wie Fristen oder Formerfordernissen – ohne Beachtung materieller Voraussetzungen durch ordentliche Kündigung frei beenden kann, muss der Arbeitgeber die Voraussetzungen des allgemeinen und besonderen Kündigungsschutzes beachten.

Mit dem allgemeinen und besonderen Kündigungsschutzrecht schuf der Gesetzgeber einen Interessenausgleich in der Wirtschafts- und Sozialordnung zur Lösung des Zielkonflikts von Rentabilitäts- und Dispositionsinteressen des am Markt unternehmerisch auftretenden Arbeitgebers, hinter dem das Allokationsinteresse der Volkswirtschaft steht, und Sozialinteressen des in Abhängigkeit von ihm stehenden Arbeitnehmers, für den sein Arbeitsverhältnis von existentieller Bedeutung ist.[5] Zudem wird das Kündigungsschutzrecht auch als gesetzgeberisches Gestaltungselement zur Realisierung eines möglichst hohen Beschäftigungsstandes begriffen.[6] Der Gesetzgeber ist berufen, sowohl den Anforderungen, welche die moderne und global ausgerichtete Wirtschaftsordnung mit dem Ruf nach Flexibilisierungen des rechtlichen Rahmens für Arbeitsverhältnisses an ihn stellt, zu genügen, als auch das der sozialen Marktwirtschaft innewohnende Sozialstaatsprinzip, das den Gesetzgeber zur Schaffung eines zweckmäßigen, rechtssicheren und gerechten Regelungssystems betreffend die Arbeitsverhältnisse verpflichtet, zu wahren, um den Standortvorteil des Wirtschaftsstandorts Deutschland zu erhalten und die Konkurrenzfähigkeit des deutschen Arbeitsmarktes sicherzustellen. Der Gesetzgeber vollzieht dabei eine Gratwanderung zwischen Unternehmerfreiheit und Arbeitsplatzschutz, die beide vom Schutzbereich des Art. 12 Abs. 1 GG erfasst sind.[7]

Die konkrete Ausgestaltung des Kündigungsschutzrechts ist dem Gesetzgeber dabei durch die Verfassung nicht im Detail vorgegeben, sondern dieser ist – innerhalb der verfassungsrechtlichen Vorgaben, insbesondere des

---

Einstellungsanspruch ergeben kann, wenn sämtliche Einstellungsvoraussetzungen in der Person des Bewerbers erfüllt sind und dessen Einstellung die einzig rechtmäßige Entscheidung der Behörde ist.

5 *Dorndorf*, BB 2000, 1938, 1940; *Duvigneau*, Die gerichtliche Auflösung des Arbeitsverhältnisses, S. 3 ff.; *C. Kaiser*, Kündigungsschutz ohne Prinzip, S. 286; *Kamanabrou*, in: Transparenz und Reform, § 3 Rn. 17; *Papier*, RdA 1989, 137, 138. Siehe auch *Hofmann*, ZfA 1970, 63, 66 f., der herausarbeitet, dass privatrechtliche Entscheidungsnormen Lösungen von Interessenkonflikten durch den Gesetzgeber und damit eine situationsbedingte Konkretisierung der Gerechtigkeitsidee darstellen.

6 *Becker/Rommelspacher*, ZRP 1976, 40; *Papier*, RdA 1989, 137, 140. Kritisch dazu: *Hofmann*, ZfA 1970, 63, 75.

7 *Hromadka*, AuA 2002, 261, 262.

Verhältnismäßigkeitsgrundsatzes und des Vertrauensschutzes – bei der Abwägung der gegenläufigen Interessen weitestgehend frei.[8]

Der im Kündigungsschutzgesetz (KSchG), das als Herzstück des deutschen Kündigungsrechts[9] oder auch Nervenzentrum des Arbeitsvertragsrechts[10] bezeichnet wird, geregelte allgemeine Kündigungsschutz zeichnet sich dadurch aus, dass die Wirksamkeit einer ordentlichen Kündigung des Arbeitgebers von dem Erfordernis einer sachlichen Rechtfertigung in Form einer nachträglichen Wirksamkeitskontrolle abhängig gemacht wird. Insofern benennt § 1 Abs. 2 KSchG drei Kündigungsgründe, die Sachverhalte umschreiben, in denen das Interesse des Arbeitgebers an der Beendigung schutzwürdiger ist als das Interesse des Arbeitnehmers an der Fortsetzung des Arbeitsverhältnisses, also eine Abweichung der tatsächlichen Durchführung des Arbeitsverhältnisses von dem vertraglich „Gesollten" vorliegt.[11] Konkret kann der Arbeitgeber die begehrte einseitige Beendigung gemäß § 1 Abs. 2 KSchG entweder auf Gründe in der Person oder dem Verhalten des Arbeitnehmers, also Gründe die aus der Sphäre der Arbeitnehmers stammen, oder auf betriebsbedingte Gründe, die der Sphäre des Arbeitgebers zuzuordnen sind, stützen.

Als Ergänzung zum allgemeinen Kündigungsschutz macht der besondere Kündigungsschutz die einseitige Beendigung von Arbeitsverhältnissen durch den Arbeitgeber von weiteren Voraussetzungen, zum Beispiel von behördlichen Genehmigungen, abhängig oder verschärft die Anforderungen des allgemeinen Kündigungsschutzes, um bestimmte Personengruppen, wie Schwangere, Mütter, Schwerbehinderte beziehungsweise Gleichgestellte oder betriebsverfassungsrechtliche Funktionsträger, besonders zu schützen.

Darüber hinaus kann das Arbeitsverhältnis auch mittels einer außerordentlichen Kündigung der Arbeitsvertragsparteien gemäß § 626 des Bürgerlichen Gesetzbuches (BGB) beendet werden. Dieser Beendigungsmechanismus, der in der Regel zur fristlosen Auflösung des Arbeitsverhältnisses führt, bedarf einer sachlichen Rechtfertigung in Form eines wichtigen Grundes. Der sachliche Grund muss unabhängig davon, ob der Arbeitgeber oder der Arbeitnehmer die Gestaltungserklärung abgeben, dargelegt und ggf. bewiesen werden, da diese Kündigungsart im Widerspruch zur Vertragstreue im Arbeitsverhältnis steht und durch die sofortige Auflösung des Vertragsverhältnisses in besonders schwerem Maße in die Interessen der Arbeitsvertragsparteien eingreift.

Als Ergänzung zu den vorgenannten einseitigen Beendigungsmöglichkeiten, enthält das Kündigungsschutzrecht in §§ 9, 10 KSchG Normen, die eine gerichtliche

---

8 *Duvigneau*, Die gerichtliche Auflösung des Arbeitsverhältnisses, S. 14; KR/*Griebeling*, § 1 KSchG Rn. 33; *Preis*, Prinzipien des Kündigungsrechts, S. 67. Aufgrund dieses weiten Gestaltungsspielraums sind Reformen und Modifikationen des Gesetzgebers – auch in Form der Absenkung des Schutzniveaus – grundsätzlich zulässig. Siehe dazu *Buchner*, NZA 2002, 533, 535; *Sandmaier*, Abfindungsorientierte Kündigungsschutzmodelle, S. 85.

9 So *Preis*, RdA 2003, 65.

10 Vgl. *Duvigneau*, Die gerichtliche Auflösung des Arbeitsverhältnisses, S. 228.

11 Schwarze/Eylert/Schrader/*Schwarze*, KSchG, § 9 Rn. 49.

Auflösung des Arbeitsverhältnisses bei einer Zerrüttung des Vertrauensverhältnisses im Arbeitsverhältnis vorsehen. Eine gerichtliche Auflösung des Arbeitsverhältnisses gemäß §§ 9, 10 KSchG kommt nach der gesetzlichen Regelung nur als Annexverfahren im Rahmen einer Kündigungsschutzklage nach der Feststellung der Sozialwidrigkeit einer arbeitgeberseitigen ordentlichen Kündigung beziehungsweise eingeschränkt auch nach der Feststellung der Unwirksamkeit einer außerordentlichen Kündigung durch den Arbeitgeber und bei Vorliegen der weiteren in § 9 Abs. 1 KSchG genannten Voraussetzungen in Betracht, wenn eine der Arbeitsvertragsparteien oder auch beide Arbeitsvertragsparteien übereinstimmend einen Antrag auf Auflösung des Arbeitsverhältnisses gestellt halben. Neben der Feststellung der Auflösung des Arbeitsverhältnisses beinhaltet das Urteil des Arbeitsgerichts stets auch eine gestaltende Entscheidung: Dem Arbeitnehmer ist eine Abfindung in einer vom Gericht festzusetzenden Höhe von in der Regel bis zu zwölf Monatsgehältern zuzusprechen, die dem Arbeitnehmer weder den Nachweis einer Pflichtverletzung, noch eines Verschuldens des Arbeitgebers oder eines konkreten Schadens i.S.d. §§ 249 ff. BGB abverlangt. Diese Abfindung soll den Arbeitnehmer für den zerrüttungsbedingten Verlust des Arbeitsverhältnisses entschädigen, das aufgrund des Fehlens einer sozialen Rechtfertigung gemäß § 1 Abs. 2 KSchG oder eines wichtigen Grundes gemäß § 626 Abs. 1 BGB eigentlich fortgesetzt werden müsste. Eine Fortsetzung des Arbeitsverhältnisses kommt bei Vorliegen der Voraussetzungen der §§ 9, 10 KSchG aber nicht in Betracht, da der Schutz vor einem sozial ungerechtfertigtem Verlust des Arbeitsplatzes dort seine äußere Grenze findet, wo ein infolge der Zerrüttung nicht mehr funktionsfähiges Arbeitsverhältnis am Leben erhalten werden würde.[12]

Fraglich ist, ob das System des Kündigungsschutzrechts, das den Arbeitsvertragsparteien einerseits die Beendigung des Arbeitsverhältnisses wegen einer Störung im Leistungsbereich durch Kündigung, die zumindest im Hinblick auf die arbeitgeberseitige Kündigung den Anforderungen des allgemeinen und besonderen Kündigungsschutz genügen muss, und andererseits die Auflösung des Arbeitsverhältnisses gegen Abfindungszahlung wegen einer Störung des Vertrauensbereichs durch Erhebung eines Auflösungsantrags gemäß §§ 9, 10 KSchG im Kündigungsschutzverfahren ermöglicht, den verfassungsrechtlichen Anforderungen des Art. 12 Abs. 1 GG genügt. Dies erscheint zumindest vor dem Hintergrund fraglich, als das es den Arbeitsvertragsparteien gemäß §§ 9, 10 KSchG erst im Rahmen des Kündigungsschutzprozesses möglich ist, das Arbeitsverhältnis wegen einer Zerrüttung der Vertrauensgrundlage gegen Abfindungszahlung aufzulösen. Es ist also stets eine vorgeschaltete Kündigung des Arbeitgebers erforderlich. Eine Zerrüttung der Vertrauensbeziehungen während des ungekündigten Arbeitsverhältnisses wird im Kündigungsschutzrecht hingegen nicht gesondert abgebildet.

Ist die Fortführung des Arbeitsverhältnisses für den Arbeitnehmer aufgrund einer Zerrüttung der Vertrauensbeziehungen unzumutbar, spricht der Arbeitgeber – der

12 Schwarze/Eylert/Schrader/*Schwarze*, KSchG, § 9 Rn. 49.

im Zweifel gar keine Beendigung erwägt – aber keine Kündigung aus, bleibt für den Arbeitnehmer lediglich die Möglichkeit, das Arbeitsverhältnis selbst zu kündigen. Dies ist zwar zumindest im Hinblick auf die ordentliche Kündigung ohne Beachtung materieller Einschränkungen möglich und unterliegt allenfalls formellen Beschränkungen. Begehrt der Arbeitnehmer aber zugleich eine Kompensation für den zerrüttungsbedingten Verlust des Arbeitsverhältnisses vom Arbeitgeber, bleibt ihm lediglich die Möglichkeit der Geltendmachung eines Schadensersatzanspruchs gemäß § 628 Abs. 2 BGB, der die Geltendmachung weiterer Schadensersatzansprüchen in seinem Anwendungsbereich ausschließt. Die erfolgreiche Geltendmachung eines Schadensersatzanspruchs aus § 628 Abs. 2 BGB erfordert jedoch – im Gegensatz zum Abfindungsanspruch aus §§ 9, 10 KSchG – die Darlegung eines Auflösungsverschuldens des Arbeitgebers mit dem Gewicht eines wichtigen Grundes i.S.d. § 626 Abs. 1 BGB sowie den Nachweis eines Schadens i.S.d. §§ 249 ff. BGB und setzt sowohl die Kausalität zwischen Pflichtverletzung und Beendigung als auch zwischen Beendigung und Schaden voraus.

Ist das Arbeitsverhältnisses aus Sicht des Arbeitgebers zerrüttet, ohne dass gleichzeitig die Voraussetzungen einer sachlichen Rechtfertigung gemäß § 1 Abs. 2 KSchG oder eines wichtigen Grundes gemäß § 626 Abs. 1 BGB erfüllt sind, bleibt für diesen lediglich die Möglichkeit des Arbeitsverhältnis zunächst (sozialwidrig beziehungsweise unwirksam) zu kündigen, um sodann im gerichtlichen Verfahren einen Auflösungsantrag zu stellen.

Ob die den Arbeitsvertragsparteien zur Verfügung stehenden rechtlichen Handlungsmöglichkeiten zur Reaktion auf eine Zerrüttung während des ungekündigten Arbeitsverhältnisses den verfassungsrechtlichen Vorgaben genügen wird im Rahmen der vorliegenden Untersuchung zu erörtern sein.

B. Gang der Untersuchung

Der Gang der Untersuchung ist damit vorgezeichnet.

Die Untersuchung wendet sich zuerst im *zweiten Teil* den Grundprinzipien der Beendigung von Dauerschuldverhältnissen – dem Prinzip der übereinstimmenden und einseitigen Vertragsbeendigungsfreiheit und dem Prinzip der sachlichen Rechtfertigung der einseitigen Vertragsbeendigung – zu. Es wird erörtert, warum es verfassungsrechtlich geboten ist, die einseitige Beendigung von Arbeitsverhältnissen durch den Arbeitgeber von einer sachlichen Rechtfertigung abhängig zu machen, obgleich bürgerlich-rechtliche Dauerschuldverhältnisse eigentlich von dem Grundsatz der Vertragsbeendigungsfreiheit geprägt sind. Die Notwendigkeit der sachlichen Rechtfertigung der Beendigung des Arbeitsverhältnisses wird anhand einer Abwägung der verfassungsrechtlich geschützten Interessen der Arbeitsvertragsparteien insbesondere aus Art. 12 Abs. 1 GG hegeleitet und dessen Umfang im Hinblick auf die Notwendigkeit eines effektiven Schutzes für die Arbeitnehmer einerseits und die Beschränkung durch das Übermaßverbot zur Verwirklichung der unternehmerischen Freiheit des Arbeitgebers andererseits bestimmt.

Im darauffolgenden *dritten Teil* werden die einseitigen Beendigungsmöglichkeiten der Arbeitsvertragsparteien im Kündigungsschutzrecht anhand des zuvor herausgearbeiteten verfassungsrechtlichen Maßstabs bewertet. Es wird dargestellt, wie der Gesetzgeber sowohl das Prinzip der Vertragsbeendigungsfreiheit als auch das Prinzip der sachlichen Rechtfertigung der Vertragsbeendigung im Kündigungsrecht umgesetzt hat und insbesondere der Regelungsgehalt der sachlichen Rechtfertigung der ordentlichen Kündigung gemäß § 1 Abs. 2 KSchG und des wichtigen Grundes gemäß § 626 Abs. 1 BGB herausgearbeitet. Sodann wird hinterfragt, ob es den Arbeitsvertragsparteien stets möglich ist, dass Arbeitsverhältnis zu beenden, wenn dessen Fortführung für sie unzumutbar ist. In diesem Zusammenhang wird herausgearbeitet, dass zumindest die Situation der Zerrüttung des dem Arbeitsvertrag zugrunde liegenden Vertrauensverhältnisses, also eine Störung die keine klare Zurechnung zu den Arbeitsvertragsparteien zulässt, nicht von den Regelungen der § 1 Abs. 2 KSchG und § 626 Abs. 1 BGB erfasst ist und die Regelungen insofern eine Lücke aufweisen.

Der *vierte Teil* der Untersuchung befasst sich sodann mit der Frage, inwiefern die zuvor herausgearbeitete Lücke mit dem Auflösungsverfahren der §§ 9, 10 KSchG, das eine gerichtliche Auflösung des Arbeitsverhältnisses wegen einer Zerrüttung des Vertrauensverhältnisses auf Antrag einer oder beider Arbeitsvertragsparteien im Kündigungsschutzprozess ermöglicht, geschlossen werden kann. Es wird zunächst die historische Entwicklung des Auflösungsverfahrens seit der Weimarer Republik dargestellt und sodann der materielle Gehalt des Tatbestands der Zerrüttung herausgearbeitet. Es wird dargestellt, wann eine Situation vorliegt, die die Fortführung des Arbeitsverhältnisses für den Arbeitnehmer gemäß § 9 Abs. 1 S. 1 KSchG unzumutbar macht beziehungsweise wann aus Sicht des Arbeitgebers eine weitere gedeihliche Zusammenarbeit mit dem Arbeitnehmer gemäß § 9 Abs. 1 S. 2 KSchG nicht mehr zu erwarten ist. Sodann wird die Anbindung der Auflösungsmöglichkeit an das gerichtliche Verfahren erörtert. In diesem Zusammenhang wird herausgearbeitet, dass insbesondere die Antragsberechtigung des Arbeitgebers zu eng gefasst ist und eine Erweiterung der Antragsberechtigung vorgeschlagen. Schließlich erfolgt eine Auseinandersetzung mit der vom Arbeitsgericht im Rahmen des Auflösungsverfahren gemäß §§ 9, 10 KSchG zu treffenden Entscheidung. Neben der primärrechtlichen Auflösungsfolge wird hier insbesondere auch die sekundärrechtliche Abfindungspflicht des Arbeitgebers betrachtet und mit anderen sekundärrechtlichen Folgen einer Vertragsstörung verglichen sowie deren Abhängigkeit vom Grad der Zerrüttung untersucht. Im Hinblick auf die Festsetzung der Höhe der Abfindung wird eine Orientierung an § 1a KSchG vorgeschlagen, um das Verfahren für die Arbeitsvertragsparteien vorhersehbarer zu gestalten. Am Ende des *vierten Teils* wird festgestellt, dass zumindest die Situation der Zerrüttung des Arbeitsverhältnisses während des ungekündigten Arbeitsverhältnisses von den Regelungen der §§ 9, 10 KSchG nicht erfasst wird und insofern eine Lücke besteht.

Im *fünften Teil* der Untersuchung wird sodann erörtert, ob eine Schließung der im *vierten Teil* herausgearbeiteten Lücke im Kündigungsschutzrecht durch eine analoge Anwendung der §§ 9, 10 KSchG verfassungsrechtlich geboten ist. Es wird hinterfragt, ob für den Arbeitnehmer die Möglichkeit bestehen müsste, das Arbeitsverhältnis – auch ohne vorangegangene Kündigung des Arbeitsgebers – durch Eigenkündigung gegen Abfindungszahlung auflösen zu lassen, wenn zwar die Voraussetzungen eines Schadensersatzanspruchs gemäß § 628 Abs. 2 BGB nicht gegeben sind, das Arbeitsverhältnis aber trotzdem zerrüttet ist. Zudem wird erörtert, ob auch der Arbeitgeber die Möglichkeit haben sollte, einen Auflösungsantrag gemäß §§ 9, 10 KSchG im ungekündigten Arbeitsverhältnis zu stellen, ohne zuvor (sozialwidrig oder unwirksam) kündigen zu müssen.

Im *sechsten Teil* werden schließlich die gewonnen Erkenntnisse in Ergebnisthesen zusammengefasst.

Zweiter Teil: Grundprinzipien der Beendigung von Dauerschuldverhältnissen

Vertragliche Schuldverhältnisse lassen sich nach mehreren Kriterien unterscheiden und einteilen. Im Folgenden sollen insbesondere die Schuldverhältnisse näher betrachtet werden, die sich nicht lediglich in dem einmaligen, zumeist zweiseitig verpflichtenden Austausch von Leistungen erschöpfen. Ein typisches Beispiel für einen solchen punktuellen, hier zu vernachlässigenden Austauschvertrag ist der Barkauf.[13] Neben punktuellen Austauschverträgen, stehen solche Austauschverträge, denen ein gewisses Zeitmoment innewohnt, da sich die Abwicklung über einen längeren Zeitraum erstreckt und somit Verpflichtung und Erfüllung zeitlich auseinanderfallen. Vorliegend soll jedoch auch nicht die Auseinandersetzung mit solchen Schuldverhältnissen mit einer singulären Austauschpflicht, selbst wenn diesen ein gewisses Zeitmoment innewohnt, im Vordergrund stehen, sondern vielmehr vertragliche Schuldverhältnisse näher betrachtet werden, die auf einen länger andauernden oder wiederholten Leistungsaustausch gerichtet sind, wobei die Leistungsverpflichtung nicht von vorneherein feststeht und auch nicht auf eine bestimmte Gesamtsumme begrenzt ist und kein Gesamtleistungsinteresse besteht.[14] Solche Schuldverhältnisse werden als Dauerschuldverhältnisse bezeichnet.[15]

Als Grundlage für die folgenden Erörterungen dient das Arbeitsverhältnis, also ein privatrechtliches Dauerschuldverhältnis,[16] das als Dienstverhältnis i.S.d. §§ 611 ff. BGB ausgestaltet sein und die Leistung unselbstständiger Dienste zum Gegenstand haben muss. Das Arbeitsrecht ist dabei als Teil des Bürgerlichen Rechts zu begreifen[17] und nicht als eigenständiges, von den zivilrechtlichen Prinzipien losgelöstes Rechtsgebiet mit eigenen Normen, Grundsätzen und Auslegungsregeln anzusehen.[18] Das Arbeitsrecht folgt als Regelungsmaterie den bürgerlich-rechtlichen

---

13 Bei dem Barkauf übergibt und übereignet der Verkäufer dem Käufer die Kaufsache (§ 433 Abs. 1 BGB), woraufhin der Käufer dem Verkäufer den Kaufpreis zahlt und die Kaufsache abnimmt (§ 433 Abs. 2 BGB), so dass die aus dem Vertrag erwachsenden gegenseitigen Leistungspflichten der Parteien gemäß § 362 BGB durch Erfüllung erlöschen.

14 *Schwarze*, Leistungsstörungen, § 15 Rn. 53.

15 *Gernot Müller*, Der Leistungsbegriff im Arbeitsverhältnis, S. 25 ff.; grundlegend: *Oetker*, Dauerschuldverhältnis. Durch das Schuldrechtsmodernisierungsgesetz (SMG) vom 26.11.2001 wurde der Begriff des Dauerschuldverhältnisses als Gesetzesbegriff in das BGB aufgenommen (vgl. § 314 BGB).

16 *Fahl*, Abfindungszahlung, S. 7; *Günther*, ArbuR 1974, 97.

17 *Krause*, Arbeitsrecht, § 1 Rn. 28; *Otto*, Arbeitsrecht, Rn. 43 ff.; *Reuter*, in: FS für Hilger/Stumpf, S. 573 ff.; MünchHdbArbR/*Richardi*, § 1 Rn. 16; *Waltermann*, Arbeitsrecht, Rn. 10; *Zöllner*, AcP 176 (1976), 221 ff.

18 So aber *Gamillscheg*, AcP 176 (1976), 197 ff.

Grundsätzen, Auslegungsmaximen und Wertentscheidungen, die durch die arbeitsrechtlichen Sondergesetze Ergänzungen und Modifizierungen erfahren.[19]

Da Dauerschuldverhältnisse wie das Arbeitsverhältnis nicht nach einer einmaligen ordnungsgemäßen Leistungserfüllung gemäß § 362 BGB erlöschen, sondern die Hauptleistungspflichten nach den jeweiligen Einzelleistungen fortbestehen, können Dauerschuldverhältnisse unabhängig von Leistungshandlung und Leistungserfolg grundsätzlich nur durch von außen auf das Vertragsverhältnis einwirkende Umstände aufgelöst werden, soweit die Beendigung nicht bereits bei Vertragsschluss zum Beispiel mittels einer Befristung vereinbart wurde.[20] Ein solcher äußerer Umstand kann der vom übereinstimmenden Willen getragene Aufhebungsvertrag sein, der zu einer einvernehmlichen Aufhebung des Dauerschuldverhältnisses führt. Fehlt es an einem solchen übereinstimmenden Willen, muss für diejenige Partei, die eine Auflösung der gesamten vertraglichen Beziehungen begehrt, grundsätzlich die Möglichkeit bestehen, eine einseitige Beendigung, zum Beispiel mit Hilfe einer Gestaltungserklärung, herbeizuführen, da sich die dem Schuldverhältnis zugrunde liegenden tatsächlichen Umstände oder die Interessenlage der Parteien ändern können.[21] Würde eine solche einseitige Auflösungsmöglichkeit fehlen, würde dies zu einer Ewigkeitsbindung der Parteien führen, die dem Grundsatz der vertraglichen Selbstbestimmung widerspräche.

Das den Parteiinteressen in dieser Situation typischerweise entsprechende Gestaltungsrecht ist die Kündigung, da diese die Wirksamkeit des Dauerschuldverhältnisses ex nunc beseitigt und der Entstehung weiterer, zukünftiger Leistungspflichten entgegenwirkt ohne den in der Vergangenheit vollzogenen Leistungsaustausch anzutasten und somit das *„unentbehrliche Gegengewicht gegenüber der fortwirkenden Bindungskraft dauernder Schuldverhältnisse“*[22] bildet.[23] Durch die Kündigung wird nur das Dauerschuldverhältnis als solches beendet; ein „einfaches“ Schuldverhältnis

---

19 *Linck*, in: Schaub, Arbeitsrechts-Handbuch, § 3 Rn. 2.

20 *Urban*, Der Kündigungsschutz außerhalb des KSchG, S. 34 f.

21 Daneben kommen noch andere Beendigungstatbestände wie zum Beispiel der Fristablauf bei befristeten Verträgen, der Bedingungseintritt bei bedingten Verträgen, der Tod einer Vertragspartei bei höchstpersönlichen Schulden, die Zweckerreichung bei einer Gesellschaft bürgerlichen Rechts und die Aufhebung durch Gestaltungsurteil nach Erhebung einer Aufhebungsklage (so zum Beispiel bei der offenen Handelsgesellschaft gemäß § 133 HGB) in Betracht.

22 *v. Gierke*, JherJb. Bd. 64 (1914), 355, 380.

23 *Larenz*, Schuldrecht I, S. 273 f.; *Oetker*, Dauerschuldverhältnis, S. 261; *Wank*, in: FS für Schwerdtner, S. 247, 254 f. Das Rücktrittsrecht (§§ 346 ff. BGB) hingegen bietet aufgrund seiner normativen Ausgestaltung kein sachgerechtes Instrument zur Verhinderung einer zukünftigen vertraglichen Bindung, da die mit der Ausübung des Rücktritts verbundene Umgestaltung des Schuldverhältnisses in ein Rückgewährschuldverhältnis, aufgrund dessen die gegenseitigen Leistungen rückabgewickelt werden, in der Regel nicht den Parteiinteressen in dieser Situation entspricht. Siehe zum Rücktritt vom gesamten Dauerschuldverhältnis *Schwarze*, Leistungsstörungen, § 15 Rn. 55.

zwischen den Parteien bleibt aber solange bestehen, bis bereits entstandene Leistungspflichten und die mit der Beendigung entstehende Abwicklungspflichten von den Parteien erfüllt wurden.[24]

Obgleich die Vertragsparteien zur Wahrung ihrer Selbstbestimmung die Möglichkeit haben müssen Vertragsverhältnisse einseitig zu beenden, besteht diese Beendigungsmöglichkeit nicht schrankenlos, sondern unterliegt insbesondere im Arbeitsrecht umfassenden gesetzlichen Reglementierungen. Die Basis dieser einfachgesetzlichen Ausgestaltung[25] bilden allgemeine Rechtsprinzipien, die auf verfassungsrechtlichen Vorgaben beruhen und den Regelungsrahmen für den Gesetzgeber vorgeben. Bevor im *dritten Teil* auf die konkrete Ausgestaltung der einseitigen Beendigungsmechanismen im Arbeitsrecht durch den Gesetzgeber eingegangen wird, sollen in diesem *zweiten Teil* zunächst die Grundprinzipien, die der Beendigung von Dauerschuldverhältnissen zu Grunde liegen, überblicksartig herausgearbeitet werden. Zu erläutern ist zunächst das aus der Privatautonomie erwachsende Prinzip der einseitigen Vertragsbeendigungsfreiheit, um sodann auf das Prinzip der sachlichen Rechtfertigung, das bei bestimmten Arten von einseitigen Vertragsbeendigungen zu beachten ist, einzugehen. Diese vorweggenommene Auseinandersetzung mit den übergesetzlichen Beendigungsprinzipien ermöglicht die Überprüfung, ob der Gesetzgeber die verfassungsrechtlichen Vorgaben bei der Schaffung der Regelungen betreffend die Beendigung des Arbeitsverhältnisses umfassend beachtet hat oder gegebenenfalls Regelungslücken zu beklagen sind.

A. Prinzip der Vertragsbeendigungsfreiheit

I. Vertragsbeendigungsfreiheit als notwendiges Element der Privatautonomie

Bürgerlich-rechtliche Schuldverhältnisse basieren auf der das gesamte liberal und individualistisch geprägte Bürgerliche Recht überragenden Privatautonomie, die es dem Einzelnen freistellt seine Lebensverhältnisse im Rahmen der Rechtsordnung durch Rechtsgeschäfte eigenverantwortlich zu gestalten.[26] Die Privatautonomie ist ein Grundpfeiler unserer Privatrechtsordnung[27] mit Verfassungsrang. Das Grundgesetz kennt zwar kein allgemeines und ausdrückliches Grundrecht der

24 *Larenz*, Schuldrecht I, S. 274.

25 Gemäß Art. 74 Nr. 12 GG gehört das Arbeitsrecht zur konkurrierenden Gesetzgebung des Bundes. Das heißt, dass der Bund dann die Regelungskompetenz hat, wenn und soweit die Herstellung gleichwertiger Lebensverhältnisse im Bundesgebiet oder die Wahrung der Rechts- und Wirtschaftseinheit im gesamtstaatlichen Interesse eine bundesgesetzliche Regelung erfordern; dies wird im Arbeitsrecht in der Regel der Fall sein. Siehe dazu *Linck*, in Schaub, Arbeitsrechts-Handbuch, § 3 Rn. 1.

26 *Dieterich*, RdA 1995, 129, 130; Palandt/*Ellenberger*, BGB, § 104 Rn. 1; *Flume*, Rechtsgeschäft, S. 1; *Paulus/Zenker*, JuS 2001, 1.

27 *Paulus/Zenker*, JuS 2001, 1.

Privatautonomie.[28] Die Privatautonomie ist aber Ausdruck des allgemeinen Prinzips der Selbstbestimmung des Menschen und der Nichteinmischung des Staates in die Privatrechtsgestaltung und findet ihre verfassungsrechtliche Grundlage in Art. 2 Abs. 1 GG i.V.m. Art. 1 GG sowie in bereichsspezifischen Spezialgrundrechten.[29] Sie berechtigt den Einzelnen, Rechte und Pflichten zu begründen, zu ändern oder aufzuheben.[30] Die Privatautonomie ist dabei keine Rechtsquelle eigener Art, sondern ein Maßstab, der als Argument für individuelle Rechte dienen kann und der vom Gesetzgeber durch die Schaffung zweckmäßiger Gesetze, die die Wertideen der Gerechtigkeit und Rechtssicherheit in sich tragen, ausgefüllt wird.[31]

Im Vertragsrecht ist die Privatautonomie durch den Grundsatz der Vertragsfreiheit (§§ 241, 305 BGB) konkretisiert,[32] wobei der Begriff der Vertragsfreiheit häufig sogar als Synonym für den Begriff der Privatautonomie verwendet wird.[33] Die Vertragsfreiheit umfasst sowohl die Vertragsbegründungsfreiheit, im Rahmen derer zwischen Abschluss- und Auswahlfreiheit unterschieden werden kann, die Vertragsgestaltungsfreiheit und die Vertragsauflösungsfreiheit aufgrund übereinstimmenden Willensentschlusses.[34] Die auf einem übereinstimmenden Willen basierende Vertragsauflösung stellt hierbei den actus contrarius zum Vertragsschluss dar.[35]

II. Legitimation der einseitigen Vertragsbeendigungsfreiheit

Fraglich ist jedoch, inwiefern auch die einseitige Vertragsbeendigungsfreiheit als Teil der Privatautonomie anerkannt ist. Die verfassungsrechtliche Notwendigkeit der einseitigen Beendigungsmöglichkeit von Schuldverhältnissen zur Wahrung der Selbstbestimmung des Einzelnen könnte zunächst vor dem Hintergrund angezweifelt werden, dass ein selbstbestimmt ausgehandelter Vertrag nach der Idee der Richtigkeitsgewähr eine interessenausbalancierende und damit materiell gerechte Regelung bietet, für die es keiner einseitigen Auflösungsmöglichkeit bedarf. Überdies erscheint die Anerkennung der einseitigen Vertragsbeendigungsfreiheit auf den ersten Blick deswegen zweifelhaft, weil eine einseitige Vertragsbeendigung zwar die Privatautonomie desjenigen, der die Beendigung begehrt, verwirklicht,

28 *Krause*, JZ 1984, 711, 716; *Papier*, RdA 1989, 137, 138.
29 *Busche*, Privatautonomie und Kontrahierungszwang, S. 14; *Paulus/Zenker*, Jus 2001, 1. *Papier*, RdA 1989, 137, 138, nennt beispielshaft das Eigentumsgrundrecht des Art. 14 GG, die Vereinigungsfreiheit des Art. 9 Abs. 1 GG und die Berufsfreiheit aus Art. 12 Abs. 1 GG.
30 *Boemke*, NZA 1993, 532.
31 *Busche*, Privatautonomie und Kontrahierungszwang, S. 15 ff.
32 *Boemke*, NZA 1993, 532; *Busche*, Privatautonomie und Kontrahierungszwang, S. 65.
33 BAG, NJW 1995, 275, 277; *Zöllner*, AcP 176 (1976), 221, 229 ff.
34 BAG, NZA 1994, 209, 211; *Bengelsdorf*, BB 1995, 978; *Bettermann*, JZ 1954, 461; *Larenz*, Schuldrecht I, S. 40 ff.; *Paulus/Zenker*, JuS 2001, 1; *Rüthers*, NJW 2002, 1601, 1604.
35 *Bengelsdorf*, NZA 1994, 193, 194; *Oetker*, Dauerschuldverhältnis, S. 258.

andererseits aber die Privatautonomie des Vertragspartners beschränkt, der eine Fortgeltung des Vertrages anstrebt.

1. Keine Ewigkeitsbindung wegen Richtigkeitsgewähr

Fraglich ist, ob die Idee der Richtigkeitsgewähr des selbstbestimmt ausgehandelten Vertrages die Zulässigkeit einer Ewigkeitsbindung begründen kann.

Die Regelungen des BGB sowie der Grundsatz der Privatautonomie basieren auf der Idee, dass vernünftige, selbstverantwortliche, frei und rational handelnde Rechtssubjekte ihre Rechtsverhältnisse insofern regeln, als sie ihre jeweiligen Ausgangspositionen in einem Prozess des gegenseitigen Prüfens und Abwägens angleichen, bis sie zu einer Einigung kommen.[36] Diese Einigung, die auf einer ausführlichen Auseinandersetzung mit der Rechtsposition des jeweiligen Verhandlungspartners und einem daraus resultierenden Interessenausgleich basiert, trage nach teilweise vertretener Ansicht die Richtigkeitsgewähr für einen materiell gerechten Vertrag in sich, da jede Partei dem Inhalt des Vertrages, insbesondere auch den für sie ungünstigen Regelungen, habe zustimmen müssen.[37] Die materielle Richtigkeit frei ausgehandelter Verträge müsse jedenfalls dann angenommen werden, wenn keine Störungen der formellen Geschäftsfähigkeit oder Willensmängel vorliegen, keine Abhängigkeiten der Parteien voneinander und auch keine Unterlegenheit bei der Wertungsfähigkeit einer Partei zum Beispiel aufgrund mangelnder Sachkenntnis, geistiger Schwäche oder Unerfahrenheit bestehen.[38] Voraussetzung der Richtigkeit sei also ein (relatives) Machtgleichgewicht zwischen den Kontrahenten, wobei es nicht nur auf die wirtschaftliche Äquivalenz ankomme, sondern es auch um intellektuelle, eventuell auch situative und organisatorische Waffengleichheit der Parteien gehe.[39] Das dem Idealvertrag zu Grunde liegende Konsensprinzip, das den Zwang beinhaltet, konträre Interessen im Kompromiss ausgleichen zu müssen, führe nach der Idee des BGB also dazu, dass sich eine gerechte Rechtsordnung im freien Spiel der Kräfte von selbst entfaltet und durchsetzt. Aus dieser liberalen Grundentscheidung folge aber ebenso, dass auch objektiv unvernünftige und eine Partei benachteiligende Verträge, die auf einem gemeinsamen Willensentschluss basieren, von der Rechtsordnung als gültig anerkannt werden, da jede Partei die Möglichkeit hatte, einen angemessenen Vertrag auszuhandeln und einen benachteiligenden abzulehnen.[40]

Die Idee der Gewähr der materiellen Richtigkeit frei ausgehandelter Verträge ist jedoch wegen der Schwierigkeiten der Rationalisierbarkeit materieller Gerechtigkeit

---

36 *Wolf/Neuner*, BGB AT, § 10 Rn. 33. Vgl. auch Verweise auf die Idee der Richtigkeitsgewähr in der BGH-Rspr.: BGH, NJW 2009, 3371, 3374; NJW 2003, 888, 890; NJW 1988, 135 und in der Rspr. des BAG: BAG; AP Nr. 11 zu § 305c BGB; AP Nr. 10 zu § 310 BGB; AP Nr. 15 zu § 611 BGB Hausmeister; AP Nr. 4 zu § 2 TVG Tariffähigkeit.

37 *Schmidt-Rimpler*, AcP 147 (1941), 130, 150 ff.; *ders.*, in: FS für Raiser, S. 5 f.

38 *Schmidt-Rimpler*, AcP 147 (1941), 130, 158.

39 MünchKommBGB/*Kramer*, 5. Aufl. 2006, Vorbem. zu §§ 145–157 Rn. 3.

40 *Busche*, Privatautonomie und Kontrahierungszwang, S. 64.

kritisiert worden.[41] Diese Kritik ist berechtigt, da die Idee der Richtigkeitsgewähr ein rechtliches Urteil über die materielle Richtigkeit des Vertragsinhaltes als möglich voraussetzt und damit der Überprüfung der Richtigkeit durch einen Dritten – in der Regel den Richter – den Weg bahnt.[42] Die sich aufgrund gesellschaftlicher Veränderung wandelnde „objektive" Gerechtigkeitsvorstellung deckt sich aber nicht notwendig mit den Gerechtigkeitsvorstellungen der Vertragsparteien, die dem privatautonom gestalteten Regelwerk zu Grunde liegen. Die Kritiker gehen deswegen nicht von der Idee einer materiellen Richtigkeitsgewähr des Vertragsinhalts aus, sondern nehmen vielmehr an, dass ein selbstbestimmt ausgehandelter Vertrag lediglich die größte Chance der Richtigkeit in sich trage.[43] Insofern sei weniger auf das Resultat des Vertragsschlusses zu blicken, sondern vielmehr auf dessen prozedurale Bedingungen.[44]

Weder die Idee der Richtigkeitsgewähr noch die Idee Richtigkeitschance selbstbestimmt ausgehandelter Verträge können aber dazu führen, dass der generell als gerecht anzusehende oder zumindest der gerecht zustande gekommene Vertrag unabhängig von eventuellen Veränderungen auf ewig Bestand haben muss. Diese Annahme begründet sich damit, dass sich die Parteien eines Dauerschuldverhältnisses zu einem zukünftigen, kontinuierlichen Leistungsaustausch verpflichten ohne bei Abschluss des Vertrages ihre eigene zukünftige Leistungsfähigkeit oder die Entwicklung äußerer Umstände mit Sicherheit bestimmen zu können und somit die sichere Grundlage für die rationale Selbstbindung für unbegrenzte Zeit fehlt.[45] Somit kann die Idee der Richtigkeitsgewähr beziehungsweise der Richtigkeitschance keine Ewigkeitsbindungen begründen.

2. *Keine Ewigkeitsbindung wegen Grundsatzes der Vertragstreue*

Die auf dem übereinstimmenden Parteiwillen basierenden Schuldverhältnisse sind für die Vertragspartner grundsätzlich nur dann von Wert, wenn sie sich darauf verlassen können, dass die ausgehandelten Regelungen verbindlich sind und sie auf die Leistungsversprechen der anderen Vertragspartei vertrauen können. Die diesen Vorstellungen zu Grunde liegende Vertragstreue beziehungsweise der Grundsatz „pacta sunt servanda" werden von den Vorschriften des BGB vorausgesetzt und besitzen den Rang einer unverzichtbaren Funktionsvoraussetzung für eine freiheitlich verfasste und auf der Vertragsfreiheit aufbauende Privatrechtsordnung.[46] Grundsätzlich würde also jede einseitige, nicht auf einem gemeinsamen Willen beruhende Vertragsbeendigung einen Eingriff in eine rechtlich gesicherte Position des

41 *Schwarze*, Vorvertragliche Verständigungspflichten, S. 80.
42 *Schwarze*, Vorvertragliche Verständigungspflichten, S. 80.
43 *Schwarze*, Vorvertragliche Verständigungspflichten, S. 85.
44 *Schwarze*, Vorvertragliche Verständigungspflichten, S. 85.
45 *Oetker*, Dauerschuldverhältnis, S. 252; *Paschke*, Das Dauerschuldverhältnis der Wohnraummiete, S. 136.
46 Staudinger/*Olzen*, Einl. z. Schuldrecht Rn. 65.

Vertragspartners darstellen, der einer Rechtfertigung bedürfte.[47] Dies wäre jedoch nur der Fall, wenn der Grundsatz der Vertragstreue tatsächlich uneingeschränkt und ohne Modifikation auf Dauerschuldverhältnisse Anwendung fände.

Eine Annäherung an das Problem des Spannungsverhältnisses zwischen dem Grundsatz der Vertragstreue und der Beendigungsfreiheit lässt sich durch eine methodische Betrachtung des Grundsatzes der Vertragstreue erreichen. Der Grundsatz „pacta sunt servanda" führt nicht zu einer Vertragstreue als formalem Selbstzweck, sondern verhilft vielmehr der Selbstbestimmung der Parteien zu einer rechtlichen Verbindlichkeit.[48] Würde der Selbstbestimmung nicht die Vertragstreue zur Seite gestellt, wäre die Vertragsfreiheit, also die Herbeiführung von rechtlich verbindlichen Regelungen basierend auf Individualinteressen, in Frage gestellt, da die Selbstbestimmung ohne normativ verpflichtenden Rahmen keine verlässlichen Leistungsaustauschbeziehungen begründen könnte.[49] Demnach stehen die Vertragstreue und die Selbstbestimmung in einem funktionalen Zusammenhang und prägen sich gegenseitig, wie sie auch wechselseitig ihren jeweiligen Umfang begründen, ohne sich gegenseitig Schranken oder Grenzen aufzuerlegen.[50] Besteht wie in dem Fall der Beendigung von Dauerschuldverhältnissen ein Konflikt zwischen der Privatrechtsordnung und der Vertragstreue, steht der Umfang der Vertragstreue bereits unter dem immanenten Vorbehalt einer Kongruenz mit der Selbstbestimmungsordnung.[51]

Die einseitige Beendigungsfreiheit kann jedoch nicht Teil der aus der Privatautonomie erwachsenden Vertragsfreiheit sein, da die beiden Freiheiten entgegengesetzte Pole der privatautonom geregelten Rechtsbeziehungen bilden[52] und sich die Freiheit zur Bindung und die Freiheit von der Bindung nicht widerspruchsfrei unter dem Dach der Vertragsfreiheit zusammenfassen lassen.[53] Obgleich das Recht zur einseitigen Beendigung von Vertragsverhältnissen somit nicht als Element der Vertragsfreiheit anzusehen ist, muss es diese notwendigerweise ergänzen und als eigenständiger Teil der Privatautonomie angesehen werden.[54] Schlösse man eine einseitige Beendigungsmöglichkeit für Dauerschuldverhältnisse wegen des Grundsatzes der Vertragstreue von vorneherein generell aus, führte dies zu einer

---

47 *Thüsing*, RdA 2005, 257, 258.

48 *Oetker*, Dauerschuldverhältnis, S. 250.

49 *Boemke*, NZA 1993, 532 f. Vgl. auch *Reichold*, RdA 2001, 321, 328.

50 *Oetker*, Dauerschuldverhältnis, S. 250.

51 *Oetker*, Dauerschuldverhältnis, S. 250 f.

52 *Berdeckl*, BB 1973, 806; *Oetker*, Dauerschuldverhältnis, S. 258 f.; *Urban*, Der Kündigungsschutz außerhalb des KSchG, S. 40.

53 *Oetker*, Dauerschuldverhältnis, S. 258 f.; *ders.*, RdA 1997, 9, 11; hingegen sehen *Strothmann/Vieregge*, in: FS für Oppenhoff, S. 451, 456 die einseitige Beendigungsfreiheit als Teil der Vertragsfreiheit an; nicht ganz eindeutig: *Boemke*, NZA 1993, 532, 537 f.

54 *Bettermann*, JZ 1954, 461, 462; *Busche*, Privatautonomie und Kontrahierungszwang, S. 70; *Oetker*, Dauerschuldverhältnis, S. 258 f.; *ders.*, RdA 1997, 9, 10; *Wolf/Neuner*, BGB AT, § 10 Rn. 36, die von der Beendigungsfreiheit als Gegenstück zur Abschlussfreiheit sprechen.

Ewigkeitsbindung der Parteien, da Dauerschuldverhältnisse lediglich durch übereinstimmenden Willen einer Beendigung zugeführt werden könnten. Eine vertragliche Ewigkeitsbindung würde aber wiederum zu einer Aufhebung der verfassungsrechtlich gewährleisteten Selbstbestimmung der Vertragspartei führen, die einseitig eine Beendigung der Vertragsbeziehungen begehrt, da diese zumindest partiell, nämlich für die Zukunft, die Selbstbestimmung verlöre; es läge somit ein Widerspruch zur selbstbestimmten Privatrechtsordnung vor (Freiheitsparadoxon).[55]

III. Zusammenfassung

Die obigen Ausführungen haben gezeigt, dass die Anerkennung der Vertragsbeendigungsfreiheit aufgrund übereinstimmenden Willensentschlusses als Teil der Vertragsfreiheit verfassungsrechtlich geboten ist. Darüber hinaus ist auch die einseitige Beendigungsfreiheit als notwendiges Gegenstück zur Abschlussfreiheit und eigenständiges Element der Privatautonomie konstitutives Element der bürgerlichrechtlichen Rechtsordnung.[56] Die Möglichkeit der einseitigen Beendigung von Dauerschuldverhältnissen ist dem bürgerlichen Recht immanent, obgleich selbstbestimmt ausgehandelte Verträge die Gewähr oder zumindest die größte Chance der materiellen Richtigkeit in sich tragen, da die zukünftige Entwicklung des Schuldverhältnisses bei Vertragsschluss, insbesondere bei langer Vertragsdauer, noch nicht hinreichend sicher prognostiziert werden kann. Auch der Grundsatz „pacta sunt servanda" ist bei unbefristeten Dauerschuldverhältnissen nur während der Gültigkeitsdauer uneingeschränkt zu beachten und nicht bei der Beendigung, da der Umfang der Vertragstreue bereits unter dem immanenten Vorbehalt einer Kongruenz mit der Selbstbestimmungsordnung steht.

Das verfassungsrechtlich verankerte Recht zur einseitigen Vertragsbeendigung ist demnach ein tragender Grundsatz einer auf der Selbstbestimmung des Einzelnen aufbauenden Privatrechtsordnung und notwendige Ergänzung zu der Freiheit, eine in die Zukunft reichende dauernde Leistungsverpflichtung mittels der Vertragsfreiheit ohne staatliche Einflussnahme oder andere Reglementierungen herbeiführen zu dürfen.

---

55 BGH, NJW 1954, 106; NJW 1973, 1602; NJW 1994, 2536, 2537; *Bydlinski*, Privatautonomie und objektive Grundlagen des verpflichtenden Rechtsgeschäftes, S. 68 f.; *Canaris*, ZHR 143 (1979), 113, 122; *v. Jhering*, Der Zweck im Recht, Bd. I, S. 106; *Oetker*, Dauerschuldverhältnis, S. 259 f.; *Paulus/Zenker*, JuS 2001, 1, 2; *Thüsing*, RdA 2005, 257, 259; *Trappehl/Lambrich*, RdA 1999, 243, 246; *Ulmer* in: FS für Möhring, S. 295, 303; MünchKommBGB/*Ulmer/Schäfer*, § 723 Rn. 61.

56 So auch BAG, NJW 1995, 275, 277; *Busche*, Privatautonomie und Kontrahierungszwang, S. 70.

B. Prinzip der sachlichen Rechtfertigung der Vertragsbeendigung

Neben dem Prinzip der einseitigen Vertragsbeendigungsfreiheit steht das Prinzip der sachlichen Rechtfertigung einer Vertragsbeendigung.[57] Dieses Prinzip zeichnet sich dadurch aus, dass es die Wirksamkeit einer einseitigen Vertragsbeendigung von dem Vorliegen einer sachlichen Rechtfertigung abhängig macht.

I. Ausnahme vom Prinzip der Vertragsbeendigungsfreiheit

Das Prinzip der sachlichen Rechtfertigung reglementiert die aus dem Selbstbestimmungsrecht der Vertragspartner erwachsende Beendigungsfreiheit zu Lasten eines Vertragspartners.[58] Teilweise wird zwar davon ausgegangen, dass gerade das Prinzip der sachlichen Rechtfertigung der Vertragsbeendigung als Ausprägung eines allgemeinen zivilrechtlichen Grundsatzes anzusehen ist[59] und deshalb nicht die Einschränkung der Beendigungsmöglichkeit, sondern vielmehr die Begründung eines einseitigen Beendigungsrechts ohne Rechtfertigungserfordernis als zivilrechtliche Anomalie anzusehen ist.[60] Diese Ansicht verkennt jedoch, dass die einseitige Beendigungsfreiheit das notwendige Gegenstück zur Ewigkeitsbindung bei Dauerschuldverhältnissen darstellt.[61] Der durch das Prinzip der sachlichen Rechtfertigung der Vertragsbeendigung vermittelte Bestandsschutz greift in die verfassungsrechtlich geschützte Beendigungsfreiheit desjenigen, der die einseitige Beendigung des Vertrages begehrt, ein und bedarf deswegen einer verfassungsrechtlichen Rechtfertigung.[62]

II. Legitimation wegen Störung der Funktionsvoraussetzungen der Privatautonomie

Der Eingriff in die einseitige Beendigungsfreiheit durch die Schaffung eines Rechtfertigungserfordernisses ist geboten, wenn Ungleichgewichtslagen im

---

57 Ascheid/Preis/Schmidt/*Preis*, Kündigungsrecht, Grundlagen G Rn. 9, spricht von dem Prinzip des berechtigten Kündigungsinteresses. Vgl. auch *Dorndorf*, BB 2000, 1938, 1941, der von dem Prinzip des Kündigungsschutzes spricht.

58 *Galperin*, RdA 1966, 361, 362; *Neuhausen*, Der im voraus erklärte Verzicht eines Arbeitnehmers auf Kündigungsschutz, S. 45 f.; *M. Reuter*, NZA 1989, 241, 243; Schwarze/Eylert/Schrader/*Schwarze*, KSchG, § 1 Rn. 47.

59 *Paschke*, Das Dauerschuldverhältnis der Wohnraummiete, S. 144.

60 *N. Horn*, in: Gutachten und Vorschläge zur Überarbeitung des Schuldrechts, S. 551, 565; *Krause*, Arbeitsrecht, § 18 Rn. 18.

61 So auch BAG, NJW 1995, 275, 277; *Busche*, Privatautonomie und Kontrahierungszwang, S. 70.

62 *Bettermann*, JZ 1954, 461, 465; *Hofmann*, Subjektives Recht und Wirtschaftsordnung, S. 255 f.; *Paulus/Zenker*, JuS 2001, 1, 3; *Rüthers*, NJW 1998, 1433, 1436; Schwarze/Eylert/Schrader/*Schwarze*, KSchG, § 1 Rn. 47, § 9 Rn. 60.

Privatrechtsverkehr bestehen.[63] Wie oben bereits herausgearbeitet wurde, beruht die das bürgerliche Recht bestimmende Privatautonomie auf dem Prinzip der Selbstbestimmung und setzt voraus, dass die Bedingungen freier Selbstbestimmung tatsächlich gegeben sind. Hat einer der Vertragspartner jedoch ein starkes Übergewicht in der Verhandlungsmacht, bewirkt dies für den anderen Vertragsteil Fremdbestimmung; allein mit den Mitteln des Vertragsrechts ist sodann kein sachgerechter Ausgleich der Interessen zu gewährleisten.[64] Wenn bei einer solchen Sachlage über grundrechtlich verbürgte Positionen verfügt wird, müssen staatliche Regelungen ausgleichend eingreifen, um den Grundrechtsschutz der Vertragspartner zu sichern, was zugleich zu einer Begrenzung der Privatautonomie führt.[65]

Wann eine Ungleichgewichtslage so schwer wiegt, dass der Gesetzgeber zum Handeln aufgefordert ist, lässt sich der Verfassung nicht unmittelbar entnehmen. Der Gesetzgeber, dem insofern ein weiter Beurteilungs- und Gestaltungsspielraum zur Verfügung steht, darf jedoch offensichtlichen Fehlentwicklungen nicht tatenlos zusehen.[66] In diesen Fällen muss er eingreifen und die Privatautonomie zum Schutz der einen Vertragspartei begrenzen, ohne die konkurrierenden Grundrechtspositionen des anderen Vertragspartners über Gebühr zu belasten.[67] Auf dem Gebiet des Arbeitsrechts ist der Gesetzgeber berufen, die Interessen des Arbeitnehmers, für den das Arbeitsverhältnis von existentieller Bedeutung ist und der auf die unternehmerische Verwertung seiner Arbeitskraft verzichtet, um diese dem Arbeitgeber zur Verfügung zu stellen, und die Interessen des Arbeitgebers, der die unternehmerischen Chancen nutzt und die damit zusammenhängenden wirtschaftlichen Risiken trägt, auszugleichen.

Eine vergleichbare Konfliktlage findet sich im Wohnungsmietrecht. Hier ist der Gesetzgeber berufen einen Ausgleich zwischen dem Eigentumsrecht des Vermieters aus Art. 14 Abs. 1 GG, das seinerseits durch die Sozialbindung des Eigentums aus Art. 14 Abs. 2 GG begrenzt ist, und dem Besitzrecht des Mieters, das ebenfalls unter den Schutz des Art. 14 Abs. 1 GG fällt[68], herzustellen.[69] Eine Beendigung des Mietvertrages belastet den Mieter kostenmäßig – selbst bei funktionierendem Wohnungsmarkt – nicht unbeträchtlich.[70] Stünde es dem Vermieter frei, den Wohnraummietvertrag ohne jegliche Rechtfertigung zu kündigen, bestünde die Gefahr, dass dieser eine solche Kündigung mit einem Angebot auf Verlängerung des Mietverhältnisses zu einer höheren Miete verbände, auf das der Mieter wegen der ansonsten

63 Ascheid/Preis/Schmidt/*Preis*, Kündigungsrecht, Grundlagen G Rn. 4.
64 BVerfG, NJW 1999, 1469, 1470.
65 BVerfG, NJW 1999, 1469, 1470; vgl. auch *Schwarze*, ZfA 2008, 81 f.
66 BVerfG, NJW 1999, 1469, 1470.
67 BVerfG, NJW 1999, 1469, 1470.
68 BVerfG, NJW 1993, 2035 ff.; kritisch dazu *Rüthers*, NJW 1993, 2587 ff.
69 *Kraemer*, NZM 2001, 553, 554; *Looschelders*, Schuldrecht BT, Rn. 495.
70 Siehe zu den Anfängen der aus der damaligen Wohnungsnot im Zeitraum der Industrialisierung resultierenden „Wohnungsfrage" um 1860 und deren Entwicklung: *Repgen*, Die soziale Aufgabe des Privatrechts, S. 231 ff.

drohenden hohen Umzugskosten eingehen müsste.[71] Überdies stellt die Wohnung für jedermann den Mittelpunkt seiner privaten Existenz dar, auf deren Gebrauch der Einzelne zur Befriedigung elementarer Lebensbedürfnisse angewiesen ist und an deren Stetigkeit ein erhebliches Interesse besteht.[72]

1. Schutz der „unfreien" abhängigen Arbeit des Arbeitnehmers

Im Arbeitsverhältnis genießt die unselbständige Arbeit des Arbeitnehmers den Schutz des Art. 12 Abs. 1 GG. Der Arbeitnehmer hat ein Bestandsinteresse hinsichtlich der Fortsetzung des Arbeitsverhältnisses,[73] da eine Beendigung in besonderer Weise den grundrechtlich geschützten Lebensbereich des Arbeitnehmers berührt.[74] Der Arbeitsvertrag ist für den Arbeitnehmer von existenzieller Bedeutung, da der Arbeitnehmer seine Arbeitskraft, Fähigkeiten, Phantasie und Initiative als gebündelte fachliche Leistung mit Abschluss des Arbeitsvertrages dem Arbeitgeber zur Verfügung stellt und auf seine persönliche und wirtschaftliche Freiheit und die eigene unternehmerische Verwertung seiner Arbeitskraft, insbesondere die unternehmerische Nutzung von Marktchancen, verzichtet.[75] Dabei unterwirft sich der Arbeitnehmer der Befehlsgewalt des Arbeitgebers, indem er sich verpflichtet seine Dienste anzubieten und den Weisungen des Arbeitgebers zu gehorchen.[76] Überdies werden auch der Lebenszuschnitt, das Wohnungsumfeld sowie die gesellschaftliche Stellung und das Selbstwertgefühl des Arbeitnehmers von seinem Arbeitsplatz bestimmt.[77]

Das Bestandsinteresse des Arbeitnehmers an seinem Arbeitsverhältnis ist jedoch durch Art. 12 Abs. 1 GG nur insoweit gewährleistet, als der Arbeitnehmer nicht durch staatliche Maßnahmen an der Übernahme eines zur Verfügung stehenden Arbeitsplatzes gehindert, zur Aufnahme einer bestimmten Beschäftigung gezwungen oder ihm die Aufgabe eines bestimmten Arbeitsplatzes von Staats wegen auferlegt

71 *Hönn*, JURA 1984, 57, 65. Vgl. dazu auch § 573 Abs. 2 Nr. 3 BGB. Hat der Vermieter hingegen selbst ein berechtigtes Interesse daran die Wohnung privat für sich zu nutzen, kann er sich zur Begründung seiner Kündigung auf Eigenbedarf berufen, § 573 Abs. 2 Nr. 2 BGB.

72 *Kraemer*, NZM 2001, 553, 554.

73 Ascheid/Preis/Schmidt/*Preis*, Kündigungsrecht, Grundlagen A Rn. 22.

74 *Hofmann*, ZfA 1970, 63, 73 f.; *Hönn*, JURA 1984, 57, 65; *N. Horn*, in: Gutachten und Vorschläge zur Überarbeitung des Schuldrechts, S. 551, 565, 572 f.; *C. Kaiser*, Kündigungsschutz ohne Prinzip, S. 288 f.; *Paulus/Zenker*, JuS 2001, 1, 2 f.

75 *Dorndorf*, BB 2000, 1938, 1941 f.; *C. Kaiser*, Kündigungsschutz ohne Prinzip, S. 286; *Notter*, DB 1976, 772; *Schwarze*, ZfA 2005, 81, 88 f.; Schwarze/Eylert/Schrader/*Schwarze*, KSchG, Einl. Rn. 1; *Wiedemann*, Das Arbeitsverhältnis als Austausch- und Gemeinschaftsverhältnis, S. 15; vgl. auch *Schwarz*, in: FS für Wilburg, S. 355, 358 ff.

76 *Schwarze*, ZfA 2005, 81, 92 f.

77 BVerfG; NZA 1998, 470, 471; NZA 2006, 913; *Aden*, RdA 1981, 280, 281; v. Hoyningen-Huene/Linck/*v. Hoyningen-Huene*, KSchG, Einl. Rn. 4; *Rühle*, DB 1991, 1378; *Rüthers*, NJW 2002, 1601, 1604. Vgl. auch *Reuter*, RdA 1978, 344, 345.

werden darf.[78] Der Arbeitnehmer hat hingegen keinen verfassungsrechtlich gewährleisteten Anspruch auf unmittelbaren Schutz gegen den Verlust eines Arbeitsplatzes aufgrund privater Dispositionen.[79] Der Staat ist allerdings verpflichtet, seinen aus Art. 12 Abs. 1 GG erwachsenden Schutzauftrag zu erfüllen.[80] Der Staat ist konkret verpflichtet den Arbeitnehmer vor missbräuchlichen und willkürlichen Kündigungen durch den Arbeitgeber zu schützen, um zu vermeiden, dass dem Arbeitnehmer jederzeit durch freien Willensentschluss des Arbeitgebers die Existenzgrundlage entzogen werden kann.[81]

2. Schutz der unternehmerischen Entscheidungsfreiheit des Arbeitgebers

Der verfassungsrechtlich gebotene Schutz vor willkürlichen Beendigungen des Arbeitsverhältnisses kann jedoch nicht grenzenlos gewährleistet werden. Der Gesetzgeber ist aufgrund seines aus Art. 12 Abs. 1 GG erwachsenden Schutzauftrages nicht berufen, ein Gleichgewicht herzustellen oder zu wahren, sondern lediglich verpflichtet, eine äußerste Erträglichkeitsgrenze für Ungleichgewichte zu ziehen.[82] Kündigungsbeschränkungen, die die vertragliche Dispositionsfreiheit des Arbeitgebers einschränken, müssen auch dessen legitimen Interesse an der Auflösung des Arbeitsverhältnisses Rechnung tragen, also den Maßstäben der speziellen Freiheitsrechte, insbesondere Art. 12 GG und Art. 14 GG, genügen.[83]

Kündigungsbeschränkungen zu Lasten des Arbeitgebers, die die arbeitsvertragliche Dispositionsfreiheit einschränken, müssen in erster Linie den Maßstäben des speziellen Freiheitsgrundrechts des Art. 12 GG genügen. Trotz des engen funktionalen Zusammenhangs von Art. 12 GG und Art. 14 GG, ist Art. 12 GG in der Regel der speziellere Prüfungsmaßstab gegenüber Art. 14 GG. Art. 14 GG kann nur dann eigene Bedeutung erlangen, wenn mit der Kündigungsbeschränkung zugleich wirtschaftliche Belastungen verbunden sind, die den Bestand des Betriebs des Arbeitgebers gefährden, was in der Regel nicht der Fall sein wird.[84]

Art. 12 GG schützt sowohl die Auswahl als auch die Ausübung des Berufs.[85] Dieses einheitliche Grundrecht der Berufsfreiheit kann gemäß Art. 12 Abs. 1 S. 2 GG durch Gesetz oder aufgrund eines Gesetzes eingeschränkt werden.[86] Je intensiver die Berufsfreiheit eingeschränkt wird, desto schwerer müssen die Gründe

---

78 BVerfG, NJW 1991, 1667.
79 BVerfG, NJW 1991, 1667; NJW 1998, 470, 471; *Papier*, RdA 2000, 1, 2.
80 BVerfG, NJW 1991, 1667; NJW 1998, 470, 471.
81 Schwarze/Eylert/Schrader/*Schwarze*, KSchG, Einl. Rn. 1, 5. Siehe auch *Zöller*, AcP 1976, 221, 243.
82 *Schwarze*, ZfA 2005, 81, 97 f.
83 *Preis*, NZA 1995, 241, 242.
84 Ascheid/Preis/Schmidt/*Preis*, Kündigungsrecht, Grundlagen A Rn. 31.
85 BVerfG, NJW 1991, 1667; ErfK/*Schmidt*, Art. 12 GG Rn. 9.
86 ErfK/*Schmidt*, Art. 12 GG Rn. 23.

dafür wiegen.[87] Auf Grundlage der vom BVerfG entwickelten Stufenlehre sind an Einschränkungen der Berufswahlfreiheit höhere Anforderungen zu stellen als an Einschränkungen der Berufsausübungsfreiheit; eine trennscharfe Abgrenzung des jeweiligen Eingriffsobjekts ist jedoch häufig nicht möglich.[88]

Kündigungsbeschränkungen stellen die Berufswahl des Arbeitgebers grundsätzlich nicht in Frage, sondern betreffen zumeist nur den Bereich der Berufsausübung.[89] Die Berufswahlfreiheit des Arbeitgebers wäre allenfalls dann betroffen, wenn er Arbeitsverträge dauerhaft nicht beenden könnte und somit ein Zwang für den Arbeitgeber entstünde, seinen Beruf weiter auszuüben.[90] Der Arbeitgeber muss insofern jedenfalls die Möglichkeit haben sein Unternehmen aufzugeben.[91] Ein Ausschluss der Kündigungsmöglichkeit in diesem Fall würde einem gesetzlich ausgeübten Zwang gegenüber dem Arbeitgeber gleichkommen, seinen Beruf weiter nachzukommen, was nicht mit der negativen Berufsfreiheit aus Art. 12 Abs. 1 GG zu vereinbaren wäre.[92]

Kündigungsbeschränkungen, die hingegen lediglich Berufsausübungsregelungen darstellen – wie es zumeist der Fall sein wird –, sind dann zulässig, wenn der Eingriff mit sachgerechten vernünftigen Erwägungen des Gemeinwohls begründet werden kann, das eingesetzte Mittel geeignet und erforderlich ist, den erstrebten Zweck zu erreichen und die Grenze der Zumutbarkeit bei der Abwägung zwischen der Schwere des Eingriffs und dem Gewicht der ihn rechtfertigenden Gründe gewahrt ist.[93] Es muss zum Beispiel gewährleistet sein, dass der Arbeitgeber darüber entscheiden kann, welche Größe sein Unternehmen haben soll.[94] Aus diesem Grund muss es ihm möglich sein, eine Anpassung des Arbeitnehmerbestandes an die Lage und Entwicklung des Unternehmens vorzunehmen.[95] Die Arbeitsverhältnisse von Arbeitskräften, die durch eine Verminderung der Produktion zum Beispiel wegen Auftragsmangel, (Teil-) Stilllegung oder durch technische Veränderungen, wie Automatisierung und

---

87 ErfK/*Schmidt*, Art. 12 GG Rn. 26.
88 ErfK/*Schmidt*, Art. 12 GG Rn. 27 f.
89 *Berkowsky*, Die personen- und verhaltensbedingte Kündigung, § 7 Rn. 17.
90 Ascheid/Preis/Schmidt/*Preis*, Kündigungsrecht, Grundlagen A Rn. 32.
91 *Papier*, RdA 1989, 137, 139; *ders.* RdA 2001, 1, 4.
92 Ascheid/Preis/Schmidt/*Preis*, Kündigungsrecht, Grundlagen A Rn. 32; *Papier*, RdA 1989, 137, 139.
93 *Papier*, RdA 1989, 137, 139; Ascheid/Preis/Schmidt/*Preis*, Kündigungsrecht, Grundlagen A Rn. 31.
94 *Feudner*, NZA 2000, 1136, 1142; Ascheid/Preis/Schmidt/*Kiel*, Kündigungsrecht, § 1 KSchG, Rn. 445; *Papier*, RdA 1989, 137, 139; *ders.* RdA 2001, 1, 4. Vgl. auch Krause JZ 1984, 711, 717, der von dem Erfordernis einer Lösungsmöglichkeit aus triftigem Grund spricht, der nicht erst dann vorliege, wenn bereits die Insolvenz oder ähnliche Gefahren drohen.
95 Ascheid/Preis/Schmidt/*Kiel*, Kündigungsrecht, § 1 KSchG, Rn. 445; *Papier*, RdA 1989, 137, 140.

Rationalisierung, nicht mehr benötigt werden, müssen im Grunde kündbar sein.[96] Dem Grunde nach zulässig muss darüber hinaus auch eine Kündigung sein, die nicht originär der Sphäre des Arbeitgebers entspringt, sondern die aus der Person oder dem Verhalten des Arbeitnehmers als Vertragspartner des Arbeitgebers herrührt.[97]

3. *Praktische Konkordanz*

Aufgrund der gegenläufigen Interessen der Arbeitsvertragsparteien, jeweils geschützt durch konträre Grundrechtspositionen, ist der Gesetzgeber berufen die Abwehr- und die Schutzfunktion des Art. 12 Abs. 1 GG in ein angemessenes Verhältnis zu setzen.[98] Der Gesetzgeber muss einen gerechten Ausgleich schaffen, in dessen Rahmen einerseits der Arbeitnehmer vor der einseitigen Ausübung privater Gestaltungsmacht geschützt wird (Untermaßverbot), andererseits aber der Arbeitgeber nicht unbegrenzt an Arbeitsverhältnisse gebunden wird (Übermaßverbot).[99]

Die sachgemäße Beschränkung der einseitigen Beendigung von Dauerschuldverhältnissen ist demnach erforderliches Gestaltungselement zur Ausfüllung der Wirtschafts- und Sozialordnung in der Bundesrepublik Deutschland.[100] Der Gesetzgeber ist verfassungsrechtlich verpflichtet einen Ausgleich zwischen der individuellen Freiheitsgewährung und der Sozialpflichtigkeit in einem staatlich organisierten Gemeinwesen als Grundpfeiler des Systems der sozialen Marktwirtschaft zu schaffen.[101] Er muss aufgrund des Sozialstaatsprinzips aus Art. 20 Abs. 1, 28 Abs. 1 GG insbesondere die Statuierung einer sozial gerechten Gesellschaftsordnung sicherstellen.[102] In einer sozialen und gerechten Gesellschaftsordnung muss gewährleistet sein, dass die schutzwürdige Vertragspartei – im Arbeitsverhältnis in der Regel der Arbeitnehmer – vor einer willkürlichen einseitigen Beendigung des anderen Vertragspartners, also des Arbeitgebers, geschützt wird, ohne dass dem Arbeitgeber die Möglichkeit abgesprochen wird, notwendige einseitige Beendigungen vorzunehmen.[103]

Grundsätzlich ist es denkbar, den Ausgleich der widerstreitenden Interessen durch verschiedene Gestaltungsmittel zu erreichen. Papier macht insofern

---

96 *Papier*, RdA 1989, 137, 140.

97 *Papier*, RdA 1989, 137, 140.

98 Ascheid/Preis/Schmidt/*Preis*, Kündigungsrecht, Grundlagen A Rn. 22; ErfK/*Schmidt*, Art. 12 GG Rn. 36.

99 Ascheid/Preis/Schmidt/*Preis*, Kündigungsrecht, Grundlagen A Rn. 23 f.

100 *Canaris*, ZHR 143 (1979), 113, 122; *Dieterich*, RdA 1995, 129, 131; Oetker, RdA 1997, 9; *Rüthers*, NJW 1998, 1433, 1434.

101 *Duvigneau*, Die gerichtliche Auflösung des Arbeitsverhältnisses, S. 2.

102 *Bengelsdorf*, SAE 2011, 122, 128 f.; *Papier*, RdA 1989, 137, 139; *Trappehl/Lambrich*, RdA 1999, 243, 244. Das Sozialstaatsprinzip steht nach *Brors*, Die Abschaffung der Fürsorgepflicht, S. 63 ff.; dabei selbst im Spannungsfeld zwischen Allgemeinwohlinteresse und Privatautonomie.

103 *Sandmaier*, Abfindungsorientierte Kündigungsschutzmodelle, S. 18.

deutlich, dass Art. 12 Abs. 1 GG nicht dafür herhalten könne „*in einem naiven Verfassungsrausch bestimmte Arbeitnehmer- beziehungsweise Bestandschutzregeln als von der Verfassung gefordert oder als verfassungsfest zu deklarieren*".[104] In Betracht kommen insofern also sowohl die Schaffung von Regelungen, die die Beendigung von einer sachlichen Rechtfertigung abhängig machen als auch die Etablierung von reinen Kompensationslösungen, die die Nachteile des Arbeitnehmers abfedern ohne den Arbeitgeber über Gebühr zu belasten oder eine Kombination beider Modelle. Allerdings erscheint die Vereinbarkeit einer reinen Kompensationslösung mit der – die Grundwertungen des Art. 12 GG konkretisierenden – Rechtsprechung des Bundesverfassungsgerichts nur schwer vereinbar, da das Gericht davon ausgeht, dass es im Kündigungsschutzrecht vor allem darum gehe, Arbeitnehmer vor willkürlichen oder auf sachfremden Motiven beruhenden Kündigungen zu schützen, also den Erhalt des Arbeitsplatzes sicherzustellen.[105]

Der Arbeitnehmer, zu dessen Gunsten der Bestandsschutz besteht, kann jedoch zumindest nach Ausspruch der Kündigung auf den Kündigungsschutz verzichten.[106] Zudem können die Arbeitsvertragsparteien stets eine einvernehmliche Lösung finden und das Arbeitsverhältnis zum Beispiel mit einem Aufhebungsvertrag beenden. Einem Verzicht des Arbeitnehmers auf seinen Bestandsschutz stehen allenfalls faktische Schranken gegenüber, da der Abschluss eines Aufhebungsvertrages eine Arbeitsaufgabe i.S.d. § 159 Abs. 1 S. 2 Nr. 1 des Dritten Sozialgesetzbuches (SGB III) darstellen und das Ruhen das Anspruchs auf Arbeitslosengeld I während einer Sperrzeit auslösen kann.[107]

---

104 *Papier*, RdA 1989, 137, 139.

105 BVerfG, NJW 1998, 470, 472; vgl. auch *Oetker*, RdA 1997, 9, 17; ErfK/*Schmidt*, Art. 12 GG Rn. 38; Schwarze/Eylert/Schrader/*Schwarze*, KSchG, Einl. Rn. 5.

106 Ein Verzicht der Ehegatten auf Bestandsschutz ist hingegen nicht möglich. Der eherechtliche Bestandsschutz beruht im Gegensatz zu dem arbeitsrechtlichen Bestandsschutz auf einem gesellschaftlichen Interesse an dem Schutz des Rechtsverhältnisses der Ehe, das gemäß Art. 6 GG verfassungsrechtlich geschützt ist, und ist aus diesem Grund auch eher der Selbstbestimmung und Disposition der Parteien entzogen, als dies im schuldrechtlichen Arbeitsvertrag der Fall ist. Bei der Scheidung der Ehe steht die Auflösung einer rechtlich anerkannten Institution i.S.e. verfestigten Organisationsgebildes mit anschließender Liquidationsauseinandersetzung im Vordergrund. Vgl. dazu *Duvigneau*, Die gerichtliche Auflösung des Arbeitsverhältnisses, S. 163.

107 Siehe dazu *Fahl*, Abfindungszahlung, S. 39; KR/*Link*, § 159 SGB III Rn. 10 ff. Bei einer Auflösung des Arbeitsverhältnisses gemäß §§ 9, 10 KSchG tritt dagegen keine Sperrzeit wegen Arbeitsaufgabe ein. Dies gilt auch für den Fall, dass der Arbeitnehmer einen Auflösungsantrag stellt, da das Gericht das Arbeitsverhältnis nur dann auflöst, wenn die Vertragsfortführung für den Arbeitnehmer unzumutbar ist. Siehe dazu: *Fraunhoffer*, in: Aspekte der Beendigung von Arbeitsverhältnissen, S. 267, 289.

III. Unzumutbarkeit der Fortführung des Arbeitsverhältnisses als Auslegungsmaxime für die sachliche Rechtfertigung

Wie oben bereits herausgearbeitet, muss sich ein vom Gesetzgeber zu schaffender Schutz des Arbeitnehmers vor einseitigen Beendigungen durch sachliche Beendigungsbeschränkungen im Rahmen des verfassungsrechtlich zulässigen Rahmens bewegen. Um nicht gegen das Übermaßverbot zu verstoßen, darf der Gesetzgeber den Arbeitgeber nicht über das erforderliche Maß hinaus an Arbeitsverhältnisse binden. Kündigungsbeschränkungen, die Berufsausübungsregelungen darstellen, sind dann zulässig, wenn der Eingriff mit sachgerechten und vernünftigen Erwägungen des Gemeinwohls begründet werden kann, das eingesetzte Mittel geeignet und erforderlich ist, den erstrebten Zweck zu erreichen, und die Grenze der Zumutbarkeit bei der Abwägung zwischen der Schwere des Eingriffs und dem Gewicht der ihn rechtfertigenden Gründe gewahrt ist.[108] An Kündigungsbeschränkungen, die den Bereich der Berufswahlfreiheit betreffen, sind sogar noch strengere Anforderungen zu stellen. Die Gestaltungsbefugnis des Gesetzgebers wird also umso enger, je mehr eine Kündigungsbeschränkung in den Bereich der Berufswahlfreiheit eingreift.[109]

Wie ebenfalls oben herausgearbeitet, ist der Gesetzgeber aufgrund seines Schutzauftrags gegenüber den abhängig beschäftigten Arbeitnehmern aus Art. 12 Abs. 1 GG auf Basis sachgerechter und vernünftiger Erwägungen des Gemeinwohls berufen, Beschränkungen der willkürlichen einseitigen Beendigungsfreiheit zu schaffen. Geht man davon aus, dass ein einseitiges Gestaltungsrecht mit Rechtfertigungserfordernis des Arbeitgebers das geeignete und erforderliche Mittel zum Ausgleich der widerstreitenden Interessen der Arbeitsvertragsparteien ist, muss der Gesetzgeber dieses auch im engeren Sinne verhältnismäßig ausgestalten. Dem Arbeitgeber muss es somit zumindest dann möglich sein, ein Arbeitsverhältnis zu beenden, wenn die Fortführung für ihn unzumutbar ist. [110]

Bereits das Römische Recht kannte insofern den Satz *impossibilium nulla obligatio*, der besagt, dass niemand verpflichtet ist, eine ihm unmögliche Leistung zu erfüllen.[111] Für die Unzumutbarkeit kann zumindest im Hinblick auf die Befreiung von der Leistungspflicht nicht anderes gelten.[112] Die Unzumutbarkeit bildet bei allen Schuldverhältnissen die immanente Grenze für die vertragliche Verpflichtung.[113] Die

---

108 *Papier*, RdA 1989, 137, 139; Ascheid/Preis/Schmidt/*Preis*, Kündigungsrecht, Grundlagen A Rn. 31; vgl. auch BVerfG, NJW 1972, 1891; NJW 1974, 1317, 1318; NJW 1978, 1475, 1478; NJW 1980, 383.

109 Ascheid/Preis/Schmidt/*Preis*, Kündigungsrecht, Grundlagen A Rn. 32.

110 Vgl. *P. Krause*, JZ 1984, 711, 716 f.; v. Hoyningen-Huene/Linck/*Krause*, KSchG, § 1 Rn. 180; Ascheid/Preis/Schmidt/*Preis*, Kündigungsrecht, Grundlagen H Rn. 33; *Wollschläger*, Unzumutbarkeit als Rechtsgedanke, S. 20.

111 *Oetker*, RdA 1997, 9, 12.

112 *Oetker*, RdA 1997, 9, 12.

113 *Berkowsky*, Die betriebsbedingte Kündigung, § 4 Rn. 49; *Oetker*, RdA 1997, 9, 12. Vgl. auch *Kraemer*, NZM 2001, 553, 555.

Lösung von einem unzumutbar gewordenen Arbeitsverhältnis muss stets möglich sein, so dass jede materielle Einbuße an diesem Recht den grundrechtlichen Gehalt des Kündigungsrechts unzulässig einschränkt.[114]

Fraglich ist, ob der Begriff der Unzumutbarkeit einer Konkretisierung zugänglich ist, die es unter Umständen ermöglicht, absolute Grenzen des Begriffs oder gegebenenfalls einen Begriffskern aufzuzeigen. Eine Annäherung an den Begriff der Unzumutbarkeit über den Wortsinn ergibt, dass ein unbilliges, unbescheidenes Verlangen beziehungsweise eine ungebührliche, rücksichtlose Forderung eine unzumutbare Situation für den Gegenüber des Verlangenden beziehungsweise Fordernden darstellt.[115] Mutet der Fordernde dem Gegenüber etwas zu, so verlangt er etwas, was von ihm nicht berechtigterweise verlangt werden kann oder soll, da das Verlangte lästig, schwierig oder unmöglich, widersinnig oder gegen das Interesse, unrecht oder unsittlich ist.[116] Es muss dem Arbeitgeber demnach möglich sein, das Arbeitsverhältnis zu beenden, wenn die Fortführung sich für ihn als widersinnig darstellt und nicht berechtigterweise verlangt werden kann.

Die Annäherung an den Bedeutungsgehalt der Unzumutbarkeit der Fortführung des Dauerschuldverhältnisses über den Wortsinn kann jedoch keinen Erkenntnisgewinn bringen, da der ausfüllungsbedürftige Begriff der Unzumutbarkeit lediglich mit weiteren ausfüllungsbedürftigen Begriffen umschrieben wird. Aus diesem Grund erscheint es sinnvoll mithilfe einer rechtstheoretischen Präzisierung eine Ausfüllung des Unzumutbarkeitsprinzips zu versuchen. Fraglich ist insbesondere, ob das Prinzip der Unzumutbarkeit eher einen bestimmbaren, verbindlichen Rechtsgrundsatz, der zumindest über eine sicheren Bedeutungskern oder absteckbare Grenzen verfügt, oder vielmehr ein regulatives Rechtsprinzip, das der umfassenden Ausfüllung durch den Gesetzgeber und den Rechtsanwender bedarf, darstellt. Überdies ist fraglich inwiefern eine Konkretisierung methodisch erfolgen kann.

1. *Unzumutbarkeit als verbindlicher Rechtsgrundsatz*

Eine Einordnung des Unzumutbarkeitsbegriffs als verbindlichen Rechtsgrundsatz nimmt *Weber* vor.[117] Dieser vertritt die Ansicht, dass eine Inhaltbestimmung des Unzumutbarkeitsbegriffs möglich und im Interesse der Rechtssicherheit aus praktischen Gründen auch erforderlich sei.[118] Hinsichtlich der Verortung des Unzumutbarkeitsbegriffs im allgemeinen Zivilrecht geht *Weber* einerseits davon aus, dass

114 *Oetker*, RdA 1997, 9, 12; *Papier*, RdA 1989, 137, 140; *ders.* RdA 2000, 1, 4.

115 *Klappenbach/Steinitz*, Wörterbuch der deutschen Gegenwartssprache, 6. Band, 4492; *Scholze-Stubenrecht*, Duden Wörterbuch, Band 10, S. 4669; *Wahrig*, Deutsches Wörterbuch, 4272.

116 *Grimm/Grimm*, Deutsches Wörterbuch, 16. Band, S. 544 f.

117 Staudinger/*W. Weber*, 11. Aufl. 1961, § 242 BGB Rn. B 1 ff.; *ders.*, Jjb 3 (1962/63), 212 ff.

118 *W. Weber*, Jjb 3 (1962/63), 212, 220.

die Unzumutbarkeit ihre Rechtsgrundlage in § 242 BGB habe[119] und hier den spezielleren Ausprägungen[120] als allgemeiner Begriff gegenüberstehe.[121] Andererseits sieht er die Unzumutbarkeit auch als entscheidende Richtlinie und Maßstab dafür an, inwieweit der Grundsatz von Treu und Glauben aus § 242 BGB und dessen spezielle Ausprägungen auf ein Rechtsgeschäft anzuwenden sind.[122] Durch diese Annahme ordnet *Weber* das Prinzip der Unzumutbarkeit allen anderen spezielleren zivilrechtlichen Ausprägungen des § 242 BGB über und setzt sich der Kritik aus, dass diese Ansicht methodisch zivilrechtlichen Grundsätzen widerspricht, da nach *Webers* Ausführungen das allgemeinere das speziellere Prinzip verdrängt.[123]

Der Begriff der Unzumutbarkeit erhalte einerseits durch die Bestimmung verschiedener Grade der Unzumutbarkeit und andererseits aus der getrennten Behandlung des Begriffspaars „zumutbar" – „nicht zumutbar" Konturen.[124] Zumindest hinsichtlich des Begriffs der Unzumutbarkeit sei eine systematische Aufstellung, was von dem Begriff erfasst ist und was nicht, möglich.[125] Eine solche Systematisierung des Unzumutbarkeitsbegriffs lasse sich mit Hilfe der entschiedenen und zur Entscheidung kommenden Fälle entwickeln, wobei stets die Anforderungen an die spezielle Rechtsmaterie im Auge zu behalten seien.[126] *Weber* schlägt vor, sich für eine Systematik und Typisierung des Unzumutbarkeitsbegriffs an den Voraussetzungen und dem Zweck einer Leistung, der Art der Handlung, der psychischen Struktur und der Motivation der Vertragsparteien sowie den wirtschaftlichen, sozialen und emotionalen Gründen, die dem Vertragsschluss zu Grunde liegen, zu orientieren.[127] Hinsichtlich des Maßstabs der Konkretisierung der Unzumutbarkeit will *Weber* Erkenntnisse aus dem Bereich des Persönlichen, des Subjektiven und der Erfahrungen der Psychologie ziehen.[128]

Die Meinung von *Weber* fortführend vertritt auch *Lücke* die Auffassung, dass es sich bei der Unzumutbarkeit zwar um einen unbestimmten, aber trotzdem

119 So auch *Frey*, JZ 1955, 106.
120 *Weber* nennt hier die Unzulässigkeit der Rechtsausübung, den Rechtsmissbrauch, das Fehlen oder die Veränderung der Geschäftsgrundlage, die Verwirkung, den Widerspruch zu eigenem früheren und jetzigen Verhalten, die Leistungsminderung sowie die unzulässige Berufung auf Verjährung, Ausschlussfristen und Formnichtigkeit.
121 *W. Weber*, Jjb 3 (1962/63), 212, 228.
122 *W. Weber*, Jjb 3 (1962/63), 212, 228.
123 *Preis*, Prinzipien des Kündigungsrechts, S. 147.
124 So auch das BAG einmalig in älterer Rechtsprechung: BAG, NJW 1954, 1949 f.; ablehnend zu der Annahme eines Erkenntnisgewinns aus der Unterscheidung von Zumutbarkeit und Unzumutbarkeit: *Bley*, in: FS für Wannagat, S. 19; *Lücke*, Die (Un-) Zumutbarkeit als allgemeine Grenze öffentlich-rechtlicher Pflichten des Bürgers, S. 44.
125 *W. Weber*, Jjb 3 (1962/63), 212, 220, 230.
126 *W. Weber*, Jjb 3 (1962/63), 212, 234 f.
127 *W. Weber*, Jjb 3 (1962/63), 212, 235.
128 *W. Weber*, Jjb 3 (1962/63), 212, 231.

konkretisierbaren Rechtsbegriff handele.[129] Ein unbestimmter Rechtsbegriff verfüge über einen bestimmten begrifflichen Fixpunkt, von dem sich ein weitergehender, nicht zweifelsfreier Bedeutungsinhalt erschließen lasse.[130] Inhalt und Maßstab der Unzumutbarkeit seien aus dem Zweck des Begriffs heraus bestimmbar, der darin bestehe, die in Pflichten ausgedrückten Anforderungen an eine Person zu begrenzen.[131]

2. Unzumutbarkeit als regulatives Prinzip

Henkel hingegen geht davon aus, dass es sich bei dem Prinzip der Unzumutbarkeit um ein regulatives Prinzip handele, dass im Gegensatz zu den normativen Prinzipien, nicht selbst Wertinhalt und Beurteilungsmaßstab in sich trage und somit normgebend wirke, sondern vielmehr selbst wertfrei sei und den Rechtsanwender zur Normschöpfung im Einzelfall ermächtige.[132] Die Umschreibung erfülle die typischen Merkmale einer Generalklausel, also einer Tatbestandfassung, die mit großer Allgemeinheit einen Fallbereich umfasst und dazu dient, eine große Gruppe von Sachverhalten durch freie Rechtsanwendung lückenlos und anpassungsfähig einer Rechtsfolge zu unterwerfen.[133] Dabei sei der Tatbestand des Prinzips der Unzumutbarkeit sogar noch offener als der Tatbestand anderer klassischer Generalklauseln, wie der Formel der guten Sitten aus § 138 BGB oder dem Grundsatz von Treu und Glauben aus § 242 BGB, denen ein weitergehender normativer Richtliniengehalt entnommen werden kann.[134] Obgleich die Formel der Zumutbarkeit somit für sich genommen jeder Deutung fähig sei und der Begriff der Unzumutbarkeit erst durch andere materiale Elemente Kontur erhalten könne, stelle dies laut *Henkel* keinen negativen Zustand dar, da der Gesetzgeber mit der Verwendung des regulativen Prinzips Normverzicht übe und vom Richter Normschöpfung verlange, die sich an materialen Wertprinzipien außerhalb des Prinzips der Unzumutbarkeit orientiere.[135] Dieser Einordnung des Zumutbarkeitsbegriffs schließt sich auch *Preis* an, der darüber hinaus deutlich macht, dass er die Güter- und Interessenabwägung als Maßstab und Kern

---

129 *Lücke*, Die (Un-) Zumutbarkeit als allgemeine Grenze öffentlich-rechtlicher Pflichten des Bürgers, S. 48 ff.

130 *Preis*, Prinzipien des Kündigungsrechts, S. 98; siehe näher zum unbestimmten Rechtsbegriff: Dritter Teil, B.I.2.b.aa.

131 *Lücke*, Die (Un-) Zumutbarkeit als allgemeine Grenze öffentlich-rechtlicher Pflichten des Bürgers, S. 44.

132 *Henkel*, in: FS für Mezger, S. 249, 303. So auch v. Hoyningen-Huene/Linck/*Krause*, KSchG, § 1 Rn. 181.

133 *Engisch*, Einführung in das juristische Denken, S. 213 ff.; *Preis*, Prinzipien des Kündigungsrechts, S. 100; siehe näher zum Begriff der Generalklausel: Dritter Teil, B.I.2.b.bb.

134 *Henkel*, in: FS für Mezger, S. 249, 303.

135 *Henkel*, in: FS für Mezger, S. 249, 303, 308.

des Zumutbarkeitsbegriffes ansieht.[136] Das Prinzip der Unzumutbarkeit sei geprägt von den einzelnen schutzwerten materialen Rechtsgütern und Interessen und gehe in materieller Hinsicht in dem Prinzip der Güter- und Interessenabwägung auf.[137]

3. *Weitere rechtstheoretische Präzisierungsversuche*

Teilweise findet eine Annäherung an den Begriff der Unzumutbarkeit subjektbezogen, individualisierend und auf den einzelnen Menschen bezogen statt, da der Begriff der Zumutbarkeit eine Beziehung zwischen einem Leistungsverhalten und der Person herstelle, von der die Leistung verlangt wird.[138] Diese Herangehensweise bewegt sich nah an dem klassischen Wortsinn des Begriffs der Unzumutbarkeit, wie er üblicherweise gebraucht wird. Die Bestimmung der Unzumutbarkeit erfolge durch ein Hineinversetzen in den Betroffenen durch den Rechtsanwender.[139] Innerhalb dieser Ansicht wird sogar betont, dass der Unzumutbarkeitsbegriff ein Begriff psychologischer Natur sei.[140] Der subjektbezogenen Betrachtung ist zumindest insoweit zuzustimmen, dass die Feststellung einer unzumutbaren Leistungserbringung stets im Hinblick auf den konkret Betroffenen, also denjenigen der aufgrund der Unzumutbarkeit der Vertragsfortführung das Dauerschuldverhältnis beenden will, zu erfolgen hat.

Herschel wiederum nähert sich dem Unzumutbarkeitsbegriff mit einer Unterscheidung zwischen absoluter und relativer Unzumutbarkeit.[141] Nach *Herschel* könne ein Fall der absoluten Unzumutbarkeit vor dem Recht in keinem Fall Bestand haben. Ein solcher Fall der absoluten Unzumutbarkeit liege vor, „*wo einem Menschen etwas angesonnen wird, was gegen die guten Sitten verstößt, was in jedem Falle seine Würde als Person kränkt, was ihn in seiner naturrechtlichen Freiheit beraubt, was mit seiner Stellung im Volksganzen schlechterdings unvereinbar ist, was unserer ethischen und juristischen Ordnung widerspricht*“.[142] Eine relative Unzumutbarkeit liege hingegen vor, wenn das „*Angesonnene nur unter Berücksichtigung der zwischen den Beteiligten wirksamen Rechtsgestaltung unzumutbar ist*“.[143]

---

136 *Preis*, Prinzipien des Kündigungsrechts, S. 150 ff.; so auch schon *Frey*, JZ 1955, 106; *Diekhoff*, ArbuR 1957, 197, 200; *Herschel*, in: FS für G. Müller, S. 191, 196; *König*, RdA 1969, 8.

137 *Preis*, Prinzipien des Kündigungsrechts, S. 151.

138 *Herschel*, ArbuR 1968, 193, 198; *v. Hoyningen-Huene*, Die Billigkeit im Arbeitsrecht, S. 95 f.; *Lücke*, Die (Un-) Zumutbarkeit als allgemeine Grenze öffentlich-rechtlicher Pflichten des Bürgers, S. 40 f.; *W. Weber*, Jjb 3 (1962/63), 212, 231.

139 *v. Hoyningen-Huene*, Die Billigkeit im Arbeitsrecht, S. 96.

140 *v. Hoyningen-Huene*, Die Billigkeit im Arbeitsrecht, S. 95; Staudinger/*W. Weber*, 11. Aufl. 1961, § 242 BGB Rn. B 129; *ders.*, Jjb 3 (1962/63), 212, 231 f.

141 *Herschel*, ArbuR 1968, 191, 196 ff.; *ders.*, in: FS für G. Müller, S. 191, 196 ff.

142 *Herschel*, ArbuR 1968, 193, 196 f.

143 *Herschel*, ArbuR 1968, 193, 196 f.

4. *Stellungnahme*

Der subjektbezogenen Betrachtungsweise des Unzumutbarkeitsbegriffs ist entgegenzuhalten, dass es hinsichtlich der Unzumutbarkeitsfrage nicht in erster Linie auf das subjektive Empfinden des Betroffenen ankommen kann, sondern vielmehr auf die objektivierte Bewertung eines Durchschnittbetrachters.[144] Die rein subjektbezogene Betrachtungsweise klammert aus, nach welchem Wertmaßstab zu beurteilen ist, ob die Erfüllung einer bestimmten Vertragspflicht von einer Person erwartet werden, oder ihr diese gerade nicht auferlegt werden kann. Diesen Umstand erkennen auch diejenigen an, die eine subjektbezogene Betrachtung des Unzumutbarkeitsbegriffs vornehmen, da sie zumeist von der Notwendigkeit eines objektiven Maßstabs der Beurteilung ausgehen.[145] Insgesamt besteht Einigkeit darüber, dass eine Bestimmung des Begriffs der Unzumutbarkeit lediglich aus dem Blickwinkel der einen Vertragspartei in den wenigsten Fällen haltbare Ergebnisse zu Tage fördern kann.[146]

Auch eine Unterscheidung zwischen absoluter und relativer Unzumutbarkeit ist für sich genommen wenig zielführend. Die Fälle der absoluten Unzumutbarkeit werden zumeist nicht mit Hilfe eines einseitigen Vertragsbeendigungsinstruments zu lösen sein, da das Schuldverhältnis in diesen Fällen regelmäßig bereits der Nichtigkeit anheimfallen wird und es somit zu einer Auflösung des Rechtsverhältnisses kraft Gesetzes kommt.[147] Die Zweifel bei der Bestimmung der relativen Unzumutbarkeit bleiben aber bestehen. Für die nähere Präzisierung der relativen Unzumutbarkeit bedienen sich sodann auch die Anhänger dieser Ansicht einer Interessenabwägung, innerhalb derer insbesondere Art, Zweck und Bedeutung der verlangten Leistung sowie die sozialen und persönlichen Verhältnisse der Beteiligten zu berücksichtigen seien.[148]

Die Klassifizierung des Unzumutbarkeitsbegriffs als verbindlicher Rechtsgrundsatz kann ebenfalls nicht überzeugen. *Weber*, der von dieser Einordnung ausgeht, stellt selbst fest, dass es kaum möglich sei, eine stets allgemeingültige und allverwendbare Inhaltsbestimmung für den Begriff der Unzumutbarkeit zu finden.[149] Der Begriff könne sich vielmehr nur aus der Erfahrung an vielen Fällen und mit

---

144 *Henkel*, in: FS für Metzger, S. 249, 307; *Preis*, Prinzipien des Kündigungsrechts, S. 145; Staudinger/*Preis*, § 626 BGB Rn. 73.

145 *Herschel*, ArbuR 1968, 193, 198; Lücke, Die (Un-) Zumutbarkeit als allgemeine Grenze öffentlich-rechtlicher Pflichten des Bürgers, S. 40 f.

146 *Preis*, Prinzipien des Kündigungsrechts, S. 145 f.; Staudinger/*W. Weber*, 11. Aufl. 1961, § 242 BGB Rn. B 167; nicht ganz deutlich: *v. Hoyningen-Huene*, Die Billigkeit im Arbeitsrecht, S. 95 f.

147 *Preis*, Prinzipien des Kündigungsrechts, S. 149. Die Fälle der absoluten Unzumutbarkeit würden im gelten bürgerlichen Recht in den Anwendungsbereich der §§ 134, 138 BGB fallen.

148 *Herschel*, in: FS für G. Müller, S. 191, 196.

149 *W. Weber*, Jjb 3 (1962/63), 212, 213.

unterschiedlicher Inhaltsbestimmung für die verschiedenen Rechtsgebiete bestimmen lassen.[150] Von diesem Standpunkt ausgehend stellt sich *Webers* Ansicht als wenig hilfreich dar, da auch er für die Ermittlung des Wertmaßstabs des Zumutbarkeitsbegriffs auf materiale Wertungen zurückgreift, die außerhalb des eigentlichen Begriffs liegen, und annimmt, dass deren Bewertungen nach objektiven Wertvorstellungen erfolgen müsse. Da *Weber* schließlich das Verhältnis der materialen Wertungen durch eine Interessenabwägung bestimmen will, befindet er sich im Ergebnis sogar auf einer Linie mit der von ihm bestrittenen Ansicht von *Henkel*.[151]

Auch *Lückes* Ausführungen, die sich im Kern den Ansätzen von *Weber* anschließen, nach denen vom Unzumutbarkeitsbegriff als unbestimmter Rechtsbegriff ausgehen ist, ist entgegenzuhalten, dass der Unzumutbarkeitsbegriff – zumindest im Hinblick auf die Rechtfertigung der einseitigen Beendigung eines Dauerschuldverhältnisses – einerseits selbst keinen normativen Wertgehalt enthält und andererseits die ihn ausfüllenden materiellen Kriterien eine begriffliche Fixierung nicht möglich machen.[152] Dem könnte entgegengehalten werden, dass § 275 Abs. 3 BGB, der die Unzumutbarkeit bei in Person zu erbringenden Leistungen regelt, einen abwägungsfesten Schutzkern aufweist, der keinem entgegenstehenden Interesse des Vertragspartners weichen muss.[153] Die Anerkennung eines abwägungsfesten Schutzkerns bei der Beurteilung der Unzumutbarkeit einzelner Teilleistungen ist jedoch nur schwerlich auf die Beurteilung der Unzumutbarkeit der zukünftigen Erbringung von dauernden Leistungen im Rahmen eines Dauerschuldverhältnisses zu übertragen, da dies der Anerkennung absoluter Beendigungsgründe gleichkäme. Die Anerkennung absoluter Beendigungsgründe führte aber aufgrund der Gebundenheit des Rechtsanwenders zu einer Starrheit in der rechtlichen Beurteilung, die nicht mehr in den Blick nehmen könnte, ob ein Beendigungssachverhalt tatsächlich das zugrundeliegende Dauerschuldverhältnis derart beeinträchtigt, dass eine Auflösung des Vertrages gerechtfertigt erscheint.[154] Bei der Beurteilung von Dauerschuldverhältnissen sind die Grenzen des Begriffs der Unzumutbarkeit somit nicht objektiv und zweifelsfrei fassbar.[155] Ein Versuch der kausalen Erklärung sowie einer Beschreibung oder Darstellung des Unzumutbarkeitsbegriffs durch bekannte Merkmale wäre somit nicht zielführend und könnte nur allzu leicht wissenschaftliche und praktische Irrtümer zur Folge haben.[156]

Somit ist die Einordnung des Prinzips der Unzumutbarkeit als generalklauselartiges regulatives Prinzip, das unter Zuhilfenahme der Güter- und Interessenabwägung eine Konkretisierung erhält, vorzugswürdig. Obgleich die Begriffe der

---

150 *W. Weber*, Jjb 3 (1962/63), 212, 213.
151 *Preis*, Prinzipien des Kündigungsrechts, S. 148.
152 *Preis*, Prinzipien des Kündigungsrechts, S. 153 f.
153 *Schwarze*, Leistungsstörungen, § 5 Rn. 30.
154 Ascheid/Preis/Schmidt/*Preis*, Kündigungsrecht, Grundlagen H Rn. 2.
155 *Galperin*, DB 1964, 1114; *Gusseck*, Die Zumutbarkeit – ein Beurteilungsmaßstab, S. 104; *Hofmann*, ZfA 1970, 63, 77; *Preis*, Prinzipien des Kündigungsrechts, S. 149.
156 *Herschel*, ArbuR 1968, 193, 195.

Unzumutbarkeit und der Interessenabwägung in der kündigungsschutzrechtlichen Literatur häufig nebeneinander verwendet werden, führt das Unzumutbarkeitsprinzip zu einer Güter- und Interessenabwägung und geht in dieser auf.[157] Das Prinzip der Unzumutbarkeit ist somit als Teilprinzip des Mutterprinzips der Güter- und Interessenabwägung anzusehen[158], das der Durchbrechung einer rechtssicheren Beurteilung zugunsten der Gerechtigkeit im Einzelfall dient.[159]

IV. Zusammenfassung

Obgleich bürgerlich-rechtliche Dauerschuldverhältnisse von dem Grundsatz der Vertragsbeendigungsfreiheit geprägt sind, ist es verfassungsrechtlich geboten, die einseitige Beendigung von Dauerschuldverhältnissen von einer sachlichen Rechtfertigung abhängig zu machen, wenn die Funktionsvoraussetzungen der Privatautonomie im Schuldverhältnis typischerweise gestört sind. Mithilfe einer sachlichen Rechtfertigung wird ein gerechter Ausgleich der widerstreitenden verfassungsrechtlich geschützten Interessen der Vertragsparteien erreicht und der strukturell abhängige Vertragspartner von der Willkür des anderen Vertragspartners geschützt.

Im Arbeitsrecht muss der Gesetzgeber den Arbeitnehmer aufgrund seines aus Art. 12 Abs. 1 GG i.V.m. Art. 20 Abs. 1, 28 Abs. 1 GG resultierenden Schutzauftrages vor willkürlichen Beendigungen des Arbeitsvertrages durch den Arbeitgeber schützen. Dieser muss die einseitige Beendigung auf irgendwie nachvollziehbare Gründe stützen, um den abhängig beschäftigten Arbeitnehmer, für den das Arbeitsverhältnis von existentieller Bedeutung ist und der zu Gunsten des Arbeitgebers auf die unternehmerische Verwertung seiner Arbeitskraft verzichtet und sich dessen Weisungen unterworfen hat, ein Mindestmaß an Dispositionsfreiheit zu gewähren.

Dieser Schutz des Arbeitnehmers kann jedoch nur soweit gehen, dass der Arbeitgeber das Arbeitsverhältnis dann beenden kann, wenn die Fortführung für ihn unzumutbar ist, da die Unzumutbarkeit die immanente Grenze jeder vertraglichen Bindung darstellt. Die Unzumutbarkeit enthält keinen festen Begriffskern, sondern stellt ein ausfüllungsbedürftiges regulatives Prinzip dar, dass – ohne nähere Ausgestaltung durch den Gesetzgeber – eine einzelfallbezogene Beurteilung durch den Rechtsanwender ermöglicht. Mittel zur Ausfüllung des Prinzips der Unzumutbarkeit ist dabei die Güter- und Interessenabwägung.

---

157 Ascheid/Preis/Schmidt/*Preis*, Kündigungsrecht, Grundlagen H Rn. 23.

158 *Duvigneau*, Die gerichtliche Auflösung des Arbeitsverhältnisses, S. 161; *Preis*, Prinzipien des Kündigungsrechts, S. 392 f.

159 *Henkel*, in: FS für Mezger, S. 249, 262; *Herschel*, ArbuR 1968, 193, 195; *Preis*, Prinzipien des Kündigungsrechts, S. 143; *Wieacker*, Zur rechtstheoretischen Präzisierung des § 242 BGB, S. 38.

Dritter Teil: Prüfung der Beendigungsmöglichkeiten im geltenden Kündigungsschutzrecht anhand des obigen Maßstabs

Aufgrund der Bindung des Privatrechtsgesetzgebers an die Grundrechte durch Art. 1 Abs. 3 GG muss sich jede Privatrechtsvorschrift an den Grundrechten und den der Verfassung immanenten Prinzipien, die aus den Grundrechten erwachsen, messen lassen.[160] Das gilt vor allem für diejenigen Vorschriften des Privatrechts, die zwingendes Recht enthalten und damit der Privatautonomie Schranken setzen.[161] Fraglich ist, ob der Gesetzgeber die oben herausgearbeiteten Beendigungsprinzipien mit Verfassungsrang bei der Schaffung der einfachgesetzlichen Beendigungsnormen im Arbeitsverhältnis umfassend beachtet hat, so dass es den Arbeitsvertragsparteien in hinreichendem Umfang ermöglicht wird, ihr Arbeitsverhältnis im Einklang mit ihren verfassungsrechtlich, insbesondere in Art. 12 Abs. 1 GG verbürgten, Rechten zu beenden. Zur Beantwortung dieser Frage werden im Folgenden die Umsetzung des Prinzips der Vertragsbeendigungsfreiheit und des Prinzips der sachlichen Rechtfertigung der Vertragsbeendigung im Arbeitsrechtsrecht herausgearbeitet und bestehende Lücken der einseitigen Beendigungsmöglichkeiten der Arbeitsvertragsparteien aufgezeigt.

A. Umsetzung des Prinzips der einseitigen Vertragsbeendigungsfreiheit durch den Gesetzgeber

Legt man die Idee einer einseitigen Beendigungsfreiheit zu Grunde, wäre es denkbar, für unbefristete Dauerschuldverhältnisse eine generelle und uneingeschränkte, von jeglichen normativen Beschränkungen entbundene Lösungsmöglichkeit anzuerkennen. Eine so umfassende Beendigungsfreiheit ist jedoch gerade im Hinblick auf das schutzwürdige Interesse des Vertragspartners an der Vertragskontinuität und Vertragstreue zur Aufrechterhaltung der Selbstbestimmung nicht erforderlich und angemessen. Vielmehr erfordern die von den Vertragspartnern auf den Fortbestand der Vertragsbeziehungen getroffenen schutzwürdigen Dispositionen die Einbettung der einseitigen Beendigungsfreiheit in einen legislativen Rahmen.[162]

---

160 BVerfG, NJW 1990, 1469, 1470; *Herdegen*, in: Maunz/Dürig, GG, Art. 1 Abs. 3 Rn. 60 ff.; *Paulus/Zenker*, JuS 2001, 1, 5.

161 BVerfG, NJW 1990, 1469, 1470.

162 *Schmidt-Rimpler*, AcP 147 (1941), 130, 154. Der Arbeitnehmer investiert im Rahmen eines Arbeitsverhältnisses zum Beispiel in den Erwerb betriebsspezifischen Know-hows, das er für andere Arbeitgeber im Zweifel nicht uneingeschränkt nutzbar machen kann. Siehe dazu *Reichold*, RdA 2002, 321, 328.

I. Ordentliche Kündigung ohne Rechtfertigungserfordernis

Das BGB sieht die ordentliche Kündigung, die ihrer Grundkonzeption nach keines sachlichen Rechtfertigungsgrundes bedarf, als charakteristisches Gestaltungsrecht zur Beendigung von Dauerschuldverhältnissen vor.[163] Durch den Verzicht auf einen besonderen Kündigungsgrund trägt gerade dieses ordentliche Kündigungsrecht der Vertragsbeendigungsfreiheit umfassend Rechnung, da es dem Einzelnen erlaubt eine vertragliche Bindung aufgrund eines autonomen Willensentschlusses zur Wahrung seines Selbstbestimmungsrechts zu beenden.

Obgleich teilweise vertreten wird, dass allein das an einen Rechtfertigungsgrund gebundene, außerordentliche Kündigungsrecht als Instrument zur Auflösung von Dauerschuldverhältnissen genüge,[164] kann dieser Ansicht nicht gefolgt werden. Die außerordentliche Kündigung mit Rechtfertigungserfordernis ist nicht dazu geeignet, der Vertragsbeendigungsfreiheit, die eine mit der freiheitlichen Privatrechtsordnung unvereinbare Ewigkeitsbeendigung verhindern will, alleine umfassend Geltung zu verschaffen.[165] Das Erfordernis der Rechtfertigung kann das Problem, dass sich die Umstände des Vertrages allein aufgrund der langen Dauer der Vertragsverhältnis geändert haben, nicht hinreichend einer Lösung zuführen, da insbesondere nicht davon ausgegangen werden kann, dass allein die lange zeitliche Bindung an sich einen wichtigen Grund darstellt.[166] Die außerordentliche Kündigung stellt somit nicht das notwendige Gegenstück zur Vertragsabschlussfreiheit und das Korrelat zur langfristigen Bindung, die zu einer Störung beziehungsweise Verletzung des Selbstbestimmungsrechts führt, dar, sondern ist vielmehr Ausdruck der Notwendigkeit der Auflösung eines Vertragsverhältnisses, wenn ein Grund vorliegt, der nicht allein in der Dauer des Vertragsverhältnisses begründet ist.[167]

Die konkrete Ausgestaltung des jeweiligen ordentlichen Kündigungsrechts kann nicht abstrakt, sondern nur konkret im Hinblick auf das jeweilige Schuldverhältnis bestimmt werden. Die Normenkomplexe der bürgerlich-rechtlichen Gesetze, die die einzelnen vertraglichen Schuldverhältnisse regeln, sehen zumeist ein entsprechendes legislativ ausgestaltetes ordentliches Kündigungsrecht für die Vertragsparteien vor. Zur Wahrung des Selbstbestimmungsrechts des Einzelnen ist es aber erforderlich, auch bei solchen Schuldverhältnissen, für die die Rechtsordnung kein geschriebenes ordentliches Kündigungsrecht vorsieht und dieses auch nicht explizit ausschließt, ein fristgebundenes ordentliches Kündigungsrecht anzuerkennen.[168]

---

163 *M. Wolf*, JuS 1968, 65, 68.

164 BGH, NJW 1975, 1268, 1269.

165 *Großfeld/Gersch*, JZ 1988, 937, 943; *Oetker*, Dauerschuldverhältnis, S. 268.

166 *Oetker*, Dauerschuldverhältnis, S. 268. Eine Änderung der den Vertrag betreffenden Verhältnisse muss vielmehr die Qualität einer Geschäftsgrundlagenstörung erreichen, um eine außerordentliche Kündigung zu begründen.

167 *Picker*, ZfA 1981, 1, 33.

168 *Strasser* in: GS für Gschnitzer, S. 415, 422; a.A.: *Hofmann*, Subjektives Recht und Wirtschaftsordnung, S. 250.

Während einige ein solches ungeschriebenes Kündigungsrecht mittels ergänzender Vertragsauslegung begründen wollen,[169] stellen andere hier auf eine Rechtsanalogie ab, wobei nach dieser Meinung ein zusätzlicher Rückgriff auf die ergänzende Vertragsauslegung insbesondere hinsichtlich der konkreten Ausgestaltung des Kündigungsrechts methodisch nicht ausgeschlossen sein soll.[170]

Im Arbeitsrecht ist die ordentliche Kündigung ohne Rechtfertigungserfordernis gesetzlich in § 620 BGB i.V.m. §§ 621–623 BGB normiert und in erster Linie für die Kündigung des Arbeitsverhältnisses durch den Arbeitnehmer relevant. Dieser kann das Arbeitsverhältnis gemäß § 620 Abs. 2 BGB nach Maßgabe der §§ 622–623 BGB kündigen. Für die arbeitgeberseitige Kündigung spielt die ordentliche Kündigung ohne Rechtfertigungserfordernis hingegen eher eine untergeordnete Rolle. Sobald der Anwendungsbereich des KSchG eröffnet ist,[171] muss die Kündigung nicht nur den Anforderungen der § 620 BGB i.V.m. §§ 621–623 BGB genügen, sondern gemäß § 1 Abs. 2 KSchG zudem sachlich gerechtfertigt sein.

1. *Formelle Beschränkungen*

Trotz der freien Beendigungsmöglichkeit, die keiner Rechtfertigung bedarf, muss auch im Anwendungsbereich des Prinzips der Kündigungsfreiheit dem Kontinuitätsinteresse des Vertragspartners Rechnung getragen werden. Diesem Kontinuitätsinteresse wird der Gesetzgeber dadurch gerecht, dass er die Wirkungen der ordentlichen Kündigung typischerweise erst mit temporärer Verzögerung eintreten lässt und diese teilweise Formerfordernissen unterwirft.

a. Fristgebundenheit

Die Wirkungen der ordentlichen Kündigung treten typischerweise erst mit temporärer Verzögerung ein. Dass der Gesetzgeber die Fristgebundenheit der ordentlichen Kündigung grundsätzlich für erforderlich hält, wird insbesondere an den Regelungen der §§ 627 Abs. 2, 671 Abs. 2 S. 1 und 723 Abs. 2 BGB deutlich, die herausstellen, dass eine Kündigung des Vertrages ohne wichtigen Grund nur unter der Voraussetzung in

---

169 BGH, MDR 1959, 538; NJW 1985, 2585, 2586; NJW 1993, 326, 329.

170 *Michalski*, JA 1979, 401, 405; *Oetker*, Dauerschuldverhältnis, S. 275 f.; RGZ 78, 421, 424.

171 Das KSchG findet Anwendung, wenn das konkrete Arbeitsverhältnis mit dem zu kündigenden Arbeitnehmer mehr als sechs Monate bestanden hat (§ 1 Abs. 1 KSchG) und der Betrieb über die entsprechende Mindestanzahl an Arbeitnehmern verfügt (§ 23 Abs. 1 KSchG). Die Mindestanzahl der im Betrieb beschäftigten Arbeitnehmer beträgt nach geltendem Recht zehn; für Kündigungen von Arbeitsverhältnissen, die bis zum 31.12.2003 begonnen haben ist die alte Mindestanzahl von fünf Arbeitnehmern maßgeblich. Die Anzahl an Arbeitnehmern eines Betriebes, die zur Anwendung des KSchG führen, ist dabei in ständiger politischer Diskussion und Mittel zur zeitweisen Verschärfung oder Lockerung des Kündigungsschutzrechts durch das jeweilige politische Lager.

Betracht kommt, dass dem Vertragspartner ein Zeitraum zugebilligt wird, in dem er sich auf die Vertragsbeendigung einstellen und die notwendigen Dispositionen treffen kann.[172] Teilweise wird aufgrund der Verknüpfung der ordentlichen Kündigung mit einer Kündigungsfrist bereits von einem Bestandsschutz des Vertragsverhältnisses ausgegangen.[173] Allerdings können die Kündigungsfristen die einseitige Beendigung dem Grunde nach nicht verhindern, sondern nur zeitlich verzögern, so dass vielmehr von einem „Zeitschutz“[174] auszugehen ist, der den Grundsatz der Kündigungsfreiheit nicht antastet, sondern diesen vielmehr in ein angemessenes Verhältnis zum Grundsatz der Vertragstreue setzt.[175]

Obgleich die meisten legislativ ausgeformten Kündigungstatbestände wie zum Beispiel die §§ 542 Abs. 1 i.V.m. 573c, 580a, 584, 594, 620 Abs. 2 i.V.m. 621 und 622 BGB eine Frist voraussetzen, zeigen die §§ 604 Abs. 3, 671 Abs. 1 und 723 Abs. 1 BGB, dass auch eine ordentliche Kündigung ohne die Erforderlichkeit der Fristeinhaltung vom BGB anerkannt, wenn auch selten ist. Diesen vereinzelten ordentlichen Kündigungstatbeständen ohne Frist kann jedoch kein verallgemeinerungsfähiger Rechtsgedanke entnommen werden, da diese Ausformungen des Kündigungsrechts nur auf den spezifischen Inhalt der Leihe, des Auftrages beziehungsweise des Gesellschaftsvertrages reagieren, nach dem der Kündigungsgegner weniger schutzwürdig ist.[176] Stellt der Gesetzgeber keine entsprechende Regelung zur Bestimmung der Frist zur Verfügung, ist das Kündigungsrecht analog § 315 BGB nach billigem Ermessen auszuüben.[177]

Im Arbeitsrecht sind die von den Vertragsparteien zu beachtenden Kündigungsfristen in § 620 i.V.m. § 622 BGB normiert. § 622 BGB sieht für beide Arbeitsvertragsparteien eine Kündigungsfrist von mindestens vier Wochen zum 15. oder zum Ende eines Kalendermonats vor. Für die arbeitgeberseitige Kündigung sieht § 622 Abs. 2 BGB eine Staffelung der Kündigungsfrist abhängig von der Dauer des Beschäftigungsverhältnisses vor. Die Kündigungsfristen können nur nach Maßgabe des § 622 Abs. 3–5 BGB zu Lasten des Arbeitnehmers verkürzt werden. Allerdings können die Arbeitsvertragsparteien die Länge der arbeitnehmerseitigen Kündigungsfrist mit der Länge der Kündigungsfrist für den Arbeitgeber gleichsetzen.

---

172 *Canaris*, ZHR 143 (1979), 113, 114 f.; *Lettl*, NZA-RR 2004, 57, 63 f.

173 *Paschke*, Das Dauerschuldverhältnis der Wohnraummiete, S. 301 ff.; *Söhner*, Der Verzicht des Arbeitnehmers und Auszubildenden auf Bestandsschutz, S. 27; *v. Stebut*, Der soziale Schutz als Regelungsproblem des Vertragsrechts, S. 22 ff.

174 *Schrank*, Der Fortbestand des Arbeitsverhältnisses als Schutzobjekt der Rechtsordnung, S. 172, der den Zeitschutz jedoch auch als Teil des Bestandsschutzes ansieht.

175 Vgl. Motive II, 411 f.; *Krause*, Arbeitsrecht, § 18 Rn. 7; *Oetker*, Dauerschuldverhältnis, S. 281; *Preis*, Prinzipien des Kündigungsrechts, S. 54.

176 *Oetker*, Dauerschuldverhältnis, S. 274 f.; BGH, BB 1959, 538.

177 *Oetker*, Dauerschuldverhältnis, S. 277.

b. Schriftformerfordernis

Als weitere formelle Beschränkung wird die ordentliche Kündigung des Schuldverhältnisses teilweise einem Formerfordernis unterworfen. Schriftformerfordernisse finden sich zum Beispiel in § 568 Abs. 1 BGB für das Mietverhältnis und § 623 BGB für das Arbeitsverhältnis. Im Arbeitsrecht ist sowohl die Kündigung durch den Arbeitgeber als auch die Kündigung durch den Arbeitnehmer gemäß § 623 BGB i.V.m. § 126 BGB schriftlich zu erklären. Die Schriftform hat hier Klarstellungs-, Beweis- und Warnfunktion.[178]

2. Übereinstimmung mit zivilrechtlichen Wertentscheidungen

Schließlich ist auch die aus der Vertragsbeendigungsfreiheit erwachsende Befugnis zur ordentlichen Kündigung als privatrechtliche Willenserklärung an den allgemeinen zivilrechtlichen Vorschriften zu messen und in die zivilrechtlichen Rahmenbedingungen und Wertentscheidungen eingebunden. Die ordentliche Kündigung darf nicht gegen ein Verbotsgesetz i.S.d. § 134 BGB verstoßen, muss mit der Sittenordnung (§ 138 BGB) und dem Grundsatz von Treu und Glauben (§ 242 BGB) in Einklang stehen und darf nicht aus Schikane erklärt worden sein (§ 226 BGB).[179] Allerdings kommt ein Verstoß gegen die zivilrechtlichen Generalklauseln mit der entsprechenden Nichtigkeits- oder auch einer Schadensersatzfolge grundsätzlich nur in besonders gelagerten Ausnahmesituationen in Betracht, da die ordentliche fristgebundene Kündigung wie oben bereits gesehen keiner Rechtfertigung bedarf und dieser Grundsatz durch die Anwendung der allgemeinen bürgerlich-rechtlichen Regeln nicht durchbrochen werden soll.[180]

Der vorgenannte Grundsatz wird im Arbeitsrecht insofern verkehrt, dass die Rechtsprechung die arbeitgeberseitige Kündigung des Arbeitsverhältnisses typischerweise einer strengeren Prüfung anhand der Generalklauseln unterzieht, als die Kündigung in anderen Schuldverhältnissen. Wird einem Arbeitnehmer gekündigt, der nicht vom Schutz des KSchG erfasst ist, da die betrieblichen oder persönlichen Anwendungsvoraussetzungen nicht vorliegen, kann dieser sich zwar nicht auf das KSchG berufen; ihm bleibt es aber unbenommen sich trotzdem mit Hilfe der oben angesprochenen allgemeinen zivilrechtlichen Schutznormen zur Wehr zu setzen.[181] Die Generalklauseln werden von der Rechtsprechung in diesem speziellen Verhältnis so ausgelegt, dass sie dem Arbeitnehmer einen gewissen sozialen Mindestschutz garantieren, da der Arbeitnehmer, für den sein Arbeitsverhältnis von existentieller Bedeutung ist und der zu Gunsten des Arbeitgebers auf die unternehmerische Verwertung seiner Arbeitskraft verzichtet, von dem Gesetzgeber als

---

178 Schwarze/Eylert/Schrader/*Schwarze*, KSchG, Einl. Rn. 49.
179 BAG, NZA 1994, 1080 ff.; *Otto*, Personale Freiheit und soziale Bindung, S. 58 f.
180 Vgl. BVerfG, BB 1994, 16 ff.; *Otto*, Personale Freiheit und soziale Bindung, S. 59.
181 Vgl. *Lettl*, NZA-RR 2004, 57 ff.

besonders schutzwürdig eingestuft wird.[182] Das Bundesverfassungsgericht fordert insofern einen aus Art. 12 Abs. 1 GG resultierenden Mindestschutz der Arbeitnehmer, die nicht in den Schutzbereich des KSchG fallen, der diese vor Verlust des Arbeitsplatzes durch private, uneingeschränkte Dispositionen des Arbeitgebers schützt.[183] Hieraus folgt einerseits, dass die Kündigung zumindest auf einen irgendwie einleuchtenden Grund gestützt werden muss.[184] Andererseits muss der Arbeitgeber, wenn er hinsichtlich der Kündigung eine Auswahl zwischen mehreren in Betracht kommenden Arbeitnehmern zu treffen hat, ein Mindestmaß an sozialer Rücksichtnahme wahren.[185]

Im Ergebnis besteht für den Arbeitgeber somit auch außerhalb des Anwendungsbereichs des KSchG keine freie Kündigungsmöglichkeit. Teilweise wird hier von dem Prinzip der grundrechtlich gebundenen Kündigungsfreiheit gesprochen.[186] Überdies werden besonders schützenswerte Gruppen, wie zum Beispiel Schwangere und Mütter, Eltern während der Elternzeit, Schwerbehinderte und Gleichgestellte, Auszubildende sowie (angehende) Funktionsträger der Mitbestimmung, unabhängig von der Eröffnung des Schutzbereichs des Kündigungsschutzgesetzes, durch den besonderen Kündigungsschutz vor Kündigungen des Arbeitgebers geschützt.[187]

II. Zusammenfassung

Der Gesetzgeber hat die einseitige Vertragsbeendigungsfreiheit durch das Gestaltungsrecht der ordentlichen, typischerweise fristgebundenen Kündigung umgesetzt, die zwar keiner Rechtfertigung bedarf, aber einer Prüfung anhand der zivilrechtlichen Generalklauseln unterzogen wird. Die ordentliche Kündigungsmöglichkeit des Arbeitsverhältnisses ist vom Gesetzgeber in den § 620 BGB i.V.m. §§ 621–623 BGB umgesetzt worden. Die ordentliche Kündigung ist mit einer in § 622 BGB näher bestimmten Frist und gemäß § 623 BGB schriftlich zu erklären. Die ordentliche fristgebundene Kündigung des Arbeitnehmers folgt dabei uneingeschränkt dem Prinzip der Vertragsbeendigungsfreiheit. Die Prüfung der arbeitgeberseitigen ordentlichen Kündigung eines Arbeitsverhältnisses, das nicht dem Anwendungsbereich des KSchG unterfällt, unterliegt hingegen umfassenderen Reglementierungen und hat den Anforderungen der Generalklauseln, insbesondere der §§ 134, 138, 242 und 226 BGB, unter Beachtung des aus Art. 12 Abs. 1 GG resultierenden Mindestschutzes des schutzwürdigen Arbeitnehmers, zu genügen. Somit ist die Vertragsbeendigungsfreiheit des Arbeitgebers auch außerhalb des Anwendungsbereichs des KSchG

182 *Krause*, Arbeitsrecht, § 18 Rn. 52.
183 BVerfG, NJW 1998, 1475, 1476 f.
184 BAG, AP Nr. 17 zu § 242 BGB Kündigung.
185 BAG, AP Nr. 12 zu § 242 BGB Kündigung.
186 *Oetker*, RdA 1997, 9, 18.
187 Der besondere Kündigungsschutz soll an dieser Stelle nicht näher betrachtet werden Eine Zusammenstellung besonderer gesetzlicher Kündigungsbeschränkungen findet sich bei Schwarze/Eylert/Schrader/*Schwarze*, KSchG, Einl. Rn. 107.

nicht umfassend gewährleistet, sondern vielmehr zugunsten des schutzwürdigen Arbeitnehmers beschränkt. Insofern kann von einer grundrechtlich gebundenen Kündigungsfreiheit gesprochen werden.

B. Umsetzung des Prinzips der sachlichen Rechtfertigung der Vertragsbeendigung durch den Gesetzgeber

Zusätzlich zu den formellen Beendigungsbeschränkungen, wie der Frist und der Schriftform, die die Beendigungsmöglichkeiten der Vertragsparteien inhaltlich nicht begrenzen, bedarf es zur Umsetzung des Prinzips der sachlichen Rechtfertigung der Vertragsbeendigung materieller Beendigungsbeschränkungen, die die einseitige Vertragsbeendigung einer inhaltlichen Überprüfung und Bewertung unterziehen.[188] Der Gesetzgeber hat das Prinzip der sachlichen Rechtfertigung im Arbeitsrecht mit dem Beendigungsinstrument der ordentlichen fristgebundenen Kündigung umgesetzt, welche die Vertragsbeendigung für den Arbeitgeber von einer sachlichen Rechtfertigung in Form einer nachträglichen Unwirksamkeitskontrolle abhängig macht. Eine arbeitgeberseitige Kündigung muss den Anforderungen der sozialen Rechtfertigung gemäß § 1 Abs. 2 S. 1 KSchG entsprechen, also auf einem dort genannten rechtfertigenden Grund beruhen, um das Arbeitsverhältnis – entgegen den Willen des Arbeitnehmers – wirksam beenden zu können.[189]

Darüber hinaus ermöglicht das Gestaltungsrecht der außerordentlichen Kündigung gemäß § 626 BGB beiden Vertragsparteien die sofortige Auflösung des Arbeitsverhältnisses bei Vorliegen eines wichtigen Grundes. Auch bei der außerordentlichen Kündigung ist der wichtige Grund mithilfe einer nachträglichen Unwirksamkeitskontrolle zu bewerten. Die Begründungspflicht trifft hier jedoch nicht nur den Arbeitgeber, sondern beide Arbeitsvertragsparteien, da die außerordentliche Kündigung die fristlose Auflösung des Arbeitsverhältnisses ermöglicht und somit

---

188 *Berkowsky*, Die betriebsbedingte Kündigung, § 1 Rn. 70; Ascheid/Preis/Schmidt/*Preis*, Kündigungsrecht, Grundlagen G Rn. 7.

189 Im Wohnungsmietrecht, das sich – wie im *zweiten Teil* kurz dargestellt – durch die Schutzwürdigkeit des Mieters auszeichnet, ist der Bestandsschutz so ausgestaltet, dass die Wirksamkeit einer Kündigung des Vermieters davon abhängt, dass dieser sein berechtigtes Interesse an der Kündigung gemäß § 573 Abs. 1 BGB durch die Angabe der Kündigungsgründe in der Kündigungserklärung deutlich macht und die Kündigung sodann in einem anschließenden Prozess mit Hilfe der in der Kündigungserklärung genannten Gründen rechtfertigt. Überdies kann der Mieter der Wirksamkeit der Kündigung mit der Folge der (jedenfalls vorübergehenden) Fortsetzung des Mietverhältnisses widersprechen, wenn die Beendigung des Mietverhältnisses für ihn oder seine Familie eine nicht zu rechtfertigende Härte bedeuten würde, § 556a BGB.

aufgrund der sofortigen Beendigung des Dauerschuldverhältnisses zwangsläufig den Grundsatz der Vertragstreue durchbricht.[190]

I. Ordentliche Kündigung mit sozialer Rechtfertigungspflicht

Die ordentliche Kündigung mit legislativem Rechtfertigungserfordernis für den Arbeitgeber gemäß § 620 BGB i.V.m. § 621–623 BGB, § 1 Abs. 2 S. 1 KSchG stellt keinen Eingriff in den Grundsatz „pacta sunt servanda" dar, sondern beschränkt vielmehr die aus dem Selbstbestimmungsrecht der Vertragspartner erwachsende einseitige Vertragsbeendigungsfreiheit des Arbeitgebers zu Gunsten des Arbeitnehmers.[191] Wie oben im *zweiten Teil* herausgearbeitet wurde, sind die Grundvoraussetzungen der Privatautonomie im Arbeitsrecht typischerweise zu Lasten des Arbeitnehmers, für den sein Arbeitsverhältnis von existentieller Bedeutung ist und der auf die unternehmerische Auswertung seiner Arbeitskraft verzichtet und sich den Weisungen des Arbeitgebers unterwirft, gestört, so dass der Gesetzgeber berufen ist einen legislativen Bestandsschutz zu Gunsten des Arbeitnehmers zu schaffen.

Der Gesetzgeber hat jedoch nicht nur die Pflicht sich aufgrund des Gebotes des „sozialen Rechts- und Bundesstaates" (Art. 20 Abs. 1, 28 Abs. 1 GG)[192] und seiner aus Art. 12 Abs. 1 GG erwachsenden Schutzpflicht schützend vor den Arbeitnehmer zu stellen, sondern er muss zugleich auch die kollidierenden Grundrechtspositionen des Arbeitgebers beachten. Dieser kann sich insbesondere auf seine Berufsfreiheit aus Art. 12 Abs. 1 GG in Form der unternehmerischen Entscheidungsfreiheit, seine Vertragsfreiheit aus Art. 2 Abs. 1 GG als besondere Ausprägung der allgemeinen Handlungsfreiheit und die Eigentumsgarantie aus Art. 14 GG berufen.[193] Um den Gehalt dieser Freiheitsgrundrechte nicht verfassungswidrig einzuschränken, ist es erforderlich, dass es dem Arbeitgeber trotz eines legislativ geschaffenen Bestandschutzes zu Gunsten des Arbeitnehmers möglich bleibt, das Arbeitsverhältnis dann zu beenden, wenn die Fortführung des Arbeitsverhältnisses für ihn unzumutbar ist.

1. Regelungsaufgabe des Kündigungsschutzgesetzes

Als Instrument zum gerechten Ausgleich der widerstreitenden Interessen der Arbeitsvertragsparteien schuf der Gesetzgeber das KSchG,[194] als spezifisch und

190 *v. Hase*, NJW 2002, 2278, 2279; *Hirsch*, NZM 2007, 110, 112; *Oetker*, Dauerschuldverhältnis, S. 269; *Picker*, ZfA 1981, 1, 33 f.

191 *Galperin*, RdA 1966, 361, 362; *Neuhausen*, Der im voraus erklärte Verzicht eines Arbeitnehmers auf Kündigungsschutz, S. 45 f.; Schwarze/Eylert/Schrader/*Schwarze*, KSchG, § 1 Rn. 47.

192 Siehe auch *Rüthers*, NJW 1993, 2587 ff.

193 *Brox/Rüthers/Henssler*, Arbeitsrecht, Rn. 464; *Dieterich*, RdA 1995, 129, 134; *Söllner*, RdA 1989, 144, 148.

194 BVerfG, NJW 1996, 1667.

spezialgesetzlich ausgestaltetes Leistungsstörungsrecht für Arbeitsverhältnisse.[195] Das KSchG ist als Versuch eines verbindlichen gesetzlichen Interessenausgleichs anzusehen, durch den eine – sozialpolitisch erwünschte – „verhältnismäßige" Beschränkung des arbeitgeberseitigen Kündigungsrechts bewirkt werden soll.[196] Der Kündigungsschutz im Arbeitsrecht ist eine politische Regelungsaufgabe des Gesetzgebers, dem bei der Schaffung der entsprechenden Regelungen ein breiter Gestaltungsspielraum eingeräumt ist.[197] Dies führt dazu, dass das Kündigungsrecht insbesondere im Hinblick auf die Frage der Gewichtung der individuellen Freiheitgewährung innerhalb des Sozialstaats stets Gegenstand gesellschaftlicher Kontroversen und auch gesetzgeberischer Reformen ist.[198]

Ausgangspunkt und Kernstück des Kündigungsschutzrechts ist die soziale Rechtfertigung der arbeitgeberseitigen Kündigung gemäß § 1 Abs. 2 S. 1 KSchG, die die Wirksamkeit der Kündigung von den dort genannten sachlichen Gründen abhängig macht. Die in § 1 Abs. 2 S. 1 KSchG genannten Kündigungsgründe konkretisieren den „eigentlichen Kündigungsgrund" – die Unzumutbarkeit der Fortführung des Arbeitsverhältnisses –, der wie im *zweiten Teil* herausgearbeitet ein regulatives Prinzip darstellt und einer legislativen Ausfüllung bedarf. Das Erfordernis der Rechtfertigung der arbeitgeberseitigen Kündigung vermittelt einen Bestandschutz, also sowohl einen Fortbestands- als auch einen Inhaltsschutz,[199] zugunsten des Arbeitnehmers. Der Bestandschutz soll dabei nicht uneingeschränkt den Bestand des

---

195 *Duvigneau*, Die gerichtliche Auflösung des Arbeitsverhältnisses, S. 43.

196 Ascheid/Preis/Schmidt/*Preis*, Grundlagen H Rn. 64. Häufig wird der Kündigungsschutz jedoch eher als Einstellungsbremse auf dem Arbeitsmarkt und nicht als Schutzgesetz zugunsten der Arbeitnehmer bewertet. Siehe dazu *Bauer*, NZA 2002, 529; *Buchner*, NZA 2002, 533, 534; *Fahl*, Abfindungszahlung, S. 12; *Rüthers*, NJW 2002, 1601, 1603, 1608. Arbeitgeber bedächten bei jeder Neueinstellung die unter Umständen hohen Trennungskosten bei einer Beendigung des Arbeitsverhältnisses und reagierten drauf mit die Einstellungen ersetzenden Mitteln, wie zum Beispiel der Anordnung von Überstunden, der Schaffung flexibler Arbeitszeitmodelle, Befristungen, Leiharbeit, Automatisierung, Rationalisierung und Outsourcing. Siehe dazu *Fahl*, Abfindungszahlung, S. 12 f.; *Hromadka*, AuA 2002, 261; *ders.* ZFA 2002, 383; *Kamanabrou*, in: Transparenz und Reform, § 3 Rn. 6 f., 11; *Rebhahn*, RdA 2002, 272, 273; *Rüthers*, NJW 2002, 1601, 1604; *Schiefer*, NZA 2002, 770; *Trappehl/Lambrich*, RdA 1999, 243. Diesen Maßnahmen der Arbeitgeber wohne sodann eine massive Kartellwirkung in Form einer Markzutrittsschranke zum Schutz der Arbeitsplatzbesitzer gegenüber den Arbeitssuchenden inne. Siehe dazu *Aden*, RdA 1981, 280, 281; *Neef*, NZA 2000, 7; *Oetker*, RdA 1997, 9, 10; *Preis*, RdA 2003, 65, 66; *Reuter*, RdA 1978, 344, 349; *Rüthers*, NJW 2002, 1601, 1605; *Sandmaier*, Abfindungsorientierte Kündigungsschutzmodelle, S. 21 f.

197 *Duvigneau*, Die gerichtliche Auflösung des Arbeitsverhältnisses, S. 3.

198 Dies wird zum Beispiel an der vergleichsweise häufigen Änderung der relevanten Arbeitnehmerzahl für die sachliche Anwendbarkeit des KSchG gemäß §§ 1 Abs. 1, 23 Abs. 1 KSchG deutlich.

199 *Günther*, ArbuR 1974, 97, 102.

Arbeitsvertrages schützen, sondern vielmehr den Arbeitnehmer vor Verschlechterungen seiner Rechtspositionen durch einseitige, willkürliche Maßnahmen des Arbeitgebers bewahren.[200] Der durch das Rechtfertigungserfordernis vermittelte Bestandsschutz besteht insofern nicht zugunsten des Rechtsverhältnisses an sich, wie zum Beispiel bei der Ehe, deren Fortbestand auch gegen übereinstimmende Auflösungsbegehren beider Partner in gewissem Umfang geschützt wird, sondern nur zu Gunsten des Arbeitnehmers als schutzwürdigere Vertragspartei.[201]

Im Folgenden wird zunächst die Struktur der sozialen Rechtfertigung dargestellt, um sodann den Regelungsgehalt der einzelnen in § 1 Abs. 2 S. 1 KSchG genannten Kündigungsgründe zu erfassen.

2. Die soziale Rechtfertigung gemäß § 1 Abs. 2 S. 1 KSchG

Der Bestandsschutz zugunsten des Arbeitnehmers wird dadurch verwirklicht, dass der kündigende Arbeitgeber nach der ordentlichen Kündigung der nachträglichen Rechtsfertigungspflicht des § 1 Abs. 2 S. 1 KSchG ausgesetzt ist, die besteht, wenn sich der Arbeitnehmer mit Hilfe einer Kündigungsschutzklage gemäß §§ 4, 7 KSchG gegen die Kündigung zur Wehr setzt. In diesem Fall muss der Arbeitgeber in einem Kündigungsschutzprozess darlegen und gegebenenfalls beweisen, dass die Kündigung gemäß § 1 Abs. 2 S. 1 KSchG sozial gerechtfertigt war.[202]

---

200 *v. Stebut*, Der soziale Schutz als Regelungsproblem des Vertragsrechts, S. 22. Es wird jedoch vielfach kritisiert, dass das KSchG generell nicht mehr geeignet sei, als Schutzinstrument zu Gunsten der Arbeitnehmer Entlassungen tatsächlich zu verhindern. Vielmehr einigen sich die Arbeitsvertragsparteien in den meisten Fällen nach Erhebung einer Kündigungsschutzklage durch den Arbeitnehmer auf eine einvernehmliche Beendigung des Arbeitsverhältnisses, ohne die Wirksamkeit der streitigen Kündigung tatsächlich einer gerichtlichen Prüfung zu unterziehen. Nach den Ausführungen von Notter, DB 1976, 772 und Rüthers, NJW 2002, 1601, 1602, resultieren 90 % aller Arbeitgeberkündigungen in einem gerichtlichen oder außergerichtlichen Abfindungsvergleich. Laut *Schiefer*, NZA 2002, 770, 777, und *Rebhahn*, RdA 2002, 272, tendiere die Zahl der Arbeitnehmer, die nach einem Kündigungsschutzprozess in einen Betrieb zurückkehren gegen Null. Das Interesse des Arbeitnehmers an einer Rückkehr in den Betrieb sei aufgrund häufiger schwerwiegender negativer Konsequenzen sehr eingeschränkt. Vgl. dazu auch BT-Drucks. 15/1204, S. 9; *Busemann/Schäfer*, Kündigung und Kündigungsschutz, Rn. 683; *Hümmerich*, NZA 1999, 342 f.; *Kreßel*, NZA 1997, 1138; *Reiter*, BB 2006, 42, 43; *Rühle*, DB 1991, 1378; *Sandmaier*, Abfindungsorientierte Kündigungsschutzmodelle, S. 46 f.; *Timke*, Bestandsschutz im Arbeitsverhältnis, S. 7 f., 102 f.

201 *Preis*, Prinzipien des Kündigungsrechts, S. 121; *v. Stebut*, Der soziale Schutz als Regelungsproblem des Vertragsrechts, S. 22; *Wiedemann*, RdA 1961, 1, 3.

202 Dieser Bestandsschutzmechanismus greift nicht in jedem Arbeitsverhältnis, sondern setzt vielmehr voraus, dass das KSchG auf das Arbeitsverhältnis gemäß §§ 1 Abs. 1, 23 Abs. 1 KSchG Anwendung findet. Ist der Anwendungsbereich des

a. Struktur der sozialen Rechtfertigung

Die in § 1 Abs. 2 S. 1 KSchG genannten Kündigungsgründe beschreiben beachtliche Störungen der vertraglichen Interessen des Arbeitgebers, das heißt Sachverhalte, bei denen die tatsächliche Durchführung des Arbeitsverhältnisses von dem vertraglich Gesollten, also dem Inhalt und der Grundlage des Arbeitsvertrages, abweicht.[203] Kündigungsrechtlich relevant sind nur erhebliche Störungen der arbeitgeberseitigen Interessen; geringfügige Beeinträchtigungen sind grundsätzlich hinzunehmen.[204] Dies entspricht der bürgerlich-rechtlichen Grundwertung aus § 320 Abs. 2 BGB, nach der die verhältnismäßige Geringfügigkeit einer noch nicht erbrachten Leistung noch nicht zur Verweigerung der Gegenleistung berechtigt.[205] Die soziale Rechtfertigung gemäß § 1 Abs. 2 S. 1 KSchG dient insofern der Bestimmung, wie eine vertragliche Störung ausgestaltet sein muss, damit der Rechtsanwender davon ausgehen kann, dass das Interesse des Arbeitgebers an der Beendigung des Arbeitsverhältnisses stärker ist, als das Interesse des Arbeitnehmers an der Fortsetzung des Arbeitsverhältnisses und die Kündigung daher billigenswert und angemessen erscheint.[206] Umgekehrt rechtfertigt ein außerhalb der Gründe des § 1 Abs. 2 S. 1 KSchG liegendes Interesse des Arbeitgebers die Beendigung des Arbeitsverhältnisses durch Kündigung des Arbeitgebers nicht.[207]

Obgleich der Tatbestand der sozialen Rechtfertigung Sachverhalte benennt, bei denen das Interesse das Arbeitgebers an der Beendigung des Arbeitsverhältnisses das Interesse des Arbeitnehmers an dessen Fortführung überwiegt, enthält § 1 Abs. 2 S. 1 KSchG keine konkreten Tatbestandsmerkmale, sondern gibt im Wesentlichen nur die Richtung an, aus der die Störung des Arbeitsverhältnisses kommt.[208] § 1 Abs. 2 S. 1 KSchG unterscheidet nach der Art der Störung der vertraglichen Interessen des Arbeitgebers einerseits zwischen Gründen, die in der Personen oder dem Verhalten des Arbeitnehmers liegen oder andererseits Gründen, die auf dringenden betrieblichen Erfordernissen beruhen. Die personen- und verhaltensbedingten, also arbeitnehmerbedingten[209] Kündigungsgründe sind der Sphäre des Arbeitnehmers zuzurechnen, da diese an sein Fehlverhalten beziehungsweise seine

---

KSchG eröffnet, hat der Arbeitgeber gemäß § 1 Abs. 2 S. 4 KSchG die Tatsachen zu beweisen, die die Kündigung bedingen.

203 *Schwarze*, Leistungsstörungen, S. 2.

204 v. Hoyningen-Huene/Linck/*Krause*, KSchG, § 1 Rn. 188.

205 v. Hoyningen-Huene/Linck/*Krause*, KSchG, § 1 Rn. 188.

206 BAG, NJW 1978, 2525 f.; Schwarze/Eylert/Schrader/*Schwarze*, KSchG, § 1 Rn. 49.

207 Schwarze/Eylert/Schrader/*Schwarze*, KSchG, § 1 Rn. 47. Dieser kann das Arbeitsverhältnis aber bei Vorliegen der Voraussetzungen der §§ 9, 10 KSchG gerichtlich gegen Abfindungszahlung auflösen, wenn die Vertrauensgrundlage zwischen den Vertragsparteien zerrüttet ist. Siehe dazu die Ausführungen im *vierten Teil.*

208 Schaub/*Linck*, Arbeitsrechts-Handbuch, § 130 Rn. 28.

209 Diesen Überbegriff wählt *Berkowsky*, Die personen- und verhaltensbedingte Kündigung, § 3.

Person anknüpfen.[210] Die Kündigung wegen dringender betrieblicher Erfordernisse kommt hingegen aus der Sphäre des Arbeitgebers, ist also betriebsbedingt.[211] Hier „stört" der Arbeitgeber die Fortsetzung des Arbeitsverhältnisses, indem er durch eine unternehmerische Entscheidung den Wegfall von Beschäftigungsmöglichkeiten herbeiführt.[212]

Alle vorgenannten Störungen des Arbeitsverhältnisses sind allerdings nicht per se geeignet dem Interesse des Arbeitgebers an der Beendigung des Arbeitsverhältnisses Vorzug gegenüber dem Fortsetzungsinteresse des Arbeitnehmers zu geben. Dies wird aus der Formulierung des § 1 Abs. 2 S. 1 KSchG deutlich, der besagt, dass die Kündigung durch die Kündigungsgründe „bedingt" sein muss. Das Beendigungsinteresse des Arbeitgebers genießt somit nur dann Vorrang, wenn die konkrete Störung einer Weiterbeschäftigung des Arbeitnehmers im Betrieb entgegensteht. Es ist eine kausale Verknüpfung zwischen der arbeitsvertraglichen Störung und dem Bedürfnis der Vertragsbeendigung erforderlich. Die Kündigungsgründe sind somit nicht als absolute, sondern lediglich als relative Unwirksamkeitsgründe zu verstehen, die nur dann relevant sind, wenn sie zur Unzumutbarkeit der Weiterbeschäftigung des Arbeitnehmers im Betrieb des Arbeitgebers im konkreten Fall führen.[213]

Methodisch ist somit zunächst das Vorliegen einer arbeitsvertraglichen Störung zu ermitteln, diese Störung unter einer der in § 1 Abs. 2 S 1 KSchG genannten Gründe zu subsumieren und sodann mit Hilfe einer Interessenabwägung festzustellen, ob die konkrete Störung einer Weiterbeschäftigung des Arbeitnehmers im Betrieb des Arbeitgebers entgegensteht.[214] Mit Hilfe einer rechtstheoretischen Konkretisierung ist im Folgenden zu ermitteln, welchen Handlungs- und Entscheidungsspielraum die Norm des § 1 Abs. 2 S. 1 KSchG ihrer Struktur nach dem Rechtsanwender im Rahmen der zuvor genannten Methodik eröffnet, um sodann auf die Bedeutung allgemeiner Prinzipien für die Konkretisierung der sozialen Rechtfertigung einzugehen.

b. Rechtstheoretische Einordnung

Um eine Konkretisierung der die Kündigung sozial rechtfertigenden Gründe zu ermöglichen, ist es zunächst sinnvoll die soziale Rechtfertigung gemäß § 1 Abs. 2 S. 1 KSchG rechtstheoretisch einzuordnen. Eine solche Einordnung erleichtert die Bestimmung des Tatbestandes der einzelnen Kündigungsgründe: Je offener und weiter der Gesetzgeber einen Tatbestand gestalten wollte, desto uneingeschränkter ist der Rechtsanwender in der Bewertung des ausfüllungsbedürftigen Tatbestandes.

---

210 Schwarze/Eylert/Schrader/*Schwarze*, KSchG, § 1 Rn. 52.

211 Schwarze/Eylert/Schrader/*Schwarze*, KSchG, § 1 Rn. 52.

212 v. Hoyningen-Huene/Linck/*Krause*, KSchG, § 1 Rn. 190.

213 *Berkowsky*, Die betriebsbedingte Kündigung, § 4 Rn. 82 f.; Schaub/*Linck*, Arbeitsrechts-Handbuch, § 130 Rn. 28.

214 BAG, NJW 1954, 1949, 1950; NJW 1983, 700; NZA 1990, 434, 435; NZA 1991, 185, 186; *Berkowsky*, Die betriebsbedingte Kündigung, § 4 Rn. 31; MünchKommBGB/*Hergenröder*, § 1 KSchG Rn. 68; ErfK/*Oetker*, § 1 KSchG Rn. 82.

Die Rechtsprechung und die Literatur bezeichnen den § 1 Abs. 2 S. 1 KSchG zum Teil als Generalklausel.[215] Andere beziehen sich direkt auf die Sozialwidrigkeit und ordnen diese als unbestimmten Rechtsbegriff ein.[216] Partiell wird auch die Sozialwidrigkeit als unbestimmter Rechtsbegriff behandelt, die gesamte Norm des § 1 Abs. 2 S. 1 KSchG aber als Generalklausel begriffen.[217] Weitere titulieren die Sozialwidrigkeit als rein rechtstechnischen Begriff, der als Teilstücke die einzelnen Kündigungsgründe enthält.[218] Die einzelnen Kündigungsgründe werden dann wiederum teilweise dem Institut des unbestimmten Rechtsbegriffs[219] untergeordnet oder auch selbst als Generalklauseln[220] begriffen.

aa. Abgrenzung von unbestimmtem Rechtsbegriff und Generalklausel

Die Uneinigkeit hinsichtlich der rechtstheoretischen Einordnung ausfüllungsbedürftiger Normen in Rechtsprechung und Literatur beruht zu einem großen Teil auf der nicht immer leichten und eindeutigen Abgrenzung des unbestimmten Rechtsbegriffs von der Generalklausel, die beide als Unterfälle der normativen, wertungsausfüllungsbedürftigen Rechtbegriffe angesehen werden, sich lediglich graduell unterscheiden und teilweise auch nebeneinander verwendet werden.[221] Will man die beiden Begriffe rechtstheoretisch abgrenzen, fällt auf, dass die Generalklausel, eine Tatbestandfassung ist, die mit großer Allgemeinheit einen Fallbereich umfasst und dazu dient eine große Gruppe von Sachverhalten lückenlos und anpassungsfähig einer Rechtsfolge zu unterwerfen, dem Rechtsanwender also einen großen Freiraum in der Rechtsanwendung bietet, allerdings auch anfälliger für sich wandelnde

215 BAG, AP Nr. 2 zu § 1 KSchG 1969; NZA 1985, 489, 491; AP Nr. 4 zu § 1 KSchG 1969 Konzern; NZA 1989, 464, 465, NZA 1993, 224, 225; NJW 1996, 339; AP Nr. 111 zu § 1 KSchG 1969 Betriebsbedingte Kündigung; NZA 2003, 605, 606; AP Nr. 76 zu § 1 KSchG 1969; NZA 2005, 986, 988; Ascheid/Preis/Schmidt/*Dörner/Vossen*, Kündigungsrecht, § 1 KSchG Rn. 61.

216 BAG, AP Nr. 3 zu § 1 KSchG 1969; AP Nr. 36 zu § 613a BGB; AP Nr. 10 zu § 1 KSchG 1969; AP Nr. 24 zu Art. 140 GG; NZA 1999, 440, 441; NZA 2006, 668, 671; NZA 2006, 723, 724; NZA 2006, 1101, 1103; NZA 2007, 1287, 1290; AP Nr. 4 zu § 125 InsO; NZA 2008, 1130, 1133; NZA 2008, 693, 694.

217 BAG v. 25.02.1988 – 2 AZR 500/87 – Juris; *Dassau*, Die allgemeine Interessenabwägung im Rahmen des § 1 Abs. 2 S. 1 KSchG, S. 29. *Günther*, ArbuR 1974, 97, 103, spricht von generalklauselgleichen unbestimmten Rechtbegriffen.

218 Ascheid/Preis/Schmidt/*Dörner/Vossen*, Kündigungsrecht, § 1 KSchG Rn. 61; KR/*Griebeling*, § 1 KSchG Rn. 201; ErfK/*Oetker*, § 1 KSchG Rn. 62; *Preis*, Prinzipien des Kündigungsrechts, S. 102 f.

219 *Feuerborn*, Sachliche Gründe, S. 276 f.

220 KR/*Griebling*, § 1 KSchG Rn. 194.

221 Vgl. *Engisch*, Einführung in das juristische Denken, S. 213 ff.; *Feuerborn*, Sachliche Gründe, S. 18; *Preis*, Prinzipien des Kündigungsrechts, S. 98.

Weltanschauungen ist.[222] Hingegen verfügt ein unbestimmter Rechtsbegriff über einen bestimmten begrifflichen Fixpunkt, von dem sich ein weitergehender, nicht zweifelsfreier Bedeutungsinhalt erschließen lässt.[223] Während Heck den unbestimmten Rechtsbegriff mit einem Begriffskern und einem darum liegenden Begriffshof umschreibt,[224] geht Zippelius von einem Begriffshof und einem Bedeutungsspielraum aus.[225] Daneben versuchen andere sich dem unbestimmten Rechtsbegriff mit einem „Drei-Bereiche-Bild" zu nähern, wobei der „positive" Bereich die Gegenstände umfasst, die sicher unter den zweifelhaften Begriff fallen, der „negative" Bereich, die Gegenstände erfasst, die sicher nicht unter den Begriff fallen und „neutrale" Gegenstände solche sind, hinsichtlich derer nicht sicher entschieden werden kann, ob sie unter den Begriff fallen oder nicht, hier also eine Wertung vorzunehmen ist.[226]

Auch bei dem § 1 Abs. 2 S. 1 KSchG ist die uneinheitliche rechtstheoretische Einordnung mit der Ähnlichkeit der beiden normativen, ausfüllungsbedürftigen Rechtsbegriffe zu begründen. Die Einordnung des § 1 Abs. 2 S. 1 KSchG ist überdies schwierig handhabbar, da die Norm aus zwei verschieden Elementen – dem an sich vorliegenden Kündigungsgrund und der Erheblichkeit des Grundes für das konkrete Arbeitsverhältnis – besteht, die zwar aufeinander aufbauen, aber zumindest methodisch jeweils einer einzelnen Betrachtung bedürfen.

bb. Keine Einordnung als unbestimmter Rechtsbegriff

Die Ansicht, die die soziale Rechtfertigung insgesamt als unbestimmten Rechtsbegriff begreift, lässt sich damit begründen, dass die soziale Rechtfertigung, die sich aus den Kündigungsgründen und der darauf beruhenden Interessenabwägung zusammensetzt, bezogen auf die konkreter formulierten Kündigungsgründe einen begrifflichen Fixpunkt aufweist, während die sich anschließende Interessenabwägung über weniger Konturen verfügt und somit den Bereich des Unsicheren darstellt. Allerdings kann die gemeinsame rechtstheoretische Betrachtung der Kündigungsgründe und der Interessenabwägung nicht überzeugen. Ordnete man die gesamte sachliche Rechtfertigung als unbestimmten Rechtsbegriff ein, bestünde die Gefahr, dass nicht hinreichend deutlich wird, dass die Interessenabwägung nicht der einzige zweifelhafte Faktor des § 1 Abs. 2 S. 1 KSchG ist. Auch die Kündigungsgründe an sich sind keine deskriptiven Rechtsbegriffe, die sich durch einfache Subsumtion ermitteln lassen, sondern tragen vielmehr selbst einen Unsicherheitsbereich in sich. Die erhebliche Bedeutung und die im Wortlaut der Norm angelegte Eigenständigkeit der beiden Elemente der

---

222 *Engisch*, Einführung in das juristische Denken, S. 218 ff.; *Preis*, Prinzipien des Kündigungsrechts, S. 100, vgl. auch die umfassende Darstellung von *Garstka*, in: Juristische Methodenlehre und analytische Philosophie, S. 96 ff.

223 *Preis*, Prinzipien des Kündigungsrechts, S. 98.

224 *Heck*, Begriffsbildung und Interessenjurisprudenz, S. 52, 60.

225 *Zippelius*, Juristische Methodenlehre, S. 16, 38 f., 58 ff.

226 *Jellinek*, Gesetz, Gesetzesanwendung und Zweckmäßigkeitserwägung, S. 37 ff.; *Koch*, in: Juristische Methodenlehre und analytische Philosophie, S. 200 ff.

sachlichen Rechtfertigung des § 1 Abs. 2 S. 1 KSchG – Kündigungsgrund und Auswirkung des Kündigungsgrundes auf das Arbeitsverhältnis – lassen eine rechtstheoretische Zusammenziehung und systematische Gesamtbetrachtung des Regelungsgehalts des § 1 Abs. 2 S. 1 KSchG weniger sachgerecht und vielmehr eine getrennte Beurteilung vorzugswürdig erscheinen.

cc. Keine Einordnung als Kombination von unbestimmtem Rechtsbegriff und Generalklausel

Ebenfalls nicht zu folgen ist der Ansicht, die die soziale Rechtfertigung als unbestimmten Rechtsbegriff, die Konkretisierung in § 1 Abs. 2 S. 1 KSchG aber als Generalklausel bezeichnet. Rechtstheoretisch ist es nicht denkbar, dass ein unbestimmter Rechtsbegriff, der gegenüber der Generalklausel mehr Bestimmtheit aufweist, aus einer (oder mehreren) Generalklauseln besteht.[227]

dd. Einordnung als rechtstechnischer Begriff

Vorzugswürdig ist eine gesonderte Betrachtung der Kündigungsgründe und der Interessenabwägung innerhalb der sozialen Rechtfertigung. Aus diesen Gründen erscheint es sinnvoll die soziale Rechtfertigung, wie *Preis*,[228] als rechtstechnischen Begriff zu begreifen, der durch die Elemente der Kündigungsgründe und der Interessenabwägung ausgefüllt wird. Hinsichtlich der Kündigungsgründe des § 1 Abs. 2 S. 1 KSchG erscheint es am sinnvollsten, diese aufgrund ihres begrifflichen Fixpunktes, der trotz allem noch eine Wertung erforderlich macht, als unbestimmte Rechtsbegriffe einzuordnen.[229] Von dem aus § 626 Abs. 1 BGB bekannten „einfachen sachlichen Grund“ unterscheiden sich die „gesteigerten sachlichen Gründe“ des § 1 Abs. 2 S. 1 KSchG insofern, dass diese durch umfassendere legislative Regelung konkreter gefasst sind.[230] Der Rechtsanwender kann sich durch die Legaldefinition der Kündigungsgründe in § 1 Abs. 2 S. 1 KSchG an einer konkreten Begrifflichkeit orientieren. Die Begriffe der verhaltens-, personen- und betriebsbedingten Kündigung enthalten einen Begriffskern und einen Bereich der sicheren Entscheidung, sind aber auch nicht so unzweifelhaft formuliert, dass eine Subsumtion ganz ohne wertende Betrachtung möglich ist.

Daneben enthält der § 1 Abs. 2 S. 1 KSchG aber noch ein generalklauselartiges Moment, da der Rechtsanwender mit Hilfe einer Interessenabwägung zusätzlich noch feststellen muss, ob der Kündigungsgrund so schwer wiegt, dass eine Weiterbeschäftigung für den Arbeitgeber über die Kündigungsfrist hinaus nicht zumutbar ist. Für diese Entscheidung bestehen zwar ausfüllungsbedürftige und zu

---

227 Vgl. *Preis*, Prinzipien des Kündigungsrechts, S. 103.

228 Vgl. *Preis*, Prinzipien des Kündigungsrecht, S. 102 f.

229 So auch: *Feuerborn*, Sachliche Gründe, S. 267; andeutungsweise: *Preis*, Prinzipien des Kündigungsrechts, S. 103.

230 *Feuerborn*, Sachliche Gründe, S. 276 f.

beachtende Grundprinzipien, aber keine normativen Grundlagen, an denen sich der Rechtsanwender orientieren kann. Bestritten wird dieses bewertende Element von *Herschel*, der davon ausgeht, dass eine richterliche Abwägung dem Kündigungsschutzgesetz vollkommen fremd sei.[231] Die strenge und abschließende Formulierung des § 1 Abs. 2 S. 1 KSchG stelle eine vorweggenommene Abwägung durch den Gesetzgeber dar, die eine „Superabwägung" des Richters verbiete.[232] Dieser Meinung ist entgegenzutreten und die Erforderlichkeit einer abschließenden Interessenabwägung zu bejahen, da § 1 Abs. 2 S. 1 KSchG zumindest für die personen- und verhaltensbedingte Kündigung gerade keine ausreichende, durch schlichte Rechtsanwendung konkretisierbare Wertentscheidung getroffen hat.[233] Auch das Bundesarbeitsgericht führt in einem Urteil aus dem Jahre 1954, im Rahmen dessen es über die Wirksamkeit einer personenbedingten Kündigung zu entscheiden hatte, aus, dass das Merkmal der Abwägung der Interessen des Arbeitnehmers an der Aufrechterhaltung und der Interessen des Arbeitgebers an der Auflösung des Arbeitsverhältnisses zum gesetzlichen Tatbestand des § 1 Abs. 2 S. 1 KSchG gehören.[234] Das Bundesarbeitsgericht führt in seinem Urteil weiter aus, dass § 1 Abs. 2 KSchG lediglich bestimme, wann eine Kündigung sozial ungerechtfertigt sei, nicht aber, wann sie sozial gerechtfertigt sei. Das Vorliegen einer sozial gerechtfertigten Kündigung lasse sich nicht mithilfe eines Umkehrschlusses ermitteln, da der Begriff „sozial" strengere Anforderungen an den Begriff der sozial gerechtfertigten Kündigung stelle und somit stets eine Interessenabwägung erforderlich sei.[235] Obgleich sich die Notwendigkeit der Unterscheidung zwischen einer einerseits negativ formulierten sozial ungerechtfertigten Kündigung und einer andererseits positiv formulierten sozial gerechtfertigten Kündigung innerhalb des § 1 Abs. 2 S. 1 KSchG in Zweifel ziehen lässt und vom Bundesarbeitsgericht so auch nicht weiter verfolgt wurde,[236] ist – dem Bundesarbeitsgericht und der herrschende Ansicht in der Literatur folgend – zumindest von der Notwendigkeit einer Interessenabwägung auszugehen.[237]

---

231 *Herschel*, DB 1984, 1523, 1524.

232 *Herschel*, DB 1984, 1523, 1524; vgl. auch *Aden*, RdA 1981, 280 ff.

233 Ascheid/Preis/Schmidt/*Dörner/Vossen*, Kündigungsrecht, § 1 KSchG Rn. 168.

234 BAG, NJW 1954, 1949 f.

235 BAG, NJW 1954, 1949 f.; vgl. auch: *Leimkuhl-Schulz*, Die Methode der Interessenabwägung als Mittel zur Auslegung des § 1 Abs. 2 und Abs. 3 KSchG, S. 5 f.

236 Vgl. hierzu auch oben Fn. 124.

237 So auch das BAG in ständiger Rechtsprechung: BAG, NJW 1954, 1949 f.; NJW 1968, 1693, 1694; NJW 1977, 2132, 2133; NJW 1983, 2897, 2899; NZA 1986, 359 f.; NZA 1995, 1051 f.; NJW 2003, 1685 f.; NZA 2010, 625, 627 für die personenbedingte Kündigung und BAG, NJW 1962, 556, 557; AP Nr. 3 zu § 1 KSchG 1969; NZA 1984, 287 f.; NJW 1995, 1851 f.; NZA 2004, 427 f.; NZA-RR 2009, 622, 624 für die verhaltensbedingte Kündigung.

ee. Zusammenfassung

Zusammenfassend ist somit festzuhalten, dass der § 1 Abs. 2 S. 1 KSchG die soziale Rechtfertigung der Kündigung umschreibt. Die soziale Rechtfertigung selbst ist als rechtstechnischer Begriff zu begreifen, der wiederum die Elemente des Kündigungsgrundes und der Interessenabwägung enthält. Der Kündigungsgrund ist wegen seines begrifflichen Fixpunktes als unbestimmter Rechtsbegriff, die Interessenabwägung auf Grund ihrer fehlenden Wertungsvorgaben als generalklauselartiges Moment einzuordnen. Spricht man nun von der gesamten Norm des § 1 Abs. 2 S. 1 KSchG, aufgrund der Zusammensetzung aus unbestimmten Rechtsbegriffen und einem generalklauselartigen Moment, als Generalklausel, mag dies zumindest bei personen- und verhaltensbedingten Kündigungen auch noch vertretbar sein. Für den Rechtsanwender hat diese Einordnung die Konsequenz, dass die Frage nach dem Vorliegen eines Kündigungsgrundes an sich zumeist mit Hilfe bloßer Subsumtion gelöst werden kann. Größere Unsicherheit besteht jedoch im Hinblick auf die Frage, ob der vorliegende Kündigungsgrund tatsächlich so schwer wiegt, dass dieser die Beendigung des Arbeitsverhältnisses erfordert.

c. Konkretisierung durch Heranziehung allgemeiner Prinzipien

Die soziale Rechtfertigung gemäß § 1 Abs. 2 S. 1 KSchG als rechtstechnischer Begriff – bestehend aus dem Kündigungsgrund als unbestimmten Rechtsbegriff und der Interessenabwägung als generalklauselartigem Moment – enthält einen großen Bereich des Unsicheren. Eine fallbezogene weitere Konkretisierung und Hilfestellung für den Rechtsanwender bieten die allgemeinen Prinzipien des Kündigungsrechts, die bei der Beurteilung der sozialen Rechtfertigung zu beachten sind.[238] Diese Prinzipien dienen als Grundlage für fallübergreifende Würdigungen[239] und resultieren aus den im *zweiten Teil* aufgezeigten verfassungsrechtlichen Vorgaben. Eine Kündigung muss geeignet und erforderlich sein, das angestrebte Ziel zu erreichen und darf nicht unverhältnismäßig im engeren Sinne sein.[240] Die Verhältnismäßigkeit im engeren Sinne wird im Kündigungsrecht durch das Prognoseprinzip, das Ultima-ratio-Prinzip und das Prinzip der Interessenabwägung konkretisiert.

aa. Prognoseprinzip

Die arbeitsvertragliche Störung muss von solchem Gewicht sein, dass sie die Beendigung des Arbeitsverhältnisses für die Zukunft rechtfertigt, also eine negative

---

238 Schaub/*Linck*, Arbeitsrechts-Handbuch, § 130 Rn. 29 ff.; Schwarze/Eylert/Schrader/*Schwarze*, KSchG, § 1 Rn. 53 ff.; grundlegend dazu *Preis*, Prinzipien des Kündigungsrechts, S. 135 ff.

239 *Hillebrecht*, ZfA 1991, 87, 88.

240 ErfK/*Oetker*, § 1 KSchG Rn. 76.

Zukunftsprognose zulässt.[241] Dies begründet sich damit, dass die Kündigung nicht nur dazu dient eine arbeitsvertragliche Störung abzuwickeln, sondern primär den Eintritt weiterer Störungen verhindern soll.[242] Das Prognoseprinzip ist dem Kündigungsrecht immanent, da bei der Beendigung eines Arbeitsverhältnisses stets die fortdauernde, also in der Zukunft liegende Störung des Austauschverhältnisses maßgeblich ist.[243] Das jeweilige Beendigungsinstrument ist keine Sanktion für Vergangenes, sondern Reaktionsmittel zur Vermeidung künftiger Belastungen und Vertragsgefährdungen.[244]

bb. Ultima-ratio-Prinzip

Darüber hinaus ist die arbeitgeberseitige Kündigung nur dann das geeignete und erforderliche Mittel um auf die arbeitsvertragliche Störung zu reagieren, wenn andere weniger eingreifende Mittel zur Wahrung der arbeitgeberseitigen Interessen nicht in Betracht kommen (Ultima-ratio-Prinzip).[245] Ausprägung des Ultima-ratio Prinzips sind zum Beispiel der Vorrang der Abmahnung[246] oder der Vorrang der Versetzung beziehungsweise der Änderungskündigung vor der Beendigungskündigung. Der Arbeitgeber muss also in der Regel prüfen, ob eine Weiterbeschäftigung des Arbeitgebers auf einem anderen freien Arbeitsplatz in Betracht kommt, bevor er eine Beendigungskündigung ausspricht.[247]

cc. Prinzip der Interessenabwägung

Schließlich sind die Interessen der Arbeitsvertragsparteien und das Gewicht der Vertragsbeeinträchtigung im jeweiligen Einzelfall zu berücksichtigen (Prinzip der Interessenabwägung).[248] Die Erforderlichkeit der Interessenabwägung ergibt sich dabei im Grundsatz bereits aus dem eigentlichen Kündigungsgrund der

---

241 BAG, NZA 1995, 517, 520; *Preis*, Prinzipien des Kündigungsrechts, S. 322 ff.; Ascheid/Preis/Schmidt/*Preis*, Kündigungsrecht, Grundlagen H Rn. 74 ff. und § 626 BGB Rn. 26; Schwarze/Eylert/Schrader/*Schwarze*, KSchG, § 1 Rn. 54.

242 Ascheid/Preis/Schmidt/*Preis*, Kündigungsrecht, Grundlagen H Rn. 75.

243 *Preis*, NJW 1998, 1889, 1890; *Schwarze*, Anm. zu BAG, JA 2011, 228, 229.

244 *Preis*, NJW 1998, 1889, 1890.

245 *Berkowsky*, Die betriebsbedingte Kündigung, § 4 Rn. 55 ff.; *Preis*, Prinzipien des Kündigungsrechts, S. 294 ff.; Ascheid/Preis/Schmidt/*Preis*, Kündigungsrecht, Grundlagen H Rn. 63 ff. und § 626 BGB Rn. 88 f.; Schwarze/Eylert/Schrader/*Schwarze*, KSchG, § 1 Rn. 55.

246 Küttner/*Eisemann*, Personalbuch, Abmahnung Rn. 1 ff.

247 Diese Pflicht besteht grundsätzlich auch bei einer Kündigung aus verhaltensbedingten Gründen. Bei Störungen im Vertrauensbereich sowie bei Verstößen gegen die betriebliche Ordnung oder einer erheblich verschuldeten Vertragsverletzung ist dem Arbeitgeber eine Weiterbeschäftigung des Arbeitnehmers auf einem anderen Arbeitsplatz in der Regel aber nicht zumutbar. Siehe dazu v. Hoyningen-Huene/Linck/*Krause*, KSchG, § 1 Rn. 500.

248 Ascheid/Preis/Schmidt/*Preis*, Kündigungsrecht, Grundlagen H Rn. 48.

Unzumutbarkeit der Vertragsfortführung, der – wie im *zweiten Teil* herausgearbeitet wurde – als regulatives Prinzip zwar durch die Kündigungsgründe eine Konkretisierung erfahren hat, aber trotzdem in jedem Einzelfall eine konkrete Abwägungsentscheidung erfordert.[249] Wurde das Vorliegen eines an sich geeigneten Kündigungsgrundes durch den Rechtsanwender festgestellt, ermöglicht die Interessenabwägung sodann die Feinsteuerung im Rahmen des § 1 Abs. 2 KSchG.

Diese Vorgehensweise zur Ausfüllung des Unzumutbarkeitsbegriffs ist auch normativ im BGB angedeutet.[250] Der Wortlaut des § 314 Abs. 1 BGB als Grundnorm der außerordentlichen Kündigung des Dauerschuldverhältnisses enthält nicht lediglich den Begriff der Unzumutbarkeit, sondern gibt dem Rechtsanwender darüber hinaus eine Hilfestellung zum Auffinden des methodisch richtigen Weges, indem eine allgemeine Interessenabwägung angeordnet wird.

Mit Hilfe einer Interessenabwägung bestimmen auch der Bundesgerichtshof,[251] das Bundesarbeitsgericht,[252] und das Bundesverfassungsgericht[253] den Begriff der Unzumutbarkeit.[254] Diese Einordnung gibt dem Richter die Möglichkeit der Einzelabwägung, die normalerweise durch ein geschlossenes und kasuistisches Gesetzesrecht verdrängt ist. Der Richter übernimmt in diesem Fall eine Aufgabe, die der Gesetzgeber im Vorhinein nicht wahrnehmen konnte, da der Begriff der Unzumutbarkeit nicht generell, in für alle denkbaren Fälle gültigen Grenzen eindeutig bestimmt werden kann, sondern die Grenzen vielmehr nur im konkreten Fall unter Betrachtung der erkennbaren herrschenden Rechts- und Wertvorstellungen durch eine wertungsbezogene Güter- und Interessenabwägung durch den Rechtsanwender selbst zu ziehen sind.[255] Trotzdem darf der Richter dabei nicht so frei handeln, wie es dem Gesetzgeber möglich wäre, sondern er muss sich an den in der Rechtsordnung bereits verankerten Wertungskriterien orientieren um trotz einer Einzelfallbeurteilung ein Maximum an rechtlicher Gleichbeurteilung zu gewährleisten.[256]

Die Interessenabwägung ist somit nur in dem durch § 1 Abs. 2 KSchG gezogenen Rahmen vorzunehmen; es sind nicht alle beliebigen Interessen der Arbeitsvertragsparteien zu berücksichtigen. Es hat eine objektive Güter- und Interessenabwägung zwischen dem Auflösungsinteresse des Arbeitgebers und dem Bestandsinteresse

---

249 v. Hoyningen-Huene/Linck/*Krause*, KSchG, § 1 Rn. 231.

250 *Preis*, Prinzipien des Kündigungsrechts, S. 157.

251 BGH, NJW 1955, 343; NJW 1982, 1458; NJW 1984, 130, 131 f.

252 BAG, NJW 1958, 316 f.; NJW 1961, 1133; AP Nr. 2 zu § 626 BGB Krankheit; AP Nr. 18 zu § 1 KSchG 1969 Krankheit; AP Nr. 28 zu § 611 BGB Ausbildungsbeihilfe; AP Nr. 4 zu § 613a BGB.

253 BVerfGE 30, 292, 316; 33, 240, 244; 36, 47, 59; 39, 210, 234; 40, 196, 227; NJW 2008, 2409, 241. Vgl. auch *Ossenbühl*, in: FG für die Gesellschaft für Rechtspolitik, S. 316, 317 ff.

254 Vgl. zum Sozialrecht: *v. Maydell*, in: FS für Wannagat, S. 271 ff.

255 *Henkel*, in: FS für Mezger, S. 249, 262; *Preis*, Prinzipien des Kündigungsrechts, S. 155.

256 *Preis*, Prinzipien des Kündigungsrechts, S. 155.

des Arbeitnehmers stattzufinden.[257] In die Abwägung können nur solche Interessen einfließen, die einen Vertragsbezug haben, also solche Interessen, die mit der Eingehung des Vertrages und seiner weiteren Durchführung in berechtigten Zusammenhang stehen.[258] Bei der Kündigung wegen dringender betrieblicher Erfordernisse scheidet eine Interessenabwägung des unternehmerischen Vorteils und des arbeitsrechtlichen Nachteils hingegen wegen des Vorrangs der unternehmerischen Entscheidungsfreiheit regelmäßig aus.[259]

3. Regelungsgehalt der Kündigungsgründe

Nachdem zuvor die Struktur der sozialen Rechtfertigung gemäß § 1 Abs. 2 S. 1 KSchG herausgearbeitet wurde, soll im Folgenden der Regelungsgehalt der Kündigungsgründe bestimmt werden. Die Kündigungsgründe des § 1 Abs. 2 S. 1 KSchG werden strukturell in zwei Bereiche unterteilt: zum einen die arbeitnehmer-, zum anderen die betriebsbedingten Kündigungsgründe. Die arbeitnehmerbedingten Kündigungsgründe, die sich noch in personen- und verhaltensbedingte Gründe unterteilen lassen, kommen dabei aus der Sphäre des Arbeitnehmers; die betriebsbedingten Kündigungsgründe sind der Sphäre des Arbeitgebers zuzurechnen. Die Kündigungsgründe konkretisieren die objektive Unzumutbarkeit der Fortführung des Arbeitsverhältnisses für den Arbeitgeber. Eine Situation, die sich lediglich aus subjektiver Sicht des Arbeitgebers als unzumutbar darstellt, kann die Kündigung hingegen nicht begründen.[260]

a. Arbeitnehmerbedingte Kündigungsgründe

Sowohl die personen- als auch die verhaltensbedingte Kündigung, kommen aus der Sphäre des Arbeitnehmers, sind also arbeitnehmerdingt. Die Voraussetzungen der personen- und verhaltensbedingten Kündigung sind im Einzelnen durch die Rechtsprechung des Bundesarbeitsgerichts entwickelt worden.[261]

aa. Personenbedingte Kündigung

Personenbedingte Kündigungsgründe beziehen sich auf persönliche Eigenschaften und Fähigkeiten des Arbeitnehmers.[262] Der Arbeitgeber ist berechtigt, das Arbeitsverhältnis zu beenden, wenn der Arbeitnehmer seine Fähigkeiten oder seine Eignung verloren hat, die geschuldete Arbeitsleistung ganz oder zum Teil

---

257 v. Hoyningen-Huene/Linck/*Krause*, KSchG, § 1 Rn. 182.
258 ErfK/*Oetker*, § 1 KSchG Rn. 82 ff.; Schwarze/Eylert/Schrader/*Schwarze*, KSchG, § 1 Rn. 221.
259 Schwarze/Eylert/Schrader/*Schwarze*, KSchG, § 1 Rn. 338.
260 Vgl. *Kraemer*, NZM 2001, 553, 556.
261 Schwarze/Eylert/Schrader/*Schwarze*, KSchG, § 1 Rn. 77, 165.
262 BAG, NZA 1989, 464, 466.

zu erbringen.[263] Eine personenbedingte Kündigung setzt also eine Nicht- oder Schlechterfüllung der geschuldeten Arbeitsleistung voraus, die die Erreichung des Vertragszwecks nicht nur vorübergehend zumindest teilweise unmöglich macht.[264] Eine der wichtigsten Fallgruppe der personenbedingten Kündigung ist dabei die krankheitsbedingte Kündigung, innerhalb derer zwischen einer Kündigung wegen häufiger Kurzerkrankungen, lang anhaltender Erkrankungen sowie wegen dauernder Arbeitsunfähigkeit beziehungsweise der völligen Ungewissheit der Wiederherstellung der Arbeitsfähigkeit unterschieden werden kann.[265] Weitere Fallgruppen sind zum Beispiel ein unüberwindbarer Gewissenkonflikt des Arbeitnehmers im Hinblick auf seine Arbeitsaufgaben, eine fehlende Arbeits-, Berufsausübungs- oder Fahrerlaubnis des Arbeitnehmers, die Inhaftierung des Arbeitnehmers für einen nicht nur unerheblichen Zeitraum oder die fehlende Eignung des Arbeitnehmers für die vertraglich geschuldete Arbeitsleistung.[266]

Die personenbedingte Kündigung ist dabei keine Sanktion für vergangene Störungen, so dass der Arbeitgeber darlegen muss, dass auch in der Zukunft mit unzumutbaren Belastungen des Arbeitsverhältnisses zu rechnen ist. Um Kündigungsrelevanz zu entfalten muss der personenbedingte Kündigungsgrund überdies unzumutbare betriebliche oder wirtschaftliche Belastungen des Arbeitgebers begründen. Diese Belastungen müssen von so einem Gewicht sein, dass sie das berechtigte Bestandschutzinteresse des Arbeitnehmers überwiegen.

bb. Verhaltensbedingte Kündigung

Ein verhaltensbedingter Kündigungsgrund knüpft hingegen an eine in der Regel schuldhafte Pflichtverletzung von Leistungspflichten gemäß § 241 Abs. 1 BGB oder Rücksichtnahmepflichten gemäß § 241 Abs. 2 BGB des Arbeitnehmers an.[267] Fallgruppen der verhaltensbedingten Kündigung sind zum Beispiel das Erheben falscher Anzeigen gegen den Arbeitgeber oder Kollegen, die Arbeitsverweigerung, eine vertragswidrige Nutzung von Internet und E-Mail, die Ausübung einer Neben- und Konkurrenztätigkeit, eine Selbstbeurlaubung, tätliche Auseinandersetzungen im Betrieb und Vermögensdelikte gegenüber dem Arbeitgeber.[268] Ein pflichtwidriges Verhalten des Arbeitnehmers berechtigt den Arbeitgeber in der Regel jedoch nur

---

263 BAG, NJW 1990, 727, 728; NZA 2003, 483, 485.

264 BAG, NJW 2007, 1901; v. Hoyningen-Huene/Linck/*Krause*, KSchG, § 1 Rn. 295.

265 Vgl. dazu ausführlich *Berkowsky*, Die personen- und verhaltensbedingte Kündigung, § 4 Rn. 17 ff.; Schwarze/Eylert/Schrader/*Schwarze*, KSchG, § 1 Rn. 91 ff.

266 Vgl. dazu ausführlich *Berkowsky*, Die personen- und verhaltensbedingte Kündigung, § 4 Rn. 90 ff.; Schwarze/Eylert/Schrader/*Schwarze*, KSchG, § 1 Rn. 142 ff.

267 Denkbar sind zum Beispiel wiederholtes unentschuldigtes Fehlen, die nicht rechtzeitige Anzeige der Arbeitsunfähigkeit oder die unerlaubte private Internetnutzung während der Arbeitszeit. Siehe dazu: *Krause*, Arbeitsrecht, § 18 Rn. 39.

268 Vgl. dazu ausführlich *Berkowsky*, Die personen- und verhaltensbedingte Kündigung, § 8; Schwarze/Eylert/Schrader/*Schwarze*, KSchG, § 1 Rn. 228 ff.

dann zum Ausspruch einer verhaltensbedingten Kündigung, wenn dem Arbeitnehmer mit einer vorausgegangenen Abmahnung Gelegenheit gegeben wurde, sein Verhalten zu korrigieren.[269] Einen Sonderfall der verhaltensbedingten Kündigung stellt die Verdachtskündigung dar, die auf den dringenden schwerwiegenden Verdacht einer strafbaren Handlung mit Bezug zum Arbeitsverhältnis oder eine Verletzung von erheblichen arbeitsvertraglichen Pflichten gestützt werden kann.[270]

Mangels Sanktionscharakters der verhaltensbedingten Kündigung muss zum Zeitpunkt der Kündigung grundsätzlich die objektiv begründete Gefahr bestehen, dass es künftig zu weiteren Vertragsverletzungen kommen wird. Allerdings kann das Vertrauensverhältnis der Arbeitsvertragsparteien durch zurück liegende Vertragsverletzungen im Einzelfall auch so nachhaltig gestört sein, dass eine weitere Zusammenarbeit für den Arbeitgeber allein deswegen ausgeschlossen ist.[271] Der verhaltensbedingte Kündigungsgrund muss schließlich zu einer unzumutbaren Störung der Betriebsablaufs oder der Vertrauens des Arbeitgebers führen. Insofern muss das Beendigungsinteresse des Arbeitgebers schwerer wiegen als das berechtigte Bestandschutzunteresse des Arbeitnehmers.

cc. Abgrenzung der beiden Kündigungsgründe voneinander

Im Einzelnen ist die Abgrenzung des personen- von dem verhaltensbedingten Kündigungsgrundes schwierig, weil auch das kündigungsrechtlich relevante Verhalten von Arbeitnehmern im Grunde ein in der Person des Arbeitnehmers liegender Umstand ist.[272] Besondere Abgrenzungsschwierigkeiten bestehen zum Beispiel bei einem Alkoholmissbrauch des Arbeitnehmers, der als reiner Verstoß gegen ein Alkoholverbot entweder eine verhaltensbedingte Kündigung begründen oder bei einer Alkoholabhängigkeit Grundlage für eine personenbedingte Kündigung sein kann.[273] Grundsätzlich liegt dann ein personenbedingter Kündigungsgrund vor, wenn die Quelle der kündigungsrechtlich relevanten Äquivalenzstörung vom Arbeitnehmer nicht gesteuert werden kann, dieser also nicht in der Lage ist, sich vertragsgemäß zu verhalten. Von dem Vorliegen eines verhaltensbedingten Kündigungsgrundes ist hingegen auszugehen, wenn die Äquivalenzstörung auf einem Verhalten des Arbeitnehmers beruht, welches dieser willensgesteuert ändern könnte, um die Störung zu vermeiden, er sich aber nicht vertragskonform verhalten will.[274]

---

269 v. Hoyningen-Huene/Linck/*Krause*, KSchG, § 1 Rn. 505.

270 Schwarze/Eylert/Schrader/*Schwarze*, KSchG, § 1 Rn. 270 ff. Siehe auch *Berkowsky*, Die personen- und verhaltensbedingte Kündigung, § 12, der die Verdachtskündigung jedoch als personenbedingte Kündigung einstuft.

271 v. Hoyningen-Huene/Linck/*Krause*, KSchG, § 1 Rn. 498.

272 *Berkowsky*, Die personen- und verhaltensbedingte Kündigung, § 4 Rn. 3.

273 Vgl. dazu *Krause*, Arbeitsrecht, § 18 Rn. 39.

274 *Berkowsky*, Die personen- und verhaltensbedingte Kündigung, § 4 Rn. 4 ff.

dd. Erheblichkeit des Verschuldens

Obgleich sowohl die auf personen- als auch die auf verhaltensbedingten Gründen basierende ordentliche Kündigung des Arbeitsverhältnisses der „Sphäre“ des Arbeitnehmers zuzuordnen, diesem also zuzurechnen ist, setzt lediglich die verhaltensbedingte Kündigung – zumindest in der Regel – ein Verschulden des Arbeitnehmers voraus.[275] Die Kündigung aus personenbedingten Gründen beruht hingegen auf einer Störung aus der Sphäre des Arbeitnehmers hinsichtlich derer dem Arbeitnehmer kein Verschuldensvorwurf gemacht werden kann. Ein (Mit-) Verschulden des Arbeitgebers kann sowohl bei der personen- als auch bei der verhaltensbedingten Kündigung in der Interessenabwägung zu Gunsten des Arbeitnehmers berücksichtigt werden.[276]

b. Betriebsbedingte Kündigungsgründe

Der Arbeitgeber kann seine Kündigung auch auf dringende betriebliche Erfordernisse, also Gründe, die in seiner Sphäre wurzeln, stützen. Dringende betriebliche Erfordernisse aufgrund derer das Interesse des Arbeitgebers an der dauernden Leistung des Arbeitnehmers entfällt, liegen vor, wenn sich die Verwendungsplanung im Laufe des Arbeitsverhältnisses aufgrund äußerer Einflüsse auf das Arbeitsverhältnis oder einer gestaltenden innerbetrieblichen Entscheidung zu Lasten des zu kündigenden Arbeitnehmers verändert.[277]

aa. Dringende betriebliche Erfordernisse

Ein betriebsbedingter, die Kündigung rechtfertigender Grund gemäß § 1 Abs. 2 S. 1 KSchG liegt vor, wenn die Beschäftigungsmöglichkeit des Arbeitnehmers in der vom Arbeitgeber aufgrund unternehmerischer Entscheidung geschaffenen betrieblichen Organisation wegfällt, das Arbeitsverhältnis also seinen vertraglichen Gegenstand oder Zweck verloren hat.[278] Aus dem Blickwinkel der gerichtlichen Überprüfbarkeit des Kündigungsgrundes unterteilt sich die Prüfung der Wirksamkeit einer betriebsbedingten Kündigung in zwei Schritte. Zunächst ist die gestaltende unternehmerische Entscheidung über die Struktur des Betriebes und der daraus resultierende Abbau des betrieblichen Beschäftigungsbedarfs in den Blick zu nehmen und lediglich auf die tatsächliche Durchführung und etwaige

---

275 BAG, AP Nr. 2 zu § 1 KSchG Verhaltensbedingte Kündigung; Ascheid/Preis/Schmidt/*Dörner*, Kündigungsrecht, § 1 KSchG Rn. 265; *Feuerborn*, Sachliche Gründe, S. 278; v. Hoyningen-Huene/Linck/*Krause*, KSchG, § 1 Rn. 495 ff.; ErfK/*Oetker*, § 1 KSchG Rn. 191; Stahlhacke/Preis/Vossen/*Preis*, Kündigung und Kündigungsschutz, Rn. 1197; Schwarze/Eylert/Schrader/*Schwarze*, KSchG, § 1 Rn. 52; a.A. *Berkowsky*, Die personen- und verhaltensbedingte Kündigung, § 6 Rn. 71 ff.

276 BAG, NZA-RR 2009, 580, 582; ArbG Hamburg v. 27.09.2006 – 8 Ca 51/06 – Juris; LAG Hamm v. 21.06.2000 – 18 Sa 2191/99 – Juris.

277 Vgl. ErfK/*Oetker*, KSchG § 1 Rn. 71.

278 Schwarze/Eylert/Schrader/*Schwarze*, § 1 Rn. 283.

Missbräuchlichkeit hin zu überprüfen.[279] Im Anschluss daran muss die konkrete Kündigung des einzelnen Arbeitnehmers als Konkretisierung der unternehmerischen Entscheidung den Anforderungen der sozialen Rechtfertigung nach § 1 Abs. 2 und 3 KSchG entsprechen. Die Kündigung muss hiernach auf einem dringenden betrieblichen Erfordernis beruhen, es darf keine Weiterbeschäftigungsmöglichkeit bestehen und der zu kündigende Arbeitnehmer muss anhand einer ordnungsgemäßen Sozialauswahl bestimmt worden sein.[280]

bb. Sonderfall: Echte Druckkündigung

Einen Sonderfall stellt die Druckkündigung dar, die nach vorzugswürdiger Ansicht als betriebsbedingte Kündigung eingestuft wird.[281] Bei der Druckkündigung entfällt das Beschäftigungsinteresse des Arbeitgebers, weil Dritte – Belegschaft, Betriebsrat,[282] Gewerkschaft, Auftraggeber oder Kunden – die Kündigung des Arbeitnehmers unter Androhung von Nachteilen für den Arbeitgeber fordern, obgleich kein vorwerfbares Fehlverhalten des Arbeitnehmers oder ein in seiner Person bestehender Grund vorliegt.[283] Zwar muss sich der Arbeitgeber aufgrund seiner aus dem Arbeitsverhältnis erwachsenden Fürsorgepflicht zunächst schützend vor den Arbeitnehmer stellen und diesen im Rahmen des Erforderlichen und Zumutbaren schützen, um auf diese Weise dem Wegfall des Beschäftigungsinteresses vorzubeugen.[284] Hat der Arbeitgeber allerdings schwere wirtschaftliche Schäden zu befürchten oder droht sogar eine Existenzvernichtung, zum Beispiel aufgrund einer drohenden Zusammenarbeitsverweigerung anderer Mitarbeiter, eines angedrohten Streiks beziehungsweise Massenkündigungen oder auch einem in Aussicht gestellten Abbruchs von Geschäftsbeziehungen durch Geschäftspartner, und ist der befürchtete Schaden nicht anders abzuwenden, ist eine betriebsbedingte Kündigung des Arbeitnehmers

---

279 Schwarze/Eylert/Schrader/*Schwarze*, § 1 Rn. 285 ff.

280 Schwarze/Eylert/Schrader/*Schwarze*, § 1 Rn. 303 ff.

281 BAG, NZA 1987, 21, 22; RzK I 8d Nr. 8, Rn. 23; NZA 1991, 468, Schwarze/Eylert/Schrader/*Schwarze*, § 1 Rn. 340; a.A. MünchHdbArbR/*Berkowsky*, § 112 Rn. 72, § 118 Rn. 11; *Blaese*, DB 1988, 178, 180; Ascheid/Preis/Schmidt/*Kiel*, Kündigungsrecht, § 1 Rn. 520, ErfK/*Oetker*, § 1 KSchG Rn. 184; die eine Druckkündigung zumeist als personen-, teilweise aber auch als verhaltensbedingt einstufen, da kein Arbeitsplatz und damit kein Beschäftigungsbedarf entfallen sei.

282 Siehe hierzu die Sonderregelung des § 104 BetrVG.

283 *Blaese*, DB 1988, 178; *Deinert*, RdA 2007, 275, 277; Schwarze/Eylert/Schrader/*Schwarze*, § 1 Rn. 340. Eine auf diesen Sachverhalt gestützte Kündigung wird typischerweise als echte Druckkündigung bezeichnet. Daneben findet sich noch das Konstrukt der unechten Druckkündigung. Hier besteht die Besonderheit darin, dass der der Kündigung zugrunde liegende Sachverhalt zugleich einen Kündigungsgrund i.S.d. § 1 Abs. 2 KSchG erfüllt und insofern nicht auf die Grundsätze der echten Druckkündigung abgestellt werden muss. Vgl. dazu *E. M. Wolf*, Druckkündigungen mit diskriminierendem Hintergrund, S. 29 ff.

284 *Brox/Rüthers/Henssler*, Arbeitsrecht, Rn. 555.

zuzulassen.[285] Obgleich nachvollziehbar vorgetragen wird, dass einer Einordnung der Druckkündigung als betriebsbedingte Kündigung entgegenstünde, dass insbesondere eine Sozialauswahl bei dieser nicht in Betracht komme,[286] erscheint eine Einordnung als personen- oder verhaltensbedingte Kündigung noch widersprüchlicher. Dies begründet sich damit, dass eine Druckkündigung eher aus der Sphäre des Arbeitgebers als aus der des Arbeitnehmers herrührt und somit der betriebsbedingten Kündigung am nächsten steht.[287] Geht man trotzdem davon aus, dass die Druckkündigung nicht sinnvoll unter die Voraussetzungen der betriebsbedingten Kündigung subsumiert werden kann, müsste konsequenterweise vielmehr von deren genereller Unzulässigkeit im Anwendungsbereich des KSchG auszugehen sein, bevor diese als personen- oder verhaltensbedingte Kündigung eingestuft werden kann.[288]

cc. Abgrenzung zu den arbeitnehmerbedingten Kündigungsgründen

Die betriebsbedingte Kündigung unterscheidet sich von der personen- und verhaltensbedingten Kündigung zunächst insofern, dass der Kündigungsgrund nicht der Sphäre des Arbeitnehmers, sondern der Sphäre des Arbeitgebers entspringt. Methodisch liegt der Unterschied zwischen den arbeitnehmerbedingten Kündigungsgründen und dem betriebsbedingten Kündigungsgrund darin, dass sich die Prüfung des betriebsbedingten Kündigungsgrundes in der Erörterung des Vorliegens eines betriebsbedingten Kündigungsgrundes und der weiteren Anforderungen des § 1 Abs. 2 und 3 KSchG erschöpft und grundsätzlich keine darüber hinausgehende Güter- und Interessenabwägung erforderlich ist.[289] Nachdem das Bundesarbeitsgericht früher zumeist von der Erforderlichkeit einer Interessenabwägung auch bei der betriebsbedingten Kündigung ausgegangen ist,[290] wird nunmehr nur noch in seltenen Ausnahmefällen auf eine Interessenabwägung Bezug genommen um besonderen

---

285 Schaub/*Linck*, Arbeitsrechts-Handbuch, § 127 Rn. 89; Schwarze/Eylert/Schrader/*Schwarze*, § 1 Rn. 340.

286 ErfK/*Oetker*, § 1 KSchG Rn. 184.

287 *Deinert*, RdA 2007, 275, 282; a.A. v. Hoyningen-Huene/Linck/*Krause*, KSchG, § 1 Rn. 346 f.

288 So auch *Adam*, ArbuR 2013, 15, 17 f.; *Deinert*, RdA 2007, 275, 282; *Rahmstorf*, Die Druckkündigung des Arbeitsverhältnisses, S. 53; *E. M. Wolf*, Druckkündigungen mit diskriminierendem Hintergrund, S. 41.

289 Siehe zu den Details die sich anschließende Erörterung des Prüfungsmaßstabs.

290 Allerdings war auch diese vom BAG vorgenommene Abwägung bereits von einem Gewichtungsvorrang der Arbeitgeberinteressen geprägt. Siehe dazu BAG, NJW 1960, 2070, 2071; AP Nr. 5 zu § 1 KSchG 1969 Betriebsbedingte Kündigung; vgl. auch *Döse-Digenopoulos*, Arbeitsgerichte und betriebsbedingte Kündigung, S. 45 ff.; *Galperin*, RdA 1966, 361, 366; *M. Reuter*, NZA 1989, 242, 242 f.

Härtefällen[291] gerecht zu werden.[292] Eine Interessenabwägung ist aber in der Regel entbehrlich, da der Gesetzgeber den Fortfall der Beschäftigungsmöglichkeit als soziale Rechtfertigung der Kündigung anerkennt hat, um dem Arbeitgeber die Steuerung seines unternehmerischen Risikos zu ermöglichen und seine unternehmerische Entscheidungsfreiheit aus Art. 12 GG zu schützen.[293] Das Gesetz stellt das Rentabilitätsinteresse des Arbeitgebers in diesen Fällen normativ über das Interesse des Arbeitnehmers an der Fortsetzung des Arbeitsverhältnisses.[294] Die Grundentscheidung des Arbeitgebers, die Rentabilität seines Unternehmens zu verbessern, ist nicht justiziabel, sondern es ist lediglich überprüfbar, ob tatsächlich eine unternehmerische Entscheidung vorliegt, die zum Wegfall des Arbeitsplatzes geführt hat.[295]

Aufgrund dieser fehlenden Erforderlichkeit der Durchführung einer gesonderten Güter- und Interessenabwägung setzt sich die betriebsbedingte Kündigung rechtstheoretisch nicht wie die personen- und verhaltensbedingte Kündigung aus einem unbestimmten Rechtsbegriff und einem generalklauselartigen Element der Interessenabwägung zusammen, sondern besteht lediglich aus einen unbestimmten Rechtsbegriff. Hinsichtlich der Weiterbeschäftigungsmöglichkeit nimmt § 1 Abs. 2 S. 2 KSchG zwar Bezug auf dem Arbeitnehmer zumutbare Umschulungs- und Fortbildungsmaßnahmen und öffnet somit das Tor für eine Interessenabwägung. Diese Unzumutbarkeitsprüfung in Form der Interessenabwägung bezieht sich jedoch nicht auf die Vertragsbeendigung an sich, sondern vielmehr auf bestimmte tatsächliche Gegebenheiten, die zur Unzulässigkeit der Kündigung führen können.[296]

dd. Erheblichkeit des Verschuldens

Unter Zurechenbarkeitsgesichtspunkten setzt die betriebsbedingte Kündigung kein Verschulden des Arbeitnehmers voraus, sondern fällt in die Sphäre des Arbeitgebers, ist

---

291 Allerdings wird ein Arbeitnehmer, für den die betriebsbedingte Kündigung eine besondere Härte darstellt, zumindest dann, wenn vergleichbare Kündigungskandidaten existieren, bereits über die Sozialauswahl nach § 1 Abs. 3 KSchG aus dem Kreis der zu kündigenden Arbeitnehmer herausfallen. Siehe dazu *Preis*, Prinzipien des Kündigungsrechts, S. 171.

292 St. Rspr. seit BAG, AP Nr. 8 zu § 1 KSchG 1969 Betriebsbedingte Kündigung; AP Nr. 42 zu § 1 KSchG 1969 Betriebsbedingte Kündigung; AP Nr. 27 zu § 2 KSchG 1969; NJW 2005, 2109, 2110; NZA 2006, 270, 272; so wohl auch *Holly*, Grundsatz der Verhältnismäßigkeit und Ultima-ratio-Prinzip im arbeitsvertraglichen Kündigungsrecht, S. 40 f. Siehe dazu auch *Däubler*, ArbuR 2013, 9, 10.

293 *Adam*, DZWIR 2008, 236, 240; *Feuerborn*, Sachliche Gründe, S. 183 ff.; 277; MünchKommBGB/*Hergenröder*, § 1 KSchG Rn. 311; *Neumann*, RdA 1979, 371, 373; ErfK/*Oetker*, § 1 KSchG Rn. 236; Ascheid/Preis/Schmidt/*Preis*, Kündigungsrecht, Grundlagen H Rn. 47; Schwarze/Eylert/Schrader/*Schwarze*, KSchG, § 1 Rn. 338.

294 *Berkowsky*, Die betriebsbedingte Kündigung, § 6 Rn. 4.

295 *Hanau/Adomeit*, Arbeitsrecht, Rn. 928.

296 *Sandmaier*, Abfindungsorientierte Kündigungsschutzmodelle, S. 35.

also dem Verantwortungsbereich des Arbeitgebers zuzurechnen.[297] Allerdings kommt es hinsichtlich der Unternehmerentscheidung, die sich aus inner- oder außerbetrieblichen Gründen ergeben kann, auch nicht auf ein Verschulden des Arbeitgebers an, so dass diesem insbesondere unternehmerische Fehlentscheidungen nicht zum Nachteil gereichen können. Eine Unternehmerentscheidung darf von dem zur Entscheidung berufenen Arbeitsgericht insbesondere nicht auf ihre betriebswirtschaftliche Notwendigkeit und Zweckmäßigkeit überprüft werden, sondern allenfalls darauf, ob diese offensichtlich unsachlich, unvernünftig oder willkürlich ist.[298]

4. *Zusammenfassung*

Zur Umsetzung des Prinzips der sachlichen Rechtfertigung im Arbeitsrecht schuf der Gesetzgeber die ordentliche Kündigung mit legislativem Rechtfertigungserfordernis für den Arbeitgeber gemäß § 620 BGB i.V.m. § 621–623 BGB, § 1 Abs. 2 S. 1 KSchG. Der Bestandsschutz zugunsten des Arbeitnehmers wird dadurch verwirklicht, dass der kündigende Arbeitgeber der nachträglichen Rechtfertigungspflicht des § 1 Abs. 2 S. 1 KSchG ausgesetzt ist. Die soziale Rechtfertigung gemäß § 1 Abs. 2 S. 1 KSchG ist ein rechtstechnischer Begriff, der die Elemente des Kündigungsgrundes und der Güter- und Interessenabwägung enthält. Eine fallbezogene weitere Konkretisierung und Hilfestellung für den Rechtsanwender bieten die allgemeinen Prinzipien des Kündigungsrechts, insbesondere das Prognose- und das Ultima-ratio-Prinzip sowie das Prinzip der Interessenabwägung, die bei der Beurteilung der sozialen Rechtfertigung zu beachten sind. Die in § 1 Abs. 2 S. 1 KSchG genannten Kündigungsgründe beschreiben beachtliche Störungen der vertraglichen Interessen des Arbeitgebers, das heißt Sachverhalte, bei denen die tatsächliche Durchführung des Arbeitsverhältnisses von dem vertraglich Gesollten, also dem Inhalt und der Grundlage des Arbeitsvertrages, abweicht. Die Kündigungsgründe konkretisieren insofern die objektive Unzumutbarkeit der Fortführung des Arbeitsverhältnisses für den Arbeitgeber. Die arbeitnehmerbedingten Kündigungsgründe, also die personen- und verhaltensbedingte Gründe, sind dabei der Sphäre des Arbeitnehmers, die betriebsbedingten Kündigungsgründe der Sphäre des Arbeitgebers zuzurechnen.

---

297 Schwarze/Eylert/Schrader/*Schwarze*, KSchG, § 1 Rn. 52. Vgl. auch ArbG Duisburg v. 02.02.2009 – 3 Ca 1986/08 – Juris, das ausführt, dass es dem Arbeitnehmer nicht zum Nachteil gereicht werden kann, wenn dieser im Rahmen eines Betriebsübergangs widerspricht und somit den Überhang seines Arbeitsverhältnisses beim alten Arbeitgeber ggf. selbst verschuldet hat. Auch in diesem Fall scheidet eine betriebsbedingte Kündigung aus, wenn der Arbeitgeber die Möglichkeit hat, den Arbeitnehmer auf einem anderen Arbeitsplatz weiter zu beschäftigen.

298 Das BAG, NZA 2003, 549 ff., ist jedoch erst ein einziges Mal von einer rechtsmissbräuchlichen Unternehmerentscheidung ausgegangen, als ein Unternehmer eine Umstrukturierung seines Betriebs mit dem Ziel durchführen wollte, „teure“ Arbeitnehmer zu entlassen, um diese durch neu eingestellte „billige“ Arbeitnehmer zu ersetzen. Siehe dazu auch: *Krause*, Arbeitsrecht, § 18 Rn. 42.

II. Außerordentliche Kündigung aus wichtigem Grund

Die Arbeitsvertragsparteien haben zudem die Möglichkeit das Arbeitsverhältnis gemäß § 626 BGB außerordentlich – gegebenenfalls unter Einhaltung einer Auslauffrist[299] – zu kündigen, wenn Gründe vorliegen, aufgrund derer den Arbeitsvertragsparteien die Fortführung des Arbeitsverhältnisses bis zum Ablauf der Kündigungsfrist oder dem vereinbarten Beendigungstermin nicht zumutbar ist. Die Möglichkeit der sofortigen Beendigung eines Vertragsverhältnisses ist erforderlich, da die Unzumutbarkeit, hier in Form der Unzumutbarkeit der Vertragsfortführung bis zum Ablauf der Kündigungsfrist, bei allen Schuldverhältnissen die immanente Grenze für die vertragliche Verpflichtung darstellt.[300]

Bereits nach der Rechtslage vor der Schuldrechtsreform im Jahre 2002 waren nicht nur Dienst- beziehungsweise Arbeitsverträge gemäß § 626 BGB, sondern auch andere Vertragsverhältnisse selbst bei fehlender positiv-rechtlicher Normierung oder individualrechtlicher Regelung eines außerordentlichen Kündigungsrechts außerordentlich kündbar, soweit hierfür ein wichtiger Grund vorlag.[301] Bezüglich der dogmatischen Begründung wurde sowohl eine entsprechende Anwendung des § 626 BGB i.S.e. Gesetzesanalogie[302] bei allen Dauerschuldverhältnissen genannt[303] als auch i.S.e. Rechtsanalogie auf die §§ 554a, 626 BGB sowie vergleichbare Vorschriften verwiesen[304] und ebenso eine Herleitung aus § 242 BGB vorgenommen[305]. Insgesamt konnte aufgrund der breiten Akzeptanz der allgemeinen außerordentlichen Kündigung von einem „allgemeinen Rechtssatz“[306] mit gewohnheitsrechtlichem

299 Die Erklärung einer außerordentlichen Kündigung mit Auslauffrist ist geboten, wenn das Recht zur ordentlichen Kündigung, zum Beispiel aufgrund einer Regelung im Tarifvertrag („tarifliche Unkündbarkeit“) ausgeschlossen ist. Vgl. ErfK/*Müller-Glöge*, § 626 BGB Rn. 188 ff.

300 *Oetker*, Dauerschuldverhältnis, S. 268. Kritisch dazu *Hattenhauer*, ZRP 1985, 200, 202, der hinterfragt, ob die außerordentliche Kündigungsmöglichkeit nur für Vermögensverhältnisse oder auch für Personenrechtsverhältnisse, wie die Ehe, gilt.

301 BGH, NJW 1951, 836; NJW 1978, 947, 948; NJW 1985, 2328, 2329; NJW 1991, 1828, 1829; *v. Gierke*, JherJb Bd. 64 (1914), 355, 390 f.; *Gernhuber*, Das Schuldverhältnis, S. 392; *Haarmann*, Wegfall der Geschäftsgrundlage bei Dauerrechtsverhältnissen, S. 125; *Larenz*, Schuldrecht I, S. 32; *Michalski*, JA 1979, 401, 405; kritisch: *Molitor*, Die Kündigung, S. 262 ff.; *Schwarze*, Leistungsstörungen, § 15 Rn. 52.

302 Zu den Begrifflichkeiten der Gesetzes- und Rechtsanalogie: *Brox/Walker*, BGB AT, Rn. 66 f.

303 BGH, NJW 1982, 820, 821.

304 BGH, NJW 1978, 947, 948; *Gernhuber*, Das Schuldverhältnis, S. 392 f.; *Michalski*, JA 1979, 401, 405.

305 BGH, NJW 989, 1482, 1483; NJW 1993, 1133; kritisch dazu: *Gernhuber*, Das Schuldverhältnis, S. 392.

306 RGZ 140, 264, 275; *Schwarze*, Leistungsstörungen, § 15 Rn. 52.

Charakter[307] ausgegangen werden.[308] Aufgrund dieser breiten Akzeptanz in Rechtsprechung und Lehre fand das allgemeine außerordentliche Kündigungsrecht mit der Schuldrechtsreform im Jahre 2002 eine legislative Umsetzung in § 314 BGB, dem jedoch die speziellen Ausprägungen des außerordentlichen Kündigungsrechts im besonderen Schuldrecht vorgehen.[309]

Die außerordentliche Kündigung steht im Gegensatz zur ordentlichen fristgebundenen Kündigung mit dem Grundsatz „pacta sunt servanda" nicht im Einklang, da sie nicht der Vermeidung von Ewigkeitsbindungen und der Aufrechterhaltung des Selbstbestimmungsrechts des Einzelnen dient, sondern vielmehr den Grundsatz der Vertragstreue durch die Möglichkeit der sofortigen einseitigen Vertragsbeendigung durchbricht.[310] Da in dieser Kündigungskonstellation somit ein Eingriff in das Vertrauen des Vertragspartners, der sich auf die Vertragstreue des anderen verlässt, vorliegt, bedarf die außerordentliche Kündigung einer sachlichen Rechtfertigung unabhängig davon, welche der Vertragsparteien die fristlose Beendigung begehrt.[311] Im Gegensatz zur ordentlichen Kündigung mit sozialer Rechtfertigungspflicht soll die außerordentliche Kündigung somit nicht primär Bestandschutz für den Kündigungsgegner bieten; das Erfordernis der Rechtfertigung der Vertragsbeendigung ist vielmehr erforderlich, um den Eingriff in das verletzte Vertrauen des Vertragspartners in die Fortführung des Vertrages, zumindest bis zum Ablauf der Kündigungsfrist bei ordentlicher Kündigung, zu legitimieren. Anknüpfungspunkt für die sachliche Rechtfertigung ist hier somit nicht „nur" die generelle Unzumutbarkeit der Vertragsfortführung, sondern die Unzumutbarkeit der Vertragsfortführung bis zum Ablauf der ordentlichen Kündigungsfrist beziehungsweise dem Beendigungstermin des Arbeitsverhältnisses.

1. *Struktur des außerordentlichen Kündigungsrechts*

Aufgrund der Durchbrechung des Grundsatzes „pacta sunt servanda" und dem Vorrang der ordentlichen Auflösungsmöglichkeit des Arbeitsverhältnisses, ist die außerordentliche Kündigung gemäß § 626 BGB, deren Wirkung sofort eintritt, als Ausnahmevorschrift zu bewerten und somit grundsätzlich von einem Interessenbonus der Vertragspartei auszugehen, die an dem Vertrag festhalten will.[312]

---

307 *Preis*, Prinzipien des Kündigungsrechts, S. 175.

308 *Oetker*, Dauerschuldverhältnis, S. 266.

309 *Schwarze*, Leistungsstörungen, § 15 Rn. 57.

310 *v. Hase*, NJW 2002, 2278, 2279; *Hirsch*, NZM 2007, 110, 112; *Oetker*, Dauerschuldverhältnis, S. 269; *Picker*, ZfA 1981, 1, 33 f.

311 BAG; NZA 2009, 840 ff.; *Bengelsdorf*, SAE 2011, 122, 128; *Oetker*, Dauerschuldverhältnis, S. 286; Ascheid/Preis/Schmidt/*Preis*, Kündigungsrecht, Grundlagen H Rn. 39; Staudinger/*Preis*, § 626 BGB Rn. 5.

312 Ascheid/Preis/Schmidt/*Preis*, Kündigungsrecht, Grundlagen H Rn. 39, 44.

Da den Arbeitgeber bereits im Hinblick auf die ordentliche Kündigung die soziale Rechtfertigungspflicht aus § 1 Abs. 2 S. 1 KSchG trifft, die eine Konkretisierung des „eigentlichen Kündigungsgrundes“ – der Unzumutbarkeit der Vertragsfortführung – darstellt, ist bei der außerordentlichen Kündigung von einer „doppelten Unzumutbarkeit“ auszugehen. Dem Arbeitgeber muss einerseits die Fortführung des Arbeitsverhältnisses an sich (Unzumutbarkeit des Grundes) und andererseits die Einhaltung der Kündigungsfrist (zeitliche Unzumutbarkeit) unzumutbar sein.[313] Die ordentliche und außerordentliche Kündigung unterscheiden sich demnach in der Erheblichkeit der Störung des Arbeitsverhältnisses; das Verhältnis kann im Hinblick auf die notwendige Intensität der sachlichen Rechtfertigung als ein Stufenverhältnis begriffen werden.[314] Wenn der Kündigungsgrund eine ordentliche Kündigung nicht rechtfertigen kann, muss erst recht die außerordentliche Kündigung zurücktreten, die nur bei schwerwiegenden Verletzungen vertraglicher Pflichten in Betracht kommt. Die Vertragsinteressen der kündigenden Vertragspartei müssen aus diesem Grund so stark beeinträchtigt sein, dass das daraus folgende Beendigungsinteresse die Interessen der anderen Vertragspartei an einer Fortsetzung des Arbeitsverhältnisses beziehungsweise an einer fristgemäßen Beendigung erheblich überwiegen.[315]

Methodisch erfolgt die Prüfung des § 626 Abs. 1 BGB so, dass zunächst das Vorliegen eines an sich wichtigen Grundes für die außerordentliche Kündigung festzustellen ist. Obgleich § 626 BGB für die außerordentliche Kündigung nur von einem wichtigen Grund spricht, ohne eine nähere Einteilung vorzunehmen, ist es sinnvoll, sich bei der arbeitgeberseitigen Kündigung gedanklich der Einteilung des § 1 Abs. 2 KSchG nach personen-, verhaltens- und betriebsbedingten Gründen zu bedienen, um der Prüfung des Kündigungsgrund des § 626 Abs. 1 BGB eine gewisse gedankliche Struktur bei der Prüfung zu verleihen.[316]

Im Anschluss an die Prüfung, ob ein generell die Kündigung rechtfertigender wichtiger Grund vorliegt, ist der Rechtsanwender darauf verwiesen, die Unzumutbarkeit der Fortführung des Arbeitsverhältnisses aufgrund des Vorliegens des wichtigen Grundes bis zum Ablauf der Kündigungsfrist oder bis zur vereinbarten Beendigung des Arbeitsverhältnisses mithilfe einer Interessenabwägung

---

313 v. Hoyningen-Huene/Linck/*Krause*, KSchG, § 1 Rn. 183.

314 Ascheid/Preis/Schmidt/*Preis*, Kündigungsrecht, Grundlagen H Rn. 39.

315 *Feuerborn*, Sachliche Gründe, S. 280; *Schwarze*, Leistungsstörungen, § 15 Rn. 59.

316 *Brox/Rüthers/Henssler*, Arbeitsrecht, Rn. 539; *Junker*, Grundkurs Arbeitsrecht, Rn. 401; *Krause*, Arbeitsrecht, § 18 Rn. 12; Staudinger/*Preis*, § 626 BGB Rn. 55; *Waltermann*, Arbeitsrecht, Rn. 343.

festzustellen.[317] Im Rahmen der Interessenabwägung muss eine Zukunftsprognose ergeben, dass das Arbeitsverhältnis durch die eingetretene Störung auch zukünftig erheblich beeinträchtigt sein wird. Überdies darf nach dem Ultima-ratio-Prinzip kein milderes Mittel, zum Beispiel eine Abmahnung oder eine ordentliche Kündigung, die Störungen ausräumen. Schließlich muss auch das Übermaßverbot im Auge behalten werden, nach dem ausgeschlossen werden soll, dass der Vertragspartner mit der außerordentlichen Kündigung, als einschneidenste Maßnahme zur Beendigung des Arbeitsverhältnisses, überreagiert.[318]

Schließlich besteht die Besonderheit, dass die kündigende Vertragspartei gemäß § 628 Abs. 2 BGB den durch die Kündigung entstandenen Schaden gegenüber der anderen Vertragspartei geltend machen kann, wenn diese den Kündigenden durch vertragswidriges Verhalten zur Kündigung veranlasst hat.

2. Rechtstheoretische Einordnung

Der § 626 Abs. 1 BGB, der die materiellen Voraussetzungen einer außerordentlichen Kündigung des Arbeitsverhältnisses aufzeigt,[319] wird von der Rechtsprechung und der Literatur rechtstheoretisch unterschiedlich eingeordnet. Die Rechtsprechung geht zumeist unter Hinweis auf den wichtigen Grund von einem unbestimmten

---

317 *Junker*, Grundkurs Arbeitsrecht, Rn. 399. Kritisch zu dieser Prüfung: *Feuerborn*, Sachliche Gründe, S. 308 f., der auf der ersten Stufe prüfen will, ob der Kündigungssachverhalt einen personen-, verhaltens- oder betriebsbedingten Grund enthält, der eine ordentliche Kündigung rechtfertigen würde, um sodann als zweiten Schritt die spezifische Interessenabwägung des § 626 Abs. 1 BGB vorzunehmen, mit Hilfe derer die sofortige Unzumutbarkeit der Fortsetzung des Arbeitsverhältnisses festgestellt werden soll. Dieser Weg sei vorzugswürdig, da auf diesem Wege deutlicher werde, ob als milderes Mittel auch die ordentliche Kündigung ausreiche und die Abwägung aufgrund der präzisen Vorprüfung auf der ersten Stufe konkreter erfolgen könne.

318 *Junker*, Grundkurs Arbeitsrecht, Rn. 404 ff.

319 Daneben ist stets die Kündigungserklärungsfrist gemäß § 626 Abs. 2 BGB zu beachten, die vorgibt, dass eine außerordentliche Kündigung innerhalb von zwei Wochen nachdem der Kündigungsberechtigte von dem die Kündigung begründenden Tatsachen Kenntnis erlangt hat, erfolgen muss.

Rechtsbegriff[320] aus und spricht nur vereinzelt von einer Generalklausel[321]. Das Arbeitsgericht Braunschweig spricht sogar von dem wichtigen Grund als einem „generalklauselartigen unbestimmten Rechtsbegriff".[322] Auch in der Literatur sprechen einige von dem wichtigen Grund als unbestimmten Rechtsbegriff,[323] während andere den § 626 BGB als Generalklausel einstufen,[324] ohne dass hier jedoch eine größere Anerkennung einer der beiden Einordnungen erkennbar ist. Teilweise verweisen sowohl das Bundesarbeitsgericht als auch Stimmen in der Literatur hinsichtlich des wichtigen Grundes auf das Vorliegen eines unbestimmten Rechtsbegriffs, ordnen die gesamte Norm des § 626 Abs. 1 BGB aber als Generalklausel ein.[325]

---

320 BAG, NJW 1956, 239; AP Nr. 76 zu § 626 BGB; AP Nr. 89 zu § 626 BGB; NJW 1988, 438; NZA 1991, 719, 723; NZA 1992, 1121; NZA 1993, 598, 600; NZA 1994, 74, 75; NJW 1995, 1110, 1111; NZA 1995, 777, 778; NZA 1995, 1157, 1158; NZA 1996, 81, 82; NZA 1996, 581, 584; NJW 1996, 2253; NZA 1996, 1085, 1086; AP Nr. 137 zu § 626 BGB; AP Nr. 27 zu § 626 BGB Versuch strafbarer Handlung; AP Nr. 138 zu § 626 BGB; AP Nr. 42 zu § 15 KSchG 1969; NZA 1999, 587, 589; AP Nr. 150 zu § 626 BGB; AP Nr. 28 zu § 626 BGB Verdacht strafbarer Handlung; AP Nr. 7 zu § 21 SchwbG 1986; AP Nr. 159 zu § 626 BGB; AP Nr. 38 zu § 103 BetrVG 1972; AP Nr. 32 zu § 626 BGB Verdacht strafbarer Handlung; AP Nr. 40 zu § 103 BetrVG 1972; AP Nr. 114 zu § 102 BetrVG 1972; NZA 2001, 277, 280; NZA 2001, 383, 384; AP Nr. 32 zu § 99 BetrVG 1972 Einstellung; AP Nr. 175 zu § 626 BGB; AP Nr. 45 zu § 626 BGB Ausschlussfrist; AP Nr. 6 zu § 620 BGB schuldrechtliche Kündigungsbeschränkung; NZA 2003, 856, 858; NZA 2004, 919, 920; NZA 2004, 486, 487; NZA 2004, 1214; AP Nr. 275 zu § 613a BGB; NZA 2005, 949, 950; AP Nr. 192 zu § 626 BGB; NZA 2006, 491, 492; NJW 2006 1545, 1546; NZA-RR 2006, 636, 638; AP Nr. 202 zu § 626 BGB; AP Nr. 2 zu § 613a Widerspruch; AP Nr. 207 zu § 626 BGB; AP Nr. 4 zu § 613a BGB Widerspruch; AP Nr. 77 zu § 611 BGB Direktionsrecht; NZA 2008, 636, 638; AP Nr. 40 zu § 626 BGB Verdacht strafbarer Handlung; AP Nr. 339 zu § 613a BGB; AP Nr. 212 zu § 626 BGB; AP Nr. 218 zu § 626 BGB;NZA 2009, 679, 680; NZA 2009, 779, 780; AP Nr. 220 zu § 626 BGB; NZA 2009, 1198, 2100; NZA-RR 2010, 461, 462.

321 BAG, NJW 1959, 1149; LAG Rheinland-Pfalz v. 17.01.2005 – 7 Sa 525/04 – Juris; v. 18.02.2008 – 5 Sa 381/07 – Juris; LAG Berlin-Brandenburg v. 21.08.2008 – 20 Sa 1042/08.

322 ArbG Braunschweig v. 22.07.2008 – 2 Ca 261/08 – Juris.

323 *Günther*, ArbuR 1974, 97, 105; *Hueck/Nipperdey*, Lehrbuch des Arbeitsrechts I, 7. Aufl., S. 589; *Junker*, Arbeitsrecht, Rn. 399; *Waltermann*, Arbeitsrecht, Rn. 341.

324 *Berkowsky*, Die personen- und verhaltensbedingte Kündigung, § 6 Rn. 10; *Hedemann*, Die Flucht in die Generalklauseln, S. 13 f., 54; *Krause*, Arbeitsrecht, § 18 Rn. 12; *Preis*, Prinzipien des Kündigungsrechts, S. 101; Staudinger/*Preis*, § 626 BGB Rn. 50; *Rüthers*, Unbegrenzte Auslegung, S. 237 ff.; *J.-A. Weber*, RdA 2011, 108, 109.

325 BAG, NZA 1995, 269, 270 ff.; *Bengelsdorf*, SAE 2011, 122, 129; *Brox/Rüthers/Henssler*, Arbeitsrecht, Rn. 533; Ascheid/Preis/Schmidt/*Dörner*, Kündigungsrecht, § 626 BGB Rn. 21; KR/*Fischermeier*, § 626 BGB Rn. 78; ErfK/*Müller-Glöge*, § 626 BGB Rn. 14.

a. *Keine Einordnung als unbestimmter Rechtsbegriff*

Die Einordnung des wichtigen Grundes in § 626 Abs. 1 BGB als unbestimmten Rechtsbegriff ließe sich damit begründen, dass das Tatbestandsmerkmal des wichtigen Grundes an sich insbesondere durch die gedankliche Orientierung an den in § 1 Abs. 2 S. 1 KSchG genannten Kündigungsgründen Konturen erhält und diesem somit ein begrifflicher Fixpunkt zugesprochen werden könnte.[326] Allerdings enthält § 626 Abs. 1 BGB keinerlei normative Begrenzungen, wie etwa die in § 1 Abs. 2 S. 1 KSchG geregelte ordentliche Kündigung mit Rechtfertigungserfordernis. Der Gesetzgeber hat vielmehr ausschließlich zum Mittel der individualisierenden Rechtsbetrachtung und Rechtsgestaltung gegriffen und ein Stück Gesetzgebung dem Richter überlassen.[327] Eine Orientierung an den Gründen des § 1 Abs. 2 S. 1 KSchG im Rahmen des § 626 BGB, die von den Rechtsanwendern zumeist vorgenommen wird, ist nicht zwingend und basiert nicht auf einer normativen Grundlage, so dass insgesamt eine Einordnung des wichtigen Grundes als unbestimmten Rechtsbegriff zweifelhaft ist.

b. *Einordnung als Generalklausel*

Da die Norm des § 626 Abs. 1 BGB sowohl im Hinblick auf das Tatbestandsmerkmal des wichtigen Grundes als auch bezogen auf die vorzunehmende Interessenabwägung nicht über einen sicheren Begriffskern, von dem aus sich die weitere Auslegung ermitteln ließe, verfügt, sondern vielmehr durch eine globale gesetzgeberische Wertentscheidung gekennzeichnet ist, durch die der Rechtsanwender zur Rechtsfindung auf außerhalb der Norm liegende Wertungsgesichtspunkte und außerrechtliche, ethische Verhaltensnormen verwiesen wird, ist die Norm des § 626 Abs. 1 BGB im Ergebnis in ihrer Gesamtheit als Generalklausel zu begreifen.[328]

Obgleich hier eine begriffliche und rechtstheoretische Einstufung erfolgt, bleibt trotzdem zu bemerken, dass die Grenzen zwischen einer Generalklausel und einem unbestimmten Rechtsbegriff letztendlich, insbesondere aufgrund des Umstandes, dass beide normativen, wertungsausfüllungsbedürftigen Rechtbegriffe Wertungen erfordern, fließend sind. Die Einordnung erfolgt hier nicht, um die Norm des § 626 Abs. 1 BGB zwingend einer der Begriffe zuordnen zu wollen, sondern vielmehr um deutlich zu machen, dass die gesetzlichen Vorgaben zur Ausfüllung einer Generalklausel tendenziell weniger konkret sind, als die für unbestimmte Rechtsbegriffe und § 626 Abs. 1 BGB aus diesem Grund zahlreiche Sachverhalte ohne zu starre Grenzen erfassen kann.

---

326 Siehe dazu oben: Dritter Teil, B.I.2.b.aa.

327 *Preis*, Prinzipien des Kündigungsrechts, S. 101.

328 Ascheid/Preis/Schmidt/*Preis*, Kündigungsrecht, Grundlagen H Rn. 10.

3. *Regelungsgehalt des wichtigen Grundes gemäß § 626 Abs. 1 BGB*

Die Prüfung des wichtigen Grundes gemäß § 626 Abs. 1 BGB für die arbeitgeberseitige Kündigung orientiert sich gedanklich an den in § 1 Abs. 2 S. 1 KSchG genannten Kündigungsgründen, deren Regelungsgehalt oben herausgearbeitet wurde. Verhaltensbedingte Gründe stehen bei der außerordentlichen Kündigung jedoch im Vordergrund, da personen- und betriebsbedingte Gründe selten das für einen außerordentlichen Kündigungsgrund hinreichende Gewicht aufweisen.[329] Eine außerordentliche betriebsbedingte Kündigung kommt regelmäßig sogar nur dann in Betracht, wenn der Arbeitnehmer aufgrund (tarif-) vertraglicher oder gesetzlicher Regelungen nicht ordentlich kündbar ist.[330] In der Regel hat aber der Arbeitgeber das Beschäftigungsrisiko bei einer betriebsbedingten Kündigung bis zum Ablauf der Kündigungsfrist zu tragen.[331]

Für die außerordentliche Kündigung des Arbeitnehmers gelten die gleichen Maßstäbe und Grundsätze wie für die außerordentliche Kündigung des Arbeitgebers.[332] Der Arbeitnehmer kann seine außerordentliche Kündigung zum Beispiel auf einen erheblichen Zahlungsverzug des Arbeitgebers,[333] eine unberechtigte Suspendierung,[334] sachliche unberechtigte Verdächtigungen[335] oder das Verlangen der ständigen und erheblichen Überschreitung der zulässigen Arbeitszeit[336] stützen.[337] Die Realisierung beruflicher Chancen kann hingegen nur im Einzelfall geeignet sein einen wichtigen Grund i.S.d. § 626 Abs. 1 BGB zu begründen.[338]

4. *Berücksichtigung des Verschuldens der Parteien*

Ein Verschulden des zu Kündigenden ist zur Begründung einer außerordentlichen Kündigung grundsätzlich nicht erforderlich, wird aber in der Interessenabwägung entsprechend Beachtung finden.[339] Bei der außerordentlichen Kündigung durch den

---

329 BAG, NZA 1998, 771, 773; *Adam*, DZWIR 2008, 236, 237; *Krause*, Arbeitsrecht, § 18 Rn. 12.

330 MünchHdbArbR/*Berkowsky*, § 112 Rn. 43; Schwarze/Eylert/Schrader/*Schwarze*, KSchG, § 1 Rn. 341.

331 *Moll*, DB 1984, 1346; Schwarze/Eylert/Schrader/*Schwarze*, KSchG, § 1 Rn. 341.

332 BAG, NJW 1967, 2030 f.; NZA 2009, 840 ff.; LAG Rheinland-Pfalz, NZA-RR 2005, 251 f.; LAG Berlin v. 22.03.1989 – 14 Sa 10/89 – Juris; Hessisches LAG v. 25.05.2011 – 17 Sa 222/11 – Juris; Ascheid/Preis/Schmidt/*Dörner/Vossen*, Kündigungsrecht, § 626 BGB Rn 394.

333 BAG, NZA 2002, 325 ff.; NZA 2003, 816; LAG Nürnberg, NZA-RR 2002, 128 f.

334 BAG v. 15.06.1972 – 2 AZR 345/71 – Juris; NJW 1977, 215 f.

335 BAG v. 24.02.1964 – 5 AZR 201/63 – Juris.

336 BAG, AP Nr. 62 zu § 626 BGB.

337 Ascheid/Preis/Schmidt/*Dörner/Vossen*, Kündigungsrecht, § 626 BGB Rn 400 ff.

338 BAG, AP Nr. 59 zu § 626 BGB; Ascheid/Preis/Schmidt/*Dörner/Vossen*, Kündigungsrecht, § 626 BGB Rn 397.

339 *Schwarze*, Leistungsstörungen, § 15 Rn. 60.

Arbeitgeber aus verhaltensbedingten Gründen, die den Regelfall der arbeitgeberseitigen außerordentlichen Kündigung darstellt, wird die Interessenabwägung sogar regelmäßig nur bei schuldhaftem, vorwerfbarem Verhalten des Arbeitnehmers zu dessen Lasten ausfallen.[340] Im Ergebnis liegt einer wirksamen außerordentlichen Kündigung des Arbeitgebers gemäß § 626 BGB somit zumeist ein Verschulden des Arbeitnehmers zugrunde. Ein (Mit-) Verschulden des Arbeitgebers kann zu Gunsten des Arbeitnehmers in der Interessenabwägung Beachtung finden.[341] Auch die Kündigung des Arbeitnehmers wird zumeist auf einem vorwerfbaren Verhalten des Arbeitgebers beruhen.

III. Zusammenfassung

Im Anwendungsbereich des Prinzips der sachlichen Rechtfertigung der einseitigen Vertragsbeendigung unterliegen die einseitigen Beendigungsmöglichkeiten von Dauerschuldverhältnissen durch das Gestaltungsinstrument der Kündigung materiellen Beschränkungen in der Form, dass die Kündigung einer nachträglichen inhaltlichen Überprüfung und Bewertung unterzogen wird, wenn der Kündigungsgegner dies wünscht. Das Erfordernis dieser sachlichen Überprüfung der Kündigung resultiert entweder aus einem Eingriff in geschützte Rechtsposition des Kündigungsgegners durch die Art und Weise der Kündigung oder einem besonderen Schutzbedürfnis des Kündigungsgegners, zu Gunsten dessen der Gesetzgeber einen Bestandsschutz legislativ geschaffen hat.

Die ordentliche Kündigung des Arbeitsverhältnisses durch den Arbeitgeber ist gemäß § 1 Abs. 2 KSchG einem Rechtfertigungserfordernis unterworfen, da der Gesetzgeber den Arbeitnehmer aufgrund seines aus Art. 12 Abs. 1 GG resultierenden Schutzauftrages vor einseitigen willkürlichen Beendigungen des Arbeitsverhältnisses durch den Arbeitgeber schützen muss. Ein solcher Schutz ist erforderlich, da das Arbeitsverhältnis für den Arbeitnehmer von existentieller Bedeutung ist, da der Arbeitnehmer auf die unternehmerische Auswertung seiner Arbeitskraft verzichtet und sich der Organisationshoheit und der Weisungsmacht des Arbeitgebers unterwirft, der dessen Arbeitskraft für sich nutzt. Die in § 1 Abs. 2 S. 1 KSchG genannten Kündigungsgründe beschreiben beachtliche Störungen der vertraglichen Interessen des Kündigenden, das heißt Sachverhalte, bei denen die tatsächliche Durchführung des Arbeitsverhältnisses von dem vertraglich Gesollten, also dem Inhalt und der Grundlage des Arbeitsvertrages, abweicht. Die arbeitnehmerbedingten Kündigungsgründe, also die personen- und verhaltensbedingte Gründe, sind dabei der Sphäre des Arbeitnehmers, die betriebsbedingten Kündigungsgründe der Sphäre des Arbeitgebers zuzurechnen.

340 ErfK/*Müller-Glöge*, § 626 BGB Rn. 40.
341 BAG, NZA 1994, 548, 550.

Eine außerordentliche Kündigung des Arbeitsverhältnisses bedarf gemäß § 626 Abs. 1 BGB einer Begründung, unabhängig davon welche der Arbeitsvertragsparteien diese erklärt, da durch die außerordentliche Kündigung bewirkte sofortige Beendigung in den Grundsatz „pacta sunt servanda“ eingreift, auf den der Kündigungsgegner vertrauen durfte. Zudem besteht die Besonderheit, dass der kündigende Vertragspartner gemäß § 628 Abs. 2 BGB den durch die Kündigung entstandenen Schaden gegenüber der anderen Vertragspartei geltend machen kann, wenn diese den Kündigenden durch vertragswidriges Verhalten zur außerordentlichen Kündigung veranlasst hat.

Sowohl die außerordentliche Kündigung gemäß § 626 BGB beider Arbeitsvertragsparteien als auch die ordentliche Kündigung des Arbeitgebers gemäß § 1 Abs. 2 S. 1 KSchG sind Ausprägungen des Prinzips der Unzumutbarkeit, da die Gründe die eine Kündigung rechtfertigen stets so erheblich sein müssen, dass mit Hilfe einer Güter- und Interessenabwägung, die dem Unzumutbarkeitsprinzip immanent ist, festgestellt wird, dass den Arbeitsvertragsparteien die Fortführung des Vertragsverhältnisses unzumutbar ist.[342] Da die ordentliche Kündigung nicht in dem Maße wie die außerordentliche Kündigung in das schützenswerte Vertragsbestandsinteresse der Vertragspartei, die die Aufrechterhaltung des Arbeitsvertrages begehrt, eingreift, steht sie, ginge man bildlich von einem Stufenverhältnis zwischen ordentlicher und außerordentlicher Kündigung aus, hinsichtlich der erforderlichen Intensität der Äquivalenzstörung eine Stufe unter der außerordentlichen Kündigung.[343]

Den Sachverhalten, die eine Kündigung gemäß § 1 Abs. 2 S. 1 KSchG sachlichen rechtfertigen beziehungsweise einen wichtigen Grund gemäß § 626 BGB darstellen, ist gemein, dass sie an eine objektive Störung anknüpfen, die der Sphäre einer der beiden Arbeitsvertragsparteien zuzuordnen ist und zudem zu einer Beeinträchtigung des Arbeitsverhältnisses führen müssen. Umstände, die diese Voraussetzungen nicht erfüllen, also die nicht auf dem zurechenbaren Fehlverhalten einer Arbeitsvertragspartei beruhen, sind hingegen nicht geeignet, die Voraussetzungen des § 1 Abs. 2 KSchG oder § 626 Abs. 1 BGB zu erfüllen.

---

342 Die Wirksamkeit einer betriebsbedingten ordentlichen Kündigung gemäß § 1 Abs. 2, 3 KSchG des Arbeitgebers nimmt jedoch insofern eine Sonderstellung ein. In diesem Fall ist die Unzumutbarkeit anhand objektiver Kriterien zu bestimmen, ohne dass eine darüber hinausgehende Interessenabwägung stattzufinden hat, da der Gesetzgeber entschieden hat, dass bei Vorliegen der Voraussetzungen der betriebsbedingten Kündigung ein überwiegendes Interesse des Arbeitgebers an der Beendigung des Arbeitsverhältnisses gegeben ist, so dass der Weg für eine Interessenabwägung des Rechtsanwenders versperrt ist.

343 *Adam*, DZWIR 2008, 236; *Berkowsky*, Die personen- und verhaltensbedingte Kündigung, § 3 Rn. 19.

C. Nichterfassung der Zerrüttung des Arbeitsverhältnisses

Wie zuvor herausgearbeitet, lassen sich alle in § 1 Abs. 2 S. 1 KSchG genannten Gründe, die gedanklich auch der Prüfung des wichtigen Grundes gemäß § 626 Abs. 1 BGB zu Grunde zu legen sind und die geeignet sind eine arbeitgeberseitige Kündigung zu rechtfertigen, einer der beiden Arbeitsvertragsparteien zurechnen. Sowohl die Kündigung aus personenbedingten als auch die Kündigung aus verhaltensbedingten Gründen kommen aus der Sphäre des Arbeitnehmers. In diesen Fällen ist dem Arbeitgeber die Fortführung des Arbeitsverhältnisses aufgrund der Person oder eines Fehlverhaltens des Arbeitnehmers nicht mehr zuzumuten. Die Kündigung aus betriebsbedingten Gründen kommt hingegen aus der Sphäre des Arbeitgebers; dieser „stört“ die vertraglichen Beziehungen insofern, dass er dem Arbeitnehmer aus inner- oder außerbetrieblichen Gründen keine Beschäftigungsmöglichkeit mehr zur Verfügung stellen kann. Die sachliche Rechtfertigung der ordentlichen und außerordentlichen Kündigung des Arbeitgebers knüpft somit immer an eine objektive Störung mit Bezug zum Arbeitsverhältnis an, die klar einer der beiden Arbeitsvertragsparteien zuzurechnen und sodann einer der drei Kündigungsgründe zuzuordnen ist. Ein außerhalb dieser Tatbestände liegendes Interesse des Arbeitgebers an der Beendigung des Arbeitsverhältnisses rechtfertigt die Kündigung des Arbeitsverhältnisses nicht.[344]

Die ordentliche Kündigung des Arbeitsverhältnisses durch den Arbeitnehmer ist hingegen keinen materiellen Beschränkungen unterworfen, sondern hat lediglich formelle Voraussetzungen, wie zum Beispiel einem Frist- oder einem Schriftformererfordernis, zu genügen. Die außerordentliche Kündigung des Arbeitnehmers muss indessen – wie die Kündigung des Arbeitgebers – auf einem wichtigen Grund gemäß § 626 Abs. 1 BGB beruhen. Die Sachverhalte, die eine außerordentliche Kündigung des Arbeitnehmers begründen beruhen dabei zumeist auf einem Fehlverhalten des Arbeitgebers. Einzig bei Vorliegen der Voraussetzungen des § 626 Abs. 1 BGB hat der Arbeitnehmer zudem bei Vorliegen der weiteren Voraussetzungen des § 628 Abs. 2 BGB die Möglichkeit den Schaden, der aus dem Verlust des Arbeitsverhältnis resultiert, vom Arbeitgeber ersetzt zu verlangen.

Wie oben im *zweiten Teil* herausgearbeitet, ist die Grenze jeder vertraglichen Bindung die Unzumutbarkeit der Vertragsfortführung für eine oder beide Vertragsparteien: Der Gesetzgeber muss also sicherstellen, dass jede Vertragspartei das Arbeitsverhältnis auflösen kann, wenn die Fortführung für sie unzumutbar ist. Die verfassungsrechtlichen Vorgaben wären erfüllt, wenn die oben dargestellten Kündigungsmöglichkeiten der Arbeitsvertragsparteien bereits jeden Fall der Unzumutbarkeit der Vertragsfortführung erfassten. Dies würde im Umkehrschluss bedeuten, dass das Arbeitsverhältnis immer dann fortzuführen wäre, wenn die Voraussetzungen einer ordentlichen oder außerordentlichen Kündigung nicht vorliegen. Das

344 Schwarze/Eylert/Schrader/*Schwarze*, KSchG, § 1 Rn. 47.

durch die Kündigungstatbestände jedoch nicht jeder Fall der Unzumutbarkeit der Fortführung des Arbeitsverhältnisses erfasst wird, wurde bereits im Vorfeld der Verabschiedung des KSchG von 1951 erkannt. In den Gesetzmaterialien heißt es dazu, dass es Fälle gibt, in denen ein Arbeitsverhältnis zwar nicht durch eine arbeitgeberseitige Kündigung aufgelöst wird, da die Kündigung rechtsunwirksam ist, die Vertrauensgrundlage des Arbeitsverhältnisses aber trotzdem entfallen ist.[345] Da der Gesetzgeber es also für erforderlich hielt, den Arbeitsvertragsparteien auch in weiteren Fällen die Beendigung des Arbeitsverhältnisses zu ermöglichen, schuf er als Ergänzung zum starren Kündigungsrecht das Auflösungsverfahren gemäß §§ 9, 10 KSchG.

Im Gegensatz zu der Kündigung wird die Beendigung im Rahmen des Auflösungsverfahrens gemäß §§ 9, 10 KSchG gerade nicht durch eine selbstständige und unabhängige Gestaltung des Rechtsverhältnisses durch die Arbeitsvertragsparteien, sondern vielmehr durch eine gerichtliche Gestaltungsentscheidung auf prozessualen Antrag einer oder beider Arbeitsvertragsparteien innerhalb des Kündigungsschutzverfahrens bewirkt, die sodann als zwingende Folge eine Abfindungspflicht des Arbeitgebers auslöst. Das Gericht löst das Arbeitsverhältnis auf, wenn dessen Fortführung für den Arbeitnehmer unzumutbar ist oder Gründe vorliegen, die eine weitere gedeihliche Zusammenarbeit zwischen den Arbeitsvertragsparteien aus Sicht des Arbeitgebers nicht erwarten lassen. Die §§ 9, 10 KSchG halten somit die Kündigungstatbestände ergänzende Regelungen für den Fall bereit, in denen zwar kein Kündigungsgrund vorliegt, die vertragstragende Vertrauensbasis im Arbeitsverhältnis aber fortgefallen ist und dessen Aufrechterhaltung in der Zukunft sinnlos erscheint. Der Schutz vor dem sozial ungerechtfertigten Verlust des Arbeitsplatzes findet seine äußere Grenze damit dort, wo ein infolge des Vertrauensverlustes nicht mehr funktionsfähiges Schuldverhältnis am Leben erhalten werden würde.[346]

Fraglich ist jedoch, ob die kündigungsschutzrechtliche Gesamtregelung bestehend aus den Kündigungsgründen und dem Auflösungsverfahren gemäß §§ 9, 10 KSchG tatsächlich alle Fälle der Unzumutbarkeit der Fortführung des Vertragsverhältnisses für die Arbeitsvertragsparteien erfasst, oder trotzdem eine Lücke insofern verbleibt, als die Arbeitsvertragsparteien in einigen Situationen an dem Arbeitsvertrag – rechtlich oder faktisch – festhalten müssen, obwohl dessen Fortführung für sie unzumutbar ist.

Im Folgenden *vierten Teil* soll die Auflösung des Arbeitsverhältnisses nach §§ 9, 10 KSchG als Regelung der Zerrüttung des dem Arbeitsverhältnis zugrunde liegenden Vertrauensverhältnisses und Beendigungsmechanismus eigener Art[347] sowohl

---

345 Begründung des Kündigungsschutzgesetzes von 1951, RdA 1951, 58, 64.

346 Schwarze/Eylert/Schrader/*Schwarze*, KSchG, § 9 Rn. 1.

347 So die Umschreibung bei *Duvigneau*, Die gerichtliche Auflösung des Arbeitsverhältnisses, S. 43. Auch *Boewer*, RdA 2001, 380, 398, spricht von einem eigenständigen prozessualen Institut und *K. Gamillscheg*, Beendigung des Arbeitsverhältnisses, S. 49, von einer eigenständigen Art des Auflösung des Arbeitsverhältnisses.

strukturell als auch inhaltlich ergründet werden. Die umfassende Auseinandersetzung mit dem historischen Hintergrund, dem Tatbestand sowie dem Durchsetzungsmechanismus und den Rechtsfolgen des besonderen Auflösungsverfahrens aus §§ 9, 10 KSchG soll die Beantwortung der aufgeworfenen Frage ermöglichen, ob die Beendigungsmöglichkeiten der Arbeitsvertragsparteien bei einer Unzumutbarkeit der Vertragsfortführung abschließend und zufriedenstellend erfasst sind oder noch immer eine Regelungslücke verbleibt.

Vierter Teil: Auflösung des Arbeitsverhältnisses gemäß §§ 9, 10 KSchG wegen Zerrüttung

Die §§ 9, 10 KSchG bieten den Arbeitsvertragsparteien die Möglichkeit das Arbeitsverhältnis bei einer Störung der vertraglichen Vertrauensbeziehung, also einer Situation in der eine Kündigung des Arbeitgebers nicht gemäß § 1 Abs. 2 KSchG sozial gerechtfertigt wäre, die dem Vertrag zu Grunde liegende Vertrauensgrundlage zwischen der Vertragsparteien aber gestört ist, auf Antrag durch gerichtliches Urteil auflösen zu lassen. Diese an den Vertrauensverlust der Arbeitsvertragsparteien anknüpfenden Störungen, sollen im Folgenden mit dem Begriff der „Zerrüttung"[348] der Vertragsbeziehungen umschrieben werden. Die gerichtliche Auflösung des Arbeitsverhältnisses löst sodann eine Entschädigungspflicht des Arbeitgebers aus, die einen Ausgleich für den Verlust des Arbeitsplatzes für den Arbeitnehmer darstellt. Mit den Regelungen der §§ 9, 10 KSchG soll die zwangsweise Fortsetzung eines Arbeitsverhältnisses, dem die notwendige Vertrauensgrundlage fehlt und welches aus diesem Grund keine Basis mehr für eine weitere produktive Zusammenarbeit bilden kann, vermieden werden. Die Regelungen der §§ 9, 10 KSchG spiegeln den schuldrechtlichen Charakter des Arbeitsverhältnisses wider, der sich an dieser Stelle gegen die sozialstaatliche Betrachtung des Kündigungsschutzes, welche insbesondere den anderen Regelungen des Kündigungsschutzgesetzes innewohnt, durchsetzt.[349]

Im Folgenden soll zunächst historisch betrachtet werden, inwiefern sich in der jüngeren deutschen Geschichte seit dem Betriebsrätegesetz aus dem Jahre 1920 (BRG) das Kündigungsschutzrecht entwickelt hat und wie in den jeweiligen Rechtsepochen eine Zerrüttung des Arbeitsverhältnisses behandelt wurde. Sodann findet eine Auseinandersetzung mit den aktuellen Regelungen der §§ 9, 10 KSchG insofern statt, dass die Anforderungen an das Vorliegen einer Zerrüttungssituation, die Anbindung der Auflösung des Arbeitsverhältnisses an das gerichtliche Verfahren, sowie die primär- und sekundärrechtlichen Folgen des kündigungsschutzrechtlichen Auflösungsantrags betrachtet werden. Ziel der Untersuchung der Regelungen betreffend das Auflösungsverfahren gemäß §§ 9, 10 KSchG ist es, herauszufinden, ob die kündigungsschutzrechtliche Gesamtregelung, also sowohl die im *dritten Teil* dargelegten Kündigungstatbestände als auch das im Folgenden näher zu betrachtende

---

348 Der Begriff der Zerrüttung wird sowohl zur Umschreibung der Situation die eine Auflösung des Arbeitsverhältnisses gemäß §§ 9, 10 KSchG möglich macht, als auch in anderen besonderen Schuldverhältnissen, wie dem Mietrecht und dem Gesellschaftsrecht, verwendet. Auch im Eherecht wird der Begriff des Zerrüttungsprinzips herangezogen, um den Sachverhalt des Scheiterns der Ehe aus § 1565 BGB zu umschreiben.

349 Schwarze/Eylert/Schrader/*Schwarze*, KSchG, § 9 Rn. 1.

Auflösungsverfahren gemäß §§ 9, 10 KSchG, geeignet ist, alle Fälle der Unzumutbarkeit der Vertragsfortführung für die Arbeitsvertragsparteien zu erfassen, oder eine gegebenenfalls zu schließende Lücke verbleibt.

A. Historische Betrachtung

Die Regelungen zur Auflösung eines Arbeitsverhältnisses wegen Zerrüttung des Vertrauensverhältnisses aus §§ 9, 10 KSchG sind thematisch dem Kündigungsschutzrecht als Teil des Arbeitsrechts zuzuordnen. Bis zum Ende des ersten Weltkrieges wurde das Arbeitsrecht von der Idee des wirtschaftlichen Liberalismus geprägt, was dazu führte, dass auf unbestimmte Zeit geschlossene Arbeitsverträge zu jeder Zeit beliebig gekündigt werden konnten.[350] Diese Kündigungsfreiheit wurde in den Anfängen des Liberalismus sowohl von den Arbeitgebern als auch von den Arbeitnehmern begrüßt, da sie eine Befreiung von der Knechtschaft des absolutistischen Zeitalters, das von langfristigen beiderseits unkündbaren Dienstverhältnissen geprägt war, darstellte.[351] Obgleich verschiedene Rechtsepochen vereinzelte formelle Kündigungsschranken kannten, wie zum Beispiel die Gestaltung befristeter Dienstverträge mit Ausschluss des ordentlichen Kündigungsrechts während der Laufzeit des Vertrages oder die Bindung des Kündigenden an Kündigungsfristen, konnten diese Regelungen keinen Schutz vor dem Verlust des Arbeitsplatzes für den Arbeitnehmer begründen, da einerseits keine materielle Rechtfertigungspflicht bestand und andererseits die formellen Schutzmechanismen allesamt abdingbar waren.[352] Auch eine Willkürkontrolle von Kündigungen anhand von Generalklauseln fand nicht statt. Erst seit 1929 entschied das Reichsarbeitsgericht (RAG) in ständiger Rechtsprechung, dass kein Rechtsgeschäft mit gesetzlichen Ge- oder Verboten oder den guten Sitten in Widerspruch stehen darf und dies, mangels ausdrücklicher anderslautender Regelungen, auch für die Kündigung gilt.[353] Obgleich unter anderem bereits in der Novelle zum Allgemeinen Preußischen Berggesetz (ABG) aus dem

---

350 v. Hoyningen-Huene/Linck/*v. Hoyningen-Huene*, KSchG, Einl. Rn. 1; *Hueck*, JW 1934, 1022; *K. H. Schmidt*, DB 1965, 1629; *Kreft*, NZA-Beil. 2012, 58; *Schüler*, ArbuR 1954, 54, 55.

351 Ascheid/Preis/Schmidt/*Preis*, Kündigungsrecht, Grundlagen A Rn. 1.

352 *Fiedler*, Kündigungsschutz außerhalb des KSchG, S. 6 ff.

353 RAG, ARS 6, 97, 99 f.; ARS 11, 75, 78; ARS 2633, 125, 130 ff.; 161, 163; ARS 47, 29, 33. Zum Zeitpunkt dieser Rechtsprechung gewährten jedoch auch bereits die §§ 84 ff. BRG einen allgemeinen Kündigungsschutz.

Jahre 1909,[354] der Reichsversicherungsordnung (RVO) aus dem Jahre 1911[355] und vereinzelten Tarifverträgen, wie zum Beispiel dem Buchdruckertarifvertrag aus dem Jahre 1912, einige materielle Schutzelemente enthalten waren, etablierte sich ein allgemeiner materieller Kündigungsschutz erst nach dem ersten Weltkrieg mit dem Betriebsrätegesetz aus dem Jahre 1920.[356] Wählt man diesen Zeitpunkt als Ausgangspunkt des Kündigungsschutzes, ist es sachgerecht die Zeit bis zur Verabschiedung des Kündigungsschutzes von 1951 in drei Etappen zu unterteilen: den Zeitraum der Weimarer Republik von 1929 bis 1933, den Zeitraum des Nationalsozialismus von 1933 bis 1946 sowie den Zeitraum der Nachkriegszeit von 1946 bis 1951.

I. Weimarer Republik

Zunächst ist die Behandlung des Kündigungsschutzes und insbesondere der Zerrüttung des Arbeitsverhältnisses in der Weimarer Republik, also dem Zeitraum von 1929 bis 1933, zu betrachten.

1. *Gestaltung des Kündigungsschutzrechts*

Ein allgemeiner materieller Kündigungsschutz wurde erstmals durch die Einführung des Betriebsrätegesetzes vom 04.02.1920[357] geschaffen,[358] dessen §§ 84 ff. sowohl einen allgemeinen, als auch einen besonderen Kündigungsschutz festschrieben.[359]

Vom persönlichen Geltungsbereich des BRG erfasst waren Arbeitnehmer i.S.d. § 84 Abs. 1 BRG. Welche Personen unter den Arbeitnehmerbegriff zu subsumieren

---

354 Nach der Novelle des ABG war unter den Bergleuten eines Bergwerkbetriebes ein Sicherheitsmann zu wählen, der die Einhaltung von Sicherheitsvorschriften überwachen und Arbeitsunfälle untersuchen musste. Diesem wurde ein besonderer Schutz gegen ordentliche Kündigungen gewährt, der allerdings in erster Linie die notwendige Unabhängigkeit gegenüber den Vorgesetzten sicherstellen sollte. Vgl. dazu: *Döse-Digenopoulos*, Arbeitsgerichte und betriebsbedingte Kündigung, S. 77.

355 Gemäß § 354 Abs. 2 RVO durfte den Angestellten in Krankenkassen und Berufsgenossenschaften nach zehnjähriger Betriebszugehörigkeit nur noch aus wichtigem Grund gekündigt werden. Vgl. dazu: *Döse-Digenopoulos*, Arbeitsgerichte und betriebsbedingte Kündigung, S. 77.

356 Ascheid/Preis/Schmidt/*Preis*, Kündigungsrecht, Grundlagen A Rn. 1 ff.

357 Der Text des BRG wurde dem Werk *Eichelsbacher*, Betriebsrätegesetz – Textausgabe mit Einleitung, Verweisungen und Sachverzeichnis, entnommen.

358 Auch die DemobilmachungsVO aus dem Jahre 1920 und die StilllegungsVO aus dem Jahre 1923, die primär volkswirtschaftliche und arbeitsmarkpolitische Interessen nach der Rückkehr der Kriegsteilnehmer verfolgten, enthielten materielle Kündigungsschutznormen, wie zum Beispiel ein absolutes Entlassungsverbot für drei Monate nach der Einstellung eines Arbeitnehmers. Überdies beruhen sowohl das ultima-ratio-Prinzip, als auch das Prinzip der Sozialauswahl auf diesen Verordnungen. Siehe dazu *Kreft*, NZA-Beil. 2012, 58.

359 Vgl. *Dersch*, in: Wirtschaftskunde, S. 69 ff.

waren, ergab sich aus den §§ 10 – 12 BRG.[360] In zeitlicher Hinsicht war der Geltungsbereich des BRG nicht eingeschränkt, da eine Mindestbetriebszugehörigkeit nicht Voraussetzung für den Kündigungsschutz war. In betrieblicher Hinsicht folgte aus dem Regelungskonzept der §§ 84 ff. BRG, dass in Betrieben ohne Betriebsrat von vorneherein kein Kündigungsschutz bestand. Voraussetzung für die Gründung von Betriebsräten war aber eine Mindestarbeitnehmeranzahl von zwanzig Arbeitnehmern, § 1 BRG. Überdies war der Kündigungsschutz in Betrieben mit einem Betriebsrat von der Mitwirkung des Betriebsrates abhängig. Diese Umstände zeigen die kollektivrechtliche Ausrichtung des Kündigungsschutzes in rechtstechnischer Hinsicht in der Weimarer Republik, dessen vorrangiger Zweck allerdings der Schutz der einzelnen Arbeitnehmer war.[361]

Die Zentralnorm des BRG für den allgemeinen Kündigungsschutz war der § 84 BRG, gemäß dem der Arbeitnehmer Einspruch gegen die Kündigung bei dem Betriebsrat einlegen konnte.[362] Hielt der Betriebsrat den Einspruch des Arbeitnehmers für begründet, hatte der Betriebsrat zunächst auf eine gütliche Einigung der Arbeitsvertragsparteien hinzuwirken (§ 86 S. 2 BRG). Scheiterte eine gütliche Einigung, bestand sowohl für den Betriebsrat als auch für den Arbeitnehmer die Möglichkeit, die Begründetheit der Kündigung vom Arbeitsgericht überprüfen zu lassen (§ 86 S. 3 BRG).

Der Maßstab für die Beurteilung der Begründetheit der Kündigung ergab sich aus § 84 BRG. Während § 84 S. 1 Nr. 1 BRG dem Arbeitnehmer das Einspruchsrecht zusprach, der wegen seinem Geschlecht, der Betätigung in oder der Zugehörigkeit zu einer bestimmten Gruppe oder Vereinigung gekündigt wurde, eröffnete § 84 S. 1 Nr. 2 BRG demjenigen das Einspruchsrecht, der eine Kündigung ohne Angabe von Gründen erhalten hatte. § 84 S. 1 Nr. 3 BRG ließ den Einspruch weiter zu, wenn die Kündigung darauf beruhte, dass der Arbeitnehmer sich weigerte dauernd andere Arbeit zu verrichten als arbeitsvertraglich geschuldet. Schließlich fand sich in § 84 S. 1 Nr. 4 BRG ein Auffangtatbestand, der ein Einspruchsrecht des Arbeitnehmers dann bejahte, wenn die Kündigung sich als eine unbillige Härte darstellte, die nicht durch das Verhalten des Arbeitnehmers oder durch die Verhältnisse des Betriebs bedingt war. Bedeutung in der Praxis hatte fast nur die Generalklausel des § 84 S. 1 Nr. 4 BRG.[363]

Als Rechtsfolge eines begründeten Kündigungseinspruchs sah das BRG in § 87 Abs. 1 S. 1 vor, dass der Arbeitgeber wählen konnte ob er die Kündigung nicht aufrecht erhält und den Arbeitnehmer weiterbeschäftigt, oder die Kündigung aufrecht erhält und den Arbeitnehmer für den Verlust des Arbeitsplatzes mittels

---

360 Vgl. detailliert zum persönlichen Geltungsbereich *Wüllenweber*, Die Entwicklung des Kündigungsschutzrechts seit dem ersten Weltkrieg, S. 56 ff.

361 *Hueck/Nipperdey*, Lehrbuch des Arbeitsrechts I, 3. – 5. Aufl., S. 363; *Wiesenecker*, Arbeitsrecht der Länder im Nachkriegsdeutschland, S. 44 f.

362 Siehe dazu auch *Hromadka*, ZfA 2002, 383, 384 ff.

363 *Herschel*, DB 1984, 1523.

Zahlung einer Geldsumme, die gemäß § 87 Abs. 1 S. 2 BRG maximal eine Höhe von sechs Monatsgehältern erreichen konnte, entschädigt. Durch die Geltendmachung des Einspruchsrechts wurde somit eine neue Rechtslage zwischen den Parteien geschaffen, was dazu führte, dass das Einspruchsrecht als Gestaltungsrecht angesehen wurde.[364] Die gerichtliche Geltendmachung des Einspruchsrechts durch den Arbeitnehmer oder den Betriebsrat erfolgte somit in erster Linie in Form einer Gestaltungsklage, der sogenannten Einspruchsklage.[365] Hielt das Arbeitsgericht den Einspruch für begründet, wurde der Arbeitgeber verurteilt, an den Arbeitnehmer eine Abfindung in bestimmter Höhe zu zahlen, falls er ihn nicht zu den Bedingungen des bisherigen Arbeitsvertrages weiterbeschäftigte.[366] Diese Verurteilung zu zwei möglichen Leistungen führte dazu, dass die Einspruchsklage nicht allein als Gestaltungsklage, sondern zugleich auch als Leistungsklage, gerichtet auf Verurteilung des Arbeitgebers zur Fortsetzung des Arbeitsverhältnisses oder Zahlung einer Entschädigung, anzusehen war.[367] Die Wahlbefugnis des Arbeitgebers musste in der Entscheidung zum Ausdruck kommen.[368]

2. Behandlung der Situation der Zerrüttung des Arbeitsverhältnisses

Eine den §§ 9, 10 KSchG vergleichbare Regelung, die beiden Parteien die Möglichkeit gibt, bei einer Zerrüttung der Vertrauensbeziehung nach Ausspruch der arbeitgeberseitigen Kündigung durch Antrag beim Arbeitsgericht eine Auflösung des Arbeitsverhältnisses durch gerichtliches Urteil herbeizuführen, lässt sich im BRG nicht finden. Lediglich der Arbeitgeber hatte gemäß § 87 BRG die Möglichkeit, den Arbeitnehmer trotz unwirksamer Kündigung nicht weiter zu beschäftigen. Die Wahl der Entschädigung durch den Arbeitgeber war auch nicht von weiteren Voraussetzungen abhängig, deren Vorliegen das Gericht hätte prüfen müssen. Das

364 *Hueck*, in: FS für Nipperdey, S. 99; *ders./Nipperdey*, Lehrbuch des Arbeitsrechts I, 3.–5. Aufl., 374; *Sinzheimer*, Grundzüge des Arbeitsrechts, S. 202, Fn. 1.

365 *Bandey*, Kündigungsschutzklage, S. 9, 123; KR/*Friedrich*, § 4 KSchG Rn. 17; v. Hoyningen-Huene/Linck/*Linck*, KSchG, § 4 Rn. 24; *Hueck/Nipperdey/Dietz*, Kommentar zum Gesetz zur Ordnung der nationalen Arbeit, § 56 Rn. 30. *Sinzheimer*, Grundzüge des Arbeitsrechts, S. 202.

366 *Hueck/Nipperdey*, Lehrbuch des Arbeitsrechts I, 3.–5. Aufl., S. 381.

367 *Hueck*, in: FS für Nipperdey, S. 99, 100; *Lehmann-Jessen*, Die Kündigungsschutzklage gemäß § 4 S. 1 KSchG, S. 54.

368 *Hueck/Nipperdey*, Lehrbuch des Arbeitsrechts I, 3.–5. Aufl., S. 381. Etwas ungenau beschreibt hingegen *Sinzheimer*, Grundzüge des Arbeitsrechts, S. 202, die vom Arbeitsgericht zu fällende Entscheidung. Das Arbeitsgericht habe den Arbeitgeber dahingehend zu verurteilen, den Arbeitnehmer weiter zu beschäftigen oder diesem eine Entschädigung in bestimmter Höhe zu zahlen. Durch die von *Hueck* und *Nipperdey* vorgeschlagene Formulierung wird deutlicher, dass die Weiterbeschäftigung des Arbeitnehmers gemäß § 87 Abs. 2 S. 2 BRG als abgelehnt gilt, wenn sich der Arbeitgeber auf die begründete Klage hin nicht erklärt. Siehe dazu auch den folgenden Gliederungspunkt.

Gesetz ging vielmehr von der Beendigung des Arbeitsverhältnisses in Verbindung mit der Entschädigungspflicht als Normalfall aus. Dies ergibt sich daraus, dass der Arbeitgeber dem Arbeitnehmer nach der Entscheidung des Arbeitsgerichts, mit dem festgestellt wurde, dass die Kündigung unbegründet war, mitteilen musste, dass er eine Weiterbeschäftigung wünscht; das Ausbleiben einer Reaktion wurde als Ablehnung der Weiterbeschäftigung in Verbindung mit der Auslösung einer entsprechender Entschädigungspflicht gewertet, § 87 Abs. 2 S. 2 BRG. Das BRG wird aus diesem Grund auch als Abfindungsgesetz und nicht wie das KSchG als Bestandsschutzgesetz bezeichnet.[369] Der Arbeitnehmer hatte keine Möglichkeit auf die Situation nach der Entscheidung des Arbeitsgerichts Einfluss zu nehmen, sondern musste vielmehr mit der Entscheidung des Arbeitgebers – Weiterbeschäftigung oder Auflösung des Arbeitsverhältnisses gegen Entschädigungszahlung – zurechtkommen. Hinsichtlich der Höhe der Abfindung ist die grundsätzliche Maximalhöhe im BRG gemäß § 87 Abs. 1 S. 2 BRG mit bis zu sechs Zwölfteln des Jahresarbeitsverdienstes halb so hoch wie die in § 10 KSchG vorgesehene Abfindung, der einen Betrag von bis zu zwölf Monatsgehältern vorsieht.

In der Weimarer Republik hat der Gesetzgeber an die Zerrüttung des Arbeitsverhältnisses damit keine eigenständigen Rechtsfolgen geknüpft. Dem Arbeitgeber war es nach der derzeitigen Ausgestaltung des Kündigungsschutzrechts jedoch ohnehin möglich, dass Arbeitsverhältnis trotz Unwirksamkeit der Kündigung gegen Zahlung einer Abfindung aufzulösen, so dass dieser nicht an ein Arbeitsverhältnis gebunden werden konnte, dessen Fortführung für ihn unzumutbar war. Für den Arbeitnehmer bestand jedoch keine Möglichkeit ein Arbeitsverhältnis, dessen Fortführung nach Ausspruch der unbegründeten Kündigung unzumutbar war, gegen Abfindungszahlung aufzulösen. Dieser war vielmehr von der Entscheidung des Arbeitgebers abhängig.

II. Nationalsozialismus

Zu betrachten ist weiter, wie der Kündigungsschutz und insbesondere die Situation der Zerrüttung des Arbeitsverhältnisses im Nationalsozialismus, also dem Zeitraum von 1933 bis 1946, behandelt wurde.

1. Gestaltung des Kündigungsschutzrechts

Das nationalsozialistische Regime hob das Betriebsrätegesetz auf,[370] führte jedoch die generelle Idee eines Kündigungsschutzes in den §§ 56 – 62 des neu geschaffenen Gesetzes zur Ordnung der nationalen Arbeit (AOG) vom 20.01.1934[371] fort.[372]

---

369 BAG, NJW 1965, 787; NJW 1977, 695; *Boecken/Topf*, RdA 2004, 19, 20 f.

370 Das BRG wurde durch § 65 Nr. 1 AOG aufgehoben.

371 Der Text des AOG wurde dem Werk von *Hueck/Nipperdey/Dietz*, Kommentar zum Gesetz zur Ordnung der nationalen Arbeit, entnommen.

372 Vgl. *A. B. Krause*, JW 1935, 1311 ff.; *Möhl*, JW 1936, 3432 ff.; *Stritzle*, JW 1934, 597 ff. Siehe auch *Hromadka*, ZfA 2002, 383 386 f.

Der persönliche Geltungsbereich des AOG umfasste gemäß § 56 Abs. 1 AOG Arbeiter und Angestellte.[373] In zeitlicher Hinsicht war gemäß § 56 Abs. 1 AOG eine Betriebszugehörigkeit des Arbeiters oder Angestellten von einem Jahr Voraussetzung für den Kündigungsschutz. Dies stellte eine Verschärfung gegenüber dem BRG dar, das keine Einschränkungen in zeitlicher Hinsicht vorsah. In betrieblicher Hinsicht galt der Kündigungsschutz gemäß § 56 Abs. 1 AOG nur in Betrieben mit in der Regel mindestens zehn Beschäftigten, was eine Erleichterung gegenüber den Regelungen des BRG darstellte, nach denen der Kündigungsschutz nur für Betriebe mit mindestens zwanzig Arbeitnehmern galt.

Gemäß der Generalklausel des § 56 AOG, die der Generalklausel des § 84 Abs. 1 Nr. 4 BRG nachempfunden wurde, hatte der Arbeitnehmer die Möglichkeit sich gegen eine Kündigung durch Erhebung einer sogenannten Kündigungswiderrufsklage zur Wehr zu setzen. Diese war begründet, wenn die Kündigung den Arbeitnehmer unbillig hart traf und die Kündigung nicht durch die Verhältnisse des Betriebes bedingt war.[374] Die Generalklausel, die eine Kündigung aufgrund der Beschneidung des Betriebsrätewesens nunmehr nicht mehr von der Mitwirkung einer demokratisch legitimierten Betriebsvertretung abhängig machte,[375] wurde zum Einfallstor nationalsozialistischer Vorstellungen in das Kündigungsrecht.[376] Der Begriff der „unbilligen Härte“ des § 56 AOG wurde, wie zum Beispiel auch die Begriffe Treu und Glauben, gute Sitten, wichtiger Grund und Zumutbarkeit, nach nationalsozialistischer Anschauung beurteilt.[377] Darüber hinaus sollte der Übergang zu einem mehr individualrechtlich geprägten Kündigungsschutz die demokratisch legitimierte Macht der Betriebsräte einschränken. Schließlich erreichte die Staatsführung mit der Arbeitsplatzwechselverordnung, die zum Kriegsbeginn

---

373 Siehe zu den Details der vom Geltungsbereich erfassten Personen: *Wüllenweber*, Die Entwicklung des Kündigungsschutzrechts seit dem ersten Weltkrieg, S. 135 ff.

374 *Rüthers*, Unbegrenzte Auslegung, S. 247; vgl. auch *Siebert*, Das Arbeitsverhältnis in der Ordnung der nationalen Arbeit, S. 114 ff.

375 Die Betriebsräte wurden durch sogenannte Vertrauensräte ersetzt, denen als Vorstand der jeweilige Betriebsführer vorstand. Die Mitglieder der Vertrauensräte wurden vom Arbeitgeber im Einvernehmen mit der Nationalsozialistischen Partei ausgewählt, ohne dass die Belegschaft des Betriebes auf die Auswahl irgendeinen Einfluss hatte. Der Vertrauensrat hatte keine Mitwirkungs- und Mitbestimmungsrechte, war zum Beispiel nicht berechtigt Vereinbarungen mit dem Betriebsführer zu schließen, sondern hatte lediglich beratende Funktion. Gemäß § 56 Abs. 2 S. 1 AOG musste der Kündigung jedoch grundsätzlich eine Bescheinigung des Vertrauensrates beigefügt werden aus der sich ergab, dass die Weiterbeschäftigung des Arbeitnehmers im Vertrauensrat erfolglos beraten wurde. Die Beifügung einer solchen Bescheinigung war entbehrlich, wenn der Vertrauensrat diese trotz Tätigwerdens des Arbeitnehmers nicht erstellte. Vgl. dazu: *Fitting/Engels/Schmidt/Trebinger/Linsenmaier*, BetrVG, Einl. Rn. 2; Richardi/*Richardi*, BetrVG, Einl. Rn. 12.

376 Vgl. *Deventer*, JuS 1988, 13, 18.

377 Ascheid/Preis/Schmidt/*Preis*, Kündigungsrecht, Grundlagen A Rn. 13; *Rüthers*, Unbegrenzte Auslegung, S. 237 ff.

im September 1939 erlassen wurde und die jede Kündigung von einer Zustimmung des Arbeitsamtes abhängig machte, die umfassende Lenkung des Arbeitsmarktes, ohne jede Beachtung der individuellen Freiheit und Bedürfnisse der Arbeitsvertragsparteien.[378]

Hinsichtlich der Rechtsfolgen war das AOG, wie auch das BRG, in erster Linie ein Abfindungsgesetz.[379] Gemäß § 57 Abs. 1 und 2 AOG konnte sich der Arbeitgeber frei entscheiden, ob er die Kündigung widerrufen, oder dem Arbeitnehmer für die Beendigung des Arbeitsverhältnisses eine Abfindung zahlen wollte.[380] Auch hier ging das Gesetz von der Auflösung gegen Entschädigungszahlung als Normalfall aus, da eine Nichterklärung innerhalb der Frist zur Beendigung des Arbeitsverhältnisses gegen Zahlung einer Entschädigung führte, § 57 Abs. 2 S. 2 AOG. Der Arbeitnehmer konnte den Einspruch gegen die Kündigung mit der sogenannten Widerrufsklage geltend machen, die zu der damaligen Zeit, wie auch die Klage zur Durchsetzung des Einspruchs nach dem BRG, in erster Linie als Gestaltungsklage mit Elementen der Leistungsklage angesehen wurde.[381] Die Maximalhöhe der Entschädigung betrug gemäß § 58 S. 3, 1. Hs. AOG sechs Monatsgehälter. Dem Arbeitnehmer konnte gemäß § 58 S. 3, 2. Hs. AOG aber auch eine Entschädigung von bis zu zwölf Monatsgehältern zugesprochen werden, wenn die Kündigung offensichtlich willkürlich war oder aus nichtigen Gründen unter Missbrauch der Machtstellung im Betrieb erfolgt ist.

2. Behandlung der Situation der Zerrüttung des Arbeitsverhältnisses

Eine den §§ 9, 10 KSchG ähnliche Regelung, die beiden Parteien nach Ausspruch der arbeitgeberseitigen Kündigung des Arbeitsverhältnisses die Möglichkeit gibt, bei einer Zerrüttung durch Antrag beim Arbeitsgericht eine Auflösung des Arbeitsverhältnisses durch gerichtliches Urteil herbeizuführen, war auch im AOG nicht enthalten. Nach dem AOG konnte lediglich der Arbeitgeber ohne die Erforderlichkeit des Vorliegens weiterer Voraussetzungen die Auflösung des Arbeitsverhältnisses bei Unwirksamkeit der Kündigung gegen Abfindungszahlung erreichen. Der Arbeitgeber konnte somit nicht an ein Arbeitsverhältnis gebunden werden, dessen Fortführung für ihn unzumutbar war. Der Arbeitnehmer hatte hingegen

---

378 Ascheid/Preis/Schmidt/*Preis*, Kündigungsrecht, Grundlagen A Rn. 12 ff.

379 *Boecken/Topf*, RdA 2004, 19, 20 f.

380 Siehe dazu auch *Ostermeyer*, RdA 1952, 142.

381 *Bandey*, Kündigungsschutzklage, S. 10, 123; *Hueck*, in: FS für Nipperdey, S. 99, 100; *Hueck/Nipperdey/Dietz*, Kommentar zum Gesetz zur Ordnung der nationalen Arbeit, § 56 Rn. 30; *Lehmann-Jessen*, Die Kündigungsschutzklage gemäß § 4 S. 1 KSchG, S. 54; siehe auch *Goedel*, JW 1937, 1128 ff., der davon spricht, dass der Arbeitnehmer durch die Auswahlentscheidung gestaltend in das Arbeitsverhältnis eingreift. *Siebert*, Das Arbeitsverhältnis in der Ordnung der nationalen Arbeit, S. 116, ging hingegen von der Widerrufsklage als Feststellungsklage aus, mit der festzustellen war, ob die Kündigung mit dem Wesen der Betriebsgemeinschaft und der Treuepflicht vereinbar gewesen ist.

keine Möglichkeit sich von einem zerrütteten Arbeitsverhältnis mit gleichzeitiger Entschädigungszahlung des Arbeitgebers zu lösen. Hinsichtlich der Höhe der Abfindung ist die grundsätzliche Maximalhöhe im AOG gemäß § 58 S. 3, 1. Hs. AOG mit bis zu sechs Zwölfteln des Jahresarbeitsverdienstes halb so hoch wie die des § 10 KSchG, der einen Betrag von bis zu zwölf Monatsgehältern vorsieht. Allerdings konnte das Arbeitsgericht gemäß § 58 S. 3, 2. Hs. AOG auch eine Entschädigung von bis zu zwölf Monatsgehältern festsetzen, wenn die Kündigung offensichtlich willkürlich war oder aus nichtigen Gründen unter Missbrauch der Machtstellung im Betrieb erfolgt ist.

III. Nachkriegsdeutschland

Nach dem Zusammenbruch des nationalsozialistischen Systems am 08.05.1945 übernahmen die Alliierten – die USA, die UdSSR, Großbritannien und Frankreich – die Staatsgewalt und teilten das Land in vier Besatzungszonen und die Hauptstadt Berlin in vier entsprechende Sektoren auf. Der Alliierten Kontrollrat übte die oberste Regierungsgewalt aus. Allerdings war eine gesamtdeutsche Besatzungspolitik aufgrund der unterschiedlichen Interessen der Besatzungsmächte nicht zu erreichen, was dazu führte, dass die Regierungsgewalt in den einzelnen Besatzungszonen von den jeweiligen Militärregierungen wahrgenommen wurde. Bis 1946 entstanden in Deutschland neue Länder, die in Westdeutschland mit der Gründung der Bundesrepublik am 23.05.1949 zu Bundesländern wurden. In Ostdeutschland wurde am 07.10.1949 die Deutsche Demokratische Republik (DDR) ins Leben gerufen.[382]

1. Gestaltung des Kündigungsschutzrechts

Für den Kündigungsschutz gab es mit der Aufhebung des AOG durch das Kontrollratsgesetz Nr. 40[383] mit Wirkung zum 01.01.1947 keine positivrechtliche Normierung des Kündigungsschutzrechts mehr.[384] Insbesondere lebten nach einhelliger Meinung nach Außerkraftsetzen des AOG auch die Regelungen des BRG aus der Weimarer Zeit nicht wieder auf, da das BRG durch § 65 AOG ausdrücklich außer Kraft gesetzt wurde und ein außer Kraft getretenes Gesetz nicht durch die Aufhebung des Gesetzes, welches die Ursprungsregelung außer Kraft setze, wieder aufleben könne.[385]

382 *Fiedler*, Kündigungsschutz außerhalb des KSchG, S. 45.

383 Amtsblatt des Kontrollrats in Deutschland, S. 229.

384 *M. Etzel*, Die Aufhebung von nationalsozialistischen Gesetzen durch den Alliierten Kontrollrat (1945–1948), S. 109 ff.; *Richardi*, NZA 2000, 13.

385 *Fiedler*, Kündigungsschutz außerhalb des KSchG, S. 47; *Galperin*, BB 1948, 305; *G. Haas*, SS. 1947, 185; *Heilmann*, Das Arbeitsrecht der Sowjetischen Besatzungszone, S. 232; *Schell*, Das Arbeitsrecht der Westzonen und der jungen Bundesrepublik, S. 214; *Wiesenecker*, Arbeitsrecht der Länder im Nachkriegsdeutschland, S. 46 f.; *Wüllenweber*, Die Entwicklung des Kündigungsschutzrechts, S. 183.

Der Umgang mit dem Kündigungsschutzrecht erfolgte in den vier Besatzungszonen unterschiedlich. Während in der amerikanischen und der französischen Besatzungszone nach und nach entsprechende kündigungsschutzrechtliche Normen erlassen wurden, fanden in der britischen und sowjetischen Besatzungszone bis zum Erlass des Kündigungsschutzgesetzes die Generalklauseln des BGB Anwendung.

a. Britische Besatzungszone

In der britischen Besatzungszone[386] wurden bis zum Erlass des Kündigungsschutzgesetzes von 1951 keine neuen Kündigungsschutzregeln erlassen. Hier griffen die Gerichte[387] zum Schutze der Arbeitnehmer gegen sozialwidrige Kündigungen auf die allgemeinen Generalklauseln des BGB, insbesondere die §§ 138, 242 BGB, zurück.[388] Diese Vorgehensweise verfolgten auch die Länder der amerikanischen und französischen Besatzungszone bis zu dem Zeitpunkt, an dem hier nach und nach kündigungsschutzrechtliche Normen erlassen wurden.[389]

Mangels gesetzlicher Regelungen bestand kein klar abgrenzbarer Geltungsbereich des Kündigungsschutzes. Allerdings wurde der Schutz der Generalklauseln nur denjenigen Arbeitnehmern zugesprochen, die bereits eine gewisse Zeit in einem Betrieb tätig waren: Für Arbeiter und Angestellte wurde erst nach einer Betriebszugehörigkeit von drei bis sechs Monaten, bei Arbeitnehmern in verantwortlicher Stellung nach einer Betriebszugehörigkeit von einem Jahr ein Kündigungsschutz bejaht.[390]

---

386 Dazu gehörten die Länder Hamburg, Niedersachsen, Nordrhein-Westfalen und Schleswig-Holstein.

387 Nach der Kapitulation kam es zu einer vorübergehenden Schließung aller Gerichte, bevor im Herbst 1945 Amts- und Landgerichte unter Abschaffung aller Fachgerichte formell wieder eröffnet wurden. Nachdem die arbeitsrechtlichen Streitigkeiten sodann zunächst der Zivilgerichtsbarkeit übertragen wurden, entschlossen sich die Besatzungsmächte alsbald, neue Arbeits- und Landesarbeitsgerichte in allen vier Besatzungszonen zu schaffen. Als Revisionsinstanz diente im Vereinigten Wirtschaftsgebiet der Westzonen, welches von den amerikanischen und britischen Besatzungsmächten als Bi-Zone Anfang 1947 gegründet wurde und dem die französische Besatzungsmacht im April 1949 beitrat, von Mai 1948 bis September 1950 ein Oberster Gerichtshof mit Sitz in Köln.

388 Die generelle Beachtung eines irgendwie gearteten Kündigungsschutzes nach Wegfall der gesetzlichen Grundlagen proklamierte der Präsident des Zentralamtes für Arbeit in einem Erlass vom 23.01.1947, dessen Inhalt an die Grundaussagen des heute geltenden allgemeinen Kündigungsschutz erinnert. Vgl. dazu *Roesch*, SS. 1947, 205 und die Begründung des Kündigungsschutzgesetzes von 1951, RdA 1951, 61 ff.

389 *M. Etzel*, Die Aufhebung von nationalsozialistischen Gesetzen durch den Alliierten Kontrollrat, S. 111; *Galperin*, BB 1948, 305 ff.; *G. Haas*, SS. 1947, 185.

390 Vgl. *Wüllenweber*, Die Entwicklung des Kündigungsschutzrechts seit dem ersten Weltkrieg, S. 186.

Während dem § 138 BGB eine geringere Bedeutung zukam, entwickelte sich aus der Anwendung des § 242 BGB eine umfangreiche Spruchpraxis zur Frage des Kündigungsschutzes.[391] Die rechtstechnische Herangehensweise erfolgte jedoch je nach Bundesland unterschiedlich. Teilweise wurde jede Kündigung, die ohne billigenswerte Gründe erfolgte, für unwirksam erachtet und somit die Kündigung von einem sachlichen Grund abhängig gemacht. Dieser Rechtsprechung lag der durch den Kündigungsschutz vermittelte Bestandsschutz des Arbeitsverhältnisses, wie er durch das KSchG von 1951 eingeführt wurde, als Idee zu Grunde.[392] Teilweise wurde hingegen weiterhin von der Kündigungsfreiheit ausgegangen, die jedoch dann ihre Grenze in den §§ 138, 242 BGB fand, wenn die Kündigung offensichtlich unbillig war.[393]

Auch hinsichtlich der Rechtsfolgen, die aus einer Unbegründetheit der Kündigung gemäß § 242 BGB resultierten, bestand Uneinigkeit.[394] Teilweise wurde die strikte Unwirksamkeit der Kündigung gefordert,[395] während andererseits die Aufrechterhaltung der Kündigung unter Verpflichtung des Arbeitgebers zur Entschädigung des Arbeitnehmers, mit dem Hinweis auf die Bewährung der Rechtsfolgen des BRG und des AOG, als die nach der Verkehrssitte primäre rechtliche Konsequenz angesehen wurde.[396] Die Begründung einer Entschädigungspflicht war mangels entsprechender gesetzlicher Regelungen aber nicht ganz einfach. *Hueck* nahm an, dass ein Arbeitgeber dann gegen seine Fürsorgepflicht verstoße, wenn er eine unbillige Kündigung ausspreche, ohne sich gleichzeitig bereit zu erklären, für den Verlust des Arbeitsplatzes eine entsprechende Entschädigung zu zahlen.[397] Weigere sich der Arbeitgeber dann im Prozess, entweder das Arbeitsverhältnis weiterzuführen oder eine Entschädigung zu zahlen, mache er sich wegen schuldhafter Vertragsverletzung in entsprechendem Umfang schadensersatzpflichtig, was praktisch zu einer Entschädigungspflicht führte.[398] *Galperin* hingegen ging davon aus, dass das Gericht mit Hilfe des richterlichen Fragerechts auf eine Erklärung des Arbeitgebers in Form der Zusage einer Entschädigung hinwirken könne.[399] Gehe der Arbeitgeber auf einen solchen Vorschlag nicht ein, könne dies unter Umständen im Zusammenhang mit der Gesamtwürdigung des Falls eine so wesentliche Verletzung seiner Fürsorgepflicht darstellen, dass die Kündigung als unwirksam angesehen werden müsse. Im Gegenzug sei die Kündigung im Zweifel als nicht unbillig anzusehen, wenn der Arbeitgeber den Vorschlag der Zahlung einer Entschädigung annehme.[400] Wenn

---

391 *Wiesenecker*, Arbeitsrecht der Länder im Nachkriegsdeutschland, S. 48 ff.
392 *Wiesenecker*, Arbeitsrecht der Länder im Nachkriegsdeutschland, S. 48 ff.
393 *Wiesenecker*, Arbeitsrecht der Länder im Nachkriegsdeutschland, S. 48 ff.
394 Vgl. *Duvigneau*, Die gerichtliche Auflösung des Arbeitsverhältnisses, S. 22 f.
395 G. *Müller*, DRiZ 1948, 122, 124.
396 *Hueck*, SJZ 1947, 609, 612; *Nikisch*, BB 1947, 89, 91.
397 *Hueck*, SJZ 1947, 609, 612.
398 *Hueck*, SJZ 1947, 609, 612.
399 *Galperin*, BB 1948, 305, 308.
400 *Galperin*, BB 1948, 305, 308.

der Arbeitgeber somit eine Fortführung des Arbeitsverhältnisses vermeiden wollte, musste er eine Entschädigungszahlung anbieten. Nach der Lösung *Galperins* konnte das Gericht jedoch selbst bei der Weigerung des Arbeitsgebers, eine Entschädigung zu zahlen, nicht selbst die Entschädigung als Rechtsfolge festsetzen.[401]

b. Amerikanische und französische Besatzungszone

Aufgrund des regelungsfreien Zustands bemühten sich die Länder der amerikanischen und französischen Besatzungszone[402] alsbald um landesgesetzliche Neuregelungen[403] bezüglich des allgemeinen Kündigungsschutzes.[404] Die kündigungsschutzrechtlichen Normen fanden sich teilweise in eigenen Kündigungsschutzgesetzen, teilweise aber auch in besonderen Abschnitten der Gesetze über die Betriebsverfassung. Die Entwicklung von einem noch sehr kollektivrechtlich geprägten Kündigungsschutz in der Weimarer Republik zu einem individualrechtlich ausgestalteten Kündigungsschutz begann zur Zeit des Nationalsozialismus und wurde auch durch die Gesetze der amerikanischen und französischen Besatzungszone fortgeführt. Obgleich der Betriebsrat außer in Baden noch in allen Ländern am Kündigungsschutzverfahren beteiligt war, beschränkte sich dessen Beteiligung nunmehr auf die Position des betrieblichen Vermittlers. Die gerichtliche Geltendmachung des Kündigungsschutzes war Sache des Arbeitnehmers.[405]

Hinsichtlich des persönlichen, zeitlichen und betrieblichen Geltungsbereichs der verschiedenen kündigungsschutzrechtlichen Normen bestanden zwischen den einzelnen Ländern zahlreiche Unterschiede. Der persönliche Geltungsbereich, also die vom Kündigungsschutzgesetz erfassten Arbeitnehmer, wurden unterschiedlich definiert, eine bestimmte Betriebsgröße wurde nur teilweise gefordert[406] und auch nicht alle Länder setzten die Betriebszugehörigkeit der Arbeitnehmer für einen gewissen Zeitraum voraus.[407]

---

401 *Galperin*, BB 1948, 305, 308.

402 Dies galt für die Länder Bayern, Württemberg-Baden, Hessen und Bremen der amerikanischen Besatzungszone und die Länder Rheinland-Pfalz, Württemberg-Hohenzollern und Baden der französischen Besatzungszone.

403 Die Gesetzestexte der jeweiligen Ländergesetze wurden dem Anhang von *Wiesenecker*, Arbeitsrecht der Länder im Nachkriegsdeutschland, entnommen.

404 Darüber hinaus erließ auch das Saarland, das erst seit dem 01.01.1957 zur Bundesrepublik gehörte, mit der Verordnung über Betriebsräte in Saarland kündigungsschutzrechtliche Normen, die weitestgehend den Regelungen des BRG entsprachen. In Berlin galten bereits die kündigungsschutzrechtlichen Regelungen, die im Jahre 1951 mit dem KSchG für die gesamte Bundesrepublik Gesetz wurden.

405 *Wiesenecker*, Arbeitsrecht der Länder im Nachkriegsdeutschland, S. 181.

406 Zumeist wurde die regelmäßige Anzahl von fünf Arbeitnehmern gefordert, Ascheid/Preis/Schmidt/*Moll*, Kündigungsrecht, § 23 KSchG Rn. 1.

407 Vgl. zu den Einzelheiten, *Wüllenweber*, Die Entwicklung des Kündigungsschutzrechts seit dem ersten Weltkrieg, S. 189 ff.

Der überwiegenden Mehrzahl der erlassenen Regelungen war jedoch gemein, dass sie Schutz gegen Kündigungen gewährten, die für den Arbeitnehmer unbillig hart und nicht durch die Verhältnisse des Betriebes bedingt waren. Einzig das bremische BRG wählte nicht den Begriff der unbilligen Härte, sondern sah eine Kündigung bereits als sozialwidrig an, wenn für die Kündigung keine hinreichenden sachlichen Gründe vorlagen, die Kündigung also nicht durch das Verhalten des Arbeitnehmers oder die Verhältnisse des Betriebes erforderlich geworden war, § 39 Abs. 2 Brem. BRG.

Als Rechtsfolge sahen die meisten Ländergesetze, wie auch zuvor das BRG und das AOG, nicht die Feststellung der Unwirksamkeit der Kündigung, sondern vielmehr eine Verpflichtung des Arbeitgebers zum Widerruf der Kündigung beziehungsweise zur Entschädigungszahlung vor. Während fast alle Länder die Regelungen, dass der Arbeitgeber einen Widerruf der Kündigung durch Entschädigungszahlung abwenden kann, wenn auch mit gewissen Einschränkungen unter Weiterbildung des bisherigen Rechts, übernommen haben,[408] war in den hessischen und badischen Ländergesetzen eine Abgeltung der Weiterbeschäftigung durch Zahlung einer Entschädigung ausgeschlossen.[409] Eine erfolgreiche Widerrufsklage des Arbeitnehmers führte hier zu einer Verpflichtung des Arbeitgebers zur Fortsetzung des Arbeitsverhältnisses. Einige Landesgesetze enthielten überdies auch Regelungen, die es dem Arbeitnehmer ermöglichten, die Kündigungswiderrufsklage lediglich auf eine Entschädigungszahlung zu richten, wenn die Weiterbeschäftigung für ihn unzumutbar war.[410]

In Bayern, Württemberg-Baden, Württemberg-Hohenzollern und Rheinland-Pfalz war die Entschädigung grundsätzlich auf sechs Zwölftel eines Jahresverdienstes begrenzt, wobei allerdings in allen diesen Ländern außer Rheinland-Pfalz eine Entschädigungszahlung bis zu einem vollen Jahresgehalt bei offensichtlich willkürlichen Kündigungen oder solchen, die aus nichtigen Gründen unter Missbrauch der Machtstellung im Betrieb erfolgt sind, möglich war.[411] In Bremen konnte eine Entschädigung bis zu einem Zwölffachen des letzten Monatsverdiensts

---

408 Lediglich in Württemberg-Baden und Rheinland-Pfalz löste die Nichterklärung des Arbeitgebers nach dem stattgebenden Kündigungswiderrufsurteil des Arbeitsgerichts eine Entschädigungspflicht des Arbeitgebers aus, während das Schweigen des Arbeitgebers in Bayern, Bremen, Rheinland-Pfalz und Württemberg-Hohenzollern zu einem Widerruf der Kündigung führte. Insofern ist eine Veränderung gegenüber dem BRG und dem AOG festzustellen, da das Schweigen dort noch automatisch zu einer Aufhebung des Arbeitsverhältnisses gegen Entschädigungszahlung führte.

409 Vgl. § 44 Abs. 2 Hess. BRG; § 35 Abs. 5 Bad. BRG.

410 So in Bayern, Art. 12 Bay. KSchG, § 78 Bay. BRG; Württemberg-Baden, § 11 Württ.-Bad. KSchG; Bremen, § 41 Abs. 3 S. 3 Brem. BRG und Württemberg-Hohenzollern, § 89c Württ.-Hohenz. BRG.

411 Vgl. § 7 Bay. BRG; § 7 Württ.-Bad. BRG; § 87a Württ-Hohenz. BRG.

zugesprochen werden.[412] Mangels Sonderregelungen hinsichtlich der Höhe der Entschädigungszahlung, die in Bayern, Württemberg-Baden, Bremen und Württemberg-Hohenzollern auf Antrag des Arbeitnehmers bei Unzumutbarkeit der Fortführung des Arbeitsverhältnisses zu zahlen war, war diese nach der jeweiligen Regelung für die Entschädigung festzusetzen, die der Arbeitgeber auf eigenen Wunsch zahlte. In dem Land Hessen, das neben Baden kündigungsschutzrechtliche Regelungen verabschiedet hatte, nach denen eine erfolgreiche Widerrufsklage des Arbeitnehmers zwingend zum Widerruf der Kündigung führte, hatte das Arbeitsgericht die Möglichkeit, die Beendigung des Arbeitsverhältnisses trotz erfolgreicher Kündigungswiderrufsklage festzustellen, wenn die Fortführung des Arbeitsverhältnisses für eine der beiden Parteien nicht zumutbar war.[413] Diese Entscheidung löste sodann auch eine Entschädigungspflicht des Arbeitgebers aus, die der Höhe nach auf die volle Höhe des letzten Jahresarbeitsverdiensts begrenzt war, § 45 Abs. 2 Hess. BRG. In Baden hingegen war der Kündigungsschutz ganz auf Bestandsschutz angelegt, ohne den Parteien eine Beendigung mit Auslösung einer Entschädigungspflicht zu ermöglichen.[414]

c. Sowjetische Besatzungszone

In der sowjetischen Besatzungszone[415] wurden keine kündigungsschutzrechtlichen Normen erlassen. Hier beurteilten die Arbeitsgerichte die Wirksamkeit einer Kündigung anhand des § 138 BGB. Eine Begrenzung des Geltungsbereichs bestand nicht. Eine Kündigung war nach den dort anzulegenden Maßstäben nur dann wirksam, wenn sie den dringenden Erfordernissen des demokratischen Aufbaus der Wirtschaft entsprach. Mit der Feststellung der Nichtigkeit der Kündigung bestand das Arbeitsverhältnis weiter fort; die Möglichkeit einer Entschädigungszahlung als Rechtsfolge bestand nicht.[416]

2. *Behandlung der Situation der Zerrüttung des Arbeitsverhältnisses*

Im Gegensatz zur Geltungszeit des BRG in der Weimarer Republik oder zur Zeit der Geltung des AOG während der Zeit des Nationalsozialismus, finden sich in der deutschen Nachkriegszeit in mehr als der Hälfte der erlassenen Landesgesetze der amerikanischen und französischen Besatzungszone Regelungen, die dem Normgehalt der §§ 9, 10 KSchG zumindest ähneln. Einige Landesgesetze gingen

412 Vgl. § 41 Abs. 2 Brem. BRG.
413 Vgl. § 44 Abs. 3 Hess. BRG.
414 *Wiesenecker*, Arbeitsrecht der Länder im Nachkriegsdeutschland, S. 71.
415 Dazu gehörten die Länder Brandenburg, Mecklenburg-Vorpommern, Sachsen, Sachsen-Anhalt, Thüringen.
416 Ausführlich zum Kündigungsschutz in der sowjetischen Besatzungszone: *Heilmann*, Das Arbeitsrecht der Sowjetischen Besatzungszone, S. 230 ff.; vgl. auch *Schell*, Das Arbeitsrecht der Westzonen und der jungen Bundesrepublik, S. 222 f.

zwar weiterhin grundsätzlich davon aus, dass nur der Arbeitgeber frei zwischen der Weiterbeschäftigung des Arbeitnehmers und der Zahlung einer Entschädigung wählen konnte, während der Arbeitnehmer sich seinem Schicksal fügen musste.[417] Allerdings enthielten einige Landesgesetze auch Regelungen, die es dem Arbeitnehmer ermöglichten, die Kündigungswiderrufsklage lediglich auf die Entschädigungszahlung zu richten, wenn die Weiterbeschäftigung für ihn unzumutbar war.[418] Das Vorliegen einer unzumutbaren Situation für den Arbeitnehmer musste aber positiv festgestellt werden. Der Arbeitgeber musste im Gegensatz dazu lediglich eine Kündigung aussprechen, die selbst bei ihrer Unwirksamkeit in den meisten Ländern zu einer Aufhebung des Arbeitsverhältnisses gegen Entschädigungszahlung führte.

Die arbeitsrechtliche Rechtsprechung in der britischen Besatzungszone entwickelte keine den §§ 9, 10 KSchG vergleichbare Rechtskonstruktionen, sondern gab vereinzelt lediglich dem Arbeitgeber die Möglichkeit statt der Aufrechterhaltung des Arbeitsverhältnisses die Zahlung einer Entschädigung zu wählen. Eine Auflösung des Arbeitsverhältnisses gegen Abfindungszahlung war in der sowjetischen Besatzungszone nicht möglich.

Die Höhe der Entschädigung, fiel mit einer Obergrenze von zumeist sechs Monatsgehältern[419] geringer aus, als die Abfindung des § 10 KSchG, der eine Obergrenze von zwölf Monatsverdiensten vorsieht. Allerdings war teilweise eine Entschädigungszahlung mit einer Höhe von bis zu zwölf Monatsgehältern bei offensichtlich willkürlichen Kündigungen oder solchen, die aus nichtigen Gründen unter Missbrauch der Machtstellung im Betrieb erfolgt sind, möglich.[420]

IV. Bundesrepublik Deutschland seit 1951

Schließlich wurde mit der Gründung der Bundesrepublik Deutschland ein einheitliches Gesetz betreffend den Kündigungsschutz im Arbeitsverhältnis verabschiedet. Das 1951 geschaffene KSchG hat – modifiziert durch einige Reformen – bis heute Bestand.

---

417 So in den Ländern Rheinland-Pfalz, Bayern, Württemberg-Baden, Bremen, Württemberg-Hohenzollern und auch dem Saarland. In den Ländern Baden, Hessen und auch in Berlin bestand hingegen keine Möglichkeit des Arbeitgebers sich durch eine Entschädigungszahlung der Weiterbeschäftigungspflicht zu entziehen.

418 So in Bayern, Art. 12 Bay. KSchG, § 78 Bay. BRG; Württemberg-Baden, § 11 Württ.-Bad. KSchG; Bremen, § 41 Abs. 3 S. 3 Brem. BRG und Württemberg-Hohenzollern, § 89c Württ.-Hohenz. BRG.

419 So in Bayern, Württemberg-Baden, Württemberg-Hohenzollern und Rheinland-Pfalz, während in Bremen eine Abfindung von bis zu zwölf Monatsgehältern zugesprochen werden konnte.

420 So in Bayern, Württemberg-Baden und Württemberg-Hohenzollern.

1. Gestaltung des Kündigungsschutzrechts

Aufgrund der zuvor dargestellten Rechtszersplitterung in der amerikanischen und französischen Besatzungszone sowie der uneinheitlichen Anwendung der Generalklauseln des BGB in der britischen Besatzungszone und der damit verbundenen unsicheren Rechtslage in Nachkriegsdeutschland bestand das Bedürfnis nach einer bundeseinheitlichen[421] Regelung des Kündigungsschutzes.[422] Erste Vereinheitlichungsversuche wurden im Vereinigten Wirtschaftsgebiet, welches die amerikanische und die britische Besatzungszone umfasste,[423] durch Verhandlungen zwischen dem Gewerkschaftsrat und den Vertretern der Arbeitgebervereinigungen vorgenommen. Bereits vor Abschluss dieser Verhandlungen wurde im Juli 1949 vom Wirtschaftsrat in Frankfurt ein Kündigungsschutzgesetz (WRG, sogenanntes Frankfurter Gesetz)[424] für das vereinigte Wirtschaftsgebiet verabschiedet, dem jedoch die Militärregierungen die erforderliche Genehmigung im Hinblick auf die künftige Gesetzgebung versagten.[425] Im Anschluss daran kam es erneut zu Verhandlungen zwischen den Gewerkschaften[426] und den Arbeitgeberverbänden[427], die nach langwierigen Beratungen zu einer umfassenden Einigung im nach dem Ort der Sitzung benannten „Hattenheimer Entwurf"[428] aus dem Januar 1950 führten, der wiederum eine Mehrzahl der Bestimmungen des WRG übernahm. Dieser Entwurf bildete sodann die Grundlage für das im August 1951 verabschiedete Kündigungsschutzgesetz[429].[430] Vom Geltungsbereich waren gemäß § 1 Abs. 1 KSchG von

421 Nach der Gründung der Deutschen Demokratischen Republik (DDR) auf dem Gebiet der sowjetischen Besatzungszone am 07.10.1949 wurde das Kündigungsrecht seit dem 01.05.1950 in einem Arbeitsgesetzbuch der DDR geregelt, bis nach der Wiedervereinigung im Jahre 1990 auch in der ehemaligen DDR die Regelungen des KSchG galten.

422 Vgl. die Information über die Entschließung der Präsidenten der Landesarbeitsgerichte über die Neuregelung von Kündigungsschutz und Tarifvertragsrecht, BB 1948, 205; *Herschel*, BArbBl 1951, 484; *Hueck*, RdA 1949, 331; *ders.*, RdA 1950, 65.

423 Vgl. oben Fn. 387.

424 Kritisch zu diesem Gesetz, *Hueck*, RdA 1949, 331 ff.

425 v. Hoyningen-Huene/Linck/*v. Hoyningen-Huene*, KSchG, Einl. Rn. 30; *Keßler*, NZA-RR 2002, 1; *Richardi*, NZA 2000, 13.

426 Der am 12.09.1949 gegründete Deutsche Gewerkschaftsbund stellte den Spitzenverband der Gewerkschaften dar, vgl. *Wiesenecker*, Arbeitsrecht der Länder im Nachkriegsdeutschland, S. 24 f.

427 Vgl. zu der Entwicklung der Arbeitgeberverbände: *Wiesenecker*, Arbeitsrecht der Länder im Nachkriegsdeutschland, S. 25 f.

428 Vgl. zu dem Gesetzestext, RdA 1950, 63 ff.; kritisch dazu Bötticher, RdA 1951, 81 ff.

429 BGBl. 1951 I, S. 499.

430 Begründung des Kündigungsschutzgesetzes von 1951, RdA 1951, 61, 62 f.; *Wüllenweber*, Die Entwicklung des Kündigungsschutzrechts seit dem ersten Weltkrieg, S. 216 f. Siehe auch *Hromadka*, ZfA 2002, 383, 387.

1951 in persönlicher Hinsicht Arbeitnehmer erfasst, die länger als drei Monate ohne Unterbrechung in demselben Betrieb oder Unternehmen beschäftigt waren. In betrieblicher Hinsicht galt der allgemeine Kündigungsschutz lediglich in solchen Betrieben oder Verwaltungen nicht, in denen in der Regel drei oder weniger Arbeitnehmern ausschließlich der Lehrlinge beschäftigt waren, § 21 Abs. 1 KSchG von 1951.

Durch das 1. Arbeitsrechtsbereinigungsgesetz vom 14.08.1969 erfuhr das KSchG von 1951 sodann wesentliche Änderungen und Ergänzungen, die zu einer Neufassung mit geänderter Paragraphenfolge führten.[431] Der Geltungsbereich änderte sich gemäß § 1 Abs. 1 KSchG sowohl in persönlicher Hinsicht, da nunmehr nur noch Arbeitnehmer, die das 18. Lebensjahr vollendet hatten, in den Genuss des Kündigungsschutzes kamen, als auch in zeitlicher Hinsicht, da die Betriebszugehörigkeit nunmehr sechs Monate betragen musste. Die Beschränkung des persönlichen Geltungsbereichs auf Arbeitnehmer, die das 18. Lebensjahr vollendet hatten, besteht im KSchG in der jetzigen Fassung jedoch nicht mehr. Auch der betriebliche Geltungsbereich hat insbesondere in den 90er Jahren verschiedene Änderungen erfahren.[432] Mittlerweile gilt für Arbeitnehmer, die bis zum 31.12.2003 eingestellt wurden der Schwellenwert von in der Regel mehr als fünf beschäftigten Arbeitnehmern,[433] während für Arbeitnehmer, die nach dem 31.12.2003 eingestellt wurden, ein Schwellenwert von mehr als zehn in der Regel beschäftigten Arbeitnehmern gilt, § 23 Abs. 1 KSchG.

Die Entwicklung von einem noch kollektivrechtlich ausgerichteten Kündigungsschutz im BRG der Weimarer Zeit zu einem immer mehr individualrechtlich ausgestaltetem Kündigungsschutz fand ihren vorläufigen Abschluss im KSchG, das eine

---

431 BT-Drucks. V/3913. Siehe zu den Details v. Hoyningen-Huene/Linck/*v. Hoyningen-Huene*, KSchG, Einl. Rn. 39 ff.

432 Das Arbeitsrechtliche Beschäftigungsförderungsgesetz vom 25.09.1996 hob den Schwellenwert der mindestens im Betrieb beschäftigten Arbeitnehmer von fünf auf zehn Arbeitnehmer an. Das Gesetz zu Korrekturen in der Sozialversicherung und zur Sicherung der Arbeitnehmerrechte vom 19.12.1998 führte den betrieblichen Geltungsbereich mit Wirkung zum 01.01.1999 sodann wieder auf den Schwellenwert von fünf Arbeitnehmern zurück. Mit dem Gesetz zu Reformen am Arbeitsmarkt vom 24.12.2003 wurde zum 01.01.2004 die nunmehr geltende Rechtslage, die zwischen den verschiedenen Einstellungszeitpunkten unterscheidet, verabschiedet.

433 Diese „Altarbeitnehmer" behalten Ihren ursprünglichen, günstigeren Kündigungsschutz solange, bis die Beschäftigtenzahl ihres Betriebes auf fünf oder weniger vor dem 01.04.2004 eingestellte „Altarbeitnehmer" sinkt. Bei Neueinstellungen nach dem Absinken unter den Schwellenwert von mehr als fünf Arbeitnehmern, greift der Kündigungsschutz für diese Altarbeitnehmer auch erst wieder, wenn der neue Schwellenwert von mehr als zehn Arbeitnehmern überschritten wird.

Kündigungsschutzklage des Arbeitsnehmers nicht mehr von einer Beteiligung des Betriebsrates abhängig macht.[434]

In materieller Hinsicht wurde der Schutz der Arbeitnehmer vor Kündigungen bereits durch das KSchG von 1951 erheblich verstärkt.[435] Sowohl das BRG als auch das AOG und zahlreiche Ländergesetze gewährten dem Arbeitnehmer Schutz vor Kündigungen, die unbillig hart waren. Obgleich für die Beurteilung des Vorliegens der unbilligen Härte in erster Linie der Verlust des Arbeitsplatzes zu betrachten war, spielten auch die wirtschaftlichen Verhältnisse des Arbeitnehmers, die Möglichkeit alsbaldiger anderweitiger Beschäftigung und vergleichbare Faktoren eine Rolle. Als geschütztes Rechtsgut war somit das allgemeine wirtschaftliche Interesse des Arbeitnehmers anzusehen. Das KSchG, das sozial ungerechtfertigte Kündigungen gemäß § 1 Abs. 1 und 2 KSchG für unwirksam erklärt, ist hingegen dem Schutz des Arbeitsplatzes und der Betriebszugehörigkeit des Arbeitnehmers zu dienen bestimmt, welche die Grundlagen seiner wirtschaftlichen und sozialen Existenz darstellen.[436] Eine Kündigung ist gemäß § 1 Abs. 2 KSchG nur dann sozial gerechtfertigt, wenn sie auf einem Grund in der Person oder in dem Verhalten des Arbeitnehmers oder auf einem betriebsbedingten Grund beruht.

Diese Verstärkung des Schutzes des Arbeitnehmers vor dem Verlust seines Arbeitsplatzes wird auch in der Ausgestaltung der Rechtsfolgen einer unwirksamen Kündigung deutlich. Bis zur Verabschiedung des KSchG waren unbegründete Kündigungen rechtswirksam; der Arbeitnehmer konnte aber ein Gestaltungsrecht gerichtet auf Weiterbeschäftigung beziehungsweise Widerruf der Kündigung vor den Arbeitsgerichten geltend machen.[437] Nach den Regelungen des KSchG sind sozialwidrige Kündigungen hingegen rechtsunwirksam, § 1 Abs. 1 KSchG. Durch diese Unwirksamkeitssanktion sollte die stärkere rechtliche Missbilligung unberechtigter Kündigungen durch das KSchG von 1951 deutlich werden.[438] Diese Rechtsunwirksamkeit wird als Ergebnis einer erfolgreichen Kündigungsschutzklage vom Arbeitsgericht festgestellt, § 4 KSchG. Aufgrund dieser Entwicklungen wird das

---

434 *Auffarth*, DB 1969, 528. Nunmehr ist eine Beteiligung des Betriebsrates bei Kündigungen nur noch vor Ausspruch der Kündigung in Form der Anhörung durch den Arbeitgeber gemäß § 102 BetrVG vorgesehen. Vgl. dazu auch *Günther*, ArbuR 1974, 97, 103.

435 *Dietz*, NJW 1951, 941; *K. H. Schmidt*, DB 1965, 1629.

436 Vgl. die Begründung des Kündigungsschutzgesetzes von 1951, RdA 1951, 61, 63; *Herschel*, BArbBl 1950, 9, 10; so auch bereits das ArbG Berlin zur Zeit des Nationalsozialismus, DR 1935, 261 f.; Dieser Bestandsschutz gilt zugunsten der schutzwürdigen Vertragspartei, hier des Arbeitnehmers, und nicht zugunsten des Rechtsverhältnisses selbst. Vgl. dazu oben Dritter Teil, B.I.1.

437 So geregelt in §§ 84 ff. BRG und § 56 Abs. 1 AOG. Hinsichtlich der einzelnen Ländergesetze vgl. oben Vierter Teil, A.III.1.

438 Vgl. die Begründung des KSchG v. 1951, RdA 1951, 61, 63; *Schüler*, ArbuR 1954, 54, 56; *Steinmann*, BArbBl 1951, 208.

KSchG, im Gegensatz zu den als Abfindungsgesetz bezeichneten BRG und AOG, als Bestandsschutzgesetz tituliert.[439]

2. *Behandlung der Situation der Zerrüttung des Arbeitsverhältnisses*

Die Behandlung der Situation der Zerrüttung des Arbeitsverhältnisses, die noch im KSchG von 1951 für sachgerecht erachtet wurde, wurde gut 15 Jahre später im KSchG von 1969 in Nuancen reformiert.

a. *Kündigungsschutzgesetz in der Fassung von 1951*

Wie zuvor festgestellt, basierte das KSchG von 1951 auf dem Hattenheimer Entwurf von 1950. In dem Hattenheimer Entwurf fand sich eine Regelung zur Zerrüttung des Arbeitsverhältnisses, also der Situation, in der die Vertrauensgrundlage für das Arbeitsverhältnis fortgefallen ist, in § 4 Abs. 2.[440] Dieser Paragraph des Entwurfs sah eine Auflösung des Arbeitsverhältnisses im Fall der Nichtzumutbarkeit der Fortsetzung des Arbeitsverhältnisses für den Arbeitnehmer auf dessen Antrag nebst Verpflichtung des Arbeitgebers zur Entschädigungszahlung vor. Daneben gewährte § 4 Abs. 2 des Hattenheimer Entwurfs auch dem Arbeitgeber die Möglichkeit einen Auflösungsantrag zu stellen. Eine Antragsbefugnis des Arbeitgebers sollte jedoch nur für den Fall bestehen, dass dringende betriebliche Gründe einer Weiterbeschäftigung entgegenstehen. Diese Formulierung erfasst nicht die Situation der Zerrüttung des Arbeitsverhältnisses wegen einer Störung der Vertrauensgrundlage, sondern vielmehr einen abgeschwächten betriebsbedingten Grund aus der Sphäre des Arbeitgebers: Während „zwingende betriebliche Erfordernisse" eine Kündigung des Arbeitgebers gemäß § 1 Abs. 2 des Hattenheimer Entwurfs sozial rechtfertigten, ließen „dringende betriebliche Erfordernisse" lediglich eine Auflösung des Arbeitsverhältnisses gegen Entschädigungszahlung zu.[441] § 4 Abs. 3 des Entwurfes stellte zudem klar, dass nur der Arbeitnehmer einen Auflösungsantrag stellen konnte, wenn die Kündigung offensichtlich willkürlich oder aus anderen Gründen unter Missbrauch der Machtstellung im Betrieb erfolgt war. Diese Regelungen des Hattenheimer Entwurfs wurden jedoch nicht in den Gesetzestext des KSchG von 1951 aufgenommen.

In der ursprünglichen Fassung des KSchG von 1951 war die Situation der Zerrüttung des Arbeitsverhältnisses in den §§ 7, 8 KSchG von 1951 geregelt. Der

---

439 BAG, NJW 1965, 787; NJW 1977, 695; NJW 1982, 1118, 1119; NJW 1982, 2015, 2016; NZA 1988, 15; NZA 1994, 309, 311; NZA 2003, 261, 262; NZA 2007, 1095, 1096; NJW 2009, 1897, 1901; BVerfG, NZA 2005, 41, 42; *Auffarth*, DB 1969, 528; *Bauer*, DB 1985, 1180; *ders./Krets*, DB 2002, 1937, 1938; *Bleckmann/Coen*, DB 1981, 640; *Boecken/Topf*, RdA 2004, 19, 20; *Hofmann*, ZfA 1970, 63, 74; *Keßler*, NZA-RR 2002, 1, 2; *Leisten*, BB 1994, 2138.

440 Vgl. zum Gesetzestext des Hattenheimer Entwurfes, RdA 1950, 63 ff.

441 Kritisch dazu *Hueck*, RdA 1950, 65, 66.

§ 7 Abs. 1 KSchG von 1951 sah sowohl einen Auflösungsantrag auf Bestreben des Arbeitnehmers, als auch einen Auflösungsantrag auf Initiative des Arbeitgebers vor. Inhaltlich wichen die Normen von den Regelungen des Hattenheimer Entwurfes ab. Dies zeigte sich insbesondere daran, dass Grundvoraussetzung für einen Auflösungsantrag war, dass das Gericht zuvor festgestellt hatte, dass das Arbeitsverhältnis nicht durch die Kündigung aufgelöst wurde. Im Hattenheimer Entwurf war eine vorherige Entscheidung über die Wirksamkeit der Kündigung für den Auflösungsantrag hingegen nicht erforderlich.

Nach § 7 Abs. 1 S. 1 KSchG von 1951 konnte das Arbeitsverhältnis durch Urteil des Gerichts nach der Feststellung der Sozialwidrigkeit der Kündigung aufgelöst werden, wenn die Fortsetzung des Arbeitsverhältnisses für den Arbeitnehmer unzumutbar war. Einen solchen Auflösungsantrag konnte der Arbeitnehmer gemäß § 11 Abs. 1 S. 3 KSchG von 1951 auch nach Feststellung der Unbegründetheit einer außerordentlichen Kündigung oder gemäß § 11 Abs. 3 S. 2 KSchG von 1951 nach der Feststellung, dass eine Kündigung gegen die guten Sitten verstieß unter den dort noch genannten Voraussetzungen stellen. Die Unzumutbarkeit musste vom Arbeitsgericht festgestellt werden, die Darlegungs- und Beweislast lag beim Arbeitnehmer.

Nach § 7 Abs. 1 S. 2 KSchG von 1951 konnte das Arbeitsgericht das Arbeitsverhältnis auch auflösen, wenn der Arbeitgeber die Auflösung des Arbeitsverhältnisses aus Gründen verlangte, die eine den Betriebszwecken dienliche weitere Zusammenarbeit zwischen den Arbeitsvertragsparteien nicht erwarten ließ. Die Möglichkeit der Geltendmachung eines Auflösungsantrags des Arbeitgebers bestand hingegen nicht, wenn die Kündigung offensichtlich willkürlich oder aus nichtigen Gründen unter Missbrauch der Machtstellung des Arbeitgebers im Betrieb erfolgt war (§ 7 Abs. 1 S. 3, 2. Hs. KSchG von 1951) sowie nach Feststellung der Unbegründetheit einer fristlosen Kündigung oder einer solchen, die gegen die guten Sitten verstieß (§ 11 Abs. 1 S. 3, Abs. 3 S. 1 KSchG von 1951). Hinsichtlich des Auflösungsgrundes, der Nichterwartbarkeit einer weiteren dem Betriebszweck dienlichen Zusammenarbeit, genügte für die Schlüssigkeit des Antrags die Behauptung des Arbeitgebers, dass ein solcher Grund vorliege. Dies ergab sich aus § 7 Abs. 1 S. 3, 1. Hs. KSchG von 1951, der besagte, dass der Antrag des Arbeitgebers abzulehnen ist, wenn der Arbeitnehmer die Unrichtigkeit dieser Gründe in wesentlichen Punkten beweist.

Der Schutz der Arbeitnehmer wurde im Ergebnis insoweit verbessert, dass der Arbeitgeber nicht mehr wie zuvor im BRG, im AOG oder in zahlreichen Ländergesetzen frei zwischen dem Widerruf der sozialwidrigen Kündigung und einer Auflösung des Arbeitsverhältnisses gegen Entschädigungszahlung wählen konnte, sondern die Auflösung gegen Entschädigungszahlung nunmehr von der Darlegung entsprechender Gründe durch den Arbeitgeber abhing. Während die Kündigungsgründe in § 1 Abs. 2 S. 1 KSchG von 1951 Störungen des Leistungsbereichs des Arbeitsverhältnisses umschrieben, die den Arbeitgeber zur Beendigung des Arbeitsverhältnisses berechtigten, knüpften die Auflösungsgründe an den Fortfall der Vertrauensgrundlage, auf dem das Arbeitsverhältnis beruhte, an. Auflösungsgründe sollten zum Beispiel dann vorliegen, wenn der ursprünglichen Kündigung leichtfertig unzutreffende ehrverletzende Behauptungen über die Person oder das Verhalten des Arbeitnehmers zu Grunde gelegt wurden oder wenn das Arbeitsverhältnis im Verlauf des Kündigungsschutzverfahrens ohne wesentliches Verschulden des Arbeitnehmers zerrüttet worden ist.[442] Allerdings einigten sich die Sozialpartner hier noch auf einen Mittelweg, da der Arbeitgeber die Gründe zwar darlegen, aber nicht beweisen musste.

Begründet wurde die Regelung des § 7 Abs. 1 S. 3, 1 Hs. KSchG von 1951 damit, dass dem Arbeitgeber eine gewisse Freiheit in der Auswahl seiner Mitarbeiter dadurch verbleiben sollte, dass er sich von denjenigen trennen konnte, die er für eine den Betriebszwecken dienende Zusammenarbeit nicht für geeignet hielt.[443] Der Gesetzgeber wollte überdies über die Schwierigkeiten der Feststellung und des Nachweises eines inneren Vorgangs, wie der Zerrüttung persönlicher Beziehungen, hinweghelfen.[444] Dieser Auflösungsantrag des Arbeitgebers trat an die Stelle des früheren sogenannten Loskaufrechts, mit dem die Möglichkeit des Arbeitgebers umschrieben wurde, dem Widerruf einer unbegründeten Kündigung durch Auflösung des Arbeitsverhältnisses gegen Entschädigungszahlung zu entgehen.[445]

Die Bemessung der Entschädigung richtete sich nach § 8 KSchG von 1951, der in seinem Abs. 1 S. 1 eine Maximalsumme von zwölf Monatsverdiensten vorsah. Bei der Festsetzung der Abfindung hatte das Arbeitsgericht gemäß § 8 Abs. 2 KSchG von 1951 insbesondere die Dauer der Betriebszugehörigkeit des Arbeitnehmers sowie die wirtschaftliche Lage der Arbeitsvertragsparteien zu berücksichtigen.

b. Kündigungsschutzgesetz in der Fassung von 1969

Durch das erste Arbeitsrechtsbereinigungsgesetz aus dem Jahre 1969 verschob sich die Paragraphenfolge insofern, dass die Auflösung des Arbeitsverhältnisses durch Urteil des Gerichts sowie die Abfindung des Arbeitnehmers, die zuvor in §§ 7, 8 KSchG von 1951 geregelt waren, nunmehr in §§ 9, 10 KSchG geregelt sind. Allerdings erfolgte nicht lediglich eine Änderung der Nummerierung, sondern vielmehr auch eine inhaltliche Modifikation.[446]

---

442 Begründung des KSchG v. 1951, RdA 1951, 61, 64.

443 BAG, AP Nr. 6 zu § 3 KSchG.

444 Vgl. BAG, AP Nr. 6 zu § 3 KSchG; AP Nr. 2 zu § 7 KSchG; vgl. auch *Kaufmann*, BB 1952, 750, 752.

445 *Steinmann*, BArbBl 1951, 208, 209.

446 Das Auflösungsverfahren gemäß §§ 9, 10 KSchG eignet sich als Anknüpfungspunkt für Reformen, da es bereits jetzt Alternativen zum strengen Konzept des Bestandsschutzes bereit hält und der Reformbedarf aus tatsächlicher Sicht in erster Linie aus der Diskrepanz zwischen der Zielsetzung des Kündigungsschutzes, das Arbeitsverhältnis in seinem Bestand zu schützen, und der Prozesswirklichkeit, der überwiegenden Beendigung von Arbeitsverhältnissen mittels eines Abfindungsvergleichs, resultiert. Siehe dazu *Bauer*, ArbAktuell 2010, 3; *ders.*, in: FS für Etzel, S. 15; *Fahl*, Abfindungszahlung, S. 13 ff.; *Fuhlrott*, Anm. zu BAG, BB 2010, 2378, 2379; *J. Grimm*, NZA 1985, 733; *Neef*, NZA 2000, 7, 8; *Timke*, Bestandsschutz im Arbeitsverhältnis, S. 102 f.; *Trappehl/Lambrich*, RdA 1999, 243; *Tschöpe*, in: FS für

Hinsichtlich des Auflösungsantrags auf Bestreben des Arbeitnehmers blieb der alte Rechtszustand aus § 7 Abs. 1 S. 1 KSchG von 1951 in § 9 Abs. 1 S. 1 KSchG, der lediglich kleinere Umformulierungen erfahren hat, weitestgehend bestehen.[447] Die Regelungen hinsichtlich des Auflösungsantrags des Arbeitnehmers bei Feststellung der Unbegründetheit einer außerordentlichen Kündigung oder einer solchen die gegen die guten Sitten verstieß, wanderten ebenfalls ohne relevante rechtliche Änderungen von § 11 Abs. 1 S. 3, Abs. 3 S. 2 KSchG von 1951 in § 13 Abs. 1 S. 3–5, Abs. 2 KSchG.

Bei der Auflösung des Arbeitsverhältnisses auf Antrag des Arbeitsgebers passte der Gesetzgeber die Beweislastregel bei der Neufassung im Jahr 1969 an die Situation bei der Auflösung des Arbeitsverhältnisses auf Antrag des Arbeitnehmers an. Nunmehr muss jede Arbeitsvertragspartei, die eine Auflösung des Arbeitsverhältnisses begehrt, darlegen und auch beweisen, dass die von § 9 Abs. 1 S. 1 und 2 KSchG vorgegebenen Gründe vorliegen. Daneben wurde § 7 Abs. 1 S. 3, 2. Hs. KSchG von 1951, nach dem der Arbeitgeber keinen Auflösungsantrag stellen konnte, wenn die Kündigung offensichtlich willkürlich oder aus nichtigen Gründen unter Missbrauch der Machtstellung des Arbeitgebers im Betrieb erfolgt ist, ersatzlos gestrichen.[448] Durch diese Regelung sollte ursprünglich vermieden werden, dass der Arbeitgeber im Ergebnis, entsprechend der Rechtslage vor Schaffung des KSchG, frei über die Weiterbeschäftigung des Arbeitnehmers entscheiden konnte; es war ausgeschlossen, dass dieser willkürlich kündigte und sodann die Auflösung wegen Zerrüttung beantragte, dessen Tatsachengrundlage der Arbeitnehmer widerlegen musste. Der Auflösungsantrag des Arbeitgebers nach Ausspruch einer willkürlichen Kündigung soll allerdings auch nach der neuen Rechtslage unzulässig bleiben; die Erforderlichkeit einer entsprechenden ausdrücklichen Regelung wurde wegen der Veränderung der Beweislast zu Gunsten des Arbeitnehmers vom Gesetzgeber aber verneint.[449]

Überdies enthält das KSchG in der neuen Fassung nunmehr auch eine Regelung hinsichtlich des Auflösungsantrags des Arbeitgebers gegenüber leitenden Angestellten. Während leitende Angestellte gemäß § 12 KSchG von 1951 nicht in den Schutzbereich des allgemeinen Kündigungsschutzes fielen, gilt der allgemeine Kündigungsschutz gemäß § 14 Abs. 2 KSchG nunmehr eingeschränkt auch für diese Personengruppe. Gemäß § 14 Abs. 2 S. 2 KSchG bedarf der Auflösungsantrag eines Arbeitgebers gegenüber einem leitenden Angestellten jedoch keiner Begründung. Mit dieser Neuregelung hat der Gesetzgeber berücksichtigt, dass zwischen dem

---

Schwerdtner, S. 217. Während heute in erster Linie über eine Flexibilisierung des Kündigungsschutzrechts mit Schwerpunkt auf dem Ausbau von Abfindungslösungen diskutiert wird, war Anfang der 90er Jahre noch ein Ausbau des Bestandsschutzes Reformziel. Siehe dazu: *Wank*. RdA 1992, 225, 227.

447 *Wenzel*, MDR 1969, 968, 977.

448 *Fitting*, DB 1969, 1459, 1461; *Hofmann*, ZfA 1970, 63, 80 (Fn. 75); *Monjau*, BB 1969, 1042, 1044; *Wenzel*, MDR 1969, 968, 977 f.

449 BT-Drucks. V/3913, 9; kritisch zu dieser Gesetzesänderung *Berdeckl*, BB 1973, 806, 807.

Arbeitgeber und seinen leitenden Angestellten ein besonderes Vertrauensverhältnis bestehen muss, wenn eine erfolgreiche Zusammenarbeit möglich sein soll und somit die rein subjektive Zerrüttung aus Sicht des Arbeitgebers zur Auflösung des Arbeitsverhältnisses genügt.

Die Regelungen hinsichtlich der Abfindungshöhe, die zuvor in § 8 KSchG von 1951 geregelt waren, finden sich nunmehr in § 10 KSchG. Generell ist wie nach der alten Regelung ein Abfindungshöchstbetrag von zwölf Monatsverdiensten vorgesehen, § 10 Abs. 1 KSchG. Hinsichtlich der konkreten Festsetzung enthält das KSchG keinen Hinweis mehr auf besonders zu beachtende Faktoren, sondern schreibt nur noch die Festsetzung einer angemessen Abfindung vor.[450] Die Bemessung ist nach der Neufassung somit ganz in das Ermessen des Gerichts gestellt.[451] Weiter findet sich in § 10 Abs. 2 KSchG eine Regelung, nach der für ältere Arbeitnehmer, die das 50. Lebensjahr überschritten, die Altersgrenze für die Gewährung von Regelaltersrente nach dem sechsten Sozialgesetzbuch aber noch nicht erreicht und eine gewisse Zeit im Betrieb gearbeitet haben, eine über die zwölf Monatsverdienste hinausgehende Abfindung vereinbart werden kann.[452]

V. Zusammenfassung

Der gesetzlich geregelte Schutz der Arbeitnehmer vor Kündigungen hat sich seit dem BRG aus der Zeit der Weimarer Republik bis zum KSchG in der jetzigen Fassung immer mehr von einem kollektivrechtlich zu einem individualrechtlich geprägten Kündigungsschutz entwickelt.[453] Überdies wurde die Intensität des Schutzes der Arbeitnehmer vor der Beendigung ihres Arbeitsverhältnisses durch Kündigung des Arbeitgebers kontinuierlich verstärkt.

Die Stärkung des Kündigungsschutzrechts zu Gunsten der Arbeitnehmer wurde insbesondere durch die nunmehr differenziertere Behandlung einer Störung des Arbeitsverhältnisses, die zur Kündigung des Arbeitsverhältnisses berechtigt, einerseits und einer Zerrüttung der Vertrauensbeziehungen der Arbeitsvertragsparteien andererseits erreicht. Noch zur Zeit der Weimarer Republik und des Nationalsozialismus hatte der Arbeitgeber – unabhängig von dem der Kündigung zu Grunde liegenden Sachverhalt – die freie Wahl, ob er den Arbeitnehmer nach Ausspruch einer Kündigung, deren Unwirksamkeit vom Gericht festgestellt wurde, weiterbeschäftigte oder das Arbeitsverhältnis – ohne Darlegung weiterer Umstände – gegen

---

450 Die Faktoren wurden vom Gesetzgeber teilweise als nicht sachgerecht erachtet. Dies gelte insbesondere für das Kriterium der wirtschaftlichen Lage der Arbeitsvertragsparteien, da diese nicht unbedingt in einem Zusammenhang mit dem Arbeitsverhältnis und dessen Lösung stehe, vgl. BT-Drucks. V/3913, 9.

451 *Fitting*, DB 1969, 1459, 1460; *Wenzel*, MDR 1969, 968, 978

452 Durch diese Neuregelung soll der Situation begegnet werden, dass ältere Arbeitnehmer in aller Regel erheblich schwieriger wieder in den Arbeitsmarkt eingegliedert werden können.

453 *Galperin*, RdA 1966, 361, 362.

Entschädigungszahlung auflöste. Diese freie Wahlmöglichkeit des Arbeitgebers wurde bereits in einigen Ländergesetze in Nachkriegsdeutschland nicht aufrechterhalten. Sowohl in Hessen als auch in Baden führte die Feststellung der Unwirksamkeit der Kündigung des Arbeitgebers zu einer Verpflichtung der Weiterbeschäftigung des Arbeitnehmers für den Arbeitgeber.[454] Während diese Verpflichtung zur Weiterbeschäftigung in Baden absolut war, ließ das hessische Kündigungsrecht trotzdem die Auflösung des Arbeitsverhältnisses gegen Entschädigungszahlung zu, wenn derjenige, der die Auflösung begehrte, das Vorliegen einer Zerrüttungssituation darlegen und beweisen konnte.[455] Diese Entwicklung vom Abfindungsgesetz zum Bestandsschutzgesetz komplettierte sich im KSchG, das gemäß § 1 Abs. 1 und 2 KSchG davon ausgeht, dass eine sozialwidrige Kündigung, die nicht auf einer dort näher beschriebenen Störung des Arbeitsverhältnisses beruht, die – wie oben herausgearbeitet – einer der beiden Arbeitsvertragsparteien zurechenbar ist, rechtunwirksam ist. Eine generelle, voraussetzungslose Möglichkeit der Abwendung der Weiterbeschäftigung des Arbeitnehmers durch Zahlung einer Entschädigung durch den Arbeitgeber besteht nicht mehr.[456]

Eine Auflösung des Arbeitsverhältnisses gegen Entschädigungszahlung des Arbeitgebers ist nunmehr – wie bereits im hessischen Kündigungsschutzrecht in der Nachkriegszeit – nur noch bei Vorliegen einer Zerrüttungssituation möglich, die zwar an die subjektiven Verhältnisse der Arbeitsvertragsparteien anknüpft, deren Vorliegen aber trotzdem objektiv vom Gericht festgestellt werden muss. In §§ 9, 10 KSchG finden sich Regelungen, die es den Parteien auf Antrag erlauben, dass Arbeitsverhältnis durch gerichtliche Entscheidung mit gleichzeitiger Entschädigungspflicht des Arbeitgebers aufzulösen, wenn die jeweils antragsstellende Partei darlegt und gegebenenfalls beweist, dass die Fortführung des Arbeitsverhältnisses aus Sicht des Arbeitnehmers unzumutbar ist beziehungsweise aus Sicht des Arbeitgebers keine den Betriebszwecken dienliche weitere Zusammenarbeit zwischen den Arbeitsvertragsparteien erwartet werden kann, das Arbeitsverhältnis also zerrüttet ist. Der genauen Untersuchung des Zerrüttungstatbestandes aus §§ 9, 10 KSchG sowohl hinsichtlich der genauen Bestimmung, wann von einer Zerrüttung des Arbeitsverhältnisses ausgegangen werden kann, als auch bezüglich der Anbindung der Auflösung an das gerichtliche Verfahren und der Betrachtung der primär- und sekundärrechtlichen Folgen des Auflösungsantrags widmen sich die folgenden Abschnitte des *vierten Teils*.

B. Vorliegen einer Zerrüttungssituation

Ein Arbeitsverhältnis soll nach dem Wortlaut des § 9 Abs. 1 KSchG dann nicht mehr aufrechterhalten werden, wenn dessen Fortführung für den Arbeitnehmer

---

454 Vgl. § 44 Abs. 2 und 3 Hess. BRG; § 35 Abs. 5 Bad. BRG.

455 Vgl. § 44 Abs. 3 Hess. BRG.

456 Vgl. *Dietz*, NJW 1951, 941. 944.

unzumutbar ist, § 9 Abs. 1 S. 1 KSchG, beziehungsweise eine weitere den Betriebszwecken dienliche Zusammenarbeit für den Arbeitgeber nicht zu erwarten ist, § 9 Abs. 1 S. 2 KSchG.[457] Diese materiellen Voraussetzungen umschreiben den Grund, also die sachliche Rechtfertigung, die das Arbeitsgericht zur Auflösung des Arbeitsverhältnisses auf Antrag berechtigt. Sinn und Zweck der Regelung ist es, den Arbeitsvertragsparteien die Beendigung eines Arbeitsverhältnisses zu ermöglichen, dass aufgrund einer Zerrüttung der Vertrauensbeziehungen nicht mehr funktionsfähig und dessen Fortführung aus diesem Grund unzumutbar ist.

Das Arbeitsverhältnis ist ein auf Dauer angelegtes Rechtsverhältnis, das von dem gegenseitigen Vertrauen und der Nähe der Arbeitsvertragsparteien zueinander geprägt und bestimmt, aber nicht in erster Linie im privaten Bereich angesiedelt ist.[458] Trotzdem ist das Arbeitsverhältnis für jeden Arbeitnehmer von so prägender und erheblicher, also existentieller Bedeutung, dass es auch in das Privatleben der Arbeitnehmer hineinstrahlt.[459] Der Arbeitsvertrag ist für die Arbeitnehmer eine Chance der beruflichen Bewährung, des sozialen Aufstiegs und der Selbstverwirklichung und bildet für viele den geografischen und gesellschaftlichen Lebensmittelpunkt.[460] Dem Arbeitnehmer obliegt die Pflicht, sich nach besten Kräften für die Interessen des Betriebs und des Arbeitgebers einzusetzen, während der Arbeitgeber verpflichtet ist dem Arbeitnehmer Schutz und Fürsorge zu gewähren.[461] Beide Arbeitsvertragsparteien sind somit im Vergleich zu Parteien anderer

---

457 Teilweise wird das Begründungserfordernis des § 9 Abs. 1 KSchG – zumindest bei betriebsbedingten Kündigungen – für überflüssig erachtet und für eine Gesetzesänderung des § 9 Abs. 1 KSchG plädiert. Durch eine solche Gesetzesänderung werde das deutsche Kündigungsrechte an die Rechtslage in vielen anderen europäischen Staaten angepasst. Dort werde im Kündigungsschutzrecht häufig kein „echter" Bestandsschutz geboten, sondern es als ausreichend angesehen, den Arbeitnehmer mit einer Abfindung zu entschädigen. Siehe dazu *Bauer*, in: FS für Etzel, S. 15, 25; *ders.*, NZA 2002, 529, 530; *Buchner*, NZA 2002, 533, 534; *Hromadka*, AuA 2002, 261, 265; *ders.*, NZA 2002, 783, 784; *ders.*, ZfA 2002, 383, 394; Neef, NZA 2000, 7, 9 und *Willemsen*, NJW 2000, 2779, 2784. Siehe für Details hinsichtlich der Regelungen in den einzelnen europäischen Staaten: *Rebhahn*, RdA 2002, 272, 274 ff. Ein rechtfertigungsfreier Abfindungsanspruch bei Rechtsunwirksamkeit der arbeitgeberseitigen Kündigung in bestimmbarer Höhe sei aufgrund der wirtschaftlichen Abschreckungswirkung auch geeignet, den Ausspruch unwirksamer Arbeitgeberkündigungen von vorneherein zu minimieren und somit den Bestandsschutz des Arbeitsverhältnisses zu stärken. Siehe dazu *Duvigneau*, Die gerichtliche Auflösung des Arbeitsverhältnisses, S. 254; *Sandmaier*, Abfindungsorientierte Kündigungsschutzmodelle, S. 166.

458 Vgl. *Bartels*, RdA 2010, 109, 111; *Reiter*, BB 2006, 42.

459 Laut *Hofmann*, ZfA 1970, 63, 76, zeichnet sich das Arbeitsverhältnis durch eine besonders persönlichkeitsorientierte Beziehung, das personenrechtliche Element, zwischen den Vertragspartnern aus.

460 *Rüthers*, NJW 2002, 1601.

461 S. *Müller*, Auflösungsantrag des Arbeitgebers, S. 64.

Schuldverhältnisse im besonderen Maße gehalten die Interessen ihres Vertragspartners nicht zu verletzen.[462] Obgleich der Arbeitsvertrag ein synallagmatischer Vertrag gemäß § 611 BGB i.V.m. §§ 320 ff. BGB ist, nach dem der Arbeitnehmer zur Arbeitsleistung und der Arbeitgeber im Austausch zur Zahlung der Vergütung verpflichtet ist,[463] streben im Zweifel beide Arbeitsvertragsparteien den gleichen Zweck, den Erfolg des Unternehmens, an.

Die Fortführung eines Arbeitsverhältnisses, auf dessen Basis die Arbeitsvertragsparteien nicht mehr vertrauensvoll zusammenarbeiten können, weil die Chemie zwischen ihnen nicht mehr stimmt, ist demnach sinnlos.[464] Bei dem Auflösungsgrund, der Zerrüttung, kann es sich demnach um eine Störung im Vertrauensbereich und nicht nur im Leistungsbereich handeln, die über eine Störung des reinen Äquivalenzinteresses hinausgeht.[465] Die Zerrüttung muss nach der derzeitigen gesetzlichen Ausgestaltung zudem in einem Zusammenhang mit der vom Arbeitgeber ausgesprochenen Kündigung stehen.[466] Dieser Zusammenhang kann einerseits auf dem der Kündigung zugrunde liegenden Lebenssachverhalt beruhen; andererseits kann sich die Zerrüttung auch aus einer Auseinandersetzung über die in Streit stehende Kündigung ergeben, die der Arbeitnehmer mit seiner Kündigungsschutzklage angegriffen hat.[467] Eine Fortsetzung des Arbeitsverhältnisses, dem eine solche Zerrüttung anhaftet, wäre wenig sinnvoll, da die angespannte Vertrauenslage vermuten lässt, dass es auch zukünftig zu weiteren Störungen kommen wird.[468]

Die unterschiedliche Umschreibung für das Vorliegen einer Zerrüttungssituation aus Sicht des Arbeitgebers und aus Sicht des Arbeitnehmers in § 9 Abs. 1 S. 1 und S. 2 KSchG lässt sich damit erklären, dass der Arbeitgeber Gläubiger und der Arbeitnehmer Schuldner der Arbeitsleistung[469] ist, um deren zukünftige Leistung es geht.[470] Trotz der unterschiedlichen Umschreibung erschließt sich ein darüber hinaus gehender gravierender unterschiedlicher Bedeutungsgehalt der gleichermaßen unbestimmt formulierten Auflösungsvoraussetzungen aus dem Wortlaut nicht.[471] Vielmehr soll ein Auflösungsgrund gemäß § 9 Abs. 1 S. 1 und S. 2 KSchG dann vorliegen, wenn dem Antragssteller die Fortsetzung des Arbeitsverhältnisses

---

462 S. *Müller*, Auflösungsantrag des Arbeitgebers, S. 64.

463 MüKo/*Emmerich*, § 320 BGB Rn. 11 f.; *Greiner*, RdA 2007, 22, 26; *Krause*, Mitarbeit im Unternehmen, S. 6, 59.

464 *Adam*, MDR 2012, 442, 444; *Hohn*, BB 1963, 1100, *Keßler*, AuA 1994, 237.

465 Vgl. *v. Hase*, NJW 2002, 2278, 2281.

466 *Bauer*, FS für Hanau, S. 151, 154; *H. Haas*, FA 2010, 104; *Löwisch/Spinner*, KSchG, § 9 Rn. 32, 50.

467 Schwarze/Schrader/Eylert/*Schwarze*, KSchG, § 9 Rn. 1.

468 *Ascheid*, Kündigungsschutzrecht, Rn. 790; *H. Haas*, FA 2009, 261; *Hofmann*, ZfA 1970, 63, 76. *Holthausen/Holthausen*, NZA-RR 2007, 449, 450.

469 Zu den verschiedenen Leistungspflichten vgl. *Gernot Müller*, Der Leistungsbegriff im Arbeitsverhältnis, S. 64 ff., 128 ff.

470 Schwarze/Eylert/Schrader/*Schwarze*, KSchG, § 9 Rn. 4.

471 So auch *Duvigneau*, Die gerichtliche Auflösung des Arbeitsverhältnisses, S. 164.

unter Berücksichtigung seiner individuellen Interessen und des von ihm subjektiv empfundenen Werts der Arbeitsvertragsbeziehung nicht zuzumuten ist.[472] Dass auch der Auflösungsgrund für den Antrag des Arbeitgebers letztendlich eine Ausformung des Unzumutbarkeitsgedanken darstellt, zeigt sich allein in den Formulierungen der Gesetze, die vor Schaffung des KSchG von 1951 Gültigkeit hatten, und sowohl den Auflösungsantrag des Arbeitnehmers als auch den Auflösungsantrag des Arbeitgebers schlicht von der Unzumutbarkeit der Vertragsfortsetzung abhängig machten.[473] Die Unzumutbarkeit stellt also auch im Rahmen des § 9 Abs. 1 KSchG die absolute Grenze der vertraglichen Bindung dar.

Im Folgenden soll zunächst versucht werden, sich dem Begriff der Zerrüttung zu nähern, um sodann die Erfordernisse und Umstände, die sowohl für den Arbeitnehmer- als auch für den Arbeitgeberantrag gelten, gemeinsam zu erörtern und schließlich detailliert die Interessenlage und die Voraussetzungen zu betrachten, die einen Auflösungsantrag der jeweils antragsstellenden Partei begründen können. Diese Auseinandersetzung dient insbesondere dem Ziel, herauszufinden, ob nach der gesetzlichen Konzeption tatsächlich auf jede Zerrüttung des Arbeitsverhältnisses mit einem Auflösungsantrag reagiert werden kann.

I. Begriff der Zerrüttung

Die Zerrüttung wird im gelten Recht nicht als feststehender Rechtsbegriff verstanden. Dieser beschreibt die Situation, dass die einem Vertragsverhältnis inne wohnende Vertrauensgrundlage zwischen den Vertragsparteien gestört ist. Eine Zerrüttung liegt dem Wortsinn nach vor, wenn jemand oder etwas Geordnetes in Unordnung gebracht, gestört oder geschädigt,[474] das Gefüge, der Zusammenhalt oder der Bestand von etwas zerstört[475] oder etwas in seinen Grundlagen in Frage gestellt wird.[476] Zerrüttet sein können zum Beispiel die Finanzen, das Wirtschaftsleben, eine Versammlung, der Staat, die Nerven, die Gesundheit, der Geist oder bestimmte Verhältnisse, wie zum Beispiel das Ehe-, das Familien- oder das Arbeitsverhältnis.[477]

Der Begriff der Zerrüttung des Rechtsverhältnisses findet sich im Bürgerlichen Recht außerhalb des Arbeitsrechts insbesondere im Eherecht, aber auch im Miet- und Gesellschaftsrecht. Fraglich ist, ob die anderen Anwendungsfälle der

---

472 *Duvigneau*, Die gerichtliche Auflösung des Arbeitsverhältnisses, S. 171.

473 Siehe § 44 Abs. 3 Hess. BRG und § 4 WRG. Vgl. dazu auch die Ausführungen bei *Duvigneau*, Die gerichtliche Auflösung des Arbeitsverhältnisses, S. 166.

474 *Grimm/Grimm*, Deutsches Wörterbuch, 15. Band, S. 752; Brockhaus, 6. Band, S. 828.

475 *Scholze-Stubenrecht*, Duden Wörterbuch, Band 10, S. 4620.

476 *Klappenbach/Steinitz*, Wörterbuch der deutschen Gegenwartssprache, 6. Band, S. 4443.

477 *Grimm/Grimm*, Deutsches Wörterbuch, 15. Band, S. 752; *Klappenbach/Steinitz*, Wörterbuch der deutschen Gegenwartssprache, 6. Band, S. 4443; Brockhaus, 6. Band, S. 828.

Zerrüttung eine Hilfe für die Auslegung des Auflösungsverfahrens gemäß §§ 9, 10 KSchG liefern können.

1. Zerrüttung im Eherecht

Am geläufigsten ist der Begriff der Zerrüttung des Rechtsverhältnisses im Eherecht. Hier wird der Begriff der Zerrüttung herangezogen, um den Sachverhalt des Scheiterns der Ehe aus § 1565 Abs. 1 BGB i.V.m. § 1566 BGB zu umschreiben.[478] Es wird unwiderlegbar vermutet, dass eine Ehe gescheitert beziehungsweise zerrüttet ist, wenn die Ehegatten seit einem Jahr getrennt leben und beide Ehegatten die Scheidung beantragen oder der Antragsgegner der Scheidung zustimmt (§ 1566 Abs. 1 BGB) beziehungsweise wenn die Ehegatten seit drei Jahren getrennt leben (§ 1566 Abs. 2 BGB).

Fraglich ist allerdings, ob die Verwendung des Begriffs der Zerrüttung im Eherecht Rückschlüsse auf die Verwendung des Begriffs in anderen Rechtsverhältnissen, insbesondere denen des besonderen Schuldrechts, zulässt. Das könnte zweifelhaft sein, da die Ehe teilweise als interindividuelles Gemeinschaftsverhältnis, soziale Verhaltensform oder auch schlicht als Institution eingestuft wird.[479] Indessen ist die Einordnung des Akts der Eheschließung als Vertrag[480] und die Behandlung des Eheverhältnisses als Rechtsverhältnis zwischen den Ehegatten, das an diese wechselseitige Verhaltensanforderungen stellt,[481] oder auch als ein Rechtsverhältnis mit dem Charakter eines familienrechtlichen Dauerschuldverhältnisses[482] i.S.d. Art. 2 Abs. 1, 6 Abs. 1 GG[483] vorzugswürdig, da diese Einordnung dem Umstand gerecht wird, dass das Verhältnis der Ehe von einem zwingenden rechtlichen Rahmen umgeben ist, aus dem wechselseitige Rechte und Pflichten der Ehegatten resultieren. Somit kann eine genaue Betrachtung der Zerrüttung im Eherecht generell Erkenntnisse für die Verwendung des Begriffs der Zerrüttung in anderen Schuldverhältnissen des Bürgerlichen Rechts liefern. Dies gilt insbesondere für das Arbeitsverhältnis, da das unbefristete Arbeitsverhältnis teilweise als eine Art Lebensbund in Form eines personenrechtlichen Gemeinschaftsverhältnisses auf Lebenszeit oder zumindest als dem Eheverhältnis nicht per se wesensverschiedenes Näheverhältnis eingestuft

---

478 MünchKommBGB/*Ey*, § 1564 BGB Rn. 14.

479 Vgl. Staudinger/*Voppel*, § 1353 BGB Rn. 9 f.

480 Palandt/*Brudermüller*, Einf. v. § 1353 Rn. 1.

481 BT-Drucks. 13/9416, S. 29.

482 Kritisch dazu *Erbarth*, NJW 2013, 3478 ff.

483 Staudinger/*Voppel*, § 1353 BGB Rn. 8. Vgl. auch *Brandt*, MittBayNot 2004, 221, 226; MünchKomm BGB/*Müller-Gindullis*, § 1310 BGB Rn. 2.

wird.[484] Ein Vergleich des Arbeitsverhältnisses mit dem Eherecht ist somit grundsätzlich nicht ungeeignet, Erkenntnisse zu liefern.[485]

a. Legitimation des sachlichen Rechtfertigung der Eheauflösung

Eine Ehe kann gemäß § 1565 Abs. 1 S. 1 BGB nur dann aufgelöst werden, wenn diese gescheitert ist. Es wird unwiderlegbar vermutet, dass eine Ehe gescheitert beziehungsweise zerrüttet ist, wenn die Ehegatten seit einem Jahr getrennt leben und beide Ehegatten die Scheidung beantragen oder der Antragsgegner der Scheidung zustimmt (§ 1566 Abs. 1 BGB) beziehungsweise wenn die Ehegatten seit drei Jahren getrennt leben (§ 1566 Abs. 2 BGB).

Obgleich der Zerrüttungstatbestand aus § 1565 Abs. 1 BGB i.V.m. § 1566 BGB zur Begründung des Scheiterns der Ehe in erster Linie auf den Zeitraum des Getrenntlebens als zeitliche Schranke abstellt, kann die dem Zerrüttungsprinzip folgende Ehescheidung nicht dem Prinzip der Vertragsbeendigungsfreiheit zugeordnet werden, da für die Ehepartner keine freie, von jeglichen materiellen Voraussetzungen losgelöste Beendigungsmöglichkeit, die lediglich durch formale Schranken begrenzt ist, besteht. Dies wird daran deutlich, dass der für eine streitige Scheidung relevante Zeitraum von drei Jahren des Getrenntlebens, allein auf Grund der Länge der Frist, nicht als rein formale Beschränkung angesehen werden kann. Wird eine streitige Scheidung vor Ablauf der dreijährigen Frist begehrt, besteht überdies für den Antragssteller das Erfordernis, das Scheitern der Ehe als materielle Voraussetzung der Scheidung darzulegen und gegebenenfalls zu beweisen. Gegen eine Interpretation als lediglich durch formale Schranken begrenzte Auflösungsmöglichkeit spricht schließlich auch der Umstand, dass die Ehegatten selbst bei übereinstimmender Annahme des Scheiterns der Ehe nicht auf das Erfordernis des Trennungsjahres verzichten können.[486] Die Scheidung der Ehe hängt somit von einer sachlichen Rechtfertigung ab.

---

484 Kritisch dazu *Rüthers*, NJW 1998, 1433, 1436 und NJW 2013, 546, 548 f. der anprangert, dass Arbeitsverhältnisse in Deutschland in ihrem Bestand bisweilen stärker geschützt seien als Ehen. So auch *Kittner/Kohler*, BB-Beilage 2000, Nr. 4, 1, 3, die darauf abstellen, dass derjenige der ein Arbeitsverhältnis beenden möchte einen rechtfertigenden Grund darlegen und beweisen muss, während Ehegatten eine Scheidung gerade nicht im engeren Sinne begründen müssen. Allerdings seien das Erfordernis der einjährigen Frist vor einer gerichtlichen Scheidung sowie die Möglichkeit lebenslanger Unterhaltszahlungen durch den ökonomisch stärkeren Partner in der Bewertung nicht außer Acht zu lassen.

485 So auch *Herschel*, in: FS für G. Müller, S. 191, 194 f.; *Hofmann*, ZfA 1970, 63, 81. Gerade in der heutigen Wirtschaftsordnung ist es jedoch üblich, dass der Arbeitnehmer nicht mehr wie ein Lebenszeitbeamter sein komplettes Erwerbsleben bei einem Arbeitgeber beschäftigt ist. Ein regelmäßiger Arbeitgeberwechsel, gerade zu Beginn einer Karriere, ist vielmehr üblich und häufig sogar karrierefördernd. Vgl. dazu *Rüthers*, NJW 1998, 1433, 1437.

486 Palandt/*Brudermüller*, BGB, § 1565 BGB Rn. 1.

Das Erfordernis der sachlichen Rechtfertigung ist verfassungsrechtlich vorgegeben und zudem einfachgesetzlich normiert. Die Ehe ist in ihrem Bestand gemäß Art. 6 Abs. 1 GG verfassungsrechtlich besonders geschützt.[487] Dieser Schutz umfasst zudem auch die unmittelbaren vitalen Interessen der Familienangehörigen.[488] Der verfassungsrechtliche Schutzauftrag wurde in dem Lebenszeitprinzip[489] der Ehe aus § 1353 Abs. 1 S. 1 BGB, das eine vorzeitige Beendigung des Rechtsverhältnisses grundsätzlich ausschließt, einfachgesetzlich umgesetzt. Der Bestandsschutz besteht bei der Ehe also nicht, wie grundsätzlich Arbeitsrecht, nur zugunsten einer schutzwürdigen Vertragspartei, sondern auch zugunsten der Ehe an sich.[490]

Das Prinzip der lebenslänglichen Bindung gilt jedoch nur in der Regel, so dass die Ehescheidung dem Lebenszeitprinzip nicht entgegensteht. Das Recht auf Ehescheidung stellt vielmehr einen verfassungsrechtlich erforderlichen Bestandteil der lebenslangen Bindung dar. Die grundrechtlich garantierte Eheschließungsfreiheit setzt als Gegenstück gerade auch die verfassungsrechtlich gewährleistete Möglichkeit der „Kündigung des Lebenszeitvertrages" nach bestimmten Anforderungen voraus.[491] Im Gegensatz zum Arbeitsrecht sind indessen beide Ehepartner materiell in ihrer Auflösungsmöglichkeit begrenzt und können auch nicht aufgrund eines übereinstimmenden Willensentschlusses auf den Bestandsschutz verzichten.

---

487 Im Gegensatz zu anderen Schuldverhältnissen kann die Erklärung der zukünftigen Ehegatten, eine Ehe miteinander schließen zu wollen, nicht unter einer Bedingung oder Zeitbestimmung abgegeben werden, noch können sie sich auf eine Ehe auf Zeit oder Probe einigen oder die Scheidungsvoraussetzungen, zum Beispiel durch Verkürzung der Fristen oder die Einführung weiterer Scheidungsgründe, modifizieren. Siehe dazu: Palandt/*Brudermüller*, BGB, § 1353 Rn. 1; *Grziwotz*, FamRZ 2008, 2237.

488 Johannsen/Henrich/*Jaeger*, Familienrecht, § 1564 Rn. 5.

489 Das Lebenszeitprinzip ist auch einer der hergebrachten Grundsätze des Berufsbeamtentums aus Art. 33 Abs. 5 GG. Eine lebenslange Beschäftigung des Beamten liegt im Allgemeininteresse an der fachlich leistungsfähigen, rechtsstaatlichen und unparteiischen öffentlichen Verwaltung und dient der Sicherung der rechtlichen und wirtschaftlichen Unabhängigkeit der Beamtenschaft. Siehe dazu *Badura*, in: Maunz/Dürig, GG, Art. 33 Rn. 67. Das dem Beamtenrecht immanente Lebenszeitprinzip ist auch der Grund dafür, dass nicht jede im Arbeitsverhältnis kündigungsrelevante Pflichtverletzung eine Auflösung des Beamtenverhältnisses zur Folge hat, sondern Beamte, zum Beispiel durch das mildere Mittel der Degradierung, mit ihrem besonderen Statusrecht besser gestellt sind als Arbeitnehmer. Siehe dazu: *Schwarze*, Anm. zu BAG, JA 2011, 228, 229; *Westermann*, in: Aspekte der Beendigung von Arbeitsverhältnissen, S. 10, 15.

490 Johannsen/Henrich/*Jaeger*, Familienrecht, § 1564 Rn. 5.

491 *Grziwotz*, FamRZ 2008, 2237.

b. *Zerrüttung als sachliche Rechtfertigung*

Im Ehescheidungsrecht wird der Begriff der Zerrüttung herangezogen, um den Sachverhalt des Scheiterns der Ehe aus § 1565 Abs. 1 BGB i.V.m. § 1566 BGB zu umschreiben.[492]

Im Scheidungsrecht der Bundesrepublik Deutschland hat bis zum Jahr 1977 fast uneingeschränkt das Schuldprinzip gegolten. Bereits in der Weimarer Republik gab es jedoch Reformüberlegungen dahingehend, dass eine Ehe auch wegen einer Zerrüttung der Lebensgemeinschaft geschieden werden sollte, die allerdings nicht Gesetz wurden. Das im Jahre 1938 in Kraft getretene Ehegesetz, welches 1948 fast unverändert unter Herausnahme der Regeln mit nationalsozialistischem Einschlag[493] in das Kontrollratsgesetz Nr. 16 übernommen wurde und im Wesentlichen bis 1977 fort galt, enthielt bereits einen Zerrüttungstatbestand, der jedoch einen Widerspruch des Ehepartners zuließ, der die Zerrüttung nicht oder weniger stark verschuldet hatte.[494] Seit dem „Ersten Gesetz zur Reform des Ehe- und Familienrechts" vom 14.06.1976, das im zweiten Teil eine Reform des Scheidungsrechts enthält und 1977 in Kraft trat, richtet sich die Ehescheidung nunmehr nicht mehr nach dem Schuldprinzip, sondern nur noch nach dem Zerrüttungsprinzip.[495] Auch wenn eine Ehe zerrüttet ist, ohne dass dies auf einem Verschulden einer der Ehepartner beruht, soll sie geschieden werden können.[496]

Während das Ehegesetz von 1938 auch im Wortlaut noch von einer Zerrüttung der Ehe sprach, enthält der seit 1977 unverändert geltende § 1565 BGB die Formulierung des „*Scheiterns der Ehe*". Diese Formulierung wurde gewählt, da der Bundesrat im Gesetzgebungsverfahren kritisierte, dass der Begriff der Zerrüttung ein rückwirkendes Unwerturteil über den Verlauf der Ehe enthalte.[497] Es sollte ein Signal für die Abkehr von der Suche nach den Ursachen der Ehezerstörung hin zum Zustand derselben gesetzt werden.[498] Trotzdem wird sowohl in der Literatur, als auch in der Rechtsprechung weitläufig weiter der Begriff des Zerrüttungsprinzips, gerade auch im Gegensatz zum Schuldprinzip, verwandt.[499] Mit dem legislativen Übergang zum Begriff des Scheiterns ist inhaltlich auch keine Konkretisierung

---

492 MünchKommBGB/*Ey*, § 1564 BGB Rn. 14.

493 Dies galt insbesondere für die Scheidungsgründe „Verweigerung der Fortpflanzung" und „Unfruchtbarkeit".

494 §§ 43 S. 1, 44, 48 Abs. 2 Kontrollratsgesetz Nr. 16.

495 OLG Celle, FamRZ 1991, 1448, 1449.

496 Palandt/*Brudermüller*, BGB, § 1565 Rn. 1.

497 Staudinger/*Rauscher*, § 1565 BGB Rn. 3; MünchKommBGB/*Ey*, § 1565 Rn. 7.

498 Staudinger/*Rauscher*, § 1565 BGB Rn. 25.

499 So zum Beispiel BGH, NJW 1979, 978, 979; NJW, 1985, 1833, 1835; 1990, 2382; OLG Celle, NJW-RR 1995, 1409; BGH, NJW-RR 2007, 1586, 1587; Jauernig/*Chr. Berger*, BGB, § 1565 Rn. 1; Palandt/*Brudermüller*, BGB, § 1565 Rn. 1, 3 f.; Johannsen/Henrich/*Henrich*, Familienrecht, § 1564 BGB Rn. 11; Staudinger/*Rauscher*, Vorbem. zu §§ 1564 ff. BGB Rn. 10, 13 f., 25, 28, § 1567 BGB Rn. 18, 28, § 1568 BGB Rn. 85.

eingetreten; die Schwierigkeiten den Zustand einer Ehe zu beschreiben, der die Scheidung rechtfertigt, sind geblieben.[500]

§ 1565 Abs. 1 BGB macht die Scheidung der Ehe von dem Kriterium des Scheiterns der Ehe abhängig. Ein Scheitern der Ehe liegt nach der Legaldefinition des § 1565 Abs. 1 S. 2 BGB unabhängig von einem Verschulden der Ehegatten vor, wenn die Lebensgemeinschaft der Ehegatten nicht mehr besteht und nicht erwartet werden kann, dass die Ehegatten sie wiederherstellen. Diese Legaldefinition enthält zwei ausfüllungsbedürftige Merkmale: das Nichtbestehen der Lebensgemeinschaft als Diagnose und die Nichterwartbarkeit der Wiederherstellung derselben als Prognose. Das Vorliegen beider Voraussetzungen des Grundtatbestands wird nach § 1566 BGB vermutet, wenn die Eheleute ein Jahr getrennt leben und einverständlich die Scheidung wollen oder die Scheidung lediglich von einem der Ehepartner begehrt wird, aber bereits eine dreijährige Trennung vorliegt. Bei einer streitigen Scheidung nach Ablauf des grundsätzlich stets einzuhaltenden Trennungsjahres muss derjenige, der die Scheidung begehrt, die Zerrüttung darlegen und beweisen, ohne dass er sich auf eine günstige Vermutung berufen kann. Der Gesetzgeber ging also davon aus, dass sich eine Zerrüttung der Vertrauensbeziehung verhärtet beziehungsweise manifestiert, wenn die Parteien sich über einen gewissen Zeitraum „auseinander gelebt haben" und das Gemeinschaftsverhältnis tatsächlich nicht fortführen. Ein Verschulden der Ehegatten am Scheitern der Ehe ist für die Zerrüttung nach § 1565 Abs. 1 BGB i.V.m. § 1566 BGB nicht entscheidend, kann aber für ein Scheidungsbegehren vor Ablauf des Trennungsjahres gemäß § 1565 Abs. 2 BGB oder auch die Härtefallklausel des § 1568 BGB relevant werden.[501]

Maßgeblich für die Feststellung, ob eine Ehe zerrüttet ist, ist somit, ob sich – sowohl aus der Rückschau auf die gemeinsame Ehezeit als auch und in erster Linie im Hinblick auf die zukünftige Entwicklung der Ehe – ausschließen lässt, dass die Ehepartner zukünftig eine gedeihliche Lebensgemeinschaft führen werden. Ob die Nichterwartbarkeit der gedeihlichen Ehefortsetzung auf einem Verschulden der Ehepartner beruht ist dabei unerheblich.

c. *Auflösung der Ehe durch gerichtliche Entscheidung*

Eine Auflösung der Ehe erfolgt sodann nicht, wie zum Beispiel die Kündigung des Arbeitsverhältnisses, durch eine selbstständige und unabhängige Gestaltungserklärung ohne zwingende gerichtliche Beteiligung, sondern gemäß § 116 Abs. 1 FamFG durch rechtsgestaltenden Beschluss des Familiengerichts. Obgleich der § 1565 Abs. 1 BGB,

500 MünchKommBGB/*Ey*, § 1565 Rn. 10.

501 Palandt/*Brudermüller*, BGB, § 1565 Rn. 1; Staudinger/*Rauscher*, § 1565 BGB Rn. 19. Durch den Ausnahmetatbestand des § 1565 Abs. 2 BGB erhält das Zerrüttungsprinzip somit eine punktuelle Ergänzung durch das Schuldprinzip, während die Härtefallklausel des § 1568 BGB keine Ausnahme vom Zerrüttungsprinzip ist, sondern dieses vielmehr notwendig ergänzt. Siehe dazu Johannsen/Henrich/*Jaeger*, Familienrecht, § 1564 BGB Rn. 12 und Staudinger/*Rauscher*, § 1568 BGB Rn. 85.

davon spricht, dass die Ehe geschieden werden *kann*, wenn diese gescheitert ist, räumt die Norm dem Richter keinen Ermessenspielraum ein.[502] Die Verwendung des Wortes *kann* ist vielmehr so zu verstehen, dass die Ehe nur in dem Fall des Scheiterns und nicht zusätzlich aufgrund anderer Scheidungsgründe geschieden wird und die Scheidung trotz des Scheiterns vom Willen der Ehegatten abhängt.[503] Liegen die Voraussetzungen des § 1565 Abs. 1 BGB allerdings vor und begehrt zumindest ein Ehegatte die Scheidung, ist die Ehe zu scheiden.

d. Zusammenfassung

Die Scheidung der Ehe muss aufgrund des verfassungsrechtlichen Schutzes der Ehe aus Art. 6 Abs. 1 GG und dem darauf beruhenden Lebenszeitprinzip aus § 1353 Abs. 1 S. 1 BGB sachlich gerechtfertigt sein. Eine Auflösung der Ehe ist dann sachlich gerechtfertigt, wenn die Ehe zerrüttet ist. Im Gegensatz zur der Situation im Arbeitsverhältnis tritt der sachliche Rechtfertigungsgrund der Zerrüttung im Eherecht jedoch nicht ergänzend zu den anderen, auf klaren Zurechnungsgesichtspunkten beruhenden Beendigungsgründen hinzu, sondern umschreibt vielmehr den Grundtatbestand der Auflösung. Eine Erkenntnis, inwiefern die Abgrenzung zwischen einer Beendigung wegen klar zurechenbarer Kündigungsgründe i.S.d. § 1 Abs. 2 KSchG und einer Auflösung wegen Zerrüttung des Vertrauensverhältnisses der Arbeitsvertragsparteien gemäß §§ 9, 10 KSchG vorzunehmen ist, kann dem Eherecht somit nicht entnommen werden. Allerdings kann der Schluss gezogen werden, dass es auch für die Bestimmung der Zerrüttung des Arbeitsverhältnisses im Zweifel nicht entscheidend auf ein Verschulden der Arbeitsvertragsparteien ankommen kann und maßgeblich die zukünftige Entwicklung des Arbeitsverhältnisses in den Blick zu nehmen sein wird. Zudem wird auch bei Arbeitsverhältnissen davon auszugehen, sein, dass eine längere „Trennung" der Arbeitsvertragsparteien, zum Beispiel durch eine Freistellung während des Kündigungsschutzprozesses, eine Zerrüttung des Vertrauensverhältnisses eher verstärkt.

2. Zerrüttung im Wohnungsmietrecht

Der Begriff der Zerrüttung findet sich auch im Wohnungsmietrecht. Hier wird er im Zusammenhang mit der außerordentlichen fristlosen Kündigung aus wichtigem Grund gemäß § 543 BGB, die von beiden Vertragsparteien erklärt werden kann, verwendet.[504] Gemäß der Generalklausel des § 543 Abs. 1 S. 2 BGB, die in

502 Jauernig/*Chr. Berger*, § 1565 BGB Rn. 1; MünchKommBGB/*Ey*, § 1565 Rn. 3; Johannsen/Henrich/*Henrich*, Familienrecht, § 1565 BGB Rn. 3.

503 *Hattenhauer*, ZRP 1985, 200, 202; Staudinger/*Rauscher*, § 1565 BGB Rn. 4.

504 Teilweise wird auch bei der vereinfachten Kündigung nach § 573a BGB auf den Begriff der Zerrüttung abgestellt. Siehe dazu: *Wetekamp*, Mietsachen, Kap. 8 Rn. 307. Die herrschende Ansicht geht aber bei diesem „Sonderkündigungsrecht für Einliegerwohnungen" davon aus, dass gar keine irgendwie geartete Zerrüttung

§ 543 Abs. 2 BGB mit Hilfe von Regelbeispielen näher konkretisiert wird, kann eine Vertragspartei das Mietverhältnis außerordentlich fristlos kündigen, wenn dem Kündigenden unter Berücksichtigung aller Umstände des Einzelfalls, insbesondere des Verschuldens der Vertragsparteien, und unter Abwägung der beiderseitigen Interessen die Fortsetzung des Mietverhältnisses bis zum Ablauf der Kündigungsfrist nicht zugemutet werden kann. Als eine Fallgruppe dieser außerordentlichen Kündigungsmöglichkeit wird in der mietrechtlichen Literatur und Rechtsprechung die Zerrüttung der Vertrauensgrundlage angeführt.[505]

Der Begriff der Zerrüttung wird dabei jedoch nicht einheitlich verwandt. Teilweise wird herausgestellt, dass eine reine Zerrüttung der Vertrauensbeziehungen gerade nicht genüge, um eine fristlose Kündigung des Wohnungsmietverhältnisses zu begründen.[506] Unter einer solchen unbeachtlichen reinen Zerrüttung sei dabei eine Störung der Kommunikation zwischen den Vertragspartnern zu verstehen, die sich zum Beispiel dadurch zeige, dass die Parteien wechselseitig davon ausgehen, dass jeweils die andere Vertragspartei „einem etwas will".[507] Andere sehen eine Zerrüttung der Beziehungen der Vertragsparteien, die zur fristlosen Kündigung berechtigt, hingegen dann als gegeben an, wenn die Durchführung des Vertrages durch Zerstörung der das Schuldverhältnis tragenden Vertrauensgrundlage durch das Verhalten eines Vertragspartners derart gefährdet ist, dass sie dem Kündigenden auch bei strenger Prüfung nicht mehr zuzumuten ist,[508] wobei ein Verschulden des Kündigungsgegners nicht unabdingbare Voraussetzung ist.[509]

Ein solch weites Verständnis der Zerrüttung durch den zweiten Interpretationsansatz führt aber dazu, dass der gesamte Auffangtatbestand des § 543 Abs. 1 S. 2 BGB als Umschreibung der Zerrüttung des Wohnungsmietverhältnisses verstanden werden kann.[510] Dadurch kommt der Zerrüttung keine eigenständige Bedeutung zu, sondern diese wird vielmehr mit der allgemeinen Unzumutbarkeit der Fortführung des Vertragsverhältnisses bis zum Ablauf der ordentlichen Kündigungsfrist gleichgesetzt, die dem § 543 Abs. 1 S. 2 BGB als Tatbestand einer außerordentlichen Kündigung immanent ist. Insofern ist die Feststellung, eine reine Zerrüttung genüge gerade nicht,

---

erforderlich, sondern das Mietverhältnis vielmehr frei kündbar ist. Siehe dazu Blank/Börstinghaus/*Blank*, Miete, § 573a BGB Rn. 1; Schmidt-Futterer/*Blank*, Mietrecht, § 573a BGB Rn. 2, MünchKommBGB/*Häublein*, § 573a Rn. 1.

505 BGH, NJW 1972, 249 f.; NJW-RR 2011, 89 f.; OLG Celle v. 07.10.2008 – 2 U 99/98 – Juris; Blank/Börstinghaus/*Blank*, Miete, § 543 BGB Rn. 7; Schmidt-Futterer/*Blank*, Mietrecht, § 543 BGB, Rn. 167 ff.; Hannemann/Wiegner/*Kleinrahm*, Mietrecht, § 28 Rn. 187 ff.; *Wetekamp*, Mietsachen, Kap. 8 Rn. 133. Vgl. auch OLG Düsseldorf v. 20.12.1990 – 10 U 137/90 – Juris.

506 AG Dortmund, NJOZ 2003, 3209, 3212; Palandt/*Weidenkaff*, BGB, § 543 Rn. 35. So auch ausdrücklich *Kraemer*, NZM 2001, 553, 559.

507 AG Dortmund, NJOZ 2003, 3209, 3212.

508 Blank/Börstinghaus/*Blank*, Miete, § 543 BGB Rn. 7.

509 *Kraemer*, NZM 2001, 553, 558 f.

510 So auch *Wetekamp*, Mietsachen, Kap. 8 Rn. 133 ff.

um eine Kündigung nach § 543 Abs. 1 S. 2 BGB zu begründen präziser, da diese eine generelle Gleichstellung von Zerrüttung und Unzumutbarkeit vermeidet und die Eigenständigkeit des Begriffs der Zerrüttung, der lediglich eine Erscheinungsform der Unzumutbarkeit darstellt aber diese nicht ausfüllt, hervorhebt.

Der Normtext des § 543 Abs. 1 S. 2 BGB entspricht im Ergebnis in der näheren Umschreibung des wichtigen Grundes weitestgehend dem Normtext des § 626 Abs. 1 BGB.[511] Eine Hilfestellung zur Bestimmung der Zerrüttung des Arbeitsverhältnisses als Auflösungsgrund gemäß §§ 9, 10 KSchG kann die nähere Betrachtung der außerordentlichen Kündigung des Mietverhältnisses gemäß § 543 Abs. 1 S. 2 BGB somit nicht bieten.

3. *Zerrüttung im Gesellschaftsrecht*

Auch die gesellschaftsrechtliche Literatur verwendet den Begriff der Zerrüttung im Rahmen der Auflösung von Personengesellschaften im BGB und im Handelsgesetzbuch (HGB).[512]

a. *Außerordentliche Kündigung der Gesellschaft Bürgerlichen Rechts*

Gemäß § 723 Abs. 1 S. 2 BGB kann eine auf eine bestimmte Zeit geschlossene Gesellschaft Bürgerlichen Rechts vor Ablauf des vereinbarten Geltungszeitraums aus wichtigem Grund gekündigt werden. Obgleich § 723 Abs. 1 S. 3 BGB zwei Regelbeispiele aufführt, bei deren Vorliegen insbesondere ein wichtiger Grund zur Kündigung der BGB-Gesellschaft vorliegt, sind diese Gründe nicht abschließend. § 723 Abs. 1 S. 2 BGB stellt insofern den Auffangtatbestand dar. Als Fallgruppe des wichtigen Grundes im Rahmen des Auffangtatbestands des § 723 Abs. 1 S. 2 BGB wird eine tiefgreifende Zerrüttung des Vertrauensverhältnisses der Gesellschafter angesehen.[513]

Wie im Mietrecht wird jedoch auch hier der Begriff der Zerrüttung nicht einheitlich gebraucht. Teilweise wird herausgestellt, dass eine reine Zerrüttung der Vertrauensbeziehungen, die auf persönlichen Differenzen zwischen den Gesellschaftern beruht, gerade nicht genüge, um eine außerordentliche Kündigung der

---

511 Die Regelung des § 543 Abs. 1 S. 2 BGB stellt allerdings zusätzlich noch ausdrücklich auf das Verschulden der Vertragsparteien als besonders zu beachtendes Kriterium zur Bestimmung des wichtigen Grundes ab. Auf das Verschulden der (Vertrags-) Partner soll es jedoch sowohl bei der Scheidung der Ehe als auch bei der Auflösung des Arbeitsverhältnisses gemäß §§ 9, 10 KSchG gerade nicht maßgeblich ankommen.

512 Daneben wird der Begriff der Zerrüttung in Einzelfällen auch bei der Auflösung von Kapitalgesellschaften, zum Beispiel bei der gerichtlichen Auflösung einer GmbH gemäß § 60 Abs. 1 Nr. 3 i.V.m. § 61 Abs. 1 GmbHG, genannt, obgleich hier weniger die persönlichen Verhältnisse der Gesellschafter untereinander im Fokus stehen. Siehe dazu zum Beispiel OLG Sachsen-Anhalt v. 20.04.2012 – 10 U 24/10 – Juris.

513 MünchHdbGesR/*Gummert*, § 21 Rn. 29

BGB-Gesellschaft gemäß § 723 Abs. 1 S. 2 BGB zu begründen.[514] Andere bejahen einen kündigungsrelevanten Sachverhalt bei tiefgreifender Zerrüttung des Vertrauensverhältnisses, die dazu führt, dass ein gedeihliches Zusammenwirken der Gesellschafter unmöglich erscheint.[515]

Obgleich der Begriff der Zerrüttung uneinheitlich verwandt wird, herrscht auch im Recht der Gesellschaft Bürgerlichen Rechts insoweit Einigkeit, als der wichtige Grund im Auffangtatbestand im Lichte des § 626 Abs. 1 BGB auszulegen und dessen Vorliegen zu bejahen ist, wenn dem Kündigenden die Fortsetzung der BGB-Gesellschaft bis zur nächsten ordentlichen Beendigungsmöglichkeit unter Berücksichtigung aller Umstände des Einzelfalls nicht zuzumuten ist. Ein Verschulden des Kündigungsgegners ist dabei keine zwingende Voraussetzung.[516] Somit bietet auch die nähere Betrachtung der Kündigung der Gesellschaft Bürgerlichen Rechts gemäß § 723 Abs. 1 S. 2 BGB keine Hilfestellung zur näheren Bestimmung der Zerrüttung des Arbeitsverhältnisses als sachliche Rechtfertigung zur Auflösung gemäß §§ 9, 10 KSchG.

b. Auflösung einer Offenen Handelsgesellschaft

Der Begriff der Zerrüttung des Vertrauensverhältnisses wird auch im Rahmen der Auflösung einer offenen Handelsgesellschaft (OHG) durch gerichtliche Entscheidung gemäß § 133 HGB verwendet.[517] Gemäß § 133 Abs. 1 HGB kann eine OHG durch gerichtliche Entscheidung aufgelöst werden, wenn ein wichtiger Grund vorliegt. Regelbeispiele für einen wichtigen Grund finden sich in § 133 Abs. 2 HGB, der insofern aber nicht abschließend ist, sondern vielmehr Raum für den Auffangtatbestand des § 133 Abs. 1 HGB lässt. Als eine Fallgruppe des wichtigen Grundes i.S.d. Auffangtatbestands des § 133 Abs. 1 BGB wird die Zerrüttung des Vertrauensverhältnisses der Gesellschafter genannt.[518] Diese Fallgruppe wird noch insofern konkretisiert, dass eine tiefgreifende Zerrüttung erforderlich ist, um einen wichtigen

---

514 BGH, NJW 1998, 3771. So wohl auch das OLG Düsseldorf v. 16.01.2009 – I-16 U 30708 – Juris, das darauf abstellt, dass der Kläger abgesehen von einer Zerrüttung der Parteien keine weiteren Vorkommnisse dargetan hat, die eine fristlose Kündigung rechtfertigen können.

515 OLG München, NZG 1999, 294; NZG 2002, 170 ff.; OLG Hamm v. 23.10.2010 – 27 U 178/05 – Juris; OLG Naumburg, DStRE 2010, 390, 391; Henssler/Strohn/*Killian*, Gesellschaftsrecht, § 723 BGB Rn. 11; Bamberger/Roth/*Schöne*, BGB, § 723 Rn. 21.

516 Palandt/*Sprau*, BGB, § 723 Rn. 4.

517 § 133 HGB findet gemäß § 161 Abs. 2 HGB auch bei der gerichtlichen Auflösung der Kommanditgesellschaft Anwendung.

518 Oetker/*Kamanabrou*, Handelsgesetzbuch, § 133 Rn. 5; Henssler/Strohn/*Klöhn*, Gesellschaftsrecht, § 133 HGB Rn. 9; Ebenroth/Boujong/Joost/Strohn/*Lorz*, HGB, § 133 Rn. 18; MünchKommHGB/*K. Schmidt*, § 133 Rn. 24.

Grund zu begründen, der jedoch nicht von einem Verschulden der Gesellschafter abhängig ist.[519]

Die Auflösung der OHG nach § 133 Abs. 1 HGB ist eine Spezialregelung zu der außerordentlichen Kündigung einer BGB-Gesellschaft gemäß § 723 Abs. 1 S. 2 BGB,[520] so dass auch hier der wichtige Grund im Lichte des § 626 Abs. 1 BGB auszulegen ist. Somit wird auch bei der Auflösung der offenen Handelsgesellschaft der Begriff der Zerrüttung zur Umschreibung eines Sachverhalts, der zur Auflösung wegen Unzumutbarkeit der Vertragsfortführung bis zum Ablauf der ordentlichen Kündigungsfrist berechtigt, verwendet. Anhaltspunkte zur Auslegung des Begriffs der Zerrüttung des Arbeitsverhältnisses als sachliche Rechtfertigung der Auflösung gemäß §§ 9, 10 KSchG und Fallgruppe der Unzumutbarkeit können jedoch nicht gewonnen werden.

Zu beachten ist jedoch, dass die Auflösung der OHG nach § 133 HGB, anders als die außerordentliche Kündigung des Dienst- beziehungsweise Arbeitsverhältnisses gemäß § 626 BGB, die außerordentliche Kündigung des Mietverhältnisses nach § 543 Abs. 1 S. 2 BGB und die vorzeitige Kündigung der BGB-Gesellschaft nach § 723 Abs. 1 S. 2 BGB, nicht durch bloße einseitige selbstständige und unabhängige Gestaltungserklärung herbeigeführt werden kann, sondern nur durch eine rechtskräftiges Gestaltungentscheidung des Gerichts.[521] Die Notwendigkeit der gerichtlichen Auflösung besteht in diesem Fall jedoch lediglich aus Gründen des Verkehrsschutzes und der Rechtssicherheit.[522]

4. *Zusammenfassung*

Unzweifelhaft ist das Eheverhältnis ein Rechtsverhältnis, das aufgrund der Verortung im privaten Bereich, in erster Linie von dem persönlichen Vertrauensverhältnis der Ehegatten geprägt und bestimmt ist. Auch das Mietverhältnis und das Personengesellschafterverhältnis sind Dauerschuldverhältnisse, die – abhängig von der konkreten Ausgestaltung und den konkreten Umständen der Leistungserbringung[523] mehr oder weniger – von dem gegenseitigen Vertrauen der Parteien geprägt sind. Das gleiche gilt für das Arbeitsverhältnis. Ein Rechtsverhältnis, in dem eine Zerrüttung der Vertrauensbeziehung relevant werden kann, ist also auf Dauer angelegt, von dem gegenseitigen Vertrauen der (Vertrags-) Partner geprägt und bestimmt und dient dabei nicht nur dem Austausch von Leistungen, sondern bildet zudem die Grundlage für eine konstante und beständige gemeinsame Zweckerreichung.

Wie zuvor herausgearbeitet wird der Begriff der Zerrüttung im Wohnungsmietrecht und im Personengesellschaftsrecht allerdings nur verwendet, um den

519 Oetker/*Kamanabrou*, Handelsgesetzbuch, § 133 Rn. 5; Henssler/Strohn/*Klöhn*, Gesellschaftsrecht, § 133 HGB Rn. 9.
520 Oetker/*Kamanabrou*, Handelsgesetzbuch, § 133 Rn. 1.
521 MünchKommHGB/*K. Schmidt*, § 133 Rn. 2.
522 Henssler/Strohn/*Klöhn*, Gesellschaftsrecht, § 133 HGB Rn. 1.
523 MünchKommBGB/*Gaier*, § 314 Rn. 5.

Sachverhalt einer außerordentlichen Kündigung des Dauerschuldverhältnisses zu beschreiben, also eine Situation, in der dem Vertragspartner das Festhalten am Vertrag bis zum Ablauf der ordentlichen Kündigungsfrist nicht mehr zuzumuten ist. Insofern entsprechen die Sachverhalte dem Anwendungsbereich des § 626 BGB, der eine fristlose Kündigung des Arbeitsverhältnisses aus wichtigem Grund zulässt, wenn den Arbeitsvertragsparteien das Festhalten am Vertrag bis zum Ablauf der ordentlichen Kündigungsfrist nicht zuzumuten ist. Sie bieten jedoch keine Anhaltspunkte dafür, inwiefern die Tatbestandsvoraussetzungen des Auflösungsverfahrens gemäß §§ 9, 10 KSchG von denen der Beendigung des Arbeitsverhältnisses durch Kündigung gemäß § 1 Abs. 2 KSchG oder § 626 BGB abzugrenzen und zu unterscheiden sind.

Auch die Scheidung der Ehe wegen einer Zerrüttung der Ehegemeinschaft unterscheidet sich strukturell von der Auflösung des Arbeitsverhältnisses wegen Zerrüttung gemäß §§ 9, 10 KSchG. Dem Eherecht ist das Zerrüttungsprinzip immanent: die Ehe ist zu scheiden, wenn diese zerrüttet ist. Die Zerrüttung stellt hier also den Grundtatbestand, den Normalfall der Auflösung dar. Im Arbeitsverhältnis steht der Auflösungstatbestand gemäß §§ 9, 10 KSchG jedoch neben der Kündigung des Arbeitsverhältnisses wegen einer Störung des Leistungsbereichs gemäß § 1 Abs. 2 KSchG oder § 626 BGB und ist von den Kündigungstatbeständen, also dem Normalfall, abzugrenzen. Trotz dieser Unterschiede wird auch für die Auslegung des Tatbestands der §§ 9, 10 KSchG interessant sein, dass eine Zerrüttung im Ehescheidungsrecht gerade kein Verschulden der (Vertrags-) Partner voraussetzt und zudem maßgeblich die Gedeihlichkeit der zukünftigen Fortsetzung des Gemeinschaftsverhältnisses und nicht dessen zurückliegender Verlauf in den Blick zu nehmen ist. Zudem ist davon auszugehen, dass auch im Arbeitsverhältnis die Zerrüttung des Vertrauensverhältnisses durch längere „Trennung“ der Arbeitsvertragsparteien – wie nach längerer Trennung der Ehepartner – verstärkt oder manifestiert wird.

II. Rechtstheoretische Einordnung der Zerrüttungsgründe

Fraglich ist weiter, wie die Anforderungen, die § 9 Abs. 1 S. 1 und S. 2 KSchG an das Vorliegen einer Zerrüttung stellt, rechtstechnisch zu bewerten sind. Da bereits eine rechtstheoretische Einordnung des wichtigen Grundes gemäß § 626 Abs. 1 BGB und der sachlichen Rechtfertigung gemäß § 1 Abs. 2 S. 1 KSchG erfolgte, erscheint ein Vergleich mit diesen Normen sinnvoll. Wie oben bereits gesehen, handelt es sich bei der Norm des § 626 Abs. 1 BGB in ihrer Gesamtheit um eine Generalklausel,[524] während § 1 Abs. 2 KSchG mit der Sozialwidrigkeit eher einen rechtstechnischen Begriff enthält, der sich aus dem – personen-, verhaltens- oder betriebsbedingten – Kündigungsgrund als unbestimmten Rechtsbegriff und der darauf aufbauenden

524 Siehe oben: Dritter Teil, B.II.2.b.

Interessenabwägung bei der personen- und verhaltensbedingten Kündigung als generalklauselartigem Element zusammensetzt.[525]

Der Begriff der Unzumutbarkeit der Fortführung des Arbeitsverhältnisses für den Arbeitnehmer aus § 9 Abs. 1 S. 1 KSchG wird sowohl von der Rechtsprechung als auch von der Literatur einhellig als unbestimmter Rechtsbegriff eingeordnet.[526] Auch bei der Nichterwartbarkeit der weiteren, dem Betriebszweck dienlichen Zusammenarbeit für den Arbeitgeber aus § 9 Abs. 1 S. 2 KSchG handelt es sich nach einhelliger Meinung um einen unbestimmten Rechtsbegriff.[527]

Obgleich das Vorliegen von Zerrüttungsgründen gemäß § 9 Abs. 1 KSchG nach der älteren arbeitsgerichtlichen Rechtsprechung – zumindest für den Arbeitnehmerantrag – nach den gleichen strengen Anforderungen wie § 626 Abs. 1 BGB beurteilt wurde[528] und es somit auf den ersten Blick naheliegt, eine rechtstheoretische Ähnlichkeit des § 9 Abs. 1 S. 1 und 2 KSchG mit § 626 Abs. 1 BGB anzunehmen, ist der richterliche Entscheidungsspielraum bei § 9 KSchG nicht so groß wie bei § 626 Abs. 1 BGB und auch enger als bei § 1 Abs. 2 KSchG. Wie die Prüfung des Vorliegens der Voraussetzungen der wichtigen Grundes gemäß § 626 Abs. 1 BGB und der sachlichen Rechtfertigung gemäß § 1 Abs. 2 KSchG erfordert zwar auch die Prüfung eines Zerrüttungsgrundes nach § 9 Abs. 1 S. 1 und 2 KSchG ein zweistufiges Vorgehen. Es muss zunächst festgestellt werden, ob ein generell die Zerrüttung begründender Sachverhalt vorliegt, um sodann mithilfe einer Zukunftsprognose, im Rahmen derer die unterschiedlichen Interessen abzuwägen sind, zu ermitteln, ob das Vertrauensverhältnis für die Zukunft gestört ist.[529] Allerdings ergibt sich diese Zweistufigkeit bei § 9 Abs. 1 KSchG nicht wie bei § 626 Abs. 1 BGB bereits aus dem Wortlaut der Norm, die einerseits auf einen wichtigen Grund und andererseits auf eine anschließende umfassende Interessenabwägung verweist, sondern

525 Siehe oben: Dritter Teil, B.I.2.b.dd.

526 BAG v. 18.07.1980 – 7 AZR 650/78 – Juris; AP Nr. 8 zu § 9 KSchG 1969; AP Nr. 48 zu § 9 KSchG 1969; Ascheid/Preis/Schmidt/*Biebl*, Kündigungsrecht, § 9 KSchG Rn. 107; *K. Gamillscheg*, Beendigung des Arbeitsverhältnisses, S. 50; *Hofmann*, ZfA 1970, 63, 66; *Keßler*, NZA-RR 2002, 1, 6; Schwarze/Eylert/Schrader/*Schwarze*, § 9 Rn. 83; KR/*Spilger*, § 9 KSchG Rn. 36; *Timke*, Bestandsschutz im Arbeitsverhältnis, S. 117.

527 BAG v. 21.11.1980 – 7 AZR 798/78 – Juris; AP Nr. 10 zu § 9 KSchG 1969; AP Nr. 18 zu § 9 KSchG 1969; NZA 1995, 309, 311; NZA 2000, 427, 429; 2003, 261, 262; AP Nr. 45 zu § 9 KSchG 1969; AP Nr. 51 zu § 9 KSchG 1969; NZA 2006, 363, 364; NZA 2006, 917, 922; NZA 2008, 636, 641; NZA 2009, 312, 316; NZA-RR 2009, 362, 367; LAG Bremen v. 12.04.2011 – 1 Sa 36/09 – Juris, Rn. 212; Ascheid/Preis/Schmidt/*Biebl*, Kündigungsrecht, § 9 KSchG Rn. 107; *K. Gamillscheg*, Beendigung des Arbeitsverhältnisses, S. 245; S. *Müller*, Auflösungsantrag des Arbeitgebers, S. 1; Schwarze/Eylert/Schrader/*Schwarze*, § 9 Rn. 83; KR/*Spilger*, § 9 KSchG Rn. 50; *J.-A. Weber*, RdA 2011, 108, 116.

528 BAG, NJW 1965, 787; LAG Hamburg, MDR 1982, 82. Siehe auch KR/*Spilger*, § 9 KSchG Rn. 37.

529 Siehe dazu im Detail die nächsten Gliederungspunkte.

aus der Interpretation des Tatbestandes.[530] Insofern ähnelt § 9 Abs. 1 KSchG eher dem Tatbestand des § 1 Abs. 2 KSchG, dessen Wortlaut nach lediglich ein personen-, verhaltens- oder betriebsbedingter Kündigungsgrund vorliegen muss, zumindest der Kündigung wegen personen- oder verhaltensbedingter Gründe aber auch eine Interessenabwägung immanent ist.[531]

Wie bei § 1 Abs. 2 KSchG sind sodann auch die Gründe, die generell geeignet sind, eine Zerrüttung nach § 9 Abs. 1 KSchG zu begründen, limitiert. Relevant sind nur nach derzeitiger Konzeption des Kündigungsschutzgesetzes nur solche Umstände, die im Zusammenhang mit der Kündigung oder dem Kündigungsschutzprozess stehen.[532] Dies ergibt sich allein aus dem Umstand, dass die Arbeitsvertragsparteien einen Auflösungsantrag nach geltendem Kündigungsschutzrecht nicht bei Vorliegen einer Zerrüttung im laufenden Arbeitsverhältnis oder zum Beispiel im Laufe eines Änderungsschutzprozesses, eines arbeitsgerichtlichen Prozesses über die Wirksamkeit einer Befristung oder eines Aufhebungs- oder Abwicklungsvertrages, sondern nur im Zusammenhang mit der Erhebung einer Kündigungsschutzklage durch den Arbeitnehmer erheben können. Demnach ist zwar nicht unbedingt dem Wortlaut, aber zumindest dem systematischen Regelungszusammenhang des § 9 Abs. 1 KSchG zu entnehmen, dass dieser gegenüber dem Tatbestand des § 626 Abs. 1 BGB oder auch des § 1 Abs. 2 KSchG in seinem Anwendungsbereich enger begrenzt ist.

Obgleich die abschließend im Rahmen des § 9 Abs. 1 KSchG vorzunehmende Interessenabwägung dem Richter einen Beurteilungsspielraum einräumt, erscheint dieser etwas begrenzter als die Spielräume, die dem Richter bei der Beurteilung des wichtigen Grundes gemäß § 626 BGB oder der sachlichen Rechtfertigung § 1 Abs. 2 KSchG eröffnet sind. Dies ergibt sich aus der Konzeption und dem Regelungsgehalt des § 9 Abs. 1 KSchG, der – insbesondere im Gegensatz zu § 626 Abs. 1 BGB – nicht die Zulässigkeit einer von einer Partei durchzuführenden Beendigungsmaßnahme regelt, sondern eine Handlungsanweisung an das Gericht enthält. Während § 626 Abs. 1 BGB Sachverhalte umschreibt, die den Arbeitsvertragsparteien die Möglichkeit der Beendigung des Arbeitsverhältnisses ermöglichen („*kann (...) gekündigt werden*"), deren Rechtmäßigkeit das Arbeitsgericht sodann zu überprüfen hat, bestimmt § 9 Abs. 1 KSchG, dass das Arbeitsgericht das Arbeitsverhältnis unter bestimmten Voraussetzungen auflösen muss („*hat das Gericht* (...) *aufzulösen*").[533] Überdies findet zwar bereits im Rahmen des § 9 Abs. 1 KSchG eine Interessenabwägung zur Ermittlung einer Zukunftsprognose statt. Allerdings bewertet das Arbeitsgericht erneut alle Umstände des Einzelfalls detailliert im Rahmen der Bestimmung einer angemessen Abfindung nach §§ 9 Abs. 1, 10 KSchG. Diese sekundärrechtliche Folge der Zerrüttung ist den Tatbeständen des § 626 Abs. 1 BGB und des § 1 Abs. 2 KSchG fremd, so dass sich auch aus diesem Umstand graduelle Unterschiede bei der

530 Vgl. BAG, NZA 2006, 363 ff.
531 Schwarze/Eylert/Schrader/*Schrader*, KSchG, § 1 Rn. 88, 92, 220.
532 BAG, NZA 1993, 362, 363; *Bauer*, DB 1985, 1180, 1181.
533 Vgl. dazu auch KR/*Spilger*, § 9 KSchG Rn. 36.

Prüfung der Interessenabwägung einerseits für die Beurteilung der Wirksamkeit der Kündigung und andererseits für die Beurteilung des Vorliegens einer Zerrüttungssituation ergeben können.

Insgesamt ist die Einordnung der Zerrüttungsgründe des § 9 Abs. 1 S. 1 und 2 KSchG als unbestimmte Rechtsbegriffe aufgrund ihrer gegenüber den Tatbeständen der § 626 BGB und § 1 Abs. 2 KSchG enger eingegrenzten Regelungsgehalts nachvollziehbar. Allerdings erscheint auch eine – der oben vorgenommen Klassifizierung des § 1 Abs. 2 KSchG ähnliche – Einordnung der Zerrüttungsgründe als rechtstechnische Begriffe, die sich aus dem Zerrüttungsgrund an sich als unbestimmtem Rechtsbegriff und einer abschließenden Interessenabwägung zusammensetzen, denkbar.

III. Genereller Prüfungsmaßstab

Die Prüfung der Unzumutbarkeit der Fortführung des Arbeitsverhältnisses für den Arbeitnehmer beziehungsweise der Nichterwartbarkeit weiterer gedeihlicher Zusammenarbeit für den Arbeitgeber erfolgt in zwei Stufen. Auf der ersten Stufe ist festzustellen, ob überhaupt ein Grund vorliegt, der geeignet ist, eine Auflösung des Arbeitsverhältnisses zu begründen. Auf der zweiten Stufe ist eine Zukunftsprognose anzustellen, die unter Abwägung der beiderseitigen Interessen und Grundrechtspositionen ergeben muss, dass die Funktionsfähigkeit des Arbeitsverhältnisses dauerhaft gestört ist.[534] Ebenso wenig wie absolute Kündigungsgründe gibt es absolute Auflösungsgründe, so dass stets eine Abwägung der gegenläufigen Interessen erforderlich ist.[535]

Die Gründe für die Unzumutbarkeit beziehungsweise die Nichterwartbarkeit einer weiteren gedeihlichen Zusammenarbeit können entweder zum Zeitpunkt der Kündigung schon vorgelegen haben oder sich erst während des Prozesses ergeben; allerdings müssen die Gründe, die generell geeignet sind die Zerrüttung zu begründen, nach derzeitiger Konzeption des KSchG im Zusammenhang mit der Kündigung oder dem Kündigungsschutzprozess beziehungsweise den damit in Verbindung stehenden außergerichtlichen Auseinandersetzungen stehen.[536]

Mithilfe der abschließend vorzunehmenden Interessenabwägung ist sodann festzustellen, ob der generell die Zerrüttung begründende Sachverhalt die Fortführung des Arbeitsverhältnisses für die Zukunft für den Arbeitnehmer unzumutbar macht beziehungsweise der Arbeitgeber keine zukünftige gedeihliche Zusammenarbeit erwarten kann. Diese Interessenabwägung bezieht sich bei den §§ 9, 10 KSchG, im Unterschied zu der im Rahmen der Bestimmung eines wichtigen Grundes gemäß

534 *Auffarth*, DB 1969, 528, 529 f.; *Gravenhorst*, NZA-RR 2007, 57, 58; Schwarze/Eylert/Schrader/*Schwarze*, KSchG, § 9 Rn. 38, 49.

535 BAG, AP Nr. 16 zu Art. 140 GG; *Herschel*, in: FS für G. Müller, S. 191, 202.

536 BAG, NZA 1993, 362, 363; *Bauer*, DB 1985, 1180, 1181.

§ 626 Abs. 1 BGB[537] oder der sachlichen Rechtfertigung § 1 Abs. 2 KSchG[538] anzustrengenden Interessenabwägung, jedoch nicht in rückschauender Bewertung auf den Zeitpunkt des Zugangs der Kündigung, sondern vielmehr nur auf die zukünftige Funktionsfähigkeit des Arbeitsverhältnisses.[539] Diese Zukunftsprognose kann ergeben, dass ein Grund, der eigentlich die Zerrüttung der arbeitsvertraglichen Beziehungen begründen könnte, aufgrund Zeitablaufs oder einer vorhersehbaren Änderung der Umstände in der Zukunft an Gewicht verliert.[540] Besondere Empfindlichkeiten sind für die Beurteilung einer Zerrüttung schließlich unerheblich; es kommt vielmehr auf das Urteil eines verständigen Dritten an, ob eine zukünftige vertrauensvolle Zusammenarbeit noch denkbar erscheint.[541]

IV. Berücksichtigung des Verschuldens der Parteien

Hinsichtlich der generellen Erheblichkeit des Verschuldens der Parteien ist zwischen verschiedenen Konstellationen zu unterscheiden. Sowohl der Antragsgegner als auch der Antragssteller oder eine dritte, in dem jeweiligen Lager stehende Person können Bezugspunkt für einen Verschuldensvorwurf sein.

1. Verschulden des Antragsgegners oder ihm zurechenbarer Personen

Ein Verschulden des Antragsgegners ist für einen begründeten Auflösungsantrag des Arbeitnehmers oder des Arbeitgebers nicht erforderlich, da im Rahmen des objektiv gefassten § 9 Abs. 1 KSchG die Zerrüttung der vertraglichen Beziehungen und die Unmöglichkeit der weiteren vertrauensvollen Zusammenarbeit in den Blick zu nehmen ist, die auch allein aus objektiven Störungen folgen kann.[542]

Ein solcher vom Verschulden beziehungsweise einer Pflichtverletzung der Parteien unabhängiger Mechanismus der Vertragsauflösung findet sich im allgemeinen Schuldrecht noch in § 313 Abs. 3 i.V.m. § 314 BGB, der der betroffenen Partei ermöglicht, sich vom Vertrag loszusagen, wenn eine sachgemäße Vertragsanpassung nicht

---

537 Vgl. BAG, AP Nr. 1 zu § 448 ZPO.

538 Schwarze/Eylert/Schrader/*Schwarze*, KSchG, § 1 Rn. 65.

539 BAG, NZA 2003, 261, 263. Wurde das Arbeitsverhältnis jedoch vor Erlass des Auflösungsurteils aufgrund anderweitiger Umstände, zum Beispiel dem Renteneintritt des Arbeitnehmers, beendet, ist eine Zukunftsprognose nicht mehr möglich, so dass sich die Prognose vergangenheitsbezogen auf den Zeitraum über den Kündigungstermin hinaus bis zum Beendigungstermin erstreckt, nicht aber darüber hinaus. Siehe dazu BAG, NZA 2010, 1123, 1124 f.; *Fuhlrott*, Anm. zu BAG, BB 2010, 2378, 2379.

540 BAG, NZA 2003, 261, 263; LAG Hamm, v. 06.06.2013 – 15 Sa 823/12 – Juris, Rn. 228.

541 *Busemann/Schäfer*, Kündigung und Kündigungsschutz, Rn. 696.

542 BAG, AP Nr. 56 zu § 1 KSchG; v. 03.11.1983 – 2 AZR 204/82 – Juris; NZA 2003, 261, 263; NZA 2006, 363, 365; NZA 2010, 1123, 1125; LAG Köln, LAGE § 9 KSchG Nr. 42.

möglich ist.[543] Eine Vertragsauflösung wegen Geschäftsgrundlagenstörung ist in diesem Kontext als notwendige Ergänzung zur Auflösung wegen Pflichtverletzung zu verstehen. Allerdings wird eine Geschäftsgrundlagenstörung insbesondere bei Gründen relevant, die zwar aus der Interessensphäre desjenigen stammen, der eine Auflösung begehrt, ohne dass der Grund aber in dessen Risikosphäre fällt, sondern von außen auf den Bestand des Rechtsverhältnisses einwirkt.[544] Bei Dauerschuldverhältnissen kann insbesondere der Eintritt erheblicher Äquivalenzstörungen eine Geschäftsgrundlagenstörung begründen.[545] Im Arbeitsverhältnis ist die Geschäftsgrundlagenstörung eher mit der Kündigung des Arbeitsverhältnisses durch den Arbeitgeber aus betriebsbedingten Gründen, die auf einer außerbetrieblichen Ursache beruhen, zu vergleichen.

Ein Verschulden des Antragsgegners ist zudem nicht vollkommen irrelevant, sondern kann insoweit herangezogen werden, als es die anzustellende Zukunftsprognose negativ beeinflusst.[546] Ein Verschulden derjenigen dritten Personen, derer sich der Antragsgegner bedient, zum Beispiel der Prozessbevollmächtigten der jeweiligen Arbeitsvertragspartei oder auf Arbeitgeberseite die Person, die für den Arbeitgeber zur Durchführung der Kündigung oder des Kündigungsschutzprozesses eingesetzt wurde, ist dann in der Zukunftsprognose zu beachten, wenn das Verhalten der dritten Person vom Antragsgegner veranlasst wurde beziehungsweise dieser es duldet oder dem Verhalten nicht nachträglich widerspricht.[547]

2. Verschulden des Antragsstellers oder ihm zurechenbarer Personen

Ist dem Antragssteller selbst ein Verschuldensvorwurf zu machen steht das der Annahme einer Zerrüttung nicht von vorneherein entgegen.[548] Die Rechtsprechung, der sich auch die herrschende Literaturansicht angeschlossen hat, geht allerdings davon aus, dass der Bestandsschutz des Arbeitsverhältnisses dann Vorrang vor der Erwägung haben muss, ob künftig noch eine vertrauensvolle Zusammenarbeit möglich ist, wenn die Auflösungsgründe vom Arbeitgeber in verwerflicher Weise

---

543 Siehe dazu auch *Herschel*, in FS für G. Müller, S. 191, 199. § 313 BGB greift nur dann, wenn das Rechtsverhältnis von Umständen bedroht ist, die vertraglich keiner Partei als Risiko aufgebürdet sind. Siehe dazu *v. Hase*, NJW 2000, 2278, 2279.

544 *Hirsch*, NZM 2007, 110, 112.

545 Im Arbeitsrecht kann zum Beispiel eine berechtigte außerordentliche Kündigung nach Abschluss eines Aufhebungsvertrages eine solche Äquivalenzstörung darstellen.

546 Schwarze/Eylert/Schrader/*Schwarze*, KSchG, § 9 Rn. 44, 55.

547 BAG, AP Nr. 2 zu § 9 KSchG 1969; NZA 1988, 16, 17; NZA 2003, 261, 263; LAG Rheinland-Pfalz, LAGE § 9 KSchG Nr. 43.

548 BAG, AP Nr. 2 zu§ 9 KSchG 1969; NZA 1993, 362, 363; LAG Niedersachsen v. 26.09.2003 – 3 Sa 1840/02 – Juris; *Busemann/Schäfer*, Kündigung und Kündigungsschutz, Rn. 686; Schwarze/Eylert/Schrader/*Schwarze*, KSchG, § 9 Rn. 45, 56.

treuwidrig geschaffen worden sind.[549] Diese Annahme wird auf den Rechtsgedanken der unzulässigen Rechtsausübung aus § 162 BGB gestützt. Es verstoße gegen den Grundsatz von Treu und Glauben aus § 242 BGB, wenn der Arbeitgeber die Zerrüttung herbeigeführt oder durch sein Verhalten provoziert hat und sich dann gerade auf diese Zerrüttungsgründe berufen könnte.[550] Auch der Arbeitnehmer sei in gleicher Weise nicht berechtigt einen Auflösungsantrag zu stellen, wenn er die Auflösungsgründe, auf die er sich beruft, selbst in treuwidriger Weise herbeigeführt habe.[551] Das gleiche gelte für ein Verschulden der im Lager des Antragsstellers stehenden dritten Person, deren Verhalten sich der Antragssteller zurechnen lassen muss.[552]

Herschel tritt dieser Auffassung entgegen und geht selbst in der Situation, in der der Arbeitgeber die Zerrüttung des Arbeitsverhältnisses zu vertreten hat, davon aus, dass das Gericht das Arbeitsverhältnis auf Antrag des Arbeitgebers auflösen müsse, wenn eine den Betriebszwecken dienliche weitere Zusammenarbeit nicht zu erwarten sei. Eine Weiterführung des Arbeitsverhältnisses trotz dessen Funktionsunfähigkeit sei perplex, da dies zu einer zwanghaften Weiterführung eines Vertragsverhältnisses führe, das seine Bestimmung nicht mehr erfüllen könne.[553]

Im Ansatz ist der Meinung *Herschels* zuzustimmen. Würde eine Zerrüttung des Arbeitsverhältnisses in der Situation, in der der Antragsteller die Zerrüttung treuwidrig herbeigeführt hat, von vorneherein bei der Prüfung des Auflösungsgrundes unerheblich sein, hätte dies die Konsequenz, dass ein zerrüttetes Arbeitsverhältnis, dessen Fortführung für eine der Arbeitsvertragsparteien unzumutbar ist, zwingend fortzuführen wäre. Eine solche absolute Lösung ist jedoch nicht interessengerecht. Vielmehr erscheint es sachgerecht, dass das Gericht auch in dieser Situation anhand der Tatsachen prüft, ob eine objektive Zerrüttung der Vertrauensbeziehungen vorliegt oder nicht. In der Interessenabwägung wird das Gericht zu bewerten haben, ob das Verschulden des Antragsstellers in der konkreten Situation so schwer wiegt, dass es geeignet ist, eine Zerrüttung auszuschließen, um den Antragsgegner nicht über Gebühr zu belasten. Geht das Gericht jedoch davon aus, dass die vertraglichen Beziehungen zerrüttet sind und die Auflösung des Arbeitsverhältnisses geboten ist, obgleich ein Verschulden des Antragsstellers vorliegt, kann es dies in der Bemessung der Abfindung berücksichtigen. Hat der Arbeitnehmer die Auflösungsgründe treuwidrig herbeigeführt und somit sein Desinteresse an der Fortführung des Arbeitsverhältnisses deutlich gemacht, ist es sachgerecht ihm eine Abfindung zuzusprechen, die seinem eingeschränkten Interesse an dem Bestand des Arbeitsverhältnisses entspricht und demgemäß gering ausfällt. Liegt der Zerrüttung hingegen

---

549 BAG, AP Nr. 2 zu § 9 KSchG 1969.

550 BAG, AP Nr. 2 zu § 9 KSchG 1969; AP Nr. 51 zu § 9 KSchG 1969; *Ascheid*, Kündigungsschutzrecht, Rn. 802; *H. Haas*, FA 2010, 104, 105.

551 Hyoningen-Huene/Linck/*Linck*, KSchG, § 9 Rn. 48.

552 BAG, AP Nr. 2 zu § 9 KSchG 1969.

553 *Herschel*, Anm. zu BAG, AP Nr. 24 zu § 7 KSchG. Vgl. auch *Herschel*, Anm. zu BAG, AP Nr. 2 zu § 9 KSchG 1969.

ein Verschulden des Arbeitgebers zu Grunde, kann das Gericht dem Arbeitnehmer eine höhere Abfindung zusprechen, die je nach Einzelfall die von § 10 KSchG bestimmten Höchstgrenzen erreichen kann.

3. Verschulden beider Arbeitsvertragsparteien

Ist sowohl dem Antragssteller als auch dem Antragsgegner ein Verschuldensvorwurf zu machen, sind die jeweiligen Verschuldensgesichtspunkte wie zuvor dargestellt in der Prüfung des Auflösungsgrundes zu bewerten und insbesondere bei der Bemessung der Abfindungshöhe zu berücksichtigen.

V. Beurteilungszeitpunkt

Maßgeblicher Zeitpunkt für die Beurteilung der Frage, ob das Arbeitsverhältnis zerrüttet ist, ist der Zeitpunkt der letzten mündlichen Verhandlung in der Tatsacheninstanz, also der letztmögliche Zeitpunkt innerhalb des Verfahrens in der ersten oder gegebenenfalls auch in der Berufungsinstanz.[554] Da die §§ 9, 10 KSchG die Auflösung eines in der Zukunft nicht mehr funktionsfähigen Arbeitsverhältnisses ermöglichen, ist es sinnvoll für die Beurteilung auf den letzten Stand der Vertragsbeziehung abzustellen.[555] Endet das Arbeitsverhältnis zwar nach dem maßgeblichen Zeitpunkt des § 9 Abs. 2 KSchG – dem Zeitpunkt, an dem das Arbeitsverhältnis bei sozial gerechtfertigter Kündigung geendet hätte –, aber vor der letzten mündlichen Verhandlung aufgrund eines anderweitigen Beendigungsgrundes,[556] ist bezüglich des Beurteilungszeitpunktes auf den Zeitraum zwischen dem Termin, zu dem die Kündigung gewirkt hätte, wenn die Kündigung sozial gerechtfertigt gewesen wäre (§ 9 Abs. 2 KSchG) und dem Beendigungszeitpunkt abzustellen.[557]

VI. Unzumutbarkeit der Fortführung des Arbeitsverhältnisses für den Arbeitnehmer

Das Arbeitsgericht hat das Arbeitsverhältnis gemäß § 9 Abs. 1 S. 1 KSchG auf Antrag des Arbeitnehmers aufzulösen, wenn diesem die Forstsetzung des Arbeitsverhältnisses nicht mehr zuzumuten ist.

---

554 BAG, NZA 2003, 261, 263. Auch für die (erstmalige) Entscheidung über die Auflösung in der Revisionsinstanz ist der letzte Zeitpunkt der Tatsacheninstanz entscheidend, da im Revisionsverfahren keine Tatsachenfeststellung mehr stattfindet. Vgl. dazu Schwarze/Eylert/Schrader/*Schwarze*, KSchG, § 9 Rn. 46, 22.

555 BAG, NJW, 1977, 695; Schwarze/Eylert/Schrader/*Schwarze*, KSchG, § 9 Rn. 46.

556 Das Arbeitsverhältnis darf bis zum Auflösungszeitpunkt des § 9 Abs. 2 KSchG nicht anderweitig beendet worden sein, da ansonsten eine gerichtliche Auflösung nicht mehr in Betracht kommt. Eine anderweitige Beendigung nach diesem Zeitpunkt macht die gerichtliche Auflösung hingegen nicht unmöglich.

557 BAG, NZA 2010, 1123, 1125; NZA 2014, 660, 661; vgl. auch BAG, NZA 2013, 1259, 1260.

1. Interessenlage

Die Norm des § 9 KSchG dient dem Ausgleich der wechselseitigen Interessen des Arbeitgebers und des Arbeitnehmers bei der Auflösung zerrütteter Arbeitsverhältnisse.[558] Der Auflösungsantrag bei Unzumutbarkeit der Fortführung des Arbeitsverhältnisses für den Arbeitnehmer nach § 9 Abs. 1 S. 1 KSchG mit der dazugehörigen Abfindungspflicht des Arbeitgebers soll dem Arbeitnehmer die Möglichkeit geben, ein Arbeitsverhältnis, das aus seiner Sicht nicht sinnvoll weitergeführt werden kann, auf Antrag einer Beendigung zuzuführen. Die aus der gerichtlichen Auflösung des Arbeitsverhältnisses zwingend resultierende Abfindungspflicht des Arbeitgebers soll den Arbeitnehmer für den zerrüttungsbedingten Verlust des Arbeitsplatzes entschädigen, der nach der Konzeption des Kündigungsschutzgesetzes eigentlich in seinem Bestand geschützt ist.[559] Erfüllt die Zerrüttung zugleich die Voraussetzungen einer außerordentlichen Kündigung des Arbeitnehmers gemäß § 626 BGB, kann der Arbeitnehmer bei entsprechendem Auflösungsverschulden des Arbeitgebers auch einen Schadensersatzanspruch gemäß § 628 Abs. 2 BGB geltend machen.[560] In diesem Fall dient die Regelung des § 9 Abs. 1 S. 1 KSchG der schnellen, einfachen und effektiven Auflösung des Arbeitsverhältnisses mit Abfindungszahlung für den Arbeitnehmer,[561] der weder eine Pflichtverletzung und ein Verschulden des Arbeitgebers[562] noch die Existenz eines Schadens sowie die doppelte Kausalität zwischen der Pflichtverletzung und der Beendigung einerseits und der Beendigung und dem Schaden andererseits darlegen und gegebenenfalls beweisen muss.

Umstritten ist, ob der Arbeitnehmer zudem auch einen Schadensersatzanspruch gemäß § 15 Abs. 1 AGG oder einen Entschädigungsanspruch gemäß § 15 Abs. 2 AGG geltend machen kann oder einer solchen Geltendmachung die Regelung des § 2 Abs. 4 AGG, der bestimmt, dass für Kündigungen ausschließlich die Bestimmungen des allgemeinen und besonderen Kündigungsschutzes gelten, entgegensteht. Das Bundesarbeitsgericht hat die Frage im Hinblick auf den Entschädigungsanspruch offen gelassen, hat aber festgestellt, dass eine Anwendung des § 15 Abs. 2 AGG auch auf unwirksame diskriminierende Kündigungen zumindest nicht systemfremd sei.[563] Zur Begründung eines Anspruchs aus § 15 AGG sei aber stets erforderlich, dass ein Kausalzusammenhang zwischen der benachteiligenden

---

558 BVerfG, NZA 2005, 41, 42.

559 BAG, AP Nr. 24 zu § 7 KSchG.

560 Siehe unten, Viertel Teil, D.II.3.c, zum Verhältnis des Schadensersatzanspruchs aus § 628 BGB zu dem Abfindungsanspruch aus §§ 9, 10 KSchG.

561 Schwarze/Eylert/Schrader/*Schwarze*, KSchG, § 9 Rn. 3.

562 Das Auflösungsverschulden des Arbeitgebers muss im Rahmen des § 628 Abs. 2 BGB zudem stets das Gewicht eines wichtigen Grundes i.S.d. § 626 Abs. 1 BGB haben. Siehe dazu unten: Viertel Teil, D.II.3.c.

563 BAG, NZA 2010, 280, 282.

Maßnahme, also der Kündigung, und dem Merkmal nach § 1 AGG bestehe.[564] Das LAG Bremen ging in einem späteren Urteil davon aus, dass der Geltendmachung eines Entschädigungsanspruchs aus § 15 Abs. 2 AGG die Ausschließlichkeitsanordnung des § 2 Abs. 4 AGG gerade nicht entgegenstehe.[565] In der Literatur ist die Anwendungsfrage umstritten.[566]

In praktischer Hinsicht stellt sich die Interessenlage so dar, dass der Arbeitgeber einem Auflösungsantrag des Arbeitnehmers in den seltensten Fällen widersprechen wird, weil ihm ein Widerspruch prozesstaktische Probleme bereitet. Der Arbeitgeber muss in diesem Fall im ersten Schritt darlegen und beweisen, dass die Kündigung zwar erforderlich und eine Weiterbeschäftigung nicht möglich war, um zunächst im Kündigungsschutzprozess die Feststellung der Sozialwidrigkeit der Kündigung zu vermeiden. Sollte er damit keinen Erfolg haben und die Kündigung vom Arbeitsgericht als sozialwidrig eingestuft werden, müsste er im zweiten Schritt umschwenken und nunmehr behaupten, die zuvor abgelehnte Weiterbeschäftigung des Arbeitnehmers sei diesem aber nicht unzumutbar, um einer Abfindungspflicht zu entgehen.[567]

2. *Besonderer Prüfungsmaßstab*

Nach der Schaffung der Regelungen zur Auflösung des Arbeitsverhältnisses gegen Abfindungszahlung mit dem KSchG von 1951, entwickelte sich die Rechtsprechung zunächst in die Richtung, dass der Begriff der Unzumutbarkeit aus § 9 Abs. 1 S. 1 KSchG demjenigen bei der arbeitnehmerseitigen außerordentlichen Kündigung nach § 626 Abs. 1 BGB entsprechen sollte.[568] Dies wurde damit begründet, dass es an einem ausreichenden Grund fehle, den übereinstimmenden Begriff in zwei Normen unterschiedlich zu bewerten.[569] Nunmehr setzt die arbeitsrechtliche Rechtsprechung jedoch unterschiedliche Beurteilungsmaßstäbe an und stellt höhere Anforderungen an eine Unzumutbarkeit nach § 626 Abs. 1 BGB als an eine Unzumutbarkeit für einen arbeitnehmerseitigen Auflösungsantrag nach § 9 Abs. 1 S. 1 KSchG. Diese Abstufung ergebe sich aus den unterschiedlichen Normzwecken. Während im Rahmen des § 626 Abs. 1 BGB zu prüfen ist, ob die Fortführung des Arbeitsverhältnisses bis zum Ablauf der Kündigungsfrist oder bis zu dem Zeitpunkt der vereinbarten Beendigung nicht zumutbar ist, ist bei

564 BAG, NZA 2010, 280, 283. Vgl. auch Schaub/*Linck*, Arbeitsrechts-Handbuch, § 36 Rn. 27a.

565 LAG Bremen, NZA-RR 2010, 510, 511 f.

566 Gegen eine Anwendung des § 15 AGG nach Ausspruch einer unwirksamen diskriminierenden Kündigung plädieren *Adomeit/Mohr*, NJW 2009, 2255, 2256. Für eine Anwendung auch in diesen Fall spricht sich ErfK/*Schlachter*, § 2 AGG Rn. 18 aus.

567 *Ammermüller*, DB 1975, Beilage 10, 1, 5.

568 Schwarze/Eylert/Schrader/*Schwarze*, KSchG, § 9 Rn. 40.

569 BAG, NJW 1965, 787; AP Nr. 1 zu § 9 KSchG 1969; LAG Schleswig-Holstein, DB 1981, 1627, 1628; LAG Hamburg, MDR 1982, 82.

§ 9 Abs. 1 S. 1 KSchG in den Blick zu nehmen, ob die Fortsetzung des Arbeitsverhältnisses überhaupt, also auf unbestimmte Dauer, zumutbar ist.[570] Daher wird ein zur außerordentlichen Kündigung berechtigender Sachverhalt erst recht die Auflösung nach §§ 9, 10 KSchG rechtfertigen.[571] Überdies ist zu beachten, dass der vom KSchG bezweckte Bestandsschutz nur zu Gunsten des sozial schutzwürdigen Arbeitnehmers gilt und dessen Antrag gerichtet auf Auflösung des Arbeitsverhältnisses somit grundsätzlich keine Ausnahme von der gesetzlichen Schutzrichtung darstellt.[572]

3. Fallgruppen der Unzumutbarkeit

Im Folgenden erscheint eine Systematisierung der einzelnen Sachverhalte, die zu einer Unzumutbarkeit der Fortführung des Arbeitsverhältnisses für den Arbeitnehmer führen können, in verschiedene Fallgruppen sinnvoll. Die Gründe, die generell geeignet sind die Zerrüttung zu begründen, müssen dabei nach derzeitiger Ausgestaltung der §§ 9, 10 KSchG entweder im Zusammenhang mit der Kündigung[573] oder mit dem Kündigungsschutzprozess beziehungsweise den darauf basierenden außergerichtlichen Auseinandersetzungen stehen.[574]

a. Zusammenhang mit der Kündigung

Die Unzumutbarkeit der Fortführung des Arbeitsverhältnisses für den Arbeitnehmer kann zunächst im Zusammenhang mit der Kündigung des Arbeitsverhältnisses durch den Arbeitgeber stehen, die Anlass für die Erhebung der Kündigungsschutzklage gegeben hat.

aa. Bloße Tatsache der Arbeitgeberkündigung

Teilweise wird vertreten, dass alleine der Ausspruch einer sozial nicht gerechtfertigten beziehungsweise unwirksamen Kündigung genüge, um eine Unzumutbarkeit der Fortführung des Arbeitsverhältnisses zu begründen. Durch die unberechtigte Kündigung setze der Arbeitgeber die rechtwidrige Erstursache i.S.e.

---

570 BAG, NJW 1982, 2015, 2016; NZA 1993, 362, 363; LAG Niedersachsen v. 18.04.2008 – 16 Sa 1249/07 – Juris; so auch bereits vor der höchstgerichtlichen Rechtsprechungsänderung: LAG Frankfurt, DB 1980, 1700, 1701; ArbG Hamburg, DB 1980, 2526.

571 Schwarze/Eylert/Schrader/*Schwarze*, KSchG, § 9 Rn. 40.

572 *Hansen*, in: Aspekte der Beendigung von Arbeitsverhältnissen, S. 315, 326.

573 *Bernhardt*, Alternativen zur Kündigung, Rn. 546, sieht das Erfordernis des Darlegens einer Unzumutbarkeit der Vertragsfortführung für den Arbeitnehmer als prozessuale Chance an, da dies eine Plattform für weiteren Sachvortrag biete, der regelmäßig bei Ausspruch der Kündigung noch nicht bekannt beziehungsweise noch nicht vorhanden war.

574 BAG, NZA 1993, 362, 363; *Bauer*, DB 1985, 1180, 1181; *Brugger*, NJW-Spezial 2011, 306.

Nebenpflichtverletzung für den Verlust des Arbeitsplatzes.[575] Der Arbeitgeber habe somit durch seine rechtsunwirksame Kündigung die Auflösung des Schuldverhältnisses veranlasst, was hier für eine Entschädigungszurechnung genüge.[576]

Dieser Ansicht kann nicht zugestimmt werden. Stellte man lediglich auf die Sozialwidrigkeit der Kündigung ab, hätte der Arbeitnehmer stets die Wahl zwischen der Weiterführung des Arbeitsverhältnisses oder der Auflösung des Arbeitsverhältnisses nebst Abfindungszahlung; die Voraussetzung der Unzumutbarkeit der Fortführung des Arbeitsverhältnisses liefe leer.[577] Da die unfreiwillige Beendigung eines Arbeitsverhältnisses im Zweifel immer zumindest zu Spannungen zwischen den Arbeitsvertragsparteien führt, muss sich die Unzumutbarkeit vielmehr aus weiteren, dazu tretenden Gründen ergeben.[578] Dies gelte nach der Rechtsprechung des Bundesarbeitsgerichts selbst dann, wenn der Arbeitnehmer infolge des Ausspruchs einer sozialwidrigen Kündigung erkranke, da sich insofern lediglich ein allgemeines Lebensrisiko verwirkliche; ein Auflösungsgrund i.S.d. § 9 Abs. 1 S. 1 KSchG liege nur vor, wenn der Arbeitgeber ein über die Sozialwidrigkeit hinausgehendes, von der Rechtsordnung missbilligtes Verhalten gezeigt habe.[579] Die rein sozialwidrige beziehungsweise unwirksame Kündigung des Arbeitgebers begründet somit noch keine Unzumutbarkeit i.S.d. § 9 Abs. 1 S. 1 KSchG. Etwas anderes kann jedoch bei dem Ausspruch einer sittenwidrigen[580] oder einer offensichtlich unwirksamen Kündigung[581] gelten.

---

575 *Boewer*, RdA 2001, 380, 398. Siehe auch *K. Gamillscheg*, Beendigung des Arbeitsverhältnisses, S. 51 f., die dem Mobilitätsinteresse des Arbeitnehmers aus Art. 12 Abs. 1 GG in der Abwägung mit den Arbeitgeberinteressen einen größeren Stellenwert einräumt. Vgl. auch LAG Frankfurt, BB 1981, 122; *Duvigneau*, Die gerichtliche Auflösung des Arbeitsverhältnisses, S. 169; *Hofmann*, ZfA 1970, 63, 76 ff., will zwar nicht ganz auf das Rechtsfertigungserfordernis verzichten, arbeitet aber heraus, dass bei der Beurteilung der Unzumutbarkeit der Vertragsfortführung für den Arbeitnehmer kein strenger Maßstab anzuwenden ist.

576 *Boewer*, RdA 2001, 380, 398

577 BAG, NZA 1993, 362, 363; LAG Rheinland-Pfalz, v. 19.04.2007 – 11 Sa 7/07 – Juris; *Ammermüller*, DB 1975, Beilage 10, 1, 5; *Keßler*, NZA-RR 2002, 1, 7. Ein rechtfertigungsfreier Auflösungsantrag des Arbeitnehmers belaste den Arbeitgeber nach der Ansicht von *Hromadka*, ZfA 2002, 383, 394, hingegen nicht über Gebühr, da dieser zugleich sein verfolgtes Ziel, die Beendigung des Arbeitsverhältnisses mit dem Arbeitnehmer, erreiche.

578 LAG Schleswig-Holstein, NZA-RR 2005, 132, 135.

579 BAG, NJW 2013, 3388, 3391.

580 Siehe hierzu LAG Schleswig-Holstein v. 22.06.2011 – 3 Sa 95/11 – Juris, Rn. 85, das einen Auflösungsantrag für begründet erachtete, der auf einer Kündigung wegen der Eheschließung des Arbeitnehmers mit einer chinesischen Arbeitnehmerin und dem daraus angeblich resultierenden Sicherheitsrisiko beruhte.

581 Siehe hierzu den nächsten Gliederungspunkt.

bb. Art und Weise der Kündigung

Eine Unzumutbarkeit der Fortführung des Arbeitsverhältnisses für den Arbeitnehmer kann aus der Art und Weise der Kündigung des Arbeitsverhältnisses durch den Arbeitgeber resultieren. Eine Unzumutbarkeit kann zum Beispiel angenommen werden, wenn der Arbeitgeber den Arbeitnehmer im Rahmen der Kündigung vor versammelter Belegschaft bloßgestellt oder unzutreffende, ehrverletzende Behauptungen über die Person oder das Verhalten des Arbeitnehmers trifft und somit das Vertrauensverhältnis zwischen den Arbeitsvertragsparteien beschädigt.[582] So hielt das LAG Schleswig-Holstein die Weiterbeschäftigung für einen Arbeitnehmer, der in einer Bank arbeitete, für unzumutbar, da diesem ohne Vorhandensein entsprechender Tatsachen leichtfertig die Begehung eines Vermögensdelikts vom Arbeitgeber unterstellt wurde, ohne dass der Arbeitgeber entlastende Ermittlungen angestellt oder Widersprüchlichkeiten zu Gunsten des Arbeitnehmers berücksichtigt hatte. Zudem hatte der Arbeitgeber die Behauptung der Verfehlung des Arbeitnehmers im Intranet veröffentlicht.[583] In einem weiteren Fall befand das LAG Schleswig-Holstein eine Weiterbeschäftigung für einen Arbeitnehmer, der im Pflegebereich tätig war, für unzumutbar, da der Arbeitgeber leichtfertig behauptet hatte, der Arbeitnehmer habe sich verantwortungslos verhalten, was insbesondere im Pflegebereich einen schweren Vorwurf darstellt.[584]

Auch eine offensichtlich unbegründete Kündigung des Arbeitsverhältnisses durch den Arbeitgeber kann grundsätzlich zu einer Unzumutbarkeit der Fortführung des Arbeitsverhältnisses für den Arbeitnehmer führen.[585] Die offensichtliche Unbegründetheit kann sich dabei zum Beispiel in einer völlig unverhältnismäßigen Reaktion auf ein geringfügiges Fehlverhalten des Arbeitnehmers zeigen.[586] Insofern hielt das LAG Niedersachsen eine Kündigung für schikanös, die sich auf eine vermeintliche unberechtigte Abwesenheit des Arbeitnehmers stütze. Die Abwesenheit des Arbeitnehmers stand jedoch tatsächlich im Zusammenhang mit rechtsmissbräuchlich verweigerten Urlaubstagen beziehungsweise verwehrter Freistellung wegen vorübergehender Verhinderung aufgrund einer erforderlichen Kinderbetreuung durch den Arbeitgeber. Eine Fortsetzung des Arbeitsverhältnisses war dem Arbeitnehmer in diesem Fall unzumutbar.[587]

Noch weiter als das LAG Niedersachsen geht *Neef*, der schon dann von einer offensichtlich unbegründeten Kündigung ausgeht, die eine Unzumutbarkeit für den Arbeitnehmer i.S.d. § 9 Abs. 1 S. 1 KSchG begründet, wenn der Arbeitgeber eine

---

582 *Ascheid*, Kündigungsschutzrecht, Rn. 800; *Bernhardt*, Alternativen zur Kündigung, Rn. 566; *H. Haas*, FA 2010, 104; *Hohn*, BB 1963, 1100; *Hümmerich*, NZA 1999, 342, 343; *Kaufmann*, BB 1952, 750, 751; *Neef*, in: FS für Buchner, S. 665, 667.

583 LAG Schleswig-Holstein, NZA-RR 2005, 132, 135 f.

584 LAG Schleswig-Holstein v. 15.09.2009 – 2 Sa 105/09 – Juris.

585 *Ammermüller*, DB 1975, Beilage 10, 1, 5; *Bauer*, DB 1985, 1180, 1181.

586 *Busemann/Schäfer*, Kündigung und Kündigungsschutz, Rn. 691.

587 LAG Niedersachsen v. 18.04.2008 – 16 Sa 1249/07 – Juris.

verhaltensbedingte Kündigung ohne vorherige Abmahnung ausspricht, eine Beteiligung des Betriebsrats gemäß § 102 des Betriebsverfassungsgesetzes (BetrVG) unterlässt oder vor Ausspruch einer betriebsbedingten Kündigung keine Sozialauswahl vornimmt.[588] Eine Unzumutbarkeit der Vertragsfortführung für den Arbeitnehmer sei in diesen Fällen gegeben, da der Arbeitgeber, der widerrechtlich eine Kündigung ausgesprochen hat, den Arbeitnehmer dadurch vorübergehend in eine wirtschaftliche und tatsächliche Zwangslage, mithin eine Situation der Existenznot, versetzt hat.[589] Diese Ansicht erscheint jedoch zu weit gehend, da in den oben beschriebenen Fällen eine Abgrenzung zwischen der reinen Sozialwidrigkeit und der offensichtlichen Unwirksamkeit schwer fällt und somit Abgrenzungsschwierigkeiten auftreten. Es muss indessen vermieden werden, dass im Ergebnis jede Sozialwidrigkeit der Kündigung eine Zerrüttung i.S.d. § 9 Abs. 1 S. 1 KSchG begründet.

cc. Verstoß der Kündigung gegen das Allgemeine Gleichbehandlungsgesetz

Eine Unzumutbarkeit der Fortführung des Arbeitsverhältnisses für den Arbeitnehmer kann auch aus einem Verstoß der Kündigung gegen das AGG resultieren. Bereits vor der Schaffung des AGG im Jahr 2006 bejahte das LAG Hamm eine Unzumutbarkeit der Fortführung des Arbeitsverhältnisses für den Arbeitnehmer aufgrund einer diskriminierenden Kündigung, die auf der Nationalität des Arbeitnehmers beruhte.[590] In diesem Fall stütze der Arbeitgeber die Kündigung auf den Umstand, dass zu viele ausländische Arbeitnehmer im Betrieb beschäftigt seien; alle Arbeitnehmer, die die gleiche Nationalität aufwiesen wie der klagende Arbeitnehmer wurden gekündigt.[591] Nach derzeitiger Rechtslage könnte eine solche Kündigung wegen eines Verstoßes gegen das Benachteiligungsverbot aus § 7 AGG sozialwidrig gemäß § 1 Abs. 1 KSchG sein. Die Diskriminierungsverbote des AGG stellen insoweit Konkretisierungen des Begriffs der Sozialwidrigkeit dar. Eine Kündigung, deren Sozialwidrigkeit sich sowohl in dem Fehlen eines Kündigungsgrundes als auch in einem Verstoß gegen das AGG zeigt, wird in den meisten Fällen dazu führen, dass dem Arbeitnehmer die Fortsetzung des Arbeitsverhältnisses unzumutbar ist. Auch bei einer Kündigung, die zwar auf einem Kündigungsgrund gemäß § 1 Abs. 2 KSchG beruht, aber trotzdem gegen ein Diskriminierungsverbot des AGG verstößt, müsste der Arbeitnehmer berechtigt sein, einen Auflösungsantrag zu stellen, wenn sich die Fortführung des Arbeitsverhältnisses für ihn als unzumutbar darstellt, da die

588 *Neef*, in: FS für Buchner, S. 665, 669 ff.

589 *Neef*, in: FS für Buchner, S. 665, 669 ff., zieht insofern einen Wertungsvergleich mit der Situation, in welcher der Arbeitnehmer berechtigt ist, einen Auflösungsvertrag gemäß § 123 BGB wegen einer widerrechtlichen Drohung anzufechten, wenn ihm mit einer offensichtlich unbegründeten Kündigung gedroht wurde.

590 LAG Hamm, RzK I 11b Nr. 12; *Keßler*, NZA-RR 2002, 1, 7.

591 LAG Hamm, RzK I 11b Nr. 12.

Rechtsprechung einen Verstoß der Kündigung gegen ein Diskriminierungsverbot des AGG als Sozialwidrigkeit i.S.d. § 1 KSchG wertet.[592]

dd. Echte Druckkündigung

Der Ausspruch einer unwirksamen betriebsbedingten echten Druckkündigung[593] des Arbeitgebers kann insbesondere dann eine Unzumutbarkeit der Fortführung des Arbeitsverhältnisses für den Arbeitnehmer bedeuten, wenn diese auf einem Entlassungsverlangen von Kollegen des gekündigten Arbeitnehmers beruht.[594] In diesem Fall besteht die Gefahr, dass der Arbeitnehmer bei Wiederaufnahme der Arbeit von seinen Arbeitskollegen nicht ordnungsgemäß und kollegial behandelt wird und eine weitere Zusammenarbeit für ihn somit unzumutbar ist.[595] Denkbar ist überdies die Situation, dass der Arbeitgeber seine unbegründete Druckkündigung auf Umstände stützt, die keinen Bezug zum Arbeitsverhältnis haben, wie zum Beispiel eine von Dritten angefachte und vom Arbeitgeber aufgegriffene Kritik an der sexuellen Orientierung des Arbeitnehmers, und dem Arbeitnehmer unter diesen Umständen eine Weiterbeschäftigung unzumutbar ist.[596]

ee. Ausspruch weiterer Kündigungen

Spricht der Arbeitgeber weitere Kündigungen aus und bringt damit unmissverständlich seinen unbedingten Auflösungswillen zum Ausdruck, begründet dies noch keine Unzumutbarkeit der Vertragsfortführung für den Arbeitnehmer.[597] Auch die Ankündigung, der Arbeitgeber wolle alle rechtlichen Mittel ausschöpfen, um seine unternehmerische Entscheidung weiterzuverfolgen, hält sich noch im Rahmen der Wahrnehmung berechtigter Interessen und stellt kein unzumutbares Verhalten dar. Insbesondere die Ankündigung einer erneuten, nunmehr aus Sicht des Arbeitgebers sozial gerechtfertigten Kündigung ist – ohne das Vorliegen

---

592 Schwarze/Eylert/Schader/*Schwarze*, KSchG, § 9 Rn. 33. Das Antragsrecht solle dem Schutzzweck des AGG nach dabei nur dem Arbeitnehmer zustehen. Dies erscheint nicht zwingend, da auch dann Gründe eintreten können, die eine den Betriebszwecken dienliche weitere Zusammenarbeit für den Arbeitgeber nicht erwarten lassen, wenn der Arbeitgeber eine Kündigung ausgesprochen hat, die nicht mit dem AGG im Einklang steht. Siehe dazu ausführlich unten: Vierter Teil, C.II.3.d.bb.

593 Siehe zur Druckkündigung oben: Dritter Teil, B.I.3.b.bb.

594 *E. M. Wolf*, Druckkündigung mit diskriminierendem Hintergrund, S. 50 f.

595 *E. M. Wolf*, Druckkündigung mit diskriminierendem Hintergrund, S. 50 f.

596 *E. M. Wolf*, Druckkündigung mit diskriminierendem Hintergrund, S. 50.

597 BAG, AP Nr. 48 zu § 9 KSchG 1969; Schwarze/Eylert/Schrader/*Schwarze*, KSchG, § 9 Rn. 39. Etwas anders *Bauer*, FS für Hanau, S. 151, 154; *ders.*, ArbAktuell 2010, 3; der zusätzliche Personalmaßnahmen des Arbeitgebers im Zusammenhang mit einer sozialwidrigen Kündigung, wie zum Beispiel einen einseitige Freistellung oder eine zusätzliche unwirksame fristlose Kündigung, als auflösungsträchtig ansieht.

weiterer Umstände – nicht als rechtswidrig anzusehen.[598] Eine Unzumutbarkeit der Fortführung des Arbeitsverhältnis für den Arbeitnehmer kann jedoch dann angenommen werden, wenn dieser nach Rückkehr in den Betrieb sofort wieder mit einer unberechtigten Kündigung rechnen muss.[599]

b. Zusammenhang mit dem Kündigungsschutzprozess

Weiter kann sich eine Unzumutbarkeit der Fortführung des Arbeitsverhältnisses für den Arbeitnehmer auch aus dem Verhalten der Arbeitsvertragsparteien während des Kündigungsschutzprozesses ergeben.

aa. Prozessführung des Arbeitgebers

Selbst wenn im Kündigungsschutzprozess gewisse für den Arbeitnehmer unangenehme Einzelheiten oder Umstände zu Tage treten, kann alleine die übliche Prozessführung des Arbeitgebers mit dem Ziel den Kündigungsschutzprozess zu gewinnen die Fortführung des Arbeitsverhältnisses für den Arbeitnehmer nicht unzumutbar machen.[600] Die Verteidigung eigener Rechte des Arbeitgebers im Kündigungsschutzprozess ist vielmehr Ausdruck seiner Grundrechte. Durch das Arbeitsverhältnis sind insbesondere die Berufsfreiheit des Arbeitgebers aus Art. 12 Abs. 1 GG, seine Vertragsfreiheit aus Art. 2 Abs. 1 GG, als besondere Ausprägung der allgemeinen Handlungsfreiheit, und die Eigentumsgarantie des Art. 14 GG tangiert. Die übliche Verteidigung dieser Rechte muss dem Arbeitgeber ohne die Befürchtung von Nachteilen möglich sein.

Ein über die Verteidigung eigener Interessen hinausgehendes aggressives Verhalten des Arbeitgebers während des Kündigungsschutzprozesses kann hingegen geeignet sein, eine Unzumutbarkeit der Fortführung des Arbeitsverhältnisses für den Arbeitnehmer zu begründen.[601] Ein solches Verhalten kann zum Beispiel in der Infragestellung der Ehrlichkeit des Arbeitnehmers,[602] einer Herabsetzung des Arbeitnehmers, einer unzutreffenden Infragestellung der Qualifikation des

---

598 BAG, AP Nr. 48 zu § 9 KSchG 1969.

599 *Ascheid*, Kündigungsschutzrecht, Rn. 800; *Keßler*, NZA-RR 2002, 1, 7; vgl. auch LAG Hamburg v. 13.02.2013 – 5 Sa 58/12 – Juris, Rn. 28.

600 *Ammermüller*, DB 1975, Beilage 10, 1, 5; *H. Haas*, FA 2010, 104, 105; *Holthausen/Holthausen*, NZA-RR 2007, 449, 450.

601 *Busemann/Schäfer*, Kündigung und Kündigungsschutz, Rn. 692; *Hohn*, BB 1963, 1100. Das LAG Bremen-Bremerhaven, v. 06.04.2006 – 7 Ca 7211/04 – Juris, hielt die Fortsetzung des Arbeitsverhältnisses für den Arbeitnehmer für unzumutbar, nachdem der Geschäftsführer des Arbeitgebers während der Güteverhandlung kundtat, dass er in jedem Fall jede Instanz in Anspruch nehmen werde, um aus dem Prozess eines Musterprozess zu machen, und zudem veranlassen werde, dass der Arbeitnehmer kein positives Arbeitszeugnis erhalte.

602 In dem Urteil des BAG, RzK I 11c Nr. 13, zweifelte der Arbeitgeber an der Berechtigung des behandelnden Arztes, den Arbeitnehmer krankzuschreiben.

Arbeitnehmers oder unzutreffenden ehrenrührigen Aussagen über den Arbeitnehmer bestehen.[603]

bb. Störung des Verhältnisses zu Vorgesetzten und Kollegen

Weiter kann die Unzumutbarkeit der Fortführung des Arbeitsverhältnisses auf eine Störung des Vertrauensverhältnisses zwischen dem Arbeitnehmer und seinen Vorgesetzten beziehungsweise Arbeitskollegen gestützt werden, die aus dem Verhalten während des Kündigungsschutzprozesses herrühren. Eine solche Situation ist zum Beispiel in dem Fall denkbar, in dem sich ein Arbeitnehmer erfolgreich gegen eine betriebsbedingte Kündigung wehrt indem er die erfolgte Sozialauswahl angreift und darauf verweist, dass eigentlich ein anderer, näher bezeichneter Kollege an seiner Stelle hätte gekündigt werden müssen.[604] Auch ein Kündigungsschutzverfahren, dass mit einer derartigen Schärfe geführt wurde, dass der Arbeitnehmer mit einem schikanösen Verhalten der Vorgesetzten und der anderen Kollegen rechnen muss, wenn er in den Betrieb zurückkehrt, ist generell geeignet die Unzumutbarkeit der Vertragsfortführung zu begründen.[605] Zudem kann einem Arbeitnehmer nicht zugemutet werden, in einen Betrieb zurückzukehren, wenn zu erwarten ist, dass er dort Mobbingattacken, also systematischen Anfeindungen, Schikanen oder Diskriminierungen, seines Arbeitgebers oder Kollegen ausgesetzt ist.[606]

cc. Zukünftiges vertragswidriges Verhalten des Arbeitgebers

Auch ein sich bereits im Kündigungsschutzprozess oder auch außerprozessual abzeichnendes oder angekündigtes zukünftiges vertragswidriges Verhalten des Arbeitgebers ist geeignet eine Unzumutbarkeit der Vertragsfortführung für den Arbeitnehmer zu begründen.[607] Ein solches vertragswidriges Verhalten des Arbeitgebers kann zum Beispiel in einem Verhalten des Arbeitgebers gesehen werden, dass den Schluss nahe legt, dass der Arbeitgeber den Arbeitnehmer im Falle einer Rückkehr

---

603 LAG München v. 26.08.2010 – 3 Sa 196/10 – Juris; Schwarze/Eylert/Schrader/*Schwarze*, KSchG, § 9 Rn. 41.

604 LAG Hamm, DB 1975, 1514; *H. Haas*, FA 2010, 104, 105; *Hümmerich*, NZA 1999, 342, 343.

605 BAG, AP Nr. 48 zu § 9 KSchG 1969.

606 LAG Rheinland-Pfalz, v. 19.04.2007 – 11 Sa 7/07 – Juris. Das LAG Rheinland-Pfalz, v. 04.06.2009 – 11 Sa 66/09 – Juris, weist jedoch darauf hin, dass im Arbeitsleben übliche Konfliktsituationen, auch wenn sie sich über einen längeren Zeitraum erstrecken, als sozialadäquates Verhalten grundsätzlich hinzunehmen sind. Es sei dem täglichen Zusammenarbeiten mit anderen Menschen immanent, dass sich Reibungen und Konflikte ergeben, ohne dass diese Ausdruck des Ziels seien, den anderen systematisch in seiner Wertigkeit gegenüber Dritten oder sich selbst zu verletzen.

607 BAG, AP Nr. 48 zu § 9 KSchG 1969; LAG Niedersachen v. 18.04.2008 – 16 Sa 1249/07 – Juris, Rn. 48; *H. Haas*, FA 2010, 104 f.; Schwarze/Eylert/Schrader/*Schwarze*, KSchG, § 9 Rn. 41.

in den Betrieb gegenüber den übrigen Mitarbeitern benachteiligen oder sonst wie unkorrekt behandeln werde.[608] Eine zu erwartende unkorrekte Behandlung kann sich dabei zum Beispiel schon durch die Infragestellung der beruflichen Qualifikation des Arbeitgebers während des Kündigungsschutzprozesses abzeichnen.[609]

dd. Neues Arbeitsverhältnis des Arbeitnehmers

Die Fortführung des Arbeitsverhältnisses könnte für den Arbeitnehmer unzumutbar i.S.d. § 9 Abs. 1 S. 1 KSchG sein, wenn er im Laufe des Kündigungsschutzprozesses das Interesse an dem Erhalt seines Arbeitsplatzes verloren hat, was insbesondere in dem Fall gelten wird, in dem der Arbeitnehmer bereits eine andere Stelle gefunden hat. Die Begründung eines neuen Arbeitsverhältnisses durch den Arbeitnehmer ist jedoch abschließend in § 12 KSchG geregelt, der von einem Erlöschen des Arbeitsverhältnisses durch Erklärung des Arbeitnehmers gegenüber dem Arbeitgeber ohne Entschädigungspflicht ausgeht.[610] Aufgrund der abschließenden Regelung bleibt kein Raum für eine Unzumutbarkeit nach § 9 Abs. 1 S. 1 KSchG, die eine Entschädigungspflicht des Arbeitgebers auslöst.[611] Liegen andere Gründe vor, die eine Unzumutbarkeit der Fortführung des Arbeitsverhältnisses für den Arbeitnehmer begründen, steht das Eingehen eines neuen Arbeitsverhältnis einer Auflösung des Arbeitsverhältnisses nebst Abfindungszahlung gemäß §§ 9, 10 KSchG aber auch nicht entgegen.

c. Zusammenfassung

Die obigen Ausführungen haben gezeigt, dass fast alle Sachverhalte, die eine Unzumutbarkeit der Fortführung des Arbeitsverhältnisses für den Arbeitnehmer begründen, aus der Sphäre des Arbeitgebers stammen, ohne dass jedoch ein Verschulden des Arbeitgebers vorausgesetzt wird. Eine Zurechnung zum Arbeitgeber ist sowohl bei Bloßstellungen und unzutreffenden ehrverletzenden Behauptungen über den Arbeitnehmer im Zusammenhang mit dem Ausspruch der Kündigung oder dem Kündigungsschutzprozess als auch bei einer unverhältnismäßigen Reaktion auf geringfügiges Fehlverhalten des Arbeitnehmers, die der Arbeitgeber der Kündigung

---

608 *Ascheid*, Kündigungsschutzrecht, Rn. 800; *Bernhardt*, Alternativen zur Kündigung, Rn. 566; *Hümmerich*, NZA 1999, 342, 343; *Keßler*, NZA-RR 2002, 1, 7. In dem Urteil des LAG Rheinland-Pfalz v. 14.03.2007 – 8 Sa 910/06 – Juris, erklärte der Prozessbevollmächtigte des Arbeitgebers mehrmals, der Arbeitnehmer habe bei dem Arbeitgeber „ohnehin keine Chance mehr".

609 BAG, AP Nr. 8 zu § 9 KSchG 1969.

610 *Ammermüller*, DB 1975, Beilage 10, 1, 5; *Auffarth*, DB 1969, 528, 529; *Bauer*, FS für Hanau, S. 151, 152; *ders.*, ArbAktuell 2010, 3; *Busemann/Schäfer*, Kündigung und Kündigungsschutz, Rn. 692; *H. Haas*, FA 2010, 104, 105; *Timke*, Bestandsschutz im Arbeitsverhältnis, S. 118.

611 *Boewer*, RdA 2001, 380, 400; *Kaufmann*, BB 1952, 750, 751; *Keßler*, NZA-RR 2002, 1, 7; Schwarze/Eylert/Schrader/*Schwarze*, KSchG, § 9 Rn. 43.

zugrunde legt, oder einem Verstoß gegen das AGG möglich. Auch ein angedrohtes zukünftiges vertragswidriges oder schikanöses Verhalten des Arbeitgebers nach Rückkehr des Arbeitnehmers in den Betrieb, ist dem Verantwortungsbereich des Arbeitgebers zuzurechnen. Allenfalls die Unzumutbarkeit der Fortführung des Arbeitsverhältnisses aufgrund der Zerrüttung des Vertrauensverhältnisses zu Kollegen durch die Kündigung oder aufgrund des Verlaufs des Kündigungsschutzprozesses muss nicht dem Arbeitgeber zurechenbar sein.

Dem Arbeitnehmer ist es also möglich, eine Auflösung des Arbeitsverhältnisses gegen Abfindungszahlung zu erreichen, wenn ihm die Fortsetzung wegen der Zerrüttung des Vertrauensverhältnis unzumutbar ist, wobei die Unzumutbarkeit zumeist auf einem zurechenbaren Verhalten des Arbeitgebers beruht, dem jedoch keine Verschuldensvorwurf gemacht werden muss.

VII. Nichterwartbarkeit weiterer gedeihlicher Zusammenarbeit für den Arbeitgeber

Gemäß § 9 Abs. 1 S. 2 KSchG hat das Arbeitsgericht das Arbeitsverhältnis auf Antrag des Arbeitgebers aufzulösen, wenn Gründe vorliegen, die eine dem Betriebszweck dienliche weitere Zusammenarbeit zwischen den Arbeitsvertragsparteien nicht erwarten lassen.[612]

1. Interessenlage

Die Norm des § 9 KSchG dient dem Ausgleich der wechselseitigen Interessen des Arbeitgebers und des Arbeitnehmers bei der Auflösung zerrütteter Arbeitsverhältnisse.[613] Die Auflösungsmöglichkeit des Arbeitgebers nach § 9 Abs. 1 S. 2 KSchG soll diesem die Chance eröffnen, ein nicht mehr funktionsfähiges Arbeitsverhältnis zu beenden, obgleich die vorliegende Zerrüttung selbst keinen Kündigungstatbestand nach § 1 Abs. 2 KSchG erfüllt und das Arbeitsverhältnis eigentlich fortgesetzt werden müsste.[614] Der Norm liegt die Erwägung zu Grunde, dass es insbesondere während eines Kündigungsschutzprozesses zu zusätzlichen Spannungen zwischen den Arbeitsvertragsparteien kommen kann, die eine Fortsetzung des Arbeitsverhältnisses sinnlos erscheinen lassen.[615] Diese Auflösungsmöglichkeit wandelt den

---

612 Darüber hinaus ist die Auflösung des Arbeitsverhältnisses gemäß Art. 56 Abs. 2a des Zusatzabkommens zum NATO-Truppenstatur für Zivilbedienstete der in Deutschland stationierten alliierten NATO-Streitkräfte auch dann möglich, wenn schutzwürdige militärische Geheimnisse der Fortsetzung des Arbeitsverhältnisses entgegenstehen.

613 BVerfG, NZA 2005, 41, 42.

614 KR/*Spilger*, § 9 KSchG Rn. 58; Schwarze/Eylert/Schrader/*Schwarze*, KSchG, § 9 Rn. 2.

615 BAG, NZA 2006, 363, 364.

sozialen „echten" Bestandsschutz[616] in diesem speziellen Fall zu Gunsten eines funktionierenden Arbeitsverhältnisses in einen Abfindungsschutz.[617] Die Abfindung, die der Arbeitnehmer bei der Auflösung des Arbeitsverhältnisses zu zahlen hat, entschädigt den Arbeitnehmer sodann für den durch die Zerrüttung eigentlich sozial nicht gerechtfertigten Verlust des Arbeitsplatzes.[618]

Zudem kann es für den Arbeitgeber interessant sein, auf einen Sachverhalt, der an sich auch eine erneute Kündigung rechtfertigen würde, einen Auflösungsantrags zu stützen, da das Arbeitsverhältnis sodann ohne weiteren Verfahrensaufwand und erneutes Prozessrisiko zum Zeitpunkt des Ablaufs der Kündigungsfrist der bereits ausgesprochenen sozialwidrigen Kündigung durch gerichtliche Entscheidung beendet wird.[619] Obgleich der Arbeitgeber in diesem Fall eine Abfindung zu zahlen hätte, die bei sozial gerechtfertigter Kündigung nicht anfiele, müsste das Arbeitsverhältnis nicht bis zum Ablauf der Kündigungsfrist einer weiteren Kündigung fortgeführt werden. Die gemäß §§ 9, 10 KSchG vom Gericht festzusetzende Abfindungszahlung wird den Arbeitgeber – je nach Länge der Kündigungsfrist – nicht mehr belasten

---

616 Dieser „echte" Bestandsschutz im deutschen Kündigungsschutzrecht hat auch einen positiven Effekt für den Arbeitgeber, da dieser sich bei sozial gerechtfertigter Kündigung ohne weitere Verpflichtungen von dem Arbeitnehmer trennen kann. *Kamanabrou*, in: Transparenz und Reform, § 3 Rn. 2.

617 Das BVerfG, AP Nr. 17 zu § 23 KSchG 1969, spricht insofern von der „Ummünzung" des Bestandsschutzes. Vgl. auch *Fuhlrott*, Anm. zu BAG, BB 2010, 2378; Schwarze/Eylert/Schrader/*Schwarze*, KSchG, § 9 Rn. 2. *Duvigneau*, Die gerichtliche Auflösung des Arbeitsverhältnisses, S. 47 f., ordnet den Abfindungsschutz hingegen als Teilelement des Bestandsschutzes ein, der neben dem Erhaltungsschutz stehe. Der Bestand des Arbeitsverhältnisses lasse sich sowohl in institutionalisierter als auch in kapitalisierter Gestalt erfassen. Eine solche Herangehensweise verwässert aber den Begriff des „echten" Bestandsschutzes, da ein der Höhe nach begrenzter finanzieller Ausgleich für den Arbeitnehmer lediglich einen Zeitschutz und keinen Schutz vor dem Verlust seines Arbeitsplatzes bietet. Von einem Mehrwert des Bestandsschutzes gegenüber dem Abfindungsschutz spricht auch *Preis*, RdA 2003, 65, 70. Auch *Duvigneau* hält die Einordnung des Abfindungsschutzes als Teilelement des Bestandsschutzes nicht stringent durch, da er die Abfindung an anderer Stelle (S. 59) als Ausgleich für die Durchbrechung des zukunftsorientierten substanziellen Bestandsschutz bezeichnet. Darüber hinaus wohne der Regelung der §§ 9, 10 KSchG nach *Duvigneau* auch eine präventive Ausrichtung inne, da der Arbeitgeber aufgrund der Existenz dieser Regelung veranlasst sei, im Vorfeld der beabsichtigten Kündigung dem Arbeitnehmer vergleichsweise eine Abfindungszahlung anzubieten, selbst wenn die Kündigung den rechtlichen Anforderungen entspräche. Auch diese Annahme ist wenig überzeugend, da der Arbeitgeber mit dem Angebot einer Abfindung für die einvernehmliche Vertragsbeendigung eher eine schnelle und rechtssichere Lösung herbeiführen und einen Kündigungsschutzprozess über mehrere Instanzen vermeiden will, als eine Auflösung nach §§ 9, 10 KSchG zu umgehen. So auch *Fahl*, Abfindungszahlung, S. 2.

618 BAG, AP Nr. 24 zu § 7 KSchG.

619 Schwarze/Eylert/Schrader/*Schwarze*, KSchG, § 9 Rn. 2.

als die (Annahmeverzugs-) Lohnansprüche, die bis zum Ablauf der Kündigungsfrist einer weiteren Kündigung zu zahlen wären. Zudem kann die erneute Anhörung des Betriebsrates gemäß § 102 BetrVG und die Beteiligung des Integrationsamtes gemäß § 85 des Neunten Sozialgesetzbuches (SGB IX) vermieden werden.

In praktischer Hinsicht ist jedoch davon auszugehen, dass der Arbeitgeber den Auflösungsantrag – zumindest in erster Instanz vor den Arbeitsgerichten zu Beginn des Prozesses – eher vermeidet.[620] Dies begründet sich damit, dass der antragstellende Arbeitgeber befürchten muss, die Antragstellung deute darauf hin, dass er selbst die soziale Rechtsfertigung der Kündigung zumindest anzweifele und die Option einer Abfindungszahlung für den Arbeitnehmer deswegen von Anfang an in Betracht ziehe.[621] Zudem wird der Arbeitgeber zumeist bestrebt sein, sich – soweit eine Abfindungszahlung für ihn generell in Betracht kommt – im Laufe des Kündigungsschutzverfahrens eivernehmlich mit dem Arbeitnehmer zu einigen, um eine Festsetzung der Abfindungssumme durch das Gericht zu vermeiden.[622]

2. *Besonderer Prüfungsmaßstab*

Bei der Prüfung des arbeitgeberseitigen Auflösungsgrundes sind sowohl die maßgeblichen Prinzipien des Kündigungsschutzrechts als auch die Besonderheiten des jeweils aufzulösenden Arbeitsverhältnisses zu beachten. Eine reine Wiederholung des Sachverhalts, auf den der Arbeitgeber bereits die Kündigung gestützt hat, reicht insofern nicht aus.

a. *Beachtung der maßgeblichen Prinzipien des Kündigungsschutzrechts*

Das KSchG ist nach seiner Konzeption und nach der arbeitsrechtlichen Rechtsprechung als Bestandsschutzgesetz anzusehen.[623] Dieser Bestandsschutz wird durch die Regelungen der §§ 9, 10 KSchG insofern durchbrochen beziehungsweise modifiziert, als die durch die sozialwidrige Kündigung verursachte Zerrüttung ihrerseits nicht die – formellen und materiellen – Voraussetzungen eines Kündigungstatbestand erfüllen muss, das Arbeitsverhältnis somit eigentlich fortgesetzt werden müsste.[624]

---

620 *Fuhlrott/Balupuri-Beckmann*, AuA 2013, 640, 642.

621 *Ammermüller*, DB 1975, Beilage 10, 1, 5.

622 *Timke*, Bestandsschutz im Arbeitsverhältnis, S. 102 f. Die Ergebnisse der Statistik der Arbeitsgerichtsbarkeit 2012 zeigen, dass 59 % aller arbeitsgerichtlichen Verfahren im Jahr 2012 in Deutschland durch gerichtlichen Vergleich beendet wurden. Siehe dazu die Statistik der Arbeitsgerichtsbarkeit 2012 (http://www.bmas.de/SharedDocs/Downloads/DE/PDF-Statistiken/Ergebnisse-Statistik--Arbeitsgerichtsbarkeit-2012.pdf?__blob=publicationFile, zuletzt abgerufen am 23.04.2014).

623 Siehe dazu bereits oben: Viertel Teil, A.IV.1.

624 LAG Hamburg v. 01.09.2009 – 2 Sa 126/09 – Juris; *Bauer*, in: FS für Hanau, S. 151, 152; *ders.*, in: FS für Etzel, S. 15; KR/*Spilger*, § 9 KSchG Rn. 9; *Timke*, Bestandsschutz im Arbeitsverhältnis, S. 108 f. Die Durchbrechung des Bestandsschutzes wird aber

Aus diesem Grund sind nach weit verbreiteter Ansicht in Rechtsprechung und Literatur an die Auflösungsgründe strenge Anforderungen zu stellen.[625]

Als Vergleichsmaßstab zur Bestimmung der konkreten Anforderungen, die an den arbeitgeberseitigen Auflösungsantrag zu stellen sind, kommen sowohl der wichtige Grund gemäß § 626 Abs. 1 BGB als auch die soziale Rechtfertigung gemäß § 1 Abs. 2 KSchG in Betracht. Nach der herrschenden Ansicht in Rechtsprechung und Literatur ist die Nichterwartbarkeit der weiteren gedeihlichen Zusammenarbeit allerdings zunächst nicht mit dem Begriff der Unzumutbarkeit aus § 626 BGB gleichzusetzen.[626] Es wird argumentiert, dass eine Gleichsetzung zur Konsequenz hätte, dass die Regelung des § 9 Abs. 1 S. 2 KSchG leerliefe, da der Arbeitgeber im Falle des Vorliegens der Voraussetzungen des § 626 BGB die Möglichkeit hätte, das Arbeitsverhältnis ohne Abfindungspflicht und Einhaltung einer weiteren Kündigungsfrist zu beenden.[627] Es wird jedoch verbreitet verlangt, bei dem arbeitgeberseitigen Auflösungsantrag gemäß § 9 Abs. 1 S. 2 KSchG ein ähnliches Rechtfertigungsniveau

---

durch die Pflicht des Arbeitgebers zur Zahlung einer Abfindung abgemildert, so dass die Regelungen der §§ 9, 10 KSchG auch als Ergänzung zu § 1 Abs. 2 KSchG angesehen werden können, die zumindest einen mittelbaren Bestandschutz vermitteln. So auch *Kamanabrou*, in: Transparenz und Reform, § 3 Rn. 5.

625 BAG v. 18.04.1986 – 7 AZR 619/84 – Juris; NZA 2003, 261, 262 f.; AP Nr. 45 zu § 9 KSchG 1969; NZA 2006, 363, 364; NZA 2010, 1123, 1125; LAG Köln, LAGE § 9 KSchG Nr. 42; *M. A. Horn*, NZA 2012, 186, 187. Anders beurteilt dies *Ammermüller*, DB 1975, Beilage 10, 1, 5, der davon ausgeht, dass an den Antrag des Arbeitgebers erheblich geringere Anforderungen zu stellen sind, als an den Antrag des Arbeitnehmers. Kritik an der engen Auslegung des § 9 Abs. 1 S. 2 KSchG üben auch *Neef*, NZA 2000, 7, 8 und *Willemsen*, NJW 2000, 2779, 2782, 2787. Auch im Jahresgutachten des Sachverständigenrates zur Begutachtung der gesamtwirtschaftlichen Entwicklung wird kritisiert, dass die Rechtsprechung oft zu einer zu extensiven Auslegung der kündigungsschutzrechtlichen Normen neige, ohne die Rückwirkungen auf das Einstellungsverhalten der Arbeitgeber und auf die Beschäftigungschancen der Arbeitsuchenden zu bedenken. Siehe dazu BT-Drucks. 12/6170, S. 243, Ziff. 376. Siehe dazu auch *Bengelsdorf*, SAE 2011, 122, 126 ff.; *Preis*, RdA 2003, 65, 67.

626 BAG, AP Nr. 18 zu § 9 KSchG 1969; *Ascheid*, Kündigungsschutzrecht, Rn. 808; Fiebig/Gallner/Mestwerdt/Nägele/*Fiebig/Gieseler*, KSchG, § 9 Rn. 61; Schwarze/Eylert/Schrader/*Schwarze*, KSchG, § 9 Rn. 52.

627 BAG, AP Nr. 18 zu § 9 KSchG 1969; *Duvigneau*, Die gerichtliche Auflösung des Arbeitsverhältnisses, S. 173. Diese Argumentation erscheint jedoch vor dem Hintergrund zweifelhaft, dass das Auflösungsverfahren dem Arbeitgeber zumindest weitere formelle, an den Ausspruch einer Kündigung anknüpfende Maßnahmen, wie zum Beispiel die Einhaltung der Kündigungserklärungsfrist aus § 626 Abs. 2 BGB, die Anhörung des Betriebsrats nach § 102 BetrVG oder die Einholung der Zustimmung des Integrationsamts gemäß § 85 SGB IX ersparen würde. Obgleich die außerordentliche Kündigung das Arbeitsverhältnis sofort beendet, könnten zudem weitere (Annahmeverzugs-) Lohnansprüche des Arbeitnehmer entstehen, wenn die Kündigunsfrist der zuerst ausgesprochenen Kündigung zu dem Zeitpunkt des Ausspruchs der außerordentlichen Kündigung bereits abgelaufen ist.

anzulegen, wie bei einer sozial zu rechtfertigenden ordentlichen Kündigung des Arbeitgebers gemäß § 1 Abs. 2 KSchG.[628]

Im Ergebnis erscheint die Orientierung sowohl an § 626 Abs. 1 BGB als auch an § 1 Abs. 2 KSchG jedoch wenig gewinnbringend.[629] Dies begründet sich einerseits damit, dass die graduelle Unterscheidung der Anforderungen, die an eine ordentliche oder außerordentliche arbeitgeberseitige Kündigung zu stellen sind, oft an sich bereits Probleme bereitet. Inwiefern eine weitere abstrakte graduelle Abgrenzung zu den Auflösungsgründen des § 9 Abs. 1 S. 2 KSchG mehr Klarheit in der Gesetzesanwendung bringen soll, erscheint zweifelhaft. Zudem unterscheidet sich der Auflösungsgrund des § 9 Abs. 1 S. 2 KSchG insofern maßgeblich von einem – ordentlichen oder außerordentlichen – Kündigungsgrund, als dieser einerseits nicht der erste das Arbeitsverhältnis belastende, auf Beendigung zielende äußere Umstand ist, sondern vielmehr mit der zuvor ausgesprochenen Kündigung oder dem Kündigungsschutzprozess zusammenhängen muss.[630] Die §§ 9, 10 KSchG dienen insofern gerade der Auflösung der zusätzlichen Spannungen, die aufgrund der Anstrengung eines Kündigungsschutzprozesses zwischen den Parteien entstanden sind.[631] Zudem nimmt das Auflösungsverfahren gemäß §§ 9, 10 KSchG nicht vorrangig das zurückliegende Arbeitsverhältnis in den Blick, sondern bewertet vielmehr in erster Linie die zukünftige gedeihliche Fortsetzung des Arbeitsverhältnisses.[632] Aus diesem Grund erscheint weder eine Orientierung an § 626 Abs. 1 BGB noch an § 1 Abs. 2 KSchG hilfreich, um die Anwendungsvoraussetzungen des

---

628 S. *Müller*, Auflösungsantrag des Arbeitgebers, S. 50 f., 87 ff. *Hansen*, in: Aspekte der Beendigung von Arbeitsverhältnissen, S. 315, 323, geht hingegen davon aus, dass an den Auflösungsantrag gemäß § 9 Abs. 1 S. 2 KSchG zur Wahrung des Ausnahmecharakters in dem grundsätzlich auf Bestandsschutz angelegten KSchG strengere Anforderungen zu stellen sind als an eine personen- oder verhaltensbedingte ordentliche Kündigung des Arbeitgebers, da insbesondere auch die finanzielle Kompensation für den Verlust des Arbeitsplatzes nur maximal ein Jahresgehalt abdeckt. *Holthausen/Holthausen*, NZA-RR 2007, 449, 455 gehen andererseits davon aus, dass tendenziell geringere Anforderungen an den Auflösungsantrag gestellt werden, als an die Kündigung. So auch *Ascheid*, Kündigungsschutzrecht, Rn. 808; *Gravenhorst*, NZA-RR 2007, 57, 61; S. *Müller*, BB 2004, 1849, 1851; *Tschöpe*, in: FS für Schwerdtner, S. 217, 231.

629 So auch das LAG Rheinland-Pfalz v. 08.04.2008 – 3 Sa 442/07 – Juris, Rn. 48, dass davon ausgeht, dass die Auflösungsgründe des Arbeitgebers eben nicht an einem i.S.d. § 626 Abs. 1 BGB und des § 1 KSchG strengeren Maßstab, sondern an einem anderen Maßstab, nämlich dem des § 9 Abs. 1 S. 2 KSchG, zu messen sind.

630 Diese Zweistufigkeit erinnert an die Fälle des Interessenfortfall im allgemeinen Schuldrecht, zum Beispiel in §§ 281 Abs. 2, 323 Abs. 2 Nr. 2 und 3 BGB, im Rahmen derer der Gläubiger sich wegen eines Interessenfortfalls von seiner Leistungspflicht befreien kann, wenn das Vertragsverhältnis bereits zuvor gestört wurde.

631 BAG, NZA 2003, 261, 263; *Schmitt-Rolfes*, AuA 2012, 7.

632 BAG, NZA 2010, 698, 701.

arbeitgeberseitigen Auflösungsgrundes näher zu bestimmen. Trotz der Wesensverschiedenheit der Kündigung des Arbeitsverhältnisses und der Auflösung des Arbeitsverhältnisses durch gerichtliche Entscheidung, sind jedoch die dem KSchG innewohnenden maßgeblichen Prinzipien, insbesondere das Ultima-ratio-Prinzip, aber auch das Prinzip der Interessenabwägung und das Prognoseprinzip, bei der Beurteilung des Vorliegens von Auflösungsgründen gemäß § 9 Abs. 1 S. 2 KSchG zu beachten. Um die Beachtung dieser Prinzipien wird es im Ergebnis auch dem Bundesarbeitsgericht gehen, wenn es verlangt, dass strenge Anforderungen an die Auflösung des Arbeitsverhältnisses zu stellen sind.[633]

b. Beachtung der Besonderheiten des konkreten Arbeitsverhältnisses

Hinsichtlich des konkret betroffenen Arbeitnehmers ist stets die Art der übertragenen Arbeitsaufgabe, dessen Stellung im Betrieb, dessen Betriebszugehörigkeitsdauer sowie dessen Eigenschaften und Fähigkeiten, wie zum Beispiel eine Schwerbehinderung beziehungsweise ein nach Kündigungszugang eingetretener besonderer Kündigungsschutz, zu betrachten.[634] Eine weitere den Betriebszwecken dienliche Zusammenarbeit zwischen Arbeitgeber und Arbeitnehmer kann zum Beispiel gerade deshalb nicht zu erwarten sein, weil der Arbeitnehmer, ohne leitender Angestellter i.S.d. § 14 Abs. 2 KSchG zu sein,[635] im Betrieb eine Schlüsselstellung inne und aus beachtlichen Gründen das Vertrauen des Arbeitgebers verloren hat.[636] Hinsichtlich des konkret betroffenen Arbeitsverhältnisses sind zudem der verfolgte Betriebszweck und die Betriebsgröße in den Blick zu nehmen.[637] Dabei ist zu beachten, dass in einem Tendenzarbeitsverhältnis Umstände eine Zerrüttung begründen können, die in einem regulären Arbeitsverhältnis unter Umständen nicht den Anforderungen des § 9 Abs. 1 S. 2 KSchG genügen würden.[638]

---

633 Schwarze/Eylert/Schrader/*Schwarze*, KSchG, § 9 Rn. 52.

634 *Brugger*, NJW-Spezial 2011, 306; *Holthausen/Holthausen*, NZA-RR 2007, 449, 452; S. *Müller*, Auflösungsantrag des Arbeitgebers, S. 65 ff.

635 Siehe dazu unten: Vierter Teil, B.VII.4.

636 BAG v. 26.06.1997 – 2 AZR 502/96 – Juris, Rn. 25. Die Anforderungen, die an einen Auflösungsgrund gemäß § 9 Abs. 1 S. 2 KSchG zu stellen sind, sind aber nicht deshalb geringer, weil der Arbeitnehmer zugleich Gesellschafter des Unternehmens ist. Siehe dazu BAG, NZA-RR 2012, 243, 246.

637 LAG Köln v. 15.12.2011 – 7 Sa 558/11 – Juris, Rn. 47; S. *Müller*, Auflösungsantrag des Arbeitgebers, S. 68 ff.

638 BVerfG, NJW 1990, 2053; BAG, NZA-RR 2009, 362, 367. Neben den grundsätzlich zu Gunsten des Arbeitgebers zu berücksichtigenden Grundrechten kann in Tendenzbetrieben zum Beispiel auch die Pressefreiheit aus Art. 5 Abs. 1 S. 2 GG oder die Religionsfreiheit aus Art. 4, 140 GG i.V.m. Art. 137 Abs. 3 WRV zu Gunsten des Arbeitgebers Beachtung finden.

c. *Keine reine Wiederholung des Kündigungssachverhalts*

Regelmäßig kann der Auflösungsantrag zudem nicht mit der reinen Wiederholung des Sachverhalts begründet werden, mit dem der Arbeitgeber bereits die Kündigung begründet hat.[639] Allerdings besteht für den Arbeitgeber die Möglichkeit, durch den Vortrag zusätzlicher greifbarer Tatsachen zu belegen, dass der die Kündigung nicht rechtfertigende Kündigungssachverhalt trotzdem so beschaffen ist, dass er eine weitere gedeihliche Zusammenarbeit nicht erwarten lasse.[640]

Verletzt der Arbeitnehmer zum Beispiel eine arbeitsvertragliche Nebenpflicht, die den Arbeitgeber zum Ausspruch einer verhaltensbedingten Kündigung veranlasst hat und geht das Arbeitsgericht von der Sozialwidrigkeit der Kündigung aus, kann der unveränderte Sachverhalt keinen Auflösungsantrag des Arbeitgebers begründen. Kommt hingegen während des Kündigungsschutzverfahrens heraus, dass der Arbeitnehmer in der Vergangenheit bereits ähnliche Pflichtverstöße begangen hat, die mangels Kenntnis des Arbeitgebers ohne Konsequenzen blieben, kann dies die arbeitsrechtliche Vertrauensgrundlage erschüttern und einen Auflösungsantrag des Arbeitgebers rechtfertigen.[641]

Nicht unproblematisch ist zudem die Einordnung von Umständen, die nach der Kündigung oder im Kündigungsschutzprozess eingetreten sind, aber in einem engen Zusammenhang mit dem ordentlichen oder außerordentlichen Kündigungsgrund stehen. Obgleich es für die Wirksamkeit einer Kündigung, also die Prüfung des Kündigungsgrundes und der Interessenabwägung, grundsätzlich auf die Umstände zum Zeitpunkt des Zugangs der Kündigungserklärung gemäß § 130 Abs. 1 BGB ankommt, können auch später eingetretene Umstände für die Beurteilung der Wirksamkeit der Kündigung relevant werden, wenn die neuen Tatsachen frühere

---

639 BAG, NZA 2006, 363, 365; LAG Sachsen-Anhalt, v. 29.03.2012 – 3 Sa 426/10 – Juris, Rn. 88.

640 BVerfG, NZA 2005, 41; LAG Hamburg v. 01.09.2009 – 2 Sa 126/09 – Juris; LAG Köln, LAGE § 9 KSchG Nr. 42; *Bernhardt*, Alternativen zur Kündigung, Rn. 559; *Gravenhorst*, NZA-RR 2007, 57, 60; *H. Haas*, FA 2010, 104, 105.

641 In diesem Zusammenhang hat das BVerfG, v. 15.12.2008 – 1 BvR 347/08 – Juris, ausgeführt, dass das Erfordernis, zur Begründung des Auflösungsantrags über den Kündigungsgrund hinaus zusätzlich greifbare Tatsachen vorzutragen, aufgrund derer eine weitere gedeihliche Zusammenarbeit nicht zu erwarten ist, bei einer Verdachtskündigung und einer wegen des Verdachts einer Pflichtverletzung beantragten Auflösung des Arbeitsverhältnisses besonderes Gewicht erhalte. Insofern dürfe der Auflösungsantrag nicht auf den Verdacht einer Pflichtverletzung gestützt werden, wenn auch schon die Kündigung mit diesem Verdacht begründet und von den Gerichten als sozialwidrig beurteilt wurde. Anderenfalls könnte ein Arbeitgeber, der die für die soziale Rechtfertigung einer Verdachtskündigung zur Wahrung der Rechte des Arbeitnehmers grundsätzlich notwendige vorherige Anhörung unterlassen hat, den Verdacht anschließend dennoch stets ohne Weiteres zur Begründung eines Auflösungsantrags heranziehen und die entsprechende Anhörung im Rahmen des Kündigungsschutzprozesses nachholen.

Umstände, die zur Kündigung geführt haben, weiter aufhellen.[642] Dafür muss aber ein enger und unmittelbarer innerer Zusammenhang zwischen den Kündigungsgründen und dem späteren Verhalten des Arbeitnehmers, das nicht nur ein Aliud zum Kündigungsgrund darstellt, bestehen, der sich zum Beispiel in einer Fortsetzung des für die Kündigung ursächlichen Verhaltens in Form eines einheitlichen Lebenssachverhalts zeigen kann.[643] Besteht ein solcher innerer Zusammenhang nicht, können die nach der Kündigung eingetretenen Umstände lediglich für eine erneute Kündigung oder die Begründung der Nichterwartbarkeit der weiteren gedeihlichen Zusammenarbeit i.S.d. § 9 Abs. 1 S. 2 KSchG herangezogen werden.[644]

3. Fallgruppen der Nichterwartbarkeit weiterer gedeihlicher Zusammenarbeit

Nach der Rechtsprechung des Bundesarbeitsgerichts können grundsätzlich nur solche Gründe eine Nichterwartbarkeit der weiteren gedeihlichen Zusammenarbeit für den Arbeitgeber begründen, die in der Person oder dem Verhalten des Arbeitnehmers begründet sind und das persönliche Verhältnis, die Wertung der Persönlichkeit des Arbeitnehmers oder dessen Leistung und Eignung für die ihm gestellten Aufgaben oder sein Verhältnis zu den übrigen Mitarbeitern betreffen.[645] Es kommt darauf an, ob die objektive Lage die Besorgnis rechtfertigt, dass die weitere Zusammenarbeit mit dem Arbeitnehmer gefährdet ist.[646] Betriebliche Gründe sind in der Regel ungeeignet einen Auflösungsantrag des Arbeitgebers zu begründen.[647] Allerdings müssen die Auflösungsgründe auch nicht im Verhalten, insbesondere nicht im schuldhaften Verhalten des Arbeitnehmers liegen.[648] Es ist aber erforderlich, dass die Zerrüttung des Arbeitsverhältnisses mit dem Verhalten oder der Person des Arbeitnehmers zumindest im Zusammenhang steht.[649]

---

642 BAG, NJW 1978, 1872, 1874; NZA 2012, 1227, 1233; *Walker*, NZA 2009, 921, 922; *J.-A. Weber*, RdA 2011, 108, 112. In diesem Fall ist ein etwaig bestehender Betriebsrat über die neuerlichen Sachverhalte zu informieren.

643 BAG, NZA 2012, 1227, 1233, *Stoffels*, NJW 2011, 118, 119; *Walker*, NZA 2009, 921, 923; *J.-A. Weber*, RdA 2011, 108, 112.

644 BAG, NZA 2012, 1227, 1233.

645 BAG, NZA 2003, 261, 263. Vgl. auch *H. Haas*, FA 2010, 104, 105; Schwarze/Eylert/Schrader/*Schwarze*, KSchG, § 9 Rn. 53.

646 BAG, NZA 2009, 312, 316 f.

647 *Linck*, in: Schaub, Arbeitsrechts-Handbuch, § 141 Rn. 37.

648 BAG, NZA 2006, 363, 365.

649 KR/*Spilger*, § 9 KSchG Rn. 56.

a. *Betriebliche Gründe*

Betriebliche Gründe sind in der Regel nicht geeignet einen Auflösungsantrag des Arbeitgebers zu begründen. [650]

aa. Allgemeine wirtschaftliche Gründe

Allgemeine betriebliche Gründe, die keinen Bezug zu der Person oder dem Verhalten des Arbeitnehmers haben, sind generell nicht geeignet eine Zerrüttung des Arbeitsverhältnisses zu begründen, da diese typischerweise nicht im Zusammenhang mit der Beendigung des Arbeitsverhältnisses und somit außerhalb des Auflösungszwecks des § 9 KSchG stehen.[651] Fällt der Arbeitsplatz des Arbeitnehmers während des Kündigungsschutzverfahrens zum Beispiel infolge von Rationalisierungsmaßnahmen oder einer anderweitigen Besetzung weg, führt dies somit nicht zu einer Nichtwartbarkeit zukünftiger gedeihlicher Zusammenarbeit für den Arbeitgeber.[652] In diesem Fall muss der Arbeitgeber das Arbeitsverhältnis erneut betriebsbedingt kündigen.[653] Dies begründet sich damit, dass die allgemeinen betrieblichen Gründe dem Risikobereich des Arbeitgebers zuzuordnen sind; dieser „stört" das Arbeitsverhältnis da er dem Arbeitnehmer keine Beschäftigungsmöglichkeit mehr anbieten kann. § 1 Abs. 2 und 3 KSchG nennen für diese Leistungsstörung die entsprechenden Beendigungsvoraussetzungen; insbesondere eine Interessenabwägung ist nicht erforderlich, da das Gesetz eine unternehmerische Entscheidung, die zum Wegfall eines konkreten Arbeitsplatzes führt, respektiert und lediglich auf dessen Willkürlichkeit hin überprüft. Die Regelungen des § 1 Abs. 2 und 3 KSchG sind für die Störung des Arbeitsverhältnisses basierend auf wirtschaftlichen Gründen aus der Sphäre des Arbeitsgebers demnach abschließend; der Arbeitgeber kann das Arbeitsverhältnis stets durch Kündigung beenden, wenn dringende betriebliche Gründe bestehen und die Fortführung des Arbeitsverhältnisses für ihn aus diesem Grund unzumutbar wäre. Für das gerichtliche Auflösungsverfahren, das an Störungen im Vertrauensbereich anknüpft, ist darüber hinaus kein Raum.

---

650 *Auffarth*, DB 1969, 528, 530; *Bauer*, DB 1985, 1180, 1181; *Boewer*, RdA 2001, 380, 401; *Busemann/Schäfer*, Kündigung und Kündigungsschutz, Rn. 696; Duvigneau, Die gerichtliche Auflösung des Arbeitsverhältnisses, S. 171; *Gravenhorst*, NZA-RR 2007, 57, 59; *Holthausen/Holthausen*, NZA-RR 2007, 449, 452; *M. A. Horn*, NZA 2012, 186, 187; *Keßler*, AuA 1994, 237, 238.

651 LAG Köln v. 28.01.2004 – 8 Sa 1084/03 – Juris; *Ammermüller*, DB 1975, Beilage 10, 1, 5; *Bauer*, FS für Hanau, S. 151, 155; *ders.*, FS für Etzel, S. 15, 16; *M. A. Horn*, NZA 2012, 186, 187; Schwarze/Eylert/Schrader/*Schwarze*, KSchG, § 9 Rn. 53.

652 LAG München v. 13.10.2011 – 3 Sa 1187/10 – Juris, Rn. 64; *Lingemann/Steinhauser*, NJW 2013, 3354, 3355.

653 *Auffarth*, DB 1969, 528, 530; *H. Haas*, FA 2010, 104, 107; *Keßler*, NZA-RR 2002, 1, 9; Schwarze/Eylert/Schrader/*Schwarze*, KSchG, § 9 Rn. 50, 53.

bb. Sonderfall: Echte Druckkündigung

Befindet sich der Arbeitgeber in der Situation, dass sein Beschäftigungsinteresse hinsichtlich eines Arbeitnehmers entfallen ist, weil Dritte die Kündigung des Arbeitnehmers unter Androhung von Nachteilen für den Arbeitgeber fordern, obgleich kein vorwerfbares Fehlverhalten des Arbeitnehmers oder ein in seiner Person bestehender Grund vorliegt,[654] hält ein Teil der Literatur eine Beendigung des Arbeitsverhältnisses lediglich im Wege des Auflösungsverfahrens gemäß §§ 9 Abs. 1 S. 2, 10 KSchG für möglich.[655] Diese Ansicht geht davon aus, eine echte Druckkündigung des Arbeitgebers könne nie den Tatbestand einer sozial gerechtfertigten (betriebsbedingten) Kündigung erfüllen, sondern vielmehr nur zu der Nichterwartbarkeit einer weiteren gedeihlichen Zusammenarbeit der Arbeitsvertragsparteien i.S.d. § 9 Abs. 1 S. 2 KSchG führen.[656] Der Arbeitgeber müsse also bei dem Bestehen einer solchen Drucksituation zunächst sozialwidrig kündigen, um sodann einen Auflösungsantrag stellen zu können, der dann auch regelmäßig begründet sei.

Diese Ansicht kann aus verschiedenen Gründen nicht überzeugen. Wie oben bereits herausgearbeitet, ist die Rechtsprechungsansicht, die davon ausgeht, dass eine echte Druckkündigung grundsätzlich den Tatbestand einer sozial gerechtfertigten betriebsbedingten Kündigung erfüllen kann, wenn der Arbeitgeber seine Fürsorgepflicht gegenüber dem Arbeitnehmer hinreichend erfüllt und erhebliche Nachteile für den Arbeitgeber zu erwarten sind, vorzugswürdig.[657] Somit liegt in der Situation der echten Druckkündigung, die die weiteren Voraussetzungen der Rechtsprechung erfüllt, bereits eine sozial gerechtfertigte betriebsbedingte Kündigung vor, die keinen Raum für die Auflösung gemäß § 9 Abs. 1 S. 2 KSchG lässt.

Überdies ist die Anwendung des § 9 Abs. 1 S. 2 KSchG auf die Drucksituation des Arbeitgebers methodisch unsauber, da sie dem Arbeitgeber abverlangt dem Arbeitnehmer trotz Kenntnis von der Sozialwidrigkeit zunächst zu kündigen, um sodann im anschließenden Kündigungsschutzprozess einen Auflösungsantrag zu stellen.[658]

Schließlich käme eine generelle Subsumtion der arbeitgeberseitigen Drucksituation unter § 9 Abs. 1 S. 2 KSchG einerseits der Anerkennung eines absoluten Auflösungsgrundes gleich, der dem Kündigungsschutzrecht, wie auch ein absoluter Kündigungsgrund, fremd ist, und würde andererseits den Ausnahmetatbestand des § 9 Abs. 1 S. 2 KSchG in diesem Fall zur Regel erklären.[659]

---

654 Siehe detailliert zur Druckkündigung oben: Dritter Teil, B.I.3.b.bb.

655 *Berkowsky*, Die personen- und verhaltensbedingte Kündigung, § 13 Rn. 23.

656 In diese Richtung auch *Blaese*, DB 1988, 178, 180 f., der bei dem Vorliegen der Situation einer echten Druckkündigung von einer Störung der Geschäftsgrundlage ausgeht und sich nur hinsichtlich der Rechtsfolgen auf §§ 9, 10 KSchG bezieht.

657 Siehe zur Druckkündigung bereits oben: Dritter Teil, B.I.3.b.bb.

658 So auch *E. M. Wolf*, Druckkündigungen mit diskriminierendem Hintergrund, S. 51.

659 In diese Richtung argumentiert auch *Rahmstorf*, Die Druckkündigung des Arbeitsverhältnisses, S. 55 f. Kritisch zu der Qualifizierung der §§ 9, 10 KSchG als Ausnahmetatbestände: *Duvigneau*, Die gerichtliche Auflösung des Arbeitsverhältnisses, S. 48.

Allenfalls eine analoge Anwendung der Rechtsfolgen der §§ 9, 10 KSchG im Hinblick auf die Abfindungspflicht – wie sie in der Literatur teilweise vorgeschlagen wird[660] – erscheint erwägenswert. Die Vertreter dieser Ansicht argumentieren, dass der von einer Druckkündigung betroffene Arbeitnehmer seinen Arbeitsplatz verliere, ohne einen Kündigungsgrund gesetzt zu haben.[661] Durch die Zulassung der Druckkündigung vermeide der Arbeitgeber hingegen wirtschaftliche Nachteile, so dass es nur angemessen sei, diesen Vorteil partiell an den Arbeitnehmer weiterzugeben.[662] Andere Vertreter in der Literatur sprechen dem Arbeitnehmer in diesem Fall einen Aufopferungsanspruch analog § 904 BGB und nach den Grundsätzen über den zivilrechtlichen Aufopferungsanspruch zu.[663] Weitere erkennen lediglich einen Schadensersatzanspruch des Arbeitnehmers wegen Verletzung der Pflicht zur Rücksichtnahme auf die Interessen des Arbeitnehmers aus §§ 280 Abs. 1, 241 Abs. 2 BGB an, wenn dem Arbeitgeber ein Verschuldensvorwurf zu machen ist.[664] Nach allen Ansichten soll der Arbeitnehmer jedenfalls verpflichtet sein, mögliche Schadensersatzansprüche aus §§ 823 f., 826 BGB gegen den Dritten,[665] der den unzulässigen Druck ausgeübt hat, zum Ausgleich an den Arbeitgeber abzutreten.[666]

b. Gründe in der Person oder dem Verhalten des Arbeitnehmers

Nach der Rechtsprechung des Bundesarbeitsgerichts sind nicht nur im Verhalten, sondern auch in der Person des Arbeitnehmers liegende Gründe grundsätzlich geeignet, einen arbeitgeberseitigen Auflösungsantrag zu begründen.[667] Die Auflösungsgründe müssen somit nicht allein im Verhalten, insbesondere nicht im schuldhaften Verhalten, des Arbeitnehmers liegen.[668]

Die im Rahmen des § 1 Abs. 2 KSchG in erster Linie relevante Fallgruppe für die personenbedingte Kündigung, die Kündigung wegen Krankheit des Arbeitnehmers, spielt jedoch im Rahmen der Auflösung des Arbeitsverhältnisses keine Rolle. Es gibt

---

660 MünchKommBGB/*Henssler*, § 626 Rn. 257.
661 MünchKommBGB/*Henssler*, § 626 Rn. 257.
662 *Blaese*, DB 1988, 178, 181; MünchKommBGB/*Henssler*, § 626 Rn. 257.
663 *Breucker*, NZA 2008, 1046, 1050 f.; Ascheid/Preis/Schmidt/*Dörner/Vossen*, Kündigungsrecht, § 626 BGB Rn. 344; KR/*Fischermeier*, § 626 BGB Rn. 209; ErfK/*Oetker*, § 1 KSchG Rn. 187; *Stöhr*, JuS 2010, 1052, 1056; kritisch dazu *Däubler*, in: Kittner/Däubler/Zwanziger, Kündigungsschutzrecht, § 626 BGB Rn. 174; Lämmerhirdt, Die auf Druck am Arbeitsverhältnis nicht beteiligter Dritter erfolgende Kündigung seitens des Arbeitsgebers, S. 137 ff.
664 KR/*Etzel*, § 104 BetrVG Rn. 74; *Fitting/Engels/Schmidt/Trebinger/Linsenmaier*, BetrVG, § 104 Rn. 11; GK-BetrVG/*Raab*, § 104 Rn. 23; offen gelassen vom BAG, NZA 1991, 468, 470.
665 Vgl. hierzu *Schleusener*, NZA 1999, 1078 ff.
666 KR/*Fischermeier*, § 626 BGB Rn. 209.
667 BAG, NZA 2006, 363, 365.
668 BAG, NZA 2006, 363, 365.

kein Urteil des Bundesarbeitsgerichts noch eines anderen erst- oder zweitinstanzlichen Gerichts, das einen arbeitgeberseitigen Auflösungsantrag allein gestützt auf krankheitsbedingte Gründe für wirksam erachtet hat. Das Bundesarbeitsgericht hat insofern allein im Rahmen eines obiter dictums die grundsätzliche Aussage getroffen, dass ein Auflösungsantrag auch auf das Vorbringen des Arbeitgebers zu Krankheitszeiten gestützt werden könne.[669] Diese generelle Aussage des Bundesarbeitsgerichts kann jedoch ebenso gut so verstanden werden, dass es nicht auf die tatsächlichen Krankheitszeiten des Arbeitnehmers, sondern vielmehr auf das diesbezügliche Vorbringen des Arbeitnehmers ankommen soll. Insofern wäre zum Beispiel eine verspätete Meldung der Arbeitsunfähigkeit oder eine nicht ordnungsgemäße Übergabe entsprechender Arbeitsunfähigkeitsbescheinigungen denkbar.

Im Hinblick auf personenbedingte Auflösungsgründe wurden allein solche Gründe von der Rechtsprechung als relevant angesehen, die die persönlichen Eigenschaften und Fähigkeiten des Arbeitnehmers betreffen. Ob solche Gründe jedoch auch dann einen Auflösungsgrund darstellen können, wenn diesen ein nicht steuerbares Verhalten des Arbeitnehmers zu Grunde liegt – was letztendlich den Unterschied zwischen personen- und verhaltensbedingten Gründen ausmacht[670] –, erscheint fraglich. Das LAG Schleswig-Holstein führte insofern sogar aus, dass der Arbeitgeber einen Auflösungsantrag nicht mit Umständen begründen kann, die dem Arbeitnehmer nicht vorgehalten werden können.[671]

Die folgende Analyse der Rechtsprechung und eine Systematisierung der Auflösungsgründe in Fallgruppen wird zeigen, ob die Sachverhalte, die geeignet sind, den Auflösungsantrag des Arbeitgebers zu begründen, lediglich auf dem Verhalten des Arbeitnehmers oder auch auf Umständen, die in der Person des Arbeitnehmers begründet sind, beruhen. Eine messerscharfe Unterscheidung zwischen personen- und verhaltensbedingten Gründen, wie sie in § 1 Abs. 2 KSchG angelegt ist, wird jedoch in § 9 Abs. 1 S. 2 KSchG allein aufgrund der fehlenden Relevanz des Verschuldens als Abgrenzungsmerkmal nur schwer möglich sein.[672]

aa. Geltendmachung weiterer überzogener Ansprüche neben der Kündigungsschutzklage

Das reine Erheben einer Kündigungsschutzklage durch den Arbeitnehmer ist unzureichend um eine Nichterwartbarkeit der weiteren gedeihlichen Zusammenarbeit für den Arbeitgeber zu begründen.[673] Es kann dem Arbeitnehmer nicht zum Nachteil gereichen, wenn dieser seinem Bestandsschutzinteresse mit dem einzig legitimen Mittel – dem Erheben einer Kündigungsschutzklage – zum Erfolg verhelfen will;

669 BAG, NZA 2006, 363, 365.
670 *Linck*, in: Schaub, Arbeitsrechts-Handbuch, § 131 Rn. 12.
671 LAG Schleswig-Holstein, v. 20.03.2012 – 1 Sa 283 d/11 – Juris.
672 Vgl. dazu auch BAG, NZA 2006, 363, 365.
673 *Holthausen/Holthausen*, NZA-RR 2007, 449, 451; *M. A. Horn*, NZA 2012, 186, 187; KR/*Spilger*, § 9 KSchG Rn. 56.

die Anerkennung eines Auflösungsgrundes stünde nicht mit dem Maßregelverbot aus § 612a BGB im Einklang. Insofern ist insbesondere auch der Umstand, dass dem Arbeitgeber das Unterliegen im Kündigungsschutzprozess peinlich ist, nicht geeignet einen Auflösungsgrund zu begründen.[674]

Von einem begründeten Auflösungsantrag kann jedoch dann ausgegangen werden, wenn der Arbeitnehmer neben der Kündigungsschutzklage weitere völlig überzogenen Forderungen gegenüber dem Arbeitgeber geltend macht und dadurch das Vertrauensverhältnis zwischen den Arbeitsvertragsparteien beschädigt. Insofern hielt die Rechtsprechung die Geltendmachung einer Entschädigungsklage basierend auf haltlosen Diskriminierungsvorwürfen gegenüber dem Arbeitgeber, die auch der Anspruchshöhe nach aus Sicht des Gerichts völlig überzogen war, für geeignet, eine Auflösungsgrund darzustellen.[675] Auch die Geltendmachung völlig überzogener Schmerzensgeldansprüche neben der Kündigungsschutzklage ist nach der Rechtsprechung geeignet, einen Auflösungsgrund zugunsten des Arbeitgebers zu begründen.[676] Eine weitere gedeihliche Zusammenarbeit kann in den vorgenannten Fällen einerseits aufgrund der Schwere der Vorwürfe ausscheiden, die der Arbeitnehmer im Rahmen des gerichtlichen Verfahrens gegen den Arbeitgeber erhebt. Andererseits ist auch eine der Höhe nach völlig überzogene gerichtliche Anspruchsstellung geeignet, eine Zerrüttung zu begründen, da der Arbeitnehmer den Arbeitgeber in diesem Fall in einen Prozess mit in Folge des überzogenen Streitwerts hohen Rechtsanwaltskosten zwingt.[677] Beide Umstände liegen aufgrund des rechtsmissbräuchlichen Hintergrunds außerhalb der Wahrnehmung berechtigter Interessen des Arbeitnehmers.

Die oben dargestellten Sachverhalte beruhen auf einem steuerbaren Verhalten des Arbeitnehmers und wären in der Systematik des § 1 Abs. 2 KSchG somit als verhaltensbedingte Gründe einzustufen.

bb. Beleidigungen, Drohungen oder Behauptung unwahrer ehrenrühriger Tatsachen

Eine Zerrüttung des Arbeitsverhältnisses kann zudem auf persönliche Angriffe des Arbeitnehmers gegenüber dem Arbeitgeber oder Kollegen in Form von Beleidigungen oder durch die Behauptung unwahrer ehrenrühriger Tatsachen gestützt

---

674 LAG Köln, v. 21.09.2009 – 2 Sa 674/09 – Juris.

675 ArbG Heilbronn, v. 18.10.2012 – 2 Ca 71/12 – Juris, Rn. 150 ff. Das LAG Baden-Württemberg, das in zweiter Instanz zur Entscheidung berufen war, hatte sich nicht mehr mit dem Auflösungsgrund auseinanderzusetzen, da auch der klagende Arbeitnehmer in der Berufungsinstanz einen Auflösungsantrag gestellt hat; somit entfiel die Prüfung der Zerrüttungsgründe. Das LAG Baden-Württemberg griff die Argumentation das ArbG Heilbronn jedoch im Rahmen der Bemessung der Abfindung wieder auf.

676 LAG Hessen, v. 25.03.2013 – 7 Sa 956/12 – Juris, Rn. 54 ff.

677 ArbG Heilbronn, v. 18.10.2012 – 2 Ca 71/12 – Juris, Rn. 150 ff.

werden.[678] Diese Beleidigungen oder Behauptungen werden typischerweise im Rahmen des Kündigungsschutzprozesses getätigt;[679] ebenso relevant sind aber auch außerprozessual ausgesprochene Beleidigungen, Drohungen oder ehrenrührige Behauptungen.[680] Erfolgen die zu beanstandenden Äußerungen jedoch im Rahmen des Kündigungsschutzprozesses, ist zu berücksichtigen, dass diese durch ein berechtigtes Interesse des Arbeitnehmers gedeckt sein können.[681] Es muss den Parteien im Hinblick auf das rechtliche Gehör gemäß Art. 103 GG gestattet sein, alles vorzutragen, was als rechts-, einwendungs- oder einredebegründender Umstand prozesserheblich sein kann.[682] Insoweit ist anerkannt, dass ein Verfahrensbeteiligter – innerhalb der Grenzen der Wahrheitspflicht – auch starke, eindringliche Ausdrücke und sinnfällige Schlagworte benutzen darf, um seine Rechtsposition zu unterstreichen, selbst wenn er seinen Standpunkt vorsichtiger hätte formulieren können.[683] Allerdings dürfen die Parteien nicht leichtfertig Tatsachenbehauptungen aufstellen, deren Unhaltbarkeit ohne Weiteres auf der Hand liegt.[684]

Sowohl Beleidigungen als auch Drohungen und die Behauptung ehrrühriger Tatsachen beruhen auf einem steuerbaren Verhalten des Arbeitnehmers und stellen somit im Verhalten des Arbeitnehmers begründete Auflösungsgründe dar.

cc. Unangemessene Verteidigung gegen die Kündigung

Eine weitere gedeihliche Zusammenarbeit zwischen Arbeitgeber und Arbeitnehmer ist zudem dann nicht zu erwarten, wenn der Arbeitnehmer im Rahmen der Verteidigung gegen die Kündigung seine Interessen in unangemessener Art und Weise verteidigt.[685] Nach der Rechtsprechung des Bundesarbeitsgerichts kann auch das Verhalten eines Prozessbevollmächtigten des Arbeitnehmers im Kündigungsschutzprozess die Auflösung des Arbeitsverhältnisses bedingen.[686] Dies gilt auch für von dem Arbeitnehmer nicht veranlasste Erklärungen des Prozessbevollmächtigten jedenfalls dann, wenn der Arbeitnehmer sich diese zu eigen macht und sich auch nachträglich nicht hiervon distanziert.[687] Eine unangemessene Verteidigung kann sich einerseits in Beleidigungen oder der Behauptung sonstiger ehrenrühriger

---

678 BAG, NZA-RR 2012, 243, 245.

679 LAG Köln v. 22.05.2006 – 14 (12) Sa 8/06 – Juris, Rn. 42; v. 12.12.2008 – 11 Sa 777/07 – Juris, Rn. 35; LAG Rheinland-Pfalz v. 08.04.2008 – 3 Sa 442/07 – Juris, Rn. 51.

680 LAG Hamm v. 08.02.2005 – 19 Sa 2287/04 – Juris, Rn. 116 ff.; LAG München v. 05.07.2011 – 9 Sa 1174/10 – Juris, Rn. 150 ff.

681 BAG, NZA-RR 2012, 243, 245; LAG Rheinland-Pfalz v. 24.08.2012 – 9 Sa 74 /12 – Juris, Rn. 27 ff.

682 BAG, NZA-RR 2012, 243, 245; LAG Köln v. 13.06.2007 – 7 Sa 1299/06 – Juris, Rn. 54; LAG Rheinland-Pfalz v. 09.01.2004 – 8 Sa 1003/03 – Juris, Rn. 41.

683 BAG, NZA-RR 2012, 243, 245.

684 BAG, NZA-RR 2012, 243, 245.

685 Schwarze/Eylert/Schrader/*Schwarze*, KSchG, § 9 Rn. 54.

686 BAG, NZA 2006, 363, 365.

687 BAG, NZA 2006, 363, 365.

Tatsachen zeigen, soweit diese im Rahmen des Kündigungsschutzprozesses getätigt werden.[688] Eine unangemessene Verteidigung kann sich zudem in dem Versuch einer manipulativen Einflussnahme des Arbeitnehmers auf den Verlauf des Kündigungsschutzprozesses, zum Beispiel durch das bewusste Vorbringen falscher Tatsachen, die Abgabe einer falschen eidesstattlichen Versicherung, Zeugenbeeinflussung oder einer treuwidrigen Geltendmachung der Zurückweisung der Kündigung gemäß § 174 S. 1 BGB i.V.m. § 180 BGB, zeigen.[689] Eine solche Einflussnahme ist geeignet, eine Zerrüttung des Arbeitsverhältnisses zu begründen.[690]

Auch eine unangemessene Verteidigung gegen die Kündigung wurzelt in dem steuerbaren Verhalten des Arbeitnehmers.

dd. Verletzung von Loyalitätspflichten

Die Nichterwartbarkeit der weiteren gedeihlichen Zusammenarbeit kann sich daraus ergeben, dass der Arbeitnehmer Loyalitäts- oder Ehrlichkeitspflichten aus dem Arbeitsverhältnis verletzt oder eine zukünftige (erneute) Verletzung zu befürchten ist.[691] In diesem Rahmen kommt insbesondere die Verletzung von Verschwiegenheitsverpflichtungen durch Verrat von Betriebs- und Geschäftsgeheimnissen,[692] ein Verstoß gegen Datenschutzbestimmungen oder die Verletzung von Wettbewerbsverboten[693] des Arbeitnehmers aus Verärgerung über die Kündigung oder den Kündigungsschutzprozess in Betracht.[694] Eine Zerrüttung der Vertrauensbeziehungen kann zudem auf eine unangemessene Beteiligung der Öffentlichkeit, zum Beispiel durch öffentliches Anprangern einer Kündigung in einer Talkshow oder anderen Medien, und einem daraus resultierenden Imageschaden des Arbeitgebers gestützt werden.[695] Auch der Umstand, dass der Arbeitnehmer ein neues Arbeitsverhältnis eingegangen ist, ohne dies dem Arbeitgeber mitzuteilen und deswegen erhöhten Verzugslohn gefordert hat, kann eine Zerrüttung begründen.[696] Zudem kann auch

---

688 Siehe dazu den vorherigen Gliederungspunkt.

689 ArbG Heilbronn, v. 18.10.2012 – 2 Ca 71/12 – Juris, Rn. 159.

690 BAG, AP Nr. 56 zu § 1 KSchG; LAG Hamm, ArbuR 2005, 343; *Gravenhorst*, NZA-RR 2007, 57, 59; *Holthausen/Holthausen*, NZA-RR 2007, 449, 450; *Lelley*, FA 2007, 74, 75.

691 LAG Niedersachsen v. 13.01.1998 – 13 Sa 1235/97 – Juris; LAG Kiel v. 12.05.2009 – 5 Sa 458/08 – Juris; LAG Köln, LAGE § 9 KSchG Nr. 42.

692 LAG München v. 24.11.2006 – 11 Sa 650/06 – Juris, Rn. 78 ff.

693 LAG Köln, NZA-RR 1998, 394.

694 *Fleddermann/Schwirtzek*, ArbAktuell 2009, 103, 105; *H. Haas*, FA 2010, 104, 106; *Helml*, JuS 2004, 42, 43; *Holthausen/Holthausen*, NZA-RR 2007, 449, 450 f.; Schwarze/Eylert/Schrader/*Schwarze*, KSchG, § 9 Rn. 54.

695 LAG Düsseldorf, DB 1979, 556; LAG München v. 22.07.2009 – 11 Sa 2/09 – Juris; *H. Haas*, FA 2010, 104, 106; Schwarze/Eylert/Schrader/*Schwarze*, KSchG, § 9 Rn. 54; *J.-A. Weber*, RdA 2011, 108, 118.

696 BAG, AP Nr. 10 zu § 9 KSchG 1969; *H. Haas*, FA 2010, 104, 106; *Holthausen/Holthausen*, NZA-RR 2007, 449, 451. Der alleinige Umstand der Aufnahme einer

die Befürchtung des Arbeitgebers, der Arbeitnehmer werde künftig ohne vorherige innerbetriebliche Klärung bei Meinungsverschiedenheiten Behörden einschalten oder Strafanzeigen erstatten, da er ein solches Verhalten bereits zuvor an den Tag legte, um sich an dem Arbeitgeber zu revanchieren, relevant sein.[697] Schließlich können Pflichtverletzungen des Arbeitnehmers im Zusammenhang mit aufgetretenen Krankheitszeiten, insbesondere Zweifel an der Rechtmäßigkeit einer ärztlich attestierten Arbeitsunfähigkeit für gewisse Zeiträume, eine Zerrüttung des Vertrauensverhältnisses begründen.[698]

Auch die Verletzung von Loyalitätspflichten beruht auf einem steuerbaren Verhalten des Arbeitnehmers und wäre in der Systematik des § 1 Abs. 2 KSchG als verhaltensbedingter Grund einzustufen.

ee. Störung des betrieblichen Friedens

Eine Zerrüttung der Vertrauensbeziehung kommt auch bei Pflichtverletzungen in Betracht, die geeignet sind den betrieblichen Frieden erheblich zu stören. In diesem Rahmen kommt zum Beispiel ein Vertrauensverlust durch unsorgfältige Erfüllung der Arbeitspflichten des Arbeitnehmers und die Nichteinhaltung schriftlich akzeptierter Arbeitsanweisungen in Betracht.

Das LAG Köln hielt insofern einen Auflösungsantrag des Arbeitgebers in einem Fall für begründet, in dem der Arbeitnehmer fahrlässig einen Schaden am Eigentum der Arbeitgebers verursacht und diesen entgegen der betrieblichen Anweisungen weder von sich aus gemeldet noch detaillierte Ausführung zum Schadenshergang gemacht hat und überdies gleichgültig abweisend und provozierend reagierte und im Laufe des Berufungsverfahrens wahrheitswidrig Tatsachen vortrug.[699] Denkbar ist überdies eine widerrechtliche Aufforderung gegenüber Kollegen ihre Arbeitsleistung zurückzuhalten oder eine vergleichbare nachhaltige Beeinträchtigung der Funktion des Betriebs.[700] Auch die Zurückhaltung durchschlagender Entlastungen gegen eine verhaltensbedingte Verdachtskündigung des Arbeitgebers bis zum Kündigungsschutzprozess durch den Arbeitnehmer, ohne dass dafür vernünftige Gründe bestehen, kann eine weitere gedeihliche Zusammenarbeit ausschließen.[701]

---

neuen Beschäftigung durch den Arbeitnehmer genügt hingegen nicht, um eine Auflösung zu begründen. Siehe dazu LAG Rheinland-Pfalz v. 22.01.2009 – 2 Sa 402/08 – Juris, Rn. 48 ff.

697 LAG Rheinland-Pfalz v. 08.04.2008 – 3 Sa 442/07 – Juris, Rn. 51; LAG Kiel v. 12.05.2009 – 5 Sa 458/08 – Juris; LAG Bremen v. 12.04.2011 – 1 Sa 36/09 – Juris, Rn. 217 ff.; LAG Kiel v. 20.03.2012 – 2 Sa 331/11 – Juris; *Lelley*, Anm. zu LAG, BB 2012, 1866.

698 BAG, NZA 2003, 363, 365; *Gravenhorst*, NZA-RR 2007, 57, 59; *H. Haas*, FA 2010, 104, 105; *Holthausen/Holthausen*, NZA-RR 2007, 449, 451.

699 LAG Köln, LAGE § 9 KSchG Nr. 42.

700 *Berkowsky*, NZI 2006, 81. Vgl. auch LAG Schleswig-Holstein v. 12.05.2009 – 5 Sa 458/08 – Juris, Rn. 54 ff.

701 BAG, NZA-RR 2008, 344, 347; *S. Müller*, NZA-RR 2009, 289, 290. Diskutiert werden könnte, ob dieser Sachverhalt in einem so engen und unmittelbaren inneren

Die Störung des betrieblichen Friedens beruht auf einem steuerbaren Verhalten des Arbeitnehmers und stellt somit einen im Verhalten des Arbeitnehmers begründeten Auflösungsgrund dar.

ff. Verdacht einer Pflichtverletzung

Auch der bloße Verdacht einer schwerwiegenden Pflichtverletzung des Arbeitnehmers kann eine Nichterwartbarkeit der weiteren gedeihlichen Zusammenarbeit begründen.[702] Allerdings sind an eine solche Verdachtsauflösung dieselben Anforderungen zu stellen, die auch an eine Verdachtskündigung zu stellen sind.[703] Insbesondere muss der Arbeitnehmer vor der gerichtlichen Auflösung des Arbeitsverhältnisses ausreichend Gelegenheit zur Äußerung erhalten.[704] Insoweit genügt es zur Wahrung der Rechte des Arbeitnehmers nach der Rechtsprechung des BVerfG, wenn er im Verfahren vor dem Gericht Gelegenheit erhält, den vom Arbeitgeber zur Begründung des Auflösungsantrags herangezogenen Verdacht auszuräumen.[705]

Wie auch die Verdachtskündigung ist die Verdachtsauflösung in dem Verhalten und nicht der Person des Arbeitnehmers begründet.

gg. Schlechtes Verhältnis zu Kollegen, Vorgesetzen und Kunden

Eine dauernde Zerstrittenheit zwischen dem Arbeitnehmer und Kollegen oder Vorgesetzten ist geeignet eine Auflösung des Arbeitsverhältnis auf Antrag des Arbeitgebers zu begründen.[706] Das gilt zumindest für den Fall, in dem der Arbeitnehmer zu dem Zerwürfnis beigetragen hat, in dem er zum Beispiel die Geringschätzung gegenüber seinem Vorgesetzten deutlich gemacht hat oder erhebliche Schulden bei seinen Kollegen hat, die er nicht zurückzahlen kann, ohne sich dafür entsprechend zu entschuldigen.[707] Der Beitrag des Arbeitnehmers zu einem solchen Zerwürfnis muss jedoch nicht zwingend auf einem steuerbaren Verhalten des Arbeitnehmers beruhen, sondern kann auch dann relevant sein, wenn der Arbeitnehmer

---

Zusammenhang mit der Kündigung steht, dass diese Umstände noch zur Begründung der Wirksamkeit der ursprünglichen Kündigung herangezogen werden könnten. Vgl. dazu auch die Ausführungen des BAG, NZA 2012, 1227, 1233.

702 MünchHdbArbR/*Berkowsky*, § 119 Rn. 18; *K. Dörner*, NZA 1993, 873, 876; ErfK/*Kiel*, § 9 KSchG Rn. 17; *S. Müller*, NZA-RR 2009, 289, 290.

703 BVerfG, v. 15.12.2008 – 1 BvR 347/08 – Juris.

704 BVerfG, v. 15.12.2008 – 1 BvR 347/08 – Juris, Rn. 13.

705 BVerfG, v. 15.12.2008 – 1 BvR 347/08 – Juris, Rn. 13.

706 LAG Berlin, NZA-RR 1998, 116, 118; BVerfG, NJW 1990, 2053 allerdings zu einem Tendenzbetrieb.

707 LAG Berlin, NZA-RR 1998, 116, 118; Hessiches LAG v. 03.11.2010 – 6 Sa 312/10 – Juris, Rn. 30; LAG Rheinland-Pfalz v. 09.02.2012 – 10 Sa 342/11 – Juris, Rn. 76 ff. Siehe auch BAG, NZA 2012, 610, 615, das die Beeinträchtigung eines gedeihlichen betrieblichen Miteinanders, das überwiegend auf einem Verhalten des gekündigten Arbeitnehmer beruht, als geeignet ansieht, eine arbeitgeberseitige Auflösung zu begründen.

möglicherweise in seiner Verhaltenssteuerung aufgrund einer psychischen Erkrankung beeinträchtigt ist.[708]

Auch ein schlechtes Verhältnis zu Kunden oder Kollegen in einer Qualität, die geeignet ist, die betrieblichen Belange erheblich zu beeinflussen, soll eine Nichterwartbarkeit der weiteren gedeihlichen Zusammenarbeit für den Arbeitgeber begründen können, selbst wenn der Arbeitnehmer nicht aktiv zu dem Zerwürfnis beigetragen hat. Dies gelte gemäß eines obiter dictums des Bundesarbeitsgerichts insbesondere dann, wenn Kollegen oder auch Kunden des Arbeitgebers eine weitere Zusammenarbeit mit dem Arbeitnehmer ablehnen.[709] Insofern ist jedoch kein Urteil des Bundesarbeitsgerichts ersichtlich, dass eine Auflösung des Arbeitsverhältnis tatsächlich allein aufgrund einer solchen Drucksituation des Arbeitgebers für wirksam erachtete. Nach der ständigen Rechtsprechung des Bundesarbeitsgerichts genügt die bloße Weigerung von Arbeitskollegen, mit dem gekündigten Arbeitnehmer in Zukunft weiter zusammenzuarbeiten, indessen gerade nicht, um einen Auflösungsantrag des Arbeitgebers zu begründen.[710] In diesem Fall sei der Arbeitgeber zunächst verpflichtet, den Versuch zu unternehmen, Spannungen zwischen den Kollegen durch geeignete und zumutbare Schritte, zum Beispiel in Form des Konfliktmanagements zu lösen.[711] Wird ein Verhalten Dritter als Auflösungsgrund herangezogen, muss der Arbeitgeber darlegen, dass er alles Zumutbare getan hat, um einen Ausgleich zwischen den Parteien herbeizuführen.[712] Ob ein arbeitgeberseitiger Auflösungsantrag – nach Durchführung zumutbarer Schlichtungsmaßnahmen – sodann tatsächlich begründet ist, hatte das Bundesarbeitsgericht noch nicht zu entscheiden. Auch zweit- oder erstinstanzliche Urteile, die einen Auflösungsantrag gestützt auf die Weigerung von Kollegen oder Kunden, mit dem Arbeitnehmer in Zukunft nicht mehr zusammenzuarbeiten zu wollen, für wirksam erachteten, sind nicht ersichtlich.

Somit kann festgehalten werden, dass ein Zerwürfnis des Arbeitnehmers mit Kollegen, Vorgesetzen oder Kunden zwar generell geeignet sein soll, einen Auflösungsantrag zu begründen. Die Rechtsprechung löste Arbeitsverhältnisse bis dato jedoch nur dann auf, wenn auch dem Arbeitnehmer eine irgendwie geartete Beteiligung an dem Zerwürfnis vorgeworfen werden konnte.

Insofern muss auch die Auflösung aufgrund eines schlechten Verhältnis des Arbeitnehmers zu Kollegen, Vorgesetzten und Kunden nach derzeitiger Rechtsprechung

---

708 LAG Hamm v. 23.05.2013 – 15 Sa 1784/12 – Juris, Rn. 73 ff.

709 BAG, AP Nr. 16 zu Art. 140 GG; Diese grundsätzliche Aussage trifft auch das Hessisches LAG v. 10.10.2012 – 12 Sa 312/09 – Juris, Rn. 52.

710 BAG, AP Nr. 218 zu § 9 KSchG 1969; LAG Hamburg v. 01.09.2009 – 2 Sa 126/09 – Juris; *S. Müller*, NZA-RR 2009, 289, 290.

711 BAG, AP Nr. 218 zu § 9 KSchG 1969.

712 BAG, AP Nr. 218 zu § 9 KSchG 1969. So auch das LAG Düsseldorf v. 21.08.2008 – 5 Sa 240/08 – Juris, Rn. 61 und das LAG Hamburg v. 03.04.2009 – 6 Sa 47/08 – Juris, Rn. 80.

zumindest auch auf einem irgendwie gearteten – nicht zwingend steuerbaren – Verhalten des Arbeitnehmers beruhen.

hh. Zusammenfassung

Die von den zur Entscheidung berufenen Gerichten als wirksam eingestuften arbeitgeberseitigen Auflösungsanträge beruhen, wie zuvor herausgearbeitet, stets – zumindest auch – auf einem Verhalten des Arbeitnehmers. Dies bedeutet zwar nicht, dass das Verhalten des Arbeitnehmers in jedem Fall auch im System des § 1 Abs. 2 KSchG als verhaltensbedingter Kündigungsgrund geprüft werden würde, da zumindest vereinzelt ein Auflösungsgrund trotz möglicherweise fehlender Verhaltenssteuerung des Arbeitnehmers angenommen wurde.[713] In den meisten Fällen liegt jedoch eine Ähnlichkeit zu einem verhaltensbedingten Kündigungsgrund i.S.d. § 1 Abs. 2 KSchG vor.

Zudem wurde der Auflösungsantrag des Arbeitgebers – zum Beispiel im Fall der Verdachtsauflösung – teilweise mit einem Sachverhalt begründet, der zugleich auch eine weitere – zumeist verhaltensbedingte – Kündigung rechtfertigen könnte. In diesen Fällen sind die materiellen Anforderungen, die an den Auflösungsgrund gestellt werden, identisch mit den Anforderungen, die an einen Kündigungsgrund gemäß § 1 Abs. 2 KSchG gestellt werden. Der Vorteil für den Arbeitgeber liegt hier allerdings einerseits in dem Umstand, dass er nicht erneut eine Kündigung aussprechen muss, die eine weitere Kündigungsfrist in Gang setzt, sondern das Gericht gemäß § 9 Abs. 2 KSchG für die Auflösung des Arbeitsverhältnisses den Zeitpunkt festzusetzt, an dem es geendet hätte, wenn die ursprünglich ausgesprochene Kündigung sozial gerechtfertigt gewesen wäre. Dieser Vorteil für den Arbeitgeber stelle nach Ansicht des Bundesverfassungsgerichts auch für den Arbeitnehmer – zumindest im Falle der Verdachtsauflösung – keinen Nachteil dar, da es sich bei der Rückwirkung des Auflösungsurteils lediglich um eine Modalität der zum Zeitpunkt der gerichtlichen Entscheidung materiell berechtigten Beendigung des Arbeitsverhältnisses handele, deren Nachteile für den Arbeitnehmer durch die Verurteilung des Arbeitgebers zur Zahlung einer angemessenen Abfindung gemildert werden.[714] Ein weiterer Vorteil für den Arbeitgeber ist darin zu sehen, dass weitere formelle Voraussetzungen, die vor Ausspruch einer weiteren Kündigung zu beachten wären, bei einer gerichtlichen Auflösung des Arbeitsverhältnisses entfallen. Insofern muss zum Beispiel weder eine (erneute) Betriebsratsanhörung gemäß § 102 BetrVG

---

713 Vgl. LAG Hamm v. 23.05.2013 – 15 Sa 1784/12 – Juris, Rn. 73 ff.

714 BVerfG, v. 15.12.2008 – 1 BvR 347/08 – Juris, Rn. 13. Für die Wahrung der Rechte des Arbeitnehmers bleibe trotz der Rückwirkung des Auflösungsurteils maßgeblich, dass er vor der gerichtlichen Entscheidung angehört werde, damit so weit wie möglich ausgeschlossen werden kann, dass das Arbeitsverhältnis aufgrund eines unberechtigten Verdachts aufgelöst wird. Die Anhörung könne in diesem Fall im Rahmen des Kündigungsschutz- und Auflösungsverfahrens erfolgen.

vorgenommen werden, noch die Zustimmung des Integrationsamtes gemäß § 85 SGB IX eingeholt werden.[715]

Zudem ermöglicht das Auflösungsverfahren die umfassendere und zukunftsgerichtetere Betrachtung zahlreicher Einzelstörungen im Rahmen einer Gesamtbetrachtung, die ansonsten in der Regel gesondert lediglich einer Maßnahme – Abmahnung oder Kündigung – zugrunde gelegt werden könnten und sodann "verbraucht" wären. Insofern kann ein vom LAG Hamm entschiedener Fall als Beispiel dienen:[716]

Das LAG Hamm hielt zwei von der Arbeitgeberin gegenüber dem Arbeitnehmer, der als Zeitungszusteller bei der Arbeitgeberin beschäftigt war, ausgesprochene Kündigungen für unwirksam. Die erste Kündigung wurde in erster Linie auf Probleme im Hinblick auf den Umgang mit Abonnenten gestützt; die zweite Kündigung wurde mit Beschwerden von Kollegen des Klägers über diesen begründet, war also als betriebsbedingte Druckkündigung einzuordnen. Die erste Kündigung wurde mangels ausreichender Schwere des Vorwurfs, dem fehlenden Nachweis des Verschuldens des Arbeitnehmers und der nicht hinreichend konkreten Darlegung eines Schadens für unbegründet erachtet. Die zweite Kündigung scheiterte an der hinreichenden Darlegung einer Drucksituation für die Arbeitgeberin. Allerdings hielt das LAG den Auflösungsantrag der Arbeitgeberin gemäß § 9 Abs. 1 S. 2 KSchG für begründet. Das Gericht nahm an, dass das persönliche Verhältnis der Arbeitsvertragsparteien aufgrund des schwierigen Verhältnisses des Klägers zu den Abonnenten gestört und diesbezüglich auch zukünftig keine Besserung in Sicht sei. Zudem könne die Arbeitgeberin ihren Auflösungsantrag auf die Weigerung der Kollegen des Klägers stützen, zukünftig mit diesem zusammenzuarbeiten.

Obgleich der Vortrag zur Begründung der (einzelnen) Kündigungen somit nicht hinreichend konkret war, war er in der Gesamtschau doch geeignet eine arbeitgeberseitige Auflösung zu begründen. Das Urteil des LAG Hamm macht deutlich, dass Sachverhalte, die einzeln betrachtet mangels Erheblichkeit, Verschuldens des Arbeitnehmers oder hinreichend konkreten Vortrags eine Kündigung nicht begründen können, im Einzelfall trotz allem einen Auflösungsantrag des Arbeitgebers legitimieren können. Dies muss insbesondere für den Fall gelten, in dem die Sachverhalte, wegen derer der Arbeitgeber die gerichtliche Auflösung des Arbeitsverhältnisses begehrt, unterschiedliche Kündigungsgründe betreffen und somit zwar auf Ebene der Kündigung nicht zusammen betrachtet werden konnten, auf Ebene des Auflösungsantrags aber geeignet sind in ihrer Gesamtschau die Nichterwartbarkeit der weiteren gedeihlichen Zusammenarbeit zu begründen. Dies gilt darüber hinaus auch für Sachverhalte, die erst nach Ausspruch der Kündigung auftreten oder auch Sachverhalte, die sich bereits vor Ausspruch der Kündigung ereigneten und mit dieser in Zusammenhang stehen, aber diese nicht unmittelbar betreffen.

---

715 Siehe dazu unten: Vierter Teil, C.II.4. und C.II.5.

716 LAG Hamm v. 23.05.2013 – 15 Sa 1784/12 – Juris.

Auch Sachverhalte, die mangels vorheriger Abmahnung nicht kündigungsrelevant sind, können – bei Hinzutreten weiterer Umstände, wie zum Beispiel fehlendem Unrechtsbewusstsein, dass auf eine drohende Wiederholung der Pflichtverletzung hindeutet – einen Auflösungsantrag begründen.[717] Auch in diesem Fall durchbricht das Auflösungsverfahren die strengen Voraussetzungen des Kündigungsrechts und stellt ein interessengerechtes Verfahren zur Verfügung, in dessen Rahmen eine Gesamtabwägung der gegenläufigen Interessen möglich ist.

4. Sonderregelung für leitende Angestellte

Eine Sonderregelung findet sich in § 14 Abs. 2 S. 2 KSchG, nach dem der Auflösungsantrag des Arbeitgebers gegenüber leitenden Angestellten i.S.d. § 14 Abs. 2 S. 1 KSchG keiner Begründung bedarf. Vom Anwendungsbereich des § 14 Abs. 2 KSchG erfasst sind Geschäftsführer, Betriebsleiter und ähnliche leitende Angestellte, soweit diese zur selbstständigen Einstellung oder Entlassung von Arbeitnehmern berechtigt sind. In der Literatur wird teilweise eine Reform des § 14 Abs. 2 S. 1 KSchG insofern gefordert, dass der kündigungsschutzrechtliche Begriff des leitenden Angestellten an den Begriff des § 5 BetrVG angepasst wird.[718] Eine solche Rechtsangleichung sei dazu geeignet, die Rechtslage für den Arbeitgeber partiell zu verbessern, da es eher der Fall sein wird, dass ein Arbeitnehmer als leitender Angestellter i.S.d. § 5 Abs. 3 KSchG eingestuft werden kann, als nach geltender Fassung des § 14 Abs. 2 S. 1 KSchG; der betriebsverfassungsrechtliche Tatbestand sei im Ergebnis etwas weiter.[719]

Für eine Anpassung des § 14 Abs. 2 KSchG in Form der Erweiterung des Anwendungsbereichs besteht jedoch alleine vor dem Hintergrund, dass einem leitenden Angestellten i.S.d. Vorschrift im Ergebnis lediglich ein Abfindungs- und kein Kündigungsschutz zusteht, nach der hier vertretenen Ansicht keine Veranlassung. Gegenüber leitenden Angestellten i.S.d. § 14 Abs. 2 KSchG kann der Arbeitgeber durch eine – auch sozialwidrige Kündigung – und anschließenden Auflösungsantrag die Beendigung des Arbeitsverhältnisses erreichen, ohne dies rechtfertigen zu

---

717 LAG Köln, NZA-RR 2005, 637, 638; v. 15.12.2011 – 7 Sa 558/11 – Juris, Rn. 49 ff. Vgl. auch *Fuhlrott*, Anm. zu LAG Köln, ArbAktuell 2012, 542. Siehe jedoch das Urteil des LAG Köln v. 16.07.2008 – 3 Sa 190/08 – Juris, in dem das Gericht ausführt, dass eine reine Uneinsichtigkeit des Arbeitnehmers bezogenen auf einen begangenen Pflichtverstoß nicht genügen soll, einen arbeitgeberseitigen Auflösungsantrag zu begründen.

718 Vgl. dazu *Bauer*, in: FS für Etzel, S. 15, 25 f.; *Bayreuther*, NZA 2013, 1238 ff.; *Neef*, NZA 2000, 7 ff.; *Preis*, NZA 2003, 252, 256; ders. RdA 2003, 65, 79; *Rinsdorf/Kiedrowski*, NZA 2012, 183, 184 f.; *Willemsen*, NJW 2000, 2779, 2785. Die Uneinheitlichkeit der Begrifflichkeiten kritisiert auch Ascheid/Preis/Schmidt/*Biebl*, § 14 KSchG Rn. 16.

719 Ascheid/Preis/Schmidt/*Biebl*, § 14 KSchG Rn. 16. Vgl. auch *M. A. Horn*, NZA 2012, 186, 188.

müssen.[720] Diese Norm trägt der besonderen Vertrauensbeziehung zwischen Arbeitgeber und leitenden Angestellten Rechnung, die aufgrund ihrer arbeitgebergleichen Funktion eher der Unternehmensleitung als der Belegschaft zuzuordnen sind.[721] Aufgrund der klaren Ablösung des Bestandschutzes durch Abfindungsschutz in dieser Konstellation erscheint es sachgerecht, tatsächlich nur die leitenden Angestellten in den Anwendungsbereich mit einzubeziehen, die eindeutig der Unternehmensleitung zuzuordnen sind. Durch die gegenüber § 5 Abs. 3 BetrVG eindeutigere Formulierung in § 14 Abs. 2 BetrVG werden zudem Streitigkeiten über die Qualifikation eines Arbeitnehmers als leitender Angestellter reduziert.

Obgleich der Arbeitgeber seinen Auflösungsantrag gegenüber leitenden Angestellten i.S.d. § 14 Abs. 2 KSchG nicht rechtfertigen muss, ist die Angabe solcher Grüne, die in der Sphäre des leitenden Angestellten liegen, zumindest im Hinblick auf die richterliche Festsetzung der Abfindung trotzdem sinnvoll.[722]

VIII. Beiderseitige Annahme einer Zerrüttungssituation

Stellen beide Parteien einen Auflösungsantrag ist umstritten, ob die Zerrüttung der vertraglichen Beziehungen vom Gericht geprüft werden muss, oder das Gericht das Arbeitsverhältnis ohne weitere Sachprüfung der Zerrüttungssituation auflöst.

1. Entfallen der Prüfung der Auflösungsgründe

Die Rechtsprechung und ein Teil der Literatur gehen davon aus, dass die Prüfung des Vorliegens einer Zerrüttungssituation bei einem beiderseitigen Antrag entfällt und das Arbeitsgericht das Arbeitsverhältnis – bei Sozialwidrigkeit der Kündigung – auflöst.[723]

---

720 Schwarze/Eylert/Schrader/*Schwarze*, KSchG, § 14 Rn. 23. In der Praxis werden die Arbeitsvertragsparteien in diesem Fall jedoch im Zweifel um die Qualifikation des Arbeitnehmers als leitenden Angestellten streiten. Vgl. *M. A. Horn*, NZA 2012, 186.

721 Eine vergleichbare Regelung enthält auch der § 627 BGB, der für eine fristlose Kündigung bei einer besonderen Vertrauensstellung des Dienstnehmers keine Begründung fordert. Diese Regelung, die aufgrund der fehlenden Kompensation durch Nichtentstehung einer Abfindungspflicht noch stärker in die Rechte des Dienstleistenden eingreift, findet jedoch nicht auf Arbeits-, sondern nur auf Dienstverhältnisse Anwendung.

722 Schwarze/Eylert/Schrader/*Schwarze*, KSchG, § 14 Rn. 23.

723 LAG Hamm v. 03.12.1998 – 4 Sa 703/98 – Juris; LAG Baden-Württemberg v. 17.07.2013 – 13 Sa 141/12 – Juris; *Ascheid*, Kündigungsschutzrecht, Rn. 812; *Auffarth*, DB 1969, 528, 530; *Bauer*, DB 1985, 1180, 1182; Bader/Bram/Dörner/Kriebel/*Bader*, § 9 KSchG Rn. 21; Ascheid/Preis/Schmidt/*Biebl*, Kündigungsrecht, § 9 KSchG Rn. 71; *Busemann/Schäfer*, Kündigung und Kündigungsschutz, Rn. 702; *H. Haas*, FA 2009, 261, 264; v. Hoyningen-Huene/Linck/*Linck*, KSchG, § 9 Rn. 74; *Keßler*, NZA-RR 2002, 1, 10 f.; ErfK/*Kiel*, § 9 KSchG, Rn. 24; *Lelley*, FA 2007, 74, 75; Schaub/*Linck*, Arbeitsrechts-Handbuch, § 141 Rn. 24.

Es sei widersinnig an einem Arbeitsverhältnis festzuhalten, dass beide Parteien nicht mehr wollen.[724]

2. *Erforderlichkeit der Prüfung der Auflösungsgründe*

Die Gegenauffassung geht auch bei beiderseitigem Auflösungsantrag der Parteien, von einer Prüfungspflicht des Gerichts aus, wobei der Arbeitnehmerantrag aufgrund seiner Einordnung als unechter Eventualantrag zuerst zu prüfen sei.[725] Begründet wird die Erforderlichkeit der Prüfung damit, dass die Parteien unter Umständen ein Interesse an der Feststellung haben könnten, dass das Arbeitsverhältnis zerrüttet ist. Überdies sei es für die Bemessung der Abfindung von Bedeutung, auf wessen dargelegten Tatsachen die Zerrüttung des Arbeitsverhältnisses letztlich beruht. Die Prüfung der Voraussetzungen führe auch nicht zur Fortführung des Arbeitsverhältnisses gegen den Willen der Arbeitsvertragsparteien, da die Parteien die Möglichkeit haben, das Arbeitsverhältnis im Rahmen eines Vergleiches aufzulösen oder ihre Auflösungsanträge wechselseitig anzuerkennen.[726] Schließlich spreche eine materielle Prüfung der Auflösungsgründe bei beidseitigem Antrag auch nicht gegen den zivilprozessualen Verhandlungsgrundsatz, da dieser lediglich die Frage regelt, wer die antragsbegründenden Tatsachen vorzutragen hat; eine Bindungswirkung für das Gericht könne aus der Prozessmaxime hingegen gerade nicht hergeleitet werden.[727]

3. *Stellungnahme*

Die Ansicht, die eine Prüfung der Auflösungsgründe bei beidseitigen Anträgen verneint, ist vorzugswürdig. Obgleich das Kündigungsschutzgesetz seiner Konzeption nach ein Bestandsschutz- und kein Abfindungsgesetz ist, missachtet die Gegenmeinung den Vorrang der Privatautonomie vor dem Bestandsschutz.[728] Die Regelung des § 9 KSchG ist eher Ausdruck des schuldrechtlichen Charakters des Arbeitsverhältnisses, als dass sie eine isoliert sozialstaatliche Betrachtung des

---

724 *Bauer*, DB 1985, 1180, 1182; *ders.*, FS für Hanau, S. 151, 158; *ders.*, ArbAktuell 2010, 3, 4; *ders.* FS für Etzel, S. 15, 21; *Brugger*, NJW-Spezial 2011, 306.

725 *Bernhardt*, Alternativen zur Kündigung, Rn. 568; *Boewer*, RdA 2001, 380, 401; S. *Müller*, Auflösungsantrag des Arbeitgebers, S. 111 f.; *ders.*, FA 2009, 265, 266 f.; Fiebig/Gallner/Mestwerdt/Nägele/*Fiebig/Gieseler*, KSchG, § 9 Rn. 78 ff.; KR/*Spilger*, § 9 KSchG Rn. 65 f. Siehe auch *Löwisch/Spinner*, KSchG, § 9 Rn. 89 und *Tschöpe*, in: FS für Schwerdtner, S. 217, 241, die zwar generell von der Erforderlichkeit der Prüfung der Auflösungsgründe ausgehen, allerdings sodann darauf abstellen, dass die Voraussetzungen der beiden Anträge in dieser Situation regelmäßig erfüllt sind und das Arbeitsgericht somit das Arbeitsverhältnis nach faktisch kursorischer Prüfung aufzulösen hat.

726 KR/*Spilger*, § 9 KSchG Rn. 66.

727 Fiebig/Gallner/Mestwerdt/Nägele/*Fiebig/Gieseler*, KSchG, § 9 Rn. 78.

728 Schwarze/Eylert/Schrader/*Schwarze*, § 9 KSchG Rn. 60.

Kündigungsschutzes widerspiegelt.[729] Allein das Interesse einer Partei an der Feststellung der Zerrüttung, kann nicht genügen, um eine gerichtliche Prüfung infolge übereinstimmend beantragter Auflösung als erforderlich anzusehen, mithin ein prozessuales Feststellungsinteresse zu begründen. Auch die Notwendigkeit der Auseinandersetzung mit den dargelegten Tatsachen für die Bemessung der Abfindung führt nicht zu dem Erfordernis der Prüfung der Zerrüttungsgründe, da eine autarke Prüfung des Tatsachenvortrags zur Ermittlung der Abfindungshöhe ohnehin erforderlich ist.[730] Schließlich geht auch ein Verweis auf ein gegenseitiges Anerkenntnis beziehungsweise eine vergleichsweise Einigung fehl. Selbst wenn die Parteien übereinstimmend von dem Vorliegen einer Zerrüttungssituation ausgehen, wird zumindest hinsichtlich der zu zahlenden Abfindungshöhe im Zweifel keine Einigkeit bestehen und somit eine gütliche Einigung ohne gerichtliche Entscheidung problematisch sein.[731]

IX. Darlegungs- und Beweislast

Die Darlegungs- und Beweislast für das Vorliegen von Zerrüttungsgründen trägt jeweils die Partei, die den Auflösungsantrag stellt. Insoweit folgen die §§ 9, 10 KSchG dem zivilprozessualen Grundsatz, dass jede Partei die für sie günstigen Tatsachen darlegen und beweisen muss. Der Arbeitnehmer muss also die Umstände darlegen und beweisen, die zu einer Unzumutbarkeit der Fortführung des Arbeitsverhältnisses führen, der Arbeitgeber hingegen die Umstände, die eine weitere den Betriebszwecken dienliche Zusammenarbeit nicht erwarten lassen.[732] Die Darlegungs- und Beweislast des Arbeitgebers besteht in dieser Form jedoch erst seit dem KSchG von 1969; die Regelung des § 7 KSchG von 1951 sah noch vor, dass der Arbeitgeber die Gründe, die aus seiner Sicht eine weitere gedeihliche Zusammenarbeit nicht erwarten lassen, lediglich darlegen musste und dem Arbeitnehmer sodann der (Gegen-) Beweis oblag.[733]

Das Gericht darf sich zur Feststellung einer Zerrüttungssituation lediglich auf solche Tatsachen beziehen, die die darlegungspflichtige Partei vorgebracht hat; nicht dargelegte Tatsachen müssen, selbst wenn sie offenkundig sind, außer Betracht

---

729 Schwarze/Eylert/Schrader/*Schwarze*, § 9 KSchG Rn. 1.

730 *Bauer*, in: FS für Etzel, S. 15, 21, der noch darauf verweist, dass es wohl nicht zu einer Auflösung des Arbeitsverhältnisses durch Urteil – sondern durch Aufhebungsvertrag – kommt, wenn sich die Parteien hinsichtlich der Höhe der Abfindung einig sind.

731 v. Hoyningen-Huene/Linck/*Linck*, KSchG, § 9 Rn. 74. Ein auf die Auflösung an sich – ohne Einbeziehung der Abfindungshöhe – begrenztes Teilanerkenntnis beziehungsweise ein entsprechender Teilvergleich ist nicht zulässig, da es sich um einen einheitlichen Verfahrensgegenstand handelt. Vgl. dazu Schwarze/Eylert/Schrader/*Schwarze*, § 9 Rn. 61.

732 Schwarze/Eylert/Schrader/*Schwarze*, KSchG, § 9 Rn. 47, 58.

733 Siehe dazu bereits oben: Vierter Teil, A.IV.2.a.; *Günther*, ArbuR 1974, 97, 107.

bleiben.[734] Insgesamt bedarf es des Vortrages substantiierter Tatsachen, die so beschaffen sind, dass sie die Zerrüttungssituation tatsächlich greifbar machen; es darf nicht lediglich darauf verwiesen werden, dass die Vertrauensgrundlage weggefallen beziehungsweise ein unüberbrückbares Zerwürfnis eingetreten sei.[735] Widerspricht die Gegenpartei der Annahme einer Zerrüttungssituation durch den Antragssteller nicht oder geht sogar selber – ohne einen eigenen Antrag zu stellen – davon aus, dass eine Zerrüttung der Vertragsbeziehungen vorliegt, kann das Vorbringen des jeweiligen Antragsstellers als zugestanden angesehen werden (§ 138 Abs. 3 der Zivilprozessordnung (ZPO)).[736] Erkennt die jeweils andere Partei den Auflösungsantrag des Antragsstellers an und herrscht auch hinsichtlich der festzusetzenden Abfindungshöhe Einigkeit, spricht das Arbeitsgericht ein Anerkenntnisurteil aus, § 46 Abs. 2 S. 1 des Arbeitsgerichtsgesetzes (ArbGG) i.V.m. §§ 495, 307 S. 1 ZPO. Ein auf die Auflösung an sich – ohne Einbeziehung der Abfindungshöhe – begrenztes Teilanerkenntnis beziehungsweise ein entsprechender Teilvergleich ist jedoch nicht zulässig, da es sich bei der Auflösung und der Abfindungszahlung um einen Verfahrensgegenstand handelt.[737]

C. Anbindung der Zerrüttung an das gerichtliche Verfahren

Die Auflösung des Arbeitsverhältnisses durch das Arbeitsgericht aufgrund einer Zerrüttung der Vertrauensbeziehung der Arbeitsvertragsparteien nach §§ 9, 10 KSchG ist nach der momentanen Ausgestaltung des Kündigungsschutzrechts nur als Annexverfahren im Rahmen eines arbeitsgerichtlichen Kündigungsschutzverfahrens möglich und kann von den Parteien nicht autark, als selbstständige Rechtsfolge angestrebt werden.[738] Die Arbeitsvertragsparteien üben das Ihnen zustehende Gestaltungsklagerecht gerichtet auf Auflösung des Arbeitsverhältnisses somit nicht durch Erhebung eines direkt darauf gerichteten prozessualen Antrags an das Gericht aus, dass sodann über die Gestaltung entscheidet. Das materielle Gestaltungsrecht, das in der Erklärung der Kündigung zu sehen ist, und das prozessuale Gestaltungsklagerecht, der Auflösungsantrag, fallen demnach institutionell auseinander; das eine verwirklicht sich nicht in dem anderen.[739]

Im Folgenden werden die allgemeinen verfahrens- und materiell-rechtlichen Grundvoraussetzungen, die sowohl für den Antrag des Arbeitnehmers als auch für den Arbeitgeberantrag und die beiderseitigen Anträge auf Auflösung des Arbeitsverhältnisses, wenn auch mit kleinen Differenzierungen, gelten, betrachtet.

---

734 BAG, NJW 1977, 695.
735 BAG, NJW 1977, 695.
736 BAG, NJW 1960, 2022.
737 Vgl. dazu Schwarze/Eylert/Schrader/*Schwarze*, § 9 Rn. 61.
738 Fiebig/Gallner/Mestwerdt/Nägele/*Fiebig/Gieseler*, KSchG, § 9 Rn. 12.
739 *Duvigneau*, Die gerichtliche Auflösung des Arbeitsverhältnisses, S. 44.

I. Verfahrensrechtliche Voraussetzungen

In verfahrensrechtlicher Hinsicht setzt der Auflösungsantrag einer oder beider Arbeitsvertragsparteien sowohl eine anhängige und zulässige Kündigungsschutzklage als auch einen Antrag gerichtet auf das Auflösungsbegehren einer oder beider Parteien voraus, § 9 Abs. 1 KSchG.

1. Zulässige und anhängige Kündigungsschutzklage

Die Darstellung der historischen Entwicklung des Kündigungsschutzes und der Behandlung der Zerrüttung[740] hat gezeigt, dass die Auflösung des Arbeitsverhältnisses gegen Entschädigungszahlung auf Bestreben des Arbeitgebers bis zum Erlass des Kündigungsschutzgesetzes im Jahre 1951, abgesehen von den Ländergesetzen in Hessen und Baden in der Nachkriegszeit,[741] als eine von zwei möglichen Rechtsfolgen der erfolgreichen Einspruchs- beziehungsweise Kündigungswiderrufsklage von den jeweiligen Gesetzen vorgesehen und vom Arbeitgeber frei wählbar war. Sowohl die Einspruchsklage zur Zeit der Weimarer Republik, als auch die Widerrufsklage zur Zeit des Nationalsozialismus und die meisten Klagen gegen Kündigungen basierend auf den einzelnen Ländergesetzen in der Nachkriegszeit wurden als Gestaltungsklagen mit Elementen der Leistungsklage eingestuft.[742]

Nach der heutigen Konzeption des Kündigungsschutzgesetzes muss der Arbeitnehmer hingegen zunächst eine Kündigungsschutzklage erheben, um eine Auflösung des Arbeitsverhältnisses wegen Zerrüttung als zweiten Streitgegenstand zu ermöglichen. Die Kündigungsschutzklage des Arbeitnehmers muss also zunächst bei Gericht anhängig sein.[743] Auf die Kündigungsschutzklage aufbauend können sowohl Arbeitgeber als auch Arbeitnehmer die ursprüngliche Klage um einen weiteren Streitgegenstand, die begehrte Auflösung gegen Entschädigungszahlung, erweitern. Die Auflösung des Arbeitsverhältnisses durch das Gericht nach § 9, 10 KSchG ist sodann ein besonderer, auf die Kündigungsschutzklage aufbauender, Verfahrensabschnitt des Kündigungsrechtsstreits.[744] Das Gestaltungsrecht der Kündigung und die Gestaltungsentscheidung der Auflösung stehen somit in einem additiven Abhängigkeitsverhältnis; die Kündigungsschutzklage und der Auflösungsantrag nach §§ 9, 10 KSchG stellen, im Gegensatz zum früheren Recht, zwei Streitgegenstände dar.[745]

Im Folgenden ist zu prüfen, ob die Kündigungsschutzklage noch immer als Gestaltungsklage, oder vielmehr, aufgrund der Abtrennung der Rechtsfolge der

740 Siehe dazu oben: Vierter Teil, A.
741 Vgl. § 44 Abs. 2 Hess. BRG; § 35 Abs. 5 Bad. BRG.
742 Siehe dazu oben: Vierter Teil, A.
743 BAG, AP Nr. 19 zu § 3 KSchG; Fiebig/Gallner/Mestwerdt/Nägele/*Fiebig/Gieseler*, KSchG, § 9 Rn. 12, 17; v. Hoyningen-Huene/Linck/*Linck*, KSchG, § 9 Rn. 11; S. *Müller*, DB 2002, 2597, Fn. 2.
744 KR/*Spilger*, § 9 KSchG Rn. 14.
745 Schwarze/Eylert/Schrader/*Schwarze*, KSchG, § 9 Rn. 65.

Auflösung, als reine Feststellungsklage einzuordnen ist. Eine prozessuale Einordnung der Kündigungsschutzklage ist sinnvoll, um insbesondere im Hinblick auf eine mögliche Erweiterung des Anwendungsbereichs des Auflösungsverfahrens gemäß §§ 9, 10 KSchG als Annexverfahren zu weiteren Streitgegenständen, die weiter unten im *vierten Teil* diskutiert wird, herauszufinden, welche arbeitsrechtlichen Streitgegenstände mit dem der Kündigungsschutzklage vergleichbar sind.

Während die fast einhellige Meinung die Kündigungsschutzklage als Feststellungsklage ansieht, wird vereinzelt auch vertreten, dass die Kündigungsschutzklage eine Leistungsklage beziehungsweise eine Gestaltungsklage darstellt.[746]

a. Einordnung als Feststellungsklage

Insbesondere aufgrund des Wortlauts des § 4 S. 1 KSchG und der gesetzlichen Konzeption des ersten Abschnitts des KSchG gehen sowohl die Rechtsprechung als auch die Meinungen in der Literatur weitestgehend davon aus, dass es sich bei der Kündigungsschutzklage gemäß §§ 4, 7 KSchG nunmehr nicht mehr um eine Gestaltungsklage mit Elementen der Leistungsklage, sondern vielmehr um eine negative Feststellungsklage handelt,[747] der jedoch einige zumindest ein rechtsgestaltendes Element zusprechen.[748]

---

746 Vgl. zu dem Meinungsstand auch die umfassende Darstellung bei *Pickart*, Kündigungsschutz und Kombinationsklage, S. 98 ff.

747 BAG, AP Nr. 8 zu § 3 KSchG; NJW 1966, 1477; AP Nr. 27 zu § 72 ArbGG 1953; NZA 1985, 702, 704 f.; NZA 1987, 808, 809; NZA 1994, 812, 813 f.; NZA 2008, 589, 590; NZA 2009, 29, 30 f.; Ascheid/Preis/Schmidt/*Hesse*, Kündigungsrecht, § 4 KSchG Rn. 18 ff.; *Bandey*, Kündigungsschutzklage, S. 79, 87; *Blanke*, ArbuR 1987, 185, 186 (Fn. 6); *Boemke*, RdA 1995, 211, 213; *Colneric*, ArbuR 1984, 105 ff.; *Dietz*, NJW 1951, 941, 943; KR/*Friedrich*, § 4 KSchG Rn. 17; *Galperin*, RdA 1966, 361, 362; v. Hoyningen-Huene/Linck/*Linck*, KSchG, § 4 Rn. 24; *Jaroschek/Lüken*, JuS 2001, 64, 66; ErfK/*Kiel*, § 4 KSchG Rn. 9; *Künzl*, DB 1986, 1280 ff.; *Lauerbach*, Die Rechtsnatur und der Streitgegenstand der Klage nach § 3 Satz 1 KSchG, S. 27; Schaub/*Linck*, Arbeitsrechts-Handbuch, § 138 Rn. 7; *Löwisch/Spinner*, KSchG, § 4 Rn. 2; *Otto*, RdA 1975, 68, 71; *Pickart*, Kündigungsschutz- und Kombinationsklage, S. 123; *Redeker*, BB 1986, 1219, 1220; *Zimmer*, Der Anwendungsbereich der Feststellungsklage, S. 14 f.

748 BAG, AP Nr. 7 zu § 6 LohnFG; Ascheid/Preis/Schmidt/*Hesse*, Kündigungsrecht, § 4 KSchG Rn. 18; KR/*Friedrich*, § 4 KSchG Rn. 18; *Hilbrandt*, NJW 1999, 3594, 3596; *Hueck*, Anm. zu BAG, AP Nr. 7 zu § 611 BGB Beschäftigungspflicht; *Kerwer*, JuS 1999, 250, 254; *Neumann-Duesberg*, ZZP 1952, 394, 399. *Günther*, ArbuR 1974, 135, 139 ff., spricht sogar von einer Doppelklage, die zunächst auf eine Rechtsgestaltung gerichtet ist, mit der aber auch Feststellungswirkungen erreicht werden. Das rechtsgestaltende Element ergebe sich insbesondere aus § 7 KSchG, da die Wirksamkeit der Kündigung von der Entscheidung des Arbeitnehmers abhänge eine Kündigungsschutzklage zu erheben oder nicht. Das Verhalten des Arbeitnehmers habe somit direkte Auswirkung auf die Rechtslage. Ablehnend gegenüber einem rechtsgestaltenden Moment: BAG, NZA 1995, 702, 704 f.; *Bandey*, Kündigungsschutzklage, S. 78 f., 86 f.; *Jaroschek/Lüken*, JuS 2001, 64, 66. Weiter verweist

Eine Kündigungsschutzklage sei wie eine Feststellungsklage gemäß § 256 ZPO im Gegensatz zur konstitutiven Gestaltungsklage lediglich deklaratorischer Natur; ein Urteil im Kündigungsschutzverfahren führe keine unmittelbare Änderung der Rechtslage herbei, sondern stelle vielmehr das Bestehen oder Nichtbestehen eines Rechtsverhältnisses verbindlich fest.[749] Die herrschende Ansicht hält es insofern auch für unschädlich, dass die Kündigung kein Rechtsverhältnis, sondern vielmehr ein Rechtsgeschäft ist, da § 4 KSchG als gegenüber § 256 ZPO speziellere Norm gerade verlange, dass der Arbeitnehmer die konkrete Kündigung angreife. Die Feststellung sei somit nicht auf den Fortbestand des Arbeitsverhältnisses, sondern dessen Nichtauflösung durch die konkrete Kündigung und somit einen sogenannten punktuellen Streitgegenstand gerichtet.[750]

Für die Einordnung der Kündigungsschutzklage als Feststellungsklage spreche auch die Systematik des ersten Abschnitts des KSchG. Bereits aus § 1 Abs. 1 KSchG werde deutlich, dass die sozialwidrige Kündigung kraft Gesetz rechtsunwirksam ist, und das Arbeitsgericht auf die Kündigungsschutzklage des Arbeitnehmers hin lediglich die bereits bestehende Rechtslage bindend für die Parteien feststelle. Diese Annahme werde auch durch den Wortlaut des § 7 KSchG gestützt, aus dem hervorgeht, dass die Kündigung bei Klagefristversäumnis durch den Arbeitnehmer von Anfang an als rechtswirksam gilt. Einer solchen gesetzlichen Fiktion bedürfe es aber nur, wenn die materielle Rechtslage vor dem Zeitpunkt der Fristversäumnis anders, die Kündigung also rechtsunwirksam, war.[751] Teilweise wird auch davon ausgegangen, dass die vom Arbeitgeber ausgesprochene Kündigung schwebend unwirksam[752] oder schwebend wirksam[753] beziehungsweise nicht von vorneherein absolut unwirksam[754] sei, die endgültige Unwirksamkeit aber bereits mit Erhebung der Klage durch den Arbeitnehmer eintrete.[755] Das arbeitsgerichtliche Urteil selbst habe dann nur noch feststellende Wirkung. Überdies deute auch der Wortlaut der § 9 Abs. 1 S. 1, 11, 12 S. 1 KSchG auf eine Feststellung der anfänglichen Unwirksamkeit der Kündigung hin.[756]

Colneric, ArbuR 1984, 105, 107 f., darauf, dass jedes Urteil ein rechtsgestaltendes Element enthalte.

749 Zöller/*Greger*, ZPO, Vorbem. § 253 Rn. 5.

750 *Boemke*, RdA 1995, 211, 213; *Zimmer*, Der Anwendungsbereich der Feststellungsklage, S. 13.

751 *Jaroschek/Lüken*, JuS 2001, 64, 66.

752 *Lauerbach*, Die Rechtsnatur und der Streitgegenstand der Klage nach § 3 Satz 1 KSchG, S. 14 ff.; *Nikisch*, BB 1951, 646.

753 *Dietz*, NJW 1951, 941, 943.

754 *Galperin*, RdA 1966, 361, 363.

755 Etwas unklar drückt sich *Lüke*, NJW 1980, 2170 ff. aus, der von einem schwebend wirksamen Arbeitsverhältnis während des Kündigungsrechtsstreits spricht. Die Kündigungsschutzklage sei weiter zwar als Feststellungsklage konstruiert, ähnele sachlich aber der verwaltungsrechtlichen Anfechtungsklage.

756 *Colneric*, ArbuR 1984, 105, 106 f.; *Günther*, ArbuR 1974, 97, 106, 111.

Auch der materielle Gehalt des § 9 KSchG, der eine gerichtliche Auflösung des Arbeitsverhältnisses auf Antrag einer oder beiden Parteien mit Entschädigungspflicht des Arbeitgebers ermöglicht, spreche für eine von vorneherein bestehende Unwirksamkeit der sozialwidrigen Kündigung, da das Arbeitsverhältnis nur dann durch das Arbeitsgericht aufgelöst werden könne, wenn es nicht bereits zuvor durch die sozialwidrige Kündigung aufgelöst wurde.[757]

Die Einordnung der Kündigungsschutzklage als Feststellungsklage wird vereinzelt auch mit einem Hinweis auf § 134 BGB begründet. § 1 Abs. 1 KSchG stelle ein Verbotsgesetz i.S.d. § 134 BGB dar, so dass die gemäß § 1 Abs. 1 KSchG sozialwidrige Kündigung von vorneherein nichtig und damit anfänglich unwirksam sei.[758] Diese Nichtigkeit müsse vom Arbeitsgericht dann nur noch festgestellt werden.[759]

Schließlich spreche auch die Gesamtschau mit den neben der Kündigungsschutzklage geltend zu machenden Leistungsansprüchen des Arbeitnehmers gerichtet auf Lohnzahlung und Weiterbeschäftigung, für eine Feststellungsklage. Die Ansprüche des Arbeitnehmers auf Lohnzahlung wären bei der Einordnung der Kündigungsschutzklage als Gestaltungsklage erst mit der formellen Rechtskraft des Gestaltungsurteils i.S.d. § 705 ZPO durchsetzbar, während sie bei der Einordnung der Kündigungsschutzklage als Feststellungsklage zumindest direkt mit dem stattgebenden Urteilen vollstreckbar wären, was eher dem Sinn und Zweck des arbeitsrechtlichen Normzusammenhangs entspräche.[760] Überdies ließe sich der vom Bundesarbeitsgericht mittels Rechtsfortbildung entwickelte allgemeine Weiterbeschäftigungsanspruch, der dem Arbeitnehmer grundsätzlich eine Weiterbeschäftigung ab dem Ablauf der Kündigungsfrist zuspricht, nur begründen, wenn man zunächst von einer vom Arbeitsgericht festzustellenden Unwirksamkeit der sozialwidrigen Kündigung ausginge.[761]

b. Einordnung als Leistungsklage

Vereinzelt erfolgt eine Einordnung der Kündigungsschutzklage als Leistungsklage.[762] Diese Ansicht stützt sich auf die Annahme, dass es dem Arbeitnehmer mit der Erhebung einer Kündigungsschutzklage in Wirklichkeit nicht um die Feststellung der Unwirksamkeit der Kündigung und die daraus resultierende Fortführung des

---

757 *Bandey*, Kündigungsschutzklage, S. 57 f.; *Künzl*, DB 1986, 1280, 1281; *Pickart*, Kündigungsschutz und Kombinationsklage, S. 115.

758 So auch das LAG Bad.-Württ. vom 15.08.1997 – 18 (18b) Sa 54/96 – Juris. Vgl. auch Staudinger/*Sack/Seibl*, § 134 BGB Rn. 157, die jedoch nur herausstellen, dass Vereinbarungen nichtig sind, wenn durch sie der arbeitsrechtliche Kündigungsschutz umgangen werden soll.

759 Vgl. *Pickart*, Kündigungsschutz und Kombinationsklage, S. 116.

760 *Colneric*, ArbuR 1984, 108.

761 Vgl. MünchHdbArbR/*Wank*, § 99 Rn. 56 f.

762 *Lämmerhirdt*, Die auf Druck am Arbeitsverhältnis nicht beteiligter Dritter erfolgende Kündigung seitens des Arbeitsgebers, S. 75.

Arbeitsverhältnisses gehe, sondern der Arbeitnehmer vielmehr die Zahlung einer Abfindung begehre. Da der Wortlaut der §§ 1 Abs. 1, 4, 7 KSchG zu vernachlässigen und in erster Linie auf das sachliche Recht und nur subsidiär auf das Verfahrensrecht abzustellen sei, sei die Kündigungsschutzklage als Leistungsklage gerichtet auf Zahlung einer Abfindung zu verstehen.[763]

c. *Einordnung als Gestaltungsklage*

Teilweise wird die Kündigungsschutzklage, wie schon zur Zeit vor Schaffung des KSchG im Jahre 1951, als Gestaltungsklage eingestuft,[764] die zu einer unmittelbaren Änderung des zwischen den Parteien bestehenden Rechtsverhältnisses führe.[765] Die Vertreter dieser Ansicht stützen sich jedoch auf unterschiedliche Gründe, warum die Kündigungsschutzklage als Gestaltungsklage anzusehen sein soll.

Bötticher, der zwar anerkennt, dass der Gesetzgeber die Klage aus §§ 4, 7 KSchG als Feststellungsklage ausgeformt hat, ergriff trotzdem kurz nach der Neuregelung des Kündigungsschutzrechts durch das KSchG von 1951 dafür Partei, dass die Normen des ersten Abschnitts besser so zu interpretieren seien, dass eine sozialwidrige Kündigung zunächst als rechtswirksam, aber als durch den Arbeitnehmer anfechtbar anzusehen sei.[766] Später stellte sich *Bötticher* auf den Standpunkt, dass der Unterschied zwischen Feststellungs- und Gestaltungsklage entfalle, wenn man zugrunde lege, dass der Feststellungsklage eine die Unwirksamkeit der Kündigung auslösende Wirkung zukomme. Diese Wirkung komme der Kündigungsschutzklage zu, wenn man wiederum annehme, dass die vom Arbeitgeber ausgesprochene Kündigung aufschiebend bedingt unwirksam sei. Die unbedingte Unwirksamkeit der Kündigung trete dann mit einem die Unwirksamkeit der Kündigung bestätigendem Urteil des Arbeitsgerichts, die Wirksamkeit der Kündigung hingegen mit dem Ablauf der Klagefrist aus §§ 4, 7 KSchG ein.[767] Im Unterschied zu denjenigen, die zwar auch von der schwebenden Unwirksamkeit der Kündigung, aber trotzdem von der Kündigungsschutzklage als Feststellungsklage ausgehen, nimmt *Bötticher*

---

763 *Lämmerhirdt*, Die auf Druck am Arbeitsverhältnis nicht beteiligter Dritter erfolgende Kündigung seitens des Arbeitsgebers, S. 75.

764 LAG Niedersachsen, DB 1985, 708; DB 1986, 1126, 1127. Vgl. auch *Lehmann-Jessen*, Die Kündigungsschutzklage gemäß § 4 Satz 1 KSchG, S. 129, die glaubt nachgewiesen zu haben, dass die Kündigungsschutzklage nach dem KSchG ursprünglich als Gestaltungsklage vorbereitet und konzipiert worden ist. Siehe auch *Güntner*, DB 1975, 1317, 1318; *Schlosser*, Gestaltungsklagen und Gestaltungsurteile, S. 63 ff. Diesen Ansatz zieht auch *Boewer*, DB 1982, 751, 753 zumindest in Erwägung.

765 Zöller/*Greger*, ZPO, Vorbem. § 253 Rn. 8.

766 *Bötticher*, RdA 1951, 81, 82 f.; vgl. auch *Neumann-Duesberg*, ZZP 1952, 394, 399, der allerdings von einer Kündigungsschutzklage als Feststellungsklage mit Gestaltungswirkung ausgeht.

767 *Bötticher*, BB 1981, 1954, 1958.

an, dass der Schwebezustand erst durch das Urteil des Arbeitsgerichts und nicht bereits durch die Klageerhebung des Arbeitnehmers beendet werde.[768]

Darauf aufbauend geht auch *Berkowsky* davon aus, dass die als Feststellungsklage konzipierte Kündigungsschutzklage aus §§ 4, 7 KSchG in der Realität eine Gestaltungsklage darstelle, da die nach Ausspruch der Kündigung unsichere Rechtslage – insbesondere in Bezug auf Folgeansprüche[769] und Ansprüche Dritter – vom Arbeitsgericht abschließend gestaltet werden müsse.[770]

Einen weiteren Ansatz entwickelte *Molitor*, der die vom Arbeitgeber ausgesprochene Kündigung als schwebend unwirksam ansah, deren endgültige Unwirksamkeit erst mit Rechtskraft des arbeitsgerichtlichen Urteils eintreten könne.[771] Da das Urteil des Arbeitsgerichts also nach diesen verschieden Ansichten dazu führe, dass entweder eine zunächst wirksame Kündigung als unwirksam zu behandeln ist beziehungsweise ein Schwebezustand hinsichtlich der Unwirksamkeit der Kündigung beendet wird oder eine diesbezügliche Bedingungswirkung eintritt, kommt dem arbeitsgerichtlichen Urteil nach all diesen Ansätzen Gestaltungswirkung zu.

Überdies wird auch aus dem materiellen Gehalt des § 11 KSchG abgeleitet, dass eine sozialwidrige Kündigung nicht von vorneherein rechtsunwirksam sei und somit ein Gestaltungsbedarf bestehe. Dies begründe sich damit, dass der Annahmeverzug des Arbeitgebers direkt eintrete, wenn man von einer von Anfang an rechtsunwirksamen Kündigung ausginge, und die in § 11 KSchG umschriebenen Rechtsfolgen bereits aus § 615 S. 2 BGB resultierten; eine besondere Regelung diesbezüglich in § 11 KSchG wäre damit überflüssig.[772]

Für eine nicht von vorneherein rechtsunwirksame Kündigung, die noch der Gestaltung durch das Arbeitsgericht bedürfe, spreche schließlich auch der Umstand, dass eine Kündigung als einseitige empfangsbedürftige Willenserklärung nach den allgemeinen Regeln des BGB (§ 130 BGB) grundsätzlich bereits mit Zugang bei dem Gekündigten wirksam sei, so dass das Kündigungsrecht als Gestaltungsrecht die Beendigung des Arbeitsvertrages mit unmittelbarer Wirkung herbeiführe. Diese Wirkung könne dann nur noch mit dem Kündigungsschutzurteil beseitigt werden.[773]

---

768 Vgl. auch *Güntner*, DB 1975, 1317, 1318, der herausstellt, dass der Arbeitnehmer durch Klageerhebung die Möglichkeit der richterlichen Rechtsgestaltung schafft.

769 Kritisch dazu *Otto*, RdA 1975, 68, 71, der darauf verweist, dass ein gleichzeitig mit einem Gestaltungsurteil ergangenes Leistungsurteil auf Lohnzahlung vor Rechtskraft des Gestaltungsurteils, welche erst mit Ablauf der für die Einlegung des zulässigen Rechtsmittels bestimmten Frist eintritt (formelle Rechtskraft i.S.d. § 705 ZPO), nicht vollstreckbar sei, da aus dem durch Gestaltungsurteil wieder in Kraft gesetzten Rechtsverhältnis keine fälligen, sondern nur bedingte Ansprüche hergeleitet werden können. Vgl. dazu auch *Schlosser*, Gestaltungsklagen und Gestaltungsurteile, S. 237 ff., 242.

770 *Berkowsky*, NJW 1982, 905, 908 f.

771 *Molitor*, Die Kündigung, S. 232.

772 *Berkowsky*, NJW 1982, 905, 908 f.; *Bötticher*, BB 1981, 1954, 1958 f.

773 LAG Niedersachsen, DB 1985, 708.

d. Stellungnahme

Weder die Einordnung der Kündigungsschutzklage als Leistungs- noch die Einordnung als Gestaltungsklage ist überzeugend. Vielmehr ist mit der überwiegenden Ansicht in Rechtsprechung und Literatur davon auszugehen, dass es sich bei der Kündigungsschutzklage um eine Feststellungsklage handelt. Dieses Ergebnis wird sowohl durch die grammatikalische, als auch durch die systematische sowie die historische und teleologische Auslegung der §§ 4 S. 1 , 7 KSchG gestützt.

aa. Grammatikalische Auslegung

Gegen die Einordnung der Kündigungsschutzklage als Gestaltungs- oder Leistungsklage spricht vordergründig der Wortlaut des § 4 S. 1 KSchG, der vorgibt, dass der Arbeitnehmer eine Klage gerichtet auf Feststellung, dass das Arbeitsverhältnis durch die Kündigung nicht aufgelöst ist, erheben muss.[774]

Der Wortlaut bietet keinerlei Anhaltspunkte dafür, dass die Kündigungsschutzklage tatsächlich auf Zahlung einer Abfindung gerichtet ist; die Einordnung der Kündigungsschutzklage als Leistungsklage widerspricht also dem Wortsinn.[775]

Allein die Gesetzesformulierung des § 4 S. 1 KSchG erlaubt allerdings noch keine unzweifelhafte Entscheidung zu Gunsten der Einordnung als Feststellungsklage gegenüber der Einordnung als Gestaltungsklage. So wird die Klage auf Feststellung der nichtehelichen Vaterschaft nach § 1600d BGB, der davon spricht, dass die „*Vaterschaft gerichtlich festzustellen*“ ist, weit verbreitet trotz des Wortlauts als Gestaltungsklage behandelt.[776] Die Auslegung des Wortlauts einer Norm, der von einer Feststellungsklage spricht, dahingehend, dass es sich bei näherer Betrachtung um eine Gestaltungsklage handelt, erscheint also möglich, wenn die materielle Rechtslage nicht nur eine Feststellung des status quo erforderlich macht, sondern vielmehr die Rechtslage umgestaltet werden muss. Dies ist bei der Kündigungsschutzklage, wie der systematische Zusammenhang des KSchG im folgenden Gliederungspunkt zeigen wird, aber gerade nicht der Fall. Überdies erscheint es nicht sinnvoll die unzutreffende Formulierung des § 1600d BGB als Argument dafür heranzuziehen, dass auch der Wortlaut des § 4 S. 1 KSchG fehlerhaft ist.[777]

bb. Systematische Auslegung

In systematischer Hinsicht scheidet eine Einordnung der Kündigungsschutzklage als Leistungsklage aus. Die Verpflichtung des Arbeitgebers zur Zahlung einer Abfindung kann nur durch weitere prozessuale Anträge, wie zum Beispiel dem Antrag nach § 9 Abs. 1 S. 1 und 2 KSchG, oder durch Abschluss einer vertraglichen

---

774 So auch *Kerwer*, JuS 1999, 250, 254.

775 Vgl. *Dietz*, NJW 1951, 941, 943.

776 *Wieser*, NJW 1998, 2023; angedeutet auch von Staudinger/*Rauscher*, § 1600d BGB Rn. 8. Vgl. dazu auch LAG Niedersachsen, DB 1985, 708.

777 So auch *Künzl*, DB 1986, 1280, 1281 (Fn. 22).

Abfindungsvereinbarung erreicht werden; sie kann aber nicht direkt als Rechtsfolge aus der Kündigungsschutzklage gemäß §§ 4, 7 KSchG resultieren. Könnte der Arbeitnehmer einen Abfindungsanspruch direkt aus §§ 4, 7 KSchG herleiten, wären die Regelungen der §§ 9, 10 KSchG überflüssig.

Auch die Einordnung der Kündigungsschutzklage als reine Gestaltungsklage überzeugt systematisch nicht. Dies ergibt sich sowohl aus der Zusammenschau der Kündigungsschutzklage mit den Normen des KSchG als auch aus dem Zusammenhang mit den Regelungen des BGB.

(1) Fehlende gerichtliche Gestaltung

Geht man von der Einordnung der Kündigungsschutzklage als Gestaltungsklage aus, müsste das Arbeitsgericht ein die Rechtslage gestaltendes Urteil, also ein solches aussprechen, das eine unmittelbare Änderung eines zwischen den Parteien bestehenden Rechtsverhältnisses bewirkt. Ein solches Urteil kommt, wie bereits für die Rechtslage in der Zeit vor 1951 deutlich gemacht wurde, allerdings nur dann in Betracht, wenn man davon ausgeht, dass die Kündigung bis zur Entscheidung des Arbeitsgerichts als zunächst wirksam und anfechtbar beziehungsweise als allenfalls aufschiebend bedingt oder als schwebend (un-) wirksam anzusehen ist, da nur in diesen Fällen, das Arbeitsgericht tatsächlich eine gestaltende Entscheidung treffen kann. Der systematische Regelungszusammenhang des ersten Abschnitts des KSchG und insbesondere das Zusammenspiel von §§ 1 Abs. 1, 4 S. 1, 7 KSchG macht aber vielmehr deutlich, dass die vom Arbeitgeber ausgesprochene, sozialwidrige Kündigung von Beginn an rechtsunwirksam ist und dieser Umstand innerhalb der dreiwöchigen Kündigungsfrist vom Arbeitnehmer mit Hilfe der Kündigungsschutzklage festgestellt werden muss. Da das Arbeitsgericht lediglich die bereits vor Klageerhebung bestehende Rechtslage feststellt, wird es nicht in erster Linie gestaltend tätig. Aus § 7 KSchG ergibt sich sodann, dass die, zunächst rechtsunwirksame Kündigung, bei Fristversäumnis durch den Arbeitnehmer als von Anfang an rechtswirksam gilt.

(2) Wortlaut des § 1a Abs. 1 S. 1 KSchG

Für die zuvor dargestellte Interpretation des ersten Abschnitts spricht auch der Wortlaut des mit Wirkung zum 01.01.2004 neu eingefügten § 1a Abs. 1 S. 1 KSchG, der davon spricht, dass der Arbeitnehmer *keine Klage auf Feststellung, dass das Arbeitsverhältnis nicht aufgelöst ist*, stellen darf, um eine Abfindung nach § 1a KSchG zu erhalten. Wäre der Gesetzgeber davon ausgegangen, dass der Wortlaut des § 4 S. 1 KSchG zwar von Feststellung spricht, es sich tatsächlich aber um eine Gestaltungsklage handele, hätte die Möglichkeit bestanden in § 1a KSchG eine dahingehende Formulierung zu wählen; dies hat der Gesetzgeber aber nicht getan.

(3) Wortlaut des § 9 Abs. 1 S. 1 KSchG

Auch § 9 Abs. 1 S. 1 KSchG, nach dem das Arbeitsverhältnis unter bestimmten Voraussetzungen aufzulösen und der Arbeitgeber zu einer Entschädigungszahlung zu verurteilen ist, wenn das Arbeitsgericht zuvor festgestellt hat, dass das Arbeitsverhältnis nicht bereits durch die Kündigung beendet wurde, spricht von einer entsprechenden Feststellungsentscheidung des Arbeitsgerichts bezüglich der Wirksamkeit der Kündigung. Allerdings kann die weitergehende auf § 9 KSchG gestützte Argumentation zugunsten der Einordnung der Kündigungsschutzklage als Feststellungsklage, die dahin geht, dass für eine Auflösung nur dann Raum bestehe, wenn die sozialwidrige Kündigung von vorneherein rechtsunwirksam war, nicht überzeugen, da ein Auflösungsantrag nur nach erfolgreicher Kündigungsschutzklage als darauf aufbauender Streitgegenstand zulässig ist. Zuvor muss das Arbeitsgericht also notwendig festgestellt haben, dass das Arbeitsverhältnis durch die Kündigung nicht aufgelöst wurde.[778] Zumindest für eine juristische Sekunde bestand das nicht durch die sozialwidrige Kündigung aufgelöste Arbeitsverhältnis somit, unabhängig davon, ob die sozialwidrige Kündigung zuvor als wirksam oder unwirksam angesehen wurde, vor der darauf folgenden Auflösungsentscheidung durch das Arbeitsgericht fort.

(4) Wortlaut der §§ 11 S. 1, 12 KSchG

Überdies ist der erste Satz des § 11 KSchG und auch des § 12 KSchG so zu lesen, dass dieser jeweils deutlich macht, dass das – aufgrund der sozialwidrigen und damit rechtsunwirksamen Kündigung nie beendete – Arbeitsverhältnis, nach der Entscheidung des Arbeitsgerichts über die Kündigungsschutzklage beziehungsweise einen Antrag nach §§ 9, 10 KSchG fortbesteht und der Arbeitnehmer sich das in der Zwischenzeit Verdiente nach Maßgabe der Norm auf seinen während des Kündigungsschutzprozesses entstandenen Lohnanspruch anrechnen lassen muss.[779] Die Norm fingiert auf Tatbestandseite kein Arbeitsverhältnis um die Lohnansprüche zu regeln, sondern stellt vielmehr eine reine Anrechnungsvorschrift dar.[780] Die Anspruchsgrundlage für den Annahmeverzugslohn während des Kündigungsrechtsstreits ergibt sich bereits aus den allgemeinen Vorschriften, § 611 BGB i.V.m. § 615 S. 1 BGB.[781] Gegen die Einstufung der Norm als reine Anrechnungsvorschrift kann auch nicht das Argument streiten, dass § 11 KSchG in Zusammenschau mit § 615 S. 1 BGB überflüssig sei und somit eine Regelung der Lohnansprüche in materieller Hinsicht während des Kündigungsschutzverfahrens enthalte. § 11 KSchG und § 615 S. 2 BGB enthalten nämlich gerade keine deckungsgleichen Regelungen; § 11 KSchG ist vielmehr Sondervorschrift zu § 615 S. 2 BGB.[782] Anders als § 615 S. 1 BGB sieht § 11 KSchG keine Anrechnung von ersparten Aufwendungen

---

778 *Günther*, ArbuR 1974, 97, 111.

779 *Colneric*, ArbuR 1984, 105, 106 f.

780 *Künzl*, DB 1986, 1280, 1282.

781 So auch der historische Gesetzgeber in der Begründung des Kündigungsschutzgesetzes von 1951, RdA 1951, 61, 64.

782 BAG, AP Nr. 47 zu § 615 BGB; Ascheid/Preis/Schmidt/*Biebl*, Kündigungsrecht, § 11 KSchG Rn. 1.

des Arbeitnehmers vor,[783] verweist aber in seiner Nr. 3 darauf, dass auch öffentlich-rechtliche Leistungen, die der Arbeitnehmer infolge Arbeitslosigkeit erhalten hat, anzurechnen sind.[784] Der Gesetzgeber schuf den § 11 KSchG schließlich trotz marginaler Unterschiede zu § 615 S. 2 BGB, um Arbeitgebern und Arbeitnehmern die Erfassung der Rechtslage zu erleichtern.[785]

(5) Zusammenschau mit den Regelungen des BGB

Auch der systematische Zusammenhang mit den Regelungen des BGB spricht zumindest nicht gegen die Einordnung der Kündigungsschutzklage als Feststellungsklage, da er keine Argumente zu Gunsten der Einordnung als Gestaltungsklage liefert. Die Begründung der bereits anfänglichen Unwirksamkeit der sozialwidrigen Kündigung mit der Kategorisierung des § 1 Abs. 1 KSchG als Verbotsgesetz i.S.d. § 134 BGB mit der dort beschrieben Nichtigkeitsfolge ist wenig überzeugend. Ein Verbotsgesetz liegt vor, wenn die Auslegung des Gesetzes ergibt, dass die Vornahme eines Rechtsgeschäfts wegen der besonderen Umstände unter denen es vorgenommen wird, wegen seines Inhalts oder wegen seiner bezweckten Rechtsfolge untersagt ist.[786] Die Einordnung des § 1 Abs. 1 S. 1 KSchG als Verbotsgesetz erscheint noch möglich, da eine sozialwidrige Kündigung ihrem Inhalt nach rechtlich zu missbilligen ist.[787] Allerdings ergibt die Auslegung des § 1 Abs. 1 S. 1 KSchG, dass bei einem Verstoß nicht die Nichtigkeitsfiktion des § 134 BGB eintreten soll.[788] Das ergibt sich einerseits aus der Gesetzesformulierung, die von der Rechtsunwirksamkeit und nicht von der Nichtigkeit der Kündigung spricht. Andererseits spricht der Umstand, dass bei Nichterhebung der Kündigungsschutzklage durch den Arbeitnehmer die Wirksamkeitsfiktion des § 7 KSchG eintritt, gegen die Rechtsfolge der Nichtigkeit, da die Nichtigkeit grundsätzlich dauernd wirkt[789] und eine Heilung nichtiger Rechtsgeschäfte nur in eng begrenzten Ausnahmefällen[790] in Betracht kommt. Die Rechtsfolge einer sozialwidrigen Kündigung, die sich aus der Zusammenschau der §§ 1 Abs. 1, 4 S. 1, 7 KSchG ergibt, stellt laut Bundesarbeitsgericht eine besondere Art

---

783 Der Gesetzgeber hat bewusst auf diese Formulierung verzichtet um nicht kleinlich zu verfahren. Vgl. Ascheid/Preis/Schmidt/*Biebl*, Kündigungsrecht, § 11 KSchG Rn. 1; ErfK/*Kiel*, § 11 KSchG Rn. 11.

784 Die Regelung des § 11 Nr. 3 KSchG ist jedoch obsolet, da die cessio legis des § 115 SGB X bestimmt, dass der Anspruch des Arbeitnehmers auf Arbeitslohn bis zur Höhe der erbrachten Sozialleistungen auf den Leistungsträger übergeht.

785 Begründung des Kündigungsschutzgesetzes von 1951, RdA 1951, 61, 64.

786 *Brox/Walker*, BGB AT, Rn. 321.

787 Vgl: *Neuhausen*, Der im voraus erklärte Verzicht eines Arbeitnehmers auf Kündigungsschutz, S. 20 f.

788 So auch *Lämmerhirdt*, Die auf Druck am Arbeitsverhältnis nicht beteiligter Dritter erfolgende Kündigung seitens des Arbeitsgebers, S. 72.

789 *Creifelds*, Rechtswörterbuch, S. 849.

790 So werden zum Beispiel formnichtige Grundstückskaufverträge gemäß § 311b Abs. 1 S. 2 BGB aus Gründen der Rechtssicherheit geheilt.

der Rechtsunwirksamkeit dar; ein Verstoß gegen die Mussvorschrift des § 1 KSchG hat aber gerade nicht die zivilrechtliche Nichtigkeit zur Folge.[791]

Schließlich kann auch der Verweis der Vertreter der Ansicht, die eine Kündigungsschutzklage als Gestaltungsklage verstehen, auf den Zusammenhang mit dem BGB insofern, dass, eine Kündigung als einseitige, empfangsbedürftige Willenserklärung nach den allgemeinen Regeln des BGB grundsätzlich bereits mit Zugang an den Gekündigten wirksam sei, nicht überzeugen. Einerseits ist eine Willenserklärung die eine gesetzlich vorgeschriebene (§ 126 BGB) oder vertraglich vereinbarte Form (§ 127 BGB) nicht wahrt gemäß § 125 BGB nichtig. Andererseits können auch arbeitsrechtliche Wirksamkeitshindernisse wie zum Beispiel § 9 Abs. 1 S. 1 des Mutterschutzgesetzes (MuSchG), § 85 SGB IX, § 18 Abs. 1 S. 1 des Bundeselterngeld- und Elternzeitgesetzes (BEEG), § 15 Abs. 1 S. 1 KSchG, § 22 Abs. 2 des Berufsausbildungsgesetzes (BBiG) oder § 102 Abs. 1 S. 3 BetrVG gegen die Kündigung vorgebracht werden. Eine Willenserklärung entfaltet also gerade nicht immer schon mit ihrem Zugang Rechtswirkungen.[792]

cc. Historische Auslegung

Die Interpretation der Kündigungsschutzklage als Leistungsklage kann auch aus historischer Sicht nicht überzeugen. Durch die Schaffung des KSchG von 1951 wollte der Gesetzgeber dem Bestandsschutz des Arbeitsverhältnisses einen größeren Stellenwert einräumen und die Rechtsfolge der erfolgreichen Kündigungsschutzklage auf die Weiterbeschäftigung des Arbeitnehmers begrenzen.[793] Dem Arbeitgeber sollte nicht weiter ermöglicht werden, sich von der Weiterbeschäftigung ohne weiteres freizukaufen; eine Auflösung des Arbeitsverhältnisses gegen Entschädigungszahlung sollte nur noch unter den besonderen Voraussetzungen der §§ 9, 10 KSchG möglich sein.

Auch die Einordnung der Kündigungsschutzklage als Gestaltungsklage findet keine Stütze in der Gesetzesbegründung des KSchG. Das KSchG verstand sich vielmehr als Gegenentwurf zu den vorherigen kündigungsschutzrechtlichen Normen des BRG und des AOG, indem es dem Arbeitnehmer nicht auferlegte gegen eine zunächst unwirksame Kündigung Einspruch beziehungsweise Widerruf einzulegen, sondern vielmehr vorsah, dass dieser der sozialwidrigen und deswegen von vorneherein rechtsunwirksamen und somit rechtlich missbilligten Kündigung mit einer negativen Feststellungsklage begegnete.[794]

dd. Teleologische Auslegung

Eine Einordnung der Kündigungsschutzklage als Leistungsklage gerichtet auf Abfindungszahlung wird schließlich dem mit einer Kündigungsschutzklage primär

791 BAG, NJW 1954, 1702.
792 *Künzl*, DB 1986, 1280, 1281.
793 Begründung des Kündigungsschutzgesetzes von 1951, RdA 1951, 61, 63.
794 Begründung des Kündigungsschutzgesetzes von 1951, RdA 1951, 61, 63.

verfolgten Ziel des Arbeitnehmers – dem Erhalt des Arbeitsplatzes – nicht gerecht. Gegen eine Einordnung als Gestaltungsklage spricht zudem – gerade im Hinblick auf die Geltendmachung von Folgeansprüchen gerichtet auf Lohnzahlung und Weiterbeschäftigung – das Fehlen einer unmittelbaren Regelungswirkung.

(1) Rechtsschutzziel des Arbeitnehmers

Zunächst dient die Kündigungsschutzklage primär dem Erhalt des Arbeitsplatzes des Arbeitnehmers und nicht der mit einer Leistungsklage zu erreichenden Zahlung einer Abfindung.[795] Obgleich dieses Ziel, welches der Gesetzgeber ursprünglich primär verwirklichen wollte, statistisch durch die wenigsten erhobenen Kündigungsschutzklagen erreicht beziehungsweise vom Arbeitnehmer überhaupt angestrebt wird,[796] soll die Kündigungsschutzklage demjenigen, der den Erhalt des Arbeitsplatzes begehrt, diese Möglichkeit auch bieten. Soweit der Arbeitnehmer trotz sozialwidriger Kündigung eine Abfindungszahlung begehrt, kann er diese Rechtsfolge durch vertragliche Vereinbarung mit dem Arbeitgeber oder das Stellen eines Antrags nach §§ 9, 10 KSchG erreichen. Darüber hinaus kann die Leistungsklage auch einem weiteren Zweck einer isoliert geltend gemachten Kündigungsschutzklage – der Rechtssicherheit hinsichtlich der Wirksamkeit einer ausgesprochenen Kündigung in Bezug auf den Bestand des Arbeitsverhältnisses –[797] nicht gerecht werden. Dies begründet sich damit, dass die Unwirksamkeit der Kündigung nicht Teil des Leistungstenors wäre, mit dem der Arbeitgeber lediglich zu der Zahlung einer Abfindung in einer bestimmten Höhe verpflichtete wird.[798]

(2) Unmittelbare Regelungswirkung der Feststellungsklage

Auch die Interpretation der Kündigungsschutzklage als Gestaltungsklage wird dem Sinn und Zweck einer Kündigungsschutzklage nicht in dem Maße gerecht, wie die Einordnung als Feststellungsklage. Dies lässt sich insbesondere mit der unterschiedlichen Vollstreckbarkeit der Urteile begründen. Ein gleichzeitig mit einem Gestaltungsurteil ergangenes Leistungsurteil gerichtet auf Lohnzahlung aus dem Arbeitsvertrag gemäß § 611 BGB i.V.m. § 615 S. 1 BGB wäre vor der Rechtskraft

---

795 *Galperin*, RdA 1966, 361, 362.

796 Vgl. *Höland/Kahl/Zeibig*, Kündigungspraxis und Kündigungsschutz im Arbeitsverhältnis, S. 201 ff.; Ascheid/Preis/Schmidt/*Dörner/Vossen*, Kündigungsrecht, § 1 KSchG Rn. 3 f.; *Otto*, RdA 1975, 68 f.

797 Vgl. BAG, NZA 1995, 702, 705.

798 *Günther*, ArbuR 1974, 97, 106. Vgl. auch *Neumann-Duesberg*, ZZP 1952, 394, 395; *Pickart*, Kündigungsschutz- und Kombinationsklage, S. 119. Einer Feststellung der Unwirksamkeit der Kündigung bedarf es bei einer mit einem Antrag nach § 9 KSchG kombinierten Kündigungsschutzklage im Tenor hingegen nicht, da das Arbeitsgericht hier mittels Gestaltungsurteil das Arbeitsverhältnis auflöst und somit Rechtssicherheit schafft, vgl. Schwarze/Eylert/Schrader/*Schwarze*, KSchG, § 9 Rn. 72. Siehe dazu auch unten: Vierter Teil, D.III.

des Gestaltungsurteils, welche erst mit Ablauf der für die Einlegung des zulässigen Rechtsmittels bestimmten Frist (formelle Rechtskraft i.S.d. § 705 ZPO) eintritt, nicht vollstreckbar,[799] da aus dem durch Gestaltungsurteil wieder in Kraft gesetzten Rechtsverhältnis bis zur Rechtskraft keine fälligen, sondern nur bedingte Ansprüche hergeleitet werden können.[800] Die mit einem Feststellungsurteil verbundene Leistungsklage auf Lohnzahlung ist hingegen grundsätzlich mit Ausspruch des Urteils vollstreckbar. Dies entspricht dem Willen des Gesetzgebers, der sich insbesondere in § 62 I ArbGG zeigt, der arbeitsgerichtliche Urteile von Gesetzes wegen für vorläufig vollstreckbar erklärt. Der Arbeitnehmer soll aufgrund des Obsiegens im Kündigungsrechtsstreit bis zum Eintritt der Rechtskraft so gestellt werden, als ob das Arbeitsverhältnis ungestört fortbestehen würde.[801]

Aus den Unterschieden bei der Vollstreckbarkeit von Gestaltungs- und Leistungsklagen folgt überdies, dass der neben der Kündigungsschutzklage geltend zu machende Leistungsanspruch des Arbeitnehmers auf Weiterbeschäftigung nach Ablauf der Kündigungsfrist bei der Einordnung der Kündigungsschutzklage als Gestaltungsklage erst ab formeller Rechtskraft des Kündigungsschutzurteils i.S.d. § 705 ZPO für die Zukunft entstehen würde und nicht bereits direkt nach Erlass des Urteils.[802] Dies ergibt sich daraus, dass es wenig sinnvoll ist, von der rückwirkenden Entstehung einer bis zur formellen Rechtskraft bedingten und ab der Rechtskraft für den davor liegenden Zeitraum nicht mehr erfüllbaren Beschäftigungspflicht auszugehen.[803] Das Bundesarbeitsgericht geht hingegen davon aus, dass dem Arbeitnehmer der allgemeine Weiterbeschäftigungsanspruch,[804] gerichtet auf Weiterbeschäftigung nach Ablauf der Kündigungsfrist bis zum rechtskräftigen Abschluss des Kündigungsrechtsstreits, grundsätzlich bereits vor erstinstanzlicher Entscheidung des Arbeitsgerichts zusteht. Allerdings überwiegt nach der höchstrichterlichen Rechtsprechung in der Regel das Interesse des Arbeitgebers an der Nichtbeschäftigung des gekündigten Arbeitnehmers für den Zeitraum des Kündigungsschutzprozesses, während das Arbeitnehmerinteresse ab dem Zeitpunkt des Erlasses – nicht wie bei der Gestaltungsklage der formellen Rechtskraft – eines die Unwirksamkeit der Kündigung feststellenden Urteils überwiegt.[805]

---

799 Vgl. LAG Niedersachsen, DB 1985, 708.

800 *Colneric*, ArbuR 1984, 105, 108; *Otto*, RdA 1975, 68, 71.

801 Vgl. MünchHdbArbR/*Krause*, § 63 Rn. 19.

802 So auch das LAG Niedersachsen, DB 1986, 1126, 1127.

803 *Colneric*, ArbuR 1984, 105, 109.

804 Das Bundesarbeitsgericht entwickelte den allgemeinen Weiterbeschäftigungsanspruch im Wege der Rechtsfortbildung und leitet diesen wie den Beschäftigungsanspruch aus §§ 611, 613 BGB i.V.m. § 242 BGB, der wiederum durch die Wertentscheidungen der Art. 1, 2 GG ausgefüllt wird, her. Dieser allgemeine Weiterbeschäftigungsanspruch besteht neben dem gesetzlichen Weiterbeschäftigungsanspruch aus § 102 Abs. 5 BetrVG. Vgl. dazu BAG, AP Nr. 14 zu § 611 BGB Beschäftigungspflicht.

805 Vgl. zu den Einzelheiten des allgemeinen Weiterbeschäftigungsanspruchs Schaub/*Linck*, Arbeitsrechts-Handbuch, § 125 Rn. 16 ff.; MünchHdbArbR/*Wank*, § 99 Rn. 58 ff.

Diese Ausgestaltung des Lohnanspruchs aus dem Arbeitsverhältnis i.V.m § 615 S. 1. BGB und des allgemeinen Weiterbeschäftigungsanspruchs durch das Bundesarbeitsgericht ist weiter nur ausgehend von der Annahme möglich, dass die sozialwidrige Kündigung mit ihrem Ausspruch durch den Arbeitgeber zunächst rechtsunwirksam ist – was sodann im Kündigungsschutzverfahren nur noch festgestellt werden muss – und das Arbeitsverhältnis zunächst fortbesteht.[806] Würde das Arbeitsverhältnis bereits durch die (schwebend) wirksame Kündigung beendet und durch das Gestaltungsurteil des Arbeitsgerichts wieder erschaffen, wäre kein Raum für einen generell auch während des Kündigungsverfahrens bestehenden Lohn- und Weiterbeschäftigungsanspruch.[807]

ee. Ergebnis

Die Kündigungsschutzklage aus §§ 4, 7 KSchG stellt somit sowohl nach der genauen Betrachtung des Wortlauts, als auch des Gesetzeszusammenhangs der ersten Abschnitts des KSchG und des Zusammenhangs mit den einschlägigen Regelungen des BGB sowie der Entstehungsgeschichte und dem Sinn und Zweck der Regelung keine Leistungs- oder Gestaltungsklage, sondern vielmehr eine besondere Feststellungsklage dar.

Der Erhebung einer solchen besonderen Feststellungsklage bedarf es nach derzeitiger Rechtslage, bevor für die Arbeitsvertragsparteien die Möglichkeit besteht, einen Auflösungsantrag nach §§ 9, 10 KSchG zu stellen. Obgleich die Parteien das Auflösungsverfahren nach derzeitiger Rechtslage lediglich als Annexverfahren zur Kündigungsschutzklage betreiben können, ist zu erwägen, das Auflösungsverfahren gemäß §§ 9, 10 KSchG auch als Annexverfahren zu weiteren auf Bestandsschutz des Arbeitsverhältnisses gerichteten Feststellungklagen, zum Beispiel der Entfristungsklage, zuzulassen.[808]

2. *Antrag gerichtet auf Auflösung des Arbeitsverhältnisses*

Weiter setzt eine gerichtliche Auflösung des Arbeitsverhältnisses einen Auflösungsantrag einer oder beider Arbeitsvertragsparteien gerichtet auf Auflösung des Arbeitsverhältnisses gegen Zahlung einer Abfindung voraus.[809]

---

806 Vgl. auch *Coen*, DB 1984, 2459, 2460; *Löwisch*, DB 1978, Beilage 7, 1, 4 ff.; *ders.* DB 1986, 2433, 2434 f.

807 So zum Beispiel *Berkowsky*, NJW 1982, 905, der von einer Kündigungsschutzklage als Gestaltungsklage ausgeht und die Existenz eines vom Beschäftigungsanspruch abgeleiteten allgemeinen Weiterbeschäftigungsanspruchs während des Kündigungsrechtsstreits ablehnt.

808 Siehe dazu im Einzelnen unten: Vierter Teil, C.II.3.e.

809 Es muss ein Auflösungsantrag mindestens einer Prozesspartei vorliegen; das Gericht kann das Arbeitsverhältnis nicht von sich aus auflösen, selbst wenn es die Maßnahme für zweckmäßig erachtet. Siehe dazu: *Hohn*, BB 1963, 1100; *Kaufmann*,

a. Zeitpunkt der Antragsstellung

Da die Auflösung als zweiter Streitgegenstand auf einer Kündigungsschutzklage basiert[810] – die Kündigungsschutzklage muss also bis zur Entscheidung über den Auflösungsantrag anhängig sein –, besteht für den Arbeitnehmer die Möglichkeit, den Auflösungsantrag gemäß § 9 Abs. 1 S. 1 KSchG bereits mit einer Kündigungsschutzklage nach § 4 KSchG zu verbinden.[811] Der Arbeitgeber hingegen kann im Rahmen seiner Klageerwiderung den Klageabweisungsantrag bezogen auf die Kündigungsschutzklage hilfsweise um einen Auflösungsantrag nach § 9 Abs. 1 S. 2 KSchG ergänzen.

Der letztmögliche Zeitpunkt der Antragstellung ist für beide Parteien die letzte mündliche Verhandlung in der Berufungsinstanz, § 9 Abs. 1 S. 3 KSchG.[812] Der Arbeitnehmer kann den Auflösungsantrag auch das erste Mal in der Berufungsinstanz stellen;[813] allerdings ist umstritten, ob der Arbeitnehmer beschwert ist, wenn er erstinstanzlich obsiegt hat und nur Berufung einlegt, um einen Auflösungsantrag zu stellen.[814] Da das Gericht über den Auflösungsantrag nur in dem Fall entscheidet, in dem die Kündigungsschutzklage Erfolg hat, stellt der Arbeitnehmerantrag einen

---

BB 1952, 750. Für den Auflösungsantrag des Arbeitnehmers im Falle des Betriebsübergangs gemäß § 613a BGB siehe *Berkowsky*, NZI 2006, 81 ff.

810 Schwarze/Eylert/Schrader/*Schwarze*, KSchG, § 9 Rn. 65.

811 *Auffarth*, DB 1969, 528.

812 § 9 Abs. 1 S. 3 KSchG ist lex specialis gegenüber den Regeln der ZPO, LAG Berlin, NZA-RR 1998, 116, 117; *Bauer/Hahn*, DB 1990, 2471. Nimmt der Arbeitgeber seine Kündigung während des Kündigungsschutzprozesses zurück, macht er dem Arbeitnehmer also ein Angebot auf Beseitigung des Kündigung und begehrt der Arbeitnehmer trotzdem die Auflösung des Arbeitsverhältnisses, verlangen einige Stimmen in der Literatur, zum Beispiel *Günther*, ArbuR 1974, 135, 141, eine unverzügliche Antragsstellung des Arbeitnehmers. Dies ist wenig überzeugend, da eine „Rücknahme" der Kündigung für sich genommen keinen Einfluss auf die prozessuale oder materielle Situation hat, solange der Arbeitnehmer das darin liegende Angebot nicht annimmt und eine solche Vorgehensweise überdies im Widerspruch zu § 9 Abs. 1 S. 3 KSchG stünde. Siehe dazu: *Berrisch*, FA 2007, 6, 8; Schwarze/Eylert/Schrader/*Schwarze*, KSchG, § 9 Rn. 30.

813 Dies kann auch in Form einer Anschlussberufung erfolgen, wenn der Arbeitgeber Berufung gegen die erfolgreiche Kündigungsschutzklage des Arbeitnehmers eingelegt hat, vgl. Schwarze/Eylert/Schrader/*Schwarze*, KSchG, § 9 Rn. 21.

814 Für eine Beschwer des Arbeitnehmers, wenn die die Auflösung begründenden Umstände erst nach dem Schluss der mündlichen Verhandlung erster Instanz eingetreten oder zum Vorschein gekommen sind, spricht sich Schwarze/Eylert/Schrader/*Schwarze*, KSchG, § 9 Rn. 20, aus. Eine Beschwer des Arbeitnehmers in dieser Situation ablehnend: BAG, NZA 2008, 1258; *Bauer*, DB 1985, 1180; *Löwisch/Spinner*, KSchG, § 9 Rn. 22; siehe dazu auch BAG, NZA 2013, 1259. 1260.

unechten Eventualantrag und der Arbeitgeberantrag einen echten Eventualantrag dar.[815]

b. Inhaltliche Anforderungen an den Antrag

Inhaltlich genügt es, wenn der jeweilige Antragssteller eine Auflösung des Arbeitsverhältnisses begehrt. Da die Festsetzung einer Abfindung durch das Arbeitsgericht zwingende Folge einer Auflösungsentscheidung ist, muss das Gericht sogar dann auf eine Abfindung erkennen, wenn überhaupt kein Abfindungsantrag gestellt wurde.[816] Auch die Höhe der Abfindung oder der Zeitpunkt der Auflösung, der gemäß § 9 Abs. 2 KSchG beziehungsweise § 13 Abs. 1 S. 4 KSchG gesetzlich vorgeschrieben ist, müssen im Antrag nicht erwähnt werden und sich auch nicht aus der Auslegung des Vorbringens ergeben.[817] Bezieht sich die antragsstellende Partei auf eine bestimmte Abfindungssumme, birgt dieses Vorgehen sogar die Gefahr des Teilunterliegens mit anteiliger Kostentragungspflicht.[818] Überdies könnte das Gericht auch nicht über die beantragte Abfindungssumme hinausgehen, da dies die in § 308 Abs. 1 ZPO vorgeschriebene Bindung an die Parteianträge verletzen würde.[819] Andererseits läuft der Antragssteller laut einigen Vertretern in Literatur und Rechtsprechung bei Nichtnennung einer konkreten Abfindungssumme Gefahr, hinsichtlich einer möglichen Berufung nicht beschwert zu sein.[820] Eine andere Ansicht hält eine Nennung beziehungsweise Andeutung der Höhe der Abfindung im Antrag oder Parteivortrag nicht für erforderlich, sondern nimmt eine Beschwer bereits dann an, wenn die Abfindung nach der subjektiven Einschätzung des Arbeitnehmers unterhalb der Höchstgrenze des § 10 KSchG zu niedrig beziehungsweise die Abfindung nach dem Empfinden des Arbeitgebers zu hoch ist.[821] Darüber hinaus kann auch ein im Zusammenhang mit einer Kündigungsschutzklage erhobener Antrag, der

---

815 *M. A. Horn*, NZA 2012, 186, 187. Allerdings kann der Arbeitgeber die Sozialwidrigkeit der Kündigung auch unbestritten lassen und nur die Auflösung des Arbeitsverhältnisses verlangen. Vgl. *Bauer*, DB 1985, 1180.

816 *Boewer*, RdA 2001, 380, 397; *Hohn*, BB 1963, 1100; *Kaufmann*, BB 1952, 750; S. *Müller*, Auflösungsantrag des Arbeitgebers, S. 131.

817 *Auffarth*, DB 1969, 528, 532; *H. Haas*, FA 2009, 261, 262; vgl. hierzu auch BAG, NZA 2013 1259, 1260.

818 BAG, NZA 1987, 139; *Ascheid*, Kündigungsschutzrecht, Rn. 825.

819 *Busemann/Schäfer*, Kündigung und Kündigungsschutz, Rn. 691.

820 LAG Hamm, LAGE § 64 ArbGG 1979 Nr. 32; AnwK/*Eylert*, § 9 Rn. 56 f.; Schwarze/Eylert/Schrader/*Schwarze*, KSchG, § 9 Rn. 16. *Boewer*, RdA 2001, 380, 397, empfiehlt die beanspruchte Mindesthöhe der Abfindung im Antrag oder zumindest im Schriftsatz anzugeben, bevor die Frage nicht höchstrichterlich geklärt ist.

821 *Bauer/Hahn*, DB 1990, 2471, 2473. Vgl. auch LAG Köln, LAGE § 10 KSchG Nr. 5, das einen Arbeitnehmer als beschwert ansieht, der in erster Instanz eine Abfindung zugesprochen bekam, die hinter seinem Begehren zurückblieb.

lediglich auf Zahlung einer Abfindung und nicht auf Auflösung des Arbeitsverhältnisses gerichtet ist, als Antrag nach § 9 Abs. 1 KSchG ausgelegt werden.[822]

c. Möglichkeit der Rücknahme des Antrags

Beide Arbeitsvertragsparteien können den Auflösungsantrag schließlich ohne Zustimmung der Gegenseite bis zum Schluss der mündlichen Verhandlung in der Berufungsinstanz zurücknehmen.[823] Einer solchen Rücknahme steht mangels Rechtskraft insbesondere auch ein erstinstanzliches Urteil, welches das Arbeitsverhältnis gemäß §§ 9, 10 KSchG auflöste, nicht entgegen.[824] Eine Antragsrücknahme stellt in der Regel lediglich eine Beschränkung des Klageantrags nach § 264 Nr. 2 ZPO dar, was dazu führt, dass der Antrag danach auch erneut gestellt werden kann.[825] Im Einzelfall kann eine Antragsrücknahme jedoch auch die Voraussetzungen eines Klageverzichts gemäß § 306 ZPO erfüllen, wenn ein solcher eindeutig erklärt wurde.[826]

II. Materiell-rechtliche Voraussetzungen

In materiell-rechtlicher Hinsicht setzt der Auflösungsantrag einer oder beider Arbeitsvertragsparteien gemäß §§ 9, 10 KSchG voraus, dass zwischen den Parteien ein Arbeitsverhältnis besteht, auf das die Regelungen des KSchG Anwendung finden, und das dieses Arbeitsverhältnis durch den Arbeitgeber gekündigt wurde. Der Arbeitgeber hat nach der derzeitigen Ausgestaltung des Kündigungsschutzgesetzes zudem lediglich nach Ausspruch einer sozialwidrigen ordentlichen Kündigung das Recht einen Auflösungsantrag zu stellen; der Arbeitnehmer kann hingegen auch nach unwirksamer außerordentlicher Kündigung die gerichtliche Auflösung herbeiführen. Sowohl die Einschränkungen der Antragsberechtigung des Arbeitgebers als auch die generelle Beschränkung des Auflösungsverfahrens als Annexverfahren lediglich zum Kündigungsschutzverfahren erscheinen jedoch wenig sachgerecht, so dass im Folgenden eine über den Wortlaut hinausgehende Anwendung des Auflösungsverfahrens gemäß §§ 9, 10 KSchG vorgeschlagen wird.

1. Bestehendes Arbeitsverhältnis

Zwischen den Arbeitsvertragsparteien muss zu dem in § 9 Abs. 2 KSchG beschriebenen Zeitpunkt ein kündigungsfähiges Arbeitsverhältnis bestanden haben, dass nicht

---

822 Schwarze/Eylert/Schrader/*Schwarze,* KSchG, § 9 Rn. 18.

823 BAG, AP Nr. 5 zu § 9 KSchG 1969; Fiebig/Gallner/Mestwerdt/Nägele/*Fiebig/Gieseler,* KSchG, § 9 Rn 23; Schwarze Eylert/Schrader/*Schwarze,* § 9 Rn. 23; a.A. v. Hoyningen-Huene/Linck/*Linck,* KSchG, § 9 Rn. 37.

824 Fiebig/Gallner/Mestwerdt/Nägele/*Fiebig/Gieseler,* KSchG, § 9 Rn 23; Schwarze Eylert/Schrader/*Schwarze,* § 9 Rn. 23.

825 Fiebig/Gallner/Mestwerdt/Nägele/*Fiebig/Gieseler,* KSchG, § 9 Rn 23.

826 Ascheid/Preis/Schmidt/*Biebl,* Kündigungsrecht, § 9 KSchG Rn. 28; ErfK/*Kiel,* § 9 KSchG Rn. 30. Siehe dazu auch: Zöller/*Vollkommer,* ZPO, § 306 Rn. 1.

bereits anderweitig, zum Beispiel durch Tod des Arbeitnehmers oder außergerichtliche Vereinbarung, beendet wurde, da das Auflösungsurteil des Arbeitsgerichts nur in diesem Fall eine gestaltende Wirkung entfalten kann.[827] Berufsausbildungsverhältnisse können mangels Vereinbarkeit mit dem Zweck des Ausbildungsverhältnisses aus § 1 BBiG, dem Auszubildenden eine ordnungsgemäße Berufsausübung zuteilwerden zu lassen und dieses Ziel nach Möglichkeit auch zu erreichen, nicht gemäß §§ 9, 10 KSchG aufgelöst werden.[828] Eine anderweitige Beendigung des Arbeitsverhältnisses nach dem Zeitpunkt des § 9 Abs. 2 KSchG steht der gerichtlichen Auflösung indessen nicht entgegen.[829]

2. *Anwendbarkeit des Kündigungsschutzgesetzes*

Der Anwendungsbereich des materiellen Kündigungsschutzes muss weiter gemäß §§ 1 Abs. 1, 23 KSchG eröffnet sein. Das heißt, dass das in Streit stehende Arbeitsverhältnis gemäß § 1 Abs. 1 KSchG mindestens sechs Monate bestanden haben und der Betrieb, bei dem der gekündigte Arbeitnehmer beschäftigt war, über die gemäß § 23 Abs. 1 KSchG erforderliche Menge an in der Regel beschäftigten Arbeitnehmern

---

827 Teilweise wird angezweifelt, ob bei Ableben des Arbeitnehmers nach dem gemäß § 9 Abs. 2 KSchG maßgeblichen Kündigungstermin aber vor dem Erlass des Urteils des Arbeitsgerichts überhaupt noch auf die Auflösung des Arbeitsverhältnis erkannt werden kann, da aufgrund des Todes des Arbeitnehmers keine sinnvolle Zukunftsprognose mehr angestellt werden kann. Siehe dazu: *Günther*, ArbuR 1974, 97, 116; *ders.*, DB 1975, 1317, 1318; *Pauly*, ArbuR 2007, 155, 157.

828 BAG, NZA 2013, 1202 ff. Eine gerichtliche Auflösung des Berufsausbildungsverhältnisses käme ohnehin nur nach außerordentlicher Kündigung des Auszubildenden auf dessen Antrag gemäß § 13 Abs. 1 S. 3 KSchG in Betracht, da die ordentliche Kündigung des Ausbildungsverhältnisses gemäß § 22 Abs. 2 BBiG ausgeschlossen ist. BAG, AP Nr. 6 zu § 13 KSchG 1969; *Ascheid*, Kündigungsschutzrecht, Rn. 787; *Boewer*, RdA 2001, 380 399; *H. Haas*, FA 2009, 261; *Keßler*, NZA-RR 2001, 1, 3; ErfK/*Kiel*, § 9 KSchG Rn. 1; S. *Müller*, Auflösungsantrag des Arbeitgebers, S. 112 f.; Schwarze/Eylert/Schrader/*Schwarze*, KSchG, § 9 Rn. 10; a.A. *Duvigneau*, Die gerichtliche Auflösung des Arbeitsverhältnisses, S. 104 ff. Allerdings stehen die besonderen Auflösungstatbestände der § 78a Abs. 4 BetrVG und § 9 Abs. 4 BPersVG im Hinblick auf die gesetzlich vorgesehene Übernahme Auszubildender mit Amtsträgereigenschaft zur Verfügung. Hier kann der Arbeitgeber die Auflösung spätestens bis zum Ablauf von zwei Wochen nach Beendigung des Berufsausbildungsverhältnisses beantragen, wenn ihm die Weiterbeschäftigung des ehemaligen Auszubildenden nicht zugemutet werden kann.

829 BAG, NZA 2005, 1178, 1180; NZA 2010, 1123, 1124; NZA 2013, 1259, 1260; *Auffarth*, DB 1969, 528, 531; *Boewer*, RdA 2001, 380, 398; Anders aber *Ascheid*, Kündigungsschutzrecht, Rn. 798; *Löwisch/Spinner*, KSchG, § 9 Rn. 28, die bei einer Beendigung nach dem Zeitpunkt des § 9 Abs. 2 KSchG den Zeitpunkt der letzten mündlichen Verhandlung als maßgeblich ansehen. Wird das Arbeitsverhältnis vor Beendigung der letzten mündlichen Verhandlung anderweitig beendet, soll der Abfindungsanspruch entfallen; bei anderweitiger Beendigung danach soll er bestehen bleiben.

verfügen muss. Diese Voraussetzungen gelten auch für den Auflösungsantrag des Arbeitnehmers als Reaktion auf eine außerordentlichen Kündigung des Arbeitgebers gemäß § 13 Abs. 1 S. 3 KSchG[830] oder einer Kündigung des Arbeitgebers, die gegen die guten Sitten verstößt, gemäß § 13 Abs. 2 BGB.[831]

3. *Angestrebte Beendigung des Arbeitsverhältnisses durch den Arbeitgeber*

Weitere materielle Voraussetzung der Auflösung des Arbeitsverhältnisses gemäß §§ 9, 10 KSchG ist dem Wortlaut nach eine Kündigung des Arbeitsverhältnisses durch den Arbeitgeber, die jedoch nicht zu dessen Beendigung geführt hat. In Betracht kommen entweder eine sozialwidrige ordentliche, eine unbegründete außerordentliche oder eine sittenwidrige Kündigung sowie eine Kündigung, die allein oder zusätzlich an anderen Unwirksamkeitsgründen leidet. Obgleich der Arbeitgeber nach der Konzeption des Kündigungsschutzgesetzes nur nach Feststellung der Sozialwidrigkeit der ordentlichen Kündigung einen Auflösungsantrag stellen kann, wird im Folgenden erörtert, warum eine Antragsbefugnis des Arbeitgebers auch nach Ausspruch einer unwirksamen außerordentlichen Kündigung und nach Ausspruch einer sittenwidrigen bzw. einer nur an anderen Unwirksamkeitsgründen als der Sozialwidrigkeit leidenden Kündigung bejaht werden sollte. Zudem ist umstritten, ob ein Auflösungsantrag auch auf eine Änderungskündigung des Arbeitgebers gestützt werden kann und wie sich die Situation im Entfristungsprozess darstellt. Nach der hier vertretenen und im Folgenden näher zu begründenden Ansicht sollten beide Arbeitsvertragsparteien sowohl im Änderungsschutz- und Entfristungsprozess als auch in einem Prozess bezüglich der Wirksamkeit eines Aufhebungs- oder Abwicklungsvertrages die Möglichkeit haben, einen Auflösungsantrag zu stellen.

a. *Sozialwidrige ordentliche Kündigung*

Grundlage für einen Auflösungsantrag nach §§ 9, 10 KSchG ist grundsätzlich die vom Arbeitgeber ausgesprochene und dem Arbeitnehmer zugegangene ordentliche Kündigung des Arbeitsverhältnisses, die vom Arbeitsgericht als sozialwidrig beurteilt wurde. Von der Sozialwidrigkeit einer ordentlichen Kündigung gemäß § 1 Abs. 2 KSchG kann einerseits dann ausgegangen werden, wenn die Kündigung nicht durch einen Grund in der Person oder dem Verhalten des Arbeitnehmers gerechtfertigt ist und auch kein betriebsbedingter Kündigungsgrund vorliegt. Andererseits wertet die Rechtsprechung auch den Verstoß gegen ein Diskriminierungsverbot

---

830 MünchKommBGB/*Hergenröder*, § 13 KSchG Rn. 7.

831 Ascheid/Preis/Schmidt/*Biebl*, Kündigungsrecht, § 13 KSchG Rn. 52; v. Hoyningen. Huene/Linck/*v. Hoyningen-Huene*, KSchG, § 13 Rn. 67; a.A.: MünchKommBGB/*Hergenröder*, § 13 KSchG Rn. 31, der davon ausgeht, dass § 13 Abs. 2 KSchG für alle Arbeitnehmer unabhängig vom Anwendungsbereich des KSchG nach § 1 Abs. 1 KSchG und § 23 Abs. 1 KSchG gelte.

aus §§ 1–10 AGG als Sozialwidrigkeit i.S.d. § 1 Abs. 2 KSchG.[832] Aus diesem Grund müsste auch die Kündigung, die zwar durch einen Kündigungsgrund gemäß § 1 Abs. 2 KSchG gerechtfertigt ist aber gegen ein Diskriminierungsverbot des AGG verstößt, Grundlage für einen Auflösungsantrag sein können.[833]

Ist die ordentliche Kündigung nicht nur sozialwidrig, sondern auch aus anderen Gründen unwirksam, muss das Gericht nach herrschender Ansicht in Literatur und Rechtsprechung feststellen, dass die Kündigung zumindest auch sozial ungerechtfertigt ist, um eine Auflösung nach §§ 9, 10 KSchG zu ermöglichen.[834] Ist eine solche Feststellung erfolgt, kann nach einhelliger Ansicht zumindest der Arbeitnehmer uneingeschränkt einen Auflösungsantrag stellen. Die Möglichkeiten des Arbeitgebers in der Situation, in der eine Kündigung neben der Sozialwidrigkeit auch an weiteren Mängeln leidet, einen Auflösungsantrag zu stellen, werden hingegen in Literatur und Rechtsprechung nicht einheitlich bewertet.

aa. Arbeitgeberantrag nur zulässig, wenn andere Unwirksamkeitsgründe nicht dem Schutz des Arbeitnehmers dienen

Der Arbeitgeber kann einen Auflösungsantrag nach der ständigen Rechtsprechung des Bundesarbeitsgerichts und der herrschenden Literaturansicht nur dann stellen, wenn die anderweitige Unwirksamkeit der Kündigung keine Folge eines Verstoßes gegen eine Schutznorm zu Gunsten des Arbeitnehmers ist.[835] Solche Schutznormen

---

832 Vgl. dazu BAG, NZA 2009, 361, 364 f.; NZA 2010, 280 281; Schwarze/Eylert/Schrader/*Schwarze*, KSchG, § 9 Rn. 33.

833 Siehe dazu Schwarze/Eylert/Schader/*Schwarze*, KSchG, § 9 Rn. 33, der ausführt, dass wegen des Schutzzwecks des AGG lediglich dem Arbeitnehmer das Antragsrecht zustehen soll. Auch *Adomeit/Mohr*, NJW 2009, 2255, 2257, sprechen in diesem Fall lediglich dem Arbeitnehmer die Antragsberechtigung – allerdings aus § 13 Abs. 2 i.V.m. § 9 Abs. 1 S. 1 KSchG bei sittenwidrig diskriminierender Kündigung – zu. Nach der hier vertretenen Ansicht ist auch der Arbeitgeber berechtigt in diesem Fall einen Auflösungsantrag zu stellen. Siehe dazu die Ausführungen unten: Vierter Teil, C.II.3.d.bb.

834 Ständige Rechtsprechung seit BAG, NJW 1982, 1118. Kritisch dazu *K. Gamillscheg*, Beendigung des Arbeitsverhältnisses, S. 53, die eine dahingehende Gesetzesänderung vorschlägt, dass der Arbeitnehmer auch dann einen Auflösungsantrag stellen kann, wenn die Kündigung zwar nicht sozialwidrig ist, aber gegen ein anderes Kündigungsverbot verstößt, welches ihn besonders schützen will. Siehe dazu auch unten: Vierter Teil, C.II.3.d.aa.

835 BAG, NZA 1995, 309, 310; NZA 2002, 1171; AP Nr. 45 zu § 9 KSchG 1969; NZA 2009, 275, 278; NZA 2009, 679, 684; *Adam*; MDR 2012, 442; *Brugger*, NJW-Spezial 2011, 306; KR/*Etzel*, § 102 BetrVG Rn. 191; MünchKommBGB/*Hegenröder*, § 9 KSchG Rn. 27; *Hertzfeld*, NZA-RR 2012, 1, 5; ErfK/*Kiel*, § 9 KSchG Rn. 10; *Sieweke*, NZA 2011, 1324, 1325.

sind zum Beispiel § 18 BEEG,[836] § 134 BGB i.V.m. § 612a BGB,[837] § 174 BGB,[838] § 613a Abs. 4 BGB,[839] § 102 BetrVG beziehungsweise die entsprechenden personalvertretungsrechtlichen Vorschriften zur Beteiligung bei Kündigungen,[840] § 103 BetrVG,[841] § 9 MuSchG[842] und § 85 SGB IX[843]. Auch die gleichzeitige Nichteinhaltung vertraglich vereinbarter Kündigungsvoraussetzungen hindere den Arbeitgeber an der wirksamen Stellung des Auflösungsantrags.[844] Die Lösungsmöglichkeit des Arbeitgebers vom Arbeitsverhältnis nach § 9 KSchG bedeute eine Vergünstigung im generell auf die Gewährung von Bestandsschutz ausgerichteten System des Kündigungsschutzrechts, die nur dann vom Arbeitgeber in Anspruch genommen werden dürfe, wenn eine Kündigung lediglich sozialwidrig und nicht noch aus anderen Gründen unwirksam sei.[845] Dieses Ergebnis werde auch durch die Systematik des Kündigungsschutzgesetzes und insbesondere den Regelungsgehalt des § 13 Abs. 3 KSchG bestätigt. Nach § 13 Abs. 3 KSchG seien die Bestimmungen des ersten Abschnitts des KSchG, ausgenommen die §§ 4 bis 7 KSchG, nicht anwendbar, wenn die Kündigung bereits aus anderen als den in § 1 Abs. 2 KSchG genannten Gründen unwirksam ist. Diese Norm mache deutlich, dass dem Arbeitgeber nur dann eine Lösungsmöglichkeit vom Vertrag gemäß § 9 Abs. 1 S. 2 KSchG gegeben werden soll, wenn der zugunsten des Arbeitnehmers konstruierte Bestandsschutz des Arbeitsverhältnisses am stärksten wirkt, die Kündigung also „nur" sozialwidrig ist.[846] Auch der Gesetzgeber habe im Rahmen der Ergänzung des § 13 Abs. 3 KSchG im Jahre 2003 durch das Gesetz zu Reformen am Arbeitsmarkt klargestellt, dass es neben der Erweiterung, dass nunmehr die §§ 4–7 KSchG auf alle Kündigungen

---

836 LAG Köln, BeckRS 2010, 71758.

837 LAG Düsseldorf, DB 1989, 685; LAG Berlin v. 17.10.2012 – 15 Sa 1109/12 – Juris, Rn. 29 f.

838 LAG Köln, NZA-RR 2003, 194, 196.

839 Hessisches LAG, LAGE § 613a BGB Nr. 16.

840 Vor dem Urteil des BAG vom 27.09.2001 (NZA 2002, 1171 ff.; vgl. auch BAG, NZA 2009, 275, 280), in dem das Gericht klarstellte, dass ein Auflösungsantrag des Arbeitgebers auch ausscheide, wenn die Kündigung nicht nur sozialwidrig, sondern darüber hinaus auch aufgrund fehlerhafter Beteiligung des Personalrats unwirksam sei, entschied das LAG Baden-Württemberg am 12.10.2000 (21 Sa 78/99 – Juris), dass die Beteiligung des Betriebsrat nach § 102 BetrVG keine dem Arbeitnehmer zu dienen bestimmte Schutzvorschrift darstelle und ein Auflösungsantrag nach § 9 Abs. 1 S. 2 KSchG somit trotzdem möglich sei. Siehe auch LAG Niedersachen v. 04.12.2008 – 7 Sa 866/08 – Juris, Rn. 98.

841 LAG Berlin, NZA-RR 2005, 130 f.

842 Ascheid/Preis/Schmidt/*Rolfs*, Kündigungsrecht, § 9 MuschG Rn. 56. So auch das LAG Sachsen, NZA-RR 1997, 9, 10 f., mit einem Verweis auf Art. 6 Abs. 4 GG, dass die Entscheidung im Ergebnis aber offen lässt.

843 Ascheid/Preis/Schmidt/*Vossen*, Kündigungsrecht, § 85 SGB IX Rn. 29a.

844 BAG v. 20.06.1986 – 7 AZR 37/85 – Juris; NZA 2009, 679, 683 f.

845 v. Hoyningen-Huene/Linck/*Linck*, KSchG, § 9 Rn. 16.

846 BAG, NZA 2009, 275, 279.

Anwendung finden, zu keiner Änderung hinsichtlich der ersten Abschnitts auf nicht sozialwidrige Kündigungen kommen soll. Dies betreffe laut des Gesetzgebers insbesondere auch die Regelungen über die Auflösung des Arbeitsverhältnisses gemäß §§ 9, 10 KSchG.[847]

Diene die ebenfalls verletzte Norm jedoch lediglich der Wahrung von Interessen des Arbeitgebers, Dritter oder öffentlichen Interessen und nicht denen des Arbeitnehmers, sei nicht einzusehen, dass dem Arbeitgeber die Lösungsmöglichkeit des § 9 Abs. 1 S. 2 KSchG verwehrt werden solle.[848] In den vorgenannten Fällen soll somit auch der Arbeitgeber einen Auflösungsantrag stellen können.

Dieser Ansicht folgend müsste ein zerrüttetes Arbeitsverhältnis aufrechterhalten werden, obgleich dessen Fortführung für den Arbeitgeber unzumutbar ist, da die Schutzvorschriften zugunsten des Arbeitnehmers als vorrangig bewertet werden. Dem Arbeitgeber bliebe im Ergebnis lediglich die Möglichkeit erneut „nur sozialwidrig" zu kündigen und seinen Auflösungsantrag auf diese Kündigung zu stützen, um die Auflösung eines zerrütteten Arbeitsverhältnisses zu erreichen.

bb. Arbeitgeberantrag nur zulässig, wenn Kündigung lediglich sozialwidrig

Eine strengere Teilansicht in der Literatur geht noch weiter und spricht dem Arbeitgeber nur dann die Befugnis zu, einen Auflösungsantrag zu stellen, wenn die Kündigung lediglich sozialwidrig ist, unabhängig davon, ob die weiteren Unwirksamkeitsgründe dem Schutz des Arbeitnehmers zu dienen bestimmt sind oder nicht.[849] Dies wird damit begründet, dass die Abfindung in Verbindung mit den Gründen, die eine den Betriebszwecken dienliche weitere Zusammenarbeit zwischen den Parteien nicht erwarten lassen, an die Stelle des Kündigungsgrundes aus § 1 Abs. 2 KSchG treten und lediglich die fehlende soziale Rechtfertigung der Kündigung ersetzen.[850] Die Möglichkeit der Auflösung des Arbeitsverhältnisses gegen Abfindungszahlung diene lediglich der Abmilderung der Folgen, die für den Arbeitgeber daraus resultieren, dass die Kündigung eines Arbeitsverhältnisses, das in den Anwendungsbereich des Kündigungsschutzgesetzes fällt, anders als dies bei der Kündigung anderer Dauerschuldverhältnisse der Fall ist, eines Grundes bedürfe. Dafür bestehe kein Anlass, wenn die Kündigung schon aus anderen Gründen unwirksam sei.[851] Überdies bestünde auch eine Privilegierung der Arbeitgeber, die nicht nur aus einem (dem Arbeitnehmer nicht zu dienen bestimmten) sonstigen Grund, sondern zusätzlich noch sozialwidrig kündigten, da sie nur in dem Fall, in

847 BT-Drucks. 15/1587, S. 27.

848 BAG, NZA 1995, 309, 310.

849 Bader/Bram/Dörner/Kriebel/*Bader*, KSchG, § 9 Rn. 4; Fiebig/Gallner/Mestwerdt/Nägele/*Fiebig/Gieseler*, KSchG, § 9 Rn. 33; *Hertzfeld*, NZA 2004, 298, 300 f.; v. Hoyningen-Huene/Linck/*Linck*, KSchG, § 9 Rn. 18; *Löwisch/Spinner*, KSchG, § 9 Rn. 46; *S. Müller*, Auflösungsantrag des Arbeitgebers, S. 28; *ders.*, FA 2009, 265.

850 v. Hoyningen-Huene/Linck/*Linck*, KSchG, § 9 Rn. 18.

851 *Löwisch/Spinner*, KSchG, § 9 Rn. 46.

dem die Kündigung an dem Doppelmangel leidet, einen Auflösungsantrag nach § 9 Abs. 1 S. 2 KSchG stellen könnten. Schließlich trete eine Benachteiligung der Arbeitgeber ein, die nicht dem Anwendungsbereich des Kündigungsschutzgesetzes unterfallen, da diese im Fall der Unwirksamkeit der Kündigung aus sonstigen Gründen keinen Auflösungsantrag stellen können.[852]

Auch dieser Ansicht nach müsste ein zerrüttetes Arbeitsverhältnis aufrechterhalten werden, obgleich dessen Fortführung für den Arbeitgeber unzumutbar ist, da die Schutzvorschriften zugunsten des Arbeitnehmers als vorrangig bewertet werden.

cc. Arbeitgeberantrag immer zulässig

Eine weitere Ansicht in der Literatur, der auch das LAG München in einem Urteil aus dem Jahr 2006[853] gefolgt ist, spricht sowohl dem Arbeitgeber als auch dem Arbeitnehmer die Befugnis zu, einen Auflösungsantrag bei Sozialwidrigkeit der Kündigung unabhängig davon zu stellen, ob die Kündigung an weiteren Wirksamkeitsmängeln leidet.[854] Die Ratio des § 9 Abs. 1 S. 2 KSchG bestehe in erster Linie darin, einer willkürlichen Ablehnung der Weiterbeschäftigung durch den Arbeitgeber, wie sie zur Zeit vor der Schaffung des KSchG im Jahre 1951 insbesondere in der Weimarer Zeit und zur Zeit des Nationalsozialismus möglich war, durch das Erfordernis der vom Arbeitgeber anzuführenden Zerrüttungsgründe vorzubeugen.[855] Die Situation der Zerrüttung des Arbeitsverhältnisses könne indessen unabhängig von dem Grund der Kündigung eintreten.[856] Dieser Ansicht nach kann der Arbeitgeber einer Zerrüttung des Arbeitsverhältnisses auch dann mit einem Auflösungsantrag begegnen, wenn die von ihm ausgesprochene Kündigung neben der Sozialwidrigkeit auch an anderen Unwirksamkeitsgründen leidet.

dd. Stellungnahme

Im Ergebnis sind sowohl die herrschende Literatur- und Rechtsprechungsansicht, als auch die auf der Rechtsprechung aufbauende strenge Literaturansicht, die dem Arbeitgeber einen Auflösungsantrag verwehren, wenn die Kündigung unter zusätzlichen Unwirksamkeitsgründen neben der Sozialwidrigkeit leidet, abzulehnen. Die Unterschiede zwischen den beiden Ansichten sind dabei marginal, da die Beschränkung der herrschenden Ansicht auf die Unwirksamkeitsgründe, die dem Arbeitnehmer zu dienen bestimmt sind, den größten Teil der Unwirksamkeitsgründe

---

852 Fiebig/Gallner/Mestwerdt/Nägele/*Fiebig/Gieseler*, KSchG, § 9 Rn. 33.

853 LAG München v. 24.11.2006 – 11 Sa 650/06 – Juris, Rn. 83.

854 *Ascheid*, Kündigungsschutzrecht, Rn. 806; *Auffarth*, DB 1969, 528 Fn. 5, Ascheid/Preis/Schmidt/*Biebl*, Kündigungsrecht, § 9 KSchG Rn. 11; *Lingemann/Steinhauser*, NJW 2013, 3354, 3356; Rolfs/Giesen/Kreikebohm/Udsching/*Pleßner*, § 9 KSchG Rn. 60; KR/*Spilger*, § 9 KSchG Rn. 27c; *Tschöpe*, in: FS für Schwerdtner, S. 217, 227 f.

855 *Tschöpe*, in: FS für Schwerdtner, S. 217, 227.

856 Vgl. auch Schwarze/Eylert/Schrader/*Schwarze*, KSchG, § 9 Rn. 7.

abdeckt. Unwirksamkeitsgründe, die nicht dem Schutz des Arbeitnehmers zu dienen bestimmt sind, sind nur schwer vorstellbar. Das Bundesarbeitsgericht entschied insofern, dass die für die Wirksamkeit einer Kündigung erforderliche Zustimmung einer Auslandsvertretung nicht dem Schutz des Arbeitnehmers zu dienen bestimmt sei.[857] Das ArbG Heilbronn ging zudem jüngst davon aus, dass es sich bei den §§ 174 S. 1, 180 BGB nicht um Schutznormen zu Gunsten des Arbeitnehmers handele.[858] Diese Einordnung ist allerdings sehr zweifelhaft, da § 174 BGB dem Schutz des Erklärungsempfängers eines einseitigen Rechtsgeschäfts dient und ihn vor Unsicherheiten schützen soll, die daraus resultieren, dass er an der Vornahme des Geschäfts nicht beteiligt ist.[859] Obgleich diese Norm kein spezifisches Arbeitnehmerschutzrecht darstellt, ist sie ihrer Konzeption nach geeignet, den Arbeitnehmer in seiner Position als Kündigungserklärungsempfänger zu schützen.[860] Andere Unwirksamkeitsgründe, die nicht zumindest mittelbar dem Schutz des Arbeitnehmers dienen, sind nicht ersichtlich.[861]

Der Auflösungsantrag des Arbeitgebers stellt entgegen der herrschenden Ansicht zudem kein Privileg dar, das der Gesetzgeber dem Arbeitgeber als Ausgleich für die Bürde der sozialen Rechtfertigung der Kündigung angedeihen lassen wollte. Vielmehr sollte Vorsorge für die Fälle getroffen werden, in denen eine gedeihliche Fortführung des Arbeitsverhältnisses wegen eines Wegfalls der Vertrauensgrundlage, also einer Zerrüttung der vertraglichen Beziehungen, ausscheidet.[862] Während die soziale Rechtfertigung gemäß § 1 Abs. 2 S. 1 KSchG an eine den Parteien zurechenbare Störung, die typischerweise den Leistungsbereich des Arbeitsverhältnisses betrifft, anknüpft, soll mit dem Auflösungsantrag aus §§ 9, 10 KSchG auf eine dauernde Zerrüttung, also eine Störung des Vertrauensverhältnisses der Arbeitsvertragsparteien, reagiert werden, deren Herkunft nicht immer einer der Parteien klar zurechenbar ist. Die Zerrüttungsgründe treten also nicht an die Stelle der Kündigungsgründe, sondern sind von diesen wesensverschieden.[863]

Vorzugswürdig ist demnach die Ansicht, die einen Auflösungsantrag beider Parteien unabhängig davon zulässt, ob die Kündigung neben der Sozialwidrigkeit

---

857 BAG, NZA 1995, 309, 310. Siehe dazu auch *Boewer*, RdA 2001, 380, 399; *Hertzfeld*, NZA 2004, 298, 301.

858 ArbG Heilbronn, v. 18.10.2012 – 2 Ca 71/12 – Juris.

859 *Fuhlrott/Balupuri-Beckmann*, Aua 2013, 640, 641; Staudinger/*Schilken*, § 174 BGB Rn. 1; Bamberger/Roth/*Valenthin*, BGB, § 174 Rn. 1. MünchKommBGB/*Schramm*, § 174 BGB Rn. 1 spricht von dem Schutz von Gewissheitsinteressen des Erklärungsempfängers. Das BAG, AP Nr. 18 zu § 174 BGB, hat die Frage nach dem Schutznormcharakter offengelassen.

860 Im Ergebnis so auch LAG Köln, v. 03.05.2002 – 4 Sa 1285/01 – Juris; LAG Hamburg, v. 30.09.2003 – 3 Sa 56/02 – Juris; Hessisches LAG, v. 18.01.2005 – 15 Sa 496/04 – Juris; LAG Düsseldorf, v. 27.10.2011, 15 Sa 839/10 – Juris.

861 So auch *Fuhlrott/Balupuri-Beckmann*, Aua 2013, 640, 641.

862 *Tschöpe*, in: FS für Schwerdtner, S. 217, 227.

863 Siehe dazu bereits oben: Vierter Teil, B.

an anderen Unwirksamkeitsgründen leidet. Eine Zerrüttung des Vertrauensverhältnisses kann unabhängig von den Unwirksamkeitsgründen der Kündigung eintreten. Wäre ein Auflösungsantrag des Arbeitgebers in diesen Fällen ausgeschlossen, fände eine lediglich sozialstaatliche Betrachtung des Kündigungsschutzes statt; der schuldrechtliche Charakter des Arbeitsverhältnisses würde hingegen missachtet.

Im Ergebnis ist es somit sachgerecht, sowohl dem Arbeitnehmer als auch dem Arbeitgeber nach Ausspruch einer sozialwidrigen Kündigung zuzubilligen, einen Auflösungsantrag nach § 9 Abs. 1 KSchG zu stellen, unabhängig davon, ob die Kündigung zugleich an anderen Unwirksamkeitsgründen leidet.[864]

b. Unbegründete außerordentliche Kündigung

Basis für einen Auflösungsantrag kann darüber hinaus auch eine unbegründete außerordentliche Kündigung des Arbeitsverhältnisses durch den Arbeitgeber sein, also eine solche, die sich nicht auf einen wichtigen Grund gemäß § 626 Abs. 1 BGB stützen lässt. Die Auflösung des Arbeitsverhältnisses in diesem Fall ist in § 13 Abs. 1 S. 3–5 KSchG geregelt. Gemäß § 13 Abs. 1 S. 3 KSchG, der die Anwendung des § 9 Abs. 1 S. 1 KSchG erlaubt, hat lediglich der Arbeitnehmer die Möglichkeit einen Auflösungsantrag zu stellen; die Auflösung des Arbeitsverhältnisses erfolgt sodann gemäß § 13 Abs. 1 S. 4 KSchG zum Zeitpunkt des Ausspruchs der Kündigung. Umstritten ist, ob der Ausschluss der Auflösung des Arbeitsverhältnisses auf Initiative des Arbeitgebers nach Ausspruch einer unbegründeten außerordentlichen Kündigung sachgerecht oder vielmehr eine analoge Anwendung des § 9 Abs. 1 S. 2 KSchG geboten ist beziehungsweise zumindest Ausnahmen zu Gunsten des Arbeitgebers zugelassen werden müssen.

aa. Lediglich Auflösungsantrag des Arbeitnehmers zulässig

Nach der Rechtsprechung und der herrschenden Literaturansicht ist nur der Arbeitnehmer berechtigt einen Auflösungsantrag nach Ausspruch einer unbegründeten außerordentlichen fristlosen Kündigung durch den Arbeitgeber zu stellen.[865] Dies gelte auch in dem Fall, in dem ein Arbeitgeber gegenüber einem ordentlich

864 Zu der Frage, ob die Sozialwidrigkeit der Kündigung zwingende Anwendungsvoraussetzung für das Auflösungsverfahren gemäß §§ 9, 10 KSchG ist, siehe unten: Viertel Teil, C.II.3.

865 BAG, AP Nr. 45 zu § 620 BGB; LAG Hamm, LAGE § 9 KSchG Nr. 19; *Bauer*, DB 1985, 1180, 1182; Ascheid/Preis/Schmidt/*Biebl*, Kündigungsrecht, § 13 Rn. 24; *Crone*, RdA 1952, 244, 243; KR/*Friedrich*, § 13 KSchG Rn. 68; v. Hoyningen-Huene/Linck/v. *Hoyningen-Huene*, KSchG, § 13 Rn. 16; Erfk/*Kiel*, § 13 KSchG Rn. 8; Schaub/*Linck*, Arbeitsrechts-Handbuch, § 141 Rn. 15a; Schwarze/Eylert/Schrader/*Schrader*, KSchG, § 13 Rn. 30; *Timke*, Bestandsschutz im Arbeitsverhältnis, S. 108; *Tschöpe*, in: FS für Schwerdtner, S. 217, 221.

unkündbaren Arbeitnehmer[866] eine außerordentliche Kündigung mit sozialer Auslauffrist ausgesprochen hat.[867]

Kündigt der Arbeitgeber außerordentlich und hilfsweise ordentlich und sind beide Kündigungen unwirksam beziehungsweise sozialwidrig, könne der Arbeitnehmer wählen, auf welche Kündigung er seinen Auflösungsantrag stützt. Im Zweifel ist es für den Arbeitnehmer sinnvoller den Auflösungsantrag auf die ordentliche Kündigung zu stützen, da der Auflösungszeitpunkt nach § 9 Abs. 2 KSchG regelmäßig auf einen späteren Zeitpunkt fällt, als der Auflösungszeitpunkt nach § 13 Abs. 1 S. 4 KSchG. Wendet sich der Arbeitnehmer einheitlich gegen die Verbundkündigung könne sodann auch der Arbeitgeber einen Auflösungsantrag stellen, wenn die Kündigung als ordentliche Kündigung allein wegen der Sozialwidrigkeit unwirksam ist.[868] Gleiches gelte bei der Umdeutung einer unbegründeten außerordentlichen Kündigung gemäß § 140 BGB in eine ordentliche Kündigung, die sich sodann als sozialwidrig herausstellt.[869]

Begründet wird der Ausschluss der Antragsbefugnis für den Arbeitgeber damit, dass eine unbegründete außerordentliche Kündigung einen so schwerwiegenden Vertragsverstoß darstelle, der den Arbeitnehmer in seinem sozialen Status und seinem Ansehen im Betrieb viel gewichtiger treffe, als eine sozialwidrige ordentliche Kündigung. Aus diesem Grund müsse dem Arbeitgeber in diesem Fall die Möglichkeit, einen Auflösungsantrag zu stellen, versagt bleiben.[870] Im Ergebnis bedeutet dies, dass der Arbeitgeber nach Ausspruch einer unbegründeten außerordentlichen Kündigung an das Arbeitsverhältnis gebunden bleibt, selbst wenn dieses zerrüttet und dessen Fortführung für ihn unzumutbar ist. Dem Arbeitgeber bliebe lediglich

---

866 Der Ausschluss der ordentlichen Kündbarkeit kommt auf Grund tariflicher, betrieblicher oder individualvertraglicher Vereinbarung zum Beispiel mit Erreichen eines bestimmten Alters und/oder einer gewissen Betriebszughörigkeit in Betracht und ist in der Praxis nicht unüblich. Auch Funktionsträger der Betriebsverfassung sind gemäß § 15 Abs. 1 BetrVG lediglich außerordentlich kündbar.

867 BAG, NZA 2009, 679, 683; NZA 2011, 349, 350; LAG Hamm, NZA 1989, 278; LAG Köln, LAGE § 9 KSchG Nr. 14; LAG Hamm, LAGE § 9 KSchG Nr. 19; LAG Niedersachsen, LAGE § 9 KSchG Nr. 23; LAG Rheinland-Pfalz – 5 Sa 381/07 – Juris; Ascheid/Preis/Schmidt/*Biebl*, Kündigungsrecht, § 13 Rn. 24; Erfk/*Kiel*, § 13 KSchG Rn. 8; S. *Müller*, Auflösungsantrag des Arbeitgebers, S. 12.

868 LAG Düsseldorf, LAGE § 9 KSchG Nr. 40; Siehe dazu auch *S. Müller*, NZA-RR 2009, 289.

869 BAG, NZA 1994, 70, 74. Teilweise wird die Zulässigkeit eines Auflösungsantrags nach Umdeutung in den Fällen abgelehnt, in denen die außerordentliche Kündigung eine besonders schwerwiegende Pflichtverletzung darstellt Dies sei zum Beispiel der Fall, wenn ein wichtiger Grund i.S.d. § 626 Abs. 2 BGB ersichtlich nicht vorliege und dies für den Arbeitgeber auch bei Ausspruch der Kündigung erkennbar war. Siehe dazu: *Hansen*, in: Aspekte der Beendigung von Arbeitsverhältnissen, S. 315, 316.

870 LAG Hamm, LAGE § 9 KSchG Nr. 19; *Bauer*, FS für Hanau, S. 151, 161; Schwarze/Eylert/Schrader/*Schrader*, KSchG, § 13 Rn. 32.

die Möglichkeit erneut „nur sozialwidrig" zu kündigen und seinen Auflösungsantrag auf diese Kündigung zu stützen, um die Auflösung des zerrütteten Arbeitsverhältnisses zu erreichen; auch diese Möglichkeit entfiele gegenüber ordentlich unkündbaren Arbeitnehmern.

bb. Auch Auflösungsantrag des Arbeitgebers zulässig

Eine Mindermeinung in der Literatur spricht sich dafür aus, dass der Arbeitgeber auch bei einer außerordentlichen Kündigung die Auflösung des Arbeitsverhältnisses beantragen kann.[871] Obgleich § 13 Abs. 1 S. 3 KSchG die negative Rechtsregel enthalte, dass das Arbeitsverhältnis bei vorangegangener außerordentlicher Kündigung des Arbeitgebers auf dessen Antrag hin nicht aufgelöst werden könne, sei es erforderlich in diesem Fall § 9 Abs. 1 S. 2 KSchG analog anzuwenden[872] beziehungsweise Ausnahmen von § 13 Abs. 1 S. 3 KSchG zuzulassen, wenn die unbegründete außerordentliche Kündigung nicht eine besonders schwerwiegende Pflichtverletzung des Arbeitgebers darstelle und die Gesamtwürdigung aller Umstände des Einzelfalls ergebe, dass eine weitere gedeihliche Zusammenarbeit zwischen den Arbeitsvertragsparteien nicht zu erwarten ist.[873] Die Möglichkeit des Arbeitgebers ein zerrüttetes Arbeitsverhältnis gerichtlich auflösen zu lassen, dürfe nicht von der häufig schwierigen Abgrenzung, ob ein Sachverhalt den Tatbestand einer ordentlichen oder außerordentlichen Kündigung erfüllt, abhängig gemacht werden.[874] Für die Auflösungsentscheidung komme es – unabhängig davon ob der Arbeitgeber zuvor eine ordentliche oder eine außerordentliche Kündigung ausgesprochen habe – lediglich darauf an, ob eine den Betriebszwecken dienliche Zusammenarbeit zwischen Arbeitgeber und Arbeitnehmer zu erwarten sei oder nicht.[875] Dieser Ansicht nach müsste auch nach Ausspruch einer unbegründeten außerordentlichen Kündigung des Arbeitsverhältnisses durch den Arbeitgeber eine Auflösung des Arbeitsverhältnisses auf Bestreben des Arbeitgebers zulässig sein. Dieser Ansicht folgend bliebe der Arbeitgeber auch nach Ausspruch einer außerordentlichen Kündigung nicht an ein Arbeitsverhältnis gebunden, dessen Zerrüttung festgestellt wurde und dessen Fortführung für ihn somit unzumutbar ist.

cc. Auflösungsantrag des Arbeitgebers nur gegenüber ordentlich unkündbaren Vertrauensträgern zulässig

Einige Stimmen in der Literatur wollen die Zulässigkeit eines Auflösungsantrags seitens des Arbeitgebers nach unbegründeter außerordentlicher Kündigung schließlich

---

871 *Duvigneau*, Die gerichtliche Auflösung des Arbeitsverhältnisses, S. 136 ff.; Schäfer, BB 1985, 1994 ff.; *J.-A. Weber*, RdA 2011, 108, 116 ff.

872 So *Duvigneau*, Die gerichtliche Auflösung des Arbeitsverhältnisses, S. 139; Schäfer, BB 1985, 1994 ff.

873 *J.-A. Weber*, RdA 2011, 108, 116 ff.

874 *Schäfer*, BB 1985, 1994, 1995; *J.-A. Weber*, RdA 2011, 108, 116.

875 *J.-A. Weber*, RdA 2011, 108, 116.

nur für ordentlich unkündbare Arbeitsverhältnisse mit besonderen Vertrauensträgern zulassen.[876] Die besonderen Vertrauensträger seien dabei nicht per se mit den Angestellten in leitender Stellung gemäß § 14 Abs. 2 KSchG gleichzusetzten, da ein Mitarbeiter durchaus eine herausragende Stellung innerhalb eines Unternehmens inne haben könne, ohne dass er selbstständig zur Einstellung und Entlassung von Arbeitnehmern berechtigt sei.[877] Methodisch wird diese Ausnahme auf eine gesetzesimmanente und verfassungskonforme Reduktion der §§ 9 Abs. 1 S. 2, 13 Abs. 1 S. 3 KSchG gestützt.[878] Die Notwendigkeit einer Unterscheidung zwischen „normalen" Arbeitnehmern und solchen mit besonderer Vertrauensstellung begründe sich damit, dass eine nachlassende Leistungs- und Kooperationsbereitschaft eines Arbeitnehmers mit Jedermann-Qualifikation im betrieblichen Kollektiv noch hingenommen werden müsse; Fehlleistungen, mangelnder Einsatzwille und sinkende Loyalität eines mit arbeitgeberähnlichen Funktionen ausgestatteten Mitarbeiters brächten hingegen immense wirtschaftliche Schäden für den Arbeitgeber mit sich.[879] Darüber hinaus sei ein Arbeitnehmer mit besonderer Vertrauensstellung aufgrund seiner regelmäßig überdurchschnittlichen Qualifikation, seines besonders hohen Einkommens und der in der Regel größeren Chancen auf dem Arbeitsmarkt, auch nicht in dem Maße schutzwürdig wie ein anderer Arbeitnehmer ohne diese herausragende Stellung.[880] Aus diesem Grund müsse auch nach unbegründeter außerordentlicher Kündigung eines ordentlich unkündbaren Vertrauensträger eine Auflösung des Arbeitsverhältnisses auf Initiative des Arbeitgebers möglich sein.

Dieser Ansicht nach, kann der Arbeitgeber nur dann die Auflösung eines zerrütteten Arbeitsverhältnisses, dessen Fortführung für ihn unzumutbar ist, erreichen, wenn es sich bei dem Arbeitnehmer um einen unkündbaren Vertrauensträger handelt.

dd. Stellungnahme

Obgleich zweifelsfrei die grammatikalische und wohl auch die historische Auslegung der §§ 9 Abs. 1, 13 Abs. 1 KSchG für die herrschende Ansicht in Rechtsprechung und Literatur sprechen, zeigen systematische und teleologische Auslegung, dass der generelle Ausschluss der Antragsbefugnis des Arbeitgebers gerichtet auf

---

876 *Fromm*, DB 1988, 601 ff.; *Trappehl/Lambrich*, RdA 1999, 243 ff. *Lelley*, FA 2007, 74, 77, spricht sich darüber hinaus für eine Reform des Ausschlusses des arbeitgeberseitigen Auflösungsantrags nach außerordentlicher Kündigung von Betriebsratsmitgliedern aus.

877 Erfülle der ordentlich nicht kündbare Vertrauensträger die Voraussetzungen des § 14 Abs. 2 S. 1 KSchG bedürfe der Auflösungsantrag des Arbeitgebers nach außerordentlicher Kündigung auch keiner Begründung. *Trappehl/Lambrich*, RdA 1999, 243, 249, Fn. 79.

878 *Fromm*, DB 1988, 601 ff.; *Sieben*, NJW 2005, 1095 ff.; *Trappehl/Lambrich*, RdA 1999, 243 ff.

879 *Sieben*, NJW 2005, 1095, 1096; *Trappehl/Lambrich*, RdA 1999, 243, 247.

880 *Sieben*, NJW 2005, 1095, 1096.

die Auflösung des Arbeitsverhältnisses nach Ausspruch einer unbegründeten außerordentlichen Kündigung wenig sachgerecht ist. Vielmehr muss auch der Arbeitgeber die Möglichkeit haben, einen Auflösungsantrag nach unbegründeter außerordentlicher Kündigung zu stellen, wenn das Arbeitsverhältnis zerrüttet ist, wobei eine Beschränkung auf Arbeitsverhältnisse mit unkündbaren Vertrauensträgern wenig sinnvoll erscheint.

(1) Grammatikalische Auslegung

Der herrschenden Meinung, die dem Arbeitgeber das Stellen eines Auflösungsantrags nach einer unbegründeten außerordentlichen Kündigung versagt, ist insofern zuzustimmen, dass der Wortlaut des § 13 Abs. 1 S. 3 KSchG, der den Wortlaut des § 9 Abs. 1 S. 1 KSchG aufgreift und an die Situation der Unwirksamkeit der außerordentlichen Kündigung anpasst, lediglich eine Antragsbefugnis des Arbeitnehmers zulässt; ein Verweis auf den Regelungsgehalt des § 9 Abs. 1 S. 2 KSchG, der das Auflösungsrecht des Arbeitgebers normiert, fehlt.[881]

(2) Historische Auslegung

Es kann darüber hinaus wohl nicht davon ausgegangen werden, dass die fehlende Antragsbefugnis des Arbeitgebers auf einer ausfüllungsbedürftigen Regelungslücke des § 13 Abs. 1 KSchG beruht. Laut der Gesetzesbegründung des KSchG von 1951 sollte eine Antragsbefugnis des Arbeitgebers nach dem Ausspruch einer unbegründeten außerordentlichen Kündigung gerade nicht bestehen.[882] Der Gesetzgeber untermauerte diese Feststellung allerdings nicht mit einer Begründung; insbesondere die Einordnung der fehlenden Antragsbefugnis des Arbeitgebers als Sanktion für vertragswidriges Verhalten wurde nicht vorgenommen. Insofern könnte argumentiert werden, dass sich der historische Gesetzgeber die Konfliktlage nicht umfassend genug vorgestellt hat und den vorliegenden Sachverhalt aufgrund einer Fehlgewichtung der praktischen Relevanz ungeregelt ließ.[883] Zudem muss darauf hingewiesen werden, dass die Rechtlage im KSchG von 1951 noch anders war als im nunmehr geltenden Kündigungsschutzgesetz, da der Arbeitgeber die Gründe für die Nichterwartbarkeit der weiteren gedeihlichen Zusammenarbeit zwar darlegen musste, der Arbeitnehmer aber beweisbelastet war.

Allerdings hat der Gesetzgeber trotz der viel diskutierten Konfliktlage bis heute keine Gesetzesänderung vorgenommen, obgleich dies zum Beispiel im Rahmen der Gesetzesänderungen durch das Gesetz zu Reformen auf dem Arbeitsmarkt vom 24.12.2003[884] möglich gewesen wäre. Aus diesem Grund erscheint

881 v. Hoyningen-Huene/Linck/v. *Hoyningen-Huene*, KSchG, § 13 Rn. 16; Schwarze/Eylert/Schrader/*Schrader*, KSchG, § 13 Rn. 33.

882 Begründung des KSchG v. 1951, RdA 1951, 61, 64 zu § 11, der zu diesem Zeitpunkt die Regelung des jetzigen § 13 KSchG enthielt.

883 *Trappehl/Lambrich*, RdA 1999, 243, 248.

884 BR-Drucks. 676/03.

sowohl eine analoge Anwendung des arbeitgeberseitigen Auflösungsantrag aus § 9 Abs. 1 S. 2 KSchG als auch das Zulassen von gesetzesimmanenten Ausnahmen zu § 13 Abs. 1 KSchG beziehungsweise eine gesetzesimmanente und verfassungskonforme Reduktion der §§ 9 Abs. 1 S. 2, 13 Abs. 1 S. 3 KSchG schwierig. Dem Gesetzgeber war die Konfliktlage hinlänglich bekannt, so dass schwerlich von einer Regelungslücke auszugehen ist.

(3) Systematische Auslegung

Die systematische Auslegung ergibt jedoch, dass ein Ausschluss der Antragsbefugnis des Arbeitgebers nach unbegründeter außerordentlicher Kündigung fehl geht. Ein solcher Ausschluss steht nicht mit dem Zusammenspiel des Instituts der Kündigung des Arbeitsverhältnisses wegen den Arbeitsvertragsparteien zurechenbarer Störungen des Leistungsbereichs und dem gerichtlichen Auflösungsverfahrens wegen Zerrüttung des Vertrauensverhältnisses des Arbeitsverhältnisses im Einklang.

Die Auflösung des Arbeitsverhältnisses wegen Zerrüttung gemäß §§ 9, 10 KSchG stellt etwas Wesensverschiedenes gegenüber der Kündigung des Arbeitsverhältnisses gemäß § 1 Abs. 2 KSchG oder § 626 BGB dar. Obgleich sowohl das Institut der Kündigung als auch das gerichtliche Auflösungsverfahren die Beendigung des Arbeitsverhältnisses bei Unzumutbarkeit dessen Fortführung ermöglichen, knüpft die Kündigung an eine Leistungsstörung, die einer der beiden Arbeitsvertragsparteien klar zugerechnet werden kann, und der Auflösungsantrag an eine „diffusere" Vertrauensstörung, die nicht in jedem Fall eine klare Zurechnung zulässt, an. Es ist für den Auflösungsantrag deswegen nicht entscheidend, mit welcher Kündigungsart der Arbeitgeber zuvor gescheitert ist; es kommt vielmehr allein darauf an, ob Umstände vorliegen, die eine den Betriebszwecken dienliche Zusammenarbeit zwischen Arbeitgeber und Arbeitnehmer nicht erwarten lassen.[885]

Aufgrund der Wesensverschiedenheit zwischen Kündigung und gerichtlichem Auflösungsverfahren ist auch der Sanktionscharakter, der dem Ausschluss des Auflösungsrechts des Arbeitgebers bei einer unbegründeten außerordentlichen Kündigung anhaftet, systematisch verfehlt. Dies begründet sich damit, dass die §§ 9, 10 KSchG die rein sozialstaatliche Betrachtung des Arbeitsverhältnisses, das zahlreichen Regulierungen durch den Gesetzgeber und auch die Tarif- und Betriebsparteien unterliegt, durch eine stärkere Betonung des schuldrechtlichen Elements des Arbeitsverhältnisses in ihrem Anwendungsbereich gerade durchbrechen wollen.[886] Dieses Ziel wird verkehrt, wenn der Gesetzgeber dem Anwendungsbereich des Auflösungstatbestands von vorneherein einzelne Sachverhalte entzieht und somit eine sachgerechte Einzelfallbeurteilung verhindert.

Der vorgenannten Argumentation könnte allenfalls entgegengehalten werden, dass der Arbeitgeber zumindest in den Fällen, in denen eine ordentliche Kündigung des Arbeitsverhältnisses nicht ausgeschlossen ist, auf die ordentliche

---

885 *J.-A. Weber*, RdA 2011, 108, 116.

886 Vgl. Schwarze/Eylert/Schrader/*Schwarze*, KSchG, § 9 Rn. 1.

Beendigungsmöglichkeit, an die sich eine gerichtliche Auflösung anschließen kann, verwiesen werden kann, wenn eine weitere gedeihliche Zusammenarbeit aus seiner Sicht nicht zu erwarten ist.[887] Obgleich diese Einschränkung zu Lasten der Handlungsfreiheit des Arbeitgebers und der Prozessökonomie[888] gegebenenfalls noch hinnehmbar wäre, bliebe das Problem gegenüber, zum Beispiel gemäß § 15 KSchG oder aufgrund tarifvertraglicher Regelungen, ordentlich unkündbarer Arbeitnehmer bestehen. Obgleich sich der Arbeitgeber des Risikos einer stärkeren vertraglichen Bindung bei Abschluss entsprechender Unkündbarkeitsvereinbarungen bewusst war oder diese teilweise auf sozialpolitischen Erwägungen beruhen und den Arbeitgeber eine Weiterbeschäftigung bei Fehlen eines wichtigen Grundes gemäß § 626 BGB in der Regel nicht unverhältnismäßig belastet,[889] betrifft das Auflösungsverfahren gemäß §§ 9, 10 KSchG nicht den von der Unkündbarkeit betroffenen Leistungsbereich der Arbeitsverhältnisses. Mit den Regelungen der §§ 9, 10 KSchG soll vielmehr auf Störungen im Vertrauensbereich der Arbeitsvertragsparteien reagiert werden, die einerseits schwer antizipiert werden können und andererseits nicht von den Parteien im Vorhinein abbedungen wurden.

(4) Teleologische Auslegung

Auch der Sinn und Zweck des gerichtlichen Auflösungsverfahrens spricht gegen den Ausschluss der Antragsbefugnis des Arbeitgebers nach dem Ausspruch einer unbegründeten außerordentlichen Kündigung.

Die herrschende Meinung sieht den Sinn und Zweck des Ausschlusses der Antragsbefugnis des Arbeitgebers in § 13 Abs. 1 KSchG darin, besonders schwerwiegende Vertragsverletzungen des Arbeitgebers nicht auch noch mit einem Recht, die gerichtliche Auflösung herbeizuführen, zu belohnen. Dieses Ziel verdient im Grundsatz Zustimmung. Es ist jedoch nicht davon auszugehen, dass der Ausschluss der Auflösungsmöglichkeit auf Antrag des Arbeitgebers tatsächlich dazu geeignet ist, das mit dieser Regelung bezweckte Ziel zu erreichen.

Zweifel bestehen zunächst deswegen, weil ein Auflösungsantrag von der herrschenden Meinung zumindest dann zugelassen wird, wenn die außerordentliche Kündigung in eine ordentliche Kündigung umgedeutet oder über eine zugleich ausgesprochene hilfsweise ordentliche Kündigung entschieden wird. Allein die Möglichkeit der Umdeutung beziehungsweise des Zurücktretens der außerordentlichen Kündigung ändert aber nichts an der – im Einzelfall gegebenenfalls vorliegenden – schwerwiegenden Pflichtverletzung des Arbeitgebers, die sich in dem Ausspruch einer unbegründeten außerordentlichen Kündigung zeigt.[890] Nur weil der

---

887 *Trappehl/Lambrich*, RdA 1999, 243, 245.

888 In arbeitsgerichtlichen Kündigungsverfahren kommt dem Beschleunigungsgrundsatz gemäß § 61a ArbGG besondere Bedeutung zu.

889 *Trappehl/Lambrich*, RdA 1999, 243, 245 f.

890 So auch *Schäfer*, BB 1985, 1994 f. Siehe auch *Grunsky*, Anm. zu BAG, AP Nr. 5 zu § 9 KSchG 1969.

Arbeitgeber zugleich eine ordentliche Kündigung ausspricht oder das Arbeitsgericht eine Umdeutung vornimmt, bleibt das gegebenenfalls bestehende Handlungsunrecht des Arbeitgebers unverändert bestehen. Die von der herrschenden Meinung bezweckte Sanktionswirkung kann der Arbeitgeber somit allein dadurch umgehen, dass er hilfsweise die ordentliche Kündigung erklärt.

Darüber hinaus kann in Zweifel gezogen werden, dass der Ausspruch einer unbegründeten außerordentlichen Kündigung durch den Arbeitgeber stets eine schwerwiegende Vertragsverletzung darstellt. Bei der außerordentlichen Kündigung wird der Arbeitgeber – wie auch bei der ordentlichen Kündigung nicht anders unterstellt – in der Regel gutgläubig vom Bestehen eines wichtigen Grundes ausgehen und erst durch das Arbeitsgericht vom Gegenteil „überrascht“ werden.[891] Eine generelle Vermutung der schweren Vertragsverletzung durch Ausspruch einer unbegründeten außerordentlichen Kündigung erscheint gekünstelt.[892] In der Praxis besteht zwischen ordentlicher und außerordentlicher Kündigung tatsächlich in der Regel nur ein gradueller Unterschied, der von den unterschiedlichen Wirkungen der Kündigungsarten auf Rechtsfolgenseite überdeckt wird.[893]

Insbesondere bei der außerordentlichen Kündigung eines gemäß § 15 KSchG oder aufgrund Tarifvertrags, Betriebsvereinbarung oder Arbeitsvertrags ordentlich nicht kündbaren Arbeitnehmers kann eine schwere Vertragsverletzung nicht als Regelfall vorausgesetzt werden, da der Arbeitgeber hier nicht die Wahl hat, alternativ oder kumulativ eine ordentliche Kündigung auszusprechen.[894] Überdies ist der Ausspruch einer außerordentlichen Kündigung gegenüber einem ordentlich unkündbaren Arbeitgeber zumindest hinsichtlich der unmittelbaren Folgen nicht belastender als eine ordentliche Kündigung, da diese im Regelfall mit einer Auslauffrist erklärt wird.

Eine Beschränkung der Auflösungsbefugnis des Arbeitgebers auf unkündbare Vertrauensträger erscheint indessen wenig sachgerecht, da sich das Problem wie oben gesehen bei allen Arbeitnehmern stellt.[895] Überdies ist fraglich, ob die von der Literaturansicht vorgebrachten Beispiele tatsächlich Umstände beschreiben, die eine Nichterwartbarkeit der weiteren gedeihlichen Zusammenarbeit ausschließen. Die Vertreter dieser Ansicht beziehen sich auf Fehlleistungen, mangelnden Einsatzwillen und sinkende Loyalität, die wirtschaftliche Schäden für den Arbeitgeber mit sich brächten. Diese Sachverhalte umschreiben jedoch dem Arbeitnehmer zurechenbare Leistungsstörungen, die den Arbeitgeber – soweit sie die entsprechende Erheblichkeit aufweisen – zum Ausspruch einer Kündigung berechtigten. Sind die Gründe jedoch insbesondere aufgrund des Ausschlusses des ordentlichen Kündigungsrechts nicht erheblich kann auch der Auflösungstatbestand der §§ 9, 10 KSchG hier nicht

891 *Trappehl/Lambrich*, RdA 1999, 243, 248.
892 *Duvigneau*, Die gerichtliche Auflösung des Arbeitsverhältnisses, S. 137. Vgl. auch *Grunsky*, Anm. zu BAG, AP Nr. 5 zu § 9 KSchG 1969.
893 *Duvigneau*, Die gerichtliche Auflösung des Arbeitsverhältnisses, S. 137.
894 Vgl. dazu auch *Schäfer*, BB 1985, 1994, 1996 f.
895 So auch *J.-A. Weber*, RdA 2011, 108, 116.

Platz greifen, da es sich wohl eher nicht um Störungen im Vertrauensbereich und somit eine Zerrüttung i.S.d. Regelungen handelt.

Der Arbeitnehmer ist schließlich auch bei Anerkennung einer Antragsbefugnis des Arbeitgebers nach unbegründeter außerordentlicher Kündigung nicht schutzlos gestellt. Dem Arbeitgeber würde kein Freibrief ausgestellt, sich willkürlich von einem Arbeitnehmer zu trennen, da das gerichtliche Auflösungsurteil nur nach Prüfung und Bejahung der Berechtigung des Auflösungsbegehrens, also der Feststellung der Nichterwartbarkeit der weiteren gedeihlichen Zusammenarbeit, und unter angemessener Festsetzung einer Abfindung ergehen kann.[896] Bei der Prüfung der Berechtigung des Auflösungsbegehrens, also der Prüfung ob eine weitere gedeihliche Zusammenarbeit nicht zu erwarten ist, wird das Gericht insbesondere den Umstand in der Interessenabwägung zu bewerten haben, dass der Arbeitgeber die Zerrüttung durch Ausspruch der unbegründeten außerordentlichen Kündigung gegebenenfalls mit herbeigeführt hat. Insofern kann ein Korrektiv darin gesehen werden, dass das Arbeitsgericht nach Ausspruch einer unwirksamen außerordentlichen Kündigung gegebenenfalls erhöhte Anforderungen an das Auflösungsbegehren des Arbeitgebers zu stellen hat.[897]

Um eine Benachteiligung des Arbeitnehmers auszuschließen, müsste das Arbeitsgericht den Auflösungszeitpunkt darüber hinaus abweichend von der Regelung des § 13 Abs. 1 S. 4 KSchG für den Arbeitnehmerantrag festlegen. Maßgeblich kann in diesem Fall nicht der Zeitpunkt des Ausspruchs der außerordentlichen Kündigung durch den Arbeitgeber, sondern vielmehr – entsprechend dem § 9 Abs. 2 KSchG – der Zeitpunkt, an dem das Arbeitsverhältnis fiktiv bei sozial gerechtfertigter Kündigung geendet hätte, sein.[898]

(5) Zusammenfassung

Ein Ausschluss der arbeitgeberseitigen Antragsbefugnis gerichtet auf Auflösung des Arbeitsverhältnisses nach Ausspruch einer unbegründeten außerordentlichen Kündigung erscheint weder aus systematischen noch aus teleologischen Erwägungen sinnvoll. Dies beruht auf der Wesensverschiedenheit der Kündigung des Arbeitsverhältnisses wegen zurechenbarer Leistungsstörungen und der gerichtlichen Auflösung des Arbeitsverhältnisses wegen „diffuser" Störungen im Vertrauensbereich. Es ist für den Auflösungsantrag nicht entscheidend, ob der Arbeitgeber mit einer ordentlichen oder einer außerordentlichen Kündigung gescheitert ist; es kommt vielmehr allein darauf an, ob Umstände vorliegen, die eine den Betriebszwecken dienliche weitere Zusammenarbeit zwischen Arbeitgeber und Arbeitnehmer nicht erwarten lassen.

---

896 *Weber*, RdA 2011, 108, 116.

897 *Schäfer*, BB 1985, 1994, 1996.

898 So auch *Fromm*, DB 1988, 601, 603. *Schäfer*, BB 1985, 1994, 1996, schlägt hingegen vor, die Festsetzung des Auflösungszeitpunkts in diesem Fall in das Ermessen des Gerichts zu stellen.

Darüber hinaus wird der vom Gesetzgeber verfolgte Zweck, besonders schwerwiegende Vertragsverletzungen nicht noch mit einem Auflösungsantrag zu belohnen, nicht erreicht, da insbesondere nicht davon ausgegangen werden kann, dass der Ausspruch einer unbegründeten außerordentlichen Kündigung in der Regel eine schwerwiegende Vertragsverletzung darstellt. Die vom Gesetzgeber angestrebte Sanktionswirkung kann vielmehr dadurch erreicht werden, dass das Gericht den Umstand, dass sich der Arbeitgeber vor der Antragsstellung schwerer Vertragsverletzungen schuldig gemacht hat, in der Interessenabwägung zur Beurteilung des Auflösungstatbestandes bewertet. Der generelle Ausschluss der Antragsbefugnis des Arbeitgebers nach unbegründeter außerordentlicher Kündigung verhindert interessen- und einzelfallgerechte Lösungen. Der Schutz des Arbeitnehmers kann vielmehr dadurch sichergestellt werden, dass der Auflösungszeitpunkt nach einem Auflösungsantrag des Arbeitgebers vom Gericht nicht auf den Zeitpunkt des Ausspruchs der Kündigung sondern auf den Zeitpunkt festgesetzt wird, an dem das Arbeitsverhältnis fiktiv bei sozial gerechtfertigter Kündigung geendet hätte. Demnach ist es sachgerecht auch dem Arbeitgeber eine Antragsbefugnis gerichtet auf die Auflösung des Arbeitsverhältnisses nach dem Ausspruch einer unbegründeten außerordentlichen Kündigung zuzusprechen.[899]

Obgleich die systematischen und teleologischen Argumente in der Sache überzeugen, sind diese mit dem eindeutigen Wortlaut des § 13 Abs. 1 S. 3–5 KSchG i.V.m. § 9 Abs. 1 S. 2 KSchG nicht in Einklang zu bringen, der mangels Regelungslücke auch eine analoge Anwendung des arbeitgeberseitigen Auflösungsantrag aus § 9 Abs. 1 S. 2 KSchG, gesetzesimmanente Ausnahmen zu § 13 Abs. 1 KSchG beziehungsweise eine gesetzesimmanente und verfassungskonforme Reduktion der §§ 9 Abs. 1 S. 2, 13 Abs. 1 S. 3 KSchG nicht zulässt.[900] Insofern ist der Gesetzgeber berufen eine sachgerechte Änderung der §§ 9, 13 KSchG vorzunehmen.

(6) Vorschlag für eine Neuregelung

Nach Maßgabe der oben stehenden Ausführungen wird vorgeschlagen, die Regelung des § 13 Abs. 1 KSchG wie folgt neu zu fassen:

§ 13 Außerordentliche, sittenwidrige und sonstige Kündigungen

(1) [1]Die Vorschriften über das Recht zur außerordentlichen Kündigung eines Arbeitsverhältnisses werden durch das vorliegende Gesetz nicht berührt. [2]Die Rechtsunwirksamkeit einer außerordentlichen Kündigung kann jedoch nur nach Maßgabe des § 4 Satz 1 und der §§ 5 bis 7 geltend gemacht werden. [3]Stellt das Gericht fest, dass die außerordentliche Kündigung unbegründet ist, ist jedoch dem Arbeitnehmer die Fortsetzung des Arbeitsverhältnisses nicht

899 Wenn die außerordentliche Kündigung nicht nur unbegründet, sondern zugleich aus weiteren formellen Gründen unwirksam ist, gilt das oben, Vierter Teil, C.II.3.a.dd, Ausgeführte entsprechend. Es ist demnach nach der hier vertretenen Ansicht sowohl für den Arbeitnehmer- als auch den Arbeitgeberantrag unerheblich, ob die Kündigung an weiteren Unwirksamkeitsmängeln leidet.

900 So auch Rolfs/Giesen/Kreikebohm/Udsching/*Pleßner*, § 9 KSchG Rn. 64.

zuzumuten, so hat auf seinen Antrag das Gericht das Arbeitsverhältnis aufzulösen und den Arbeitgeber zur Zahlung einer angemessenen Abfindung zu verurteilen. [4]Die gleiche Entscheidung hat das Gericht auf Antrag des Arbeitgebers zu treffen, wenn Gründe vorliegen, die eine den Betriebszwecken dienliche weitere Zusammenarbeit zwischen Arbeitgeber und Arbeitnehmer nicht erwarten lassen. [5]Das Gericht hat für die Auflösung des Arbeitsverhältnisses auf Antrag des Arbeitnehmers den Zeitpunkt festzulegen, zu dem die außerordentliche Kündigung ausgesprochen wurde. [6]Für die Auflösung des Arbeitsverhältnisses auf Antrag des Arbeitgebers hat das Gericht den Zeitpunkt festzulegen, an dem es bei Ausspruch einer sozial gerechtfertigten ordentlichen Kündigung geendet hätte. [7]Die Vorschriften der §§ 10 bis 12 gelten entsprechend.

c. Sittenwidrige Kündigung

Ein Antrag auf Auflösung des Arbeitsverhältnisses kann auch in Folge einer ordentlichen oder außerordentlichen Kündigung, die gegen die guten Sitten verstößt, gestellt werden. Eine Kündigung verstößt gegen die guten Sitten, wenn eine Gesamtabwägung aller Umstände des Einzelfalls ergibt, dass das der Kündigung zu Grunde liegende Motiv oder der Zweck der Kündigung dem Anstandsgefühl aller billig und gerecht Denkenden widerspricht.[901] Stützt der Arbeitgeber seine Kündigung auf einen an sich gemäß § 1 Abs. 2 S. 1 KSchG anerkannten Kündigungsgrund, wird die Kündigung hingegen regelmäßig nicht als sittenwidrig angesehen werden können.[902] Aus diesem Grund wird der Ausspruch einer sittenwidrigen Kündigung nur selten überhaupt in Betracht kommen.[903]

Die Auflösung des Arbeitsverhältnisses richtet sich in diesem Fall nach § 13 Abs. 2 KSchG i.V.m. § 9 Abs. 1 S. 1 KSchG. Nach dem Wortlaut des § 13 Abs. 2 KSchG, auf den sich auch die herrschende Meinung stützt, hat – wie bei der unwirksamen außerordentlichen Kündigung – lediglich der Arbeitnehmer die Möglichkeit in dieser Situation einen Auflösungsantrag zu stellen.[904]

Entsprechend der vorstehenden Argumentation zur fehlenden Antragsbefugnis des Arbeitgebers nach Ausspruch einer unwirksamen außerordentlichen Kündigung, erscheint auch der generelle Ausschluss der Antragsbefugnis des Arbeitgebers nach Ausspruch einer sittenwidrigen Kündigung wenig sachgerecht. Obgleich bei Ausspruch einer sittenwidrigen Kündigung davon ausgegangen werden kann, dass dies eine schwere Verletzung des Arbeitsvertrages durch den Arbeitgeber darstellt und somit der Sinn und Zweck des Antragsausschlusses nicht verfehlt würde, verblieben systematische Zweifel. § 9 Abs. 1 S. 2 KSchG kann nicht als Privilegierung

---

901 BAG, NZA 1998, 145, 146.

902 BAG, NZA 1998, 145, 146 f.

903 Siehe hierzu LAG Schleswig-Holstein v. 22.06.2011 – 3 Sa 95/11 – Juris, das eine Kündigung wegen der Eheschließung des Arbeitnehmers mit einer chinesischen Arbeitnehmerin und dem daraus angeblich resultierenden Sicherheitsrisiko als sittenwidrig einstufte.

904 *Bader*, NZA 2004, 65, 70; *Bauer*, DB 1985, 1180, 1182.

des Arbeitgebers[905] angesehen werden, die es ihm ermöglicht das Arbeitsverhältnis aufzulösen, wenn ihm kein Kündigungsgrund zur Seite steht, sondern vielmehr als etwas von der Kündigung Wesensverschiedenes, das die kündigungsschutzrechtliche Gesamtregelung ergänzt. Es erscheint demnach sachgerecht, auch in diesem Fall den Auflösungsantrag des Arbeitgebers zuzulassen, um somit interessengerechte Ergebnisse für jeden Einzelfall zu ermöglichen. Der Auflösungsantrag des Arbeitgebers wird jedoch in der Regel nicht zum Erfolg führen, da der Arbeitgeber die Zerrüttung des Arbeitsverhältnisses durch den Ausspruch einer sittenwidrigen Kündigung im Zweifel selbst bedingt hat. Mangels Regelungslücke ist auch in diesem Fall – entsprechend der Situation bei der außerordentlichen Kündigung – ein entsprechendes Tätigwerden des Gesetzgebers zu fordern.

Nach Maßgabe der vorstehenden Ausführungen erscheint es sinnvoll die Regelung des § 13 Abs. 2 KSchG wie folgt neu zu fassen:

§ 13 Außerordentliche, sittenwidrige und sonstige Kündigungen
(1) (...)
(2) Verstößt eine Kündigung gegen die guten Sitten, so finden die Vorschriften der §§ 9 bis 12 entsprechende Anwendung.

d. Aus sonstigen Gründen unwirksame Kündigung

Ein Antrag gerichtet auf Auflösung des Arbeitsverhältnisses in Folge einer Kündigung, die zwar nicht sozialwidrig, aber aus sonstigen Gründen[906] unwirksam ist beziehungsweise hinsichtlich derer der Arbeitnehmer nur die Unwirksamkeit wegen anderer Gründe als der Sozialwidrigkeit geltend macht, kann nach der herrschenden Ansicht in Rechtsprechung und Literatur weder vom Arbeitnehmer noch vom Arbeitgeber gestellt werden. Dies ergebe sich aus dem Wortlaut des § 13 Abs. 3 KSchG, der bestimmt, dass die Vorschriften des ersten Abschnitts des KSchG mit Ausnahme der §§ 4–7 KSchG auf eine Kündigung, die bereits aus anderen Gründen als den in § 1 Abs. 2 KSchG bezeichneten unwirksam ist, keine Anwendung finden; auf § 9 KSchG wird nicht verwiesen. Aus dem fehlenden Verweis resultiere der Umkehrschluss, dass die Feststellung der Sozialwidrigkeit der Kündigung Voraussetzung für einen Auflösungsantrag sei.[907] Es erscheint jedoch zweifelhaft, ob der Ausschluss des Arbeitnehmer- und Arbeitgeberantrags in diesem Fall tatsächlich sachgerecht ist.

---

905 So aber Rolfs/Giesen/Kreikebohm/Udsching/*Pleßner*, § 9 KSchG Rn. 65.

906 Als Unwirksamkeitsgründe kommen zum Beispiel § 18 BEEG, § 134 BGB i.V.m. § 612a BGB, § 174 BGB, § 613a Abs. 4 BGB, § 102 BetrVG beziehungsweise die entsprechenden personalvertretungsrechtlichen Vorschriften zur Beteiligung bei Kündigungen, § 103 BetrVG, § 9 MuSchG und § 85 SGB IX in Betracht.

907 *Hertzfeld*, NZA 2004, 298, 300; *Sieweke*, NZA 2011, 1324, 1325.

aa. Antrag des Arbeitnehmers

Die herrschende Meinung in Literatur und Rechtsprechung verneint eine Anspruchsberechtigung des Arbeitnehmers, während eine Mindermeinung in der Literatur diese zulässt.

(1) Keine Antragsbefugnis

Die herrschende Ansicht in Literatur und Rechtsprechung versagt dem Arbeitnehmer eine Antragsbefugnis für einen Auflösungsanspruch, wenn dieser seine Kündigungsschutzklage nicht auf die Sozialwidrigkeit der Kündigung sondern lediglich auf andere Unwirksamkeitsgründe stützt.[908] Der Ausschluss der Antragsbefugnis belaste den Arbeitnehmer nicht über Gebühr, da dieser einerseits die Möglichkeit habe, bei Vorliegen der Voraussetzungen des § 626 BGB seinerseits außerordentlich fristlos zu kündigen und bei schuldhaftem Handeln des Arbeitgebers nach § 628 Abs. 2 BGB Schadensersatz zu verlangen.[909] Andererseits könne sich der Arbeitnehmer gemäß § 6 KSchG bis zum Schluss der mündlichen Verhandlung zusätzlich noch auf eine Sozialwidrigkeit der Kündigung berufen und dann noch einen Auflösungsantrag stellen.[910]

(2) Bestehen der Antragsbefugnis

Eine Mindermeinung in der Literatur bejaht die Antragsbefugnis des Arbeitnehmers, auch wenn dieser sich nicht auf die Sozialwidrigkeit der Kündigung, sondern lediglich andere Unwirksamkeitsgründe beruft.[911] § 13 Abs. 3 KSchG sei insofern restriktiv auszulegen, dass er lediglich festlege, dass Unwirksamkeitsgründe, die außerhalb des KSchG liegen, zwar an sich innerhalb der Dreiwochenfrist gemäß §§ 4, 7 KSchG geltend gemacht werden müssen, es dem Arbeitnehmer aber überlassen bliebe, ob er sich außerdem auf die Sozialwidrigkeit berufe.[912] Ein darüber hinausgehender Ausschluss der Antragsbefugnis aus § 9 Abs. 1 S. 1 KSchG sei dem § 13 Abs. 3 KSchG hingegen nicht zu entnehmen.[913] Teilweise wird eine Antragsbefugnis lediglich für den Fall verlangt, dass die Kündigung wegen eines Verstoßes gegen ein Gesetz nichtig ist, das im Interesse des Arbeitnehmers den Bestand des

---

908 BAG, AP Nr. 8 zu § 4 KSchG 1969; LAG Köln, NZA-RR 1996, 127, 128; *Adam*, MDR 2012, 442; *Auffarth*, DB 1969, 528; Ascheid/Preis/Schmidt/*Biebl*, Kündigungsrecht, § 13 KSchG Rn. 66; *Boewer*, RdA 2001, 380, 398; MünchKommBGB/*Hegenröder*, § 13 KSchG Rn. 64; *Hertzfeld*, NZA 2004, 298, 301; v. Hoyningen-Huene/Linck/*v. Hoyningen-Huene*, KSchG, § 13 Rn. 70; ErfK/*Kiel*, § 13 KSchG Rn. 18; *Löwisch*, BB 2004, 154, 160 f.; Rolfs/Giesen/Kreikebohm/Udsching/*Volkening*, § 13 KSchG Rn. 38. Siehe auch *Wilhelm*, NZA-Beilage 1988, 18, 22.

909 *Bauer*, in: FS für Hanau, S. 151, 162; MünchKommBGB/*Hegenröder*, § 13 KSchG Rn. 64.

910 *Auffarth*, DB 1969, 528.

911 KR/*Friedrich*, § 13 KSchG Rn. 434; *Koller*, DB 1979, 1458, 1460 ff.

912 KR/*Friedrich*, § 13 KSchG Rn. 434.

913 KR/*Friedrich*, § 13 KSchG Rn. 434.

Arbeitsverhältnisses sichern soll, wie zum Beispiel § 9 MuSchG, § 85 SGB IX oder § 102 BetrVG.[914]

(3) Stellungnahme

Gegen die herrschende Rechtsprechungs- und Literaturansicht sprechen zunächst prozessökonomische Erwägungen. Es erscheint wenig sachgerecht, mittels einer gegebenenfalls langwierigen Beweisaufnahme die Sozialwidrigkeit einer Kündigung festzustellen, die zum Beispiel gegen § 102 BetrVG oder § 85 SGB IX verstößt, nur um einen Auflösungsantrag des Arbeitnehmers zu ermöglichen.[915] Eine solche Vorgehensweise stünde insbesondere mit dem besonderen Beschleunigungsgebot im arbeitsgerichtlichen Verfahren gemäß § 61a ArbGG nicht im Einklang.

Darüber hinaus erscheint es willkürlich den sozialwidrig gekündigten Arbeitnehmer den Auflösungsantrag aus § 9 Abs. 1 S. 1 KSchG zuzubilligen und den Arbeitnehmer, der aus sonstigen Gründen gekündigt wurde oder der sich wegen Beweisschwierigkeiten nicht auf die Sozialwidrigkeit berufen will, auf einen möglichen Schadensersatzanspruch aus § 628 Abs. 2 BGB zu verweisen. Der § 628 Abs. 2 BGB ist nämlich nicht nur aus dem Grund, dass die Voraussetzungen für eine außerordentliche Kündigung des Arbeitnehmers gemäß § 626 Abs. 2 BGB vorliegen müssen, nachteilig gegenüber dem Auflösungsantrag aus § 9 Abs. 1 S. 1 KSchG. Daneben liegen die Vorteile des Auflösungsantrags aus § 9 Abs. 1 S. 1 KSchG darin, dass dieser verschuldensunabhängig ausgestaltet ist und zur Erleichterung der Rechtsverfolgung einen pauschalierten Schadensersatzanspruch vorsieht, der es dem Arbeitnehmer erlaubt auch immaterielle Nachteile zu liquidieren und somit den § 253 BGB zu durchbrechen.[916]

Schließlich widerspricht der Antragsausschluss dem schutzwürdigen Interesse des Arbeitnehmers ein Arbeitsverhältnis nicht aufrechtzuerhalten, dessen Fortführung für ihn unzumutbar ist. Der Arbeitnehmer, der einen Auflösungsantrag stellt, gibt zu erkennen, dass er das Arbeitsverhältnis nicht aufrechterhalten, sondern von der Möglichkeit Gebrauch machen will, dieses unter Wahrung seines Rechtsstandpunktes gegen finanzielle Entschädigung des Arbeitgebers zu beenden.[917] Es wäre widersinnig den Arbeitgeber in einen langwierigen Prozess um die Sozialwidrigkeit der Kündigung zu zwingen, wenn bereits aus anderen Gründen feststeht, dass die Kündigung unwirksam ist.[918] Zudem ist darauf zu verweisen, dass es sich bei dem gerichtlichen Auflösungsverfahren um ein gegenüber der Kündigung

---

914 *Koller*, DB 1979, 1458, 1460 ff. Nicht zum Kreis der im Interesse des Arbeitnehmers den Bestand des Arbeitsverhältnisses schützenden Normen gehöre laut *Koller* hingegen zum Beispiel § 15 KSchG und § 103 BetrVG, da diese lediglich die Funktionsfähigkeit des Betriebsrates sichern sollen.

915 KR/*Friedrich*, § 13 KSchG Rn. 415, 430.

916 *Koller*, DB 1979, 1458, 1461.

917 KR/*Friedrich*, § 13 KSchG Rn. 432.

918 KR/*Friedrich*, § 13 KSchG Rn. 432.

wesensverschiedenes Beendigungsinstrument handelt, dass die Beendigung nicht davon abhängig macht, ob eine den Parteien klar zurechenbare Leistungsstörung vorliegt. Unabhängig von den Unwirksamkeitsgründen der Kündigung ist für den Auflösungsantrag des Arbeitnehmers gemäß § 9 Abs. 1 S. 1 KSchG lediglich erheblich, ob der Arbeitnehmer Tatsachen vortragen kann, die die Unzumutbarkeit der Fortsetzung des Arbeitsverhältnisses bedingen.[919]

Somit ist der Mindermeinung in der Literatur zu folgen, die eine restriktive Auslegung des § 13 Abs. 3 KSchG vorschlägt und einen Auflösungsantrag des Arbeitnehmers auch dann zulässt, wenn dieser seine Kündigungsschutzklage nicht auch auf die Sozialwidrigkeit der Kündigung, sondern lediglich auf andere Unwirksamkeitsgründe stützt. Aufgrund der weniger eindeutigen Formulierung im Vergleich zu dem Ausschluss des Arbeitgeberantrags in § 13 Abs. 1 und Abs. 2 KSchG erscheint eine solche restriktive Auslegung, die die Regelungswirkung des § 13 Abs. 3 KSchG darauf begrenzt, dass dieser festlege, dass Unwirksamkeitsgründe, die außerhalb des KSchG liegen, innerhalb der Dreiwochenfrist gemäß §§ 4, 7 KSchG geltend gemacht werden müssen, auch möglich.

bb. Antrag des Arbeitgebers

Eine Antragsbefugnis des Arbeitgebers infolge einer Kündigung, die ausschließlich an anderen Unwirksamkeitsgründen als der Sozialwidrigkeit leidet, scheidet nach der herrschenden Literaturansicht aus.[920] Entsprechend der Anerkennung einer Antragsbefugnis des Arbeitgebers nach Ausspruch einer sozialwidrigen Kündigung, die auch an anderen Unwirksamkeitsgründen leidet, einer unwirksamen außerordentlichen Kündigung oder einer sittenwidrigen Kündigung, erscheint auch der generelle Ausschluss der Antragsbefugnis des Arbeitgebers nach einer Kündigung, die nur an sonstigen Unwirksamkeitsmängeln und nicht an einer Sozialwidrigkeit leidet, wenig sachgerecht. Zuvor wurde bereits herausgearbeitet, dass es vorzugswürdig ist, dem Arbeitgeber dann eine Antragsbefugnis zuzusprechen, wenn die Kündigung nicht nur sozialwidrig, sondern darüber hinaus auch wegen anderer Gründe unwirksam ist.[921] Im Umkehrschluss kann es aber auch nicht darauf ankommen, ob die Kündigung überhaupt sozialwidrig, oder nur aus anderen Gründen unwirksam ist. Käme es allein auf die Entscheidung des Gerichts über die Sozialwidrigkeit an, hätte es der Arbeitnehmer in der Hand sich nur auf die anderen Unwirksamkeitsgründe zu berufen und somit einen Auflösungsantrag des Arbeitgebers zu verhindern. Dies führt zu willkürlichen Ergebnissen und ist insbesondere vor dem Hintergrund wenig sachgerecht, dass der Auflösungsantrag nicht als Vergünstigung

---

919 KR/*Friedrich*, § 13 KSchG Rn. 433. Vgl. auch *Ostermeyer*, RdA 1952, 142 f.

920 MünchKommBGB/*Hegenröder*, § 13 KSchG Rn. 64; v. Hoyningen-Huene/Linck/*v. Hoyningen-Huene*, KSchG, § 13 Rn. 70; ErfK/*Kiel*, § 13 KSchG Rn. 18; *Koller*, DB 1979, 1458, 1462; *Löwisch*, BB 2004, 154, 160 f.; Rolfs/Giesen/Kreikebohm/Udsching/*Volkening*, § 13 KSchG Rn. 38.

921 Siehe dazu oben: Vierter Teil, C.II.3.a.dd.

des Arbeitgebers anzusehen ist, die diesem nur dann zukommen soll, wenn eine Kündigung lediglich sozialwidrig ist. Vielmehr handelt es sich bei dem gerichtlichen Auflösungsverfahren gemäß §§ 9, 10 KSchG um etwas von der Kündigung Wesensverschiedenes, das eine Beendigung des Arbeitsverhältnisses nicht wegen einer zurechenbaren Störung des Leistungsbereichs, sondern wegen einer Störung des Vertrauensverhältnisses der Arbeitsvertragsparteien ermöglicht und somit ein notwendiges Element der kündigungsschutzrechtlichen Gesamtregelung darstellt. Eine Zerrüttung des Vertrauensverhältnisses kann aber ebenso gut dann eintreten, wenn die Kündigung zwar nicht sozialwidrig ist beziehungsweise der Arbeitnehmer sich nicht auf die Sozialwidrigkeit beruft und das Gericht deswegen nur über andere Unwirksamkeitsgründe zu urteilen hat. Aus diesem Grund erscheint es auch nach Ausspruch einer Kündigung, hinsichtlich derer das Arbeitsgericht nur über andere Unwirksamkeitsgründe zu entscheiden hat, sachgerecht, den Auflösungsantrag des Arbeitgebers zuzulassen.

Somit ist eine restriktive Auslegung des § 13 Abs. 3 KSchG vorzunehmen, die darauf zielt einen Auflösungsantrag des Arbeitgebers auch dann zuzulassen, wenn der Arbeitnehmer seine Kündigungsschutzklage nicht auch auf die Sozialwidrigkeit der Kündigung, sondern lediglich andere Unwirksamkeitsgründe stützt. Aufgrund der weniger eindeutigen Formulierung im Vergleich zu dem Ausschluss des Arbeitgeberantrags in § 13 Abs. 1 und Abs. 2 KSchG erscheint eine solche restriktive Auslegung, die die Regelungswirkung des § 13 Abs. 3 KSchG darauf begrenzt, dass dieser festlege, dass Unwirksamkeitsgründe, die außerhalb des KSchG liegen, innerhalb der Dreiwochenfrist gemäß §§ 4, 7 KSchG geltend gemacht werden müssen, auch möglich.[922]

e. Sozialwidrige Änderungskündigung

Ob auch eine Änderungskündigung Grundlage für einen Auflösungsantrag der Arbeitsvertragsparteien nach §§ 9, 10 KSchG sein kann, ist umstritten. Während eine gerichtliche Auflösung des Arbeitsverhältnisses nach der herrschenden Meinung in Literatur und Rechtsprechung nur dann in Betracht kommt, wenn der Arbeitnehmer das Änderungsangebot ablehnt und eine Kündigungsschutzklage erhebt, hält eine Mindermeinung in der Literatur die §§ 9, 10 KSchG auch nach Annahme des Änderungsangebots unter Vorbehalt und erhobener Änderungsschutzklage durch den Arbeitnehmer für anwendbar und eine Auflösung des ganzes Arbeitsverhältnisses für möglich. Eine weitere Literaturansicht hält es zudem für möglich den Auflösungsantrag auf die geänderten Arbeitsbedingungen zu beschränken.

aa. Keine Antragsbefugnis

Bei einer vom Arbeitgeber ausgesprochenen Änderungskündigung kommt die Auflösung des Arbeitsverhältnisses gemäß §§ 9, 10 KSchG nach der herrschenden

922 Vgl. *K. Gamillscheg*, Beendigung des Arbeitsverhältnisses, S. 53.

Meinung in Rechtsprechung und Literatur nur dann in Betracht, wenn der Arbeitnehmer die Änderung ablehnt und eine Kündigungsschutzklage anhängig macht.[923] Ein Auflösungsantrag scheide hingegen aus, wenn der Arbeitnehmer die Änderung unter Vorbehalt angenommen hat und lediglich eine Änderungsschutzklage erhebt.[924]

Obgleich die Situation nach erfolgreicher Änderungsschutzklage die gleiche ist wie nach erfolgreicher Kündigungsschutzklage – das Arbeitsverhältnis besteht zu unveränderten Bedingungen fort –, erfasse der Streitgegenstand einer Änderungsschutzklage nur die Frage der Art und Weise der künftigen Zusammenarbeit und nicht den generellen Bestand des Arbeitsverhältnisses.[925] Die Auflösung des Arbeitsverhältnisses nach §§ 9, 10 KSchG setze aber ein Kündigungsschutzverfahren als Grundlage voraus, bei dem es um den Fortbestand, also nicht nur um das „Wie", sondern vielmehr um das „Ob" des Arbeitsverhältnisses geht.[926] Dies ergebe sich auch aus dem Wortlaut des § 9 Abs. 2 KSchG, der vorschreibt, dass das Arbeitsverhältnis vom Gericht zu dem Zeitpunkt aufzulösen ist, an dem es bei sozial gerechtfertigter Kündigung geendet hätte. Daraus wird gefolgert, dass die vom Arbeitgeber ausgesprochene Kündigung generell darauf gerichtet sein muss, ein Arbeitsverhältnis zu beenden.[927]

Überdies widerspreche die Möglichkeit der Auflösung des Arbeitsverhältnisses nach §§ 9, 10 KSchG nach einer Änderungsschutzklage der systematischen Zusammenschau der §§ 2, 4 S. 2 KSchG mit §§ 9, 10 KSchG, da der Arbeitnehmer, der lediglich die Wirksamkeit der Änderung seiner Arbeitsbedingungen vom Gericht überprüfen lassen will, somit dem Risiko des Verlustes des Arbeitsplatzes durch Auflösung des Arbeitsverhältnisses auf Antrag des Arbeitgebers ausgesetzt wäre.[928]

Schließlich würde eine Zulassung des gerichtlichen Auflösungsverfahrens auch nach erhobener Änderungsschutzklage die Reichweite der Regelungen der §§ 9, 10 KSchG zu weit ausdehnen, da die §§ 9, 10 KSchG als Ausnahmeregelungen des generell als Bestandsschutzgesetz anzusehenden Kündigungsschutzgesetzes zu verstehen seien, deren Regelungsgehalt nach der Konzeption des Gesetzes nicht

---

923 BAG, AP Nr. 6 zu § 9 KSchG 1969; v. 24.10.2013 – 2 AZR 320/13 – Juris; LAG München, RzK I 11b Nr. 6; *Bauer*, DB 1985, 1180, 1181; *ders.*, FS für Hanau, S. 151, 153, der jedoch mittlerweile die gegenteilige Ansicht vertritt (siehe dazu unten Fn. 931); *Boewer*, RdA 2001, 380, 399; *Brugger*, NJW-Spezial 2011, 306; S. *Müller*, Auflösungsantrag des Arbeitgebers, S. 106; *ders.*, DB 2002, 2597 f.; KR/*Spilger*, § 9 KSchG Rn. 30; KR/*Rost/Kreft*, § 2 Rn. 166 ff.; Schwarze/Eylert/Schrader/*Schwarze*, KSchG, § 9 Rn. 9

924 *Ascheid*, Kündigungsschutzrecht, Rn. 792; *Busemann/Schäfer*, Kündigung und Kündigungsschutz, Rn. 686.

925 *Sandmaier*, Abfindungsorientierte Abfindungsmodelle, S. 178 f.

926 *H. Haas*, FA 2009, 261.

927 S. *Müller*, DB 2002, 2597.

928 S. *Müller*, DB 2002, 2597, 2598.

erweitert oder analog auf andere Sachverhalte ausgedehnt werden dürfe.[929] Das Arbeitsverhältnis sei nach einer Änderungskündigung und einer darauf gerichteten Änderungsschutzklage noch nicht, wie bei einer Beendigungskündigung in seinem Bestand bedroht, sondern beide Parteien haben generell Interesse an dessen Fortbestand. Im Gegensatz zu der Situation nach einer Beendigungskündigung, bei der der Arbeitnehmer ein Bestandsinteresse, der Arbeitgeber hingegen ein Beendigungsinteresse hat, sei in der Situation nach der Änderungskündigung bei beiden Parteien in der Regel von einem Bestandsinteresse an dem Vertragsverhältnis auszugehen.[930]

Dieser Ansicht nach müsste ein zerrüttetes Arbeitsverhältnis nach Erhebung einer Änderungsschutzklage aufrechterhalten werden, selbst wenn dessen Fortführung für den Arbeitgeber oder den Arbeitnehmer unzumutbar wäre. Dem Arbeitgeber bliebe im Ergebnis lediglich die Möglichkeit eine sozialwidrige Beendigungskündigung auszusprechen und seinen Auflösungsantrag auf diese Kündigung zu stützen, um die Auflösung eines zerrütteten Arbeitsverhältnisses zu erreichen.

bb. Antragsbefugnis gerichtet auf Aufhebung des Arbeitsverhältnisses

Eine Mindermeinung in der Literatur hält es auch nach der Erhebung einer gegen eine Änderungskündigung gerichteten Änderungsschutzklage für möglich, einen Auflösungsantrag nach §§ 9, 10 KSchG zu stellen, der sodann auf die Auflösung des Arbeitsverhältnis als Ganzes gerichtet ist.[931] Die vorgenannte Vorgehensweise ergebe sich aus einer erweiterten Auslegung des § 9 KSchG nach Sinn und Zweck[932] beziehungsweise einer analogen Anwendung des § 9 KSchG,[933] da es bei einer Änderungskündigung, wie bei einer Beendigungskündigung, nach dem Ausspruch der Kündigung zu einer Zerrüttung der Vertragsbeziehungen kommen könne.[934] Die Situation bei Erfolg der Änderungsschutzklage gleiche im Ergebnis der Situation nach einer erfolgreichen Kündigungsschutzklage.[935]

Innerhalb dieser Ansicht wird vereinzelt davon ausgegangen, dass lediglich für den Arbeitnehmer die Möglichkeit bestehen müsse, einen Auflösungsantrag nach einer erfolgreichen Änderungsschutzklage zu erheben, eine Antragsbefugnis des Arbeitgebers aber abzulehnen sei.[936] Dem wird jedoch entgegengehalten, dass § 2 KSchG den Arbeitnehmer nicht vor dem in jedem Kündigungsschutzprozess bestehenden Risiko schützen wolle, aufgrund eigenen Verhaltens einem Auflösungsantrag des

929 BAG, NJW 1965, 787; *Bauer*, DB 1985, 1180.
930 *Keßler*, NZA-RR 2002, 1, 6.
931 *Bauer/Krets*, DB 2002, 1937, 1939; *Wenzel*, MDR 1969, 968, 977.
932 *Bauer/Krets*, DB 2002, 1937, 1938.
933 *Schaub*, RdA 1970, 230, 235 f.
934 *Bauer/Krets*, DB 2002, 1937, 1938; *Schaub*, RdA 1970, 230, 235 f.; *Wenzel*, MDR 1969, 968, 977.
935 *Bauer/Krets*, DB 2002, 1937, 1938.
936 *Corts*, Anm. zu BAG, SAE 1982, 103, 104.

Arbeitgebers ausgesetzt zu sein und deswegen die Auflösung für beide Parteien möglich sein müsse.[937]

Das Arbeitsverhältnis sei schließlich entweder zum Zeitpunkt der Rechtskraft des Urteils oder zum Zeitpunkt der Arbeitseinstellung aufzulösen, da die Regelung des § 9 Abs. 2 KSchG bezüglich des Auflösungszeitpunktes bei der Annahme der vom Arbeitgeber vorgegebenen Änderungen unter Vorbehalt und damit zusammenhängender Weiterarbeit über den Zeitpunkt der Ablaufs der Kündigungsfrist hinaus, nicht passe.[938]

Dieser Ansicht nach können die Arbeitsvertragsparteien einer Zerrüttung des Arbeitsverhältnisses somit auch dann mit einem Auflösungsantrag begegnen, wenn der Arbeitgeber eine Änderungskündigung ausgesprochen und der Arbeitnehmer darauf mit einer Änderungsschutzklage reagiert hat.

cc. Antragsbefugnis gerichtet auf Ablösung einzelner Arbeitsbedingungen

Teilweise wird vertreten, dass der Auflösungsantrag mit Entschädigungspflicht, der von beiden Parteien basierend auf einer sozialwidrigen Änderungskündigung erhoben werden könne, auch lediglich auf die vom Arbeitgeber angestrebten Änderungen gerichtet sein könne.[939] *Schaub* bezieht sich auf folgenden Beispielsfall: Ein zur Betriebsrationalisierung eingestellter Fachmann erhält eine Änderungskündigung mit dem Ziel, diesen in Zukunft als Betriebsrevisor einzusetzen.[940] In diesem Fall sei es denkbar, dass die Änderungskündigung zwar sozial ungerechtfertigt sei, einem der beiden Arbeitsvertragsparteien die Weiterbeschäftigung auf der ursprünglichen Stelle aber trotzdem unzumutbar werde. Die Unzumutbarkeit kann daher rühren, dass die notwenige Vertrauensbasis für die geschuldete Betriebsrationalisierung aufgrund der Streitigkeiten nicht mehr bestehe. Aus diesem Grund müsse der in § 9 KSchG enthaltene Rechtsgedanke, dass dem Arbeitnehmer für die Aufgabe des Arbeitsverhältnisses eine Entschädigung gezahlt werden muss, auch auf die bloße Veränderung der Arbeitsbedingungen, also den Inhaltsschutz übertragen werden.[941] Die Höhe der Abfindung, die sich bei der Beendigungskündigung nach § 10 KSchG bemisst, müsse entsprechend dem Wert der Arbeitsvertragsänderung angepasst werden.[942]

---

937 *Bauer/Krets*, DB 2002, 1937, 1938; *dies.*, DB 2002, 2598, 2599.

938 *Bauer/Krets*, DB 2002, 1937, 1940; *Schaub*, RdA 1970, 230, 236; *Wenzel*, MDR 1969, 968, 977.

939 *Duvigneau*, Die gerichtliche Auflösung des Arbeitsverhältnisses, S. 154; *Schaub*, RdA 1970, 230, 235 f.

940 *Schaub*, RdA 1970, 230, 236.

941 *Schaub*, RdA 1970, 230, 236.

942 *Duvigneau*, Die gerichtliche Auflösung des Arbeitsverhältnisses, S. 156; *Schaub*, RdA 1970, 230, 236.

dd. Stellungnahme

Im Ergebnis ist die Mindermeinung, die eine Auflösung des Arbeitsverhältnisses nebst Abfindungszahlung auch im Rahmen eines Änderungsschutzprozess als Reaktion auf eine sozialwidrige Änderungskündigung zulässt, vorzugswürdig und eine analoge Anwendung des § 9 Abs. 1 KSchG geboten. Die Auflösung des Arbeitsverhältnisses wegen Zerrüttung gemäß §§ 9, 10 KSchG stellt etwas Wesensverschiedenes gegenüber einer Änderungskündigung des Arbeitsverhältnisses gemäß § 2 KSchG gerichtet auf eine Modifizierung der Arbeitsbedingungen dar. Die Änderungskündigung knüpft wie die Beendigungskündigung an eine zurechenbare Leistungsstörung und das gerichtliche Auflösungsverfahren gemäß §§ 9, 10 KSchG an eine „diffuse" Vertrauensstörung an. Es ist für den Auflösungsantrag deswegen nicht entscheidend, mit welcher konkreten Kündigungsart – ordentliche, außerordentliche oder Änderungskündigung – der Arbeitgeber zuvor gescheitert ist; es kommt vielmehr allein darauf an, ob Umstände vorliegen, die eine Fortführung des Arbeitsverhältnisses in seiner Gesamtheit oder zu den vorherigen Bedingungen unzumutbar erscheinen lassen.

Der Antragssteller sollte ferner die Wahl haben, ob er seinen Auflösungsantrag auf das gesamte Arbeitsverhältnis oder nur die von der Änderungskündigung betroffenen Arbeitsbedingungen erstreckt. Es sind Fälle denkbar, in denen die Zerrüttung nicht das gesamte Arbeitsverhältnis betrifft, sondern sich nur auf die geänderten Arbeitsbedingungen bezieht. Vorstellbar ist zum Beispiel, dass ein Arbeitnehmer mittels Änderungskündigung in eine andere Abteilung versetzt wird. Obgleich sich die Änderungskündigung als sozialwidrig herausstellt, ist denkbar. dass ihm die Weiterbeschäftigung in seiner ursprünglichen Abteilung aber nicht mehr zumutbar, da er nach dem Prozess zum Beispiel den Anfeindungen von Vorgesetzten und Kollegen ausgesetzt ist; eine Rückkehr auf seinen alten Arbeitsplatz wäre für ihn somit unzumutbar. In diesem Fall erscheint es sachgerecht dem Arbeitnehmer die Möglichkeit zu eröffnen, das Änderungsangebot aufgrund der veränderten Umstände durch gerichtliche Entscheidung wirksam werden und sich Verschlechterungen hinsichtlich seiner Arbeitsbedingungen zu gleich finanziell kompensieren zu lassen. Insbesondere die Beschränkung der gerichtlichen Auflösung auf die geänderten Arbeitsbedingungen in Form der „Ablösungsentscheidung" reagiert auf die von der herrschenden Ansicht aufgeworfenen Bedenken, dass es im gerichtlichen „Ablösungsverfahren" nicht um das „Ob" des Arbeitsverhältnisses geht.

Darüber hinaus erscheint es aber auch sachgerecht einen Auflösungsantrag der Arbeitsvertragsparteien gerichtet auf die Auflösung des ganzen Arbeitsverhältnisses zuzulassen, da im Änderungsschutzprozess – ebenso wie im Kündigungsschutzprozess – eine Zerrüttung der (gesamten) vertraglichen Beziehungen eintreten kann. Würde ein Auflösungsantrag der Parteien in dieser Situation nicht zugelassen, hätte der Arbeitnehmer keine Möglichkeit ein für ihn unzumutbares Arbeitsverhältnis mit einer entsprechenden Abfindungszahlung zu beenden. Der Arbeitgeber wäre indessen gezwungen, erneut eine sozialwidrige Beendigungskündigung auszusprechen, auf die sodann ein Auflösungsantrag gestützt werden könnte. Somit erscheint es sachgerecht, die §§ 9, 10 KSchG auch nach Ausspruch einer Änderungskündigung analog anzuwenden.

Im Hinblick auf den Ablösungs- bzw. Auflösungszeitpunkt sollte analog § 9 Abs. 2 KSchG auf den Zeitpunkt abgestellt werden, an dem das Arbeitsverhältnis bei sozial gerechtfertigter Änderungskündigung modifiziert worden wäre. Im Falle einer Ablösungsentscheidung, also dem Eintritt der mit der Änderungskündigung begehrten Modifizierung des Arbeitsverhältnisses gegen Abfindungszahlung, müsste die Höhe der Abfindung analog § 10 KSchG entsprechend dem Wert der Arbeitsvertragsänderung angepasst werden

f. Unwirksame Befristungsabrede

In der Literatur wird überdies vereinzelt vertreten, den Arbeitsvertragsparteien sei auch nach Feststellung der rechtsunwirksamen Befristung im Befristungskontrollprozess gemäß § 17 des Teilzeit- und Befristungsgesetzes (TzBfG) eine Antragsbefugnis analog § 9 Abs. 1 KSchG zuzusprechen.[943] Eine sich mit dieser Fragestellung vertieft befassende Diskussion in der Rechtswissenschaft besteht nicht, was wohl auf den eindeutigen Wortlaut des § 9 Abs. 1 S. 1 KSchG zurückzuführen ist, der eine Kündigung des Arbeitgebers voraussetzt. Trotz der weitläufigen Nichtbeachtung des Vorschlags der Zulässigkeit des gerichtlichen Auflösungsverfahrens gemäß §§ 9, 10 KSchG auch im Befristungsprozess, erscheint eine Auseinandersetzung mit dieser Frage lohnenswert.

Gestützt wird die Zulässigkeit des gerichtlichen Auflösungsverfahrens auch im Rahmen eines Befristungskontrollprozesses zunächst darauf, dass es nicht begründbar sei, ein befristetes Arbeitsverhältnis stärker in seinem Bestand zu schützen als ein Normalarbeitsverhältnis.[944] Des Weiteren könne eine Störung der Vertrauensbeziehung der Arbeitsvertragsparteien ebenso gut im Zusammenhang mit einer sachlich nicht begründeten Befristung und der deswegen rechtsunwirksamen Berufung des Arbeitgebers auf die Beendigung des Arbeitsverhältnisses durch Zeitablauf eintreten.[945]

Dem ist bezugnehmend auf die obigen Ausführungen zuzustimmen. Der Entfristungsprozess gemäß § 17 KSchG ähnelt seiner Struktur nach dem Kündigungsschutzprozess. Auch hier stehen sich der Arbeitnehmer, der eine Fortsetzung des Arbeitsverhältnisses begehrt, und der Arbeitgeber, der dessen Beendigung begehrt, nach Klageerhebung durch den Arbeitnehmer gegenüber. Wie die Kündigungsschutzklage stellt auch die Entfristungsklage eine Feststellungsklage dar, die der Kündigungsschutzklage – allein im Hinblick auf die vergleichbare Formulierung in § 4 KSchG und § 17 TzBfG – zudem sehr ähnelt.[946] Genau wie im Kündigungsschutzprozess kann es auch im Entfristungsprozess zu zusätzlichen Spannungen, also einer Zerrüttung der Vertrauensbeziehungen zwischen den Arbeitsvertragsparteien,

943 *Duvigneau*, Die gerichtliche Auflösung des Arbeitsverhältnisses, S. 121 f.
944 *Duvigneau*, Die gerichtliche Auflösung des Arbeitsverhältnisses, S. 121 f.
945 *Duvigneau*, Die gerichtliche Auflösung des Arbeitsverhältnisses, S. 121.
946 Ascheid/Preis/Schmidt/*Backhaus*, Kündigungsrecht, § 9 KSchG Rn. 56 f.

kommen, die eine Fortsetzung des Arbeitsverhältnisses sinnlos erscheinen lassen.[947] Es ist für den Auflösungsantrag beider Arbeitsvertragsparteien deswegen nicht entscheidend, inwiefern der Arbeitgeber zuvor mit einer begehrten Beendigung des Arbeitsverhältnisses gescheitert ist; es kommt vielmehr allein darauf an, ob Umstände vorliegen, die eine Fortführung des Arbeitsverhältnisses für eine der beiden Arbeitsvertragsparteien unzumutbar machen.

Hinsichtlich des Auflösungszeitpunktes erscheint es sachgerecht, auf den Zeitpunkt des ursprünglich vereinbarten Befristungsendes, das sich aus dem Klageantrag des Arbeitnehmers ergibt, abzustellen.

In regelungstechnischer Hinsicht käme eine analoge Anwendung des gerichtlichen Auflösungsverfahrens gemäß §§ 9, 10 KSchG als Annexverfahren im Rahmen eines Befristungskontrollprozesses gemäß § 17 KSchG in Betracht. Aus Klarstellungsgründen erscheint eine Modifikation des § 17 KSchG insofern sinnvoll, dass auf die entsprechende Geltung der §§ 9 bis 12 KSchG verwiesen werden könnte.[948]

Nach Maßgabe der vorstehenden Ausführungen erscheint es sinnvoll die Regelung des § 17 TzBfG wie folgt neu zu fassen:

> *§ 17 Anrufung des Arbeitsgerichts*
> *[1] Will der Arbeitnehmer geltend machen, dass die Befristung eines Arbeitsvertrages rechtsunwirksam ist, so muss er innerhalb von drei Wochen nach dem vereinbarten Ende des befristeten Arbeitsvertrages Klage beim Arbeitsgericht auf Feststellung erheben, dass das Arbeitsverhältnis auf Grund der Befristung nicht beendet ist. [2] Die §§ 5 bis 7 und die §§ 9 bis 12 des Kündigungsschutzgesetzes gelten entsprechend. [3] Wird das Arbeitsverhältnis nach dem vereinbarten Ende fortgesetzt, so beginnt die Frist nach Satz 1 mit dem Zugang der schriftlichen Erklärung des Arbeitgebers, dass das Arbeitsverhältnis auf Grund der Befristung beendet sei.*

g. *Unwirksamer Aufhebungs- beziehungsweise Abwicklungsvertrag*

Schließlich erscheint es sinnvoll, das Auflösungsverfahren auch im Rahmen eines Prozesses betreffend die Wirksamkeit eines Aufhebungs- beziehungsweise Abwicklungsvertrages zur Anwendung zu bringen. Insofern ist es denkbar, dass sich die Arbeitsvertragsparteien auf einen Aufhebungs- beziehungsweise Abwicklungsvertrag einigten, mit dem das Arbeitsverhältnis beendet werden soll, und der Arbeitnehmer sich nach Abschluss der Vereinbarung gegen deren Wirksamkeit wendet. In Betracht kommt insofern insbesondere eine Anfechtung des Aufhebungs- beziehungsweise Abwicklungsvertrags durch den Arbeitnehmer wegen arglistiger Täuschung oder widerrechtlicher Drohung gemäß § 123 BGB oder auch die Berufung auf dessen Unwirksamkeit wegen Verstoßes gegen ein gesetzliches Verbot gemäß § 134 BGB

---

947 Vgl. BAG, NZA 2006, 363, 364.

948 Vgl. dazu auch *Duvigneau*, Die gerichtliche Auflösung des Arbeitsverhältnisses, S. 122 (Fn. 338).

z.B. i.V.m. § 17 KSchG.[949] Zur Durchsetzung dieser Rechtspositionen müsste der Arbeitnehmer eine Feststellungklage erheben, die darauf gerichtet ist, festzustellen, dass das Arbeitsverhältnis über den im Aufhebungs- beziehungsweise Abwicklungsvertrag vereinbarten Zeitpunkt hinaus fortbesteht.[950] Auch im Rahmen des Rechtsstreits um die Wirksamkeit einer solchen vertraglichen Beendigungsvereinbarung kann es wie im Kündigungsschutz-, Änderungsschutz- oder Befristungskontrollprozess zu zusätzlichen Spannungen zwischen den Arbeitsvertragsparteien und somit zu einer Zerrüttung der Vertrauensbeziehungen der Arbeitsvertragsparteien kommen. Es ist für den Auflösungsantrag beider Arbeitsvertragsparteien deswegen auch hier nicht entscheidend, auf welche Art und Weise der Arbeitgeber zuvor mit einer begehrten Beendigung des Arbeitsverhältnisses gescheitert ist; es kommt vielmehr allein darauf an, ob Umstände vorliegen, die eine Fortführung des Arbeitsverhältnisses unzumutbar erscheinen lassen. Hinsichtlich des Auflösungszeitpunktes erscheint es sachgerecht, auf den im Aufhebungs- beziehungsweise Abwicklungsvertrag vereinbarten Beendigungszeitpunkt abzustellen.

Somit ist das Auflösungsverfahren gemäß §§ 9, 10 KSchG auch im Prozess betreffend die Wirksamkeit eines Aufhebungs- beziehungsweise Abwicklungsvertrages analog anzuwenden.

h. Zusammenfassung

Im Ergebnis bleibt festzuhalten, dass eine Antragsbefugnis der Arbeitsvertragsparteien gemäß § 9 Abs. 1 KSchG zunächst dann besteht, wenn der Arbeitgeber eine ordentliche Kündigung erklärt und der Streitgegenstand der Kündigungsschutzklage die Sozialwidrigkeit der Kündigung umfasst. Nach der hier vertretenen Ansicht ist es darüber hinaus sowohl für den Arbeitnehmer- als auch für den Arbeitgeberantrag unerheblich, ob die Kündigung neben der Sozialwidrigkeit an weiteren Unwirksamkeitsmängeln leidet. Darüber hinaus sollte § 13 Abs. 3 KSchG dahingehend restriktiv ausgelegt werden, dass ein Auflösungsantrag beider Arbeitsvertragsparteien auch dann zugelassen wird, wenn der Streitgegenstand der Kündigungsschutzklage sich ausschließlich auf andere Unwirksamkeitsgründe und gerade nicht auf die Sozialwidrigkeit der Kündigung bezieht.

Im Rahmen eines Kündigungsrechtstreits betreffend eine unbegründete außerordentliche Kündigung oder eine sittenwidrige Kündigung lassen § 13 Abs. 1 S. 3–5, Abs. 2 KSchG lediglich einen Auflösungsantrag des Arbeitnehmers zu. Nach der hier vertretenen Ansicht gebietet es jedoch sowohl die systematische als auch die teleologische Auslegung der Normen auch nach unbegründeter außerordentlicher und sittenwidriger Kündigung einen Auflösungsantrag des Arbeitgebers zuzulassen. Aufgrund des eindeutigen Wortlauts des § 13 Abs. 1 und Abs. 2 KSchG und des Bewusstsein des Gesetzgebers von dem Diskussionsstand, die dazu führen, dass nicht

---

949 *Bauer*, NZA 1992, 1015 ff.; Hoyningen-Huene/Linck/*Krause*, KSchG, § 1 Rn. 40 ff.; ErfK/*Müller-Glöge*, § 620 BGB Rn. 11; Staudinger/*Oetker*, §§ 620 ff. BGB Rn. 59.

950 BAG, NZA 1992, 1023; NZA 1998, 374, 375; LAG Düsseldorf, NZA-RR 2002, 12, 13.

von einer planwidrigen Regelungslücke auszugehen ist, scheidet jedoch eine analoge Anwendung des Auflösungsantrag des Arbeitgebers aus § 9 Abs. 1 S. 2 KSchG aus. Insofern ist der Gesetzgeber berufen, eine Gesetzesänderung vorzunehmen.

Überdies wird nach der hier vertretenen Ansicht eine Antragsbefugnis beider Arbeitsvertragsparteien auch nach Erhebung einer Änderungsschutzklage durch den Arbeitnehmer vorgeschlagen. Insofern ist eine analoge erweiterte Anwendung des § 9 Abs. 1 KSchG geboten, die dazu führt, dass eine Auflösung des Arbeitsverhältnisses nebst Abfindungszahlung auch im Rahmen eines Änderungsschutzprozess als Reaktion auf eine sozialwidrige Änderungskündigung zugelassen wird. Der Antragssteller sollte überdies die Wahl haben, ob er seinen Auflösungsantrag auf das gesamte Arbeitsverhältnis oder nur die von der Änderungskündigung betroffenen Arbeitsbedingungen erstreckt.

Schließlich wird vorgeschlagen, den Arbeitsvertragsparteien auch im Befristungskontrollprozess oder einem Prozess betreffend die Wirksamkeit eines Aufhebungs- beziehungsweise Abwicklungsvertrages eine Antragsbefugnis gerichtet auf die Auflösung des Arbeitsverhältnisses zuzusprechen. Auch hier ist der Gesetzgeber berufen eine Gesetzesänderung vorzunehmen und einen Verweis auf die §§ 9 bis 12 KSchG in § 17 S. 2 TzBfG aufzunehmen.

4. *Beachtung des besonderen Kündigungsschutzes*

Der Antrag des Arbeitgebers auf Auflösung eines Arbeitsverhältnisses mit einem schwerbehinderten beziehungsweise gleichgestellten Arbeitnehmer erfordert nach herrschender Ansicht in Literatur und Rechtsprechung ebenso wie das auf diesem Antrag beruhende Urteil des Arbeitsgerichts keine Zustimmung des Integrationsamtes nach § 85 SGB IX.[951] Durch die Beteiligung des Gerichts ist ein ausreichender prozeduraler Schutz gewährleistet, weshalb eine Beteiligung des Integrationsamtes auch dann nicht erforderlich ist, wenn der Auflösungsgrund erst nach der Kündigung eingetreten ist.[952]

Ebenso ist die gemäß § 9 Abs. 3 MuSchG oder § 18 Abs. 1 BEEG zuständige Behörde, die bei der Kündigung einer Schwangeren beziehungsweise Mutter oder eines Arbeitnehmers in Elternzeit zu beteiligen wäre, nach vorzugswürdiger Ansicht vor einer gerichtlichen Auflösung des Arbeitsverhältnisses nicht anzurufen.[953]

Die Situation ist selbst aufgrund des Umstands, dass nach der hier vertretenen Ansicht ein Auflösungsantrag des Arbeitgebers auch zuzulassen ist, wenn die Kündigung nicht nur sozialwidrig, sondern auch aus anderen Gründen unwirksam ist,

---

951 VGH Mannheim, NZA-RR 2006, 356 ff.

952 LAG Baden-Württemberg v. 12.03.2003 – 4 Sa 45/02 – Juris, Rn. 72 ff.; VGH Mannheim, NZA-RR 2006, 356 ff.; VG München v. 23.06.2005 – M 15 K 03.3092 – Juris, Rn. 20 ff.; Schwarze/Eylert/Schrader/*Schwarze*, KSchG, § 9 Rn. 62.

953 Schwarze/Eylert/Schrader/*Schwarze*, KSchG, § 9 Rn. 62; *Tschöpe*, in: FS für Schwerdtner, S. 217, 235 f.; kritisch dazu Sächsisches LAG, NZA-RR 1997, 9, 10 f. Sie dazu auch KR/*Spilger*, § 9 KSchG Rn. 62a.

nicht anders zu bewerten. Der Arbeitnehmer ist selbst dann nicht schutzlos gestellt, wenn der Arbeitgeber eine Kündigung ohne die behördliche Erlaubnis ausgesprochen hat und sodann einen Auflösungsantrag stellt, da das Arbeitsverhältnis durch gerichtliches Urteil aufgelöst wird. Die summarische Prüfung des Integrationsamtes beziehungsweise der nach § 9 Abs. 3 MuSchG oder § 18 Abs. 1 BEEG zuständigen Behörden geht in diesem Fall vollständig in der gerichtlichen Entscheidung auf. Das Gericht hat einen bestehenden Sonderkündigungsschutz zudem als erheblichen Belang zu Gunsten des Arbeitnehmers bei der Prüfung der Nichterwartbarkeit der weiteren gedeihlichen Zusammenarbeit und der Bemessung der Abfindungshöhe zu berücksichtigen.[954]

Übernimmt der Arbeitnehmer nach Ausspruch einer arbeitgeberseitigen Kündigung ein betriebsverfassungsrechtliches Amt,[955] ist nach herrschender Ansicht wegen des durch § 15 KSchG gewährleisteten Schutzes eine Auflösung des Arbeitsverhältnisses auf Antrag des Arbeitgebers nur möglich sein, wenn der Auflösungsgrund analog § 15 Abs. 3 KSchG auch eine Kündigung aus wichtigem Grund gemäß § 626 BGB rechtfertigen könnte.[956] Das kann jedoch nur dann gelten, wenn der

---

954 Schwarze/Eylert/Schrader/*Schwarze*, KSchG, § 9 Rn. 62.

955 Bestand der besondere Kündigungsschutz aus § 15 Abs. 1 KSchG bereits zum Zeitpunkt des Ausspruchs der Kündigung kommt ein arbeitgeberseitiger Auflösungsantrag nach der derzeitigen Konzeption des KSchG grundsätzlich nicht in Betracht, weil einem Betriebsratsmitglied nach § 15 Abs. 1 KSchG nur außerordentlich gekündigt werden kann und dem Arbeitgeber bei einer außerordentlichen Kündigung die Stellung eines Auflösungsantrages gemäß § 13 Abs. 1 S. 3 KSchG verwehrt ist. Siehe dazu auch BAG, NZA 2014, 660, 662. Siehe zu der hier vertretenen Ansicht, die einen Auflösungsantrag des Arbeitgebers auch gegenüber Funktionsträgern der Betriebsverfassung zulässt oben: Vierter Teil, C.II.3.b.dd. Kritisch dazu auch *Lelley*, FA 2007, 74, 76. Kann das Arbeitsverhältnis eines Betriebsratsmitglieds ausnahmsweise nach § 15 Abs. 4 und 5 KSchG ordentlich gekündigt werden, wird bei fehlender sozialer Rechtfertigung ein Auflösungsantrag des Arbeitgebers teilweise trotzdem abgelehnt, weil die Bestimmungen über den besonderen Kündigungsschutz von Betriebsratsmitgliedern als leges speciales gegenüber der Regelung des § 9 Abs. 1 S. 2 KSchG anzusehen seien. Siehe dazu Ascheid/Preis/Schmidt/*Biebl*, Kündigungsrecht, § 9 KSchG Rn. 57.

956 Ascheid/Preis/Schmidt/*Biebl*, Kündigungsrecht, § 9 KSchG Rn. 58; Schwarze/Eylert/Schrader/*Schwarze*, KSchG, § 9 Rn. 63. Kritisch dazu: *Schleßmann*, Anm. zu BAG, AP Nr. 1 zu KSchG 1969, der für eine Verschärfung der Anforderungen des § 9 Abs. 1 S. 2 KSchG aus sozialpolitischen Erwägungen keinerlei Veranlassung sieht. So auch *Tschöpe*, in FS für Schwerdtner, S. 217, 235. Das LAG Berlin, NZA-RR 2005, 130 ff., geht hingegen davon aus, dass § 15 BetrVG jedenfalls dann leges speciales gegenüber dem Auflösungsantrag des Arbeitgebers nach § 9 Abs. 1 S. 2 KSchG sei, wenn der Auflösungsantrag auf ein Verhalten des Arbeitnehmers nach Erlangung des Sonderkündigungsschutz gestützt wird; in diesem Fall komme eine Auflösung des Arbeitsverhältnisses nicht in Betracht. So auch bereits das LAG Hamm v. 30.09.1999 – 16 Sa 2598/98 – Juris, Rn. 68 ff.

Arbeitgeber seinen Auflösungsantrag auf einen Sachverhalt stützt, welcher nach der Wahl des Arbeitnehmers zum Mitglied des Betriebsrats entstanden ist;[957] stützt der Arbeitgeber seinen Auflösungsantrag dagegen auf ein Verhalten des Arbeitnehmers vor seiner Wahl in den Betriebsrat, besteht die Gefahr der Umgehung des § 15 Abs. 3 KSchG nicht und es gelten deshalb für den Auflösungsantrag des Arbeitgebers keine Besonderheiten.[958] Hat der Sonderkündigungsschutz im Zeitpunkt der Entscheidung über den Auflösungsantrag bereits wieder geendet, kommt eine entsprechende Anwendung von § 15 Abs. 3 KSchG nicht in Betracht.[959]

5. *Beteiligung des Betriebsrates*

Eine Beteiligung des Betriebsrates gemäß § 102 BetrVG vor dem Stellen des Auflösungsantrags durch den Arbeitgeber ist grundsätzlich nicht erforderlich, da die Auflösung des Arbeitsverhältnisses gemäß §§ 9, 10 KSchG ein eigenständiger, von der Kündigung losgelöster Beendigungstatbestand ist, der eigenen Regeln gehorcht, zu denen die Beteiligung des Betriebsrates nicht gehört.[960] Der Auflösungsantrag des Arbeitgebers gemäß § 9 Abs. 1 S. 2 KSchG kann auch nicht nur auf solche Gründe gestützt werden, die dem Betriebsrat bereits vor Ausspruch der Kündigung mitgeteilt wurden.[961] Etwas anderes gilt nach der herrschenden Literaturansicht indessen für betriebsverfassungsrechtliche Funktionsträger; hier müsse vor Stellung des Auflösungsantrags die Zustimmung des Betriebsrats gemäß § 103 BetrVG eingeholt werden.[962]

Leidet die dem Auflösungsantrag zu Grunde liegende Kündigung (auch) an einer mangelhaften Betriebsratsbeteiligung gemäß § 102 BetrVG, ist die in Frage stehende Kündigung nicht nur sozialwidrig, sondern auch aus anderen Gründen unwirksam; dies schränkt die Arbeitsvertragsparteien nach der hier vertretenen Ansicht jedoch nicht ein, einen Auflösungsantrag zu stellen.[963] Trotzdem ist eine Nachholung der Betriebsratsanhörung vor Erhebung des arbeitgeberseitigen Auflösungsantrages nicht erforderlich, da die Auflösungsgründe nicht das Leistungsverhalten des

---

957 BAG, AP Nr. 1 zu KSchG 1969.

958 Ascheid/Preis/Schmidt/*Biebl*, Kündigungsrecht, § 9 KSchG Rn. 58; kritisch dazu: KR/*Spilger*, § 9 KSchG Rn. 62.

959 BAG, NZA 2014, 660, 662 ff.

960 Schwarze/Eylert/Schrader/*Schwarze*, KSchG, § 9 Rn. 64; *Tschöpe*, in: FS für Schwerdtner, S. 217, 237; a.A. S. *Müller*, BB 2002, 2014 f. Vor Stellung eines Antrags auf Auflösung des Arbeitsverhältnisses mit einem Betriebsratsmitglied muss jedoch analog § 103 BetrVG die Zustimmung des Betriebsrates eingeholt werden. Siehe dazu *Lelley*, FA 2007, 74 ff.; Schwarze/Eylert/Schrader/*Schwarze*, KSchG, § 9 Rn. 63.

961 BAG, AP Nr. 45 zu § 9 KSchG 1969. Siehe dazu umfassend auch *Lunk*, NZA 2000, 807 ff.

962 KR/*Spilger*, § 9 KSchG Rn. 62; Schwarze/Eylert/Schrader/*Schwarze*, KSchG, § 9 Rn. 63 f.; kritisch dazu *Tschöpe*, in FS für Schwerdtner, S. 217, 235.

963 Siehe dazu oben: Vierter Teil, C.II.3.a.dd.

Arbeitnehmers oder betriebliche Belange betreffen, sondern vielmehr das zwischen den Parteien bestehende Vertrauensverhältnis, das aufgrund von Umständen im Zusammenhang mit der begehrten Beendigung zerrüttet ist. Zu diesem Umständen wird der Betriebsrat jedoch nichts Entscheidendes beitragen können. Zudem ist der Arbeitnehmer aufgrund der gerichtlichen Beteiligung hinreichend geschützt.

D. Entscheidung des Gerichts

Gemäß § 9 Abs. 1 KSchG löst das Gericht das Arbeitsverhältnis bei erfolgreichem Auflösungsantrag einer oder beiden Parteien durch Urteil zu dem in § 9 Abs. 2 KSchG genannten Zeitpunkt – dem Zeitpunkt an dem das Arbeitsverhältnis bei sozial gerechtfertigter ordentlicher Kündigung geendet hätte – auf. Stützt der Arbeitnehmer seinen Auflösungsantrag auf eine außerordentliche Kündigung des Arbeitgebers, erfolgt die Auflösung gemäß § 13 Abs. 1 S. 4 KSchG zu dem Zeitpunkt, zu dem die außerordentliche Kündigung ausgesprochen wurde.[964] Überdies verurteilt das Arbeitsgericht den Arbeitgeber zur Zahlung einer angemessen Abfindung an den Arbeitnehmer, deren Höhe sich nach § 10 KSchG bestimmt.

I. Primärrechtliche Folgen der Zerrüttung

Die Auflösung des Arbeitsverhältnisses ist das Ergebnis einer gerichtlichen Rechtsgestaltung und gründet gerade nicht – wie die Kündigung – unmittelbar auf der selbstständigen und unabhängigen Rechtsveränderungskraft der einzelnen Vertragspartei.[965] Das Gericht löst das Arbeitsverhältnis gemäß § 9 Abs. 2 KSchG zu dem Zeitpunkt auf, zu dem es bei sozial gerechtfertigter Kündigung geendet hätte, beziehungsweise gemäß § 13 Abs. 1 S. 4 KSchG zu dem Zeitpunkt, zu dem die außerordentliche Kündigung ausgesprochen wurde.[966] Obgleich ebenso eine Auflösung zum Zeitpunkt der Rechtshängigkeit des Auflösungsantrages nach dem

---

964 Siehe oben, Vierter Teil, C.II.3, zu den Auflösungszeitpunkten bei erfolgreichem Auflösungsantrags des Arbeitsgebers nach unwirksamer außerordentlicher Kündigung und bei erfolgreichem Auflösungsantrags des Arbeitnehmers oder des Arbeitgebers im Rahmen eines Änderungsschutz-, Befristungskontrollprozesses oder eines Prozesses betreffend die Wirksamkeit eines Aufhebungs- beziehungsweise Abwicklungsvertrages. Es wird vorgeschlagen, das gerichtliche Auflösungsverfahren auch in den vorgenannten Fällen zur Anwendung zu bringen. Dies erfordert aufgrund des Wortlauts der §§ 9, 13 KSchG jedoch teilweise eine Neuregelung durch den Gesetzgeber.

965 *Duvigneau*, Die gerichtliche Auflösung des Arbeitsverhältnisses, S. 43.

966 Zu den weiteren möglichen Auflösungsszenarien bei erfolgreichem Auflösungsantrags des Arbeitsgebers nach unwirksamer außerordentlicher Kündigung und bei erfolgreichem Auflösungsantrags des Arbeitnehmers oder des Arbeitgebers im Rahmen eines Änderungsschutz-, Befristungskontrollprozesses oder eines Prozesses betreffen die Wirksamkeit eines Aufhebungs- beziehungsweise Abwicklungsvertrages siehe oben: Vierter Teil, C.II.3.

Entstehen von Auflösungsgründen,[967] der Rechtskraft des Auflösungsurteils[968] oder zum Zeitpunkt der Verkündung der Auflösungsentscheidung[969] denkbar wäre, hat sich der Gesetzgeber für den Zeitpunkt des § 9 Abs. 2 KSchG beziehungsweise des § 13 Abs. 1 S. 4 KSchG entschieden, um durch einen einheitlichen Auflösungszeitpunkt Manipulationsmöglichkeiten für die Parteien auszuschließen.[970] Der in § 9 Abs. 2 KSchG beziehungsweise § 13 Abs. 1 S. 4 KSchG genannte Auflösungszeitpunkt ist nach dem eindeutigen Gesetzeswortlaut auch zwingend; der Richter kann nicht aus Billigkeitserwägungen einen früheren oder späteren Zeitpunkt festsetzen.[971] Fraglich ist jedoch, ob die Regelungen der §§ 9, 10, 13 KSchG, welche die gerichtliche Auflösung des Arbeitsverhältnisses trotz Sozialwidrigkeit beziehungsweise Unwirksamkeit der Kündigung mit zusätzlicher Abfindung für den Arbeitnehmer ermöglichen, im Hinblick auf den Auflösungszeitpunkt im Einklang mit dem Grundgesetz stehen.[972] In Betracht kommen insbesondere Verstöße gegen Art. 14 GG und Art. 3 Abs. 1 GG sowie das Rechtsstaatsprinzip aus Art. 20 Abs. 3 GG. In den folgenden Ausführungen wird dabei in erster Linie auf die Situation bei der sozialwidrigen Kündigung des Arbeitgebers und einer Auflösung zu dem Zeitpunkt des § 9 Abs. 2 KSchG abgestellt; die Argumentation gilt aber gleichermaßen für die Auflösung des Arbeitsverhältnisses nach außerordentlicher Kündigung des Arbeitgebers sowie den weiteren Beendigungsszenarien, infolge derer nach der hier vertretenen Ansicht eine Auflösung des Arbeitsverhältnisses auf Antrag der Arbeitsvertragsparteien zulässig sein soll.[973]

1. Vereinbarkeit mit Art. 14 GG

In Betracht kommt zunächst ein Verstoß gegen die verfassungsrechtliche Eigentumsgarantie des Arbeitnehmers aus Art. 14 GG, da das aufgrund der Sozialwidrigkeit

---

967 *Reinecke*, Anm. zu BAG, ArbuR 1985, 401, 404.

968 So zum Beispiel in § 4 Abs. 2 S. 2 des Hattenheimer Entwurfes, in § 46 Abs. 3 BVerfGG, nach dem eine politische Partei mit Feststellung der Verfassungswidrigkeit durch das BVerfG aufzulösen ist oder auch in § 1313 BGB im Falle der Aufhebung einer Ehe durch richterliche Entscheidung. Vgl. auch *Bleckmann/Coen*, DB 1981, 640. *Belling*, DB 1985, 1890, 1893, fordert, dass das Arbeitsverhältnis zumindest bei einem Auflösungsantrag des Arbeitgebers nicht vor der Rechtskraft des Urteils aufgelöst werde.

969 So zum Beispiel in § 16 Abs. 1 S. 2 KSchG Württ.-Bad.

970 BAG, AP Nr. 2 zu § 9 KSchG 1969.

971 BAG, AP Nr. 10 zu § 9 KSchG 1969; *Ascheid*, Kündigungsschutzrecht, Rn. 789; *Holthausen/Holthausen*, NZA-RR 2007, 449, 453; Schwarze/Eylert/Schrader/*Schwarze*, KSchG, § 9 Rn. 73.

972 Diskutiert wird auch eine Vereinbarkeit der § 13 Abs. 1 S. 4 KSchG allein beziehungsweise i.V.m. § 158 SGB III mit dem GG. Vgl. *Reinecke*, Anm. zu BAG, ArbuR 1985, 401, allerdings noch bezogen auf § 13 Abs. 1 S. 3 KSchG a.F. und § 117 AFG. Dieser Problemkreis soll im Folgenden nicht näher betrachtet werden.

973 Siehe dazu oben: Vierter Teil, C.II.3.

der Kündigung fortbestehende Arbeitsverhältnis durch gerichtliche Auflösung unter Umständen rückwirkend zu dem Zeitpunkt des § 9 Abs. 2 KSchG beendet wird und der Arbeitnehmer seine nach diesem Zeitpunkt entstandenen vertraglichen Ansprüche, insbesondere den Anspruch auf Annahmeverzugslohn aus §§ 611, 615 BGB,[974] aus dem Arbeitsverhältnis verliert.[975] In den Schutzbereich des Art. 14 Abs. 1 GG fällt grundsätzlich jedes vermögenswerte Recht, das dem Inhaber ebenso ausschließlich wie Eigentum an einer Sache zur privaten Nutzung und eigenen Verfügung zugeordnet ist; ob es sich um ein absolutes Recht oder eine bloße Forderung handelt ist unerheblich.[976] Fraglich ist, ob der Annahmeverzugslohnanspruch gemäß §§ 611, 615 BGB als vermögenswertes Recht i.S.d. Art. 14 Abs. 1 GG anzusehen ist und die Regelungen der §§ 9, 10 KSchG in dessen Gehalt eingreifen.

a. Verfassungsrechtlich nicht gerechtfertigter Eingriff in Art. 14 GG

In der Literatur wird teilweise vertreten, der Verzugslohn nach §§ 611, 615 BGB sei ein vermögenswerter vertraglicher Anspruch i.S.d. § 194 Abs. 1 BGB, der aufgrund der rechtlichen Ausgestaltung des KSchG als Bestandsschutzgesetz mehr als nur eine vage Gewinnchance, die nicht von Art. 14 GG geschützt ist, darstelle.[977] Selbst wenn man die Vergütungsansprüche unter dem Vorbehalt einer möglichen Auflösung des Arbeitsverhältnisses nach §§ 9, 10 KSchG sähe, gelte nicht anderes, da die sozialwidrige Kündigung von vorneherein unwirksam ist und dies nicht erst durch das Urteil wird und die Vergütungsansprüche somit vermögenswerte Rechte und nicht nur eine Chance darauf seien.[978] Ein zunächst mit Ausspruch der sozialwidrigen Kündigung vorbehaltloser Anspruch könne nicht während des Kündigungsschutzverfahrens zu einer reinen Erwerbschance, die nicht in den Schutzbereich des.

---

974 Siehe zu den Problemen des Annahmeverzugslohn in Kündigungsrechtsstreitigkeiten: *Schier*, BB 2006, 2578 ff.

975 Grundsätzlich ist eine Rückwirkung bei Gestaltungsurteilen nicht unüblich. Dies gilt zum Beispiel für die aktienrechtliche Anfechtungsklage nach §§ 246, 248 AktG gegen Beschlüsse der Hauptversammlung, vgl. *Hölters*, AktG, § 248 Rn. 10 f., die Anfechtungsklage gegen Beschlüsse der Generalversammlung der Genossenschaft gemäß § 51 GenG, die Anfechtungsklage gegen Beschlüsse der Wohnungseigentümerversammlung gemäß §§ 23 Abs. 4, 43 Abs. 1 Nr. 4 WEG und die Erbunwürdigkeitsklage gemäß §§ 2342 Abs. 2, 2344 Abs. 1 BGB. Vgl. dazu auch *Bleckmann/Coen*, DB 1981, 640 Fn. 2. Die Besonderheit bei der Auflösung des Arbeitsverhältnisses nach §§ 9, 10 KSchG besteht aber darin, dass das Gericht mittels einer Gestaltungsklage ein Dauerschuldverhältnis rückwirkend auflöst, es aber letztlich auf die Verhältnisse nach dem Rückwirkungszeitraum ankommt, Eine solche Konstruktion ist im Zivilrecht selten zu finden. Eine ähnliche Situation besteht allerdings noch bei dem Widerspruchsrecht des Mieters aus § 574 BGB. Vgl. dazu *Reinecke*, Anm. zu BAG, ArbuR 1985, 401, 403.

976 ErfK/*I. Schmidt*, Art. 14 GG Rn. 4.

977 *Belling*, DB 1985, 1890, 1892; *Bleckmann/Coen*, DB 1981, 640.

978 *Belling*, DB 1985, 1890, 1892; *Bleckmann/Coen*, DB 1981, 640.

Art. 14 GG fällt, degradiert werden.[979] Dies lasse sich auch damit begründen, dass der Arbeitnehmer seine Leistungspflicht allein durch das Zurverfügungstellen seiner Arbeitskraft gemäß § 362 BGB erfüllt und somit auch der Annahmeverzugslohnanspruch aus §§ 611, 615 BGB als Gegenleistung und konkrete Vermögensposition des Arbeitnehmers entstehe und fällig sei.[980]

Ein Eingriff in den eröffneten Schutzbereich in Form einer Enteignung gemäß Art. 14 Abs. 3 GG ließe sich damit begründen, dass der Lohnverzugsanspruch nach §§ 611, 615 BGB, der bei sozial ungerechtfertigter Kündigung auch über den Ablauf der Kündigungsfrist hinaus besteht, mit Auflösung des Arbeitsverhältnisses nach §§ 9, 10 KSchG zu dem Auflösungszeitpunkt des § 9 Abs. 2 KSchG – dem Zeitpunkt nach dem das Arbeitsverhältnis bei sozial gerechtfertigter Kündigung geendet hätte – durch eine Entscheidung des Arbeitsgerichts als Akt der staatlichen Gewalt rückwirkend entfällt.[981] Eine solche Enteignung ist gemäß Art. 14 Abs. 3 S. 1 GG aber nur zum Wohle der Allgemeinheit zulässig. Ein solcher Allgemeinwohlnutzen sei jedoch nicht ersichtlich, da die Rückwirkung des Auflösungsurteils nur dem Arbeitgeberinteresse diene, dem insbesondere die Pflicht zur Leistung des Arbeitsentgelts rückwirkend erlassen werde.[982] Schließlich stehe auch die Regelung des Art. 14 Abs. 3 S. 2 GG der Wirksamkeit der Rückwirkung des Auflösungsurteils entgegen, die verlangt, dass jedes enteignende Gesetz zu seiner Wirksamkeit auch über eine Regelung über Art und Ausmaß der Entschädigung für den Vermögensverlust des Betroffenen verfügen muss.[983] Die Verknüpfung der Auflösung des Arbeitsverhältnisses mit der Abfindung in der Regelung des § 9 Abs. 1 KSchG genüge diesen Anforderungen aber nicht, da die dort genannte Abfindung lediglich einen Ersatz für den Verlust des Arbeitsplatzes trotz sozialwidriger Kündigung bewirken soll

979 *Bleckmann/Coen*, DB 1981, 640.
980 *Belling*, DB 1985, 1890, 1892 f.; vgl. auch ErfK/*Preis*, § 615 BGB Rn. 80 f.
981 *Belling*, Anm. zu BAG, EzA § 9 KSchG n.F. Nr. 15, 114 f.; *Bleckmann/Coen*, DB 1981, 640, 641, die überdies in Frage stellen, ob eine Enteignungsermächtigung der Arbeitsgerichte als rechtsprechende Gewalt besteht, da normalerweise nur solche unmittelbar durch Gesetz oder auf Grund von Maßnahmen der Exekutive möglich sind. Kritisch dazu *Boewer*, DB 1982, 751, der bemängelt, dass *Bleckmann/Coen* nicht danach differenzieren, ob der Arbeitnehmer oder der Arbeitgeber den Auflösungsantrag stellt. Stellt der Arbeitnehmer den Auflösungsantrag könne davon ausgegangen werden, dass dieser den Wegfall seiner Vergütungsansprüche nach § 615 BGB kenne und in Kauf nehme. Überdies gehe der Arbeitnehmer unter Umständen davon aus, dass er bei einer Beendigung des Arbeitsverhältnisses zu dem Zeitpunkt des § 9 Abs. 2 KSchG nicht schlechter stehe, da ab diesem Zeitpunkt ein Anspruch auf Arbeitslosengeld gegen die Arbeitsagentur besteht, auf welchen die Abfindung nach §§ 9, 10 KSchG nicht anzurechnen ist, vgl. § 158 SGB III.
982 *Bleckmann/Coen*, DB 1981, 640, 641.
983 Die Regelung des Art. 14 Abs. 3 S. 2 GG wird auch als Junktimklausel bezeichnet. Zu weiteren Details siehe *Papier*, in: Maunz/Dürig, GG, Art. 14 Rn. 561 ff.

und der Gesetzgeber keine Entschädigung für den Verlust der verloren gegangenen Lohnansprüche schaffen wollte.[984]

Die Einordnung der §§ 9, 10 KSchG als enteignende Regelung gelte überdies unabhängig davon, dass der Enteignungscharakter der §§ 9, 10 KSchG nicht unmittelbar zu Tage trete; es genüge, dass die Enteignung eine mittelbare Folge der Auflösungsermächtigung darstelle.[985] Somit greife die Regelung der §§ 9, 10 KSchG dieser Ansicht nach in die Eigentumsgarantie der Arbeitnehmer aus Art. 14 GG ein, ohne dass dafür eine verfassungsrechtliche Rechtfertigung bestehe.

b. Kein Verstoß gegen Art. 14 GG

Die Rechtsprechung und ein Teil der Literatur gehen hingegen nicht davon aus, dass durch die rückwirkende Auflösung des Arbeitsverhältnisses auf den Zeitpunkt des § 9 Abs. 2 KSchG und dem damit zusammenhängenden Wegfall möglicher Annahmeverzugslohnansprüche des Arbeitnehmers aus §§ 611, 615 BGB eine Verletzung des Art. 14 Abs. 1 GG bewirkt werde.[986] Die Regelungen der §§ 9, 10 KSchG können die Bestandsgarantie des Eigentums nicht verletzen, da der Gesetzgeber mit Schaffung des Kündigungsschutzgestezs nicht in die Eigentumsgarantie der Arbeitnehmer schrankensetzend eingreifen wollte, sondern vielmehr die Rechtslage zu Gunsten der Arbeitnehmer verbessert habe.[987] Die §§ 9, 10 KSchG seien Teil der Gesamtregelung des Kündigungsschutzrechts, das für den Arbeitnehmer gewährenden Charakter aufweise; die dem Kündigungsschutzgesetz immanenten Einschränkungen mindern zwar den Wert einzelner Ansprüche – hier des Lohnverzugsanspruchs – nehmen dem Arbeitnehmer aber keine Ansprüche, die ihm ohne die Regelungen des KSchG zustehen würden.[988] Der Lohnverzugsanspruch aus §§ 611, 615 BGB könne nur insoweit den Schutz des Art. 14 Abs. 1 GG genießen, als er für die Zeit nach dem Ablauf der Kündigungsfrist unter dem Vorbehalt einer möglichen Ersetzung durch den Abfindungsanspruch aus §§ 9, 10 KSchG steht; insoweit stelle die Regelung der §§ 9, 10 KSchG eine wirksame Inhalts- und Schrankenbestimmung für die aus dem Arbeitsverhältnis resultierenden Ansprüche des Arbeitnehmers dar, die in den Schutzbereich des Art. 14 GG fallen.[989] Somit ist nach der herrschenden Ansicht in Rechtsprechung und Literatur nicht von einer Konfliktlage der §§ 9, 10 KSchG mit Art. 14 GG auszugehen.

---

984 *Bleckmann/Coen*, DB 1981, 640, 641.
985 *Bleckmann/Coen*, DB 1981, 640, 641.
986 BVerfG, NZA 1990, 535; v. 13.08.1991 – 1 BvR 128/87 – Juris; BAG, AP Nr. 12 zu § 9 KSchG 1969; *Boewer*, DB 1982, 751, 753; *v. Maydell*, Anm. zu BAG, SAE 1985, 348, 349.
987 BVerfG, NZA 1990, 535; *Boewer*, DB 1982, 751, 753.
988 BVerfG, NZA 1990, 535, *Reinecke*; Anm. zu BAG, ArbuR 1985, 401, 402.
989 BVerfG, NZA 1990, 535.

c. Stellungnahme

Von einem Verstoß der Regelungen der §§ 9, 10 KSchG gegen Art. 14 Abs. 1 GG kann im Ergebnis nicht ausgegangen werden. Die Argumentation der Rechtsprechung und der ihr folgenden Stimmen in der Literatur kann überzeugen. In systematischer Hinsicht erscheint es jedoch sachgerecht den favorisierten Lösungsweg argumentativ noch einmal aus einem anderen Blickwinkel heraus zu betrachten, der eine direktere Auseinandersetzung mit den Argumenten der Gegenseite ermöglicht.

Wie oben bereits gesehen, verneint die Rechtsprechung und ein Teil der Literatur einen Eingriff in Art. 14 Abs. 1 GG durch die Regelung der §§ 9, 10 KSchG, da diese eine verfassungsgemäße Inhalts- und Schrankenbestimmung darstelle.[990] Dieser Argumentation liegt die Annahme zu Grunde, dass eine Inhalts- und Schrankenbestimmung keine Regelung ist, die in den zunächst eröffneten Schutzbereich der Eigentumsgarantie aus Art. 14 Abs. 1 GG eingreift, sondern vielmehr eine dem Gesetzgeber obliegende Eigentumsbestimmung, die den Umfang des Eigentumsrechts von vorneherein begrenzt. Zur Konkretisierung des Sozialstaatsgebots aus Art. 14 Abs. 2 GG kann der Gesetzgeber auf der Ebene des objektiven Rechts Rechtssätze schaffen, die die subjektiven Rechte und Pflichten der Eigentümer normieren.[991] Werden diese Vorschriften sodann angewendet, greift der Gesetzesanwender nicht in das Eigentumsrecht des Betroffenen ein, sondern verweist den Eigentümer deklaratorisch in die Schranken, die seiner Rechtstellung aus Gründen des Gemeinwohls gezogen sind.[992] Die daraus entstehenden Begrenzungen des Eigentümers im Umgang mit seinem Eigentum sind wegen der die Sozialbindung konkretisierenden Normen entschädigungslos hinzunehmen, da die Normen nicht in das Eigentum eingreifen, sondern das Eigentum von vorneherein begrenzen.[993] Eine solche Interpretation der Inhalts- und Schrankenbestimmung ist gegenüber anderen Behandlungen vorzugswürdig, da das Regelungsinstitut dem Gesetzgeber ermöglicht, Gesetze und Regelungen, wie zum Beispiel das Kündigungsschutzgesetz, zu schaffen, die auf der einen Seite sozial schutzwürdige Personengruppen begünstigen, auf der anderen Seite aber auch Einschränkungen des legislativ geschaffenen und von den Grundprinzipien des Schuldrechts abweichenden Schutzes, wie zum Beispiel die Regelungen der §§ 9, 10 KSchG, zulassen.

Demgegenüber gibt es auch Stimmen in der Literatur, die eine Inhalts- und Schrankenbestimmung – neben der Enteignung aus Art. 14 Abs. 3 GG – zunächst als Eingriff in den Schutzbereich des Art. 14 Abs. 1 GG ansehen, der jedoch im Zweifel durch sachliche Gründe gerechtfertigt ist.[994] Da die Gegenansicht die Probleme der

---

990 Dazu kritisch *Redeker*, BB 1986, 1219, 1221 f., der jedoch die umstrittene verfassungsrechtliche Einordnung der Inhalts- und Schrankenbestimmung im System des Art. 14 Abs. 1 GG nicht hinreichend herausarbeitet.

991 *Böhmer*, NJW 1988, 2561, 2572.

992 *Böhmer*, NJW 1988, 2561, 2572.

993 *Böhmer*, NJW 1988, 2561, 2572.

994 Epping/*Hillgruber*, GG, Art. 14 Rn. 70.

Vereinbarkeit der Regelung der §§ 9, 10 KSchG mit Art. 14 Abs. 1 GG auf beiden Ebenen der Grundrechtsprüfung – der Ebene des Schutzbereichs und des Eingriffs – verortet, erscheint es hilfreich, das Problem ebenfalls auch einmal aus dieser Sicht zu betrachten.

Der Gegenseite ist insoweit zuzustimmen, dass die Annahmeverzugslohnansprüche des Arbeitnehmers aus §§ 611, 615 BGB grundsätzlich vom Schutzbereich des Art. 14 Abs. 1 GG umfasst sind. Das Arbeitsverhältnis besteht entsprechend der Grundkonzeption des Kündigungsschutzgesetzes nach sozialwidriger Kündigung unbedingt fort – was gemäß § 9 Abs. 1 S. 1 KSchG auch Anwendungsvoraussetzung für die gerichtliche Auflösung ist –, so dass auch die daraus resultierenden Ansprüche weder bedingt sind, noch ruhen und erst mit Rechtskraft des Urteils wieder aufleben.[995] Vielmehr entstehen die Annahmeverzugslohnansprüche des Arbeitnehmers aus §§ 611, 615 BGB unbedingt mit dem Anbieten der Arbeitskraft und genießen somit den Schutz des Art. 14 Abs. 1 GG.

Folgt man der oben dargestellten Teilansicht, die zunächst von einem Eingriff in den Schutzbereich durch Inhalts- und Schrankenbestimmungen ausgeht, würde durch die Regelung der §§ 9, 10 KSchG zunächst auch in den Schutzbereich des Art. 14 Abs. 1 GG eingegriffen. Ein Eingriff in die Eigentumsgarantie des Art. 14 Abs. 1 GG kommt somit, wenn man auch die Gegenansicht wieder aufgreift, entweder durch eine Inhalts- und Schrankenbestimmung (Art. 14 Abs. 1 S. 2 GG) oder eine Enteignung (Art. 14 Abs. 3 GG) in Betracht.[996] Entgegen der oben dargestellten Gegenansicht in der Literatur kann die Regelung der §§ 9, 10 KSchG jedoch keine Enteignung des Arbeitnehmers im Hinblick auf seine Annahmeverzugslohnansprüche aus §§ 611, 615 BGB begründen. Eine Enteignung ist die vollständige oder teilweise Entziehung konkreter durch Art. 14 Abs. 1 S. 1 GG gewährleisteter Rechtspositionen zur Erfüllung bestimmter öffentlicher Aufgaben.[997] Die Regelung der §§ 9, 10 KSchG entzieht dem Arbeitnehmer jedoch nicht auf enteignende Art und Weise Ansprüche. Vielmehr hat der Gesetzgeber den grundsätzlich bestehenden und verfassungsrechtlich geschützten Annahmeverzugslohnanspruch aus §§ 611, 615 BGB mit Hilfe einer Inhalts- und Schrankenbestimmung insoweit beschränkt ausgeformt, dass dieser nur für den Fall des lediglich unwirksam gekündigten Arbeitsverhältnisses greift.[998] Der Gegenansicht ist insoweit zuzustimmen, dass § 9 Abs. 1 KSchG den Anspruch aus §§ 611, 615 BGB grundsätzlich erst einmal voraussetzt, um ihn sodann wegen der Regelung des § 9 Abs. 2 KSchG wieder entfallen zu lassen, was für eine Enteignung nach Art. 14 Abs. 3 GG spräche. Allerdings ist diese gesetzgeberische Unvollkommenheit damit zu begründen, dass die §§ 9, 10 KSchG eine Ausnahmereglung im Bestandsschutzsystem

995 *Redeker*, BB 1986, 1219, 1220 f.
996 *Epping/Hillgruber*, GG, Art. 14 Rn. 70.
997 BVerfG, NJW 2005, 879, 880.
998 *Redeker*, BB 1986, 1219, 1222.

des Kündigungsschutzgesetzes darstellen, die dazu führt, dass der Bestandsschutz von vorneherein nur in dem durch §§ 9, 10 KSchG begrenzten Umfang besteht.

Der Eingriff ist schließlich auch dann verfassungsrechtlich gerechtfertigt, wenn man davon ausgeht, dass die Regelung der §§ 9, 10 KSchG eine Inhalts- und Schrankenbestimmung darstellt, die zunächst in den Schutzbereich des Art. 14 Abs. 1 GG eingreift. Der Unterschied zwischen den beiden Arten des Eingriffs liegt hinsichtlich der verfassungsrechtlichen Rechtfertigungsanforderungen darin, dass eine Inhalts- und Schrankenbestimmung lediglich verhältnismäßig sein muss, während eine Enteignung den Anforderungen des Art. 14 Abs. 3 GG genügen muss.[999] Die §§ 9, 10 KSchG stellen eine Inhalts- und Schrankenbestimmung dar, die auch verhältnismäßig ist, da dem Gesetzgeber insoweit ein Gestaltungsspielraum zur Seite steht und es nicht zu beanstanden ist, wenn der generell umfassend geschaffene Bestandsschutz im Hinblick auf die Abwägung der beiderseitigen Interessen der Arbeitsvertragsparteien eine Einschränkung in vergütungsrechtlicher Hinsicht zu Lasten des Arbeitnehmers vornimmt.

Somit kann auch unter Zugrundelegung der Annahme, eine Inhalts- und Schrankenbestimmung greife zunächst in den Schutzbereich des Art. 14 Abs. 1 GG ein, kein Verstoß gegen Art. 14 GG ausgemacht werden. Im Ergebnis ist somit von der Vereinbarkeit der Regelung der §§ 9, 10 KSchG mit Art. 14 Abs. 1 GG auszugehen.

2. *Vereinbarkeit mit Art. 3 Abs. 1 GG*

Daneben wird ein Verstoß der Regelung der §§ 9, 10 KSchG gegen Art. 3 Abs. 1 GG diskutiert. Ein Eingriff in Art. 3 Abs. 1 GG liegt vor, wenn entweder wesentlich Gleiches ungleich (positiver Gleichheitssatz) oder wesentlich unterschiedliche Sachverhalte gleich behandelt (negativer Gleichheitssatz) werden.[1000] Ein solcher Eingriff ist dann gerechtfertigt, wenn ein sachlicher, also ein vernünftiger, sich aus der Natur der Sache ergebender oder sonst wie sachlich einleuchtender Grund für die (Un-) Gleichbehandlung besteht und die Bestimmung nicht als willkürlich qualifiziert werden muss.[1001] Im Hinblick auf die Regelung der §§ 9, 10 KSchG sind drei Anknüpfungspunkte für eine Ungleichbehandlung von wesentlichen Gleichem beziehungsweise einer Gleichbehandlung von wesentlich Ungleichem denkbar.

Einerseits könnte die unterschiedliche Behandlung von Arbeitnehmern, deren Arbeitsverhältnis aufgrund der Sozialwidrigkeit der Kündigung fortgeführt wird und Arbeitnehmern, deren Arbeitsverhältnis trotz Sozialwidrigkeit der Kündigung auf Antrag gemäß §§ 9, 10 KSchG durch gerichtliches Urteil aufgelöst wurde, eine Ungleichbehandlung von wesentlich Gleichem darstellen. Die Ungleichbehandlung bestünde darin, dass dem Arbeitnehmer, dessen Arbeitsverhältnis zu dem Zeitpunkt, zu dem es auch bei sozial gerechtfertigter Kündigung geendet hätte, durch

999 *Epping/Hillgruber*, GG, Art. 14 Rn. 70.
1000 BVerfG, NJW 1990, 2053; ErfK/*I. Schmidt*, Art. 3 GG Rn. 33.
1001 *Boewer*, DB 1982, 751, 753.

gerichtliches Urteil aufgelöst wird, auch nur bis zu diesem Zeitpunkt Annahmeverzugslohnansprüche aus §§ 611, 615 BGB zustehen beziehungsweise danach entstandene rückwirkend entfallen.

Andererseits könnte der Umstand, dass das Arbeitsverhältnis bei gerichtlicher Auflösung gemäß §§ 9, 10 KSchG zum selben Zeitpunkt endet, wie das Arbeitsverhältnis, das durch eine sozial gerechtfertigte Kündigung beendet wurde, eine Gleichbehandlung ungleicher Tatbestände darstellen. Die Missbilligung der sozialwidrigen Kündigung durch das KSchG gegenüber der sozial gerechtfertigten wäre hinsichtlich des Auflösungszeitpunkts in diesem Fall nicht ersichtlich.

Schließlich könnte noch eine Gleichbehandlung ungleicher Sachverhalte darin gesehen werden, dass das Arbeitsgericht ein Arbeitsverhältnis bei Vorliegen der Voraussetzungen des § 9 Abs. 1 KSchG zu dem Zeitpunkt des § 9 Abs. 2 KSchG auflöst, unabhängig davon, wann die Auflösungstatsachen entstanden sind. Diese können sowohl noch während des Laufs der Kündigungsfrist als auch erst nach mehrjähriger Prozessdauer entstanden sein. Dies führt in der Folge dazu, dass die Höhe der rückwirkend entfallenden Annahmeverzugslohnansprüche aus §§ 611, 615 BGB stark voneinander abweichen kann.

Diese (Un-) Gleichbehandlungen würden vor allem im Hinblick auf den Untergang der gegenseitigen Pflichten aus dem Arbeitsverhältnis – insbesondere bezüglich der Entgeltansprüche des Arbeitnehmers in Form der Annahmeverzugslohnansprüche aus §§ 611, 615 BGB – erhebliche Folgen nach sich ziehen. Umstritten ist, ob überhaupt von (Un-) Gleichbehandlungen ausgegangen werden kann beziehungsweise wenn solche angenommen werden, ob diese gerechtfertigt werden können.

a. *Verfassungsrechtlich nicht gerechtfertigte (Un-) Gleichbehandlung*

In der Literatur wird teilweise davon ausgegangen, dass die Regelungen der §§ 9, 10 KSchG zu (Un-) Gleichbehandlungen führen und eine verfassungsrechtliche Rechtfertigung aufgrund des Fehlens sachlicher Gründe zur Differenzierung beziehungsweise Gleichbehandlung nicht vorliegt.[1002]

Die rechtspolitisch sachgemäße Intention der Regelung der §§ 9, 10 KSchG, nur funktionsfähige Arbeitsverhältnisse unter Bestandsschutz zu stellen, rechtfertige nicht die (Un-) Gleichbehandlungen, die in erster Linie in vergütungsrechtlicher Hinsicht bestehen. Es sei nicht sachgerecht, den Arbeitnehmer, dem sozialwidrig gekündigt wurde, allein wegen des Vorliegens einer objektiven Zerrüttung im Hinblick auf den Umfang des gezahlten Annahmeverzugslohns aus §§ 611, 615 BGB denjenigen Arbeitnehmern gleichzustellen, denen sozial gerechtfertigt gekündigt wurde. Auch eine Differenzierung gegenüber denjenigen Arbeitnehmern, deren Arbeitsverhältnis nicht zerrüttet ist, sei durch den objektiven Wertgehalt der §§ 9, 10 KSchG nicht begründbar.[1003] Die Voraussetzungen der §§ 9, 10 KSchG, die eine

---

1002 *Belling*, DB 1985, 1890. 1891; *Bleckmann/Coen*, DB 1981, 640, 641.
1003 *Bleckmann/Coen*, DB 1981, 640, 641.

Zerrüttung der Vertragsbeziehungen – also einen verschuldensunabhängigen Wegfall der Vertrauensgrundlage – begründen, stellten nämlich keine sanktionswürdigen Tatbestände dar, die eine einseitige Belastung des Arbeitnehmers rechtfertigen könnten.[1004]

Vielmehr sollte der Arbeitnehmer, dessen Arbeitsverhältnis nur gerichtlich aufgelöst wurde, gegenüber dem Arbeitnehmer, dessen Arbeitsverhältnis durch sozial gerechtfertigte Kündigung beendet wurde, eine Besserstellung erfahren. Diese Besserstellung könne auch nicht allein durch die zwingend zu zahlende Abfindung zum Ausdruck kommen, da die Abfindung nicht in erster Linie eine Kompensation für (rückwirkend weggefallene) Lohnansprüche darstelle,[1005] sondern vielmehr eine Entschädigung dafür, dass der Arbeitnehmer seinen Arbeitsplatz verliert, obwohl ein sozial zu billigender Kündigungsgrund nicht vorliegt.[1006] Auch im Hinblick auf die in § 10 KSchG vorgesehenen Höchstgrenzen könne die Kündigungsabfindung die durch rückwirkende Vertragsauflösung weggefallen Verzugslohnansprüche – gerade bei langer Prozessdauer – nicht annähernd ausgleichen.[1007] Die nach §§ 9, 10 KSchG zu zahlende Abfindung solle den Arbeitgeber nach der amtlichen Begründung zu § 7 Abs. 2 KSchG von 1951, der dem § 9 Abs. 2 KSchG entspricht,

1004 *Bleckmann/Coen*, DB 1981, 640, 641.

1005 *Bleckmann/Coen*, DB 1981, 640, 641. Allerdings verweisen *Bleckmann/Coen* zur Begründung dieser Annahme unter anderem auf die Regelungen des § 3 Nr. 3 EStG a.F., nach der Kündigungsabfindungen steuerlich begünstigt waren. Die steuerliche Begünstigung von Kündigungsabfindungen nach §§ 9, 10 KSchG, die zuletzt in § 3 Nr. 9 EStG geregelt war, ist jedoch zum 01.01.2006 entfallen. Zur Begründung der Abschaffung der Steuerbegünstigung verwies der Gesetzgeber auf den Umstand, dass auch der gezahlte Arbeitslohn bei Fortbestand des Arbeitsverhältnisses steuerpflichtig wäre, vgl. BT-Drucks. 16/105, S. 4. Weiter verweisen *Bleckmann/Coen* auf den Pfändungsschutz der Abfindung gemäß §§ 9, 10 KSchG aus § 850i ZPO, obgleich dafür auch erst einmal die Einordnung als Arbeitseinkommen i.S.d. § 850 ZPO Voraussetzung ist (insoweit strittig, vgl. BAG, AP Nr. 10 zu § 850 ZPO). Weiter nehmen *Bleckmann/Coen* auch Bezug darauf, dass es sich bei der Abfindung in insolvenzrechtlicher Sicht nicht um eine Masseverbindlichkeit nach § 55 Abs. 1 Nr. 2 InsO (noch Bezug nehmend auf § 61 Nr. 1 KO) handele, sondern vielmehr um eine Insolvenzforderung nach § 38 InsO. Auch das BAG, NZA 2009, 89, 91 f. stellt diesbezüglich klar, dass es sich bei Abfindungen nicht um Entgelt für erbrachte Arbeitsleistung, sondern vielmehr einen Ausgleich für den Verlust des Arbeitsplatzes entstehende Nachteile handele. Obgleich sich dieses Gerichtsurteil auf eine vertragliche Abfindung bezog, gelten die Feststellungen auch für die Abfindung nach §§ 9, 10 KSchG, vgl. BAG, AP Nr. 3 zu § 38 InsO. Schließlich verweisen *Bleckmann/Coen* noch darauf, dass die Abfindung kein beitragspflichtiges Arbeitsentgelt nach § 14 Abs. 1 SGB IV (noch Bezug nehmend auf das AFG) darstelle.

1006 *Belling*, DB 1985, 1890, 1891.

1007 *Belling*, DB 1985, 1890, 1891; *ders.*, Anm. zu BAG, EzA § 9 KSchG n.F. Nr. 15, 109 f.; *Reinecke*, Anm. zu BAG, ArbuR 1985, 401, 403.

aber gerade als zusätzliche Leistung gewährt werden, was dafür spreche, dass die Abfindung nicht mit einer Verkürzung der Lohnansprüche einher gehen dürfe.[1008] Obgleich sich diese Argumentation des Gesetzgebers nur auf eine Auflösung vor dem Ablauf der Kündigungsfrist bezieht, sei die Wertung gerade auch auf den Fall der Auflösung nach Ablauf der Kündigungsfrist zu beziehen. Gerade die Andeutung des Gesetzgebers des KSchG von 1951, die Risikoverteilung zu Lasten des Arbeitnehmers bei der Auflösung des Arbeitsverhältnisses nach Ablauf der Kündigungsfrist sei hinnehmbar, da dies der Rechtslage nach dem früheren BRG von 1920 entspräche, gehe fehl, da die damalige Rechtslage gerade dadurch gekennzeichnet war, dass die Kündigung trotz Sozialwidrigkeit zunächst vollwirksam war und somit ein Anspruch auf Annahmeverzugslohn aus §§ 611, 615 BGB nach Ablauf der Kündigungsfrist sowieso nur bei Weiterbeschäftigung in Betracht kam; dies sei nach dem KSchG, nach dem die sozialwidrige Kündigung von vorne herein rechtsunwirksam ist, anders.[1009]

Somit bewirke die Regelung der §§ 9, 10 KSchG dieser Ansicht nach eine verfassungsrechtlich nicht gerechtfertigte Ungleichbehandlung.

b. Kein Verstoß gegen Art. 3 GG

Die Rechtsprechung und ein Teil der Literatur gehen hingegen nicht von einem Verstoß der Regelungen der §§ 9, 10 KSchG gegen Art. 3 Abs. 1 GG aus. Die ersten beiden oben genannten Fälle, die Ungleichbehandlung gleicher Arbeitnehmer und die Gleichbehandlung ungleicher Arbeitsverhältnisse, stellten bereits tatsächlich keine Ungleichbehandlung dar, während eine mögliche Ungleichbehandlung im letzten Fall, der Gleichbehandlung ungleicher Zerrüttungssachverhalte, zumindest gerechtfertigt sei.[1010]

Die Vertreter dieser Ansicht ziehen zunächst in Zweifel, ob die unterschiedliche Behandlung von Arbeitnehmern, deren Arbeitsverhältnis aufgrund der Sozialwidrigkeit der Kündigung fortgeführt wird und Arbeitnehmern, deren Arbeitsverhältnis trotz Sozialwidrigkeit der Kündigung auf Antrag gemäß §§ 9, 10 KSchG durch gerichtliches Urteil aufgelöst wurde, eine Ungleichbehandlung von wesentlich Gleichem darstelle. Diese Ausgangssituationen seien nicht gleich zu bewerten, da bei den Arbeitsverhältnissen, deren Arbeitsverhältnis aufgelöst wird, entsprechende Auflösungstatsachen vorliegen, die so beschaffen sein müssen, dass eine negative Zukunftsprognose für die Fortführung des Arbeitsverhältnisses angenommen werden kann.[1011] Doch selbst wenn man von einer diesbezüglichen Ungleichbehandlung ausginge, müsse man zumindest annehmen, dass diese hier durch das Erfordernis der objektiven Zerrüttung der Vertragsbeziehungen für die Auflösung

---

1008 *Belling*, Anm. zu BAG, EzA § 9 KSchG n.F. Nr. 15, 112.

1009 *Belling*, Anm. zu BAG, EzA § 9 KSchG n.F. Nr. 15, 112 f.

1010 BVerfG, NZA 1990, 535; BAG, AP Nr. 12 zu § 9 KSchG 1969; *Boewer*, DB 1982, 751, 754.

1011 BAG, AP Nr. 12 zu § 9 KSchG 1969.

gerechtfertigt sei.[1012] Von einem Verstoß gegen Art. 3 I GG könne insofern also nicht ausgegangen werden.

Weiter könne der Umstand, dass das Arbeitsverhältnis bei gerichtlicher Auflösung gemäß § 9, 10 KSchG zum selben Zeitpunkt endet, wie das Arbeitsverhältnis, das durch eine sozial gerechtfertigte ordentliche Kündigung beendet wurde, keine Gleichbehandlung ungleicher Tatbestände darstellen. Obgleich die Beendigung des Arbeitsverhältnisses auf den gleichen Termin falle, könne aufgrund der unterschiedlichen Rechtsfolgen gerade nicht von einer Gleichbehandlung ausgegangen werden.[1013] Eine gerichtliche Vertragsauflösung nach §§ 9, 10 KSchG löse eine zwingende Abfindungspflicht nach Maßgabe des § 10 KSchG aus, die bei Beendigung des Arbeitsverhältnisses durch eine sozial gerechtfertigte ordentliche und unwirksame außerordentliche Kündigung gerade nicht bestehe.[1014] Somit liege eine Gleichbehandlung ungleicher Tatbestände nicht vor.

Schließlich erkennt diese Ansicht an, dass die Auflösung eines Arbeitsverhältnisses nach §§ 9, 10 KSchG zu dem Zeitpunkt des § 9 Abs. 2 KSchG – unabhängig davon, wann die entsprechenden Auflösungstatsachen entstanden sind – eine Gleichbehandlung von wesentlich Ungleichem und somit einen Verstoß gegen Art. 3 Abs. 1 GG darstellen könne.[1015] Diese Gleichbehandlung von ungleichen Tatbeständen sei aber jedenfalls gerechtfertigt. Es sei sachgerecht für die gerichtliche Auflösung des Arbeitsverhältnisses einen einheitlichen Zeitpunkt festzusetzen. Wäre hinsichtlich des Auflösungszeitpunktes zum Beispiel an den Zeitpunkt der Entstehung der Auflösungstatsachen anzuknüpfen, bestünde die Gefahr, dass die Parteien durch die Art und Weise der Prozessführung Einfluss auf den Auflösungszeitpunkt nehmen könnten.[1016] Durch einen einheitlichen Auflösungszeitpunkt könne somit unter Umständen nicht jedem Arbeitnehmer zu absoluter Einzelfallgerechtigkeit verholfen werden, der Gesetzgeber schließt aber Manipulationsmöglichkeiten der Parteien weitestgehend aus und folgt in erster Linie dem Ziel der Rechtssicherheit und -klarheit.[1017] Eine mögliche Gleichbehandlung wäre dieser Ansicht nach somit gerechtfertigt.

c. *Stellungnahme*

Von einem Verstoß der Regelungen der §§ 9, 10 KSchG gegen Art. 3 Abs. 1 GG kann nicht ausgegangen werden. Die drei oben genannten Sachverhalte stellen entweder keine (Un-) Gleichbehandlung dar oder sind, soweit eine (Un-) Gleichbehandlung zu bejahen ist, zumindest gerechtfertigt.

1012 BVerfG, NZA 1990, 535.

1013 *Boewer*, DB 1982, 751, 754.

1014 BVerfG, NZA 1990, 535; *v. Maydell*, Anm. zu BAG, SAE 1985, 348; *Redeker*, BB 1986, 1219, 1220.

1015 BAG, AP Nr. 12 zu § 9 KSchG 1969; *Boewer*, DB 1982, 751, 754.

1016 BAG, AP Nr. 12 zu § 9 KSchG 1969.

1017 BAG, AP Nr. 12 zu § 9 KSchG 1969; *Boewer*, DB 1982, 751, 754.

Die unterschiedliche Behandlung im Rahmen der ersten Fallgruppe von Arbeitnehmern, deren Arbeitsverhältnis aufgrund der Sozialwidrigkeit der Kündigung fortgeführt wird und Arbeitnehmern, deren Arbeitsverhältnis trotz Sozialwidrigkeit der Kündigung auf Antrag gemäß §§ 9, 10 KSchG durch gerichtliches Urteil aufgelöst wurde, ist mit Art. 3 Abs. 1 GG vereinbar. Es erscheint bereits fraglich, ob die beiden Ausgangssituationen überhaupt wesentlich gleich sind, da auf der einen Seite ein schützenswertes Arbeitsverhältnis mit nicht zerstörter Vertrauensbasis und auf der anderen Seite ein nicht funktionsfähiges, zerrüttetes Arbeitsverhältnis steht. Selbst wenn eine Ungleichbehandlung von wesentlich Gleichem anzunehmen wäre, ließe sich diese aber rechtfertigen, da § 9 Abs. 1 KSchG Rechtfertigungsanforderungen aufstellt und eine Auflösung des Arbeitsverhältnisses nur bei einer Zerrüttung des Vertrauensverhältnisses der Arbeitsvertragsparteien in Betracht kommt.

Auch die Situation der zweiten Fallgruppe, dass das Arbeitsverhältnis bei gerichtlicher Auflösung gemäß § 9 Abs. 2 KSchG zum selben Zeitpunkt endet, wie das Arbeitsverhältnis, das durch eine sozial gerechtfertigte Kündigung beendet wurde, stellt keine Gleichbehandlung von wesentlich Ungleichem dar. Da die gerichtliche Auflösung zwingend mit einer vom Gericht nach § 10 KSchG festzusetzenden Abfindung verbunden ist, sind die Rechtsfolgen der Kündigung und der gerichtlichen Auflösung nicht vergleichbar. Es genügt nicht lediglich auf den Tatbestand abzustellen, sondern es muss stets der gesamte Regelungskomplex in den Blick genommen werden.[1018]

Auch das Argument der Literaturansicht, die Abfindung sei in ihrer Bedeutung so gering, dass sie bei der Prüfung der Vereinbarkeit mit Art. 3 Abs. 1 GG nicht ins Gewicht falle,[1019] kann nicht überzeugen. Der Arbeitnehmer steht bei Auflösung des Arbeitsverhältnisses nach §§ 9, 10 KSchG nicht zwingend schlechter, als bei einer Fortzahlung der Vergütung nach §§ 611, 615 BGB. Diesbezüglich sei auf folgenden Beispielsfall verwiesen:

Der Arbeitnehmer ist seit 15 Jahren in einem Betrieb beschäftigt. Er erhält eine Bruttomonatsvergütung von EUR 5.000,- und demnach eine Bruttojahresvergütung von EUR 60.000,-. Der Arbeitgeber kündigt das Arbeitsverhältnis ordentlich. Elf Monate nach Ablauf der Kündigungsfrist geht der Arbeitnehmer ein neues Arbeitsverhältnis ein, im Rahmen dessen er wieder eine Vergütung von einem Bruttomonatsgehalt in Höhe von 5.000 € erhält.

Variante 1: Das Arbeitsgericht stellt im Bestandsschutzstreit zwölf Monate nach Ablauf der Kündigungsfrist fest, dass die Kündigung sozialwidrig war und das Arbeitsverhältnis fortbesteht. Das Arbeitsverhältnis besteht nach der gerichtlichen Entscheidung somit zwar fort, der Arbeitnehmer verweigert jedoch gemäß § 12 S. 1 KSchG dessen Fortsetzung.

Variante 2: Der Arbeitgeber stellt zwölf Monate nach Ablauf der Kündigungsfrist einen erfolgreichen Auflösungsantrag, so dass das Arbeitsverhältnis gemäß § 9

1018 *Redeker*, BB 1986, 1219.
1019 *Belling*, DB 1985, 1890, 1891.

Abs. 2 KSchG rückwirkend zu dem Zeitpunkt, an dem es bei sozial gerechtfertigter Kündigung geendet hätte, beendet wird.

In der ersten Variante hat der Arbeitnehmer gemäß §§ 12 S. 4, 11 Nr. 1 KSchG einen Anspruch auf Zahlung von Annahmeverzugslohn in Höhe von monatlich EUR 5.000,- brutto. Für den zwölften Monat kann der Arbeitnehmer gemäß § 12 S. 4 KSchG keinen Annahmeverzugslohn verlangen, da zu diesem Zeitpunkt bereits das Arbeitsverhältnis mit dem neuen Arbeitgeber bestand. Insgesamt hat der Arbeitnehmer für den Zeitraum des Kündigungsschutzverfahrens somit einen Anspruch auf Annahmeverzugslohn in Höhe von EUR 55.000,- brutto.

In der zweiten Variante erhält der Arbeitnehmer für den elfmonatigen Zeitraum des Kündigungsschutzprozesses bis zum Beginn des neuen Arbeitsverhältnisses Arbeitslosengeld I in Höhe von 60% des pauschalierten Nettoentgelts (Leistungsentgelt), das sich aus dem Bruttoentgelt ergib, das der nunmehr arbeitslose Arbeitnehmer im Bemessungszeitraum erzielt hat (Bemessungsentgelt), § 149 Nr. 2 SGB III. Dies ergibt nach dem Selbstberechnungsprogramm der Bundesagentur für Arbeit[1020] im Jahr 2014 für elf Monate eine Gesamtsumme von gut EUR 18.000,- netto, was einer Bruttosumme von ca. EUR 28.000,- entspricht. Weiter muss der Arbeitgeber eine Abfindung gemäß §§ 9, 10 KSchG zahlen. Wie oben bereits gesehen, orientiert sich die Höhe der Abfindung in der Praxis häufig insoweit an der Beschäftigungszeit des Arbeitnehmers, dass pro Beschäftigungsjahr 0,5 Monatsgehälter Abfindung gezahlt werden. Dies führt hier zu einer Abfindung in Höhe von EUR 37.500,- brutto, wobei zu beachten ist, dass die gemäß §§ 9, 10 KSchG zu zahlende Abfindung – im Gegensatz zu (Annahmeverzugs-) Lohnansprüchen nicht sozialversicherungspflichtig ist.[1021] Da die Abfindung das Arbeitslosengeld in diesem Fall unberührt lässt, erhält der Arbeitnehmer in der zweiten Variante insgesamt also eine Bruttosumme von EUR 65.500,-.

Diese Berechnung zeigt, dass eine Auflösung des Arbeitsverhältnisses mit Abfindungszahlung gegenüber der Nichtauflösung finanziell nicht nachteiliger sein muss. Dies galt insbesondere vor dem 01.01.2006, da die Abfindung nach §§ 9, 10 KSchG bis zu diesem Zeitpunkt innerhalb bestimmter Höchstgrenzen noch nicht der Einkommenssteuerpflicht unterlag. Allerdings ist zu bemerken, dass für den Arbeitnehmer, der nach der Auflösung des Arbeitsverhältnisses keine neue Beschäftigung in Aussicht hat, der Nachteil besteht, dass der Anspruchszeitraum für den Bezug von Arbeitslosengeld I nach Abschluss des Kündigungsschutzverfahrens unter Umständen schon ausgeschöpft wurde. Ist der Arbeitnehmer nach Ablauf der Anspruchszeit für Arbeitslosengeld I gezwungen Arbeitslosengeld II zu beziehen, wird die Abfindung gemäß § 11 Abs. 2 SBG II auf das Arbeitslosengeld II angerechnet.[1022] Zudem ist zu beachten, dass Zeiten der Arbeitslosigkeit für die Rente geringer bewertet werden als Erwerbsphasen. Doch selbst wenn teilweise eine Schlechterstellung desjenigen

---

1020 http://www.pub.arbeitsamt.de/alt.html; zuletzt abgerufen am 23.04.2014.

1021 Ascheid/Preis/Schmidt/*Biebl*, Kündigungsrecht, § 10 KSchG Rn. 53 f.

1022 BSG, NZA-RR 2009, 613 ff.

vorliegt, der eine Abfindung nach §§ 9, 10 KSchG erhält, kann dies keine Relevanz für Art. 3 Abs. 1 GG haben, da die Abfindung zumindest keine vollkommen wertlose Vermögensposition darstellt und mangels Willkür die Gestaltungsfreiheit des Gesetzgebers zu respektieren ist.[1023]

Schließlich ist bezogen auf die dritte Fallgruppe bereits fraglich, ob die Auflösung eines Arbeitsverhältnisses nach §§ 9, 10 KSchG zu dem Zeitpunkt des § 9 Abs. 2 KSchG unabhängig davon, wann die entsprechenden Auflösungstatsachen entstanden sind, überhaupt eine Gleichbehandlung von wesentlich Ungleichem darstellt oder diese Sachverhalte nicht vielmehr als wesentlich gleich i.S.d. Art. 3 Abs. 1 GG anzusehen sind. Jedenfalls wäre eine Gleichbehandlung verfassungsrechtlich gerechtfertigt, da die Festlegung eines einheitlichen Auflösungszeitpunktes weder willkürlich noch evident unsachlich ist. Die Regelung der §§ 9, 10 KSchG und insbesondere die Bestimmung des einheitlichen Auflösungszeitpunktes dienen der Rechtssicherheit, der Vermeidung von Zufälligkeiten und der Vorbeugung von Missbrauchsfällen durch die Arbeitsvertragsparteien.[1024]

3. Vereinbarkeit mit dem Rechtsstaatsgebot aus Art. 20 Abs. 3 GG

Darüber hinaus wird auch die Vereinbarkeit der Regelungen der §§ 9, 10 KSchG mit dem Rechtsstaatsgebot aus Art. 20 Abs. 3 GG diskutiert.

a. Verstoß gegen das Rechtsstaatsgebot aus Art. 20 Abs. 3 GG

Die Vereinbarkeit der Regelungen der §§ 9, 10 KSchG mit dem Rechtstaatsgebot aus Art. 20 Abs. 3 GG wird von Stimmen in der Literatur teilweise kritisch betrachtet und ein Verstoß gegen das Gebot angenommen.[1025] Der nachträgliche Wegfall von Entgeltansprüchen, die nach dem Zeitpunkt des § 9 Abs. 2 KSchG beziehungsweise des § 13 Abs. 1 S. 4 KSchG entstanden sind, stelle eine unechte Rückwirkung dar, die nur zulässig sei, wenn eine Abwägung zwischen dem Vertrauensschutz des Arbeitnehmers und dem Zweck, den der Gesetzgeber im öffentlichen Interesse mit der Regelung verfolge, diese erfordere.[1026] Der Zweck der Auflösung, nur funktionsfähige, nicht zerrüttete Arbeitsverhältnisse bestandsrechtlich zu schützen, rechtfertige jedoch nicht einen rückwirkenden Eingriff ausschließlich in Rechtspositionen des Arbeitnehmers durch Aberkennung entstandener Annahmeverzugslohnansprüche aus §§ 611, 615 BGB.[1027] Aufgrund der enthaltenen unechten Rückwirkungen sei die Regelung der §§ 9, 10 KSchG somit nicht mit dem Rechtsstaatsgebot aus Art. 20 Abs. 3 GG zu vereinen.

1023 *Redeker*, BB 1986, 1219, 1220.
1024 *Boewer*, DB 1982, 751, 754.
1025 *Bleckmann/Coen*, DB 1981, 640, 642.
1026 *Bleckmann/Coen*, DB 1981, 640, 642.
1027 *Bleckmann/Coen*, DB 1981, 640, 642.

b. Kein Verstoß gegen das Rechtsstaatsgebot aus Art. 20 Abs. 3 GG

Die Rechtsprechung und ein Teil der Literatur sehen keine Vereinbarungsprobleme mit dem Rechtsstaatsgebot aus Art. 20 Abs. 3 GG, da die Regelung der §§ 9, 10 KSchG weder die Grundsätze der Rechtssicherheit noch des Vertrauensschutzes verletze.[1028] Der Arbeitnehmer könne nicht auf das fortlaufende Anwachsen des Annahmeverzugslohns aus §§ 611, 615 BGB vertrauen, da die Möglichkeit der gerichtlichen Auflösung des Arbeitsverhältnisses für die Arbeitsvertragsparteien von vorneherein erkennbar und kalkulierbar sei.[1029] Dies ergebe sich auch bereits aus der Existenz einer vorgeschalteten Güteverhandlung nach § 54 Abs. 1 ArbGG, in der nach § 54 Abs. 3 ArbGG insbesondere auch auf den möglichen Abschluss eines Vergleiches hingewiesen werde, der zumeist mit einer Abfindung verbunden wird und somit der gerichtlichen Auflösung mit Abfindung ähnelt.

c. Stellungnahme

Der Ansicht, die von einem Verstoß der Regelungen der §§ 9, 10 KSchG gegen das Rechtsstaatsgebot aus Art. 20 Abs. 3 GG ausgeht, kann nicht gefolgt werden. Aus der oben genannten Einordnung der §§ 9, 10 KSchG als Inhalts- und Schrankenbestimmung i.S.d. Art. 14 Abs. 1 S. 2 GG folgt, dass diese Regelungen im Kern keine Rückwirkung beinhalten. Der Annahmeverzugslohnanspruch aus §§ 611, 615 BGB ist durch die Inhalts- und Schrankenbestimmung insoweit beschränkt beziehungsweise in diesen wird insoweit eingegriffen, dass der Arbeitnehmer seine generell bestehenden Ansprüche aus §§ 611, 615 BGB nur dann geltend machen kann, wenn das Arbeitsverhältnis nicht gerichtlich aufgelöst wird.[1030] Dieses Zusammenspiel zwischen dem generellen Bestandsschutz des KSchG und der Ausnahmereglung der §§ 9, 10 KSchG ist für die Arbeitsvertragsparteien auch erkennbar. Demnach ist die Regelung der §§ 9, 10 KSchG mit dem Rechtsstaatsgebot aus Art. 20 Abs. 3 GG vereinbar.

4. Zusammenfassung

Die Regelungen der §§ 9, 10 KSchG sind sowohl mit Art. 14 Abs. 1 GG als auch mit Art. 3 Abs. 1 GG und dem Rechtsstaatsgebot aus Art. 20 Abs. 3 GG vereinbar. Überdies kommt eine Verletzung von Art. 12 GG, Art. 1 GG und Art. 2 Abs. 1 GG nicht in Betracht, da ein über das Kündigungsschutzgesetz hinausgehender Bestandsschutz durch die Grundrechte nicht gewährleistet wird.[1031]

Obgleich demnach nicht von einer Unvereinbarkeit der Regelung der §§ 9, 10 KSchG mit dem Grundgesetz auszugehen ist, bleibt die Frage offen, ob der

---

1028 BVerfG, NZA 1990, 535; v. 13.08.1991 – 1 BvR 128/87 – Juris; *Reinecke*, Anm. zu BAG, ArbuR 401, 404.

1029 BVerfG, NZA 1990, 535; *Ascheid*, Kündigungsschutzrecht, Rn. 789.

1030 Vgl. dazu auch *Redeker*, BB 1986, 1219, 1222.

1031 BVerfG, NZA 1990, 535; AP Nr. 49 zu § 9 KSchG 1969.

materiellen Gerechtigkeit mit einem anderen Auflösungszeitpunkt, zum Beispiel dem Zeitpunkt der Rechtskraft des Auflösungsurteils[1032] oder dem Zeitpunkt der Rechtshängigkeit des Auflösungsantrags nach dem Entstehen von Auflösungsgründen,[1033] zumindest bei einem Auflösungsantrag des Arbeitgebers nicht eher entsprochen werden könnte.[1034] Es könnte eine unter Umständen unbillige Härte für den Arbeitnehmer darstellen, wenn dieser Annahmeverzugslohnansprüche aus §§ 615, 611 BGB in erheblichem Umfang verliert, weil der Arbeitgeber nach langer Prozessdauer einen Auflösungsantrag stellt. Dies gilt insbesondere auch für die Konsequenzen im Hinblick auf die Sozialleistungen in Form von Arbeitslosengeld I und II. Allerdings wird das Arbeitsverhältnis nur dann auf Antrag des Arbeitgebers aufgelöst, wenn Umstände, die im Verhalten oder in der Person des Arbeitnehmers liegen und die das persönliche Verhältnis, die Wertung der Persönlichkeit des Arbeitnehmers, seine Leistung oder seine Eignung betreffen vorliegen, die eine Zerrüttung des Vertrauensverhältnisses der Arbeitsvertragsparteien begründen können.[1035] Obgleich somit – wie vielfach kritisiert – ein objektiv gefasster, verschuldensunabhängiger Tatbestand zum Entfallen der Ansprüche des Arbeitnehmers führt, setzt dieser doch zumindest einen irgendwie gearteten Verursachungsbeitrag des Arbeitnehmers voraus.[1036] Überdies besteht mit der Regelung des § 9 Abs. 1 S. 1 a. E. KSchG, der festlegt, dass das Gericht den Arbeitgeber zur Zahlung einer angemessen Abfindung zu verurteilen hat, ein Korrektiv, der extreme Nachteile des Arbeitnehmers durch Festlegung einer höheren Abfindung ausgleichen kann.

Demnach ist von einer Vereinbarkeit der Gesamtregelung der §§ 9, 10 KSchG mit dem Grundgesetz auszugehen. Auch der Auflösungszeitpunkts des § 9 Abs. 2 KSchG stellt für den Arbeitnehmer bei einem Auflösungsantrag des Arbeitgebers keine unbillige Härte dar, die eine Neuregelung erforderlich machen würde.

II. Sekundärrechtliche Folgen der Zerrüttung

Neben der Auflösung des Arbeitsverhältnisses verurteilt das Arbeitsgericht den Arbeitgeber, als weiteren zwingenden Teil des auf einen erfolgreichen

---

1032 Dies schlägt *Belling*, DB 1985, 1890, 1893; Anm. zu BAG, EzA § 9 n.F. KSchG Nr. 15, 105, 117 vor.

1033 Diese These stellt *Reinecke*, Anm. zu BAG, ArbuR 1985, 401, 404 auf. Eine dahingehende Änderung schlagen auch *Bleckmann/Coen*, DB 1981, 640, 642 vor, die allerdings von der Verfassungswidrigkeit des § 9 Abs. 2 KSchG ausgehen.

1034 Allerdings könnte eine Regelung, die das Arbeitsverhältnis je nach dem, ob der Arbeitgeber oder der Arbeitnehmer den Auflösungsantrag stellt, zu unterschiedlichen Zeitpunkten auflöst, auch im Hinblick auf Art. 3 Abs. 1 GG problematisch sein. Vgl. dazu *v. Maydell*, Anm. zu BAG, SAE 1985, 348, 350.

1035 Schwarze/Eylert/Schrader/*Schwarze*, KSchG, § 9 Rn. 53.

1036 Siehe dazu auch oben: Vierter Teil, B.VII.

Auflösungsantrag folgenden Urteils,[1037] zur Zahlung einer Abfindung an den Arbeitnehmer, deren Höhe sich nach § 10 KSchG bemisst. Die Abfindung ist grundsätzlich mit der Verkündung des Urteils des Arbeitsgerichts fällig, auf die Rechtskraft kommt es nicht an.[1038] Liegt der Zeitpunkt der Verkündung des Urteils jedoch vor dem Auflösungszeitpunkt des § 9 Abs. 2 KSchG ist der Auflösungstermin maßgeblich.[1039] Das Arbeitsgericht verurteilt den Arbeitgeber zur Zahlung einer Abfindungssumme in Form einer einmaligen Zahlung; begehren die Parteien eine ratenweise Zahlung müssen sie sich darauf vergleichsweise einigen.[1040] Der Zuspruch des Abfindungsanspruchs ist – im Gegensatz zu der Auflösungsentscheidung – nicht als Gestaltungsentscheidung, sondern vielmehr als (Teil-) Leistungsurteil anzusehen.[1041] Teilweise wird jedoch angenommen, dass zumindest der Festsetzung der Abfindung durch das Gericht noch ein rechtsgestaltender Charakter zugesprochen werden muss.[1042]

1. Rechtsnatur der Abfindung

Fraglich ist, welche Rechtsnatur der Abfindungsanspruch nach §§ 9, 10 KSchG hat. Begrifflich sind Abfindungen solche Zuwendungen, die ein Arbeitgeber an einen Arbeitnehmer anlässlich der Auflösung des Dienstverhältnisses zahlt und die in

---

1037 Im Eherecht ist eine Entscheidung über den nachehelichen Unterhalt hingegen keine zwingende Folge der gerichtlichen Ehescheidung. Über den Unterhalt kann jedoch im Verbundverfahren gemäß § 137 Abs. 2 Nr. 2 FamFG im gleichen Verfahren wie über die Scheidung entschieden werden. Eine gerichtliche Entscheidung über den Ehegattenunterhalt ist nicht zwingend, da es den Ehegatten offen steht zwar eine gerichtliche Auflösung des Eheverhältnisses zu begehren, den Unterhalt aber autark, zum Beispiel in einem Ehevertrag, zu regeln und damit ganz auf die Anwendung der Unterhaltsregelungen zu verzichten oder diese zu modifizieren. Siehe dazu: Heiß/Born/*Langenfeld*, Unterhaltsrecht, Kap. 15 Rn. 5.

1038 BAG, AP Nr. 4 zu § 62 ArbGG; a.A. LAG Berlin, BB 1986, 672; Ascheid/Preis/Schmidt/*Biebl*, Kündigungsrecht, § 10 KSchG Rn. 41.

1039 Schwarze/Eylert/Schrader/*Schwarze*, KSchG, § 10 Rn. 27. Nach der Ansicht des Bundesarbeitsgerichts und der herrschenden Literatur muss der Arbeitgeber überdies auch dann die Abfindung zahlen, wenn der Arbeitnehmer zwar vor dem Zeitpunkt des § 9 Abs. 2 KSchG stirbt, das Auflösungsurteil zu diesem Zeitpunkt aber schon formal rechtskräftig ist. Der Abfindungsanspruch gehe dann auf die Erben über; BAG, NZA 1988, 466, 468; Ascheid/Preis/Schmidt/*Biebl*, Kündigungsrecht, § 9 Rn. 17; *Reiter*, BB 2006, 42, 47; a.A.: Schwarze/Eylert/Schrader/*Schwarze*, § 9 Rn. 28.

1040 KR/*Biebl*, § 10 KSchG Rn. 34.

1041 *Günther*, ArbuR 1974, 97, 107; *Lauerbach*, Die Rechtsnatur und der Streitgegenstand der Klage nach § 3 Satz 1 KSchG, S. 132.

1042 *Pauly*, ArbuR 2007, 155, 156; Schwarze/Eylert/Schrader/*Schwarze*, KSchG, § 9 Rn. 79.

kausalem Zusammenhang mit der Vertragsauflösung stehen.[1043] Diese Zuwendungen erhält der Arbeitnehmer nach der Definition des BSG über die vertragsgemäß verdienten Ansprüche hinaus, ohne dass diese einen konkreten materiellen oder immateriellen Nachteil des Arbeitgebers ausgleichen müssen.[1044] Zweifelsohne handelt es sich zunächst einmal um eine zivilrechtliche Geldforderung.[1045] Die genaue Einordnung ist hingegen strittig. Zumeist wird der Abfindungsanspruch als Entschädigung eigener Art angesehen, während andere davon ausgehen es handele sich um einen Ersatz für den Verlust des eigentlichen Arbeitsentgelts. Teilweise wird die Abfindung auch als vertraglicher oder deliktischer Schadensersatzanspruch angesehen.

a. Entschädigung eigener Art

Verbreitet wird vertreten, die Kündigungsabfindung nach §§ 9, 10 KSchG stelle eine Entschädigung eigener Art für die Auflösung des Arbeitsverhältnisses dar.[1046] Teilweise wird auch der Begriff des „sozialen Schmerzensgeldes"[1047] oder des „verschuldensunabhängigen vertraglichen Schmerzensgeldes"[1048] zur Konkretisierung des Begriffs der Entschädigung verwandt. Der Begriff der Entschädigung wurde bereits von den Vorgängerregelungen des KSchG, dem BRG von 1920 und dem AOG sowie den einzelnen Gesetzen in der Nachkriegszeit, verwandt. Diesem Begriff liegt die generelle Idee zu Grunde, dass die Zuwendung einen Schaden ausgleicht, der durch den Wegfall von Einnahmen entstanden ist.[1049] Eine Entschädigung beruht begrifflich aber nicht auf bereits verdienten Ansprüchen, sondern vielmehr auf einer neuen Rechts- oder Billigkeitsgrundlage und muss nicht in einem errechenbaren Verhältnis zu den entgangenen oder entgehenden Einnahmen stehen.[1050] Diese Entschädigung soll auf der einen Seite den Arbeitgeber wegen der unwirksamen Kündigung des Arbeitsverhältnisses belasten und einen Faktor darstellen,

---

1043 BSG v. 13.10.1978 – VI R 91/77 – Juris; DB 1980, 906, 907; *Offerhaus*, DB 1982, Beilage 10, 1, 2.

1044 BSG, DB, 1977, 1829; v. 13.10.1978 – VI R 91/77 – Juris; Vgl. auch *Offerhaus*, DB 1982, Beilage 10, 1, 2.

1045 Schwarze/Eylert/Schrader/*Schwarze*, KSchG, § 10 Rn. 26.

1046 BAG, BB 1971, 959; BAG, AP Nr. 2 zu § 9 KSchG 1969; NZA 1985, 394, 395; *Ammermüller*, DB 1975, Beilage 10, 1, 5; *Ascheid*, Kündigungsschutzrecht, Rn. 791; *Auffarth*, DB 1969, 528, 531; *Brill*, DB 1981, 2326; *Busemann/Schäfer*, Kündigung und Kündigungsschutz, Rn. 706; *Kaufmann*, BB 1952, 750, 752; *Lepke*, BB 1990, 273, 274; *Pauly*, ArbuR 2007, 155; *Redeker*, BB 1986, 1219, 1220; *Reinecke*, Anm. zu BAG, ArbuR 1985, 401, 403; *K. H. Schmidt*, DB 1965, 1629, 1630; *Vogt*, BB 1975, 1581, 1583.

1047 *Belling*, DB 1985, 1890, 1891; *ders.*, Anm. zu BAG, EzA § 9 KSchG n.F. Nr. 15, 110; *Oehmann*, RdA 1952, 93, 95.

1048 *Duvigneau*, Die gerichtliche Auflösung des Arbeitsverhältnisses, S. 68 f.

1049 *Offerhaus*, DB 1982, Beilage 10, 1, 2.

1050 *Offerhaus*, DB 1982, Beilage 10, 1, 2.

der ungerechtfertigten Auflösungen des Arbeitsverhältnisses entgegenwirkt,[1051] auf der anderen Seite aber auch dem Arbeitnehmer einen pauschalen Ausgleich für die Vermögens- und Nichtvermögensschäden, die aus dem Verlust des Arbeitsplatzes resultieren, gewähren und ihm den Übergang in ein neues Arbeitsverhältnis durch eine erträglichere Gestaltung der Nachteile der Beendigung des alten Arbeitsverhältnisses erleichtern.[1052] Hinsichtlich der dem Arbeitnehmer entstehenden Schäden ist hier ist zum Beispiel auch an soziale Einbußen, wie den Abschied von Arbeitskollegen und den Verlust der vertrauten Umgebung, die Unbequemlichkeit eines neuen Arbeitsplatzes, den sich aus dem Wechsel ergebenden Übergangsschwierigkeiten und unter Umständen auch den Wohnungswechsel zu denken.[1053] Eine Entschädigung weist demnach stets auch einen gewissen Abgeltungscharakter auf[1054] und wird auch als „Kaufpreis“ für den Abkauf des Arbeitsplatzes verstanden.[1055]

b. Ersatz für den Verlust des eigentlichen Arbeitsentgeltes

In der Literatur wird die nach §§ 9, 10 KSchG vom Arbeitgeber zu zahlende Kündigungsabfindung, insbesondere von *Günther*, als pauschaliertes Übergangs- oder Überbrückungsgeld bezeichnet, das einen lohnrechtlichen Charakter habe und wirtschaftlich und rechtlich wie Arbeitsentgelt zu behandeln sei.[1056] Die Abfindung, als Ausdruck des Bestandsschutzes des Arbeitsverhältnisses, trete an die Stelle des Arbeitsentgeltes, das der Arbeitnehmer verdient hätte, wenn das Arbeitsverhältnis nicht gerichtlich aufgelöst worden wäre und soll dem Arbeitnehmer den Lebensunterhalt bis zum Auffinden einer neuen Arbeitsstelle sichern.[1057] Für diese Einordnung spreche allein die Bezeichnung als Abfindung in §§ 9, 10 KSchG, die die frühere Terminologie der Entschädigung vor Schaffung des KSchG von 1951 ersetzte.[1058] Auch die von §§ 9, 10 KSchG vorgesehene vereinfachte Pauschalabgeltung in Form einer Einmalzahlung spreche nicht gegen eine lohnrechtliche Bewertung und sei darüber hinaus nicht zwingend. Die Einmalzahlung könne ohne weiteres durch

1051 *Belling*, DB 1985, 1890, 1891; *ders.*, Anm. zu BAG, EzA § 9 KSchG n.F. Nr. 15, 110 f.; *Timke*, Bestandsschutz im Arbeitsverhältnis, S. 126.

1052 BAG, AP Nr. 2 zu § 9 KSchG 1969; AP Nr. 10 zu § 850 ZPO; *Belling*, DB 1985, 1890, 1891.

1053 *Belling*, DB 1985, 1890, 1891; *Duvigneau*, Die gerichtliche Auflösung des Arbeitsverhältnisses, S. 68 f.; *Kreßel*, NZA 1997, 1138, 1140.

1054 *Fahl*, Abfindungszahlung, S. 19, 21.

1055 *Reiter*, BB 2006, 42, 44.

1056 *Günther*, BB 1961, 1053, 1054; ArbuR 1974, 97, 107.

1057 *Günther*, BB 1961, 1053, 1054; ArbuR 1974, 97, 107; *D. Kaiser*, in: Familienschutz und Familienverträglichkeit des Arbeitsrechts, § 5 Rn. 46.

1058 *Günther*, BB 1961, 1053, 1054. Dagegen wendet sich *Vogt*, BB 1975, 1581, 1583, der davon ausgeht, dass kein überzeugender Grund für die begriffliche Änderung erkennbar sei.

eine Regelung ersetzt werden, die den Arbeitgeber verpflichtet die Abfindung in monatlichen oder wöchentlichen Raten an den Arbeitnehmer zu zahlen.[1059]

Dieser Einordnung wird vereinzelt gefolgt, in der Argumentation aber ein anderer Weg gewählt. Während *Günther* davon ausgeht, dass zumindest vertragliche Schadensersatzansprüche wegen des Verlustes des Arbeitsplatzes für die Zeit nach der gerichtlichen Auflösung des Arbeitsverhältnisses durch die Abfindung ausgeschlossen seien,[1060] geht die sich *Günther* grundsätzlich anschließende Meinung davon aus, dass bei der Einordnung der Abfindung als Lohnersatz darüber hinausgehende mittelbare Schäden des Arbeitnehmers, wie zum Beispiel Jahrestantiemen, Gratifikationen, Ruhegeldanwartschaften, Aufwendungen für Erlangung eines neuen Arbeitsplatzes und ähnliche Positionen, gerade nicht ausgeschlossen seien, sondern daneben dem Schadensrecht unterstellt werden können. Insbesondere aufgrund der Parallelität von lohnähnlichen Ansprüchen und Schadensersatzansprüchen sei die lohnrechtliche Einordnung des Abfindungsanspruchs vorzugswürdig, da keine Konkurrenzprobleme aufträten.[1061]

c. Schadensersatz

Teilweise wird vertreten, dass es sich bei der Kündigungsabfindung um einen vertraglichen oder deliktischen Schadensersatzanspruch handele.[1062] In Abgrenzung zu der Entschädigung, als welche die Kündigungsabfindung wie oben gesehen zumeist eingestuft wird, ist der Begriff des Schadensersatzes enger. Obgleich ein Schadensersatzanspruch im gewöhnlichen Sprachgebrauch auch stets eine Entschädigung darstellt, ist nicht jede Entschädigung auch ein Schadensersatzanspruch im juristischen Sinne.[1063] Ein Schadensersatz erfordert zudem den Nachweis eines Verschuldens des Antragsgegners sowie einer Darlegung und Bezifferung des entstandenen Schadens i.S.d. §§ 249 ff. BGB.[1064]

d. Arbeitsrechtlicher Anspruch sui generis

In der Literatur wird schließlich erwogen, die Kündigungsabfindung nach §§ 9, 10 KSchG als arbeitsrechtlichen Anspruch sui generis einzustufen.[1065] Ein solcher

1059 *Günther*, BB 1961, 1053, 1054.

1060 *Günther*, ArbuR 1974, 97, 107.

1061 *Gumpert*, Anm. zu BAG, BB 1971, 960 f. Vgl. detailliert zu der Konkurrenz der Kündigungsabfindung nach §§ 9, 10 KSchG zu anderen Ansprüchen bei Beendigung des Arbeitsverhältnisses unten Vierter Teil, D.II.3.

1062 So *Lange*, JW 1922, 557 f., allerdings zur Entschädigung nach dem BRG v. 1920.

1063 *Vogt*, BB 1975, 1581, 1583.

1064 *Duvigneau*, Die gerichtliche Auflösung des Arbeitsverhältnisses, S. 55 f.; *Lauerbach*, Die Rechtsnatur und der Streitgegenstand der Klage nach § 3 Satz 1 KSchG, S. 127, 132 ff.

1065 *Lauerbach*, Die Rechtsnatur und der Streitgegenstand der Klage nach § 3 Satz 1 KSchG, S. 129 ff.

zeichne sich dadurch aus, dass der Anspruch mit der gerichtlichen Auflösung des Arbeitsverhältnisses bei sozialwidriger Kündigung entstehe, ohne dass es zu seiner Entstehung eines Urteils bedürfe. Dieser Anspruch sei also vor dem Erlass der zur Abfindung verurteilenden gerichtlichen Entscheidung und ab gerichtlicher Auflösung des Arbeitsverhältnisses ein selbstständiger klagbarer Anspruch, vergleichbar mit dem Ausgleichanspruch des Handelsvertreters nach § 89b HGB.[1066]

e. *Stellungnahme*

Die vom Arbeitgeber nach §§ 9, 10 KSchG zu zahlende Abfindung ist nicht als besonderer arbeitsrechtlicher Anspruch sui generis einzustufen. Die Voraussetzungen, die ein solcher Anspruch nach der Literaturansicht aufweisen muss, sind nicht erfüllt. Der Gesetzgeber des KSchG wollte dem Arbeitnehmer kein materiell-rechtliches, durch bestimmte Tatsachen definiertes Recht auf Abfindung geben, welches dazu führt, dass die Verurteilung des Arbeitgebers zur Abfindungszahlung rein deklaratorischer Natur wäre. Vielmehr enthält § 9 KSchG keine materiell-rechtlichen Voraussetzungen allein für die Entstehung des Abfindungsanspruchs. Das Vorliegen der materiell-rechtlichen Voraussetzungen des § 9 KSchG ist erforderlich für die Auflösung des Arbeitsverhältnisses; die Verurteilung zur Abfindungszahlung bei Auflösung des Arbeitsverhältnisses erfolgt von Amts wegen.[1067] Überdies spricht auch die fehlende Klageantragspflicht des Arbeitnehmers gerichtet auf die Abfindungszahlung aus § 308 ZPO i.V.m. § 46 Abs. 2 ArbGG gegen einen selbstständigen arbeitsrechtlichen Anspruch sui generis.[1068]

Die Abfindung hat auch keinen schadensersatzrechtlichen Charakter. Die Grundlage des Anspruchs auf Kündigungsabfindung nach §§ 9, 10 KSchG ist nicht die sozialwidrige Kündigung des Arbeitgebers als relevante Pflichtverletzung, sondern die Auflösung durch das gerichtliche Urteil.[1069] Auf dieses arbeitsgerichtliche Urteil kann aber kein Schadensersatzanspruch gegen den Arbeitgeber gestützt werden. Durch

---

1066 *Lauerbach*, Die Rechtsnatur und der Streitgegenstand der Klage nach § 3 Satz 1 KSchG, S. 129 ff.

1067 *Lauerbach*, Die Rechtsnatur und der Streitgegenstand der Klage nach § 3 Satz 1 KSchG, S. 134 f.

1068 *Lauerbach*, Die Rechtsnatur und der Streitgegenstand der Klage nach § 3 Satz 1 KSchG, S. 135 f.

1069 *Ammermüller*, DB 1975, Beilage 10, 1, 5. Eine Pflichtverletzung des Arbeitgebers i.S.d. § 280 Abs. 1 S. 1 BGB mit entsprechender Schadensersatzpflicht kommt zum Beispiel bei einer Druckkündigung in Betracht, wenn der Arbeitgeber die der Druckkündigung zu Grunde liegende Situation selbst herbeigeführt hat. Vgl. Schwarze/Eylert/Schrader/*Schwarze*, KSchG, § 1 Rn. 340. Bei einer Beendigung des Arbeitsverhältnisses, die auf einem Auflösungsverschulden des anderen Vertragspartners beruht ist überdies stets an einen Schadensersatzanspruch aus § 628 Abs. 2 BGB zu denken. Zu dem Verhältnis der Abfindung gemäß §§ 9, 10 KSchG zu dem Schadensersatzanspruch aus § 628 Abs. 2 BGB siehe unten: Vierter Teil, D.II.3.c.

die Zwischenschaltung der gerichtlichen Entscheidung wird vielmehr der Rechtswidrigkeitszusammenhang zwischen einem möglichen Auflösungsverschulden des Kündigenden und dem Schaden unterbrochen, der dem Gekündigten durch die gerichtliche Auflösung des Arbeitsverhältnisses entsteht.[1070] Überdies erfordert die Kündigungsabfindung auch weder einen konkreten Schaden i.S.d. §§ 249 ff. BGB des Arbeitnehmers noch ein Verschulden des Arbeitgebers[1071], was Voraussetzungen des Schadensersatzanpruches im herkömmlichen Sinne sind.[1072]

Schließlich ist die Abfindung auch nicht als Übergangsarbeitsentgelt mit lohnrechtlichem Charakter, sondern als Entschädigung eigener Art anzusehen.[1073] Dies ergibt sich sowohl aus der prozessrechtlichen Betrachtung im Hinblick auf die anwendbaren Pfändungsvorschriften, der Behandlung der Abfindung in der Insolvenz und im Prozesskostenhilfeverfahren, als auch aus der steuer- und sozialrechtlichen Einordnung der Abfindung.

aa. Prozessrechtliche Argumentation

Der Ansicht, die eine lohnrechtliche Einordnung der Abfindung annimmt, ist zwar insofern zuzustimmen, dass die Abfindung in prozessrechtlicher Hinsicht als Arbeitseinkommen nach § 850 Abs. 2 ZPO einzustufen ist und somit dem Pfändungsschutz nach §§ 850 ff. ZPO unterliegt.[1074] Allerdings ist diesbezüglich festzustellen, dass die Abfindung einerseits nicht wie klassisches Arbeitsentgelt dem

---

1070 BAG, AP Nr. 2 zu § 9 KSchG 1969, Rn. 36; LAG Köln, LAGE § 10 KSchG Nr. 4.

1071 Auch im Eherecht sind die Scheidungsfolgen weitestgehend von einem Verschulden der Ehepartner unabhängig. Der nacheheliche Unterhalt ist gemäß § 1569 BGB vom Grundsatz der Eigenverantwortung geprägt, nachdem als Konsequenz des verschuldensunabhängigen Scheidungsgrunds jeder Ehegatte für seinen Lebensunterhalt grundsätzlich selbst verantwortlich ist. Obgleich die Scheidungsgründe dem Zerrüttungsprinzip folgend verschuldensunabhängig ausgestaltet sind, ist ein darauf basierendes ebenfalls verschuldensunabhängig ausgestaltetes Scheidungsfolgenrecht aber nicht zwingend, sondern kann gerade im Unterhaltsrecht eher zu Argumentationsschwierigkeiten führen. Dies begründet sich damit, dass der nacheheliche Unterhalt – im Gegensatz zum Versorgungs- und Zugewinnausgleich – einer in die Zukunft wirkenden Rechtfertigung bedarf. Ist der nacheheliche Unterhalt verschuldensabhängig ausgestaltet, rechtfertigt er sich als Schadensersatz wegen Nichterfüllung ehelicher Verpflichtungen. Ein verschuldensunabhängiger nachehelicher Unterhalt lässt sich hingegen lediglich auf eine fortwirkende nacheheliche Solidarität stützen, die der Prämisse der Stärkung der Eigenverantwortlichkeit aus § 1569 BGB widerspricht. Siehe dazu Staudinger/*Rauscher*, Vorbem. zu §§ 1564 ff. BGB Rn. 28 ff.

1072 *Duvigneau*, Die gerichtliche Auflösung des Arbeitsverhältnisses, S. 55 f.; *Lauerbach*, Die Rechtsnatur und der Streitgegenstand der Klage nach § 3 Satz 1 KSchG, S. 127, 132 ff.

1073 So auch *Diekhoff*, ArbuR 1961, 103, 106.

1074 BAG, AP Nr. 1 zu § 850 ZPO; NJW 1997, 1868, 1869; a.A. *K. H. Schmidt*, DB 1965, 1629, 1631.

Pfändungsschutz des § 850c ZPO unterliegt, sondern vielmehr als nicht wiederkehrend zahlbare Vergütung für persönlich geleistete Arbeiten oder Dienste nach § 850i Abs. 1 ZPO eingestuft wird.[1075] Andererseits dienen die Pfändungsschutzvorschriften der §§ 850 ff. BGB der Sicherung der Existenz und des Lebensunterhalts des Arbeitnehmers; der Sicherung des Arbeitnehmers dienen aber grundsätzlich alle Leistungen des Arbeitgebers. Deswegen fallen unter den Begriff des Arbeitsentgeltes i.S.d. § 850 Abs. 2 ZPO nicht nur der eigentliche Arbeitslohn, sondern auch alle sonstigen auf Geld gerichteten Ansprüche des Arbeitnehmers, die sich aus dem Arbeitsverhältnis ergeben, wie zum Beispiel Treueprämien, Weihnachtsgratifikationen (§ 850a Nr. 4 ZPO) oder Karenzentschädigungen für die Zeit nach Beendigung des Arbeitsverhältnisses (§ 850 Abs. 3a ZPO).[1076] Aus den Regelungen der §§ 850 ff. ZPO ergibt sich somit, dass diese Normen möglichst umfassend alle in Betracht kommenden Ansprüche aus dem Arbeitsverhältnis erfassen sollen und der Umstand, dass die Kündigungsabfindung nach §§ 9, 10 KSchG von § 850i ZPO erfasst wird, somit keinen Rückschluss auf deren lohnrechtliche Rechtsnatur zulässt.

bb. Insolvenzrechtliche Argumentation

Überdies gilt auch die insolvenzrechtliche Privilegierung des Arbeitslohns als Masseforderung nach § 53 InsO nicht für Abfindungen. Die Kündigungsabfindung stellt eine einfache Insolvenzforderung (§ 38 InsO) dar, die nicht wie die Masseforderung gemäß § 53 InsO vorrangig zu befriedigen ist.[1077] Somit ist die Abfindung auch in insolvenzrechtlicher Hinsicht nicht dem Arbeitslohn gleichgestellt.

cc. Prozesskostenhilferechtliche Argumentation

Auch im Hinblick auf die Gewährung von Prozesskostenhilfe nimmt die Rechtsprechung und herrschende Literaturansicht keine Gleichbehandlung von Abfindungs- und Lohansprüchen vor. Während der Lohnanspruch des Arbeitnehmers als Einkommen i.S.d. § 115 Abs. 1 ZPO anzusehen ist, wird die Kündigungsabfindung – mit gewissen Einschränkungen – als Vermögen i.S.d. § 115 Abs. 3 ZPO behandelt.[1078]

1075 BAG, DB 1959, 1007; LAG Schleswig-Holstein, NZA-RR 2006, 371. Gegen eine Anwendung von § 850i ZPO: *Lauerbach*, Die Rechtsnatur und der Streitgegenstand der Klage nach § 3 Satz 1 KSchG, S. 147.

1076 BAG v. 13.11.1991 – 4 AZR 39/91 – Juris.

1077 ErfK/*Müller-Glöge*, Einführung InsO Rn. 40, 47. Die Kündigungsabfindung ist hingegen Masseforderung nach § 55 Abs. 1 Nr. 1 InsO, wenn der Insolvenzverwalter die Kündigung ausgesprochen, den Auflösungsantrag gestellt oder den Grund für den Auflösungsantrag des Arbeitnehmers gesetzt hat. Vgl. dazu Schwarze/Eylert/Schrader/*Schwarze*, KSchG, § 10 Rn. 32.

1078 Das BAG, AP Nr. 1 zu § 115 ZPO, berücksichtigt jedoch, dass durch den Verlust des Arbeitsplatzes typischerweise Kosten anfallen, so dass nicht die gesamte Abfindung als Vermögen anzusehen ist, sondern vielmehr auf einen Schonbetrag abzustellen ist, der sich am Schonbetrag für Ledige nach der Durchführungsverordnung

dd. Steuerrechtliche Argumentation

Die Veränderungen in der steuerrechtlichen Behandlung der Kündigungsabfindung könnten auf den ersten Blick für eine (nunmehr) lohnrechtliche Einordnung der Abfindung durch den Gesetzgeber sprechen. Bis zum 01.01.2006 unterlag die Kündigungsabfindung nach §§ 9, 10 KSchG gemäß § 3 Nr. 9 des Einkommensteuergesetzes (EStG) nur in begrenztem Umfang der Einkommensteuerpflicht;[1079] diese Privilegierung hat der Gesetzgeber nunmehr abgeschafft. Obgleich in der Gesetzesbegründung darauf abgestellt wird, dass gerade auch der bei Fortbestand des Dienstverhältnisses gezahlte Arbeitslohn steuerpflichtig wäre und es somit wenig sachgerecht ist die Abfindung zu privilegieren,[1080] kann aus dieser Formulierung gerade keine Gleichstellung von Abfindungs- und Lohnansprüchen gefolgert werden. Das Gesetz bezweckt nämlich in keiner Weise eine rechtliche Gleichstellung von Lohn- und Abfindungsansprüchen, sondern dient vielmehr der Verbreiterung beziehungsweise Stabilisierung der Steuerbasis und der Rechtsvereinfachung. Diese Ziele sollen im Interesse der Steuergerechtigkeit durch den Abbau unnötiger Steuersubventionen erreicht werden, um die Verschuldung der öffentlichen Haushalte nachhaltig zu begrenzen, die Wachstumskräfte zu stärken und die Staatsfinanzen auf lange Sicht zu konsolidieren.[1081] Bei Betrachtung der nunmehr abgeschafften Regelung des § 3 Nr. 9 EStG fällt überdies auf, dass Zuwendungen, die dem Grunde nach dem Abfindungsbegriff des § 3 Nr. 9 EStG a.F. unterfielen, hinsichtlich des Betrages, der die in der abgeschafften Norm genannten Höchstbeträge überschritt, grundsätzlich nach § 24 Nr. 1a EStG steuerbegünstigt waren.[1082] Dieser Umstand macht die inhaltliche und auch materiell-rechtliche Nähe beziehungsweise Überschneidung der Begrifflichkeiten der Abfindung und der Entschädigung deutlich.[1083]

ee. Sozialrechtliche Argumentation

In sozialrechtlicher Hinsicht ist die Kündigungsabfindung nach §§ 9, 10 KSchG nach höchstrichterlicher Rechtsprechung nicht, wie der Arbeitslohn, als beitragspflichtiges Arbeitsentgelt gemäß § 14 Abs. 1 des Vierten Sozialgesetzbuches (SGB IV)

---

zu § 90 Abs. 2 Nr. 9 SBG XII orientiert. So auch LAG Niedersachsen, LAGE Nr. 32 zu § 120 ZPO; LAG Rheinland-Pfalz, FamRZ 2004, 466; Schwarze/Eylert/Schrader/*Schwarze*, KSchG, § 10 Rn. 34. Für die Einordnung als Einkommen i.S.d. § 115 Abs. 1 ZPO: OLG Karlsruhe, FamRZ 2002, 1196; Zöller/*Geimer*, ZPO, § 115 Rn. 5; *Pauly*, ArbuR 2007, 155, 156. Vgl. zu weiteren Einzelheiten: Zöller/*Geimer*, ZPO, § 115 Rn. 5.

1079 Siehe zu der alten Rechtslage: *Offerhaus*, DStZ 1981, 445 ff.

1080 BT-Drucks. 16/105, S. 4.

1081 BT-Drucks. 16/105, S. 4.

1082 *Offerhaus*, DB 1982, Beilage 10, 1, 2.

1083 *Vogt*, BB 1975, 1581 ff., stellt heraus, dass der Gesetzgeber den Begriff der Abfindung zahlreich synonym mit dem Begriff der Entschädigung versteht.

anzusehen, da sie keiner Arbeitsleistung als Entgelt zugeordnet werden kann.[1084] Da es sich bei der Abfindung nicht um Arbeitsentgelt i.S.d. § 14 Abs. 1 SGB IV handelt, sind diesbezüglich keine Beiträge zur Sozialversicherung, also zur Kranken-, Renten- und Arbeitslosenversicherung, zu leisten.[1085] Die Einordnung der Kündigungsabfindung als sozialversicherungspflichtiges Arbeitsentgelt wäre auch wenig sachgerecht, da die Abfindung erst am Ende des Kündigungsschutzverfahrens in Bestand und Höhe vom Gericht ausgeurteilt wird und diese öffentlich-rechtlichen Beiträge somit rückwirkend zum Zeitpunkt der Beendigung des Arbeitsverhältnisses nach § 9 Abs. 2 KSchG beziehungsweise der später liegenden Verkündung des Urteils anfielen. Diese Beiträge fielen weiter an, ohne dass überhaupt eine Versicherungspflicht besteht, da zum Zeitpunkt der Zahlung der Abfindung das streitgegenständliche Arbeitsverhältnis schon beendet ist. Die Verpflichtung der Arbeitsvertragsparteien zur Zahlung von Sozialversicherungsbeiträgen ohne Versicherungspflicht wäre aber widersprüchlich und sinnwidrig.[1086]

Die Kündigungsabfindung gemäß §§ 9, 10 KSchG lässt auch den Anspruch auf Arbeitslosengeld I unberührt.[1087] Aus § 158 SGB III ergibt sich, dass eine Kündigungsabfindung nur dann zu einem Ruhen des Anspruchs auf Arbeitslosengeld I führen kann, wenn eine Abfindung gezahlt wird und das Arbeitsverhältnis zusätzlich ohne Einhaltung – einer der ordentlichen Kündigungsfrist des Arbeitgebers entsprechenden – Frist beendet wird. Das ist bei der Kündigungsabfindung nach §§ 9, 10 KSchG gerade nicht der Fall, da diese in Verbindung mit der gerichtlichen Auflösung zum Kündigungstermin nach § 9 Abs. 2 KSchG gezahlt wird.[1088] Die Verhängung einer Sperrzeit wegen Arbeitsaufgabe gemäß § 159 Abs. 1 S. 1 Nr. 1 SGB III kommt in der Regel nicht in Betracht, da der gerichtlichen Auflösung des Arbeitsverhältnisses eine sozialwidrige Kündigung des Arbeitgebers zugrunde liegt. Stellt der Arbeitnehmer den Auflösungsantrag, so wird ihm ein wichtiger Grund i.S.d. § 159 Abs. 1 S. 1 Nr. 1 SGB III für die Beendigung seines Arbeitsverhältnisses zur Seite stehen, so dass die Verhängung einer Sperrzeit ebenfalls ausscheidet.

1084 BSG, NZA 1990, 751 f.; BAG, AP Nr. 6 zu § 10 KSchG 1969.

1085 BAG, AP Nr. 6 zu § 10 KSchG 1969.

1086 BAG, AP Nr. 6 zu § 10 KSchG 1969.

1087 Gleiches gilt für die Kündigungsabfindung gemäß § 1a KSchG. Siehe dazu ErfK/*Oetker*, § 1a KSchG Rn. 2. Für die sozialrechtliche Behandlung eines vertraglichen Abfindungsanspruchs außerhalb der Regelungen des § 1a KSchG oder einen gerichtlichen Abfindungsvergleich siehe Schwarze/Eylert/Schrader/*Schwarze*, KSchG, § 1a Rn. 46.

1088 Ein Ruhen des Arbeitslosengeldes I nach § 158 SGB III kommt lediglich bei einem Auflösungsantrag des Arbeitnehmers nach unwirksamer außerordentlicher Kündigung in Betracht, da das Arbeitsverhältnis in diesem Fall abweichend von § 9 Abs. 2 KSchG gemäß § 13 Abs. 1 S. 4 KSchG vor Ablauf der ordentlichen Kündigungsfrist beendet wird. Vgl. dazu Schwarze/Eylert/Schrader/*Schwarze*, KSchG, § 10 Rn. 34.

Auf das Arbeitslosengeld II, die Grundsicherung für Arbeitssuchende, ist die Kündigungsabfindung als Einkommen gemäß § 11 Abs. 2 des Zweiten Sozialgesetzbuches (SGB II) anzurechnen.[1089] Auch die gegenüber dem Arbeitslohn unterschiedliche Behandlung der Kündigungsabfindung in sozialrechtlicher Sicht spricht gegen die Einordnung der Kündigungsabfindung als Arbeitsentgeltanspruch mit lohnrechtlichem Charakter.

ff. Ergebnis

Die obigen Ausführungen haben gezeigt, dass sowohl die prozessrechtliche und die insolvenzrechtliche Betrachtung als auch der Blick auf das Prozesskostenhilferecht, das Steuerrecht und das Sozialrecht für eine Einordnung der Abfindung als Entschädigung eigener Art ohne lohnrechtlichen Charakter sprechen.

Gegen die Einordnung als lohnrechtlicher Anspruch sprechen neben diesen speziellen Erwägungen auch rein dogmatische Erwägungen des allgemeinen Zivilrechts. Die Kündigungsabfindung wird nicht als Gegenleistung für erbrachte Arbeitsleistung oder aufgrund der Nichtannahme zumindest angebotener Arbeitsleistung gezahlt; sie steht nicht im direkten synallagmatischen Verhältnis zur erbrachten Arbeitsleistung im Rahmen des gegenseitigen Arbeitsverhältnisses.[1090] Dieses fehlende Gegenseitigkeitsverhältnis wird auch dadurch deutlich, dass die Höhe der Abfindung nicht in erster Linie von der erbrachten Arbeitsleistung abhängt, sondern vom Gericht unter Berücksichtigung von Billigkeitsgesichtspunkten festzusetzen ist. Darüber hinaus ist es dogmatisch schwer erklärbar, warum ein Anspruch in der Art eines vertraglichen Primäranspruchs erst und allein dann entstehen soll, wenn das Arbeitsverhältnis gemäß §§ 9, 10 KSchG aufgelöst werden soll.[1091] Auch wird die Abfindung nicht – wie für den Lohnanspruch typisch – in einzelnen Etappen, sondern vielmehr als Einmalzahlung gewährt. Bei der Einordnung der Abfindung als lohnrechtlichen Anspruch ließe sich schließlich auch der Ausschluss weiterer, mit der Beendigung in Zusammenhang stehender Ansprüche schwieriger begründen, da diese nicht als besonderer Abgeltungsanspruch aller Nachteile angesehen werden könnte. Diese Einschätzung wurde auch indirekt durch das Landesarbeitsgericht Düsseldorf bestätigt, das davon ausgeht, dass eine Abtretungsvereinbarung, die unter anderem eine Abtretung von Lohn-, Gehalts-, Pensions- und sonstigen Entgeltansprüchen vorsieht, die Kündigungsabfindung mangels lohnrechtlichem Charakter gerade nicht erfasst.[1092]

Die Kündigungsabfindung nach §§ 9, 10 KSchG ist somit weder als vertraglicher oder deliktischer Schadensersatzanspruch noch als Übergangsentgelt mit lohnrechtlichem Charakter, sondern vielmehr als Entschädigung eigener Art anzusehen.

1089 BSG, NZA-RR 2009, 613, 614 f.

1090 So auch *Lauerbach*, Die Rechtsnatur und der Streitgegenstand der Klage nach § 3 Satz 1 KSchG, S. 130.

1091 *Duvigneau*, Die gerichtliche Auflösung des Arbeitsverhältnisses, S. 55.

1092 LAG Düsseldorf, LAGE Nr. 2 zu § 767 ZPO 2002.

2. *Höhe der Abfindung*

Gemäß § 9 Abs. 1 S. 1 a.E. KSchG hat das Arbeitsgericht den Arbeitgeber zur Zahlung einer angemessenen Abfindung zu verurteilen, deren Höchstgrenzen § 10 Abs. 1 und 2 KSchG festlegt. Gemäß § 10 Abs. 1 KSchG ist grundsätzlich eine Abfindung von bis zu zwölf Monatsverdiensten festzusetzen, wobei § 10 Abs. 2 KSchG für Arbeitnehmer, die ein gewisses Lebensalter überschritten haben und über eine bestimmte Beschäftigungsdauer verfügen, auch die Festsetzung einer Abfindung von bis zu 18 Monatsverdiensten zulässt.[1093]

a. Ermittlung mit Hilfe von Faktoren

Für die Ermittlung der Höhe der Abfindung sind verschiedene Faktoren zu beachten, die in §§ 9, 10 KSchG jedoch nicht genannt sind. Eine Aufzählung einzelner Faktoren, zum Beispiel die Dauer der Betriebszugehörigkeit des Arbeitnehmers sowie die wirtschaftliche Lage der Arbeitsvertragsparteien, fand sich zwar noch in § 8 Abs. 2 KSchG von 1951. Von einer Aufzählung der relevanten Faktoren wurde bei der Überarbeitung des KSchG 1969 aber abgesehen, da insbesondere das Kriterium der damals noch erwähnten wirtschaftlichen Lage der Arbeitsvertragsparteien als nicht unmittelbar für das Arbeitsverhältnis relevant und somit als wenig sachgerecht eingeschätzt wurde.[1094] Die Ermittlung der Höhe der Abfindung wurde vielmehr ohne legislative Auslegungsmaxime oder Regelsätze in das pflichtgemäße Ermessen des Gerichts gestellt.[1095] Dies sei vor allem deswegen sinnvoll, weil die verschiedenen Fälle der Auflösung des Arbeitsverhältnisses, insbesondere im Hinblick auf die Verantwortung der Parteien, zu unterschiedlich liegen und im jeden Einzelfall einer eigenen Bewertung bedürften.[1096] Allerdings haben sich in der Rechtsprechung einige typischerweise zu berücksichtigende Faktoren herausgebildet, die sich in die im Folgenden dargestellten Fallgruppen zusammenfassen lassen.

1093 Gemäß § 10 Abs. 1 KSchG ist grundsätzlich eine Abfindung von bis zu zwölf Monatsverdiensten festzusetzen, wobei § 10 Abs. 2 KSchG für Arbeitnehmer, die ein gewissen Lebensalter überschritten haben und über eine bestimmte Beschäftigungsdauer verfügen, auch die Festsetzung einer Abfindung von bis zu 18 Monatsverdiensten zulässt. Zu den Einzelheiten der Bestimmung des Monatsverdienstes siehe Schwarze/Eylert/Schrader/*Schwarze*, KSchG, § 10 Rn. 11 ff.

1094 vgl. BT-Drucks. V/3913, 9. Siehe dazu auch oben: Vierter Teil, A.IV.2.b.

1095 *Brill*, DB 1981, 2326. In Vergleichsverhandlungen wird in Anlehnung an die Regelung des § 1a Abs. 2 KSchG häufig von einer Abfindungshöhe von einem halben Monatsgehalt pro Beschäftigungsjahr ausgegangen. Dieser Wert könne jedoch nicht einer gerichtlich zu bestimmenden Auslegung als Regelwert zu Grunde gelegt werden. Vgl. LAG Köln, NZA 1995, 993; LAGE § 10 KSchG Nr. 4; *Pauly*, ArbuR 1997, 145, 146.

1096 Schwarze/Eylert/Schrader/*Schwarze*, KSchG, § 10 Rn. 1.

aa. Umstände in der Person der Arbeitsvertragsparteien

Der Aufzählung der Betriebszugehörigkeit, des Lebensalters, der Absicherung durch (Alters-) Versorgungsleistungen und der Höhe des Arbeitsentgelts des Arbeitnehmers in § 10 Abs. 2 KSchG lässt sich entnehmen, dass diese Umstände für die Bemessung der Abfindung relevante Faktoren darstellen können.[1097] Die Betriebszugehörigkeit und das Lebensalter sind regelmäßig zu Gunsten des Arbeitnehmers abfindungserhöhend zu beachten, da seine Beschäftigungsalternativen mit zunehmender Bindung an einen Arbeitgeber und steigendem Lebensalter in der Regel abnehmen.[1098] Auch weitere Sozialdaten des Arbeitnehmers, die dessen Vermittelbarkeit am Arbeitsmarkt unmittelbar beeinflussen, wie zum Beispiel dessen Schwerbehinderung, Krankheit, Ausbildung, Unterhaltspflichten oder Familienverhältnisse, können Berücksichtigung finden.[1099] Keine Berücksichtigung findet hingegen grundsätzlich die allgemeine wirtschaftliche Lage des Arbeitnehmers, also zum Beispiel eine Verschuldung oder vorhandenes Vermögen, die noch im KSchG von 1951 als relevanter Faktor genannt wurde, da dieser Umstand in keinem Zusammenhang mit der Auflösung des Arbeitsverhältnisses steht.[1100] Eine Ungleichbehandlung finanziell gut aufgestellter und finanziell schwächerer Arbeitnehmer sei wenig sachgerecht, da das Arbeitsverhältnis für alle Arbeitnehmer die wesentliche Grundlage der wirtschaftlichen Lebensführung darstelle und sein Verlust deshalb in gleicher Weise zu entschädigen sei.[1101] Dies kann jedoch anders beurteilt werden, wenn konkrete wirtschaftliche Schwierigkeiten des Arbeitnehmers auf einem zurechenbaren Verhalten des Arbeitgebers beruhen.[1102]

1097 *Ascheid*, Kündigungsschutzrecht, Rn. 814; *Bernhardt*, Alternativen zur Kündigung, Rn. 572; *Brill*, DB 1981, 2326; *M. A. Horn*, NZA 2012, 186, 187; Schwarze/Eylert/Schrader/*Schwarze*, KSchG, § 10 Rn. 4, 17; KR/*Spilger*, § 10 KSchG Rn. 45 ff.

1098 LAG Niedersachsen v. 26.09.2003 – 3 Sa 1840/02 – Juris; Schwarze/Eylert/Schrader/*Schwarze*, KSchG, § 10 Rn. 18 f. Insofern ist auch der Aspekt der Belohnung von Betriebstreue beachtlich. *Kamanabrou*, in: Transparenz und Reform, § 3 Rn. 16.

1099 LAG Baden-Württemberg, Behindertenrecht 2003, 154, 156; LAG Niedersachsen v. 26.09.2003 – 3 Sa 1840/02 – Juris; *Bernhardt*, Alternativen zur Kündigung, Rn. 572; Schwarze/Eylert/Schrader/*Schwarze*, KSchG, § 10 Rn. 20; a.A. *Pauly*, ArbuR 1997, 145, 146. Kritisch dazu äußert sich Ascheid/Preis/Schmidt/*Biebl*, Kündigungsrecht, § 10 KSchG Rn. 24, der darauf hinweist, dass es ist nicht Aufgabe des Arbeitgebers, sondern vielmehr Aufgabe des Staates sei, soziale Defizite auszugleichen. Allenfalls bestehende Unterhaltspflichten und die Schwerbehinderung des Arbeitnehmers seien, entsprechend der Wertung des Gesetzgebers bei der Sozialauswahl nach § 1 Abs. 3 S. 1 KSchG, abfindungserhöhend zu berücksichtigen.

1100 LAG Köln, NZA 1995, 993; Ascheid/Preis/Schmidt/*Biebl*, Kündigungsrecht, § 10 KSchG Rn. 25; *Busemann/Schäfer*, Kündigung und Kündigungsschutz, Rn. 705; *Keßler*, NZA-RR 2002, 1, 12; *Pauly*, ArbuR 1997, 145, 146; KR/*Spilger*, § 10 KSchG Rn. 53.

1101 *Busemann/Schäfer*, Kündigung und Kündigungsschutz, Rn. 705.

1102 *Brill*, DB 1981, 2326, 2328; Schwarze/Eylert/Schrader/*Schwarze*, KSchG, § 10 Rn. 20.

Im Hinblick auf die Person des Arbeitgebers kann dessen wirtschaftliche Lage noch immer Einfluss auf die Bemessung der Abfindung haben, obgleich eine Streichung der noch expliziten Nennung im KSchG von 1951 mit der Überarbeitung des KSchG von 1969 vorgenommen wurde.[1103] Eine in der Unternehmensgröße zum Ausdruck kommende wirtschaftliche Leistungsfähigkeit des Arbeitgebers kann abfindungserhöhend wirken, während eine existenzbedrohende Notlage des Arbeitgebers, die zu einer Gefährdung weiterer Arbeitsplätze führt, zur Festsetzung einer niedrigeren Abfindung führen kann.[1104] Insgesamt ist die wirtschaftliche Lage des Arbeitgebers jedoch eher nachrangig heranzuziehen.[1105]

bb. Vor- und Nachteile der Auflösungsentscheidung für den Arbeitnehmer

Sowohl wirtschaftliche als auch ideelle Nachteile, die dem Arbeitnehmer konkret aus der Auflösung des Arbeitsverhältnisses auf dem jeweiligen Arbeitsmarkt erwachsen, können abfindungserhöhend wirken.[1106] In wirtschaftlicher Hinsicht müssen die Nachteile betrachtet werden, die unmittelbar mit der Beendigung des Arbeitsverhältnisses zusammenhängen und aus dem Verlust der Arbeitsverhältnisses selbst resultieren, wie zum Beispiel der Verlust der wirtschaftlichen Sicherheit eines sicher erscheinenden Arbeitsplatzes oder noch nicht unverfallbare Versorgungsanwartschaften, aber auch Gehaltseinbußen, Urlaubseinbußen, der Verlust einer langen Kündigungsfrist oder weitere Kosten die aus der Übernahme eines neuen Beschäftigungsverhältnisses erwachsen, zum Beispiel Umzugskosten, erhöhte Fahrtkosten, etc.[1107] In ideeller Hinsicht können sowohl der Verlust der vertrauten Umgebung, des Kontakts mit den Arbeitskollegen und des gesellschaftlichen Ansehens als auch psychische Probleme oder eine eventuelle auf der Auflösung beruhende Kränkung des Arbeitnehmers Einfluss auf die Höhe der Abfindung haben.[1108]

Als abfindungsmindernder Vorteil des Arbeitnehmers auf dem Arbeitsmarkt kann hingegen die Möglichkeit der Eingehung eines neuen Arbeitsverhältnisses,

---

1103 LAG Baden-Württemberg, Behindertenrecht 2003, 154, 156; *Pauly*, ArbuR 1997, 145, 146.

1104 BAG, RzK I 11c Nr. 13; *Busemann/Schäfer*, Kündigung und Kündigungsschutz, Rn. 705; *Keßler*, NZA-RR 2002, 1, 12.

1105 Schwarze/Eylert/Schrader/*Schwarze*, KSchG, § 10 Rn. 23.

1106 *Ammermüller*, DB 1975, Beilage 10, 1, 6; *Brill*, DB 1981, 2326, 2327.

1107 BAG, RzK I 11c Nr. 13; RdA 2004, 310, 311; LAG Köln, LAGE § 10 KSchG Nr. 4; *Brill*, DB 1981, 2326, 2327; *Bernhardt*, Alternativen zur Kündigung, Rn. 572; Schwarze/Eylert/Schrader/*Schwarze*, KSchG, § 10 Rn. 21.

1108 LAG Köln, NZA 1995, 993; LAG Niedersachsen v. 04.06.2004 – 10 Sa 198/04 – Juris; *Brill*, DB 1981, 2326, 2327.

ggf. sogar zu besseren Konditionen, angesehen werden.[1109] Auch eine gleichfalls zu zahlende Entschädigung nach § 15 Abs. 2 AGG kann Berücksichtigung finden.[1110]

cc. Verantwortlichkeit der Arbeitsvertragsparteien für die Auflösung

Schließlich stellt auch die Verantwortlichkeit der Arbeitsvertragsparteien einen erheblichen Faktor für die Bemessung der Abfindung dar.[1111] Ein Fehlverhalten des Arbeitgebers im Rahmen der Kündigung, der ein besonders hohes Maß an Sozialwidrigkeit anhaftet, was sich dadurch zeigt, dass diese auf Gründe gestützt wurde, die unabhängig von den Besonderheiten des Einzelfalls nicht dazu geeignet waren, die Kündigung sozial zu rechtfertigen, sind geeignet, die Höhe der Abfindung zu Gunsten des Arbeitnehmers zu beeinflussen, da die Abfindung gerade auch dazu dient, den Arbeitgeber wegen seines Verhaltens finanziell zu belasten.[1112] Ein (Mit-) Verschulden des Arbeitnehmers ist dagegen geeignet den Abfindungsanspruch zu reduzieren.[1113] Hier kommt insbesondere eine pflichtwidrige oder sogar schuldhafte Herbeiführung des Kündigungssachverhalts durch den Arbeitnehmer in Betracht.[1114] Auch die vorwerfbare Herbeiführung der Auflösungsgründe durch die Parteien bleibt bei der Bemessung der Kündigungsabfindung nicht unberücksichtigt.[1115] Schließlich ist es auch denkbar, ein Angebot auf Weiterführung des Arbeitsverhältnisses durch den Arbeitgeber und deren Ablehnung durch den Arbeitnehmer mit zu berücksichtigen, wobei hier besonders zu beachten sein wird, ob der Arbeitgeber die Kündigung wirklich ungeschehen machen wollte oder es sich allein um ein prozesstaktisches Vorgehen gehandelt hat.[1116]

1109 BAG, NZA 1997, 787, 789; *Brill*, DB 1981, 2326, 2327; *Bernhardt*, Alternativen zur Kündigung, Rn. 572; Schwarze/Eylert/Schrader/*Schwarze*, KSchG, § 10 Rn. 21; a.A. Ascheid/Preis/Schmidt/*Biebl*, Kündigungsrecht, § 10 Rn. 26; differenzierend KR/*Spilger*, § 10 KSchG Rn. 55, der davon ausgeht, dass dem Arbeitnehmer zumindest die Ablehnung eines zumutbaren anderen Arbeitsplatz bei der Bemessung der Abfindung nicht zum Nachteil gereicht werden kann.

1110 *Bauer/J. Günther*, NJW 2007, 113, 116.

1111 *Ascheid*, Kündigungsschutzrecht, Rn. 814; *Bauer*, in FS für Etzel, S. 15, 23.

1112 BAG, AP Nr. 2 zu § 9 KSchG 1969; LAG Baden-Württemberg, Behindertenrecht 2003, 154, 156; LAG Niedersachsen v. 26.09.2003 – 3 Sa 1840/02 – Juris; LAG Köln; NZA 1995, 993; *Auffarth*, DB 1969, 528, 532 , *Brill*, DB 1981, 2326, 2328.

1113 LAG Schleswig-Holstein, NZA 1987, 601; LAG Düsseldorf, NZA 1995, 579.

1114 *Brill*, DB 1981, 2326, 2328.

1115 KR/*Spilger*, § 10 KSchG Rn. 55. Wie oben, Vierter Teil, B.IV.2, dargestellt, ist es sachgerechter das gerichtliche Auflösungsverfahren auch bei vorwerfbarer Herbeiführung der Auflösungsgründe durch den Antragssteller nicht von vorneherein auszuschließen, sondern das Arbeitsverhältnis bei Vorliegen eines Auflösungsgrundes aufzulösen und das Verhalten des Antragstellers bei der Bemessung der Abfindung zu berücksichtigen.

1116 *Fischer*, NZA 1999, 459, 461.

dd. Zusammenfassung

Die Höhe der vom Gericht festzusetzenden angemessenen Abfindung bestimmt sich somit nach verschiedenen Faktoren, über deren Beachtung und Gewichtung das Gericht nach pflichtgemäßem Ermessen entscheidet. Die Faktoren setzten sich dabei sowohl aus tatsächlichen Umständen, wie den Sozialdaten des Arbeitnehmers, der wirtschaftlichen Lage des Arbeitgebers und den aus der Auflösung für den Arbeitnehmer erwachsenden Vor- und Nachteilen, als auch aus eher wertend zu betrachtenden Umständen, wie der Verantwortlichkeit der Arbeitsvertragsparteien, zusammen.[1117] Es fällt auf, dass zur Bemessung der Abfindung nicht nur Umstände, die unmittelbar mit der Zerrüttung zusammenhängen, betrachtet werden, sondern das Arbeitsverhältnis in seiner Gesamtheit relevant ist. Diese Vorgehensweise ist auch konsequent, da die Abfindung gerade keinen Schadensersatz für eine verschuldete Vertragsauflösung, sondern eine Entschädigung für den Verlust des eigentlich in seinem Bestand geschützten Arbeitsverhältnisses darstellt. Insofern ist die Entschädigungszahlung auch in erster Linie auf Umstände, die in dem vergangenen Arbeitsverhältnis wurzeln, gerichtet. Sie soll keine zukunftsorientierte Leistung, sondern einen Ausgleich für die vertragliche Vergangenheit darstellen.[1118]

Um eine größere Rechtssicherheit für die Arbeitsvertragsparteien und eine Vereinfachung des Abfindungsprozesses zu erreichen, erscheint es jedoch sinnvoll, die Ermittlung der Abfindungshöhe zu generalisieren.[1119] In Betracht kommt eine Anlehnung an § 1a Abs. 2 S. 1 KSchG, da der dort normierte Regelwert von 0,5 Monatsverdiensten für jedes Jahr des Bestehens des Arbeitsverhältnisses in der Praxis ohnehin zumeist als Ausgangswert der Berechnung der Abfindung zugrunde gelegt wird.[1120] Zudem sind die Betriebszugehörigkeit des Arbeitnehmers und die Höhe des Arbeitsentgelts bereits gemäß § 10 Abs. 1 KSchG relevante Faktoren.[1121]

1117 Für die Bemessung des Unterhaltsanspruchs im Scheidungsrecht ist hingegen insbesondere die zukünftige Lage des finanziell schwächeren Ehegatten relevant, nach der zu beurteilen ist, ob dieser der Solidarität des finanziell stärkeren Ehegatten bedarf oder nicht.

1118 *Duvigneau*, Die gerichtliche Auflösung des Arbeitsverhältnisses, S. 61.

1119 So auch *Becker/Rommelspacher*, ZRP 1976, 40, 43.

1120 LAG Köln v. 21.03.2005 – 2 Sa 1499/04 – Juris; LAG Rheinland-Pfalz v. 15.01.2008 – 3 Sa 634/07 – Juris; *Busemann/Schäfer*, Kündigung und Kündigungsschutz, Rn. 705; *Keßler*, AuA 1994, 237; *ders*, NZA-RR 2002, 1, 12; *Ottow*, DB 1971, 1258; *Pauly*, ArbuR 1997, 145, 146; *ders.*, ArbuR 2007, 155, 157; Schwarze/Eylert/Schrader/*Schwarze*, KSchG, § 10 Rn. 24. *Hümmerich*, NZA 1999, 342 ff. hat mit Hilfe einer Umfrage ermittelt, dass 75% aller Arbeitsrichter die Höhe der Abfindung anhand der „Faustregel" bemessen. *Willemsen*, NJW 2000, 2779, 2783, schlägt hingegen eine Abfindung in Höhe eines Monatsgehalts pro Beschäftigungsjahr vor. *Sandmaier*, Abfindungsorientierte Kündigungsschutzmodelle, S. 170, hält eine Regelabfindung von 75% eines Monatsgehalts pro Beschäftigungsjahr für angemessen.

1121 Siehe oben: Vierter Teil, D.II.2.a.aa.

Die reformierte Norm könnte so ausgestaltet werden, dass ohne weitere Darlegungen der Parteien eine Abfindung in Höhe der Regelabfindung zugesprochen wird. Diese Ausgestaltung entspricht auch eher der Rechtsnatur der Abfindung als Entschädigung eigener Art und stellt weniger das Ausmaß des Verschuldens der Parteien in den Vordergrund, wie es ansonsten für Schadensersatzansprüche typisch ist. Begehrt der Arbeitnehmer trotzdem die Zahlung einer Abfindung, die der Höhe nach über die Regelabfindung hinausgeht, oder möchte der Arbeitgeber lediglich eine niedrigere Abfindung zahlen, müsste die Festsetzung einer von der Regelabfindung abweichenden Abfindung durch die Parteien beantragt werden. Zur Begründung des Antrags wäre ein entsprechender Vortrag und ggf. Beweis erforderlich, der dann auch wieder die Verschuldenselemente stärker in den Blick nehmen könnte. Auf diese Weise kann der Unterschiedlichkeit der einzelnen, eine Auflösung begründenden Sachverhalte, insbesondere im Hinblick auf die Verantwortung der Parteien, trotz einer vorgelagerten Vereinfachung noch gerecht werden. Eine Vereinfachung und Erhöhung der Rechtssicherheit wird aber trotzdem erreicht, da die Regelabfindung aufgrund der moderaten Höhe im Zweifel dem Rechtsschutzziel des Arbeitnehmers entspricht und auch die Übernahme des weiteren Prozessaufwands und -risikos durch den Arbeitgeber zur Abfindungsreduktion nicht zu erwarten ist.[1122]

Mit Einführung einer Regelabfindung könnte der Arbeitgeber den Auflösungsantrag des Arbeitnehmers, unabhängig davon ob er zusammen mit der Kündigungsschutzklage oder erst später gestellt wird, auch risikoloser anerkennen, da er die für ihn daraus resultieren Kosten besser kalkulieren könnte.[1123] Zudem würden auch die bestehenden Unsicherheiten im Hinblick auf die Kostentragungspflicht der Parteien ausgeräumt, da zumindest bei Festsetzung der Regelabfindung durch das Arbeitsgericht kein Teilunterliegen einer Arbeitsvertragspartei im Hinblick auf die Abfindungshöhe mehr in Betracht kommt.[1124] Auch die Unsicherheiten bezüglich der Beschwer für eine spätere Berufungseinlegung entfielen.

b. Kappungsgrenzen

Die Höchstgrenzen der von Gericht zuzusprechenden Abfindung sind in § 10 Abs. 1 und Abs. 2 KSchG geregelt. Gemäß § 10 Abs. 1 KSchG ist grundsätzlich ein

1122 *Busemann/Schäfer*, Kündigung und Kündigungsschutz, Rn. 705, sprechen von einer bedauerlichen Rechtsunsicherheit, die aufgrund der Festsetzung unterschiedlicher Abfindungen in verschiedenen Gerichtsbezirken entsteht, die nur der Gesetzgeber abstellen könne.

1123 So auch *Sandmaier*, Abfindungsorientierte Kündigungsschutzmodelle, S. 135.

1124 Bezieht sich die antragsstellende Partei nach geltender Rechtslage in ihrem Auflösungsantrag auf eine bestimmte Abfindungssumme, was grundsätzlich nicht erforderlich ist, birgt dieses Vorgehen die Gefahr des Teilunterliegens mit anteiliger Pflicht zur Kostentragung. Siehe dazu BAG, NZA 1987, 139; *Ascheid*, Kündigungsschutzrecht, Rn. 825 und oben: Vierter Teil, C.I.2.b.

Betrag von bis zu zwölf Monatsverdiensten festzusetzen. Eine klare Begrenzung der Abfindungspflicht des Arbeitgebers ist sinnvoll, da die Abfindung nicht in erster Linie eine Versorgungsfunktion hat, wie zum Beispiel der nacheheliche Ehegattenunterhalt, sondern als Entschädigung eigener Art die materiellen und ideellen Nachteile auszugleichen versucht, die mit der Auflösung des Arbeitsverhältnisses zusammenhängen. Die Versorgungsfunktion wird im Arbeitsrecht bereits durch die gesetzliche Arbeitslosenversicherung übernommen.[1125]

Gemäß § 10 Abs. 2 S. 1 KSchG ist älteren Arbeitnehmern über fünfzig, die zudem über längere Beschäftigungszeiten verfügen, eine Abfindung von bis zu 18 Monatsgehältern, also bis zu sechs Monatsgehälter mehr, zuzusprechen. Die Notwendigkeit der Aufrechterhaltung der Staffelung der Maximalabfindung in Relation zu Lebensalter und Betriebszugehörigkeit aus § 10 Abs. 2 KSchG erscheint jedoch zweifelhaft. Zuzuerkennen ist, dass das Arbeitsverhältnis für ältere Arbeitnehmer typischerweise einen höheren Wert hat, da Beschäftigungsalternativen mit höherem Lebensalter und steigender Beschäftigungsdauer, aufgrund des Erwerbs insbesondere betriebs- und unternehmensspezifischen Wissens, abnehmen.[1126] Allerdings werden diese Gesichtspunkte bereits bei der Berechnungsformel für die hier vorgeschlagene neu einzuführende Regelabfindung beachtet, da die vom Arbeitgeber zu zahlende Abfindungssumme je nach Dauer der Betriebszugehörigkeit steigt. Zudem erleiden jedenfalls die Arbeitnehmer, die kurz vor dem Eintritt in die gesetzliche Regelaltersrente stehen, ohnehin geringere Nachteile. Mit einer Kappungsgrenze von zwölf Monatsverdiensten werden Arbeitsverhältnisse mit einer Dauer von bis zu 24 Jahren erfasst, da erst ab dem 25. Beschäftigungsjahr eine Begrenzung der Regelabfindung einträte. Eine im Einzelfall zu befürchtende geringer ausfallende Abfindung – sowohl für jüngere als auch für ältere Arbeitnehmer –, die durch die Neuregelung nicht auszuschließen ist, kann aber hingenommen werden, da die Festsetzung einer bestimmten Höchstabfindung nicht verfassungsrechtliche vorgegeben, sondern vielmehr eine politische Wertungsfrage ist.[1127]

c. *Vorschlag für eine Neuregelung*

Nach Maßgabe der oben stehenden Ausführungen erscheint es sinnvoll die Regelung des § 10 KSchG wie folgt neu zu fassen:

> *„§ 10 Höhe der Abfindung*
> *(1) [1]Als Abfindung ist ein Betrag bis zu zwölf Monatsverdiensten festzusetzen. [2]Die Abfindung soll in der Regel in der Höhe von 0,5 Monatsverdiensten für jedes Jahr des Bestehens des Arbeitsverhältnisses festgesetzt werden. [3]§ 1a Abs. 2 Satz 3 gilt entsprechend. [4]Beantragt eine Partei eine von der in S. 2 genannten Regelabfindung in der Höhe abweichende*

1125 *Sandmaier*, Abfindungsorientierte Kündigungsschutzmodelle, S. 171.

1126 *Sandmaier*, Abfindungsorientierte Kündigungsschutzmodelle, S. 171 f.; Schwarze/Eylert/Schrader/*Schwarze*, KSchG, § 10 Rn. 7.

1127 *Sandmaier*, Abfindungsorientierte Kündigungsschutzmodelle, S. 173.

Abfindung, hat sie die Umstände, aus denen sich die Festsetzung einer höheren oder niedrigen Abfindung ergeben soll, darzulegen.
(2) Als Monatsverdienst gilt, was dem Arbeitnehmer bei der für ihn maßgebenden regelmäßigen Arbeitszeit in dem Monat, in dem das Arbeitsverhältnis endet (§ 9 Abs. 2), an Geld- und Sachbezügen zusteht.
(3) Entfällt.“

3. Konkurrenz zu anderen Ansprüchen

Fraglich ist, in welchem Verhältnis die Kündigungsabfindung gemäß §§ 9, 10 KSchG zu weiteren möglichen Ansprüchen steht, die den Arbeitnehmer für den Verlust des Arbeitsplatzes entschädigen.

a. Gesetzliche Abfindungsansprüche

Weitere gesetzliche Abfindungsansprüche finden sich insbesondere in § 1a KSchG, der mit dem Gesetz zu Reformen auf dem Arbeitsmarkt am 24.12.2003 zu Beginn des Jahres 2004 in das Kündigungsschutzgesetz aufgenommen wurde, und § 113 BetrVG, dem betriebsverfassungsrechtlichen Nachteilsausgleichsanspruch. Der Anwendungsbereich des § 1a KSchG ist eröffnet, wenn der Arbeitgeber betriebsbedingt kündigt und in dem Kündigungsschreiben erklärt, dass der Arbeitnehmer bei Verstreichenlassen der Klagefrist eine Abfindung beanspruchen kann, § 1a Abs. 1 S. 2 KSchG. Lässt der Arbeitnehmer daraufhin die Klagefrist zur Kündigungsschutzklage des § 4 KSchG tatsächlich verstreichen, endet das Arbeitsverhältnis gemäß § 7 KSchG und der gesetzliche Abfindungsanspruch des Arbeitnehmers entsteht gemäß § 1a Abs. 1 KSchG.[1128] Die Höhe des Abfindungsanspruchs beträgt gemäß § 1a Abs. 2 KSchG 0,5 Monatsverdienste für jedes Jahr des Bestehens des Arbeitsverhältnisses. Nachteilsausgleichsansprüche gemäß § 113 BetrVG können geltend gemacht werden, wenn der Arbeitgeber von einem Interessenausgleich über eine geplante Betriebsänderung ohne zwingenden Grund abweicht oder den Versuch eines Interessenausgleichs unterlässt und infolge dessen Arbeitnehmer entlassen werden.

1128 Daneben bleibt es den Parteien unbenommen sich, insbesondere für Fälle der personen- oder verhaltensbedingten Kündigung, aber auch bei dem Angebot einer höheren oder niedrigen Abfindung, als der in § 1a Abs. 2 KSchG vorgegebenen, auf einen vertraglichen Abfindungsanspruch zu verständigen. Siehe dazu *Fahl*, Abfindungszahlung, S. 309; ErfK/*Oetker*, § 1a KSchG Rn. 2. Der Arbeitgeber kann ein entsprechendes vertragliches Abfindungsangebot mit der Kündigungserklärung verbinden, welches der Arbeitnehmer sodann annehmen kann. Nach Ansicht von *Schwarze*, Schwarze/Eylert/Schrader/*Schwarze*, KSchG, § 9 Rn. 39, könnte der Annahmewille des Arbeitnehmers im Zweifel spätestens mit der Nichterhebung der Kündigungsschutzklage vermutet werden, womit der Vertrag über die Abfindung gemäß § 151 BGB zustande komme. Kritisch dazu ErfK/*Oetker*, § 1a KSchG Rn. 2, der zudem eine Handlung des Arbeitnehmers verlangt, die auf seinen Annahmewillen schließen lässt.

Eine Konkurrenz zu diesen gesetzlichen Abfindungsansprüchen kommt hinsichtlich derselben Kündigung nicht in Betracht, da diese Normen eine wirksame Kündigung voraussetzen, der Anwendungsbereich der Kündigungsabfindung gemäß §§ 9, 10 KSchG jedoch nur bei der Sozialwidrigkeit beziehungsweise der Unwirksamkeit einer Kündigung eröffnet ist.[1129] Abfindungsansprüche aus § 113 BetrVG und §§ 9, 10 KSchG können aber als Haupt- und Hilfsantrag verknüpft werden.[1130] Diese Vorgehensweise scheidet im Verhältnis zum Abfindungsanspruch gemäß § 1a KSchG aus, da dieser Anspruch gerade die Nichterhebung der Kündigungsschutzklage zur Voraussetzung hat.[1131]

b. (Kollektiv-) Vertragliche Abfindungsansprüche

(Kollektiv-) vertragliche Abfindungsregelungen, zum Beispiel die Sozialplanabfindung gemäß §§ 112, 112a BetrVG, haben zunächst keinen Einfluss auf die

---

1129 Ein weiterer Abfindungsanspruch, der die Wirksamkeit der Kündigung voraussetzt findet sich in § 65 SeemG. Siehe dazu: Schwarze/Eylert/Schrader/*Schwarze*, KSchG, § 9 Rn. 88.

1130 *Duvigneau*, Gerichtliche Auflösung des Arbeitsverhältnisses, S. 52 f.

1131 Einige Vertreter in der Literatur sprechen sich dafür aus – trotz der Unabdingbarkeit des KSchG – bereits vor Ausspruch einer betriebsbedingten Kündigung einen Verzicht des Arbeitnehmers auf die Erhebung einer Kündigungsschutzklage gegen Abfindungszahlung zuzulassen. Selbst wenn ein solcher Verzicht zum Zeitpunkt des Abschlusses des Arbeitsvertrages aufgrund des möglichen Verhandlungsungleichgewichts, das daraus resultiert, dass der Arbeitnehmer über weniger Marktübersicht und Flexibilität verfügt und auf den Arbeitsplatz in der Regel angewiesen ist, noch zweifelhaft sei, käme ein Verzicht zumindest nach einer gewissen Dauer des Beschäftigungsverhältnisses, zum Beispiel analog § 1 Abs. 1 KSchG von sechs Monate oder von einem Jahr beziehungsweise nur für Arbeitnehmer, die bereits ein bestimmtes Lebensalter erreicht haben, in Betracht. Durch die Möglichkeit des Verzichts auf Kündigungsschutz bereits bei Einstellung eines Arbeitnehmers könnte überdies auch ein positiver Effekt auf Neueinstellungen, gerade auch für ältere Arbeitnehmer, erwartet werden. Siehe dazu *Preis*, RdA 2003, 65, 71; *Rebhahn*, RdA 2002, 272, 288. *Neuhausen*, Der im voraus erklärte Verzicht eines Arbeitnehmers auf Kündigungsschutz, S. 145 ff., schlägt sogar die Möglichkeit des Verzichts auf verhaltens- und personenbedingten Kündigungsschutz durch Abschluss auflösend bedingter Arbeitsverträge bei einer Neueinstellung vor. Dieser Verzicht müsse jedoch auf einem Wunsch des Arbeitnehmers beruhen, dem aufgrund einer in seiner Person oder seinem Verhalten liegende Eigenschaft der Zugang zum Arbeitsmarkt versperrt ist. Überdies müsse der Arbeitnehmer zuvor vier Monate arbeitslos gewesen sein oder im Anschluss an die letzte Kündigung eine Therapie oder vergleichbare Maßnahme abgeschlossen haben. Allerdings ist die Vereinbarung einer Abfindung bereits bei Vertragsschluss für den Arbeitgeber nicht risikolos, da er den Arbeitnehmer zu diesem Zeitpunkt kaum kennt und die Gefahr besteht, dass der Arbeitnehmer eine unterdurchschnittliche Leistungsbereitschaft oder nicht hinreichende Fähigkeiten hat.

Entstehung und die Höhe der Abfindung aus §§ 9, 10 KSchG, da die gesetzliche Kündigungsabfindung nicht von vorneherein abbedungen werden kann.[1132] Allerdings ist es nicht unüblich, dass die Arbeitsvertragsparteien regeln, dass die vertragliche Abfindung entfällt, wenn der Arbeitnehmer eine Kündigungsschutzklage als zwingende Voraussetzung für einen Abfindungsanspruch gemäß §§ 9, 10 KSchG erhebt.[1133] Ansprüche aus einem betriebsverfassungsrechtlichen Sozialplan gemäß § 112 BetrVG können wegen ihres besonderen Zwecks jedoch nicht für den Fall ausgeschlossen werden, dass der Arbeitnehmer Kündigungsschutzklage erhebt. Eine solche Regelung würde einen Verstoß gegen den betriebsverfassungsrechtlichen Gleichbehandlungsgrundsatz des § 75 Abs. 1 S. 1 BetrVG darstellen.[1134] Weiter kommt eine Anrechnung der Kündigungsabfindung aus §§ 9, 10 KSchG auf die vertragliche Abfindung in Betracht, wenn sich die Parteien (kollektiv-) vertraglich auf eine Anrechnungsregelung verständigt haben. Selbst ohne entsprechende Regelung wird im Zweifel eine Anrechnung vorzunehmen sein, da die (kollektiv-) vertragliche Abfindung, insbesondere die Sozialplanabfindung, genauso wie die kündigungsschutzrechtliche Abfindung aus §§ 9, 10 KSchG eine Entschädigung für den verlorenen Arbeitsplatz darstellt.[1135] Ob eine Anrechnung in Betracht kommt oder nicht, hängt im Ergebnis von der Ausgestaltung des jeweiligen Einzelfalls ab.

c. Schadensersatzansprüche

Schadensersatzansprüche des Arbeitnehmers aus §§ 280 ff. BGB sind aufgrund des Abgeltungscharakters des Kündigungsabfindungsanspruchs aus §§ 9, 10 KSchG, der pauschal alle unmittelbar mit dem Verlust des Arbeitsplatzes verbundenen vermögensrechtlichen und immateriellen Nachteile des Arbeitnehmers ausgleichen will, mit dessen Gewährung grundsätzlich abgegolten.[1136] Zum Beispiel kann der durch die Beendigung des Arbeitsverhältnisses eingetretene Verlust einer betrieblichen Altersvorsorge nicht im Rahmen eines ergänzenden Schadensersatzanspruchs geltend gemacht werden, da dieser Verlust im Rahmen der Bemessung der Abfindung nach §§ 9, 10 KSchG Beachtung finden muss.[1137] Nicht ausgeschlossen sind jedoch nur mittelbar mit der Beendigung in Zusammenhang stehende Ansprüche, zum

---

1132 Schwarze/Eylert/Schrader/*Schwarze*, KSchG, § 9 Rn. 90.

1133 BAG, AP Nr. 1 zu TVG § 1 Sozialplan; NZA 2006, 1420, 1421 f.

1134 BAG, AP Nr. 175 zu § 112 BetrVG 1972. Üblich sind jedoch sogenannte „Turboprämien“, also Sonderzahlungen für den Fall, dass der Arbeitnehmer keine Kündigungsschutzklage erhebt.

1135 Schwarze/Eylert/Schrader/*Schwarze*, KSchG, § 9 Rn. 90 f.; etwas anders *Brill*, DB 1981, 2326, 2327, der bei ungeregelten Konkurrenzproblemen mit vertraglichen Abfindungsregelungen davon ausgeht, dass die Kündigungsabfindung bereits niedriger festzusetzen ist.

1136 BAG, RdA 2004, 310 ff.; *Pauly*, ArbuR 2007, 155; Schwarze/Eylert/Schrader/*Schwarze*, KSchG, § 9 Rn. 92.

1137 BAG, RdA 2004, 310 ff.

Beispiel wegen unrichtiger Erteilung von Auskünften, unzutreffender Beurteilungen in Zeugnissen oder verspäteter Herausgabe von Arbeitspapieren.[1138]

Erfüllt der Zerrüttungstatbestand auch die Voraussetzungen der Regelungen der §§ 626, 628 Abs. 2 BGB, kann der Arbeitnehmer wählen, ob er Schadensersatz verlangt oder eine Auflösung des Arbeitsverhältnis mit Abfindung gemäß §§ 9, 10 KSchG wählt.[1139] Um den Schadensersatzanspruch aus § 628 Abs. 2 BGB erfolgreich geltend zu machen, muss der Arbeitnehmer jedoch sowohl eine Pflichtverletzung und ein Verschulden des Arbeitgebers als auch die Entstehung eines Schadens i.S.d. §§ 249 ff. BGB darlegen und beweisen.[1140] Als Schaden kann der Arbeitnehmer im Rahmen des § 628 Abs. 2 BGB den sogenannten Verfrühungsschaden, also den Entgeltverlust, der auf der Nichteinhaltung der regulären Kündigungsfrist durch den Arbeitgeber beruht, und zusätzlich, wenn das Arbeitsverhältnis dem Anwendungsbereich des KSchG unterfällt, auch analog §§ 9, 10 KSchG eine der Abfindung entsprechende Geldsumme verlangen.[1141] Durch diese Vorgehensweise soll der Verlust des kündigungsschutzrechtlichen Bestandsschutzes des Arbeitsverhältnisses für den Arbeitnehmer ausgeglichen werden, der allein durch den Ersatz des Verfrühungsschadens nicht aufgefangen wird.[1142] Der Vorteil der Auflösung des Arbeitsverhältnisses nach §§ 9, 10 KSchG besteht jedoch in dem Umstand, dass die Abfindungspflicht hier zwingend aus der gerichtlichen Auflösung des Arbeitsverhältnisses folgt, während es bei einer außerordentlichen Kündigung des Arbeitsverhältnisses durch den Arbeitnehmer und der Geltendmachung eines darauf beruhenden Schadensersatzanspruches gemäß §§ 626, 628 Abs. 2 BGB denkbar ist, dass die Kündigung zwar wirksam, der Schadensersatzanspruch, zum Beispiel mangels Auflösungsverschulden des Arbeitgebers, aber nicht begründet ist.[1143] In diesem

---

1138 BAG, BB 1971, 959; *Bauer/J. Günther*, NJW 2007, 113, 116; ErfK/*Müller-Glöge*, § 628 BGB Rn. 19; *Pauly*, ArbuR 2007, 155 f.; KR/*Spilger*, § 10 KSchG Rn. 74.

1139 Schwarze/Eylert/Schrader/*Schwarze*, KSchG, § 9 Rn. 3, 92; KR/*Spilger*, § 10 KSchG Rn. 75.

1140 KR/*Spilger*, § 10 KSchG Rn. 75; *Wischnath*, in: Aspekte der Beendigung von Arbeitsverhältnissen, S. 76, 82.

1141 Das soll allerdings nicht gelten, wenn der Arbeitgeber das Arbeitsverhältnis selbst hätte fristlos kündigen können. BAG, NZA 2002, 325, 330; Schwarze/Eylert/Schrader/*Schwarze*, KSchG, § 9 Rn. 92. A.A. *M. Wolf*, Anm. zu BAG, AP Nr. 8 zu § 4 KSchG 1969, der dem Arbeitnehmer hinsichtlich der Rechtsfolge des § 628 Abs. 2 BGB ein Wahlrecht zuspricht. Der Arbeitnehmer könne entscheiden, ob er entweder den Verfrühungsschaden aus § 628 Abs. 2 BGB oder alternativ eine der Abfindung entsprechende Geldsumme analog §§ 9, 10 KSchG geltend macht. Kritisch zur alten Rechtslage, die eine Begrenzung des Schadensersatz auf den Verfrühungsschaden vorsah ohne die Abfindung analog §§ 9, 10 KSchG einzubeziehen: *Röhsler*, DB 1957, 358; *Roeper*, DB 1970, 1489 f.

1142 BAG, NZA 2002, 325, 330; AP Nr. 18 zu § 628 BGB.

1143 So auch *Duvigneau*, Die gerichtliche Auflösung des Arbeitsverhältnisses, S. 51 f., 53; *Herschel*, Anm. zu BAG, AP Nr. 2 zu § 9 KSchG 1969; ErfK/*Müller-Glöge*, § 628 BGB Rn. 16.

Fall ginge der Arbeitnehmer sowohl seines Arbeitsplatzes als auch seines Abfindungsanspruchs verlustig.[1144] Daneben besteht auch die Gefahr, dass das Gericht die außerordentliche Kündigung des Arbeitsverhältnisses durch den Arbeitnehmer für unwirksam erachtet.[1145] Aufgrund dieser Gefahr sollte der Arbeitnehmer neben der Schadensersatzklage weiterhin die Feststellung der Unwirksamkeit der Arbeitgeberkündigung beantragen um den Eintritt der Wirksamkeitsfiktion der §§ 4, 7 KSchG zu vermeiden und sich die Möglichkeit zu erhalten einen, Auflösungsantrag nach §§ 9, 10 KSchG zu stellen.[1146]

Die Geltendmachung eines ergänzenden Schadensersatzanspruchs des Arbeitnehmers aus § 628 Abs. 2 BGB, kumulativ zu einer Kündigungsabfindung aus §§ 9, 10 KSchG, kommt darüber hinaus auch in Folge einer gerichtlichen Auflösung des Arbeitsverhältnisses nach fristloser Kündigung gemäß § 13 Abs. 1 S. 3 KSchG i.V.m. §§ 9, 10 KSchG in Betracht, ohne dass es einer außerordentlichen Eigenkündigung des Arbeitnehmers bedarf.[1147] In diesem Fall kann der Arbeitnehmer jedoch keinen Verfrühungsschaden geltend machen, da das Gestaltungsurteil den Rechtwidrigkeitszusammenhang zwischen dem Auflösungsverschulden und dem Schaden unterbricht.[1148] Relevante Schadenspositionen sind hier lediglich mittelbare

---

1144 *Gumpert*, Anm. zu BAG, BB 1971, 960. *M. Wolf*, Anm. zu BAG, AP Nr. 8 zu § 4 KSchG 1969, stellt heraus, dass es nicht gerechtfertigt sei, den Arbeitnehmer in diesem Fall schlechter zu stellen. Obgleich das Arbeitsverhältnis in diesem Fall nicht durch gerichtliche Gestaltungsentscheidung, sondern vielmehr durch Eigenkündigung des Arbeitnehmers aufgelöst wurde, müsse eine Abfindung analog §§ 9, 10 KSchG auch dann zugesprochen werden können, wenn der Arbeitnehmer die Unzumutbarkeit der Fortsetzung des Arbeitsverhältnisses seinerseits zum Anlass für seine Kündigung genommen habe, ohne dass es auf ein Verschulden des Arbeitgebers ankomme.

1145 Nach Auffassung des LAG Berlin, v. 22.03.1989 – 14 Sa 10/89 – Juris, und des LAG Hamm, v. 17.02.1995 – 10 Sa 1126/94 – Juris, soll es nicht rechtsmissbräuchlich sein, wenn sich der Arbeitnehmer beim Fehlen eines wichtigen Grundes gemäß § 626 I BGB später selbst auf die Unwirksamkeit seiner eigenen Kündigung beruft. Anders beurteilt dies das BAG, NZA 2009, 840 ff.; NZA-RR 2012, 129 f.; dass die Geltendmachung der Unwirksamkeit einer schriftlich erklärten fristlosen Eigenkündigung durch den Arbeitnehmer als regelmäßig treuwidrig bewertet. Siehe dazu auch Ascheid/Preis/Schmidt/*Dörner/Vossen*, Kündigungsrecht, § 626 BGB Rn. 396.

1146 BAG, AP Nr. 8 zu § 4 KSchG 1969.

1147 *Duvigneau*, Die gerichtliche Auflösung des Arbeitsverhältnisses, S. 51 f., hält die Geltendmachung eines Schadensersatzanspruches des Arbeitnehmers gemäß § 628 Abs. 2 BGB grundsätzlich bei jeder Auflösung des Arbeitsverhältnisses gemäß §§ 9, 10 KSchG, unabhängig davon, ob diese auf einer ordentlichen oder außerordentlichen Kündigung beruht und welche Partei den Auflösungsantrag stellt, für möglich, wenn den Arbeitgeber ein Auflösungsverschulden im Anschluss an die Kündigung trifft.

1148 BAG, NJW 1973, 1902 ff., ErfK/*Müller-Glöge*, § 628 BGB Rn. 19; Ascheid/Preis/Schmidt/*Rolfs*, Kündigungsrecht, § 628 BGB Rn. 49; a.A. *Duvigneau*, Die gerichtliche

Folgen des Verlustes des Arbeitsplatzes, die nicht bereits von der Abfindung gemäß §§ 9, 10 KSchG erfasst sind.

Auch deliktische Schadensersatzansprüche aus § 826 BGB wegen eines sittenwidrig erschlichenen oder ausgenutzten Auflösungsurteils, Schmerzensgeldansprüche aus §§ 823 Abs. 1, 253 Abs. 2 BGB wegen der Verletzung des allgemeinen Persönlichkeitsrechts des Arbeitnehmers und Schadensersatz- oder Entschädigungsansprüche aus § 15 Abs. 1 und Abs. 2 AGG können in Ausnahmefällen neben der Kündigungsabfindung aus §§ 9, 10 KSchG vom Arbeitnehmer geltend gemacht werden.[1149]

III. Prozessuale Einordnung des Urteils nach §§ 9, 10 KSchG

Die Regelungen der §§ 9, 10 KSchG ermächtigen das Arbeitsgericht den zugunsten des Arbeitnehmers im Arbeitsverhältnis durch das Kündigungsschutzgesetz zuerkannten Bestandsschutz im Wege eines rechtsgestaltenden Urteils in einen Abfindungsanspruch umzuwandeln.[1150] Die Auflösung des Arbeitsverhältnisses und die Festsetzung der Abfindungshöhe sind dabei Gestaltungsentscheidungen, während die Verurteilung des Arbeitgebers zur Zahlung einer Abfindung als Leistungsurteil anzusehen ist.[1151]

Vor der Entscheidung über den Auflösungsantrag nach §§ 9, 10 KSchG muss das Gericht – nach derzeitiger Rechtslage – zwingend die Sozialwidrigkeit der Kündigung feststellen.[1152] Eine Auseinandersetzung des Arbeitsgerichts mit der Sozialwidrigkeit der Kündigung in den Urteilsgründen genügt jedoch und es bedarf keiner Erwähnung dieser Feststellung im Tenor, da die ausgeurteilte Auflösung und Abfindung zwingend die Sozialwidrigkeit der Kündigung in sich birgt.[1153]

Das Gestaltungsrecht der Kündigung und die Gestaltungsentscheidung der Auflösung stehen somit einerseits in einem additiven Abhängigkeitsverhältnis.[1154]

Auflösung des Arbeitsverhältnisses, S. 51, 65, der darauf hinweist, dass die Kompensation der hypothetischen Vergütungsansprüche des Arbeitnehmers nach Beendigung des Arbeitsverhältnisses gemäß § 628 Abs. 2 BGB der Sache nach einen Ersatz für entgangenen Gewinn i.S.v. § 252 BGB und damit einen Ausgleich für die vertragliche Zukunft darstellen, während die Kündigungsabfindung nach §§ 9, 10 KSchG einen Ausgleich für die vertragliche Vergangenheit gewährt. Aus diesem Grund bestehe kein Konkurrenzverhältnis. Siehe auch *Gumpert*, Anm. zu BAG, BB 1971, 960 f.

1149 *Busemann/Schäfer*, Kündigung und Kündigungsschutz, Rn. 690; KR/*Spilger*, § 10 KSchG Rn. 76 f.

1150 *Günther*, DB 1975, 1317, 1319; *Oehmann*, RdA 1952, 93, 94.

1151 *Bauer*, DB 1985, 1180; *Belling*, DB 1985, 1890; *Bleckmann/Coen*, DB 1981, 640; *Günther*, ArbuR 1974, 97, 104; S. *Müller*, Auflösungsantrag des Arbeitgebers, S. 123 f.; Schwarze/Eylert/Schrader/*Schwarze*, KSchG, § 9 Rn. 79.

1152 Siehe dazu im Detail oben: Vierter Teil, C.II.3.

1153 BAG, NZA 2002, 1171, 1172; Schwarze/Eylert/Schrader/*Schwarze*, KSchG, § 9 Rn. 79; a.A. *Sieweke*, NZA 2011, 1324 ff.

1154 *Duvigneau*, Die gerichtliche Auflösung des Arbeitsverhältnisses, S. 44.

Andererseits stehen sie in einem Alternativverhältnis, da der Arbeitgeber den Zerrüttungssachverhalt auch zur Begründung einer erneuten Kündigung nutzen und der Arbeitnehmer auf diesen eine außerordentliche Kündigung mit darauf basierendem Schadensersatzanspruch gemäß §§ 626, 628 Abs. 2 BGB stützen kann, wenn die entsprechenden Voraussetzungen vorliegen.[1155] Die Gestaltungsentscheidung im Rahmen des §§ 9, 10 KSchG stellt somit nicht nur ein Surrogat für ein eigenständiges materielles Gestaltungsrecht der Parteien dar, sondern ist vielmehr ein ergänzendes Gestaltungselement eigener Art.[1156]

E. Zusammenfassung

Die detaillierte Auseinandersetzung mit der historischen Entwicklung, dem materiellen Gehalt des Zerrüttungstatbestandes und der Anbindung der Zerrüttung an das gerichtliche Verfahren haben gezeigt, dass das Auflösungsverfahren gemäß §§ 9, 10 KSchG eine interessengerechte Ergänzung zu der Beendigung des Arbeitsverhältnisses durch Kündigung der Arbeitsvertragsparteien bietet.

Mit Hilfe des Auflösungsverfahrens ist es dem Arbeitnehmer möglich, ein Arbeitsverhältnis, das in seinem Bestand aufgrund des vorherigen Ausspruchs einer arbeitgeberseitigen Kündigung bereits gefährdet ist, bei Unzumutbarkeit der Fortführung auflösen zu lassen und dafür eine vom Gericht festzusetzende Abfindung für den Verlust des zerrüttungsbedingten Verlust des Arbeitsverhältnisses zu erhalten, ohne insofern eine Pflichtverletzung, ein Verschulden und einen konkreten Sachen i.S.d. §§ 249 ff. BGB – wie es für die Begründung des Anspruchs aus § 628 Abs. 2 BGB erforderlich ist – darlegen zu müssen. Eine Unzumutbarkeit der Fortführung des Arbeitsverhältnisses für den Arbeitnehmer wird sich dabei zumeist auf ein Verhalten des Arbeitgebers stützen lassen, ohne das ein Verschulden des Arbeitgebers nachgewiesen werden muss. Daneben können auch Umstände, die nicht mit dem Verhalten des Arbeitsgebers, sondern mit den betrieblichen Gegebenheiten, zum Beispiel dem Umgang mit Kollegen und Vorgesetzten, zusammenhängen eine Unzumutbarkeit der Fortführung des Vertragsverhältnisses begründen.

Der Arbeitgeber hat indessen die Möglichkeit ein Arbeitsverhältnis dann gerichtlich auflösen zu lassen, wenn eine Kündigung zwar nicht den gesetzlichen Anforderungen genügt, eine weitere gedeihliche Zusammenarbeit zwischen den Arbeitsvertragsparteien aber trotzdem nicht zu erwarten ist. Die Nichterwartbarkeit der weiteren gedeihlichen Zusammenarbeit muss insofern mit der Person oder dem Verhalten des Arbeitnehmers zusammenhängen, ohne dass ein Verschulden vorliegen muss. Zudem ermöglicht das Auflösungsverfahren gemäß §§ 9, 10 KSchG

1155 Obgleich der Arbeitgeber sich bei der Stellung eines Auflösungsantrags einer Abfindungspflicht aussetzt, spart er sich den Verfahrensaufwand einer erneuten Kündigung und das damit zusammenhängende Prozessrisiko. Siehe dazu Schwarze/Eylert/Schrader/*Schwarze*, KSchG, § 9 Rn. 2 und oben: Vierter Teil, B.VII.1.

1156 S. *Müller*, BB 2004, 1849, 1850.

dem Arbeitgeber eine schnelle, vereinfachte und effektive Auflösung des Arbeitsverhältnisses im Kündigungsschutzprozess in Fällen, in denen generell auch der Ausspruch einer weiteren den gesetzlichen Anforderungen entsprechenden Kündigung gestützt auf den Zerrüttungssachverhalt in Betracht käme.

Es verbleiben jedoch Zweifel, ob durch das Gesamtsystem des Kündigungsschutzrechts, dass den Arbeitsvertragsparteien einerseits die Möglichkeit bietet, das Arbeitsverhältnis durch Kündigung wegen einer Störung im Leistungsbereich des Arbeitsverhältnisses zu beenden und andererseits ein gerichtliches Auflösungsverfahren zur Seite stellt, das eine Auflösung des Arbeitsverhältnisses wegen Zerrüttung der Vertrauensbeziehungen ermöglicht, sichergestellt ist, dass die Arbeitsvertragsparteien ihr Arbeitsverhältnis immer dann im Einklang mit den im *zweiten Teil* herausgearbeiteten verfassungsrechtlichen Maßgaben beenden können, wenn dessen Fortführung für sie unzumutbar ist.

F. Nichterfassung der Zerrüttung im ungekündigten Arbeitsverhältnis

Keine Möglichkeit des Arbeitnehmers, das Arbeitsverhältnis gegen Abfindungszahlung wegen einer Zerrüttung des Vertrauensverhältnisses durch das Gericht aufzulösen, besteht in den Fällen, in denen zwar grundsätzlich eine Unzumutbarkeit der Fortführung des Arbeitsverhältnisses gemäß der materiellen Maßstäbe der §§ 9, 10 KSchG für den Arbeitnehmer vorliegt, der Arbeitgeber aber keine Kündigung ausgesprochen hat. In diesem Fall hat der Arbeitnehmer lediglich die Möglichkeit einen Schadensersatzanspruch aus § 628 Abs. 2 BGB oder ggf. einen Schadensersatz- oder Entschädigungsanspruchs gemäß § 15 Abs. 1 und Abs. 2 AGG bei einer Diskriminierung durch den Arbeitgeber geltend zu machen. Schadensersatzansprüche sind allerdings in ihrer Durchsetzbarkeit gegenüber dem im Rahmen des Auflösungsverfahrens aus §§ 9, 10 KSchG zuzusprechenden Abfindungsanspruch insofern nachteilig, als der Arbeitnehmer hier nicht nur eine Pflichtverletzung und ein Verschulden des Arbeitgebers sondern auch das Vorliegen eines Schadens i.S.d. §§ 249 ff. BGB darlegen und beweisen muss. Gelingt die Darlegung und der Beweis der vorgenannten Voraussetzungen nicht und kann auch keine Diskriminierung mit den Rechtsfolgen des AGG geltend gemacht werden, kann der Arbeitnehmer das Arbeitsverhältnis, dessen Fortführung für ihn unzumutbar ist, zwar mittels Eigenkündigung beenden; er hat jedoch keinen Anspruch auf Zahlung einer Entschädigung für den zerrüttungsbedingten Verlust seines Arbeitsplatzes. Somit wird die Situation, das dem Arbeitnehmer während des ungekündigten Arbeitsverhältnisses dessen Fortführung unzumutbar wird, zwar insofern abgebildet, als der Arbeitnehmer das Arbeitsverhältnis jederzeit – unter Beachtung der formellen Voraussetzungen, der Kündigungsfrist und der Schriftform der Kündigung – kündigen kann und somit nicht an ein Schuldverhältnis, dessen Fortführung für ihn unzumutbar ist, gebunden bleibt. Allerdings ist fraglich, ob die Möglichkeit der Kompensation der Nachteile des zerrüttungsbedingten Verlustes des Arbeitsplatzes einzig mit Hilfe des an strenge Voraussetzungen geknüpften Schadensersatzes genügt, um dem verfassungsrechtlich vorgegeben Schutzauftrag des Gesetzgebers gegenüber dem schutzwürdigen Arbeitnehmer gerecht zu werden oder vielmehr eine erweiterte Anwendung der §§ 9, 10 KSchG zu erwägen ist.

Auch der Arbeitgeber kann auf die Zerrüttung der Vertrauensbeziehungen im ungekündigten Arbeitsverhältnis nicht unmittelbar mit der Erhebung eines Auflösungsantrags reagieren. Tritt die Situation der Nichterwartbarkeit der weiteren gedeihlichen Zusammenarbeit während des Arbeitsverhältnisses ein und erfüllt der störende Sachverhalt nicht zugleich die Voraussetzungen einer sachlichen Rechtfertigung gemäß § 1 Abs. 2 KSchG oder eines wichtigen Grundes gemäß § 626 Abs. 1 BGB, ist der Arbeitgeber vielmehr gezwungen, zunächst eine sozialwidrige bzw. unwirksame Kündigung auszusprechen, auf die er sodann einen Auflösungsantrag gemäß § 9 Abs. 1 S. 2 KSchG stützen kann. Der Arbeitgeber kann somit die Grundvoraussetzungen, die vor dem Erheben eines Auflösungsantrags erfüllt sein müssen – im Gegensatz zum Arbeitnehmer – zwar zumindest selber herbeiführen; er muss aber zuvor stets eine Kündigung aussprechen, selbst wenn eine solche den gesetzlichen Anforderungen offensichtlich nicht genügt.

Aufgrund der vorstehenden Erwägungen wird im folgenden *fünften Teil* geprüft, ob es notwendig ist, den Anwendungsbereich der §§ 9, 10 KSchG, gegebenenfalls durch analoge Anwendung, zu erweitern, um sicherzustellen, dass es den Arbeitsvertragsparteien stets möglich ist, ihr Arbeitsverhältnis interessengerecht zu beenden, wenn eine Fortführung für sie unzumutbar ist.

Fünfter Teil: Analoge Anwendung der §§ 9, 10 KSchG im ungekündigten zerrütteten Arbeitsverhältnis

Wie oben im *zweiten Teil* herausgearbeitet wurde, muss der Gesetzgeber den Arbeitnehmer aufgrund seines aus Art. 12 Abs. 1 GG i.V.m. Art. 20 Abs. 1, 28 Abs. 1 GG resultierenden Schutzauftrages vor einer willkürlichen Beendigung des Arbeitsvertrages durch den Arbeitgeber schützen ohne den Arbeitgeber in seiner unternehmerischen Freiheit mehr als erforderlich einzuschränken. Der Gesetzgeber muss einen gerechten Ausgleich schaffen, in dessen Rahmen einerseits der Arbeitnehmer vor der einseitigen Ausübung privater Gestaltungsmacht geschützt wird (Untermaßverbot), andererseits aber auch der Arbeitgeber nicht unbegrenzt an Arbeitsverhältnisse gebunden wird (Übermaßverbot).[1157] Das heißt, dass die Arbeitsvertragsparteien die Möglichkeit haben müssen, ihr Arbeitsverhältnis immer dann zu interessengerechten Bedingungen zu beenden, wenn dessen Fortführung für sie unzumutbar ist, da die Unzumutbarkeit die immanente Grenze jeder vertraglichen Bindung darstellt.[1158]

Das typische Instrument zur Beendigung des Arbeitsverhältnisses ist die Kündigung, die das Arbeitsverhältnis unmittelbar gestaltet. Diesbezüglich wurde im *dritten Teil* herausgearbeitet, dass der Arbeitgeber das Arbeitsverhältnis wirksam ordentlich kündigen kann, wenn ihm – im Anwendungsbereich des KSchG gemäß §§ 1 Abs. 1, 23 KSchG – die soziale Rechtfertigung der Kündigung gemäß § 1 Abs. 2 KSchG gelingt. Der Arbeitnehmer ist im Hinblick auf die ordentliche Kündigung des Arbeitsverhältnis lediglich insofern beschränkt, dass gewisse formelle Voraussetzung, wie zum Beispiel die Kündigungsfrist gemäß § 622 BGB oder die Schriftform gemäß § 623 BGB, beachtet werden müssen; diese formellen Voraussetzungen muss zudem auch der Arbeitgeber beachten. Beide Arbeitsvertragsparteien können das Arbeitsverhältnis überdies wirksam außerordentlich – fristlos oder mit Auslauffrist – kündigen, wenn die Voraussetzungen des § 626 BGB erfüllt sind. Kündigt eine der beiden Arbeitsvertragsparteien das Arbeitsverhältnis außerordentlich hat sie bei Vorliegen der Voraussetzungen des § 628 Abs. 2 BGB zudem die Möglichkeit den aus der Beendigung resultierenden Schaden gegenüber der anderen Vertragspartei geltend zu machen. Sowohl die sachliche Rechtfertigung gemäß § 1 Abs. 2 KSchG als auch der wichtige Grund gemäß § 626 Abs. 1 BGB knüpfen dabei an Störungen im Leistungsbereich des Arbeitsverhältnisses an, die einer der Arbeitsvertragsparteien zuzurechnen sind.

Die Möglichkeit das Arbeitsverhältnis durch einseitige Gestaltungserklärung zu beenden wird durch das gerichtliche Auflösungsverfahren gemäß §§ 9, 10 KSchG

1157 Ascheid/Preis/Schmidt/*Preis*, Kündigungsrecht, Grundlagen A Rn. 23 f.
1158 Siehe dazu bereits oben: Zweiter Teil, A.III.

als Teil der kündigungsschutzrechtlichen Gesamtregelung ergänzt. Im *vierten Teil* wurde herausgearbeitet, dass die Arbeitsvertragsparteien im Rahmen eines gerichtlichen Verfahrens betreffend die sachliche Rechtfertigung beziehungsweise die Wirksamkeit einer Beendigungskündigung – und darüber hinaus nach der hier vertretenen Ansicht de lege ferenda auch in einem Änderungsschutzprozess oder einem Prozess betreffend die Wirksamkeit einer Befristungsabrede oder eines Aufhebungs- oder Abwicklungsvertrags – die gerichtliche Auflösung des Arbeitsverhältnisses beantragen können, wenn dessen Fortführung für den Arbeitnehmer unzumutbar ist, § 9 Abs. 1 S. 1 KSchG, beziehungsweise eine weitere den Betriebszwecken dienliche Zusammenarbeit aus Sicht des Arbeitgebers nicht zu erwarten ist, § 9 Abs. 1 S. 2 KSchG. Das Verfahren gemäß §§ 9, 10 KSchG ermöglicht dabei eine Auflösung des Arbeitsverhältnisses, wenn nicht unmittelbar der Leistungsbereich des Arbeitsverhältnisses betroffen ist, sondern vielmehr die Vertrauensgrundlage zwischen den Arbeitsvertragsparteien entfallen ist, ohne dass eine klare Zurechnung der Störung zu einer der Arbeitsvertragsparteien erfolgen muss. Neben der Auflösung des Arbeitsverhältnisses spricht das Gericht dem Arbeitnehmer eine Abfindung – nach der hier vertretenen Ansicht de lege ferenda regelmäßig in Höhe von 0,5 Monatsverdiensten für jedes Jahr des Bestehens des Arbeitsverhältnisses bis zu maximal zwölf Monatsverdiensten[1159] – zu. Die vom Gericht nach Maßgabe des § 10 KSchG festzusetzende Abfindung entschädigt den Arbeitnehmer für den zerrüttungsbedingten Verlust des grundsätzlich in seinem Bestand geschützten Arbeitsverhältnisses, das mangels des Vorliegens eines Kündigungsgrundes eigentlich fortbestanden hätte.

Wie ebenso oben im *vierten Teil* herausgearbeitet, decken die Regelungen der §§ 9, 10 KSchG indessen nicht alle denkbaren Sachverhalte der Zerrüttung des Arbeitsverhältnisses ab, die zu einer Unzumutbarkeit der Fortsetzung des Arbeitsverhältnisses für den Arbeitnehmer beziehungsweise einer Nichterwartbarkeit einer weiteren gedeihlichen Zusammenarbeit für den Arbeitgeber führen können. Weder für den Arbeitnehmer noch für den Arbeitgeber besteht die Möglichkeit, das zwar zerrüttete aber noch ungekündigte Arbeitsverhältnis ohne weitere Zwischenschritte, also insbesondere ohne vorangegangene arbeitgeberseitige Kündigung, gegen Abfindungszahlung aufzulösen. Tritt eine Zerrüttung der Vertrauensbeziehungen im laufenden, ungekündigten Arbeitsverhältnis ein, hat der Arbeitnehmer lediglich die Möglichkeit das Arbeitsverhältnis ordentlich oder – bei Vorliegen der Voraussetzungen des § 626 BGB – außerordentlich zu kündigen und bei Vorliegen der Voraussetzungen einen Schadensersatzanspruch aus § 628 Abs. 2 BGB oder gegebenenfalls einen Schadensersatz- oder Entschädigungsanspruchs gemäß § 15 Abs. 1 und Abs. 2 AGG bei einer Diskriminierung durch den Arbeitgeber geltend zu machen. Der Arbeitgeber ist gezwungen, zunächst eine sozialwidrige beziehungsweise unwirksame Kündigung auszusprechen, auf die er sodann einen Auflösungsantrag

1159 Siehe dazu oben: Vierter Teil, D.II.2.c.

wegen Zerrüttung des Vertrauensverhältnisses gemäß § 9 Abs. 1 S. 2 KSchG stützen kann.

Fraglich ist, ob dieser „Umweg“ im Kündigungsschutzrecht vom Gesetzgeber gewollt und auch sachgerecht ist, oder eine planwidrige Regelungslücke vorliegt, die mit einer analogen Anwendung der Regelungen der §§ 9, 10 KSchG auch im laufenden, ungekündigten Arbeitsverhältnis zu schließen ist.

A. Ablösung des Bestandsschutzsystems durch ein Abfindungssystem

In der Literatur wird teilweise vorgeschlagen, das kündigungsschutzrechtliche Bestandsschutzsystem durch ein Abfindungssystem abzulösen, dass es den Parteien ermöglicht bei Zerrüttung des Arbeitsverhältnisses ohne Beachtung weiterer materieller Voraussetzungen eine wirksame Kündigung auszusprechen, an die stets eine Abfindungspflicht des Arbeitgebers geknüpft sein soll. Die zuvor aufgezeigte Lücke des geltenden Kündigungsschutzrechts würde durch eine solche Reform geschlossen, da es den Arbeitsvertragsparteien stets möglich wäre, das zerrüttete Arbeitsverhältnis gegen Abfindungszahlung zu beenden.

Die Vertreter dieser Ansicht fordern die Abschaffung des allgemeinen auf Bestandsschutz zielenden Kündigungsschutzrechts und eine Ersetzung durch ein Abfindungssystem, das eine Abfindungspflicht aller Arbeitgeber nach Ausspruch einer Kündigung, unabhängig von der Anzahl der beschäftigten Arbeitnehmer, aber abhängig von einer gewissen Beschäftigungsdauer, normiert.[1160] Teilweise wird gefordert, dass die Abfindungspflicht dabei unabhängig vom Beendigungsgrund, also sowohl im Fall einer Kündigung durch den Arbeitnehmer als auch im Fall einer sozial gerechtfertigten beziehungsweise begründeten – selbst verhaltensbedingten – Kündigung des Arbeitgebers, zur Entstehung gelangen müsse, da ansonsten die Gefahr bestünde, dass schon während des Bestands des Arbeitsverhältnisses um die Beendigungsart und damit um die Abfindungspflicht gerungen würde.[1161] Dies sei aber nicht erwünscht, da die Reform des Kündigungsschutzrechts gerade auch der Entlastung der Gerichte und der Vereinfachung des Kündigungsschutzrechts zu dienen bestimmt sei.[1162] Aus diesem Grund sei es sachgerecht, die generelle Abfindungspflicht des Arbeitgebers lediglich bei grober Treuwidrigkeit des Arbeitnehmers im Einzelfall aufgrund einer auf § 242 BGB gestützten Verweigerung des Arbeitgebers entfallen zu lassen.[1163] Alternativ wird vorgeschlagen, die

---

1160 *Rühle*, DB 1991, 1378, 1379 f. So auch die Rechtslage im französischen Kündigungsrecht, das jedem gekündigten Arbeitnehmer, der dem Betrieb mindestens zwei Jahre angehört hat, im Fall einer Kündigung eine Grundabfindung zuspricht. Siehe dazu *Preis*, RdA 2003, 65, 70; *Willemsen*, NJW 2000, 2779, 2784.

1161 *Rühle*, DB 1991, 1378, 1380.

1162 *Rühle*, DB 1991, 1378, 1380.

1163 *Rühle*, DB 1991, 1378, 1379 f.

Abfindungspflicht des Arbeitgebers zumindest für die Fälle des Vorliegens eines wichtigen Grundes gemäß § 626 BGB oder einer verhaltensbedingten ordentlichen Kündigung gemäß § 1 Abs. 2 KSchG auszuschließen, da der Arbeitnehmer in diesen Fällen nicht schutzwürdig sei.[1164] Hinsichtlich der Höhe der zu zahlenden Abfindung wird teilweise vorgeschlagen, diese lediglich an den Beschäftigungsjahren auszurichten und – vergleichbar mit der Regelung des § 1a KSchG – einen gesetzlich festzulegenden Prozentsatz eines berechnungsfähigen Monats- oder Jahresentgelts festzusetzen.[1165] Andere wollen eine generelle Grundabfindung etablieren, die um eine zusätzliche Kündigungsentschädigung bei Sozialwidrigkeit der Kündigung zu ergänzen beziehungsweise bei sozialer Rechtfertigung der Kündigung um einen Teilbetrag zu reduzieren sei.[1166] Prozessual durchgesetzt werden könne dieses Abfindungssystem dadurch, dass die Arbeitnehmer nach Ausspruch einer eigenen oder arbeitgeberseitigen Kündigung eine Leistungsklage auf Zahlung der Abfindung erheben, wenn der Arbeitgeber seiner Abfindungspflicht nicht nachkommt.[1167]

Gegen den Austausch des Bestandsschutzsystems gegen ein umfassendes Abfindungssystem spricht jedoch einerseits der Umstand, dass eine von jeglichen Schranken unabhängige freie Beendigungsmöglichkeit des Arbeitsgebers mit den Grundsätzen der sozialen Marktwirtschaft und Art. 30 der Grundrechtecharta der Europäischen Union, nach dem Arbeitnehmer in der Europäischen Union Schutz vor ungerechtfertigten Entlassungen gewährt werden muss, nur schwerlich zu vereinbaren wäre, da die Arbeitnehmer trotz des Erhalts einer Abfindung nicht in der Lage wären, auf relativ sicherer Basis längerfristige Investitionen zu tätigen.[1168] Auch die Vereinbarkeit einer reinen Kompensationslösung mit der die Grundwertungen des Art. 12 GG konkretisierenden Rechtsprechung des Bundesverfassungsgerichts erscheint fraglich, da dieses davon ausgeht, dass es im Kündigungsschutzrecht vor allem darum gehe, Arbeitnehmer vor willkürlichen oder auf sachfremden Motiven beruhenden Kündigungen zu schützen, also den Erhalt des Arbeitsplatzes sicherzustellen.[1169] Insbesondere für schlechter qualifizierte oder ältere Arbeitnehmer stellt eine Abfindung aber kein Äquivalent zu einer Fortsetzung des Arbeitsverhältnisses dar, da diese Schwierigkeiten haben werden, ein neues, nicht prekäres Arbeitsverhältnis einzugehen.[1170] Andererseits würden auch gerade kleine und mittelständische

1164 *Buchner*, NZA 2002, 533, 535; *Duvigneau*, Die gerichtliche Auflösung des Arbeitsverhältnisses, S. 257; *Gamillscheg*, in: FS für Bosch, S. 209, 222 f.; *Willemsen*, NJW 2000, 2779, 2784. So auch *Timke*, Der Bestandsschutz im Arbeitsverhältnis, S. 212.

1165 *Rühle*, DB 1991, 1378, 1380.

1166 *Buchner*, NZA 2002, 533, 535; *Willemsen*, NJW 2000, 2779, 2784.

1167 *Preis*, RdA 2003, 65, 70.

1168 *Rebhahn*, RdA 2002, 272, 287.

1169 BVerfG, NJW 1998, 470, 472; vgl. auch *Oetker*, RdA 1997, 9, 17; ErfK/*Schmidt*, Art. 12 GG Rn. 38; Schwarze/Eylert/Schrader/*Schwarze*, KSchG, Einl. Rn. 5.

1170 Vgl. *Preis*, RdA 2003, 65, 71.

Betriebe finanziell erheblich belastet.[1171] Es darf nicht vergessen werden, dass das Kündigungsschutzgesetz in seiner geltenden Fassung zwar einerseits auf „echten" Bestandsschutz zugunsten des Arbeitnehmers zielt, andererseits aber auch positive Effekte für die Arbeitgeberseite bereit hält, da das Arbeitsverhältnis bei sozial gerechtfertigter Kündigung ohne weitere finanzielle Verpflichtungen durch den Arbeitgeber beendet werden kann.[1172]

Überdies könnte eine reine Kompensationslösung nur dann die mit einem Abfindungssystem angestrebten positiven Effekte erreichen, wenn die (Grund-) Abfindungshöhe generell reduziert und statischer geregelt wird, um dadurch die Gerichte zu entlasten und das Kündigungsschutzrecht zu vereinfachen.[1173] Eine auf Rechtsfolgenseite zur Bemessung der Abfindung zwischen den Beendigungsgründen differenzierende Lösung kann im Zweifel keine Entlastung der Arbeitsgerichte bringen, da es im Ergebnis, zumindest für die Abfindungshöhe, doch wieder auf die Art und Rechtmäßigkeit der Kündigung ankommen würde.[1174] Schließlich würde eine Umwandlung des KSchG vom Bestandsschutzgesetz in ein Abfindungsgesetz die Verhandlungsposition des Arbeitgebers im Beendigungsstreit erheblich zu Lasten des Arbeitnehmers stärken, da der Arbeitnehmer mangels der Möglichkeit des Verzichts auf „echten" Bestandsschutzes und der daraus resultierenden Annahmeverzugslohnansprüche gemäß §§ 611, 615 BGB in den Verhandlungen nichts mehr anzubieten hätte, was den Arbeitgeber zu einer höheren Abfindungszahlung veranlassen würde.[1175]

Im Ergebnis erscheint die Umwandlung des Kündigungsschutzrechts von einem Bestandsschutz- in ein Abfindungsrecht somit nicht interessengerecht. Stabile Beschäftigungsverhältnisse, die auf einem bestandschützenden Kündigungsschutzrecht basieren, sind grundsätzlich wünschenswert, da erhöhter Existenzdruck nicht durchweg zu besseren Leistungen innovativ denkender und mutig handelnder Arbeitnehmer führt.[1176] Zudem unterliegt auch das Interesse des Arbeitgebers an größtmöglicher unternehmerischer Freiheit häufig Fehlinterpretationen. Der Arbeitgeber trachtet in der Regel nicht danach die Arbeitnehmer seines Betriebs

---

1171 Vgl. *Oetker*, RdA 1997, 9, 17; So auch *Sandmaier*, Abfindungsorientierte Kündigungsschutzmodelle, S. 158.

1172 Vgl. dazu *Kamanabrou*, in: Transparenz und Reform, § 3 Rn. 2; *Preis*, RdA 2003, 65, 69; *Timke*, Der Bestandsschutz im Arbeitsverhältnis, S. 7. Die Möglichkeit der „kostenlosen" Beendigung des Arbeitsverhältnisses durch den Arbeitgeber erscheint im Hinblick darauf, dass die Arbeitgeber in der Bundesrepublik Deutschland durch die Leistung der Arbeitgeberanteile zur Arbeitslosenversicherung, als wesentlichem Teil der bereits hohen Lohnnebenkosten, bereits zur Finanzierung der Arbeitslosenversicherung beitragen, auch sachgerecht. Vgl. dazu *Sandmaier*, Abfindungsorientierte Kündigungsschutzmodelle, S. 184.

1173 So auch *Rühle*, DB 1991, 1378, 1380.

1174 So auch *Preis*, RdA 2003, 65, 70.

1175 *Dorndorf*, BB 2000, 1938, 1939; *Preis*, RdA 2003, 65 70.

1176 *Preis*, RdA 2003, 65, 68; *Wank*, RdA 1992, 225, 227 f.

nach freiem Belieben kündigen zu können, sondern auch sein Interesse ist eher darauf gerichtet, die Arbeitnehmer langfristig an sich zu binden, um insbesondere Anlern- und Weiterbildungskosten, die mit einem häufigen Wechsel der Belegschaft zusammenhängen, zu vermeiden und gut ausgebildete Arbeitnehmer, die über ausgeprägtes betriebsinternes Know-how verfügen, zu halten. Darüber hinaus macht eine konstante Beschäftigungspolitik einen Arbeitgeber auch für potentielle qualifizierte Bewerber, bereits beschäftigte motivierte Arbeitnehmer und unter Umständen auch für Kunden attraktiver.[1177]

Der Austausch des kündigungsschutzrechtlichen Bestandschutzsystems gegen ein Abfindungssystem ist demnach nicht der richtige Weg, um auf die fehlende Auflösungsmöglichkeit gegen Abfindungszahlung der Arbeitsvertragsparteien im Fall einer Zerrüttung des laufenden, ungekündigten Arbeitsverhältnisses zu reagieren. Im Folgenden wird erörtert, ob es stattdessen geboten ist, den Anwendungsbereich des Auflösungsverfahrens gemäß §§ 9, 10 KSchG durch analoge Anwendung insoweit zu erweitern, als für die Arbeitsvertragsparteien – anders als bisher – auch dann die Möglichkeit besteht, das Arbeitsverhältnis gegen Zahlung einer Abfindung aufzulösen, wenn der Arbeitgeber zuvor keine – im Ergebnis sozialwidrige oder unwirksame – Kündigung ausgesprochen hat.

B. Unzumutbarkeit der Fortführung des Arbeitsverhältnisses für den Arbeitnehmer im ungekündigten Arbeitsverhältnis

Stellt der Arbeitnehmer während des laufenden Arbeitsverhältnisses fest, dass eine Fortführung des Arbeitsverhältnisses für ihn wegen der Zerrüttung des dem Arbeitsverhältnis zugrunde liegenden Vertrauensverhältnisses unzumutbar ist, hat er – ohne vorangegangene Kündigung des Arbeitgebers – lediglich die Möglichkeit, das Arbeitsverhältnisses durch Eigenkündigung zu beenden und den zerrüttungsbedingten Verlust seines Arbeitsverhältnisses bei Vorliegen der Voraussetzungen des § 628 Abs. 2 BGB gestützt auf diese Anspruchsnorm zu kompensieren.

Im Folgenden wird zunächst die gesetzliche Ausgangslage dargestellt, also herausgearbeitet, welche Möglichkeiten dem Arbeitnehmer konkret zur Verfügung stehen, das Arbeitsverhältnis zu beenden und den Verlust des in seinem Bestand geschützten Arbeitsverhältnisses zu kompensieren. Sodann wird herausgearbeitet, in welchen Fällen das geltende Kündigungsschutzrecht eine Regelungslücke aufweist, es dem Arbeitnehmer also nicht möglich ist, eine Entschädigung für den zerrüttungsbedingten Verlust seines Arbeitsverhältnisses zu erhalten. Insofern wird auf die oben herausgearbeiteten Fallgruppen der Unzumutbarkeit der Fortführung des Arbeitsverhältnisses für den Arbeitnehmer zurückgegriffen[1178] und

1177 Siehe dazu auch *Sandmaier*, Abfindungsorientierte Kündigungsschutzmodelle, S. 162 f.

1178 Siehe dazu oben: Vierter Teil, B.IV.3.

analysiert, welche Fälle der Zerrüttung nicht zugleich die Voraussetzungen des § 628 Abs. 2 BGB erfüllen.

Schließlich wird bewertet, ob die Möglichkeiten, die das geltende Kündigungsschutzrecht dem Arbeitnehmer zur Verfügung stellt, den verfassungsrechtlichen Anforderungen des Art. 12 Abs. 1 GG genügen, um einen hinreichenden Schutz des Arbeitnehmers sicherzustellen, oder das geltende Kündigungsschutzrecht vielmehr eine planwidrige Regelungslücke aufweist, die mit einer analogen Anwendung der §§ 9, 10 KSchG geschlossen werden muss.[1179]

I. Gesetzliche Ausgangslage

Tritt während des laufenden, ungekündigten Arbeitsverhältnisses eine Zerrüttung der Vertrauensbeziehungen der Arbeitsvertragsparteien ein, die dazu führt, dass die Fortführung des Arbeitsverhältnisses für den Arbeitnehmer unzumutbar ist, hat dieser stets die Möglichkeit das Arbeitsverhältnis selbst zu kündigen und bei Vorliegen der Voraussetzungen des § 628 Abs. 2 BGB zudem einen Schadensersatzanspruch gegenüber dem Arbeitgeber geltend zu machen. Eine Unzumutbarkeit der Fortführung des Arbeitsverhältnisses für den Arbeitnehmer ist zum Beispiel in dem Fall denkbar, in dem der Arbeitnehmer von Kollegen gemobbt wird, der Arbeitgeber aber trotz Kenntnis von dem Mobbing keine Maßnahmen zum Schutz des Arbeitnehmers ergreift.

1. Eigenkündigung durch den Arbeitnehmer

Der Arbeitnehmer kann das Arbeitsverhältnis stets entweder ordentlich – unter Einhaltung der Kündigungsfrist aus § 622 BGB sowie gegebenenfalls weiterer vertraglicher Beschränkungen – oder bei Vorliegen der Voraussetzungen des § 626 BGB außerordentlich fristlos unter Beachtung des Schriftformerfordernisses gemäß § 623 BGB kündigen. Eine Bindung des Arbeitnehmers an ein Arbeitsverhältnis, dessen Fortführung für ihn unzumutbar ist, kommt demnach nicht in Betracht.

2. Kompensation des zerrüttungsbedingten Verlustes des Arbeitsverhältnisses gemäß § 628 Abs. 2 BGB

Zudem hat der Arbeitnehmer die Möglichkeit, einen Schadensersatzanspruch gemäß § 628 Abs. 2 BGB oder – soweit ein Diskriminierungssachverhalt

---

1179 Diese Frage stellt auch *Wolf*, Anm. zu BAG, AP Nr. 8 zu§ 4 KSchG 1969. In der von *Wolf* kommentierten Entscheidung ging es jedoch nicht um die analoge Anwendung der §§ 9, 10 KSchG im ungekündigten Arbeitsverhältnis. *Wolf* plädiert vielmehr dafür, die §§ 9, 10 KSchG dann analog anzuwenden, wenn der Arbeitgeber zwar sozialwidrig gekündigt hat, das Arbeitsverhältnis aber nicht durch gerichtliche Entscheidung aufgelöst wird, da der Arbeitnehmer zuvor selbst kündigt. Dies im Ergebnis ablehnend BAG, NJW 2013, 3388, 3391.

vorliegt – gegebenenfalls eines Schadensersatz- oder Entschädigungsanspruch gemäß § 15 Abs. 1 und 2 AGG geltend zu machen und so den zerrüttungsbedingten Verlust seines Arbeitsverhältnisses zu kompensieren.

Gemäß § 628 Abs. 2 BGB hat der Arbeitnehmer einen Anspruch auf Schadensersatz gegen den Arbeitgeber, wenn der Arbeitgeber durch vertragswidriges Verhalten Anlass zur außerordentlichen fristlosen Kündigung des Arbeitnehmers gegeben hat. Zweck der Regelung ist es, zu verhindern, dass der wegen eines Vertragsbruchs des Arbeitgebers zur fristlosen Kündigung veranlasste Arbeitnehmer die Ausübung seines Kündigungsrechts mit Vermögenseinbußen bezahlen muss, die auf der vorzeitigen Beendigung des Arbeitsverhältnisses durch die außerordentliche Kündigung beruhen.[1180] Der Arbeitnehmer soll so gestellt werden, als ob das Vertragsverhältnis ordnungsgemäß fortgeführt oder wenigstens durch eine fristgerechte Kündigung beendet worden wäre.[1181] Demgemäß entfällt der Anspruch wenn der Arbeitgeber das Arbeitsverhältnis seinerseits gemäß § 626 BGB hätte fristlos kündigen können.[1182]

Über den Wortlaut des § 628 Abs. 2 BGB hinaus, der sich nur auf die fristlose Kündigung aus wichtigem Grund bezieht, steht dem Arbeitnehmer auch bei einer Beendigung des Arbeitsverhältnisses auf andere Weise ein Schadensersatzanspruch gemäß § 628 Abs. 2 BGB zu.[1183] Nach der Rechtsprechung des Bundesarbeitsgerichts ist § 628 Abs. 2 BGB auf alle weiteren Beendigungstatbestände, also eine außerordentliche Kündigung mit Auslauffrist oder eine fristgerechte Kündigung des Arbeitnehmers, einen Aufhebungs- oder Abwicklungsvertrag oder auch eine ordentliche oder außerordentliche Kündigung des Arbeitgebers, entsprechend anzuwenden, sofern nur der Arbeitgeber durch ein schuldhaftes vertragswidriges Verhalten den Anlass für die Beendigung gesetzt hat.[1184]

Die Geltendmachung eines Schadensersatzanspruchs gemäß § 628 Abs. 2 BGB erfordert die Darlegung einer schuldhaften Pflichtverletzung des Arbeitgebers mit der Intensität eines wichtigen Grundes gemäß § 626 Abs. 1 BGB, die zur Beendigung des Arbeitsvertrages geführt hat, sowie die Darlegung eines Schadens i.S.d. §§ 249 ff. BGB. Zudem muss eine doppelte Kausalität, also eine Kausalität zwischen der Pflichtverletzung und der Beendigung und der Beendigung und dem Schaden, vom Arbeitnehmer dargelegt und gegebenenfalls bewiesen werden.

1180 BAG v. 20.11.2003 – 8 AZR 608/02 – Juris, Rn. 19; Ascheid/Preis/Schmidt/*Rolfs*, Kündigungsrecht, § 628 BGB Rn. 27.

1181 Ascheid/Preis/Schmidt/*Rolfs*, Kündigungsrecht, § 628 BGB Rn. 27.

1182 Palandt/*Weidenkaff*, BGB, § 628 Rn. 6.

1183 *Linck*, in Schaub, Arbeitsrechts-Handbuch, § 127 Rn. 53.

1184 BAG, AP Nr. zu § 276 BGB Vertragsverletzung; AP Nr. 8 zu § 4 KSchG 1969; NZA 1990, 106; NZA 2002, 1323, 1324 f.; AP Nr. 23 zu § 113 InsO. Siehe dazu auch Ascheid/Preis/Schmidt/*Rolfs*, Kündigungsrecht, § 628 BGB Rn. 48.

a. Schuldhafte Pflichtverletzung des Arbeitgebers

Die Entstehung eines Schadensersatzanspruchs des Arbeitnehmers gemäß § 628 Abs. 2 BGB setzt voraus, dass dem Arbeitgeber eine Pflichtverletzung nachgewiesen werden kann, die dieser auch verschuldet und die den Arbeitnehmer sodann zur Beendigung des Arbeitsverhältnisses veranlasst hat.[1185] Dieses Auflösungsverschulden muss dabei das Gewicht eines wichtigen Grundes gemäß § 626 Abs. 1 BGB haben.[1186] Der Anwendungsbereich des § 628 Abs. 2 BGB ist dabei enger, als der des § 626 Abs. 1 BGB, denn nicht jede nach § 626 BGB gerechtfertigte Kündigung setzt ein schuldhaftes vertragswidriges Verhalten des Vertragspartners voraus.[1187] Zudem muss ein unmittelbarer kausaler Zusammenhang zwischen der Vertragsverletzung des Arbeitgebers und der Beendigung gegeben sein.[1188]

Eine solche auf einem Auflösungsverschulden beruhende Pflichtverletzung sah die Rechtsprechung zum Beispiel bei der Zuweisung nicht vertragsgemäßer Arbeit unter Überschreitung des Direktionsrechts des Arbeitgebers als gegeben an, nachdem eine darauf gerichtete Abmahnung des Arbeitnehmers erfolglos blieb.[1189] Auch die Vorenthaltung der Vergütung in erheblicher Höhe für einen längeren Zeitraum soll genügen, um einen Schadensersatzanspruch gemäß § 628 Abs. 2 BGB zu begründen.[1190] Zudem soll eine als Beleidigung i.S.d. § 185 des Strafgesetzbuches (StGB) zu wertende Äußerung gegenüber einem Arbeitnehmer geeignet sein, einen Schadensersatzanspruch gemäß § 628 Abs. 2 BGB zu begründen.[1191]

Da der Schadenersatzanspruch nach § 628 Abs. 2 BGB voraussetzt, dass eine wirksame außerordentliche Kündigung wegen vertragswidrigen Verhaltens des Arbeitgebers ausgesprochen wurde oder hätte ausgesprochen werden können, muss zudem auch die Zweiwochenfrist des § 626 Abs. 2 S. 1 BGB eingehalten werden.[1192] Das heißt, dass zwischen der Kenntnis des Arbeitnehmers von der

---

1185 BayOLG, NJW-RR 2000, 156, 158.

1186 LAG Hamm v. 27.09.2013 – 10 Sa 629/23 – Juris, Rn. 40; ErfK/*Müller-Glöge*, § 628 BGB Rn. 13.

1187 ErfK/*Müller-Glöge*, § 628 BGB Rn. 16.

1188 LAG Hamm v. 27.09.2013 – 10 Sa 629/23 – Juris, Rn. 50; KR/*Weigand*, § 628 BGB Rn. 25.

1189 BAG v. 20.11.2003 – 8 AZR 608/02 – Juris, Rn. 24 ff.

1190 BGH, NJW-RR 1988, 352 f.; BAG v. 17.01.2002 – 2 AZR 494/00 – Juris, Rn. 33 f., das jedoch den vorherigen Ausspruch einer Abmahnung durch den Arbeitnehmer für erforderlich hielt; NZA 2002, 325, 327; AP Nr. 19 zu § 628 BGB. Siehe auch LAG Hamm v. 25.03.2010 – 8 Sa 1663/09 – Juris, das dem Arbeitnehmer bereits nach vertragswidriger Kürzung der Vergütung für drei Monate einen Schadensersatzanspruch gemäß § 628 Abs. 2 BGB zusprach. Zustimmend *Ramrath*, Anm. zu BAG, AP Nr. 19 zu § 628 BGB.

1191 ArbG Bocholt v. 05.04.1990 – 3 Ca 55/90 – Juris.

1192 BAG, NZA 2007, 1419, 1421; *Linck*, in Schaub, Arbeitsrechts-Handbuch, § 127 Rn. 54.

Vertragsverletzung durch den Arbeitgeber und dem Zugang der Kündigungserklärung nicht mehr als zwei Wochen liegen dürfen.[1193]

b. Ersatzfähiger Schaden

Der Umfang des Schadensersatzanspruchs richtet sich nach den §§ 249 ff. BGB. Der Arbeitnehmer ist so zu stellen, wie er bei Fortbestand des Arbeitsverhältnisses stehen würde; der Schadensersatzanspruch geht somit auf das volle Erfüllungsinteresse.[1194] Der Schaden des Arbeitnehmers besteht in der Regel im Ausfall des Lohnanspruchs.[1195] Da nach der Rechtsprechung des Bundesarbeitsgerichts gemäß § 628 Abs. 2 BGB grundsätzlich nur der Verfrühungsschaden, also der Schaden, der aufgrund der verfrühten Beendigung des Arbeitsverhältnisses entstanden ist, zu ersetzen ist, beschränkt sich der Anspruch auf den Vergütungsausfall bis zum Ablauf der Kündigungsfrist einer fiktiven ordentlichen Kündigung.[1196]

Darüber hinaus kann der Arbeitnehmer im Rahmen des Verfrühungsschadens auch die Aufwendungen geltend machen, die ihm aufgrund der unerwarteten Suche nach einem neuen Arbeitsplatz entstehen oder die zur Aufnahme eines neuen Arbeitsverhältnisses erforderlich sind, soweit sie bei vertragsgemäßer Beendigung nicht entstanden wären.[1197]

Hinzu kommen kann nach jüngerer Rechtsprechung des Bundesarbeitsgerichts eine den Verlust des Bestandsschutzes ausgleichende angemessene Abfindung entsprechend §§ 9, 10 KSchG, wenn der Arbeitnehmer allgemeinen Kündigungsschutz gemäß §§ 1 Abs. 1, 23 KSchG genießt, da die Lage des wegen schuldhafter Vertragspflichtverletzung des Arbeitgebers selbst kündigenden Arbeitnehmers nach Ansicht des Bundesarbeitsgerichts mit derjenigen des unberechtigt gekündigten Arbeitnehmers vergleichbar sei, der einen Auflösungsantrag nach § 9 Abs. 1 S. 1 KSchG oder § 13 Abs. 1 S. 3 KSchG gestellt hat, weil ihm die Fortsetzung des Arbeitsverhältnisses unzumutbar ist.[1198] Für die Notwendigkeit des Ausgleichs der durch den Verzicht auf Kündigungsschutz bedingten Nachteile spreche auch, dass der Arbeitgeber es sonst

---

1193 BAG, NZA 1990, 106; NZA 2002, 325, 328; NZA 2002, 1323, 1327; Ascheid/Preis/Schmidt/*Rolfs*, Kündigungsrecht, § 628 BGB Rn. 44.

1194 BAG, NZA 2002, 325, 329; v. 21.05.2008 – 8 AZR 623/07 – Juris, Rn. 28; *Linck*, in Schaub, Arbeitsrechts-Handbuch, § 127 Rn. 56; Palandt/*Weidenkaff*, BGB, § 628 Rn. 8.

1195 Dieser beinhaltet auch etwaige Naturalvergütungen, Provisionen, Tantiemen, etc. Siehe dazu Ascheid/Preis/Schmidt/*Rolfs*, Kündigungsrecht, § 628 BGB Rn. 58.

1196 BAG, NZA 2002, 325, 329 f.; 1323, 1328; AP Nr. 18 zu § 626 BGB. Siehe auch *Linck*, in Schaub, Arbeitsrechts-Handbuch, § 127 Rn. 57. Wie oben bereits dargestellt entfällt der Schaden komplett, wenn der Arbeitgeber seinerseits berechtigt ist, das Arbeitsverhältnis außerordentlich gemäß § 626 BGB zu kündigen.

1197 BAG, NZA 1988, 93, 94 zu § 23 BBiG (§ 16 BBiG a.F.); LAG Berlin, DB 1974, 538; Siehe dazu auch Ascheid/Preis/Schmidt/*Rolfs*, Kündigungsrecht, § 628 BGB Rn. 58.

1198 BAG, NZA 2002, 325, 329 f.; NZA 2007, 1419, 1421; v. 21.05.2008 – 8 AZR 623/07 – Juris, Rn. 28; Palandt/*Weidenkaff*, BGB, § 628 Rn. 8.

in der Hand hätte, einen Arbeitnehmer durch gezieltes vertragswidriges Verhalten zum Ausspruch einer außerordentlichen Kündigung zu bewegen, ohne seinerseits weitere Folgen, wie etwa die einer Abfindungszahlung gemäß §§ 9, 10 KSchG bei eigener ungerechtfertigten Kündigung, befürchten zu müssen.[1199] Dies gelte jedoch nur, wenn der Arbeitgeber im Zeitpunkt der Arbeitnehmerkündigung das Arbeitsverhältnis seinerseits nicht selbst hätte kündigen können, da die Voraussetzungen des § 1 Abs. 2 KSchG oder des § 626 Abs. 1 BGB vorlagen.[1200]

Bei der Berechnung des Schadensersatzanspruchs ist ein etwaiges Mitverschulden des Arbeitnehmers nach Maßgabe des § 254 BGB zu berücksichtigen.[1201] Gemäß § 254 Abs. 2 BGB erfolgt nach den Grundsätzen der Vorteilsausgleichung darüber hinaus die Anrechnung von Arbeitslosengeld und anderen Lohnersatzleistungen sowie der durch die vorzeitige Beendigung ersparten Aufwendungen und Beträge, die der Arbeitnehmer durch die anderweitige Verwendung seiner Arbeitskraft erwirbt oder schuldhaft zu erwerben unterlässt.[1202]

c. Spezialität gegenüber anderen Ansprüchen

§ 628 Abs. 2 BGB ist nach der Rechtsprechung des Bundesarbeitsgerichts für materielle Schadensersatzansprüche wegen Auflösungsverschuldens infolge einer nicht ordnungsgemäßen Beendigung des Arbeitsverhältnisses eine Spezialregelung, hinter die andere Anspruchsgrundlagen aus Vertrag oder unerlaubter Handlung zurücktreten.[1203] Dies begründet sich damit, dass durch § 628 Abs. 2 BGB normativ entschieden wurde, welches vertragswidrige Verhalten zur Schadensersatzpflicht führen soll; weitergehende Ansprüche sollen gerade nicht bestehen.[1204] Allerdings kann der Arbeitnehmer auch einen Schadensersatzanspruch gemäß § 15 Abs. 1 AGG oder einen Entschädigungsanspruch gemäß § 15 Abs. 2 AGG geltend machen, wenn die die Eigenkündigung begründende Zerrüttung auf einer Diskriminierung des Arbeitgebers beruht.[1205] Zudem kommt auch die zusätzliche Geltendmachung von Schmerzensgeldansprüchen wegen der Verletzung des allgemeinen Persönlichkeitsrechts gemäß §§ 823 Abs. 1, 253 BGB in Betracht.[1206] Auch die Geltendmachung einer Abfindung gemäß §§ 9, 10 KSchG kommt – wie zuvor herausgearbeitet – entweder im Rahmen des § 628 Abs. 2 BGB oder auch als eigenständiger Anspruch in Betracht.

1199 BAG, NZA 2002, 325, 330.

1200 BAG v. 21.05.2008 – 8 AZR 623/07 – Juris, Rn. 33.

1201 Ascheid/Preis/Schmidt/*Rolfs*, Kündigungsrecht, § 628 BGB Rn. 62; Palandt/*Weidenkaff*, BGB, § 628 Rn. 8.

1202 Ascheid/Preis/Schmidt/*Rolfs*, Kündigungsrecht, § 628 BGB Rn. 62.

1203 BAG, AP Nr. 18 zu BGB § 628. Siehe auch ErfK/*Müller-Glöge*, § 628 BGB Rn. 45; Ascheid/Preis/Schmidt/*Rolfs*, Kündigungsrecht, § 628 BGB Rn. 28.

1204 ErfK/*Müller-Glöge*, § 628 BGB Rn. 45.

1205 Der Schadensersatzanspruch gemäß § 15 Abs. 1 AGG setzt dabei ein Verschulden des Arbeitgebers voraus, während dies für den Entschädigungsanspruch gerade nicht erforderlich ist. Siehe dazu ErfK/*Schlachter*, § 15 AGG Rn. 5 f.

1206 BAG, AP Nr. 18 zu BGB § 628.

3. *Zusammenfassung*

Der Arbeitnehmer hat demnach stets die Möglichkeit sein Arbeitsverhältnis durch Eigenkündigung zu beenden. Zudem kann er bei Vorliegen der Voraussetzungen des § 628 Abs. 2 BGB seinen aus der Beendigung des Arbeitsverhältnisses resultierenden Schaden geltend machen und entsprechend §§ 9, 10 KSchG auch eine Entschädigung für den Verlust des in seinem Bestand geschützten Arbeitsverhältnisses erhalten.

II. Vorliegen einer Regelungslücke

Fraglich ist nunmehr, ob es dem Arbeitnehmer stets möglich ist, sein Arbeitsverhältnis interessengerecht zu beenden, oder ob eine Regelungslücke verbleibt.

Wie oben herausgearbeitet ist es dem Arbeitnehmer stets möglich, das Arbeitsverhältnis ohne die Beachtung materieller Voraussetzungen ordentlich zu kündigen. Dieser ist somit nicht auf eine Auflösung des Arbeitsverhältnisses durch das Gericht angewiesen, da er die Auflösung stets durch eigene Gestaltungserklärung erreichen kann. Eine Bindung des Arbeitnehmers an ein Arbeitsverhältnis, dessen Fortführung für ihn unzumutbar ist, kommt nicht in Betracht. Im Hinblick auf die reine Auflösung des Arbeitsverhältnisses liegt somit keine Regelungslücke vor.

Fraglich ist jedoch, ob es dem Arbeitnehmer auch stets möglich ist, nach zerrüttungsbedingter Eigenkündigung eine Entschädigung für den Verlust seines Arbeitsverhältnisses zu erhalten. Wie zuvor herausgearbeitet bleibt dem Arbeitnehmer insofern grundsätzlich die Möglichkeit, einen Schadensersatzanspruch gemäß § 628 Abs. 2 BGB geltend zu machen.

Betrachtet man die oben im *vierten Teil* herausgearbeiteten Fallgruppen, die eine Unzumutbarkeit der Fortführung des Arbeitsverhältnisses für den Arbeitnehmer gemäß §§ 9, 10 KSchG begründen, fällt auf, dass die dort herausgearbeiteten Sachverhalte – projiziert auf das ungekündigte Arbeitsverhältnis – teilweise wohl auch geeignet wären, einen Schadensersatzanspruch gemäß § 628 Abs. 2 BGB zu begründen. Es ist zum Beispiel davon auszugehen, dass eine Beleidigung beziehungsweise eine Äußerung ehrverletzender Behauptungen des Arbeitgebers gegenüber den Arbeitnehmer nicht nur geeignet ist, eine Unzumutbarkeit i.S.d. § 9 Abs. 1 S. 1 KSchG sondern zugleich auch ein Auflösungsverschulden und somit einen Schadensersatzanspruch gemäß § 628 Abs. 2 BGB zu begründen.[1207] Gleiches muss wohl auch für eine Diskriminierung des Arbeitgebers gelten, die zudem die Voraussetzungen eines Schadens- beziehungsweise Entschädigungsanspruchs i.S.d. § 15 Abs. 1 und 2 AGG erfüllen kann. Auch vertragswidriges Verhalten des Arbeitgebers, dass im Rahmen des § 9 Abs. 1 S. 1 KSchG zu einer Unzumutbarkeit der Vertragsfortführung führt, kann im Einzelfall geeignet sein, einen Schadensersatzanspruch gemäß § 628 Abs. 2 BGB zu begründen. Dies ist zum Beispiel dann der Fall, wenn der Arbeitgeber dem Arbeitnehmer nicht vertragsgemäße Arbeit unter

---

1207 Vgl. ArbG Bocholt v. 05.04.1990 – 3 Ca 55/90 – Juris. Siehe dazu auch oben: Fünfter Teil, B.I.2.a.

Überschreitung des Direktionsrechts zuweist.[1208] Da derjenige Arbeitnehmer, der in den Anwendungsbereich des Kündigungsschutzgesetz fällt auch im Rahmen des § 628 Abs. 2 BGB eine den Verlust des Bestandsschutzes ausgleichende angemessene Abfindung entsprechend §§ 9, 10 KSchG geltend machen kann,[1209] läge in diesen Fällen somit keine ausfüllungsbedürftige Regelungslücke vor.

Allerdings sind auch Sachverhalte denkbar, die zwar eine Unzumutbarkeit der Vertragsfortführung für den Arbeitnehmer i.S.d. § 9 Abs. 1 S. 1 KSchG, nicht aber einen Schadensersatzanspruch des Arbeitnehmers gemäß § 628 Abs. 2 BGB begründen können. In diesem Zusammenhang ist insbesondere an die Störung des Verhältnisses des Arbeitnehmers zu Kollegen und Vorgesetzten zu denken. So nahm das LAG Hamm eine Unzumutbarkeit der Fortführung des Arbeitsverhältnisses für den Arbeitnehmer i.S.d. § 9 Abs. 1 S. 1 KSchG in einem Fall an, in dem der Arbeitnehmer den Kündigungsschutzprozess allein deswegen gewonnen hätte, weil der Arbeitgeber anstelle des Arbeitnehmers einen anderen von diesem näher bezeichneten Arbeitskollegen hätte entlassen müssen. Hier sei zu besorgen gewesen, dass dieses Verhalten des Arbeitnehmers zu Spannungen im Arbeitsverhältnis mit Arbeitskollegen führen werde, die dem Arbeitnehmer die Fortsetzung des Arbeitsverhältnis unzumutbar machten.[1210] Obgleich sich der soeben beschriebene Sachverhalt nur im Rahmen eines Kündigungsschutzprozesses ereignen kann, können vergleichbare Situationen auch im laufenden, ungekündigten Arbeitsverhältnis auftreten. So ist zum Beispiel daran zu denken, dass ein Arbeitnehmer im Rahmen einer Untersuchung des Arbeitgebers zur eigenen Verteidigung auf Schlechtleistungen oder ähnliche Vertragsverstöße von Kollegen hinweist. Sollten die „angeschwärzten" Kollegen von dem Verhalten des Arbeitnehmers erfahren, ist damit zu rechnen, dass keine vertrauensvolle Zusammenarbeit mehr möglich und die Fortführung des Arbeitsverhältnisses für den Arbeitnehmer unzumutbar ist. Da im Zweifel aber kein Auflösungsverschulden des Arbeitgebers in der Intensität einen wichtigen Grundes gemäß § 626 Abs. 1 BGB vorliegt, kann der Arbeitnehmer einen Schadensersatzanspruch gemäß § 628 Abs. 2 BGB, mit dessen Hilfe auch Entschädigungsansprüche gemäß §§ 9, 10 KSchG geltend gemacht werden können, im Zweifel nicht erfolgreich durchsetzen.

Somit ist davon auszugehen, dass es dem Arbeitnehmer trotz der Existenz des Schadensersatzanspruchs gemäß § 628 Abs. 2 BGB und der Schadensersatz- und Entschädigungsansprüche gemäß § 15 Abs. 1 und Abs. 2 AGG nicht möglich ist für jeden Fall der Eigenkündigung wegen Unzumutbarkeit der Vertragsfortführung – also

---

1208 Vgl. BAG v. 20.11.2003 – 8 AZR 608/02 – Juris, Rn. 24 ff. Siehe dazu auch oben: Fünfter Teil, B.I.2.a.

1209 BAG, NZA 2002, 325, 329 f.; NZA 2007, 1419, 1421; v. 21.05.2008 – 8 AZR 623/07 – Juris, Rn. 28; Palandt/*Weidenkaff*, BGB, § 628 Rn. 8. Siehe dazu auch oben: Fünfter Teil, B.I.2.b.

1210 LAG Hamm, DB 1975, 1514.

einer Zerrüttung – im laufenden Arbeitsverhältnis eine Entschädigungszahlung geltend zu machen,[1211] so dass eine Regelungslücke besteht.

III. Planwidrigkeit der Regelungslücke

Fraglich ist weiter, ob es geboten ist, die zuvor herausgearbeitete Regelungslücke durch eine analoge Anwendung der §§ 9, 10 KSchG zu schließen. Die Regelungslücke könnte dadurch geschlossen werden, dass dem Arbeitnehmer zugebilligt wird, neben der Eigenkündigung den zerrüttungsbedingten Verlust des grundsätzlich in seinem Bestand geschützten Arbeitsverhältnisses mittels eines Entschädigungsanspruchs analog § 280 BGB i.V.m. §§ 9, 10 KSchG gegenüber dem Arbeitgeber geltend zu machen.[1212] Für die Begründung eines solchen Anspruchs müsste der Arbeitnehmer eine Zerrüttung des Arbeitsverhältnisses i.S.d. § 9 Abs. 1 S. 1 KSchG darlegen und gegebenenfalls beweisen, ohne dass es des Nachweises eines Verschuldens des Arbeitgebers bedürfte. Alternativ könnte erwogen werden, dem Arbeitnehmer nur dann einen Entschädigungsanspruch analog § 280 BGB i.V.m. §§ 9, 10 KSchG zuzusprechen, wenn dieser zwar ein Vertretenmüssen des Arbeitgebers i.S.d. § 276 BGB darlegt; dieses Vertretenmüssen müsste sodann aber nicht die Intensität des wichtigen Grundes gemäß § 626 Abs. 1 BGB erreichen. Unabhängig von den anspruchsbegründenden Voraussetzungen müsste der Arbeitnehmer jedenfalls keinen konkreten Schaden i.S.d. §§ 249 ff. BGB darlegen und beweisen; das Arbeitsgericht wäre vielmehr berufen eine Entschädigung nach Maßgabe des § 10 KSchG festzulegen.

Voraussetzung für eine analoge Anwendung nach den oben skizzierten Maßstäben ist jedoch die Planwidrigkeit der vorliegenden Regelungslücke sowie eine vergleichbaren Interessenlage.[1213] Eine planwidrige Regelungslücke liegt vor, wenn ein bestimmter Sachverhalt zwar gesetzlich geregelt ist, jedoch keine Vorschrift für Fälle enthält, die nach dem Grundgedanken und dem System des Gesetzes hätten mitgeregelt werden müssen.[1214] Dies ist dann der Fall, wenn eine Regelung gemessen an ihrem Zweck unvollständig, also ergänzungsbedürftig, ist und wenn ihre Ergänzung nicht einer vom Gesetzgeber beabsichtigten Beschränkung auf bestimmte Tatbestände widerspricht.[1215] Dass eine gesetzliche Regelung nur rechtspolitisch als verbesserungsbedürftig anzusehen ist, aber sich – gemessen an dem mit ihr verfolgten Zweck – nicht als planwidrig unvollständig und ergänzungsbedürftig erweist, reicht hingegen nicht aus, um eine analoge Anwendung zu begründen; in einem

---

1211 Von dieser Prämisse geht auch das BAG, AP Nr. 8 zu § 4 KSchG 1969, aus.

1212 Kritisch dazu LAG Rheinland-Pfalz v. 04.06.2009 – 11 Sa 66/09 – Juris, Rn. 72.

1213 *Larenz/Canaris*, Methodenlehre der Rechtswissenschaft, S. 202 ff.; Palandt/*Sprau*, BGB, Einleitung Rn. 48.

1214 *Geserich*, DStR-Beih 2011, 59, 61.

1215 *Geserich*, DStR-Beih 2011, 59, 61; vgl. auch BVerfG, NVwZ 1996, 574, 578; BAG v. 15.03.2012 – 8 AZR 160/11 – Juris, Rn. 78; NZA 2013, 955, 957; *Rieger*, NVwZ 2003, 17, 21.

solchen Fall ist der Rechtsanwender nicht berufen, durch die analoge Anwendung einer abweichenden Regelung den Willen des Gesetzgebers zu verfälschen.[1216]

Von der Planwidrigkeit der Regelungslücke wäre somit auszugehen, wenn der nichterfasste Sachverhalt – die Zerrüttung des laufenden, ungekündigten Arbeitsverhältnisses, dessen Fortführung für den Arbeitnehmer unzumutbar ist, ohne dass dem Arbeitgeber ein Auflösungsverschulden mit der Intensität eines wichtigen Grundes i.S.d. § 626 Abs. 1 BGB zur Last gelegt werden und der Arbeitnehmer einen konkreten Schaden beziffern kann – nach dem Grundgedanken und dem System des Kündigungsschutzrechts hätte mitgeregelt werden müssen. Das geltende Kündigungsschutzrecht müsste insofern unvollständig sein, als eine Anspruchsnorm, die den Arbeitnehmer nach Eigenkündigung für den zerrüttungsbedingten Verlust seines Arbeitsverhältnis entschädigt, fehlte.

1. Gesetzliche Beschränkung der Ansprüche des Arbeitnehmers gegen den Arbeitgeber nach Eigenkündigung

Der Gesetzgeber hat mit § 628 Abs. 2 BGB eine Norm geschaffen, die es dem Arbeitnehmer nach einer Eigenkündigung, die auf einem Auflösungsverschulden des Arbeitgebers mit der Intensität eines wichtigen Grundes gemäß § 626 Abs. 1 BGB beruht, ermöglicht, den Verlust des Arbeitsverhältnisses finanziell zu kompensieren. Der Gesetzgeber hat dabei normativ entschieden, welches vertragswidrige Verhalten zur Schadensersatzpflicht des Arbeitgebers führen soll.[1217] Bei minderschwerem vertragswidrigen Verhalten wird die Kündigung des Arbeitnehmers dessen eigenem Entschluss zugerechnet; der damit verbundene Beendigungsschaden ist nicht zu ersetzen.[1218] Diese Begrenzung ist gesetzgeberisch gewollt; nicht jede Vertragsverletzung soll eine Schadensersatzpflicht des Arbeitgebers auslösen, sondern lediglich eine solche, die die Intensität eines wichtigen Grundes i.S.d. § 626 Abs. 1 BGB erreicht.[1219] Nach der Ausgestaltung des Bürgerlichen Gesetzbuches und des Kündigungsschutzgesetzes durch den Gesetzgeber soll demnach lediglich unter den Voraussetzungen des § 628 Abs. 2 BGB die Geltendmachung eines Schadensersatzanspruchs möglich sein; die Geltendmachung eines Entschädigungsanspruchs des Arbeitnehmers für den zerrüttungsbedingten Verlust des Arbeitsverhältnisses ist – ohne vorangegangene Kündigung des Arbeitgebers im Rahmen der §§ 9, 10 KSchG – gesetzlich zunächst nicht vorgesehen.

1216 *Geserich*, DStR-Beih 2011, 59, 61.

1217 BAG, AP Nr. 8 zu § 4 KSchG 1969; ErfK/*Müller-Glöge*, § 628 BGB Rn. 45.

1218 BAG, AP Nr. 8 zu § 4 KSchG 1969; ErfK/*Müller-Glöge*, § 628 BGB Rn. 45; *Wolf*, Anm. zu BAG, AP Nr. 8 zu § 4 KSchG 1969.

1219 LAG Köln v. 20.02.2002 – 7 S. 954/01 – Juris, Rn. 39.

2. *Analoge Anwendung der §§ 9, 10 KSchG im Rahmen des § 628 Abs. 2 BGB durch das Bundesarbeitsgericht*

Bei der Schaffung des § 628 Abs. 2 BGB hatte der Gesetzgeber wie oben gesehen lediglich Schadensersatzansprüche gerichtet auf den Ersatz des Erfüllungsschadens im Blick. Die Regelung erfasst ihrem Wortlaut nach indessen keine Entschädigungsansprüche, die dem Arbeitnehmer einen Ausgleich für den Verlust des in seinem Bestand durch das Kündigungsschutzgesetz geschützten Arbeitsverhältnisses bieten.

Dass es mit dem Schutzauftrag des Kündigungsschutzrechts nicht zu vereinbaren ist, dem Arbeitnehmer, der durch vertragswidriges Verhalten des Arbeitgebers zur Eigenkündigung getrieben wurde, den Anspruch auf eine Entschädigung i.S.d. §§ 9, 10 KSchG vorzuenthalten, erkannte das Bundesarbeitsgericht bereits vor knapp 15 Jahren an. Diese Regelungslücke schloss das Bundesarbeitsgericht, indem es den Arbeitnehmern seit 2001 ermöglicht, eine Entschädigung i.S.d. §§ 9, 10 KSchG für den Verlust des in seinem Bestand geschützten Arbeitsverhältnis auch im Rahmen des § 628 Abs. 2 BGB geltend zu machen. Die Lage des wegen schuldhafter Vertragspflichtverletzung des Arbeitgebers selbst kündigenden Arbeitnehmers ist nach Ansicht des Bundesarbeitsgerichts mit derjenigen des unberechtigt gekündigten Arbeitnehmers vergleichbar, der einen Auflösungsantrag nach § 9 Abs. 1 S. 1 KSchG oder § 13 Abs. 1 S. 3 KSchG gestellt hat, weil ihm die Fortsetzung des Arbeitsverhältnisses unzumutbar ist.[1220] Diese Erweiterung der Einstandspflicht auf Rechtsfolgenseite durch das Bundesarbeitsgericht erfolgte, da der Arbeitgeber nicht besser gestellt werden sollte, weil er anstatt eine sozialwidrige oder unberechtigte Kündigung auszusprechen, den Arbeitnehmer durch vertragswidriges Verhalten zur Auflösung des Arbeitsverhältnisses veranlasst hat.

Einen Entschädigungsanspruch analog § 280 BGB i.V.m. §§ 9, 10 KSchG, der nicht an ein Auflösungsverschulden des Arbeitgebers mit der Intensität eines wichtigen Grundes gemäß § 626 Abs. 1 BGB anknüpft, hat das Bundesarbeitsgericht bis dato jedoch nicht anerkannt. Vielmehr hat es jüngst klargestellt, dass dem Arbeitnehmer mit Blick auf ein rechtswidriges Verhalten des Arbeitgebers, das in keinem Zusammenhang mit einer Kündigung steht, kein Wahlrecht zwischen Eigenkündigung und gerichtlicher Auflösung des Arbeitsverhältnisses zustehen solle.[1221] § 9 Abs. 1 S. 1 KSchG führe insofern nicht zu einem eigenen Kündigungsgrund mit Abfindungsanspruch.[1222]

1220 BAG, NZA 2002, 325, 329 f.; NZA 2007, 1419, 1421; v. 21.05.2008 – 8 AZR 623/07 – Juris, Rn. 28.

1221 BAG, NJW 2013, 3388, 3391.

1222 BAG, NJW 2013, 3388, 3391.

3. *Notwendigkeit der darüber hinausgehenden analogen Anwendung der §§ 9, 10 KSchG*

Fraglich ist, ob die vom Bundesarbeitsgericht vorgenommene analoge Anwendung der §§ 9, 10 KSchG lediglich im Rahmen des § 628 Abs. 2 BGB zu kurz greift und eine darüber hinaus gehende analoge Anwendung der §§ 9, 10 KSchG nach den oben dargestellten Maßgaben de lege ferenda erforderlich ist.

Die vom Gesetzgeber vorgesehene Spezialität des § 628 Abs. 2 BGB, nach der andere Schadensersatzansprüche wegen eines Auflösungsverschuldens des Arbeitgebers neben § 628 Abs. 2 BGB ausgeschlossen sein sollen, stünde einer analogen Anwendung der §§ 9, 10 KSchG in diesem Fall zunächst nicht per se entgegen, da erwogen wird, dem Arbeitnehmer keine Schadensersatzanspruch, sondern vielmehr einen Entschädigungsanspruch analog § 280 BGB i.V.m. §§ 9, 10 KSchG zuzubilligen.

Es erscheint jedoch zweifelhaft, ob eine analoge Anwendung der §§ 9, 10 KSchG, konkret die Anerkennung eines Entschädigungsanspruch analog § 280 BGB i.V.m. §§ 9, 10 KSchG, aufgrund der aus Art. 12 Abs. 1 GG resultierenden Schutzpflicht gegenüber dem Arbeitnehmer einerseits verfassungsrechtlich geboten und andererseits überhaupt aus Gerechtigkeitserwägungen gewünscht ist.

a. *Kein überwiegendes Beendigungsinteresse beider Arbeitsvertragsparteien*

Eine zusätzliche Belastung des Arbeitgebers mit einer Entschädigungspflicht analog § 280 BGB i.V.m. §§ 9, 10 KSchG wäre von diesem zunächst – anders als im Rahmen der §§ 9, 10 KSchG – nicht hinreichend beeinflussbar, da dieser das Arbeitsverhältnis im Zweifel noch nicht wissentlich gestört hat. Im laufenden, ungekündigten Arbeitsverhältnis hat der Arbeitgeber noch keinen nach außen tretenden Anlass zur Störung des Vertrauensverhältnisses der Arbeitsvertragsparteien gegeben, sondern geht im Zweifel davon aus, dass der Arbeitnehmer – wir er selbst – die Fortführung des aus seiner Sicht gedeihlichen Arbeitsverhältnisses begehrt. Dies ist nach Ausspruch einer sozial nicht gerechtfertigten beziehungsweise unwirksamen Kündigung anders.[1223] Obgleich der Versuch der Beendigung des Arbeitsverhältnisses ohne Vorliegen der Kündigungsvoraussetzungen durch den Arbeitgeber nicht schuldhaft erfolgt sein muss, stellt es trotz allem eine Verletzung der arbeitsvertraglichen Treue- und Schutzpflichten gemäß § 241 Abs. 2 BGB des Arbeitgebers dar, der auf die Rechte, Rechtsgüter und Interessen des Arbeitnehmers Rücksicht zu nehmen hat.[1224] Zudem ist das Arbeitsverhältnis in seinem Bestand bereits in Frage

---

1223 Vgl. insofern auch die Situation nach Ausspruch einer echten Druckkündigung. Gewichtige Stimmen in der Literatur wollen dem Arbeitnehmer, dessen Arbeitsverhältnis durch echte Druckkündigung beendet wurde, einen Entschädigungsanspruch analog §§ 9, 10 KSchG zubilligen. Siehe dazu oben: Vierter Teil, B.VII.3.a.bb.

1224 *Koch*, in: Schaub, Arbeitsrechts-Handbuch, § 106 Rn. 1. Wie oben bereits herausgearbeitet, reicht allein der Ausspruch einer sozialwidrigen beziehungsweise

gestellt und gefährdet, da eine Fortführung nur dann in Betracht kommt, wenn der Arbeitnehmer innerhalb von drei Wochen Kündigungsschutzklage erhebt, da die Wirksamkeit der Kündigung ansonsten gemäß §§ 4, 7 KSchG fingiert wird. Da der Arbeitgeber demnach mit Ausspruch einer nicht den gesetzlichen Anforderungen entsprechenden Kündigung zumindest einen Anlass zur Beschädigung der Vertrauensgrundlage des Arbeitsverhältnisses gesetzt hat, selbst wenn ihm dieser unter Zurechnungsgesichtspunkten nicht i.S.d. § 628 Abs. 2 BGB vorzuwerfen ist, ist es sachgerecht, dem Arbeitnehmer in diesem Fall zu ermöglichen, das Arbeitsverhältnis selbst bei Nichtvorliegen eines Auflösungsverschuldens gegen Entschädigungszahlung des Arbeitgebers zu beenden, wenn dessen Fortführung für ihn aufgrund weiterer Umstände unzumutbar ist. Durch den Ausspruch der Kündigung hat der Arbeitgeber gezeigt, dass auch er im Ergebnis kein Interesse an der Vertragsfortführung des Arbeitsverhältnisses hat. Somit haben beide Vertragsparteien ein überwiegendes Beendigungsinteresse; lediglich die Modalitäten der Beendigung sind streitig. Das Auflösungsverfahren der §§ 9, 10 KSchG und insbesondere die Abfindungspflicht des Arbeitgebers sollte demnach lediglich in der Situation Platz greifen, in der die Vertrauensgrundlage des Arbeitsverhältnisses bereits gestört ist; die Zerrüttung soll hingegen keinen eigenständigen Kündigungsgrund mit Abfindungspflicht begründen.[1225]

b. Keine Schutzbedürftigkeit des Arbeitnehmers

Eine weitere Begünstigung des Arbeitnehmers erscheint zudem insbesondere vor dem Hintergrund entbehrlich, dass – wie oben heraus gearbeitet – zahlreiche Fälle der Unzumutbarkeit der Fortführung des Arbeitsverhältnisses für den Arbeitnehmer i.S.d. § 9 Abs. 1 S. 1 KSchG zugleich die Voraussetzungen eines Schadensersatzanspruchs gemäß § 628 Abs. 2 BGB erfüllen. Mit der Zulassung eines Entschädigungsanspruchs analog § 280 BGB i.V.m. §§ 9, 10 KSchG hätte der Arbeitnehmer indessen die Möglichkeit für jeden Fall der Zerrüttung des Arbeitsverhältnisses eine finanzielle Kompensation zu erhalten. Eine so weit gehende Besserstellung des Arbeitnehmers gegenüber dem Arbeitgeber ist jedoch vom Kündigungsschutzgesetz – das den Arbeitnehmer vor willkürlichen Vertragsbeendigungen durch den Arbeitgeber schützen soll – nicht bezweckt.

Zudem ist der Arbeitnehmer selbst in den Fällen, in denen die Voraussetzungen des § 628 Abs. 2 BGB im Einzelfall nicht erfüllt sind, in der Regel trotzdem nicht schutzlos gestellt, da zumindest seine Existenzgrundlage aufgrund des Anspruchs auf Arbeitslosengeld I nach dem dritten Sozialgesetzbuch gesichert ist, soweit er zuvor mindestens zwölf Monate in einem versicherungspflichtigen Arbeitsverhältnis

---

unwirksamen Kündigung indessen nicht aus, um eine Unzumutbarkeit der Vertragsfortführung für den Arbeitnehmer i.S.d. § 9 Abs. 1 S. 1 BGB zu begründen. Siehe dazu oben: Vierter Teil, B.VI.3.a.aa.

1225 So auch das BAG, NJW 2013, 3388, 3391.

beschäftigt war.[1226] Trotz einer Eigenkündigung hat der Arbeitnehmer auch nicht mit einem Ruhen des Anspruchs auf Arbeitslosengeld I während einer Sperrzeit zu rechnen, wenn er gemäß § 159 Abs. 1 S. 1 SGB III darlegen kann, dass er für die Arbeitsaufgabe einen wichtigen Grund hatte. Ein wichtiger Grund ist nach der Rechtsprechung des Bundessozialgerichts gegeben, wenn Umstände vorliegen, unter denen nach verständiger Abwägung mit den Interessen der Versichertengemeinschaft dem Arbeitnehmer die Fortsetzung des Arbeitsverhältnisses nicht zumutbar war, weil sonst seine Interessen in unbilliger Weise geschädigt werden.[1227] Der wichtige Grund i.S.d. § 159 Abs. 1 SGB III muss gerade nicht die Voraussetzungen des § 626 Abs. 1 BGB erfüllen. Vielmehr kann dieser auch bereits bei fehlenden Aufstiegschancen des Arbeitnehmers,[1228] Anfeindungen des Arbeitnehmers von Dritten,[1229] feindseligen Handlungen von Kollegen gegen den Arbeitnehmer[1230] oder der bewussten und systematischen Nichteinhaltung der Vorgaben des Arbeitszeitgesetzes durch den Arbeitgeber vorliegen.[1231] Eine Unzumutbarkeit der Fortführung des laufenden Arbeitsverhältnisses für den Arbeitnehmer i.S.d. § 9 Abs. 1 S. 1 KSchG auf die er mit einer Eigenkündigung reagiert, wird somit im Zweifel auch die Voraussetzungen eines wichtigen Grundes i.S.d. § 159 Abs. 1 S. 1 SGB III erfüllen. Der Arbeitnehmer hat demnach kein Ruhen seines Anspruchs auf Arbeitslosengeld I während einer Sperrzeit zu befürchten; seine Existenzgrundlage ist nicht bedroht.

c. Weitere Verkomplizierung des Kündigungsschutzrechts

Schließlich würde die Zulassung eines Entschädigungsanspruchs analog § 280 BGB i.V.m. §§ 9, 10 KSchG zu einer weiteren Verkomplizierung des Kündigungsschutzrechts und zu einer zusätzlichen Belastung der Arbeitsgerichte führen. Es ist damit zu rechnen, dass zahlreiche Arbeitnehmer – insbesondere die rechtsschutzversicherten – nach einer Eigenkündigung einen entsprechenden Entschädigungsanspruch geltend machten. Es bestünde somit die Gefahr, dass Arbeitgeber in noch stärkerem Maße von der Begründung nicht prekärer Beschäftigungsverhältnisse

---

1226 Eine fehlende Anspruchsberechtigung besteht lediglich für die Arbeitnehmer, die zwar mehr als sechs Monate bei dem Arbeitgeber beschäftigt waren, da erst ab diesem Zeitpunkt der Schutzbereich des Kündigungsschutzgesetz eröffnet ist und eine Anspruchsberechtigung gemäß §§ 9, 10 KSchG in Betracht kommt, aber noch keine Beschäftigungszeit von zwölf Monaten erfüllen. Aufgrund des kurzen Beschäftigungszeit von weniger als 12 Monaten würde eine Abfindung gemäß §§ 9, 10 KSchG in diesen Fällen aber ohnehin gering ausfallen.

1227 BSG v. 17.07.1964 – 7 RAr 4/64 – Juris; v. 20.04.1977 – 7 RAr 112/75 – Juris.

1228 BSG, NZA 1987, 180 ff.

1229 Das LSG Rheinland-Pfalz, v. 22.12.2011 – L 1 AL 90/10 – Juris, ging von dem Vorliegen eines wichtigen Grundes i.S.d. § 159 Abs. 1 SGB III in dem Fall aus, in dem ein Vorstandsvorsitzender eines Fußballvereins andauernden Beschimpfungen und Protesten seitens des Fanumfelds ausgesetzt war.

1230 BSG, NZS 2004, 382 ff.

1231 ErfK/*Rolfs*, § 159 SGB III Rn. 28.

zurückschreckten, da eine (entschädigungslose) Beendigung von Arbeitsverhältnisses weiter erschwert würde.

d. Zusammenfassung

Der Gesetzgeber – und nachgeschaltet die Rechtsprechung – sind zwar verpflichtet, den Arbeitnehmer vor einer missbräuchlichen und willkürlichen Kündigung seines Arbeitsverhältnis durch den Arbeitgeber zu schützen, um zu vermeiden, dass dem Arbeitnehmer jederzeit durch freien Willensentschluss des Arbeitgebers die Existenzgrundlage entzogen werden kann.[1232] Sie sind aber nicht berufen, ein Gleichgewicht herzustellen oder zu wahren; es muss lediglich eine äußerste Erträglichkeitsgrenze für Ungleichgewichte gezogen werden.[1233] Vor dem Hintergrund des bereits umfassenden Schutzes des Arbeitnehmers vor der willkürlichen Beendigung seines Arbeitsverhältnisses durch die Regelungen des Kündigungsschutzgesetzes, erscheint die Notwendigkeit einer zusätzlichen finanziellen Begünstigung für den Arbeitnehmer – und damit spiegelbildlich einer weiteren finanziellen Belastung für den Arbeitgeber, der ohnehin bereits mit hohen Lohnnebenkosten belastet ist[1234]– nicht erforderlich. Es ist vielmehr zu befürchten, dass mit einer Zulassung eines solchen Entschädigungsanspruchs die Grenzen des Übermaßverbots überschritten würden.

Somit ist in der Gesamtschau davon auszugehen, dass keine planwidrige Regelungslücke vorliegt, die durch eine analoge Anwendung der §§ 9, 10 KSchG geschlossen werden müsste. Die Zulassung eines Entschädigungsanspruchs analog § 280 BGB I.V.m. §§ 9, 10 KSchG ist weder verfassungsrechtlich geboten noch aus Gerechtigkeitserwägungen wünschenswert.

IV. Zusammenfassung

Eine analoge Anwendung der §§ 9, 10 KSchG auf die Situation der Unzumutbarkeit der Fortführung des Arbeitsverhältnisses für den Arbeitnehmer wegen einer Zerrüttung des Vertrauensverhältnisses im laufenden, ungekündigten Arbeitsverhältnis kommt nicht in Betracht. Es liegt keine planwidrige Regelungslücke vor, die durch eine analoge Anwendung der §§ 9, 10 KSchG geschlossen werden müsste. Es ist weder verfassungsrechtlich geboten noch aus Gerechtigkeitserwägungen wünschenswert, dem Arbeitnehmer zuzubilligen, den zerrüttungsbedingten Verlust des grundsätzlich in seinem Bestand geschützten Arbeitsverhältnisses mittels eines Entschädigungsanspruchs analog § 280 BGB i.V.m. §§ 9, 10 KSchG geltend zu machen, wenn weder die Voraussetzungen des § 628 Abs. 2 BGB vorliegen noch der Arbeitgeber des Arbeitsverhältnis zuvor selbst gekündigt hat.

1232 Schwarze/Eylert/Schrader/*Schwarze*, KSchG, Einl. Rn. 1, 5. Siehe auch *Zöller*, AcP 1976, 221, 243.

1233 *Schwarze*, ZfA 2005, 81, 97 f.

1234 Vgl. dazu *Sandmaier*, Abfindungsorientierte Kündigungsschutzmodelle, S. 184.

C. Nichterwartbarkeit der weiteren gedeihlichen Zusammenarbeit für den Arbeitgeber

Stellt der Arbeitgeber während des laufenden Arbeitsverhältnisses fest, dass eine weitere gedeihliche Zusammenarbeit mit dem Arbeitnehmer für ihn wegen einer Zerrüttung des Vertrauensverhältnisses nicht zu erwarten ist, hat er keine Möglichkeit die Auflösung seines Arbeitsverhältnisses gegen Abfindungszahlung gemäß §§ 9, 10 KSchG zu erreichen, ohne zuvor selbst eine Kündigung auszusprechen. Im Folgenden wird zunächst die gesetzliche Ausgangslage dargestellt. Sodann wird bewertet, ob die Möglichkeiten, die das geltende Kündigungsschutzrecht dem Arbeitgeber zur Verfügung stellt, den verfassungsrechtlichen Anforderungen des Art. 12 Abs. 1 GG genügen, also eine hinreichende Entfaltung der unternehmerischen Freiheit sichergestellt ist, oder das geltende Kündigungsschutzrecht eine planwidrige Regelungslücke aufweist, die mit einer analogen Anwendung der §§ 9, 10 KSchG geschlossen werden muss. Wie oben bereits dargestellt, ist eine analoge Anwendung nur dann möglich, wenn sowohl eine planwidrige Regelungslücke als auch eine vergleichbare Interessenlage vorliegen.[1235]

I. Gesetzliche Ausgangslage

Stellt der Arbeitgeber während des laufenden, ungekündigten Arbeitsverhältnisses fest, dass dieses zerrüttet und eine weitere gedeihliche Zusammenarbeit nicht zu erwarten ist, hat dieser die Möglichkeit an den Arbeitnehmer heranzutreten und diesem eine Beendigung des Arbeitsverhältnisses gegen Abfindungszahlung vorzuschlagen, deren Einzelheiten in einem Aufhebungsvertrag geregelt werden können. Stimmt der Arbeitnehmer einer einvernehmlichen Lösung nicht zu, bleibt dem Arbeitgeber die Möglichkeit, das Arbeitsverhältnis ordentlich oder außerordentlich zu kündigen, um eine Beendigung zu erreichen, selbst wenn er weiß, dass die Voraussetzungen der sachlichen Rechtfertigung gemäß § 1 Abs. 2 KSchG oder des wichtigen Grunds gemäß § 626 Abs. 1 BGB nicht erfüllt sind. Mit dem Ausspruch der Kündigung kann der Arbeitgeber dem Arbeitnehmer eine Abfindung in Aussicht stellen, die der Arbeitnehmer erhalten soll, wenn er keine Kündigungsschutzklage erhebt. Obgleich diese Möglichkeit lediglich für den Fall der betriebsbedingten Kündigung gesetzlich in § 1a KSchG abgebildet ist, kann der Arbeitgeber ein entsprechendes Angebot mit jeder Art von Kündigung verbinden und auch im Hinblick auf die Abfindungshöhe von der Vorgabe des § 1a Abs. 2 S. 1 KSchG abweichen.[1236] Sollte der Arbeitnehmer trotz des Abfindungsangebots eine Kündigungsschutzklage erheben, kann der Arbeitgeber im Kündigungsschutzprozess einen Auflösungsantrag gemäß § 9 Abs. 1 S. 2 KSchG stellen. Nach der hier vertretenen Ansicht sollte der Arbeitgeber zudem nicht lediglich nach Ausspruch einer sozialwidrigen

1235 Palandt/*Sprau*, BGB, Einleitung Rn. 48.
1236 Vgl. ErfK/*Oetker*, § 1a KSchG Rn. 11.

ordentlichen sondern zudem de lege ferenda auch nach Ausspruch einer unwirksamen außerordentlichen Kündigung oder im Rahmen eines Änderungsschutzprozesses oder eines Prozesses über die Wirksamkeit einer Befristungsabrede oder eines Aufhebungs- beziehungsweise Abwicklungsvertrages berechtigt sein, einen Auflösungsantrag gemäß § 9 Abs. 1 S. 2 KSchG zu stellen.[1237]

II. Vorliegen einer planwidrigen Regelungslücke

Fraglich ist, ob im Hinblick auf die Auflösungsmöglichkeit bei Nichtwartbarkeit der weiteren gedeihlichen Zusammenarbeit aus Sicht des Arbeitgebers im ungekündigten Arbeitsverhältnis von dem Vorliegen einer planwidrigen Regelungslücke auszugehen ist. Wie oben bereits dargestellt, liegt eine planwidrige Regelungslücke dann vor, wenn ein bestimmter Sachverhalt zwar gesetzlich geregelt ist, jedoch keine Vorschrift für Fälle enthält, die nach dem Grundgedanken und dem System des Gesetzes hätten mitgeregelt werden müssen.[1238] Dies ist insbesondere dann der Fall, wenn eine Regelung gemessen an ihrem Zweck unvollständig, also ergänzungsbedürftig, ist und wenn ihre Ergänzung nicht einer vom Gesetzgeber beabsichtigten Beschränkung auf bestimmte Tatbestände widerspricht.[1239]

Wie zuvor herausgearbeitet, hat der Arbeitgeber – wenn für den Arbeitnehmer eine einvernehmliche Lösung nicht in Betracht kommt – keine Möglichkeit das Arbeitsverhältnis ohne vorherigen Ausspruch einer (sozialwidrigen oder unwirksamen) Kündigung gegen Entschädigungszahlung zu beenden, obgleich eine weitere gedeihliche Zusammenarbeit mit dem Arbeitnehmer nicht zu erwarten ist. Auf den ersten Blick ist somit von einer Regelungslücke auszugehen. Es ist jedoch nicht davon auszugehen, dass dieser Umstand tatsächlich eine planwidrige Regelungslücke im Kündigungsschutzrecht darstellt, infolge der eine analoge Anwendung der §§ 9, 10 KSchG notwendig wird. Obgleich der Arbeitgeber nicht unmittelbar einen Antrag auf Auflösung des Arbeitsverhältnisses gegen Abfindungszahlung beim Arbeitsgericht stellen kann, bedarf es lediglich des Ausspruchs einer Kündigung, um eine Antragsberechtigung zu erlangen. Zumindest nach der hier vertretenen Ansicht ist der Arbeitgeber in seiner Antragsberechtigung auch nicht limitiert, da er sowohl nach Ausspruch einer ordentlichen als auch nach Ausspruch einer außerordentlichen, sittenwidrigen oder an anderen Unwirksamkeitsmängeln leidenden Kündigung grundsätzlich die Möglichkeit hat, einen Auflösungsantrag zu stellen.[1240] Somit ist dem Arbeitgeber das Auflösungsverfahren gemäß §§ 9, 10 KSchG nach der hier vertretenen Ansicht auch gegenüber ordentlich nicht kündbaren Arbeitnehmern nicht versperrt.

1237 Siehe dazu oben: Vierter Teil, C.II.3.

1238 *Geserich*, DStR-Beih 2011, 59, 61.

1239 *Geserich*, DStR-Beih 2011, 59, 61; vgl. auch BVerfG, NVwZ 1996, 574, 578; BAG v. 15.03.2012 – 8 AZR 160/11 – Juris, Rn. 78; NZA 2013, 955, 957; *Rieger*, NVwZ 2003, 17, 21.

1240 Siehe dazu oben: Vierter Teil, C.II.3.

Überdies erwächst dem Arbeitgeber auch kein Nachteil, wenn er zunächst sozialwidrig beziehungsweise unwirksam kündigt, solange die Kündigung zumindest auf irgendwie nachvollziehbare Gründe gestützt werden kann. Eine solche Kündigung wäre in der Regel weder geeignet ihrerseits die Unzumutbarkeit der Fortführung des Arbeitsverhältnisses für den Arbeitnehmer gemäß § 9 Abs. 1 S. 1 KSchG,[1241] noch einen Schadensersatzanspruch gemäß § 628 Abs. 2 BGB[1242] zu begründen. Wäre die Kündigung des Arbeitgebers hingegen als grob sozialwidrig beziehungsweise grob unwirksam oder sittenwidrig einzustufen, kann dies im Einzelfall dazu führen, dass den vom Arbeitgeber vorgetragenen Auflösungsgründen aufgrund des Rechtsgedankens des § 162 BGB weniger Gewicht beigemessen wird. In diesen Fällen ist es aber hinnehmbar, dass der Arbeitgeber an dem Arbeitsverhältnis festhalten muss, da die Nichterwartbarkeit der weiteren gedeihlichen Zusammenarbeit aufgrund eigenen Fehlverhaltens eingetreten ist.

Darüber hinaus wird der Arbeitgeber im Zweifel auch kein Interesse daran haben, einen Auflösungsantrag ohne den vorherigen Ausspruch einer Kündigung zu stellen, da er bei Ausspruch einer Kündigung – unabhängig von deren Wirksamkeit – stets die Chance hat, dass diese aufgrund der Fiktion der §§ 4, 7 KSchG Wirksamkeit erlangt.

Somit muss der Arbeitgeber zwar stets eine Kündigung aussprechen, bevor er die Möglichkeit hat, einen Auflösungsantrag gemäß §§ 9, 10 KSchG zu stellen. Da ihm hieraus jedoch – zumindest nach der hier vertretenen Ansicht – keine Nachteile erwachsen, ist nicht von einer planwidrigen Regelungslücke im Kündigungsschutzrecht auszugehen. Demnach kommt auch keine analoge Anwendung der §§ 9, 10 KSchG in Betracht.

III. Zusammenfassung

Eine analoge Anwendung der §§ 9, 10 KSchG auf die Situation der Nichterwartbarkeit der weiteren gedeihlichen Zusammenarbeit für den Arbeitgeber wegen einer Zerrüttung des Vertrauensverhältnis im ungekündigten Arbeitsverhältnis kommt nicht in Betracht. Das geltende Kündigungsschutzrecht weist insofern keine planwidrige Regelungslücke auf, die mit einer analogen Anwendung der §§ 9, 10 KSchG geschlossen werden müsste.

D. Zusammenfassung

Obgleich weder für den Arbeitnehmer noch für den Arbeitgeber die Möglichkeit besteht, das zwar zerrüttete aber ungekündigte Arbeitsverhältnis ohne Vorliegen

---

1241 BAG, NZA 1993, 362, 363; LAG Rheinland-Pfalz, v. 19.04.2007 – 11 Sa 7/07 – Juris; *Ammermüller*, DB 1975, Beilage 10, 1, 5; *Keßler*, NZA-RR 2002, 1, 7. Siehe auch oben: Vierter Teil, B.VI.3.a.aa.

1242 Vgl. BAG, NZA 2002, 1027, 1029 f.; ErfK/*Müller-Glöge*, § 628 BGB Rn. 15.

einer arbeitgeberseitigen Kündigung gegen Abfindungszahlung gemäß §§ 9, 10 KSchG aufzulösen, kommt eine analoge Anwendung der §§ 9, 10 KSchG im ungekündigten Arbeitsverhältnis nicht in Betracht. Diese ist weder verfassungsrechtlich geboten noch aus Gerechtigkeitserwägungen wünschenswert.

Eine analoge Anwendung der §§ 9, 10 KSchG auf die Situation der Unzumutbarkeit der Fortführung des Arbeitsverhältnisses für den Arbeitnehmer wegen einer Zerrüttung des Vertrauensverhältnis während des ungekündigten Arbeitsverhältnisses scheidet aus, da nicht von einer planwidrigen Regelungslücke ausgegangen werden kann, die durch eine analoge Anwendung der §§ 9, 10 KSchG geschlossen werden müsste. Es ist weder verfassungsrechtlich geboten noch aus Gerechtigkeitserwägungen wünschenswert, dem Arbeitnehmer zuzubilligen, den zerrüttungsbedingten Verlust des grundsätzlich in seinem Bestand geschützten Arbeitsverhältnisses mittels eines Entschädigungsanspruchs analog § 280 BGB i.V.m. §§ 9, 10 KSchG geltend zu machen, wenn weder die Voraussetzungen des § 628 Abs. 2 BGB vorliegen noch der Arbeitgeber des Arbeitsverhältnis zuvor selbst gekündigt hat.

Eine analoge Anwendung der §§ 9, 10 KSchG auf die Situation der Nichterwartbarkeit der weiteren gedeihlichen Zusammenarbeit für den Arbeitgeber wegen einer Zerrüttung des Vertrauensverhältnis im ungekündigten Arbeitsverhältnis kommt indessen nicht in Betracht, da das geltende Kündigungsschutzrecht insofern keine planwidrige Regelungslücke aufweist, die mit einer analogen Anwendung der §§ 9, 10 KSchG geschlossen werden müsste. Dem Arbeitgeber ist es einerseits möglich sich vor oder nach Ausspruch einer Kündigung einvernehmlich mit dem Arbeitnehmer auf eine Beendigung des Arbeitsverhältnisses gegen Abfindungszahlung zu einigen. Zudem hat der Arbeitgeber die Möglichkeit zunächst sozialwidrig beziehungsweise unwirksam zu kündigen, um sodann im Kündigungsschutzprozess – nach der hier vertreten Ansicht unabhängig – von der Kündigungsart einen Auflösungsantrag zu stellen, ohne das der vorherige Ausspruch einer sozialwidrigen beziehungsweise unwirksamen Kündigung in der Regel zu irgendwelchen Nachteilen des Arbeitgebers führt.

Sechter Teil: Ergebnisse

1. Die einseitige Beendigung von Dauerschuldverhältnissen folgt den verfassungsrechtlich verankerten Grundprinzipien, dem Prinzip der Vertragsbeendigungsfreiheit oder dem Prinzip der sachlichen Rechtfertigung der Vertragsbeendigung.

2. Das Prinzip der einseitigen Vertragsbeendigungsfreiheit bei Dauerschuldverhältnissen, nach dem die Vertragsbeendigung allenfalls formellen Beschränkungen unterliegt, ist als notwendiges Gegenstück zur verfassungsrechtlich verankerten Vertragsabschlussfreiheit und als eigenständiges Element der Privatautonomie anzusehen. Die einseitige Vertragsbeendigungsfreiheit ist erforderlich, um eine vertragliche Ewigkeitsbindung der Parteien, die zu einer Aufhebung der Selbstbestimmung in der Privatrechtsordnung führen würde, zu vermeiden.

3. Der Gesetzgeber hat die einseitige Vertragsbeendigungsfreiheit im Arbeitsrecht durch die ordentliche Kündigung des Arbeitsverhältnisses gemäß §§ 620–623 BGB umgesetzt. Die ordentliche Kündigung ist mit einer in § 622 BGB näher bestimmten Frist und gemäß § 623 BGB schriftlich zu erklären. Die ordentliche Kündigung des Arbeitnehmers folgt uneingeschränkt dem Prinzip der Vertragsbeendigungsfreiheit.

4. Das Prinzip der sachlichen Rechtfertigung der einseitigen Vertragsbeendigung von Dauerschuldverhältnissen, nach dem die Beendigung von materiellen Beschränkungen abhängig ist, resultiert entweder aus einem besonderen Schutzbedürfnis des Kündigungsgegners zu Gunsten dessen der Gesetzgeber einen Bestandsschutz legislativ geschaffen hat, oder einem Eingriff in geschützte Rechtsposition des Kündigungsgegners durch die Art und Weise der Vertragsbeendigung. Der durch die sachliche Rechtfertigung vermittelte Schutz kann jedoch nur so weit reichen, als dass sichergestellt ist, dass eine Vertragspartei das Dauerschuldverhältnis immer dann beenden kann, wenn die Fortführung für sie unzumutbar ist, da die Unzumutbarkeit die immanente Grenze jeder vertraglichen Bindung darstellt.

5. Im Arbeitsrecht muss der Gesetzgeber den abhängig beschäftigten Arbeitnehmer aufgrund seines aus Art. 12 Abs. 1 GG i.V.m. Art. 20 Abs. 1, 28 Abs. 1 GG resultierenden Schutzauftrages vor willkürlichen Beendigungen des Arbeitsvertrages durch den Arbeitgeber schützen, um dem Arbeitnehmer, für den das Arbeitsverhältnis von existentieller Bedeutung ist und der zu Gunsten des Arbeitgebers auf die unternehmerische Verwertung seiner Arbeitskraft verzichtet und sich dessen Weisungen unterworfen hat, ein Mindestmaß an Dispositionsfreiheit zu gewähren.

6. Zur Umsetzung des Prinzips der sachlichen Rechtfertigung im Arbeitsrecht schuf der Gesetzgeber die ordentliche Kündigung mit legislativem Rechtfertigungserfordernis für den Arbeitgeber gemäß § 620–623 BGB i.V.m. § 1 Abs. 2 S. 1 KSchG.

Die in § 1 Abs. 2 S. 1 KSchG genannten Kündigungsgründe beschreiben beachtliche Störungen der vertraglichen Interessen des Arbeitgebers und konkretisieren die objektive Unzumutbarkeit der Fortführung des Arbeitsverhältnisses für den Arbeitgeber. Die arbeitnehmerbedingten Kündigungsgründe, also die personen- und verhaltensbedingten Gründe, sind dabei der Sphäre des Arbeitnehmers, der betriebsbedingte Kündigungsgrund der Sphäre des Arbeitgebers zuzuordnen.

7. Die außerordentliche fristlose Kündigung des Arbeitsverhältnisses durch den Arbeitgeber und den Arbeitnehmer gemäß § 626 BGB bedarf einer sachlichen Rechtfertigung, da die Kündigung durch die sofortige Vertragsbeendigung in den Grundsatz „pacta sunt servanda“ und somit in geschützte Rechtspositionen des Kündigungsgegners, der auf die Fortführung des Vertrages vertraute, eingreift. Trotz dem Erfordernis der sachlichen Rechtfertigung ist die außerordentliche Kündigung auch Ausfluss der Vertragsbeendigungsfreiheit, da sie dem Vertragspartner, dem eine Fortführung des Vertragsverhältnisses unzumutbar ist, die Möglichkeit bietet, das Schuldverhältnis sofort zu beenden. Zudem hat die außerordentlich kündigende Vertragspartei die Möglichkeit, den aus der Beendigung des Arbeitsverhältnisses resultierenden Schaden bei Vorliegen der weiteren Voraussetzungen des § 628 Abs. 2 BGB gegenüber der anderen Vertragspartei geltend zu machen.

8. Da der Gesetzgeber davon ausging, dass es Fälle gibt, in denen ein Arbeitsverhältnis zwar nicht durch eine arbeitgeberseitige Kündigung aufgelöst werden kann, da kein Kündigungsgrund vorliegt, die Vertrauensgrundlage des Arbeitsverhältnisses aber trotzdem entfallen ist, schuf er als weiteres Element der kündigungsschutzrechtlichen Gesamtregelung das Auflösungsverfahren gemäß §§ 9, 10 KSchG. Dieses ermöglicht den Arbeitsvertragsparteien das Arbeitsverhältnis auf Antrag durch gerichtliche Entscheidung im Rahmen eines Kündigungsschutzprozesses gegen Zahlung einer Abfindung an den Arbeitnehmer auflösen zu lassen, wenn die dem Arbeitsverhältnis zugrunde liegende Vertrauensgrundlage zerrüttet ist.

9. Dem Arbeitnehmer ist es möglich, eine Auflösung des Arbeitsverhältnisses gegen Abfindungszahlung gemäß § 9 Abs. 1 S. 1 BGB zu erreichen, wenn ihm die Fortsetzung wegen der Zerrüttung des Vertrauensverhältnis unzumutbar ist. Die Sachverhalte, die eine Unzumutbarkeit der Fortführung des Arbeitsverhältnisses für den Arbeitnehmer rechtfertigen, stammen zumeist aus der Sphäre des Arbeitgebers und beruhen auf einem ihm zurechenbaren Verhalten, ohne dass jedoch ein Verschulden des Arbeitgebers erforderlich ist.

10. Dem Arbeitgeber ist es möglich, eine Auflösung des Arbeitsverhältnisses gemäß § 9 Abs. 1 S. 2 KSchG gegen Abfindungszahlung an den Arbeitnehmer zu erreichen, wenn eine weitere gedeihliche Zusammenarbeit mit dem Arbeitnehmer nicht zu erwarten ist. Die Nichterwartbarkeit der weiteren gedeihlichen Zusammenarbeit beruht zumeist – zumindest auch – auf einem steuerbaren Verhalten des

Arbeitnehmers; häufig liegt somit eine Ähnlichkeit zu einem verhaltensbedingten Kündigungsgrund i.S.d. § 1 Abs. 2 KSchG vor. Obgleich die Sachverhalte, die eine Nichterwartbarkeit der weiteren gedeihlichen Zusammenarbeit begründen, teilweise auch eine weitere Kündigung des Arbeitgebers sozial rechtfertigen würden, ist eine Auflösung des Arbeitsverhältnisses trotz der daraus resultierenden Abfindungspflicht oftmals vorzugwürdig: Der Arbeitgeber erspart sich die erneute Anhörung des Betriebsrats gemäß § 102 BetrVG, setzt keine erneute Kündigungsfrist in Gang und vermeidet die Risiken und Kosten, die aus einem weiteren Kündigungsschutzprozess erwachsen. Darüber hinaus können auch Sachverhalte, die keine erneute Kündigung rechtfertigen würden, geeignet sein, eine Auflösung zu begründen, da die Prüfung der Nichterwartbarkeit der weiteren gedeihlichen Zusammenarbeit gemäß § 9 Abs. 1 S. 2 KSchG eine gegenüber der sozialen Rechtfertigung gemäß § 1 Abs. 2 KSchG umfassendere und zukunftsgerichtetere Gesamtbetrachtung der arbeitsvertraglichen Beziehungen ermöglicht.

11. Da die Fortführung eines zerrütteten Arbeitsverhältnisses sinnlos ist, ist es sachgerecht, beiden Arbeitsvertragsparteien zuzubilligen, einen Auflösungsantrag gemäß § 9 Abs. 1 KSchG sowohl nach der gerichtlichen Feststellung der Sozialwidrigkeit der ordentlichen arbeitgeberseitigen Kündigung als auch – de lege ferenda – nach der gerichtlichen Feststellung der Unwirksamkeit der außerordentlichen arbeitgeberseitigen Kündigung zu stellen. Zudem ist es sachgerecht, einen Auflösungsantrag beider Arbeitsvertragsparteien auch nach der gerichtlichen Feststellung, dass die Kündigung alleine oder zusätzlich zur Sozialwidrigkeit an weiteren Unwirksamkeitsmängeln leidet oder sittenwidrig ist – de lege ferenda –, zuzulassen. Der Gesetzgeber ist insofern berufen, § 13 Abs. 1 und Abs. 2 KSchG entsprechend zu modifizieren. § 13 Abs. 3 KSchG müsste indessen restriktiv ausgelegt werden, sodass die Regelungswirkung darauf begrenzt ist, dass Unwirksamkeitsgründe, die außerhalb des Kündigungsschutzgesetzes liegen, innerhalb der Dreiwochenfrist gemäß §§ 4, 7 KSchG geltend gemacht werden müssen. Schließlich ist es sachgerecht, die Antragsbefugnis der Arbeitsvertragsparteien analog § 9 Abs. 1 KSchG auch nach der gerichtlichen Feststellung der Unwirksamkeit einer Befristungsabrede oder eines Aufhebungs- beziehungsweise Abwicklungs-vertrags zuzulassen.

12. Beiden Arbeitsvertragsparteien sollte schließlich auch im Änderungsschutzprozess zugebilligt werden, einen Auflösungsantrag analog § 9 Abs. 1 KSchG zu stellen. Der jeweilige Antragsteller sollte dabei die Wahl haben, ob er seinen Auflösungsantrag auf das gesamte Arbeitsverhältnis oder nur die von der Änderungskündigung betroffenen Arbeitsbedingungen erstreckt. Beantragt der Antragsteller lediglich die „Ablösung" der Arbeitsbedingungen, sind mit der Abfindung die Verschlechterungen im Hinblick auf die abgelösten Arbeitsbedingungen zu kompensieren.

13. Das Gericht löst das Arbeitsverhältnis gemäß § 9 Abs. 2 KSchG zu dem Zeitpunkt auf, an dem es bei sozial gerechtfertigter ordentlicher Kündigung geendet

hätte beziehungsweise mit – nach der hier vertretenen Ansicht – sozial gerechtfertigter ordentlicher Änderungskündigung modifiziert worden wäre. Hat der Arbeitgeber eine außerordentliche Kündigung ausgesprochen, löst das Gericht das Arbeitsverhältnis auf Antrag des Arbeitnehmers gemäß § 13 Abs. 1 S. 4 KSchG zu dem Zeitpunkt auf, zu dem die außerordentliche Kündigung ausgesprochen wurde; die Auflösung auf Antrag des Arbeitgebers, die nach dem Dafürhalten der Verfasserin zuzulassen ist, sollte indessen zu dem Zeitpunkt erfolgen, an dem das Arbeitsverhältnis bei Ausspruch einer sozial gerechtfertigten ordentlichen Kündigung hypothetisch geendet hätte. Stellen die Arbeitsvertragsparteien einen Auflösungsantrag im Befristungskontrollprozess oder im Prozess betreffend die Wirksamkeit eines Aufhebungs- beziehungsweise Abwicklungsvertrags – was nach Ansicht der Verfasserin zuzulassen ist –, hebt das Gericht das Arbeitsverhältnis zu dem Zeitpunkt auf, an dem das Arbeitsverhältnis nach der Befristungsabrede oder dem Aufhebungs- beziehungsweise Abwicklungsvertrag geendet hätte.

14. Die Höhe der an den Arbeitnehmer zu zahlenden Abfindung sollte de lege ferenda klarer in § 10 Abs. 1 KSchG geregelt werden. Der Arbeitnehmer sollte grundsätzlich eine Regelabfindung erhalten, die in Anlehnung an § 1a Abs. 2 S. 1 KSchG in Höhe von 0,5 Monatsverdiensten für jedes Jahr des Bestehens des Arbeitsverhältnisses festgesetzt wird. Begehrt eine Arbeitsvertragspartei die Festsetzung einer niedrigeren oder höheren Abfindung, müsste sie dies beantragen und Tatsachen darlegen und beweisen, die für die Festsetzung einer höheren beziehungsweise niedrigeren Abfindung sprechen. Die Kappungsgrenze von einer Höchstabfindung von zwölf Monatsgehältern sollte beibehalten und die erhöhten Höchstgrenzen für ältere und länger beschäftigte Arbeitnehmer abgeschafft werden.

15. Der Arbeitnehmer hat de lege lata keine Möglichkeit, das Arbeitsverhältnis gegen Entschädigungszahlung aufzulösen, wenn dessen Fortführung für ihn zwar unzumutbar ist, der Arbeitgeber aber keine Kündigung ausgesprochen hat. In diesem Fall hat der Arbeitnehmer lediglich die Möglichkeit, das Arbeitsverhältnis selbst zu kündigen und seinen Schaden gegenüber dem Arbeitgeber unter den Voraussetzungen des § 628 Abs. 2 BGB geltend zu machen. Fällt der Arbeitnehmer in den Anwendungsbereich des Kündigungsschutzgesetzes, ist auch eine Entschädigung analog §§ 9, 10 KSchG im Rahmen des § 628 Abs. 2 BGB ersatzfähig.

16. Eine analoge Anwendung der §§ 9, 10 KSchG für den Fall, dass dem Arbeitnehmer die Fortführung des ungekündigten Arbeitsverhältnisses zwar nicht zumutbar ist, die Voraussetzungen des § 628 Abs. 2 BGB aber nicht erfüllt sind, kommt nicht in Betracht. Es liegt keine planwidrige Regelungslücke vor, die durch eine analoge Anwendung der §§ 9, 10 KSchG geschlossen werden müsste. Es ist weder verfassungsrechtlich geboten noch aus Gerechtigkeitserwägungen wünschenswert, dem Arbeitnehmer zuzubilligen, den zerrüttungsbedingten Verlust des grundsätzlich in seinem Bestand geschützten Arbeitsverhältnisses mittels

eines Entschädigungsanspruchs analog § 280 BGB i.V.m. §§ 9, 10 KSchG geltend zu machen, wenn weder die Voraussetzungen des § 628 Abs. 2 BGB vorliegen noch der Arbeitgeber das Arbeitsverhältnis zuvor selbst gekündigt hat.

17. Der Arbeitgeber kann auf die Nichterwartbarkeit der weiteren gedeihlichen Zusammenarbeit mit dem Arbeitnehmer im ungekündigten Arbeitsverhältnis de lege lata nicht unmittelbar mit der Erhebung eines Auflösungsantrags reagieren. Tritt die Zerrüttung während des Arbeitsverhältnisses ein und erfüllt der störende Sachverhalt nicht zugleich die Voraussetzungen einer sachlichen Rechtfertigung gemäß § 1 Abs. 2 KSchG oder eines wichtigen Grundes gemäß § 626 Abs. 1 BGB, ist der Arbeitgeber gezwungen, zunächst eine sozialwidrige beziehungsweise unwirksame Kündigung auszusprechen, auf die er sodann einen Auflösungsantrag gemäß § 9 Abs. 1 S. 2 KSchG stützen kann.

18. Eine analoge Anwendung der §§ 9, 10 KSchG auf die Situation der Nichterwartbarkeit der weiteren gedeihlichen Zusammenarbeit für den Arbeitgeber wegen einer Zerrüttung des Vertrauensverhältnisses im ungekündigten Arbeitsverhältnis kommt nicht in Betracht. Eine planwidrige Regelungslücke liegt nicht vor, da der Arbeitgeber die Möglichkeit hat, zunächst sozialwidrig beziehungsweise unwirksam zu kündigen, um sodann im Kündigungsschutzprozess – nach der hier vertreten Ansicht – unabhängig von der Kündigungsart einen Auflösungsantrag zu stellen, ohne dass der vorherige Ausspruch einer sozialwidrigen beziehungsweise unwirksamen Kündigung in der Regel zu Nachteilen des Arbeitgebers führt.

Schriften zum Arbeitsrecht und Wirtschaftsrecht

Herausgegeben von Abbo Junker

Band 1 Christoph-N. Lerche: Der Europäische Betriebsrat und der deutsche Wirtschaftsausschuß. Eine vergleichende Analyse der betrieblichen Mitwirkung der Arbeitnehmer vor dem Hintergrund der Globalisierung der Märkte. 1997.

Band 2 Christian Walter Mecke: Zur rechtlichen Verbindlichkeit kollektiver Vereinbarungen in England. 1997.

Band 3 Katja Francke: Die betriebliche Mitwirkung der Arbeitnehmer in Belgien. Unter Berücksichtigung vergleichender Aspekte zum deutschen Betriebsverfassungsrecht. 1997.

Band 4 Christian Schulze: Die Zulässigkeit einstweiliger Verfügungen gegen Betriebsänderungen. 1998.

Band 5 Stefan Miersch: Die Rechtsfolgen mitbestimmungswidriger Maßnahmen für das Arbeitsverhältnis. Eine zivilrechtsdogmatische Untersuchung. 1998.

Band 6 Heike Wegner: Internationaler Verbraucherschutz beim Abschluß von Timesharingverträgen: § 8 Teilzeitwohnrechtegesetz. 1998.

Band 7 Julia Wichmann: Dienstleistungsfreiheit und grenzüberschreitende Entsendung von Arbeitnehmern. 1998.

Band 8 Johann-Volker Peter: Société par actions simplifiée (S.A.S.). Die Vereinfachte Aktiengesellschaft in Frankreich, eine Rechtsform für die Kooperation von Unternehmen. 1999.

Band 9 Sylvia Schnelle: Der Europäische Betriebsrat in Spanien. Zugleich eine Einführung in das spanische Recht der Arbeitnehmervertretung. 1999.

Band 10 Viktoria Bornhagen: Die Zumutbarkeit als Rechtsgedanke im Arbeitsrecht. 1999.

Band 11 Thorsten Schacht: Der Übereilungsschutz beim arbeitsrechtlichen Aufhebungsvertrag. Arbeitnehmerschutz bereits de lege lata? 2000.

Band 12 Marcus Hellmann: Immobilienkauf nach spanischem Recht. 1999.

Band 13 Nicolaus Johannes Ehinger: Die juristischen Personen des öffentlichen Rechts als herrschende Unternehmen. 2000.

Band 14 Alexander Lentz: Das kollektive Arbeitsrecht der Republik Südafrika. Eine Untersuchung mit Bezügen zum deutschen Recht. 2000.

Band 15 Michaela Brunssen: Der Arbeitgeberverbandswechsel. Tarifrechtliche und arbeitskampfrechtliche Konsequenzen. 2000.

Band 16 Morten Petersenn: Das Recht des Grundstückskaufs in Südafrika. 2000.

Band 17 Stefan Krüger: Die umwandlungsrechtliche Haftungsregelung bei der Betriebsaufspaltung und ihre Analogiefähigkeit. 2001.

Band 18 Jürgen Kitzinger: Der GmbH-Geschäftsführer zwischen Arbeits- und Gesellschaftsrecht. Im Blickpunkt: Zuständigkeit der Arbeitsgerichte. 2001.

Band 19 Anja Ruge: Die Lohnersatzansprüche ehemaliger Zwangsarbeiter gegen deutsche Industrieunternehmen. 2001.

Band 20 Michael Knoll: Die Sozialauswahl im Arbeitsrecht. 2001.

Band 21 Britta Albrecht: Mediation im Arbeitsrecht. Individualarbeitsrecht und Betriebsverfassungsrecht. 2001.

Band 22 Annusch Barten: Das System der Arbeitnehmervertretung in Frankreich. 2001.

Band 23 Diane Westera: Der Wiedereinstellungsanspruch nach wirksamer Kündigung. 2001.

Band 24 Kristin Doerlich: Die Tariffähigkeit der Gewerkschaft. Eine Analyse der Mächtigkeitsrechtsprechung des Bundesarbeitsgerichts im Lichte neuerer Erfahrungen. 2002.

Band 25 Tina Witten: Vertragsgestaltung und Gesetzesbindung im Recht der Zeitarbeit. 2002.

Band 26 Martin Hellfeier: Die Leistungszeit im Arbeitsverhältnis. Eine Untersuchung zum Fixschuldcharakter der Arbeitspflicht und zu den Folgen ihrer Nichterfüllung. 2003.

Band 27 Almut Maulshagen: Betriebliche Arbeitskampfregelungen. 2003.

Band 28 Maren Band: Tarifkonkurrenz, Tarifpluralität und der Grundsatz der Tarifeinheit. 2003.

Band 29 Manuela Schulz: Der Bereitschaftsdienst in öffentlich-rechtlich organisierten Krankenhäusern. Eine rechtliche Bewertung. 2003.

Band 30 Felix Benedikt: Die Kürzung von Tariflöhnen zur Sanierung. Eine verfassungskonforme Auslegung des § 3 III TVG entsprechend § 626 BGB. 2003.

Band 31 Tim Kaden: Individuelle Bündnisse für Arbeit und Günstigkeitsprinzip. 2003.

Band 32 Simone Kreiling: Die Erstreckung betrieblicher und betriebsverfassungsrechtlicher Tarifnormen auf Außenseiter. 2004.

Band 33 Carsten Beck: Betriebliche Mitbestimmung und Kündigungsschutz. Die Funktionen betrieblicher Mitbestimmung im und deren Einfluß auf den Kündigungsschutz nach dem KSchG. 2004.

Band 34 Jost Eder: Die Regelungsabrede als Alternative zur Betriebsvereinbarung bei der Gestaltung materieller Arbeitsbedingungen. 2004.

Band 35 Christian Pfab: Wirkungsweise und Reichweite tarifvertraglicher Öffnungsklauseln. 2004.

Band 36 Julia Amlang: Die unternehmerische Entscheidungsfreiheit bei „betriebsbedingten Kündigungen" im europäischen Rechtsvergleich. Kündigung aus wirtschaftlichen Gründen in Deutschland, Frankreich, Spanien, Großbritannien und Schweden. 2005.

Band 37 Alida Milthaler: Das Fragerecht des Arbeitgebers nach den Vorstrafen des Bewerbers. 2006.

Band 38 Doreen Peter: Nebentätigkeiten von Arbeitnehmern. Interessenkollisionen von Arbeitgebern und Arbeitnehmern. 2006.

Band 39 Julia V. C. Bartlog: Das Verhältnis von Gesetz und Tarifvertrag. 2006.

Band 40 Michael Fuhlrott: Der geschädigte Arbeitnehmer. Zur Verfassungsmäßigkeit des Ausschlusses von Schmerzensgeld in der Unfallversicherung sowie zur Herleitung der Haftung bei Eigenschäden im Hinblick auf das Verschuldensprinzip. 2006.

Band 41 Femke Reinecke: Leistungsbestimmung des Arbeitnehmers. 2006.

Band 42 Maria M. Bausback: Der Bestandsschutz des Arbeitsverhältnisses auf europäischer und internationaler Ebene. Entwicklungen vom Mittelalter bis zur Gegenwart. Teil 1 / Teil 2. 2007.

Band 43 Jens Günther: AGB-Kontrolle von Arbeitsverträgen. Analyse der deutschen Rechtslage nach der Schuldrechtsreform und vergleichende Betrachtung des österreichischen Kontrollsystems. 2007.

Band 44 Claudiana Triskatis: Ethikrichtlinien im Arbeitsrecht. 2008.

Band 45 Annette Bruder: Die Weitergabe von Insiderinformationen durch Arbeitnehmervertreter. 2008.

Band 46 Ute Dietrich: Nichtraucherschutz am Arbeitsplatz. 2008.

Band 47 Markus Ebert: Übertragung und Zuordnung von Versorgungsverpflichtungen gegenüber Arbeitnehmern im Rahmen einer umwandlungsrechtlichen Spaltung. 2008.

Band 48 Susanne Schneider: Broad-based Black Economic Empowerment in der Republik Südafrika. 2008.

Band 49 Mandy Reichel: Die Einbeziehung des Außenseiter-Arbeitgebers in den Verbandsarbeitskampf. 2008.

Band 50 Abbo Junker (Hrsg.): Betriebsübergang in Europa. Symposion aus Anlass des 10-jährigen Bestehens der Schriften zum Arbeitsrecht und Wirtschaftsrecht am 10.10.2008 in München. 2009.

Band 51 Till Bender: Vorschläge zur Neuordnung des Sonderkündigungsschutzes nach MuSchG und SGB IX. 2009.

Band 52 Manuela Rauch: Die geschlechtsbezogene Diskriminierung am Arbeitsplatz nach kalifornischem Recht. 2009.

Band 53 Tina Luise Allenberg: Das französische règlement intérieur d'entreprise. Die Arbeitsordnung im französischen Arbeitsrecht. 2009.

Band 54 Bernd Haas: Anwaltliches Mandatsverhältnis zum Betriebsrat. 2009.

Band 55 Martin Fröhlich: Die erweiterte Weisungsbefugnis des Arbeitgebers im spanischen Recht. 2009.

Band 56 Stefanie Lorenzen: Inhaltskontrolle beim Betriebsübergang. Die Anpassung tariflicher Arbeitnehmerpflichten nach Privatisierungen. 2009.

Band 57 Oliver E. Aldea: Das französische Kündigungsrecht im Spannungsfeld von Abfindungen und Bestandsschutz. 2010.

Band 58 Wolfgang Stock: Die Einsetzung einer Transfergesellschaft. Unter besonderer Berücksichtigung betriebsverfassungs- und arbeitsförderungsrechtlicher Vorgaben. 2010.

Band 59 Claudia Hagedorn: Zulässigkeit und Grenzen von Tarifsozialplänen. 2010.

Band 60 Daniela Quink: Inhaltskontrolle von Freiwilligkeitsvorbehalten in Arbeitsverträgen. 2010.

Band 61 Kathrin Kentner: Arbeitskampfmittel der Arbeitgeber. 2010.

Band 62 Angela Nunes Fernandes Gil Wolf: Arbeitnehmereinsatz im Ausland. Das auf doppelte Arbeitsverhältnisse anwendbare Recht am Beispiel der Vertragsgestaltung eines internationalen Konzerns. 2010.

Band 63 Annemarie Berthold: Whistleblowing in der Rechtsprechung des Bundesarbeitsgerichts. 2010.

Band 64 Malte Koch: Die Beteiligung von Arbeitnehmervertretern an Aufsichtsrats- und Verwaltungsratsausschüssen einer Europäischen Aktiengesellschaft. 2011.

Band 65 Agnes Maria Kollerbaur: Die französische Arbeitsinspektion. Eine Untersuchung unter besonderer Berücksichtigung ihrer Rolle bei Kündigungen. 2011.

Band 66 Marcus Christian Leinenweber: Landesschlichtungsgesetze? 2011.

Band 67 Frederike Cathérine Gärtner: Die gesetzliche Regulierung von Bahnstreiks in Frankreich. Arbeitskampf vs. Kontinuität öffentlicher Dienstleistungen. 2011.

Band 68 Carolin van Straelen: Der Rollenkonflikt des Arbeitnehmervertreters zwischen Betriebsratsmitglied und Gewerkschaftsfunktionär. 2012.

Band 69 Anna Maria Jordan: Entgeltdiskriminierung in Frauenberufen? 2012.

Band 70 Dominic Köstner: Compliance-Richtlinien im Unternehmen. Arbeits- und datenschutzrechtliche Implementierungsaspekte. 2012.

Band 71 Michael Kobler: Fremdeinflüsse auf die tarifliche Willensbildung. 2012.

Band 72 Anne Kraas: Zulässigkeit und Grenzen der arbeitsvertraglichen Entgeltflexibilisierung. 2012.

Band 73 Melanie Amann: Die Belegschaftsabstimmung. 2012.

Band 74 Christina Mennemeyer: „Dritter Weg" und rechtliche Grenzen der Flexibilisierung des Arbeitsrechts der katholischen Kirche. 2012.

Band 75 Joël Philipp Hofmann: Rechtsmissbrauch und Verwirkung bei Widerspruch gegen den Übergang des Arbeitsverhältnisses nach § 613a BGB. 2013.

Band 76 Jennifer Junker: Das Recht der Arbeitnehmerüberlassung in Japan. 2013.

Band 77 Gabriele Geiselhart: Tarifliche Regelungsmacht bei Haustarifverträgen und Unternehmerfreiheit. Dargestellt am Beispiel von Standortgarantien und Zeitarbeitsquoten. 2013.

Band 78 Lorenz Sylvester Mitterer: AGB-Korrektur in Dauer- und Langzeitschuldverhältnissen. 2013.

Band 79 Janina Morgenweck: Die Arbeitsgerichtsbarkeit in England. 2013.

Band 80 Christoph B. Kistler: Die Rechtmäßigkeit von Spartenstreiks. Alte Kriterien in neuem Licht. 2013.

Band 81 Julia Strasser: Die Haftung bei Lohnwucher im Arbeitsrecht der USA. 2014.

Band 82 Stephanie Amschler: Constructive dismissal. Fingierte Arbeitgeberkündigung im englischen Kündigungsschutzrecht. 2014.

Band 83 Felix Berding: Die Urabstimmung im britischen Arbeitskampfrecht im Licht der EMRK. 2014.

Band 84 Christine Kumpf: Multinationalität der SE-Mitbestimmungsordnung. 2014.

Band 85 Florian Schiffer: Der Leistungsmaßstab im Arbeitsverhältnis. 2014.

Band 86 Stefan Hoffmann: Unterrichtungspflicht und Widerspruchsrecht bei Betriebsübergang gemäß § 613a Abs. 5 und 6 BGB – Grenzen, weitere aktuelle Rechtsprobleme und Strategien zur Risikominimierung. 2015.

Band 87 Marie-Theres Boetzkes: Die Konzernmutter als Mitarbeitgeberin im französischen Recht. 2015.

Band 88 Ines Kranz: Landesarbeitskampfgesetze? 2015.

Band 89 Hendrik Schulte-Wrede: Die Beteiligung der Arbeitnehmer in der Europäischen Privatgesellschaft – SPE. 2015.

Band 90 Kathrin Charlotte Enke: Beteiligungsvereinbarungen nach § 21 SEBG. 2015.

Band 91 Tom Christopher Pröstler: Modelle betrieblicher Arbeitnehmerbeteiligung. Ein historisch-europäischer Rechtsvergleich zwischen Deutschland und dem Vereinigten Königreich. 2015.

Band 92 Achim Engel: Collective Governance in Tarifverbänden. 2015.

Band 93 Michaela Felisiak: Reglierungsbedarf grenzüberschreitender Betriebsübergänge. Zweifel an der grenzüberschreitenden Anwendbarkeit des § 613a BGB. (Urteil des BAG vom 26. Mai 2011). 2015.

Band 94 Robert Cornelius Richard: Inhaltliche Grenzen des Zeugnisanspruchs des Arbeitnehmers. 2015.

Band 95 Martina Reiser: Umgehung des § 613a BGB durch Aufhebungsvereinbarung und Neuvertrag. 2015.

Band 96 Peter Illes: Das betriebsverfassungsrechtliche Verbot parteipolitischer Betätigung im Betrieb. 2016.

Band 97 Marc Bohlen: Die arbeitsvertragliche Befristung mittels eines gerichtlichen Vergleichs. 2016.

Band 98 Reimo Robin Richarz: Insolvenzrechtliche Einordnung von Ansprüchen des Arbeitnehmers. 2016.

Band 99 Christine Hepp: Mutterschutz für GmbH-Geschäftsführerinnen. Rechtslage de lege lata im Lichte verfassungsrechtlicher und europäischer Vorgaben. 2016.

Band 100 *Band in Vorbereitung*

Band 101 Charlotte Sander: Die Zerrüttung des Arbeitsverhältnisses. Die Stellung der gerichtlichen Auflösung des Arbeitsverhältnisses gemäß §§ 9, 10 KSchG im System des Kündigungsschutzrechts. 2016.

www.peterlang.com

www.ingramcontent.com/pod-product-compliance
Ingram Content Group UK Ltd.
Pitfield, Milton Keynes, MK11 3LW, UK
UKHW021836290926
8980IPUK00004B/485

9 783631 663752